통계적 자료분석

SPSS를 중심으로

심송용 지음

KYOWOOSA 敎友社

차 례

제 1 장

확률

1.1. 사건과 확률

한 사건(event)에서의 확률이란 그 사건이 일어날 가능성에 대한 수치를 0에서 1 사이의 값으로 표현한 것이다. 확률을 알아보기 위한 몇 가지 정의를 살펴보자.

- 표본공간(sample space): 한 실험에서 나올 수 있는 모든 결과의 집합으로 Ω로 나타낸다.
- 사건: 표본공간의 부분집합. 주로 대문자 알파벳 $A, B, \ldots$ 로 나타낸다.

고전적 의미의 확률은 모든 가능한 경우의 수에 대한 특정한 사건에 대한 경우의 수의 비이다.

보기 1.1. 주사위를 한 번 던지는 실험에서 표본공간은 $\{1, 2, 3, 4, 5, 6\}$ 이며 Lotto 복권의 경우 $\{1, 2, \ldots, 45\}$ 이다. 주사위를 눈을 관찰하는 실험에서 {1,3,5}은 사건이다.

보기 1.2. 주사위를 한 번 던지는 실험에서 짝수가 나올 확률은 짝수의 사건을 $A = \{2, 4, 6\}$라고 하면

$$\Pr[A] = \frac{A\text{의 경우의 수}}{\text{모든 경우의 수}} = \frac{3}{6} = 0.5$$

이다. ■

보기 1.3. 1부터 45까지의 번호에서 6개의 번호를 뽑는 로또복권에서 6개의 번호를 맞출 확률은

$$\frac{1}{\binom{45}{6}} = \frac{1}{8,145,060}$$

이다. ■

수학적인 확률(probability)의 정의는 표본공간 Ω의 모든 가능한 부분집합의 집합에서 $[0,1]$ 로 가는 함수로[1]

1. $\Pr[\Omega] = 1$
2. 모든 $A \subset \Omega$에 대해서 $0 \leq \Pr[A] \leq 1$.[2]
3. $i \neq j$인 모든 i, j에 대해서 $A_i \cap A_j = \emptyset$ 이면 $\Pr[A_1 \cup A_2 \cup A_3 \cdots] = \Pr[A_1] + \Pr[A_2] + \Pr[A_3] + \cdots$.

을 성립하는 함수이다. 이를 해석하면

1. 전체집합의 확률은 1이며
2. 전체집합의 부분집합인 모든 사건의 확률은 0과 1사이이며
3. 서로소인 사건들에 대해서 합사건의 확률은 각각 사건의 확률의 합이 되는

함수를 말한다. 여기서 합사건이란 둘 이상의 사건의 합집합을 말한다.

1.2. 몇 가지 확률법칙

A와 B를 사건이라고 하고 A^c를 A의 여사건이라고 하면

1. $\Pr[\emptyset] = 0$
2. $A \subset B$ 이면 $\Pr[A] \leq \Pr[B]$
3. 여사건의 법칙: $\Pr[A^c] = 1 - \Pr[A]$.

[1] 정확한 정의는 좀더 복잡한 모양임.
[2] 엄격한 정의에서는 $0 \leq \Pr[A]$만 필요함.

4. 합사건의 법칙: $\Pr[A \cup B] = \Pr[A] + \Pr[B] - \Pr[A \cap B]$

이 항상 성립한다. 합사건의 법칙은 $A \cup B$의 확률이 그림 1.1의 밴다이어그램에서 $A \cup B$가 분해된 세 개의 서로소인 사건의 확률의 합으로 얻어짐을 알 수 있다.

보기 1.4. 어느 대학의 산림자원학부 학생의 60%가 남학생이고 40%의 학생은 노트북 컴퓨터를 가지고 있다고 한다. 한 학생을 임의로 선택하여 조사하면 이 학생이 여학생일 확률은 여사건의 법칙에 의해 0.4이며 남학생이 노트북을 가진 경우는 전체의 10% 라고 하면 임의로 선택한 학생이 남학생이거나 노트북을 소지한 학생일 확률은 합사건의 법칙에 의해서 0.9이다. ■

1.3. 조건부 확률과 독립

두 사건 A와 B에 대하여, 사건 B가 주어졌을 때 사건 A의 확률을 $\Pr[A|B]$로 나타내고

$$\Pr[A|B] = \frac{\Pr[A \cap B]}{\Pr[B]} \tag{1.1}$$

로 정의하며 이를 B가 주어졌을 때 A의 **조건부 확률**(conditional probability)이라고 한다. 조건부 확률 $\Pr[A|B]$를 계산하는 문제를 생각해 보면 사건 B가 이미 일

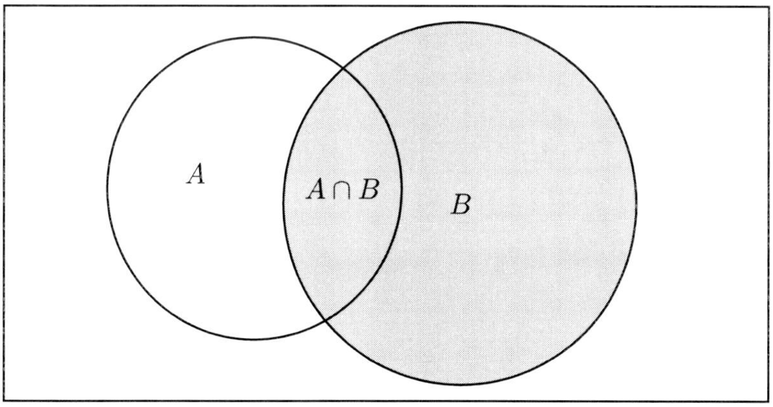

그림 1.1: 조건부 확률과 $A \cup B$의 분해

어났으므로 그림 1.1에서 B의 바깥부분은 발생할 수 없다. 따라서 B가 일어났다는 조건 하에서는 전체집합이 B로 축소되며 따라서 B가 일어난 조건에서 A가 일어난다는 것은 전체집합을 B로 할 때 A가 차지하는 비중이 될 것이다. 즉 그 확률은 식

(1.1)와 같이 정의하는 것이 의미가 있을 것이다. 또 이 정의에서 굳이 $\Pr[B] = 0$인 경우는 사건 B가 일어나지 않으므로 일어나지 않는 것에 대한 가정이 필요하지 않기 때문이다.

보기 1.5. 어떤 학교의 학생중 60%는 안경을 사용한다고 한다. 또 이 학교 여학생의 30%와 남학생의 40%는 안경을 사용한다고 한다. 남학생일 사건을 B 안경을 사용하는 사건을 A라고 하면 안경을 사용하는 학생을 임의로 한명을 선택하였을 이 학생이 남학생일 확률은

$$\Pr[B|A] = \frac{\Pr[A \cap B]}{\Pr[A]} = \frac{0.4}{0.6} = \frac{2}{3}$$

이다. ■

두 사건 A, B에 대해

$$\Pr[A \cap B] = \Pr[A]\Pr[B]$$

이면 두 사건 A와 B가 **독립**(independent)이라고 한다. 사건 A와 B가 독립이면 A와 여사건 B^c도 독립이다.

또한 n개의 사건 $A_1, A_2, \ldots, A_n$에 대해서 $k = 2, 3, \ldots, n$에 대해서 모든 k 개의 사건의 교집합 확률이 각각 확률의 곱이면 이들 n개의 사건은 독립이라고 정의한다.

보기 1.6. 세 개의 사건 A_1, A_2, A_3에 대해서 $\Pr[A_1] = \Pr[A_2] = \Pr[A_3] = 1/2$, $\Pr[A_1 \cap A_2] = \Pr[A_1 \cap A_3] = \Pr[A_2 \cap A_3] = 1/4$, $\Pr[A_1 \cap A_2 \cap A_3] = 1/4$이면 $\Pr[A_i \cap A_j] = \Pr[A_i]\Pr[A_j]$ 이나 $\Pr[A_1 \cap A_2 \cap A_3] \neq \Pr[A_1]\Pr[A_2]\Pr[A_3]$ 이므로 이 세 사건은 독립이 아니다. ■

조건부 확률의 정의에 의해서

$$\Pr[A \cap B] = \Pr[B]\Pr[A|B] = \Pr[A]\Pr[B|A] \tag{1.2}$$

임을 알 수 있으며 이를 확률의 **곱법칙**이라 부르기도 한다. 이 곱법칙은 두 개이상의 사건으로 확장할 수 있다. 즉 세 개의 사건 A, B, C에 대해서

$$\Pr[A \cap B \cap C] = \Pr[A]\Pr[B|A]\Pr[C|A \cap B] \tag{1.3}$$

이다.

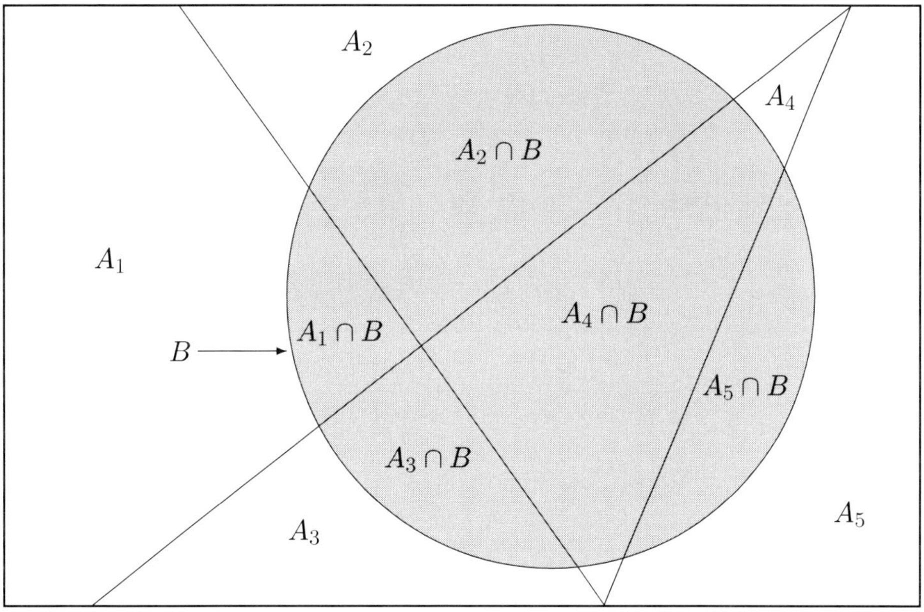

그림 1.2: 전확률 공식의 밴 다이어그램

곱법칙에 의해서 두 사건 A와 B가 독립이면

$$\Pr[A|B] = \Pr[A], \qquad \Pr[B|A] = \Pr[B] \tag{1.4}$$

임을 보일 수 있다.

1.4. 베이즈(Bayes) 법칙

n개의 사건 $A_1, A_2, \dots A_n$에 대해서 A_i들이 서로소이고 $\Omega = \bigcup_{i=1}^{n} A_i$ 이면

$$\begin{aligned}
\Pr[B] &= \Pr[B \cap A_1] + \Pr[B \cap A_2] + \cdots + \Pr[B \cap A_n] \\
&= \Pr[A_1]\Pr[B|A_1] + \Pr[A_2]\Pr[B|A_1] + \cdots + \Pr[A_n]\Pr[B|A_1] \\
&= \sum_{i=1}^{n} \Pr[A_i]\Pr[B|A_i] \qquad (1.5)
\end{aligned}$$

이다. 이를 **전확률 공식**이라고 한다. 전확률 공식은 그림 1.2에서 B의 확률을 A_i들

과의 교집합의 확률의 합으로 얻을 수 있음을 보여준다.

보기 1.7. 어느 대학 재학생중 임의로 한명을 뽑을 때 이 학생이 남학생일 확률은 이 학생이 1학년인 남학생일 확률, 2학년인 남학생일 확률, 3학년인 남학생일 확률 및 4학년인 남학생일 확률의 합으로 얻을 수 있다. ■

전확률공식의 가장 간단한 경우 중의 하나로

$$\Pr[B] = \Pr[A \cap B] + \Pr[A^c \cap B]$$

를 얻을 수 있다.

전확률 공식과 조건부 확률의 정의를 사용하면 사건의 열 $A_1, A_2, \ldots A_n$ 에 대해서 A_i 들이 서로소이고 $\Omega = \bigcup_{i=1}^{n} A_i$ 이면 임의의 사건 B와 k에 대해서

$$\Pr(A_k|B) = \frac{\Pr[A_k]\Pr[B|A_k]}{\sum_{i=1}^{n}\Pr[A_i]\Pr[B|A_i]}$$

이다. 이를 **베이즈 법칙**이라고 한다.

보기 1.8. 어떤 질병에 대한 새로운 진단법을 개발하였다. 이 방법은 질병이 있는 경우에는 95%의 경우에 양성반응을 보이고 질병이 없는 경우에는 98%에서 음성반응을 보인다고 한다. 이 질병의 유병율은 인구 1,000명당 1명꼴이라고 한다. 이 방법으로 검사를 받았을 때 양성반응을 얻었다면 실제 이 질병을 가질 확률은 얼마인가?

질병을 가지고 있는 사건을 D, 질병이 없는 사건을 D^c라 하고 양성반응인 사건을 P, 음성반응인 사건을 P^c라고 하면

$$\Pr[P|D] = .95, \quad \Pr[P^c|D^c] = .98, \quad \Pr[D] = 0.001$$

이다. 따라서 베이즈 법칙을 적용하면 양성반응일 때 질병을 가졌을 확률은

$$\begin{aligned}\Pr[D|P] &= \frac{\Pr[D]\Pr[P|D]}{\Pr[D]\Pr[P|D] + \Pr[D^c]\Pr[P|D^c]} = \frac{.001 \times .95}{.001 \times .95 + .999 \times .98} \\ &= 0.0009694174\end{aligned}$$

이다. 따라서 임의의 사람이 이 검사로 질병에 대한 검사를 받아 양성 반응을 얻었다고 하여도 실제 이 질병을 가졌을 확률은 아주 낮은 값이다. ■

연습문제

1.1 주사위와 동전을 동시에 던져서 주사위의 눈금과 동전의 앞뒷면을 관찰하는 실험을 한다. 이 실험에서 표본공간은?

1.2 임의의 사건 A와 B에 대해서 $\Pr[A]$와 $\Pr[A \cap B]$의 크기를 비교하여라. $\Pr[A]$와 $\Pr[A \cup B]$의 크기는 어떠한가?

1.3 주사위 하나를 던져서 관찰한 눈의 값이 3 이하이거나 짝수일 확률을 해당사건의 원소수를 이용하여 구하여라. 또 합사건의 법칙을 이용하여 구하여 보아라.

1.4 1부터 45사이의 번호 중 6개를 뽑는 로또 복권에서 4개를 맞출 확률은?

1.5 어느 질병에 대한 간편검사법으로 혈액을 검사하면 질병에 걸려 있는 경우 양성반응을 보일 확률은 97%이고 질병이 없는 사람에게 양성반응을 보일 확률이 1%라고 한다. 만일 전체 인구의 약 0.1%가 이 질병에 걸려 있다고 한다면 이 검사법에서 양성반응을 보인 환자가 실제로 질병에 걸려 있을 확률은?

1.6 남자의 1%와 여자의 0.05%가 색맹이라고 한다. 어떤 사람이 색맹일 때 그 사람이 여자일 확률은?

제 2 장

통계적 분포

이 장에서는 통계학에서 자주 사용하는 몇 가지 분포에 대해서 알아보기로 한다. 통계적 자료분석에서는 표본을 얻을 때 얻어진 표본의 모집단의 분포를 가정하는 경우가 대부분인데 여기서는 자주 사용하는 모집단의 분포들을 소개하고 그 분포의 특성을 파악하는데 사용하는 특성으로 각 분포의 모수에 대한 성질을 알아 본다. 이 장에서 다루는 내용은 모집단의 특성인 경우들이므로 표본의 특성을 다루는 경우와는 표현 방식 등의 차이가 있다. 또한 이 장의 내용은 내용의 전개상 필요에 의해 적분이 일부 사용되었으나 적분을 잘 모르는 경우도 내용의 이해에는 어려움이 많지 않을 것으로 보인다.

2.1. 확률변수와 확률분포

확률변수(random variable)란 표본공간에서 만들어지는 사건을 숫자로 표시하는 함수로서 일반적으로 영문 대문자 X, Y 등으로 표시한다.

일반적으로 변수(variable) X는 X가 가질 수 있는 값이 변할 수 있는 값이다. 즉 변수 X가 1이 되거나, 10이 되거나 하는 경우이다. 확률변수는 이 변수가 가질 수 있는 값에 대해서 확률을 얻을 수 있는(또는 지정된) 변수라고 생각하여도 좋다.

동전을 3번 던지는 경우에 앞면이 나온 횟수를 생각해 보자. 앞면이 한 번도 나오지 않는 경우는 한 가지이고 앞면이 한 개인 경우는 세 가지이다. 이 때 앞면의 개수를 확률변수 X라고 표시하면 그림 2.1에서 보는 것처럼 X는 각 근원사건 HHH, HHT,$\ldots$, TTT에서 실수인 0, 1, 2, 3으로 가는 함수이다. 이 확률변수는 확률에 관련된 문제를 다룰 때 각각의 근원 사건에 대해 따지기 보다 그 근원사건에서 실수로 간 함수값을 갖는 확률변수를 따지는 것이 편하기 때문에 많은 통계학적인 추론이 확률변수에서 시작한다. 동전을 100개 던져서 앞면이 나오게 되는 경우를 생각하면 표본공간의 모든 가능한 원소는 2^{100}개이나 확률변수가 가질 수 있는 값은 0부

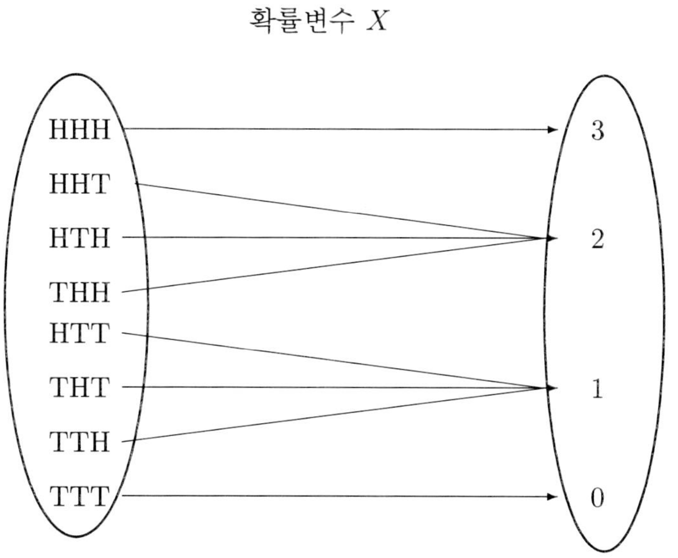

그림 2.1: 확률변수 X가 동전 3개를 던질 때의 앞면의 개수일 때의 그림

터 100까지 101가지에 불과하다.

앞에서 본 것처럼 확률변수는 표본공간에서의 함수이기 때문에 확률변수는 각각의 가능한 값에 대해서 그 확률을 계산할 수 있으며 그 확률이 어떻게 분포되어 있는지 나타낸 것을 **확률분포**라고 한다.

확률변수 X가 가질 수 있는 값 x와 그 확률 $\Pr[X = x]$ 사이에 일정한 규칙이 없는 경우 표로 제시하기도 하나 통계학에서 자주 사용하는 확률분포는 특정한 형태를 가지고 있는 경우가 많기 때문에 확률분포를 함수로 표시하는 경우가 많다.

위의 동전 세 개를 던지는 실험에서 앞면의 개수를 확률변수 X라고 하면 X의 확률분포는

x	0	1	2	3
$P[X = x]$	1/8	3/8	3/8	1/8

와 같다. 이와 같이 확률분포, 즉, 확률변수가 가질 수 있는 값과 그에 대응되는 확률값을 표로 나타낸 것을 **확률분포표**라고 한다.

확률변수 X가 취할 수 있는 값이 $x_1, x_2, \ldots$ 와 같이 셀 수 있을 때는 이산형 확률변수 또는 이산확률변수라고 하고 확률변수의 값이 셀 수 없을 때에는 연속형 확률변수 또는 연속확률변수라고 한다.

이산형 확률변수 X가 특정한 값 x와 X가 x일 확률 $\Pr[X = x]$ 사이에 일정한 규칙이 있어서 그 규칙을 함수로 표시할 수 있는 경우에는[1] 그 함수를 **확률질량함수** (probability mass function)라고 한다.

연속형 확률변수인 경우 X가 특정한 범위내의 확률을 확률이 모든 $a \leq b$에 대해서

$$\Pr[a \leq X \leq b] = \int_a^b f(x)dx \tag{2.1}$$

로 얻을 수 있으면 이 함수 f를 **확률밀도함수**라고 한다. 이 때 $\int_{-\infty}^{\infty} f(x)dx = 1$이다.

보기 2.1. 함수 $f(x) = 1 - x^2$, $0 < x < 1$은 확률밀도함수가 될 수 없다.

이산형 확률변수의 확률질량함수도 확률변수가 연속인 경우와 불연속인 경우를 특별히 구분할 필요가 없을 경우는 확률밀도함수로 부르기도 한다.

2.2. 기댓값

확률변수 X가 이산확률변수이면 X의 **기댓값**은 $\mathrm{E}[X]$로 나타내고 이 값은

$$\mathrm{E}[X] = \sum_{\text{모든 } x} xf(x) \tag{2.2}$$

로 정의한다. 이때 $f(x)$는 X의 확률밀도함수이다. X가 연속확률변수이면 X의 기댓값은

$$\mathrm{E}[X] = \int_{-\infty}^{\infty} xf(x)dx \tag{2.3}$$

으로 정의한다. 기댓값은 그리스 문자를 사용하여 μ로 표기하는 경우가 많으며 자료에서 계산된 평균과 구분하는 경우에는 **모평균**이라고도 한다.

---

[1]즉, 확률분포를 함수로 표현할 수 있는 경우이다.

확률변수 X의 함수 $g(X)$의 기댓값은

$$\mathrm{E}[g(X)] = \begin{cases} \displaystyle\sum_{\text{모든 } x} g(x)f(x) & X\text{가 이산일 때} \\ \displaystyle\int_{-\infty}^{\infty} g(x)f(x)dx & X\text{가 연속일 때} \end{cases} \tag{2.4}$$

으로 얻어진다.

분산(variance)은 $\mathrm{E}[(X-\mu)^2]$으로 정의하며 식 (2.4)의 확률변수의 함수의 기댓값의 성질에 의해서

$$\mathrm{Var}(X) = \begin{cases} \displaystyle\sum_{\text{모든 } x} (x-\mu)^2 f(x) & X\text{가 이산일 때} \\ \displaystyle\int_{-\infty}^{\infty} (x-\mu)^2 f(x)dx & X\text{가 연속일 때} \end{cases} \tag{2.5}$$

로 얻어진다. 분산은

$$\mathrm{E}(X-\mu)^2 = \mathrm{E}[X^2] - \mathrm{E}[X]^2 \tag{2.6}$$

임을 이용하여 간단히 계산할 수도 있다. 이를 분산의 간편식이라고 부르기도 한다. 모집단의 분산은 σ^2으로 표기하는 경우가 많다.

분산의 양의 제곱근은 **표준편차**(standard deviation)라고 하며 σ로 나타낸다. 분산과 표준편차는 전체 분포의 흩어짐에 대한 측도로 주로 사용한다. 즉 분산이나 표준편차가 큰 확률변수는 그렇지 않은 확률변수에 비해 많이 흩어진 분포를 갖는다.

보기 2.2. 세 개의 동전을 던질때 나오는 앞면의 개수를 X라 할 때 X의 기댓값과 분산을 구하여 보면 기댓값은

$$\mathrm{E}[X] = 0\cdot\frac{1}{8} + 1\cdot\frac{3}{8} + 2\cdot\frac{3}{8} + 3\cdot\frac{1}{8} = 1.5$$

이고 분산은

$$\sigma^2 = (0-1.5)^2\cdot\frac{1}{8} + (1-1.5)^2\cdot\frac{3}{8} + (2-1.5)^2\cdot\frac{3}{8} + (3-1.5)^2\cdot\frac{1}{8} = 0.75$$

이다. ■

보기 2.3. 확률변수 X가 특정한 구간 (a,b)사이에 균일하게 분포하는 확률분포를 **일양분포**(uniform distribution)이라고 하고 $U(a,b)$로 표시한다. 이 경우 확률밀도 함수는

$$f(x) = \begin{cases} 1/(b-a) & x \in (a,b) \\ 0 & \text{그 외의 경우} \end{cases} \tag{2.7}$$

이 된다. X가 일양분포 $U(0,1)$를 따를 때 X의 기댓값과 분산을 계산해 보자. 확률밀도함수가 $(0,1)$ 구간에서 1이고 나머지 구간에서는 0이므로 기댓값은

$$\mathrm{E}[X] = \int_0^1 x \cdot 1 dx = \frac{1}{2}$$

이고 같은 방법으로 $\mathrm{E}[X^2] = 1/3$ 이므로 분산은 $\mathrm{E}(X-\mu)^2 = \mathrm{E}[X^2] - (\mathrm{E}[X])^2 = 1/12$ 이다. ■

2.3. 기댓값과 분산의 성질

확률변수 X의 기댓값과 분산은 그 정의에 의해서 다음과 같은 성질을 갖는다.

임의의 상수 a와 b에 대해서

$$\begin{aligned} \mathrm{E}[aX+b] &= a\mathrm{E}[X]+b \\ \mathrm{Var}(aX+b) &= a^2\mathrm{Var}(X) \end{aligned} \tag{2.8}$$

이다.

분산은 어떤 상수를 곱하는 경우를 제외하고는 그 값이 바뀌지 않는다. 즉 a가 1인 경우 b의 값이 바뀌더라도 분산은 값은 변하지 않는데, 분산이 분포의 흩어짐을 측정하기 위한 측도임을 고려하면 자료가 좌우로 이동하더라도 분포의 흩어짐이 변함이 없으므로 분산이 변하지 않을 것으로 예상할 수 있다.

보기 2.4. 보기 2.2에서 본 세 개의 동전을 던지는 실험에서 동전을 세 개 던져 나온 앞면의 개수만큼 10,000원씩 상금을 받는 게임을 한다고 하자. 이 게임에서 동전을 세 개 던져 얻을 수 있는 상금의 기댓값과 분산을 구하여보자. 각 동전이 앞면이

나올 확률은 0.5라고 하자. 앞면의 개수를 X, 상금을 Y라 하면 $Y = 10000X$이다. X의 기댓값과 분산은 1.5와 0.75이므로 상금의 기댓값과 분산은 15000과 75000000이다. 확률변수 Y의 분포를 이용하여 직접 기댓값과 분산을 구하려면 Y의 확률분포를 얻어야 한다. 상금의 확률분포는

y	0	10,000	20,000	30,000
$\Pr[Y = y]$	1/8	3/8	3/8	1/8

이므로 기댓값은

$$\frac{3 \cdot 10000 + 3 \cdot 20000 + 30000}{8} = 15000$$

이고 분산은

$$\frac{(0-15000)^2 + 3 \cdot (10000-15000)^2 + 3 \cdot (20000-15000)^2 + (300000-15000)^2}{8}$$

$$= 75000000$$

이므로 두 결과가 같음을 볼 수 있다.

2.4. 자주 사용하는 이산 분포

이산분포(discrete distribution)란 확률변수가 가질 수 있는 값이 셀 수 있는 경우(countable), 그 확률변수의 분포를 이산분포라고 한다. 이산확률변수가 가질 수 있는 값의 개수는 무한 개일 수도 있다.

2.4.1 베르누이 시행

베르누이 시행(Bernoulli trials)은 확률변수 X가 가질 수 있는 값이 1과 0 두 가지뿐이고 1이 될 확률이 p인 분포이다($0 < p < 1$). 이 분포는 동전 하나를 던질 때 앞면 또는 뒷면, 어떤 제품의 합격 또는 불합격 등과 같이 1과 0으로 표현할 수 있는 경우에 응용이 가능하다. 이 분포는 수식으로

$$p(x) = \begin{cases} p & x\text{가 } 1 \text{ 일 때} \\ 1-p & x\text{가 } 0 \text{ 일 때} \end{cases} \tag{2.9}$$

으로 표현되며 $\mathrm{E}[X] = p$, $\mathrm{Var}(X) = p(1-p)$임은 쉽게 계산할 수 있다. 베르누이 시행은 그 자체보다는 베르누이 시행의 합인 이항분포의 기초를 제공해 주는 역할

을 한다.

2.4.2 이항 분포

이항분포(binomial distribution)는 독립이고 분포가 같은 n개의 베르누이 시행의 합의 분포이다. 즉, $X_1, X_2, \ldots, X_n$이 독립이고 성공확률이 p인 베르누이 분포의 확률변수이면 $X_1 + X_2 + \cdots + X_n$의 분포는 이항분포이며 확률밀도함수는

$$p(x) = \binom{n}{x} p^x (1-p)^{n-x}, \quad x = 0, 1, 2, \ldots, n \tag{2.10}$$

이다. 이 분포는 n개의 동전을 던질 때 앞면의 개수의 분포, n개의 제품을 검사할 때 불량품의 개수에 대한 분포 등으로 사용할 수 있다. 이항분포의 기댓값과 분산은 $\mathrm{E}[X] = np$, $\mathrm{Var}(X) = np(1-p)$이다.

이항분포는 성공률 p의 추정치인 X/n의 추론에 많이 사용하며 n이 충분히 큰 경우에 이항분포의 정규근사를 사용하기도 한다. 확률변수 X가 실험횟수 n, 성공확률 p인 이항분포를 따르면 $X \sim B(n, p)$로 나타낸다.

2.4.3 초기하 분포

초기하 분포는 붉은공이 m개 흰공이 $N-m$개 들어 있는 주머니에서 n개를 비복원으로 집어낼 때 붉은공의 개수 x에 대한 확률 모형으로 사용하는 분포로 분포함수는

$$p(x) = \frac{\binom{N-m}{n-x}\binom{m}{x}}{\binom{N}{n}}, \quad x = \max(0, n-(N-m)), 1, 2, \ldots, \min(n, m)) \tag{2.11}$$

로 나타낸다. 초기하분포는 모집단이 유한일 때의 분포로 모집단이 무한으로 커지면서 $\lim_{N\to\infty} m/N = p$ 이면 이항분포 $B(n, p)$와 같다.

초기하분포의 기댓값과 분산은 각각 np, $np(1-p)\dfrac{N-n}{N-1}$ 이다(단 $p = m/N$).

2.4.4 포아송 분포

포아송 분포(Poisson distribution)는 단위시간, 단위길이, 단위면적에서 일어나는 도착, 결점수 등에 사용하는 분포로서 단위시간에 발생하는 사건의 수를 X라고 하면 분포함수는

$$\Pr[X = x] = p(x) = \frac{m^x e^{-m}}{x!}, \quad x = 0, 1, 2, \ldots \tag{2.12}$$

이다. 포아송 분포는 기댓값과 분산이 모두 m이다.

2.5. 연속분포

만일 X가 가질수 있는 값이 이산이 아니고 연속이라면 X의 값으로 취할 수 있는 값이 연속인 분포를 사용하여야 한다. $f(x)$가 연속 분포의 확률밀도함수이면 $f(x) \geq 0$이며

$$\int_{-\infty}^{\infty} f(x)dx = 1 \tag{2.13}$$

2.5.1 정규분포

평균이 μ이고 분산이 σ^2인 **정규분포**는

$$f(x) = \frac{1}{\sqrt{2\pi}\sigma} \exp\Big\{-\frac{(x-\mu)^2}{2\sigma^2}\Big\}, \quad -\infty < x < \infty \tag{2.14}$$

와 같은 확률밀도함수를 가지며 이 분포는

1. 전체적인 모양은 종의 모양이며
2. μ에서 가장 큰 값을 가지며
3. μ를 중심으로 좌우 대칭

인 특징을 가지며 통계학에서 가장 자주 사용하는 분포이기도 하다. 특히 기댓값이 0이고 분산이 1인 정규분포는 **표준정규분포**라고 하며 이 분포의 확률은 따로 표 A.2에 정리하였다.

X가 평균이 μ이고 분산이 σ^2인 정규분포를 따르는 확률변수라고 하면 평균 μ를 기준으로 표준편차범위, 2배의 표준편차 범위 및 3배의 표준편차 범위에 속할 확률은 그림 2.2에서 보는 것 처럼 각각 0.683, 0.954 및 0.997이 된다.

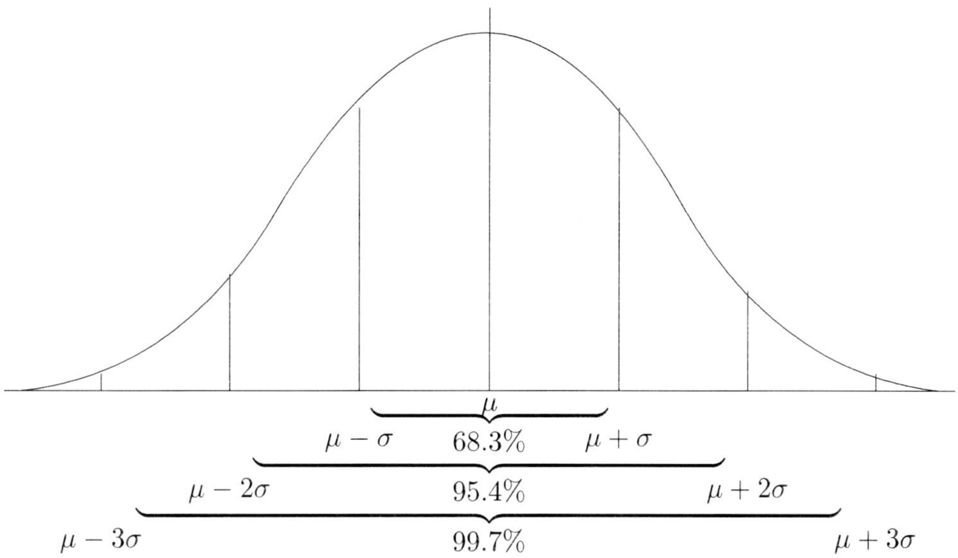

그림 2.2: 정규분포 확률

확률변수 X가 기댓값이 μ, 분산이 σ^2인 정규분포를 따르면 $X \sim N(\mu, \sigma^2)$로 나타내며 $X \sim N(\mu, \sigma^2)$ 이면

$$Z = \frac{X - \mu}{\sigma} \sim N(0, 1) \tag{2.15}$$

의 성질을 갖는다. 어떤 확률 변수 X에 대해 식 (2.15)과 같이 기댓값에 대한 차를 표준편차로 나누는 것을 **표준화**(standardization)라고 한다. 표 A.2에는 표준정규분포에서의 확률 $\Pr[Z > z]$를 정리하였다.

$X \sim N(\mu, \sigma^2)$일 때 표준화를 이용하여 정규분포에서의 확률을 계산할 수 있다. 즉,

$$\Pr[X < x] = \Pr\left[\frac{X - \mu}{\sigma} < \frac{x - \mu}{\sigma}\right] = \Pr\left[Z < \frac{x - \mu}{\sigma}\right]$$

를 이용하면 Z가 표준정규분포를 가지므로 표 A.2을 이용하여 그 값을 구할 수 있다.

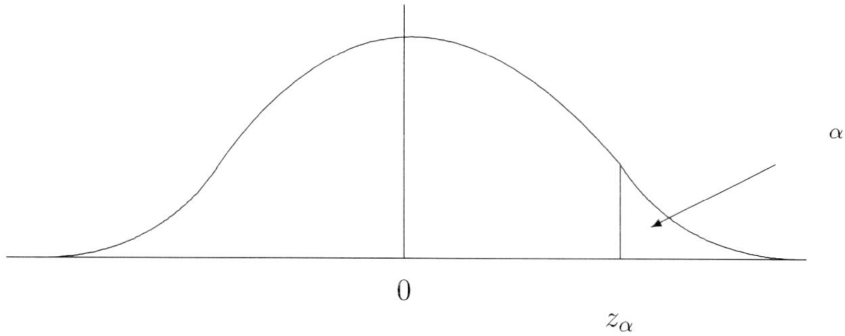

그림 2.3: 표준정규분포와 z_α

보통 $\Pr[Z > a] = \alpha$가 되는 점 a를 z_α로 표현하여 사용한다.[2] 그림 2.3에서 표시된 z_α와 α의 관계에서 보는 것과 같이 z_α의 오른쪽 면적(확률)이 α가 된다. 표 A.2에서 $z_{0.05} = 1.645$, $z_{0.025} = 1.96$임을 확인할 수 있다.

표준정규분포는 0을 기준으로 대칭이므로 대부분의 정규분포표에서는 그림 2.3의 α의 값이 1/2 보다 작을 때만 표로 제시한다. 1/2보다 큰 α 값은 정규분포의 대칭성에 의해 $z_{1-\alpha} = -z_\alpha$ 임을 알 수 있으므로 쉽게 얻을 수 있다. 예를 들면 $z_{.95} = -z_{0.05}$이다.

보기 2.5. 어느 시험의 성적이 평균이 50 분산이 25인 정규분포를 가진다고 하자. 이 시험에서 60점 이상을 얻을 확률은

$$\Pr[X > 60] = \Pr\left[\frac{X-50}{5} > \frac{60-50}{5}\right] = \Pr[Z > 2] = 1 - \Pr[Z < 2] = 0.02275$$

이다. 이 시험에서 상위 95%에 해당하는 수험생의 점수는 상위 95%에 해당하는 표준정규분포의 값이 1.645이므로 상위 95%에 해당하는 점수 x는

$$0.05 = \Pr\left[Z > \frac{x-50}{5}\right]$$

을 만족하므로 $1.645 = (x-50)/5$, 즉, $x = 50 + 1.645 \cdot 5 = 58.225$점이다. ■

[2] 일부 문헌에서는 $\Pr[Z \le a] = \alpha$가 되는 점 a를 z_α로 표현하기도 한다.

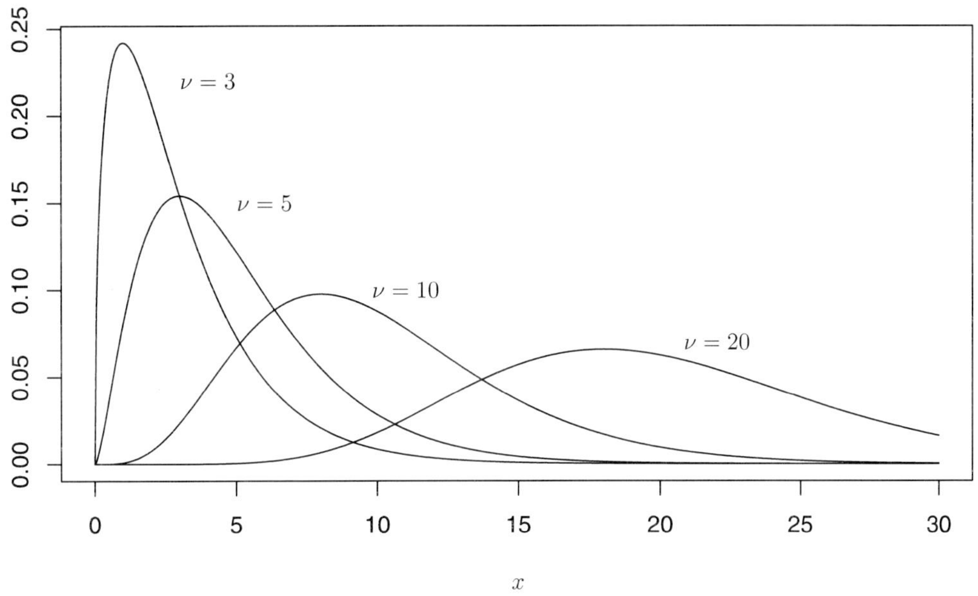

그림 2.4: 자유도에 따른 카이제곱 분포의 확률밀도함수

보기 2.6. 시험 점수의 분포가 보기 2.5과 같을 때 55점은 상위 몇 % 에 해당하는지 계산해보자. 55점은 표준화를 하면 $(55-50)/5 = 1$ 이고 표 A.2의 $z = 1.00$에 해당하는 값이 0.8413이므로 약 84% 에 해당된다(55점 이상이 약 16%). ■

2.5.2 카이제곱분포

$Z_1, Z_2, \ldots, Z_\nu$ 가 서로 독립인 표준정규분포로부터의 확률변수라 하면

$$Z_1^2 + Z_2^2 + \cdots + Z_\nu^2$$

의 분포는 자유도가 ν인 **카이제곱분포** 또는 χ^2 분포(chi square distribution)라고 하고 확률변수 X가 자유도 ν인 카이제곱분포를 따르면 $X \sim \chi^2_\nu$로 표시한다. 따라서 χ^2 분포의 자유도는 제곱하여 합한 표준정규분포의 개수이다.

카이제곱분포의 정의에 의해서 X_1과 X_2가 독립이고 각각 카이제곱분포 $\chi^2_{\nu_1}$과 $\chi^2_{\nu_2}$를 따르면 $X_1 + X_2$는 $\chi^2_{\nu_1+\nu_2}$를 따르게 된다.

표준정규분포의 분산이 1임을 이용하면 카이제곱분포의 기댓값은 ν임을 쉽게 보일 수 있으며 분산은 2ν이다.

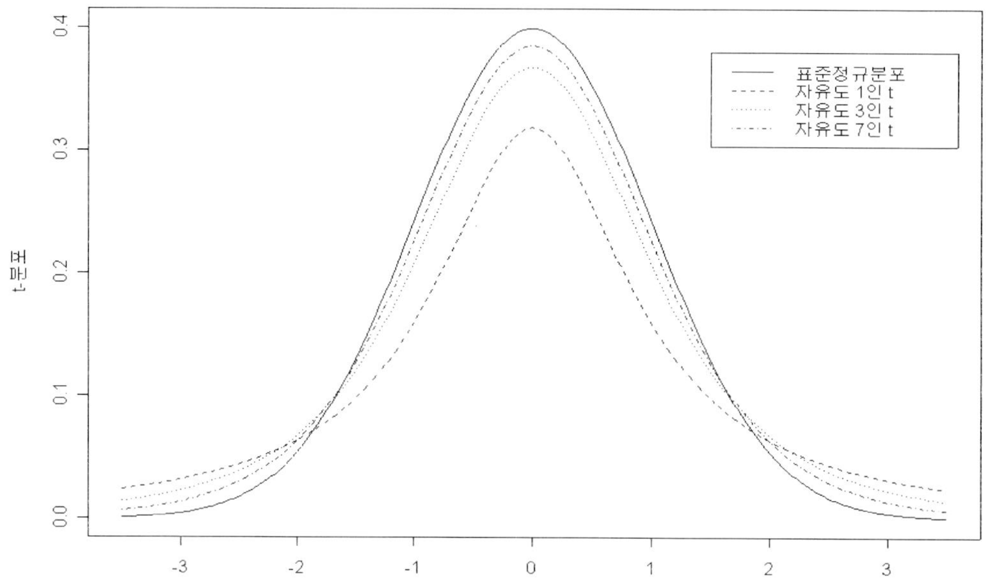

그림 2.5: 자유도에 따른 t 분포의 모양

그림 2.4에서는 자유도에 따른 카이제곱 분포의 확률밀도함수의 모양의 변화를 볼 수 있다.

표 A.4과 표 A.5에는 카이제곱분포를 따르는 확률변수의 확률을 수록하였다.

2.5.3 t 분포

Z가 표준정규분포로부터의 확률변수이고 χ^2_ν가 자유도가 ν인 카이제곱분포에서의 확률변수라하자. 이 두 확률변수가 독립이면

$$\frac{Z}{\sqrt{\chi^2_\nu/\nu}}$$

의 분포는 자유도가 ν인 t 분포라 하고 t_ν로 표시한다. t 분포의 자유도는 분모의 χ^2 분포의 자유도에 의해 결정된다.

t 분포도 표준정규분포와 마찬가지로 0에 대하여 대칭이다. 또한 자유도가 커질수록 t 분포는 표준정규분포로 수렴하며 자유도가 작아지면 표준정규분포에 비해서 좀더 꼬리가 두꺼워지는 분포를 갖는다.

그림 2.5에는 자유도가 1, 3, 7 및 ∞(표준정규분포)인 t 분포의 확률밀도 함수의 모양을 비교하였다.

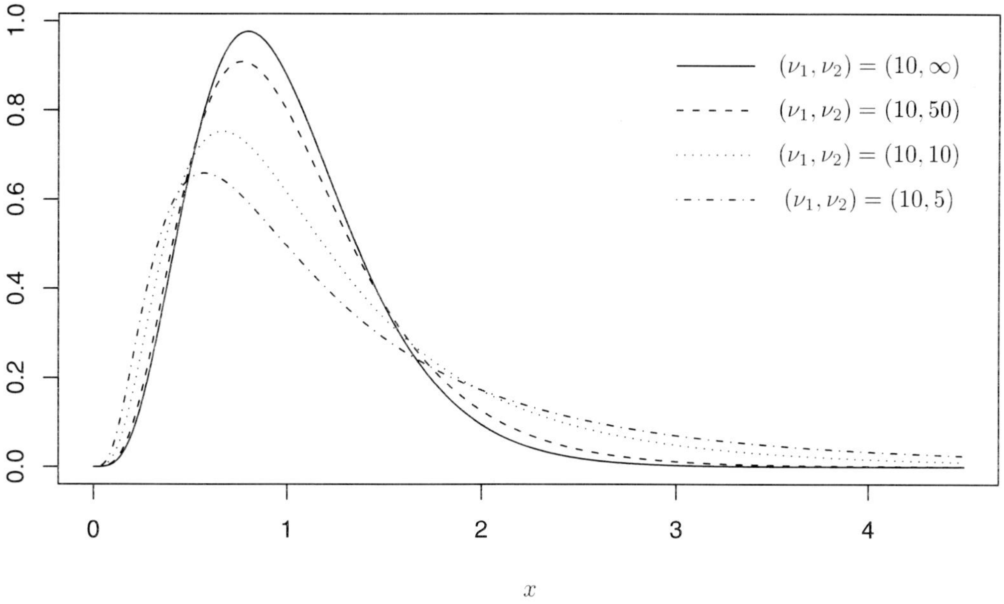

그림 2.6: 자유도에 따른 F 분포의 확률밀도함수

표 A.3에는 t 분포를 따르는 확률변수의 확률을 수록하였다.

2.5.4 F 분포

$X_1 \sim \chi^2_{\nu_1}$과 $X_2 \sim \chi^2_{\nu_2}$가 독립이고 각각 자유도가 ν_1, ν_2인 카이제곱분포에서의 확률변수라 하면

$$\frac{X_1/\nu_1}{X_2/\nu_2}$$

의 분포는 F **분포**라 하고 F_{ν_1,ν_2}로 나타낸다. 정의에 의해서 F_{ν_1,ν_2}와 $1/F_{\nu_2,\nu_1}$ 는 같은 분포를 가짐을 알 수 있다. F 분포의 자유도는 분자와 분모의 카이제곱 분포의 자유도에 의해 결정된다.

그림 2.6에서는 자유도에 따른 F 분포의 확률밀도함수의 모양의 변화를 볼 수 있다.

표 A.6에서 표 A.11에는 카이제곱분포를 따르는 확률변수의 확률을 수록하였다.

2.5.5 지수분포

지수분포(exponential distribution)는 각각의 도착이 단위시간당 λ의 비율인 포아송 분포일때 독립인 두 도착간의 시간의 분포로 많이 사용하는 분포로서 $\lambda > 0$에 대해서 확률밀도함수는

$$f(x) = \lambda e^{-\lambda}, \quad x > 0 \tag{2.16}$$

이다. 이 분포의 기댓값은 $1/\lambda$ 이며 분산은 $1/\lambda^2$이다.

2.6. 결합확률분포

많은 통계적 분석에서 둘 이상의 확률변수를 동시에 다루어야 한다. 특정한 질병을 가진 환자의 혈압과 혈당치를 동시에 관찰하는 경우나 주머니 속에 있는 두 가지 색깔의 공을 꺼내는 경우 각각의 색깔의 공의 수를 살피는 경우가 두 개의 확률변수를 동시에 다루는 경우이다. 이와 같이 둘 이상의 확률변수가 있을 때 이들의 가능한 값에 대한 확률분포를 결합확률분포라고 한다.

보기 2.7. 서로 다른 동전 세 개를 동시에 던진다고 하자. 첫 번째와 두 번째 동전의 앞면의 수와 두 번째와 세 번째 동전에서 나온 앞면의 수를 각각 X와 Y라고 하면 이 들의 확률분포는 다음과 같다.

	HHH	HHT	HTH	THH	HTT	THT	TTH	TTT
X	2	2	1	1	1	1	0	0
Y	2	1	1	2	0	1	1	0

이 표를 다시 요약하면 있으며 (X, Y)의 분포는 다음과 같다.

Y \ X	0	1	2	합
0	1/8	1/8	0	2/8
1	1/8	2/8	1/8	4/8
2	0	1/8	1/8	2/8
합	2/8	4/8	2/8	1

보기 2.7의 행 또는 열의 합은 각각 X와 Y의 확률분포임을 확인할 수 있으며 이렇게 얻어진 확률분포를 주변확률분포라고 한다.

2.7. 공분산과 상관계수

두 확률변수 X와 Y의 공분산(covariance)은 $\mathrm{Cov}(X,Y)$로 나타내고 다음과 같이 정의한다.

$$\mathrm{Cov}(X,Y) = \mathrm{E}(X-\mathrm{E}[X])(Y-\mathrm{E}[Y]) = \mathrm{E}[XY]-\mathrm{E}[X]\mathrm{E}[Y] \tag{2.17}$$

확률변수 X가 증가(감소)할 때 Y도 증가(감소)하는 경향이 있으면 공분산은 양수가 되며, X가 증가(감소)할 때 Y가 감소(증가)하는 경향이 있으면 공분산은 음수 값을 갖는다. 두 확률변수가 독립이면 공분산은 0이나 그 역은 성립하지 않는다.

보기 2.8. 두 확률변수의 결합확률분포가

	Y			
X	-1	0	1	합
1	1/3	0	1/3	2/3
-1	0	1/3	0	1/3
합	1/3	1/3	1/3	1

와 같은 경우 $\mathrm{E}[X]=1/3$, $\mathrm{E}[Y]=0$, $E[XY]=0$으로 공분산은 0이지만 $\mathrm{Pr}[X=1,Y=-1]=1/3\neq\mathrm{Pr}[X=1]\,\mathrm{Pr}[Y=-1]=2/9$로 두 확률변수가 독립은 아니다. ■

공분산의 크기는 X나 Y의 단위에 따라 달라지므로 공분산의 값만으로는 X와 Y의 연관성의 정도를 판단할 수 없다.

상관계수(correlation coefficient) ρ는

$$\rho = \frac{\mathrm{Cov}(X,Y)}{\sqrt{\mathrm{Var}(X)\mathrm{Var}(Y)}} \tag{2.18}$$

로 정의한다. 상관계수 ρ는 어떤 확률변수들 사이의 상관계수인지 명확하게 할 필요가 있는 경우 $\mathrm{Corr}(X,Y)$와 같이 표현하기도 한다.

공분산은 두 확률변수가 어느 정도의 관계를 갖는지에 대한 측도로도 사용할 수 있으나 측정단위에 따라 값이 달라지기 때문에 절대적인 기준이 되지는 못한다. 다만 공분산의 부호가 양인지 음인지에 따라 두 확률변수의 관계를 약간은 유추할 수 있다.

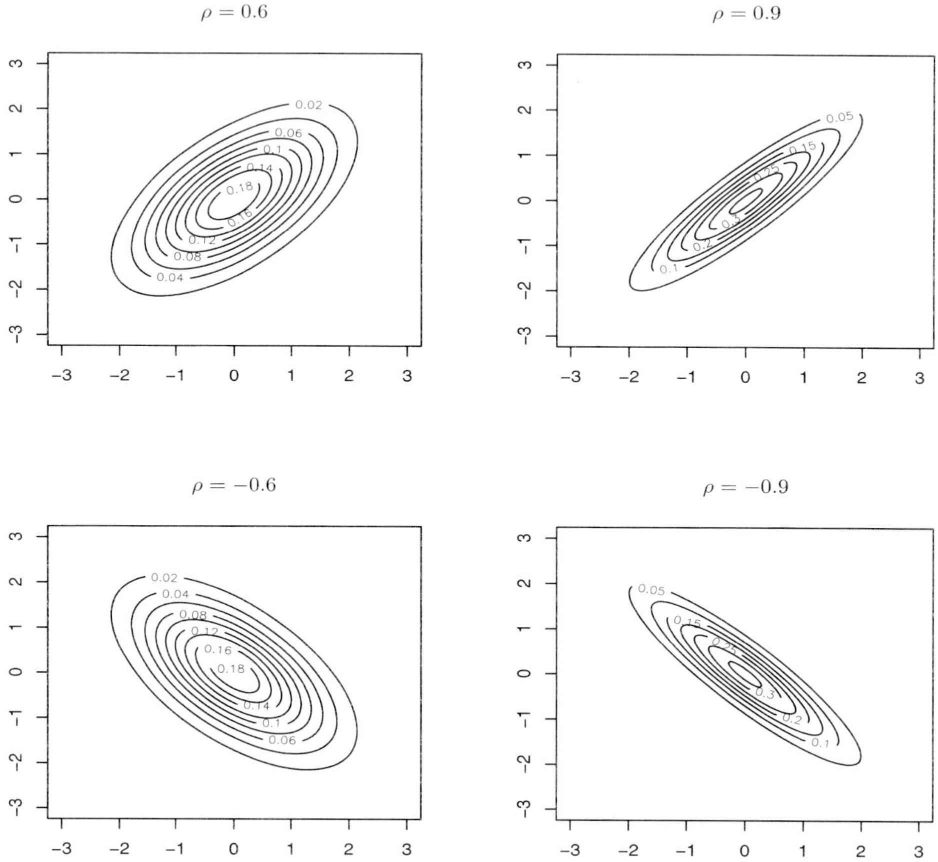

그림 2.7: 상관계수의 값에 따른 분포 등고선–이항정규분포

두 확률변수의 선형관계를[3] 측정하기 위한 측도로 사용하는 상관계수 ρ의 값은

1. 상관계수의 값은 항상 -1과 1 사이의 값을 갖는다.

2. 상관계수의 값이 양의 값이면 $X(Y)$의 값이 커질 때 $Y(X)$의 값이 같이 커지는 관계(양의 상관)가 있으며 상관계수의 값이 음의 값이면 $X(Y)$의 값이 커질 때 $Y(X)$의 값이 같이 작아지는 관계(음의 상관)가 있다.

3. 상관계수의 절대값이 1이면 X와 Y의 모든 산점은 직선 위에 있다.

[3] 직선인(linear) 관계를 말하는 것으로 여기서 소개하는 상관계수는 두 확률변수 사이의 선형이 아닌 관계는 제대로 검출하지 못하는 한계를 가지고 있으므로 선형이 아닌 관계가 있는지 유의하여야 한다.

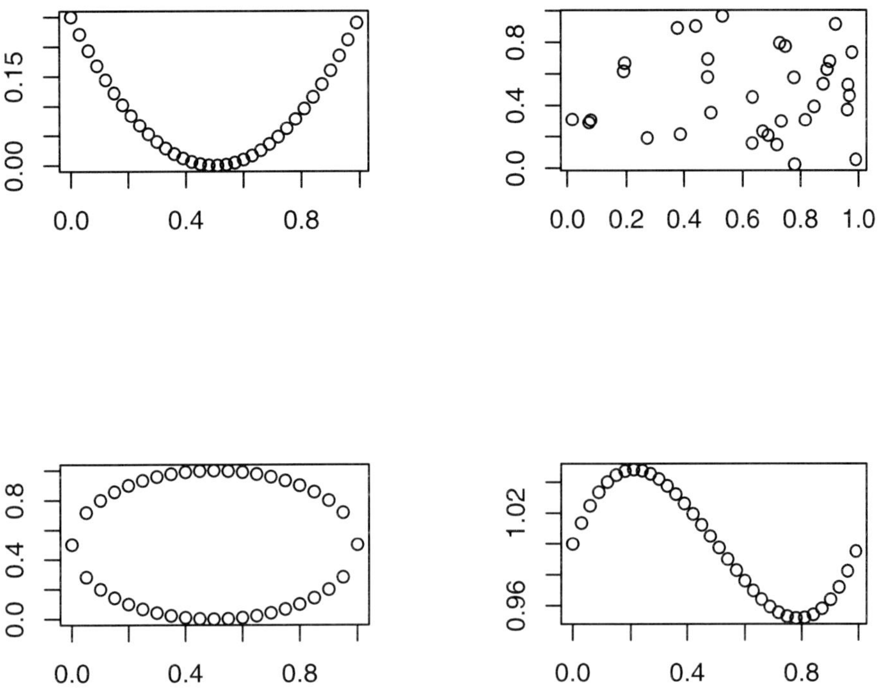

그림 2.8: 상관계수의 값이 0에 가까운 경우의 산점도

4. 상관계수의 절대값이 1에 가까울수록 두 확률변수 X와 Y는 강한 상관이 있다. 그림 2.7에는 두 확률변수가 이항정규분포일 때 상관계수의 부호와 값의 크기에 따른 등고선을 산점도를 그려 보았다.

5. 두 확률변수 X와 Y가 독립이면 상관계수는 0이다. 두 확률변수가 독립이면 공분산도 0이며 따라서 독립인 두 확률변수의 곱의 기댓값은 기댓값의 곱으로 얻을 수 있다. 즉, X와 Y가 독립이면 $\mathrm{E}[XY] = \mathrm{E}[X]\mathrm{E}[Y]$ 이다.

6. 상관계수가 0이더라도 두 확률변수는 독립이 아닐 수 있다. 그림 2.8의 네 산점도는 모두 상관계수가 0인 경우의 산점도 이다. 이 그림에서 두 번째 그림을 제외한 나머지의 경우는 상관계수는 0이라도 실제 두변수가 독립은 아닌

경우의 산점도를 예시하였다.

보기 2.9. 보기 2.7에서 정의된 X와 Y의 공분산과 상관계수를 얻어보자. 먼저 $\mathrm{E}[X] = \mathrm{E}[Y] = 1$이고 $\mathrm{Var}(X) = \mathrm{Var}(Y) = 1/2$임을 주변분포로부터 알 수 있다. 또한

$$\mathrm{E}[XY] = \frac{1 \cdot 1 \cdot 2 + 1 \cdot 2 \cdot 1 + 2 \cdot 1 \cdot 1 + 2 \cdot 2 \cdot 1}{8} = 10/8$$

이므로 $\mathrm{Cov}(X, Y) = \mathrm{E}[XY] - \mathrm{E}[X]\mathrm{E}[Y] = 10/8 - 1 = 1/4$ 이고 따라서 상관계수 $\rho = 1/2$이다. 전체적으로 X가 증가할 때 Y가 증가하는 패턴이 있음을 알 수 있으므로 공분산이나 상관계수가 양의 값을 갖는다. ■

보기 2.10. 확률변수 X를 -10에서 10 사이의 정수를 가질 확률이 1/21인 확률변수라고 하고 Y를 X^2이라고 하자. Y의 분포는 $1^2, 2^2, \ldots, 10^2$ 일 확률이 각각 2/21이고 0일 확률이 1/21이 된다. 두 확률변수의 결합분포는 $(-10, 100), (-9, 81), \cdots,$ $(10, 100)$의 확률이 각 1/21인 확률분포이므로

$$\mathrm{E}[XY] = \frac{-10 \cdot 100 - 9 \cdot 81 + \cdots + 10 \cdot 100}{21} = 0$$

이고 $\mathrm{E}[X] = 0$이므로 공분산은 0이다. 따라서 상관계수도 0이다. 두 확률변수가 독립이 아닌 것은 너무나 자명하다. 즉, X가 특정한 값이면 Y는 특정한 값이 됨을 알 수 있기 때문이다. 두 확률변수 X와 Y가 독립이 아님을 이론적으로 밝히기 위해서는

$$0 = P[X = 1, Y = 9] \neq P[X = 1]P[Y = 9] = \frac{1}{21}\frac{2}{21}$$

임을 확인한다. 이 예에서 공분산 또는 상관계수가 0인 두 확률변수가 독립이 아닐 수 있음을 확인하였다. ■

2.8. 결합분포에서의 기댓값, 분산, 공분산, 상관계수의 성질

X와 Y의 결합확률밀도 함수가 $f(x, y)$이면 함수 g에 대해서 $g(X, Y)$의 기댓값은

$$E[g(X, Y)] = \begin{cases} \sum\sum g(x, y) f(x, y) & x,\ y\text{가 이산일 때} \\ \int\int g(x, y) f(x, y) & x,\ y\text{가 연속일 때} \end{cases}$$

이다.

X와 Y가 확률변수이면

상수 a, b, c에 대해서

$$\mathrm{E}[aX + bY + c] = a\mathrm{E}[X] + b\mathrm{E}[Y] + c$$

$$\mathrm{Var}(aX + bY + c) = a^2\mathrm{Var}(X) + b^2\mathrm{Var}(Y) + 2ab\mathrm{Cov}(X, Y)$$

이며 X와 Y가 독립이면 공분산이 0이므로

$$\mathrm{Var}(aX + bY + c) = a^2\mathrm{Var}(X) + b^2\mathrm{Var}(Y)$$

이다. 일반적으로 $a_1, a_2, \ldots, a_n$이 상수이고 $X_1, X_2, \ldots, X_n$이 확률변수이면

$$\mathrm{E}[a_1X_1 + a_2X_2 + \cdots + a_nX_n] = a_1\mathrm{E}[X_1] + a_2\mathrm{E}[X_2] + \cdots + a_n\mathrm{E}[X_n] \quad (2.19)$$

$$\mathrm{Var}(a_1X_1 + a_2X_2 + \cdots + a_nX_n) = a_1^2\mathrm{Var}(X_1) + a_2^2\mathrm{Var}(X_2) + \cdots + a_n^2\mathrm{Var}(X_n) + 2\sum_{i>j} a_ia_j\mathrm{Cov}(X_i, X_j) \quad (2.20)$$

이며 만일 X_i들이 모두 독립이면 $i \neq j$일 때 공분산 $\mathrm{Cov}(X_i, X_j)$이 모두 0이므로

$$\mathrm{Var}(a_1X_1 + a_2X_2 + \cdots + a_nX_n) = a_1^2\mathrm{Var}(X_1) + a_2^2\mathrm{Var}(X_2) + \cdots + a_n^2\mathrm{Var}(X_n) \quad (2.21)$$

이다.

보기 2.11. 한 나무에 서식하는 해충 A와 B의 마리수를 각각 X와 Y라고 할 때 이들의 결합분포는 다음과 같다고 한다.

X \ Y	0	1	2	3	4	합
0	0.2	0.1	0	0	0	0.3
1	0.1	0.2	0.1	0	0	0.4
2	0	0	0.1	0.1	0.1	0.3
합	0.3	0.3	0.2	0.1	0.1	1.0

이 나무에 서식하는 해충 A의 마리수 당 피해는 다섯 개의 잎이고 해충 B의 마리수 당 피해는 세 개의 잎이라고 할 때 전체 피해 잎의 수에 대한 기댓값과 분산을 구해보아라.

풀이: $\mathrm{E}[5X+3Y]$를 계산하면 되고 X의 기댓값은 $0 \cdot 0.3 + 1 \cdot 0.4 + 2 \cdot 0.3 = 1$ 이고 Y의 기댓값은 $0 \cdot 0.3 + 1 \cdot 0.3 + 2 \cdot 0.2 + 3 \cdot 0.1 + 4 \cdot 0.1 = 1.4$이다. 따라서

$$\mathrm{E}[5X+3Y] = 5\mathrm{E}[X] + 3\mathrm{E}[Y] = 9.2$$

이다. 또한 $\mathrm{E}[XY] = 2.2$이므로 $\mathrm{Cov}(X,Y) = 0.8$이고 $\mathrm{E}[X^2] = 1.6$, $\mathrm{E}[Y^2] = 3.6$이므로 $\mathrm{Var}(X) = 0.6$, $\mathrm{Var}(Y) = 1.64$이다. 따라서

$$\mathrm{Var}(5X+3Y) = 25 \cdot 0.6 + 9 \cdot 1.64 + 2 \cdot 5 \cdot 3 \cdot 0.8 = 53.76$$

이다. ■

앞에서 본 기댓값의 성질을 사용하면 상수 a, b, c 및 d와 확률변수 X, Y에 대해서

$$\mathrm{Cov}(aX+b, cY+d) = ac\mathrm{Cov}(X,Y) \tag{2.22}$$

이며 a와 c가 0이 아니면

$$\mathrm{Corr}(aX+b, cY+d) = \frac{ac}{|a||c|}\mathrm{Corr}(X,Y) \tag{2.23}$$

임을 알 수 있다. 위 식의 $\frac{ac}{|a||c|}$은 항상 1 또는 -1의 값을 가짐에 유의하자. 즉, $(aX+b)$와 $(cY+d)$의 상관 계수는 a와 c의 부호가 같은 방향으로 바뀌는 경우 상관계수는 X와 Y의 상관계수와 같은 값을 가지며 그렇지 않은 경우 상관계수의 크기는 변함이 없고 부호만 바뀐다.

보기 2.12. 보기 2.11의 자료를 이용하여 해충의 피해를 입은 잎의 수 $5X$와 $3Y$의 상관계수를 구해보자. 이 값을 해충의 수에 대한 상관계수와 비교하여 보아라.

풀이 보기 2.11의 계산 결과에 의하면 자료에서 $\mathrm{Var}(X) = 0.6$, $\mathrm{Var}(Y) = 1.64$ 및 $\mathrm{Cov}(X,Y) = 0.8$이고 식 (2.23)에서 $a = 5, c = 3$ 및 $b = d = 0$인 경우이므로 $\frac{ac}{|a||c|} = 1$이다. 따라서 $\mathrm{Corr}(5X, 3Y) = \mathrm{Corr}(X, Y) = \frac{0.8}{\sqrt{0.6}\sqrt{1.64}} = 0.8064778$이다.

$5X$와 $3Y$의 결합분포에서 직접 상관계수를 구하기 위해 결합분포를 얻어 보면

$5X$ \ $3Y$	0	3	6	9	12	합
0	0.2	0.1	0	0	0	0.3
5	0.1	0.2	0.1	0	0	0.4
10	0	0	0.1	0.1	0.1	0.3
합	0.3	0.3	0.2	0.1	0.1	1.0

이므로 $\mathrm{E}[5X] = 5$, $\mathrm{E}[3Y] = 4.2$, $\mathrm{E}[5X \cdot 3Y] = 33$, $\mathrm{Var}(5X) = 15$, $\mathrm{Var}(3Y) = 14.76$이다. 따라서 상관계수는

$$\frac{33 - 5 \cdot 4.2}{\sqrt{15}\sqrt{14.76}} = 0.8064778$$

이다. 이 상관계수는 원래 확률변수 X와 Y의 상관계수와 같은 값임을 알 수 있다.
■

보기 2.13. 보기 2.11 및 보기 2.12의 결과에서 $5 \cdot 3\mathrm{Cov}(X,Y) = \mathrm{Cov}(5X, 3Y) = 12$임을 확인할 수 있으며 이는 식 (2.22)에서 $a = 5, c = 3$ 및 $b = d = 0$인 경우에 해당한다. ■

2.9. 통계량과 표본 분포

모집단(population)이란 발생이나 관찰이 가능한 사건, 숫자, 개념, 물건의 전체집합을 말하고 **표본**(sample)은 모집단의 부분집합을 말한다. 이러한 모집단의 특성을 정해주는 값을 **모수**(parameter)라고 한다. 정규분포에서의 기댓값 μ, 분산 σ^2, 이항분포의 p 등은 모두 모수이다. 모수의 값은 일반적으로 모르는 값으로 표본을 얻어 모수의 값을 추정하게 된다.

통계량(statistic)은 확률표본 $X_1, X_2, \ldots, X_n$에서 이 $X_1, X_2, \ldots, X_n$들로 얻어진 함수이다. 따라서 표본에서 얻어진 값인 평균, 최소값, 표준편차, 비율 등은 통계

량이다. 모집단에서 얻어진 평균인지 표본에서 얻어진 평균인지 구분할 필요가 있을 때와 같이 모집단의 특성인지 표본의 특성인 구별할 필요가 있을 때에는 모평균, 모분산, 표본평균, 표본분산과 같이 '모'와 '표본'이라는 수식어를 붙인다. 대부분의 경우 문맥상 표본에서의 특성인지 모집단에서의 특성인지 구분되기 때문에 이들 수식어를 사용하지 않는다.

크기(size)가 n인 **확률표본** 또는 **임의표본**(random sample)이란 표본에 포함된 $X_1, X_2, \ldots, X_n$ 이 동일한 분포 $f(x)$에서 추출되었고 이 X_i들이 모두 독립인 표본을 말한다. $X_1, X_2,\ \ldots,\ X_n$이 확률밀도함수 $f(x)$로부터의 확률표본이면 $X_1, X_2, \ldots, X_n \overset{iid}{\sim} f(x)$ 로 표현하기도 하는데 iid는 independent and identically distributed의 줄인 표현이다.

보기 2.14. 앞에서 소개한 용어를 적용한 몇 가지 용어를 사용한 표현을 해보자.

- 정규분포의 모수인 모평균 μ를 추정하기 위해 크기 10인 임의표본 $X_1, X_2, \ldots,$ X_{10}을 얻어 통계량인 표본 $\bar{X}$를 얻었다.
- 모수인 모상관계계수 ρ에 대한 추론을 위해 통계량인 표본상관계수가 필요하여 임의표본 $(X_1, Y_1), \ldots, (X_n, Y_n)$을 얻었다.

표본분포(sampling distribution)는 표본에서 얻어진 통계량의 분포를 말한다. 즉 $X_1, X_2, \ldots, X_n$이 표본일 때 이 표본에서 얻어진 평균의 분포, 분산의 분포, 가장 작은 값의 분포 등은 모두 표본분포이다. 표본에서 얻은 통계량의 표준편차는 **표준오차**(standard error)라고 한다.

2.9.1 표본평균의 분포

$X_1, X_2, \ldots, X_n$이 기댓값이 μ, 분산이 σ^2인 무한모집단에서의 임의표본일 때 표본평균 $\bar{X}$는 기댓값이 μ, 분산은 σ^2/n이 된다. 앞에서 본 기댓값과 분산의 성질 식 (2.19)과 식 (2.21)에 의하여

$$\mathrm{E}[\bar{X}] = \mathrm{E}\Big[\frac{X_1}{n} + \frac{X_2}{n} + \cdots + \frac{X_n}{n}\Big] = \mu \tag{2.24}$$

과

$$\mathrm{Var}[\bar{X}] = \mathrm{Var}\Big[\frac{X_1}{n} + \frac{X_2}{n} + \cdots + \frac{X_n}{n}\Big] = \frac{\sigma^2}{n^2} + \frac{\sigma^2}{n^2} + \cdots + \frac{\sigma^2}{n^2} = \frac{\sigma^2}{n} \tag{2.25}$$

이기 때문이다. 따라서 표본평균의 표준오차 $\sigma/\sqrt{n}$이다.

만일 자료가 정규분포로부터 얻어졌으면 $\bar{X}$는 정규분포를 따른다. 즉,

$$\bar{X} \sim N\Big(\mu, \frac{\sigma^2}{n}\Big)$$

이다. 표준화를 이용하면

$$Z = \frac{\bar{X} - \mu}{\sigma/\sqrt{n}} \sim N(0, 1)$$

로 표준정규분포를 얻을 수 있다.

만일 σ 자리에 표본표준편차인

$$S = \sqrt{\frac{\sum(X_i - \bar{X})^2}{n-1}}$$

을 사용하면

$$T = \frac{\bar{X} - \mu}{S/\sqrt{n}} \sim t_{n-1} \tag{2.26}$$

는 자유도가 $(n-1)$인 t 분포를 따르게 된다. (식 (2.30) 참조.)

보기 2.15. 모집단이 {1,2,3,4}인 모집단에서 두 개의 표본을 임의로 뽑는 경우를 생각해보자. 이 모집단의 기댓값은 2.5이고 분산은 1.25이다.

가능한 표본	(1,2)	(1,3)	(1,4)	(2,3)	(2,4)	(3,4)	평균
평균($\bar{X}$)	1.5	2	2.5	2.5	3	3.5	2.5

실제 표본을 얻을 때에는 위의 6개의 표본 중에서 하나를 얻게 된다. 따라서 표본평균 $\bar{X}$의 확률분포는

$\bar{x}$	1.5	2	2.5	3	3.5
$\Pr[\bar{X} = \bar{x}]$	1/6	1/6	2/6	1/6	1/6

이 되며[4] 확률변수가 된다.

만일 조사자가 (1,2)를 얻으면 표본의 평균은 1.5가 된다. 각각의 $\bar{X}$를 얻을 확률이 1/6이므로

$$\mathrm{E}[\bar{X}] = \frac{1.5 + 2 + 2.5 \times 2 + 3 + 3.5}{6} = 2.5$$

[4]따라서 평균의 평균(기댓값)은 의미 있는 말이 된다.

로 표본평균의 기댓값은 원래 자료의 기댓값임을 알 수 있다. $\bar{X}$의 분산을 구해 보면

$$\text{Var}(\bar{X}) = \frac{(1.5-2.5)^2 + (2-2.5)^2 + \cdots + (3.5-2.5)^2}{6} = \frac{5}{12}$$

로 표본평균 $\bar{X}$의 분산이 $\sigma^2/n = 1.25/2 = 0.625$와는 다른 값임을 볼 수 있는데 이는 모집단이 유한 모집단이기 때문이다. 유한 모집단일 경우 모집단의 크기가 N, 표본의 크기가n일 때 $\bar{X}$의 분산은

$$\frac{N-n}{N-1}\frac{\sigma^2}{n} = \frac{4-2}{4-1}\frac{1.25}{2} = \frac{5}{12}$$

으로 얻어지는데 여기서 모집단의 개수 $N \to \infty$이면 표본평균의 분산이 σ^2/n임을 알 수 있다. ■

보기 2.16. 임의표본 $X_1, X_2, \ldots, X_n$이 $N(20, 5^2)$ 을 따르면 표본평균 $\bar{X}$의 분포는 $N(20, 5^2/n)$ 이 된다. $n \to \infty$이면 분산이 0이 된다. ■

보기 2.17. 임의표본 $X_1, X_2, \ldots, X_{25}$이 $N(20, 5^2)$ 을 따를 때

◉ 이 분포에서 하나의 관측치 X를 얻을 때 $\Pr[X > 21]$일 확률은

$$\Pr\left[Z > \frac{21-20}{5}\right] = \Pr[Z > 0.2] = 0.4247$$

이다.

◉ 이 분포에서 얻은 평균 $\bar{X}$가 21보다 클 확률, 즉 $\Pr[\bar{X} > 21]$일 확률은

$$\Pr\left[Z > \frac{21-20}{5/\sqrt{25}}\right] = \Pr[Z > 1] = 0.1587$$

이다.

2.9.2 중심극한정리

$X_1, X_2, \ldots, X_n$이 독립이고 기댓값이 μ이고 분산이 $\sigma^2 (< \infty)$인 분포에서의 확률변수라 하면 $n \to \infty$ 일 때

$$\frac{\bar{X}-\mu}{S/\sqrt{n}} \to N(0,1) \tag{2.27}$$

이다. 여기서 $\bar{X}$와 S는 표본평균과 표본표준편차이다. 이 정리를 **중심극한정리**(central limit theorem; CLT)라 한다.

중심극한정리는 자료의 수가 충분히 크면

$$\frac{\bar{X} - \mu}{S/\sqrt{n}}$$

의 분포가 원래 자료 X_i들의 분포에 상관없이 표준정규분포에 가까와진다는 것이다. 정규분포에 수렴하는 속도는 원래 분포가 정규분포와 비슷한 좌우 대칭일수록 빠르며, 원래 자료의 분포가 정규분포와 상이할수록 느려진다. 따라서 표본의 크기가 특정한 값보다 크면 중심극한정리를 적용한다는 일반적인 규칙은 얻을 수 없다.

중심극한정리를 이용하면 표본의 크기가 충분의 크면 모평균에 대한 추론은 표본의 원래 분포에 관계없이 정규분포의 여러가지 특성을 이용할 수 있다는 것이다. 따라서 식 (2.26)의 분포는 n이 충분히 클 때 정규분포에 가까워진다는 사실과 T의 분포가 자유도가 $(n-1)$인 t-분포를 따른다는 사실을 종합하면 자유도가 충분히 큰 t-분포는 정규분포와 가깝다는 것을 알 수 있다. 실제로 t-분포의 자유도가 30 이상이면 정규분포표를 사용하기도 한다.

보기 2.18. $X_1, X_2, \ldots, X_{25}$이 $N(10, \sigma^2)$인 정규분포로부터의 확률표본이고 S^2이 25로 계산되었다고 할 때 $\Pr[\bar{X} > 11]$은

1. t-분포를 이용하면

$$\Pr[\bar{X} > 11] = \Pr\left[T_{24} > \frac{10 - 11}{5/\sqrt{25}}\right] = \Pr[T_{24} > 1] = 0.1636$$

이고

2. 정규분포를 이용하면

$$\Pr[\bar{X} > 11] = \Pr\left[Z > \frac{10 - 11}{5/\sqrt{25}}\right] = \Pr[Z > 1] = 0.1587$$

로 약간의 차이가 난다.

이 차이는 n이 클수록 작아지게 된다. ■

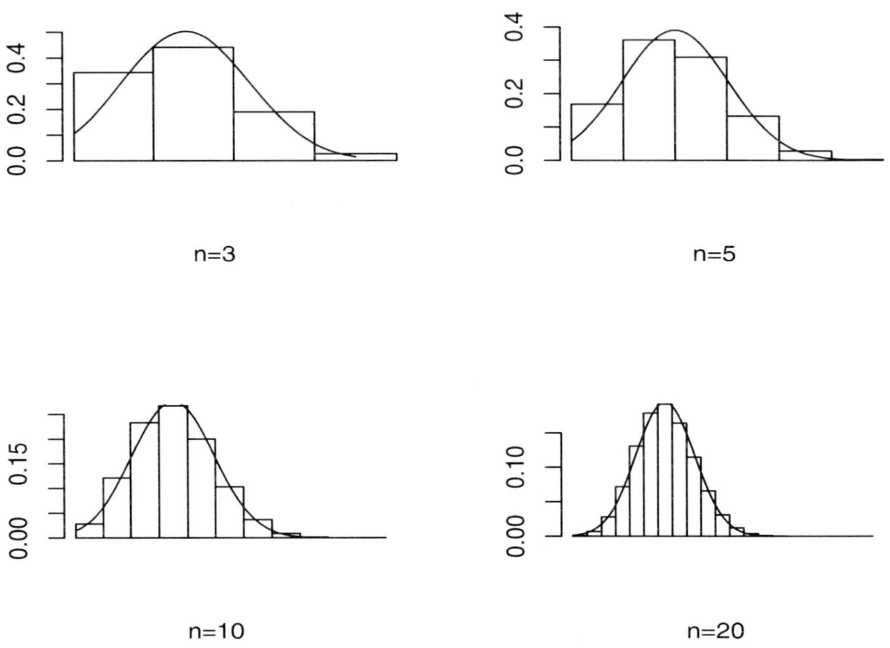

그림 2.9: p는 0.3으로 고정하고 n이 3, 5, 10, 20으로 변할 때의 이항분포의 확률 히스토그램과 평균 np, 분산 $np(1-p)$인 정규분포의 확률밀도함수의 비교

2.9.3 이항분포의 정규근사

이항분포의 정규근사(normal approximation to the binomial)이란 $X \sim B(n,p)$인 확률변수일 때 n이 충분히 크면 X의 근사적인 분포는 기댓값이 np이고 분산이 $np(1-p)$인 정규분포에 근사한다는 것을 말하는데 이는 2.9.2절의 중심극한 정리의 특수한 경우에 해당된다. n이 크고 p가 0.5에 가까울수록 더 빨리 정규분포로 근사한다. 그림 2.9은 p는 0.3으로 고정하고 n이 3, 5, 10, 20으로 변할 때의 이항분포의 확률 히스토그램과 평균 np, 분산 $np(1-p)$인 정규분포의 확률밀도함수를 비교한 것이다. 그림 2.10는 같은 n에 대해서 p가 0.5일때의 이항분포와 정규분포를 비교한 것이다. p가 0.5이면 이항분포가 대칭이기 때문에 정규분포에 빨리 가까워진

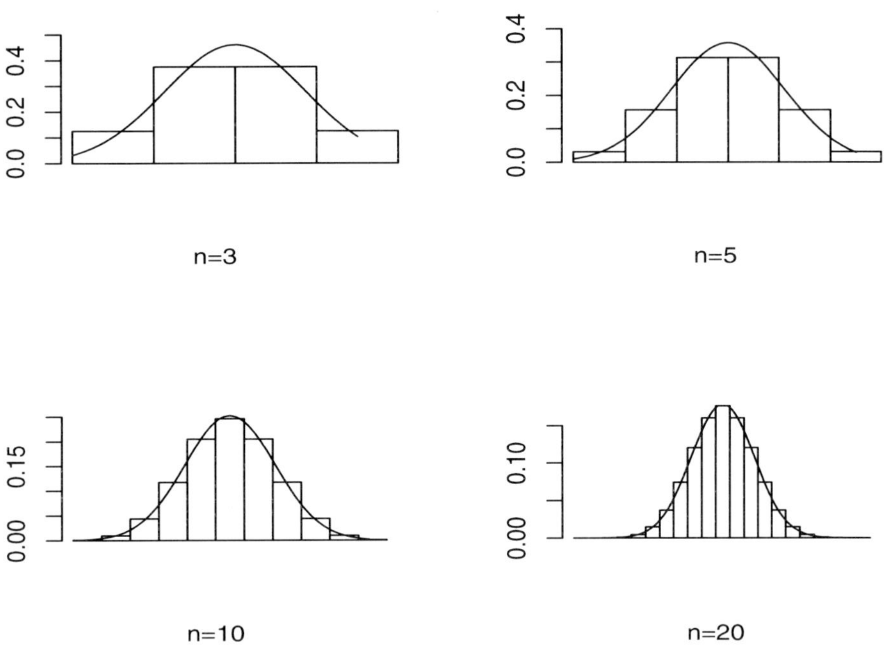

그림 2.10: p는 0.5으로 고정하고 n이 3, 5, 10, 20으로 변할 때의 이항분포의 확률 히스토그램과 평균 np, 분산 $np(1-p)$인 정규분포의 확률밀도함수의 비교

다. 이를 식으로 표현하면 $n \to \infty$ 일때

$$Z = \frac{X - np}{\sqrt{np(1-p)}} = \frac{\hat{p} - p}{\sqrt{\dfrac{p(1-p)}{n}}} \sim N(0,1) \tag{2.28}$$

라고 쓸 수 있다. 여기서 $\hat{p} = X/n$ 이다.

이항분포의 성공의 횟수 X는 각각의 실행이 앞에서 본 베르누이 시행이므로 각각의 실행을 X_i라 표시하면 n번 중의 성공의 횟수는 $X = X_1 + X_2 + \cdots + X_n$으로 표시할 수 있으므로 $\hat{p}$는 이러한 베르누이 시행의 평균으로 해석이 가능하다. 따라서 이항분포의 정규근사는 중심극한정리의 특수한 경우에 해당이 된다. 일반적으로 정규분포의 이항근사를 사용할 때는 np와 $n(1-p)$ 중에서 작은 값이 5보다 클 때 사용한다.

보기 2.19. 이항분포 $B(100, 1/2)$을 따르는 확률변수 X에 대해서 $\Pr[X \geq 55]$을 정규분포의 이항근사를 사용하여 구해 보면

$$\Pr[X \geq 55] = \Pr\left[\frac{X-50}{\sqrt{25}} \geq \frac{55-50}{\sqrt{25}}\right] = \Pr[Z \geq 1] = 0.1587$$

이다. ■

2.10. 몇 가지 표본분포

◉ 기초적인 통계적 추론에서 자주 사용하는 통계량의 중 카이제곱분포와 관계가 있는 것으로 $X_1, X_2, \ldots, X_n$가 $N(\mu, \sigma^2)$에서의 확률표본일 때

$$\frac{\sum_{i=1}^{n}(X_i - \bar{X})^2}{\sigma^2} = \frac{(n-1)S^2}{\sigma^2} \tag{2.29}$$

의 분포가 자유도가 $(n-1)$인 χ^2 분포를 따른다. 여기서 S^2은 표본분산이다.

◉ 기초적인 통계적 추론에서 자주 사용하는 t 분포의 보기로는 $X_1, X_2, \ldots, X_n$가 $N(\mu, \sigma^2)$에서의 확률표본이고 여기서 얻은 $\bar{X}$와 S^2이 표본평균과 표본분산일 때

$$T = \frac{\bar{X}-\mu}{S/\sqrt{n}} = \frac{\dfrac{\bar{X}-\mu}{\sigma/\sqrt{n}}}{\sqrt{\dfrac{(n-1)S^2}{\sigma^2}/(n-1)}} \tag{2.30}$$

이 자유도가 $(n-1)$인 t 분포를 따른다.

◉ 만일 $X_1, X_2, \ldots, X_m$이 $N(\mu_1, \sigma_1^2)$으로부터의 확률변수이고 $Y_1, Y_2, \ldots, Y_n$이 $N(\mu_2, \sigma_2^2)$으로부터의 확률변수이며 두 확률표본도 독립일 때

$$F = \frac{\dfrac{(m-1)S_1^2}{\sigma_1^2}/(m-1)}{\dfrac{(n-1)S_2^2}{\sigma_2^2}/(n-1)} = \frac{S_1^2/\sigma_1^2}{S_2^2/\sigma_2^2} \tag{2.31}$$

의 분포는 자유도가 $(m-1, n-1)$인 F 분포이다. 여기서 S_1^2과 S_2^2은 각각 X_i와 Y_i들로 얻어진 표본분산이다.

만일 $\sigma_1 = \sigma_2$이면 식 (2.31)는

$$F = \frac{S_1^2}{S_2^2} \sim F_{m-1,n-1} \tag{2.32}$$

가 된다.

연습문제

2.1 $X \sim B(n,p)$이면 $\mathrm{E}[X] = np$, $\mathrm{Var}(X) = np(1-p)$임을 보여라.

2.2 X가 평균이 6 분산이 4인 정규분포를 따를 때 $\Pr[X \le 6]$, $\Pr[X \ge 8]$을 구하여라.

2.3 $X \sim N(\mu, \sigma^2)$일 때

(a) $\Pr[X > \mu + \sigma]$, $\Pr[X > \mu + 2\sigma]$, $\Pr[X > \mu + 3\sigma]$를 구하여라.

(b) $\alpha = 0.95, 0.975, 0.99, 0.995$ 일 때 $\alpha = \Pr[Z > z_\alpha]$를 만족하는 값 z_α를 구하여라.

2.4 X가 자유도가 ν인 카이제곱분포를 따를 때 X의 기댓값을 카이제곱분포의 정의를 적용하여 구해보아라.

2.5 부록의 분포표를 사용하여 $\chi_{1;\alpha/2}$과 $z^2_{\alpha/2}$의 값을 α 값을 바꾸어가면서 구해보고 이 둘의 관계를 설명하여라.

2.6 $t_{7;0.025}$의 값과 $F_{1,7;0.95}$의 값을 비교하여보아라. 자유도 ν의 값을 바꾸어가면서 $t_{\nu;0.025}$의 값과 $F_{1,\nu;0.95}$의 값을 비교하여 보고 이 둘은 어떤 관계가 있는지 t분포와 F분포의 정의를 비교하여 알아보아라.

2.7 $F_{1,\nu,\alpha}$ 값과 $Z_{\alpha/2}$의 값이 ν가 크면 어떤 관계가 있는지 설명하여라.

2.8 독립인 두 확률변수 X, Y에 대해서 $\mathrm{E}[XY] = \mathrm{E}[X]\mathrm{E}[Y]$임을 사용하여 자유도가 ν인 t분포의 기댓값이 0임을 설명하여라.

2.9 확률변수 X가 이항분포 $B(5, 0.3)$을 따른다고 할 때

(a) $3X + 5$의 확률분포를 구하여라.

(b) $3X + 5$의 기댓값과 분산을 위의 확률분포를 사용하여 구하여라.

(c) 식 (2.8)를 사용한 결과와 비교해 보아라.

2.10 $f(x) = ax, 0 < x < 1$ 이 확률밀도함수라고 한다.

(a) 상수 a를 결정하여라.

(b) $\mathrm{E}[X]$와 $\mathrm{Var}(X)$를 구하여라.

(c) $5X+3$의 기댓값과 분산을 구하여 보아라.

2.11 $X \sim B(100, 0.25)$일 때 이항분포의 정규근사를 이용하여 $\Pr[X \geq 30]$을 구해 보아라. 또 20보다 작을 확률은 얼마인가?

2.12 X와 Y의 확률분포가

Y \ X	−1	0	1
−1	0.1	0	0.1
0	0	0.6	0
1	0.1	0	0.1

일 때

(a) X와 Y의 주변분포를 구하여라.

(b) $\mathrm{Corr}(X, Y)$를 구하여라.

(c) X와 Y가 독립인가?

2.13 보기 2.7에서 사용한 X와 Y의 결합확률분포에서 X와 $-Y$의 공분산, X와 $2Y$의 공분산을 구해보아라. 이 값을 보기 2.9에서 구한 X와 Y의 상관계수의 값과 비교해 보아라.

2.14 보기 2.7에서 사용한 X와 Y의 결합확률분포에서 X와 $-Y$의 상관계수, X와 $2Y$의 상관계수를 구해보아라. 이 값을 보기 2.9에서 구한 X와 Y의 상관계수의 값과 비교해 보아라.

2.15 $X_1, X_2, \ldots, X_{16}$이 $N(10, 2^2)$에서의 확률표본일 때 $\Pr[X_1 > 11]$과 $\Pr[\bar{X} > 11]$을 구해 보아라.

2.16 자유도가 ν인 카이제곱분포의 기댓값과 분산은 각각 ν와 2ν이다. 자유도가 커질 때 카이제곱분포에 중심극한정리를 적용하여 정규분포에 어떻게 근사할 수 있는지 설명하여라.

2.17 초기하분포를 이용하여 45개의 번호에서 6개를 뽑는 로토복권에서 3개, 4개, 5개 및 6개의 번호가 맞을 확률을 계산하여 보아라.

2.18 (베르누이의 페테르스부르크의 역설; St. Petersburg's paradox) 다음의 게임을 생각해 보자. 100만원을 내고 시작하는 게임으로 동전을 던져서 첫 번째에서 앞면이 나오면 2만원을 상금으로, 두 번째에 앞면이 처음으로 나오면 4만원을 상금으로 k 번째에 앞면이 처음으로 나오면 2^k만원을 상금으로 지급하는 경우의 기댓값을 계산해보고 왜 이런 종류의 복권을 파는 회사가 없는지 논하여라.

제 3 장

통계학과 기술통계

통계학에 관련된 여러 가지 용어나 표현이 일상 생활에서도 많이 사용되고 있다. 이 장에서는 추후 사용할 여러 가지 용어와 기술통계의 방법에 대해서 알아보기로 하자.

3.1. 통계학(Statistics)이란?

관심 또는 연구 대상이 되는 집단(모집단, population)의 특성을 파악하기 위해, 모집단부터 일부의 자료(표본, sample)를 수집, 정리, 요약, 분석하여 표본의 특성을 파악한 다음 이것을 이용하여 모집단의 특성에 대해 추론하는 원리와 방법을 제공하는 학문으로 이는 대개 다음과 같은 흐름으로 진행된다.

1. 잘 정의된 연구 목적을 설정
2. 연구에 관련된 자료를 어떻게 수집할 것인가를 계획
3. 자료의 수집과 정리
4. 자료로부터 필요한 정보를 얻을 수 있는 적절한 통계적 방법 사용
5. 정보의 해석과 결론 유도

3.1.1 모집단과 표본

어떤 연구에서 관심이 되는 모든 개체의 집합을 일반적으로 **모집단**(population) 또는 **통계적 모집단**(statistical population)이라고 한다. 통계학 응용분야에서는 각각

개체를 관련된 어떤 특성이나 숫자로 표시하기도 하는데 이 때 표시된 특성이나 숫자의 전체집합을 모집단이라고 한다. **표본**(sample)은 모집단의 부분집합으로 추출 방법에 따라 약간의 변이성이 존재하지만 일반적으로 모집단의 성질을 잘 간직하고 있게 추출하여야 한다. 모집단은 표본을 통해서 발견한 여러 가지 성질에 기초하여 일반화하고자 하는 대상이기도 하다.

어떤 실험이나 조사에서 조사 대상은 모집단이 되어야 하지만 현실적인 한계나 그 외 다른 이유로 표본을 조사나 실험대상으로 한다. 모집단을 실험이나 조사의 대상으로 하지 못하는 이유에는

1. 경제성: 예산의 한계.
2. 시간적 제약: 선거 여론조사.
3. 전수조사가 현실적으로 불가능: 소양댐에 서식하는 어류 중 외래 어종의 비율. AIDS 환자의 발병 후 5년 생존률. 흡연자의 세포내 염색체 교대현상 등.
4. 실험의 파괴성: 자동차 충돌실험, 전구의 수명.

등이 있다.

모집단에서의 평균, 분산, 비율 등은 모평균, 모분산, 모비율 등으로 부르고 표본에서의 그 값은 표본평균, 표본분산, 표본비율 등으로 부른다. 대부분의 경우 모집단의 값은 알려지지 않은 값이며 그 값을 알아내기 위해 표본을 얻고, 그 표본에서의 값을 근거로 모집단의 값에 대한 통계적 추론을 하게 된다.

모집단의 특성을 나타내는 모평균, 모분산 등을 **모수**(parameter)라고 하며 주로 그리스 문자인 μ, σ, θ 등으로 표시하며 표본에서 모집단의 값을 추정하기 위해 계산된 값은 $\hat{\mu}$, $\hat{\sigma}$, $\hat{\theta}$ 등으로 표시하거나 로마자인 $\bar{X}$, S와 같이 표시한다. $\hat{}$는 모자를 의미하는 hat으로 읽는다. 대부분의 경우 모평균, 모비율 등과 같은 모수들은 모르는 값이며 이 값에 대한 정보를 얻기 위해서 표본을 얻고 표본에서 얻은 값으로부터 이 모수들을 추정하게 된다. 이와 같이 표본에서 계산된 값은 **통계량**(statistic)이라고 한다.

3.1.2 표본 추출의 방법

표본의 추출방법으로 단순임의추출, 층화추출, 집락추출, 계통추출 등과 같은 모집단의 각 원소가 표본에 포함될 확률이 계산될 수 있는 표본 방법인 **확률표본** 방법과

'지나가는 사람 100명에게 물었습니다'와 같이 표본에 포함될 확률을 계산할 수 없는 **비확률표본** 방법이 있다. 비확률표본의 방법으로는

누적표본추출(snowball sampling) 피라미드식으로 표본을 계속 확장하는 방법으로 첫단계에서 조사자가 임의로 표본을 뽑은 후 그 표본으로부터 다시 표본을 추천받는 방식으로 계속 표본을 뽑는 방식이다.

편의추출(convenience sampling) 단어의 뜻 그대로 조사자가 편한 방식으로 표본을 뽑는 방식이다. 흔히 볼 수는 있는 '지나가는 사람 100명에게 물었습니다.'와 같은 방식이다.

할당표본추출(quota sampling) 조사자가 연령대, 성별 등으로 미리 표본의 비율을 할당한 후 이 할당 내에서 편의표본을 하는 방식이다.

등이 있다.

확률표본 방법 중 자주 사용하는 방법은

단순임의추출(Simple Random Sampling) 모집단의 표본단위의 목록에서 임의화하여 모집단 전체에서 일부를 추출하는 방법. 예를 들어 초등학교 3학년 학생의 학력을 조사하기 위해서 전국의 모든 초등학교 3학년 학생의 명단에서 1,000을 임의로 뽑는 방법이다.

층화추출(Stratified Sampling) 모집단을 몇 개의 층(stratum)으로 나눈 후 각 층에서 단순임의추출로 표본을 뽑는 방법으로 전국을 대도시, 중소도시, 군지역으로 미리 구분한 후 각 지역의 학생명단에서 단순임의 추출로 뽑는 방법이다.

집락추출(Cluster Sampling) 모집단을 집락(cluster)으로 나눈 후 집락을 뽑는 방법으로 표본단위가 학생이 아니고 집락이 된다. 예를 들어 전국의 3학년 학생이 속해 있는 반의 목록을 만든 후 반 전체 학생을 표본에 포함시키는 방법이다. 많은 경우에 반을 임의추출하고 그 반의 학생의 일부를 다시 임의추출하는 방법을 쓴다.

계통추출(Systematic Sampling) 일정한 순번마다 표본을 뽑는 방법으로 전국의 3학년 학생의 명단에서 매 100번째 학생을 표본으로 뽑는 방법이다.

등이 있다.

확률표본을 얻기 위한 표본추출에서 임의화(randomization)의 단위가 되는 개체 또는 원소를 표본추출단위 또는 표본단위(sampling unit)라고 한다. 이 둘은 같은 경우도 있지만 다른 경우도 있다. 표본수에 대한 간단한 경우는 4.2.3절이나 4.8.2절을 참고하고 표본이론에 관한 자세한 내용은 Cochran(1977), Yamane(1967) 등을 참고하기로 한다.

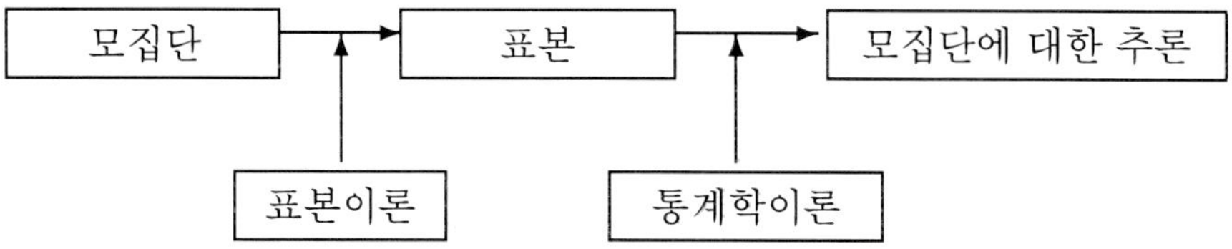

그림 3.1: 통계적 자료분석에 대한 흐름도

그림 3.1은 통계학적 분석이 이루어지는 과정을 흐름도로 표시한 것으로 어떤 모집단에 대한 관심이 있을 때 적절한 표본이론에 근거하여 표본을 추출하고 이 표본에 대하여 여러 가지 통계적 분석을 하여 그 결과로 모집단에 대한 추론을 하고 있음을 나타낸다.

(예) 대통령 선거. (관심 : 각 후보자에 대한 지지율 예측)

모집단 : 대한민국 유권자.
표 본 : 여론조사에 추출된 1,000명 – 2,000명 정도의 유권자.
모수 : 후보자에 대한 지지율

(예) 강원도 산림의 수종. (관심 : 종다양성에 대한 관심)

모집단 : 강원도내의 모든 수종.
표 본 : 산림조사에서 추출된 수종들.
모수 : 수종

(예) 대학학술림 잣나무의 구과 수 (관심 : 잣 생산에 대한 관심)

모집단 : 학술림내 전 잣 구과 수.
표 본 : 몇몇 표본에서 추출된 구과 수.
모수 : 구과 수.

3.2. 변수의 정의와 자료의 종류

연구 목적을 달성하기 위해 개념이나 속성을 정의하여야 한다. 정의된 개념이나 속성을 변수 또는 변인(variable)이라고 한다. 변수에 대한 정의는 두 가지로 구분하기도 하는데

- ◉ 개념적 정의(conceptual definition)는 어떤 속성에 대한 사전적 정의를 말한다.
- ◉ 조작적 정의(operational definition)는 추상적인 개념에 대한 수치적 정의를 말한다. 통계학적 분석을 하기 위해서는 모든 속성이나 개념이 수치화되어야 하기 때문에 조작적 정의가 필요하게 된다.

분석을 위해서 얻는 자료의 변수들은 그 특성에 따라서 분류가 된다. 분류기준에 따라서 몇가지 다른 분류방법이 있다.

3.2.1 범주형과 측정형의 분류

먼저 자료가 범주형인지 아닌지 구별하는 방법으로

1. 범주형 자료(categorical data): 자료의 값이 자료가 어떤 범주에 속하는지 나타내는 자료를 말하며 대부분 자료에 대한 성별이나 출신지역과 같이 조사대상에 질적인 분류의 목적으로 만들어지거나 정책에 대한 만족도나 본인이 행복한 정도와 같이 정확하게 반응 값을 측정할 수 없어 아주만족, 만족, 불만족, 아주 불만족 등과 같이 범주로써 측정한 자료인 경우이다. 이러한 범주형 자료는 특히 사회과학분야에 많이 보게된다. 때로는 정확한 값을 얻을 수 있는 경우에도 이를 범주형 자료로 변환하기도 하는데 소득 수준인 경우 월 평균소득 300만원 이상은 '고소득'으로 150만원에서 300만원 사이는 '중간'으로 150만원 이하인 경우 '저소득'으로 분류하는 경우가 그 예이다. 범주형 자료는 자료값의 순서가 의미가 있는지 여부에 따라서 다음과 같이 두 가지로 다시 나눌 수 있다.

    (a) 명목자료: 남녀, 색상, 출신지역등과 같이 서로 다른 값임을 표시하는 것이 자료의 값이 되며 자료에 대한 수학적 연산은 의미가 없다.

    (b) 순서자료: (상층, 중층, 하층), (소년, 중년, 장년, 노년), 3단(5단,7단) 척도 등과 같이 자료의 값의 순서가 있으며, 평균 등 산술적인 계산을 하는 것이 의미가 있는 경우가 많다.

2. 측정형 자료(measurement data, 수치적 자료):

   (a) 이산형 자료: 자녀의 수, 발생 횟수(교통사고 발생 수)와 같이 자료의 값이 셀 수 있는 경우이다.

   (b) 연속형 자료: 신장, 체중, 수명 등과 같이 연속적인 값을 가질 수 있는 자료이다.

이 있다. 참고로 형제, 자매의 숫자 등과 같이 셀 수 있는 형태의 자료는 계수자료(counting data)라고 하며, 일반적으로 연속자료라고 생각 할 수도 있으나 계수자료로 취급되기도 한다. 이러한 계수자료는 범주형 자료의 경우처럼 이산적인 값을 갖기 때문에 두 형태의 자료를 한데 묶어 이산자료(discrete data)라고도 한다. 여기서 이산(discrete)이라는 의미는 간격을 가진 일정한 수(대부분 정수)로 구성된 것을 의미하고 연속(continuous)은 일정한 간격없이 어느 주어진 구간에서 취할 수 있는 것을 의미한다. 나이는 일반적으로 연속자료로 취급할 수 있고 계수자료로도 취급할 수 있다.

3.2.2 측정 수준에 의한 분류

자료의 측정수준에 의한 척도의 분류로 다음과 같이 네 가지로 분류하기도 한다.

1. 명목척도(nominal scale)
   둘이상의 명목상의 차이에 의해 구분되는 변수를 측정할 때 사용하는 척도로 분류적인 의미만 가진다. 예를 들어 성(gender), 출신지역, 종교 등을 코딩하는 경우이다.

2. 서열척도 또는 순서척도(ordinal scale)
   특성의 정도에 따라 범주화하여 그 정도의 순서대로 배열한 것으로 범주간의 상대적 서열이 존재하나 그 차이는 같지 않을 수 있다. 즉, 1과 2의 차이와 2와 3의 차이가 같지 않은 경우이다. 예를 들면 계층을 상(1), 중(2), 하(3)로 코딩하는 경우나 IQ 측정값이나 어떤 사안에 대한 태도 매우 찬성(1), 찬성(2), 중립(3), 반대(4), 매우 반대(5) 와 같이 측정하는 경우이다.

3. 등간척도(interval scale)
   측정 특성이 범주간 간격이 일정할 때 사용할 수 있으며 연속적인 값을 갖는 경우가 대부분이다. 예를 들어 온도(섭씨(celsius; $^{\circ}C$) 또는 화씨(fahrenheit;

$^\circ F$)) 등이다. 이 척도와 다음의 비율척도의 차이는 등간척도에는 절대적인 0이 없다는 것이다.

4. 비율척도(ratio scale)
연속적으로 측정되는 경우가 대부분이며 절대 0의 값이 존재하는 경우이다. 비율척도의 보기는 인구수, 소득, 도시화율, 실업률, 가족크기, 절대온도(kelvin; $^\circ K$) 등이다.

3.2.3 추상적 개념을 측정하기 위한 척도

사회과학에서 주로 많이 사용하는 척도이다. 예를 들어 '행복도'를 측정하려고 할 때 얼마나 행복한지 직접적으로 묻게되면 피조사자도 바로 답하지 못하게 된다. 이런 경우에는 개인의 행복에 관련된다고 생각하는 여러 가지 문항을 설계하여 이 문항들을 조합하여 행복도를 측정하는 방법을 사용할 수 있을 것이다. 이러한 추상적인 개념을 측정하는 측도로는

Likert 척도 합산등급척도법(summated rating scale)이라고도 하는 이 척도는 인간의 태도를 측정하는 태도 척도로 많이 사용한다. 여러 개의 항목으로 응답자의 태도를 측정하고 해당 항목에 대한 응답을 합산하여 평가대상 응답자에 대한 전체적인 태도를 측정한다. Likert 척도법은 측정 속성을 측정할 수 있는 여러 개의 문항으로 구성된 평가 항목들에 대해 '그렇다'와 '그렇지 않다'의 정도를 측정하여 이 항목들에 대한 평가를 평균하여 측정하고자 하는 속성의 측정값을 얻는 방법이다. 이 때 항목들이 동일한 속성을 측정하기 위한 항목으로 구성되어야 하고 각 항목이 측정하는 속성에 대한 양은 같다는 조건이 필요하다.

Likert 척도법은 각 문항과 전체문항의 합과의 상관계수가 일정하게 높다면 큰 문제가 없고 사용하는데 신뢰도와 편의성을 얻을 수 있다. 일반적으로 이 척도는 여러 조사에서 많이 쓰이는 척도법 중의 하나이다.

Likert 척도로 측정한 개별 항목들을 순위척도 또는 등간척도로 간주할 수 있다.

Thurstone 척도 이 척도는 等現等間척도법(equal-appearing interval scale)으로도 불리는데 응답자의 태도를 '그렇다'와 '아니다' 사이의 연속성을 가진 여러 문

항을 이용하여 측정하려는 것이다. Thurstone 척도는 대략 다음의 절차로 구성된다.

1. 속성을 측정할 수 있는 가능한 많은 문항을 만든다.
2. 각 문항에 대해서

그렇다										아니다
1	2	3	4	5	6	7	8	9	10	11

   와 같이 응답지를 만들고 가능한 많은 심사원을 구해서 이들에게 각 문항에 대해서 '그렇다'와 '아니다' 사이를 선택하도록 한다.
3. 심사원의 응답을 모아서 가능한 모든 범위(이 경우 1–11)사이에 응답이 흩어져 있고 사분위수범위가 작은 문항들만 뽑는다.
4. 이렇게 뽑은 문항들을 임의로 배열하여 조사지를 구성한다.

Guttman 척도 Guttman 척도는 문항의 수준이나 난이도가 다른 문항을 이용하여 어떤 속성을 측정하려 할 때 사용한다. 따라서 Guttman 척도에서 문항의 순서는 임의로 배열할 수 없다. 예를 들어 정치 참여도에 대한 측정을 하고자 할 때 다음과 같은 순서로 문항을 만든다.

번호	문항	예	아니오
1.	나는 모든 선거에 거의 다 투표한다.		
2.	나는 선거일에 투표장에서 일한 경력이 있다.		
3.	나는 선거 운동에 관여한 적이 있다.		
4.	나는 정당간부로 일한 경력이 있다.		

문항에 따라서 중요도(수준)가 다르므로 참여를 측정할 때 각 문항이 '예'일 때 가중치를 다르게 (예: 문항별 1,2,3,4) 주어서 참여도를 측정하는 방법이다.

3.3. 관찰연구와 실험연구

헬멧 착용여부에 따라 인라인 스케이트를 타는 사람의 부상정도와의 관계에 대해서 알아보고 싶다면 두 가지 방법이 가능할 것이다.

1. 부상자들 중에서 헬멧 착용을 한 사람과 그렇지 않은 사람을 비교한다.

2. 인라인 스케이트를 타는 사람 중 조사자가 임의로 두 집단으로 나눈 후 한집단을 헬멧을 착용하게 하고 나머지 집단을 헬멧을 착용하지 않게 한 후 두 집단에서 생긴 부상자를 비교한다.

여기서 이 두 방법의 차이는 조사대상이 어떤 처리(헬멧착용 여부)를 받을지 조사결과를 얻기 전에 조사자가 미리 결정하였는지에 있다. 이와 같이 조사대상이 어떤 처리를 받을지를 조사결과를 얻기 전에 조사자가 미리 결정하여 얻은 자료는 실험자료라고 하고 그렇지 못한 경우에 얻어지는 자료를 관찰자료라고 한다. 관찰자료로 연구한 것은 관찰연구(observational study), 실험자료로 연구하는 것은 실험연구라고 부르기도 한다.

다음 몇 가지 관찰연구의 보기를 보자. 이 보기들은 모두 실제 조사 결과에 근거가 있는 것들이다.

1. 초음파 촬영 기술이 의료계에 도입된지 얼마되지 않았을 때 태아에 대한 초음파 촬영이 태아에 어떤 영향을 주는지 알아보기 보기 위해 임신중에 초음파 촬영을 한 적이 있는 산모에서 태어난 신생아들을 조사하였다. 그 결과 임신중에 초음파 촬영을 한 적이 있는 한 산모에서 태어난 신생아의 출생시 체중은 전체 신생아의 출생시의 평균 체중에 크게 못미치는 것으로 조사되었다. 초음파 촬영이 신생아 체중에 영향을 준다고 할 수 있겠는가?

2. 담배를 피다가 50대에 금연한 사람과 계속 담배를 핀 사람의 수명을 조사하였더니 담배를 피다가 끊은 사람의 평균수명이 13년이 짧았다고 한다. 한 번 담배를 핀 사람은 중간에 금연하지 않는 것이 더 나은가?

3. 교통법규를 위반한 차량을 사진으로 찍어 경찰서에 보내면 보상금을 주는 제도를 시행한 후 교통사고 사망율이 줄었다. 보상금을 주는 제도를 시행하는 것이 사망율을 낮추는데 도움이 되는가?

4. 저자들의 나이와 일인당 GNP의 관계를 보았더니 저자의 나이가 들수록 GNP가 증가하였다. GNP를 낮추면 저자들의 나이가 줄어드는가?

위의 예는 모두 관찰연구의 결과이며 이 연구결과에 대해서 다음과 같은 반론들이 가능하다.

1. 실제 초음파 촬영이 태아의 출생시 체중에 영향을 미치지 않으며 요즘은 태아 때의 초음파 사진을 기념으로 산모에게 주기도 한다. 위의 조사결과는 초

음파 도입된지 얼마되지 않아 촬영비용도 비싸고, 그 촬영기계도 큰 병원에만 도입된 상황이었기 때문에 초음파 촬영을 한 산모는 대부분이 임신 중에 태아에 문제가 있는 경우였다. 따라서 태아가 조산되는 경우도 많았으며, 산모의 임신중독 등의 이유로 태아의 발달 상태가 좋지 않은 경우였기 때문에 초음파 촬영을 한 집단은 초음파 촬영과 상관없이 출생시 체중이 낮을 가능성이 아주 큰 집단이었다.

2. 50대에 담배를 끊는 사람인 경우 다른 건강상의 이유 때문에 금연에 들어가는 경우가 많다. 따라서 중간에 담배를 끊은 사람인 경우 이미 건강에 문제가 있어서 담배를 끊지 않았더라도 잔여 기대수명이 짧은 집단이었을 가능성이 크다. 실제로는 언제라도 담배는 끊는 것이 좋다는 것이 다른 조사들에 의해 알려져 있다.

3. 2003년에 발표된 바에 의하면 보상금제도를 중지한 이후에도 교통사고 사망율은 높아지지 않고 있다. 실제 보상금 제도가 있을 때에도 사망사고가 발생하기 쉬운 고속화도로나 교통여건이 나쁜 국도 등에서 발생하는 법규위반의 신고보다는 가벼운 접촉사고를 유발할 수 있는(즉, 사망사고와는 관계가 없는) 법규위반 신고가 대부분이었기 때문에 사망율과 보상금은 직접적인 연관을 맺기 힘들며 사망율이 낮아진 것은 국도의 중앙분리대설치, 교차로의 입체교차로화와 같은 도로사정 개선과 과속방지 카메라 등에 의한 제한속도 준수, 운전자의 의식변화, 차량의 안전성 향상(에어백, ABS 등) 등이 복합적으로 작용했을 가능성이 높다. 이 사망율이 낮아진 결과를 다른 변수에 갖다 붙이고 싶으면 독자들의 대학 입학 전후의 교통사고 사망율을 비교해 보아라.

4. 설명할 가치가 없음.

4번 항목은 제외하고 나머지 항목에 대해서 이들을 실험연구로 하려면 다음과 같이 해 볼 수 있다.

1. 산모를 임의로 두 집단으로 나누어서 한 집단은 초음파 촬영을 하고 다른 집단은 촬영을 하지 않고 출생시 체중을 비교한다.

2. 임의로 두 집단으로 나눈 후 한 집단은 죽을 때까지 담배를 피게하고 다른 집단은 담배를 못피게 한 후 수명을 보거나 50대의 흡연자를 두 그룹으로 나누어서 한집단은 담배를 끊게 하고 다른 집단에게는 담배를 피게 하여 수명을 본다.

3. 위에서 말한 것을 포함한 모든 교통관련 여건의 변화를 주지 않고 보상금제도 전후의 사망율을 비교한다.

여기서 말하는 방법(실행 가능성에 대한 논의는 별개로 하고)과 처음에 본 조사와는 어떤 차이가 있는가? 여기서는 어떤 조사대상이 어떤 처리(담배를 피거나 끊거나, 초음파 촬영을 하거나 않거나)를 받아야 하는지가 조사자에 의해서 결정된다는 것이 처음에 본 것과 다르다. 이와 같이 어떤 조사대상이 어떤 처리를 받는지를 조사자가 결정하여 실험을 한 경우는 실험연구라고 하며 이 경우에는 처리와 그 처리 결과에 대해서 인과관계(causation)를 말할 수 있다. 조사자에 조사대상이 어떤 처리를 받을지를 결정하지 못한 조사는 관찰연구라고 하고 처리와 처리결과의 연관성(association)만 논할 수 있다.

위의 예에서 본 것처럼 실험연구는 바람직하긴 하나 현실적으로 불가능한 경우가 많아(안전성이 담보되어 있지 않은 상태에서 태아에 대한 새로 나온 초음파 촬영에 응할 사람이 많지 않을 것이며, 청소년기부터 죽을 때까지 담배를 피게 또는 못피게 강요하기도 힘들거니와 결과가 나오기까지 시간이 너무 오래 걸리는 점 등) 많은 조사연구가 행해지고 있다. 이러한 조사연구에서는 특히 층을 잘 나누어서 (50대에 담배를 끊은 사람 중에서 조사대상의 다른 특성을 이용하여 담배를 끊을 만한 건강상의 이유가 없었던 사람과 계속 담배를 핀 사람의 비교 등.) 조사를 하는 등의 잘 적용된 표본 설계 방법과 분석으로 좋은 결과를 얻을 수 있다.

3.4. 기술통계

자료를 얻어서 모집단에 대한 특성을 말하고자 하는 방법은 크게 나누어서 두 가지 방법이 있다.

- 기술통계(descriptive statistics)는 자료에서 얻은 결과를 수치나 표 또는 그림으로 요약한 것을 말한다. 예를 들어 대학생의 휴대전화 요금을 조사였더니 평균이 30,000원이었다든지, 휴대전화 요금을 10,000원이하 10,000–20,000원 사이 20,000원–30,000원 사이, 30,000이상인 사람의 비율등의 표로 제시하는 것을 말한다. 기술통계는 수치로 요약하는 방법과 표와 그림으로 요약하는 방법으로 나뉜다.

- 추론(inference)은 자료를 분석한 결과로 어떤 결론을 제시하는 방법이다. 예를 들어 휴대전화 요금이 남녀 학생간의 차이가 있다고 결론을 얻거나, 휴대

전화 요금의 평균이 (29,31)천원 사이에 있을 것이다라는 결론을 얻는 것을 말한다.

기술통계는 이 장에서 알아보고, 추론은 4장 이후에서 계속 다루기로 한다.

3.4.1 산술적 기술통계와 탐색적 자료분석

산술적 기술통계란 숫자를 이용하여 자료에 대한 정보를 제공하는 것을 말하며 자료의 중심, 자료의 흩어짐에 대한 척도를 소개하며 탐색적 자료분석에서는 줄기잎그림과 상자그림을 소개하기로 한다.

3.4.1.1 백분위수

자료를 오름차순으로 정리할 때 $100p\%$에 해당하는 값을 $100p\%$ 백분위수 또는 $100p\%$ percentile이라고 한다. 이 때 p는 0과 1사이의 실수이다.

자료가 100개 있을 때 5% 백분위수를 찾으려면 얼핏 생각하기에는 다섯 번째 값이라고 할 수 있으나, 다섯 번째 값은 가장 큰 값으로부터 세면 96번째 값이 되므로 5% 백분위수라고 하기 힘들다.

배분위수 값을 계산하는 정확한 방법들은 자료를 순서대로 나열하고 이들의 표본누적밀도 함수 또는 그의 변형된 형태에서 얻는다. 이 방법은 계산이 다소 복잡하고 SPSS, SAS, R 등의 통계 패키지에서 제공되고 있기 때문이 복잡한 방법으로 계산하는 것은 컴퓨터 패키지의 도움을 받기로 하며 비교적 간단한 방법으로 다음과 같이 백분위수를 계산할 수 있다.

1. np가 자연수이면 np번째와 $(np+1)$번째 관찰치의 평균을
2. np가 자연수가 아니면 그 값보다 크면서 가장 작은 정수번째 순서통계값. 즉, np 가 4.2이면 5번째 7.9이면 8번째 값 등

을 $100p\%$ 백분위수라고 한다. 순서통계량이란 자료를 값의 크기의 오름차순으로 정리한 자료를 말한다.

3.4.1.2 자료의 중심에 대한 척도

자료의 중심에 대한 척도는 자료의 특성이나 조사자의 목적에 따라 다음에 소개하는 중심의 척도를 사용할 수 있다.

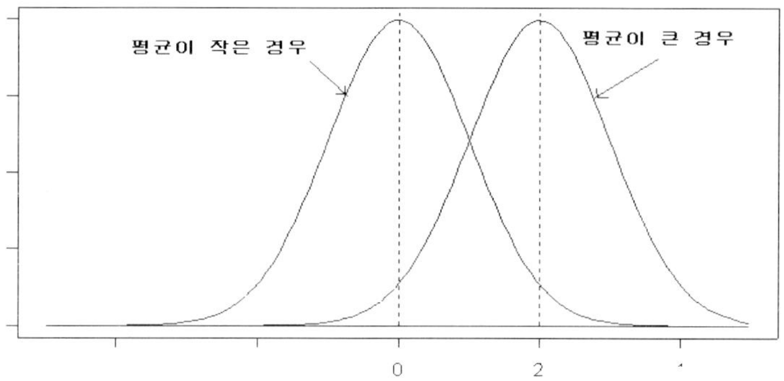

그림 3.2: 평균의 크기에 따른 분포의 모양 비교

1. (산술)평균: $\bar{x} = \sum x_i/n$ 가장 보편적으로 사용하는 측도이긴 하지만 모든 자료에 동일한 가중치를 부여하며 이상점(outlier)에 민감하게 반응하는 경향이 있다. 모든 자료의 합을 자료의 개수로 나눈 값이다. 다섯 명의 신생아 몸무게(단위 pound)

   ```
   9.2,  6.4,  10.5,  8.1,  7.8
   ```

   에 대한 평균은

   $$\bar{x} = \frac{9.2 + 6.4 + 10.5 + 8.1 + 7.8}{5} = 8.4$$

   이다. 다른 보기로 평균이 이상치에 예민하게 반응하는 경우를 보면 임의로 추출한 8명의 월급 (단위 만원)

   ```
   150, 175, 160, 155, 155, 170, 300, 155
   ```

   의 평균은

   $$\bar{x} = \frac{1420}{8} = 177.5$$

   이나 8명중 7명이 평균값 177.5보다 작은 값이기 때문에 중심위치의 대표값으로 사용할 때는 신중하여야 한다. 그림 3.2에는 평균이 0인 경우와 2인 경우의 정규분포의 그림을 비교하였다. 소득과 같이 자료의 어느 한 쪽이 더 이상 커지거나 작아질 수 없는 경우 중심에 대한 대표값은 다음에 보는 중앙값을 자주 사용한다.

2. 중앙값(median): 자료를 순서대로 정리할 때 중앙에 위치하는 값. 원자료를 크기순으로 배열할 때 후 중앙에 위치한 값을 중앙값이라고 한다. 이상점(outlier)에 민감하지 않지만 일반적으로 평균에 비해 정보의 손실이 크다. 자료가 n개 있을 때 중앙값 $\tilde{x}$는

$$\begin{cases} \dfrac{n+1}{2}\text{번째 값} & n\text{이 홀수일 때} \\[2ex] \dfrac{n/2\text{번째 값} + [(n/2)+1]\text{번째 값}}{2} & n\text{이 짝수일 때} \end{cases} \tag{3.1}$$

로 계산된다. 예를 들어 다섯 개의 자료

```
6.4  7.8  8.1  9.2  10.5
```

의 중앙값은 $(5+1)/2 = 3$번째 값인 8.1이 중앙값이며 여덟개의 자료

```
150, 155, 155, 155, 160, 170, 175, 300
```

의 중앙값은 네 번째와 다섯 번째 값의 평균인

$$\frac{155+160}{2} = 157.5$$

가 중앙값이 된다.

3. 최빈값(mode): 가장 자주 나오는 값. 관측 자료중에 가장 많은 빈도를 갖는 값으로 자료가 2, 5, 5, 3, 5, 2인 경우 2가 두 번, 3이 한 번, 5번 세 번이므로 5가 최빈값이며 자료가 1, 2, 3, 4, 5이라고 하면 모든 값이 최빈값이 될 수 있다.

4. 절삭평균(trimmed mean): 너무 큰 값과 작은 값을 제외한 나머지 자료의 평균으로 보통 절삭한 자료의 비율을 표시하기 위해 $\alpha\%$ 절삭평균이라고 밝히는 경우가 많다. $\alpha\%$ 절삭평균이란 자료를 순서대로 나열했을 때 상위의 $\alpha\%$의 자료와 하위의 $\alpha\%$의 자료를 제외한 나머지 자료의 평균이다. 예를 들어 피겨스케이팅의 채점을 10명의 심사위원이 채점을 한 다음 가장 높은 점수와 가장

낮은 점수를 제외한 나머지 점수의 평균을 선수의 점수로 한다면 이 때는 10% 절삭평균을 사용한 것이다.

5. 사분위수 평균(trimean): 사분위수(quartiles)는 자료를 순서대로 나열한 후 25%, 50%, 75% 의 위치에 있는 자료의 값을 각각 제1사분위수, 제2사분위수 및 제3사분위수라고 하며 이들은 각각 Q_1, Q_2 및 Q_3로 나타내다. 이 때 Q_2는 중앙값이다. 사분위수 평균은 중앙값과 산술평균의 장점을 취하고자 제안된 것으로
$$\frac{Q_1 + 2Q_2 + Q_3}{4} \tag{3.2}$$
로 얻어진다. 사분위수의 계산은 $p = 0.25, 0.50, 0.75$에 대해서 3.4.1.1절에서 소개한 백분위수를 구하는 방법으로 각각 Q_1, Q_2 및 Q_3로 얻는다.

보기 3.1. 9명의 씨름선수의 체중(단위 kg)을 조사하였더니

```
98.5  105.8  106.5  116.6  125.0  128.3  132.1  136.7  152.4
```

이었다. Q_1 과 Q_3를 계산해 보자. $p = 0.25$에 대해서 $np = 9 \times 0.25 = 2.25$이므로 세 번째 값인 106.5가 Q_1이고 $p = 0.75$에 대해서 $np = 9 \times 0.75 = 6.75$이므로 일곱 번째 값인 132.1이 Q_3이다.

등이 있다.

3.4.1.3 흩어짐에 대한 측도

자료가 어느 정도 흩어져 있는지에 대한 측도로서 사용할 수 있는 통계량으로 다음과 같은 것이 많이 사용된다. 아래의 측도는 값이 클수록 자료가 많이 흩어진 것이다.

1. 범위(Range): 가장 큰 값과 가장 작은 값의 차이를 얻는다. 보기 3.1의 경우 범위는 $152.4 - 98.5 = 53.9$ 이다.

2. 사분위수범위(interquartile range; IQR): 제3 사분위수와 제1 사분위수의 차이 $Q_3 - Q_1$로 얻어진다. 보기 3.1의 경우 $Q_3 = 132.1$, $Q_1 = 106.5$이므로 IQR은 $132.1 - 106.5 = 25.6$이다.

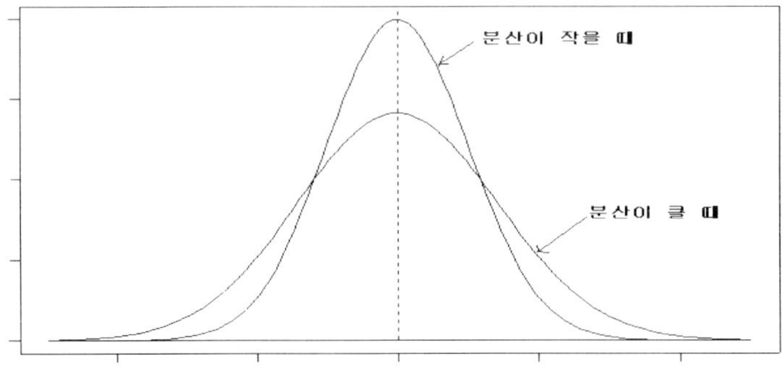

그림 3.3: 분산의 값에 따른 분포의 모양 비교

3. 분산은 평균으로부터의 편차제곱의 합을 자료의 수에서 1을 뺀 값으로 나눈 값

$$s^2 = \frac{\sum(x_i - \bar{x})^2}{n-1} \tag{3.3}$$

이며 주로 s^2으로 표시한다. 표본분산을 계산할 때는 주로

$$s^2 = \frac{\sum x_i^2 - n(\bar{x})^2}{n-1} \tag{3.4}$$

로 계산한다. 이 식을 **분산의 간편식**이라고 부르기도 한다. 여기서

$$x_i - \bar{x}$$

는 평균으로부터의 편차 또는 간단히 편차라고 하며 모든 x_i에 대해

$$\sum_{i=1}^{n}(x_i - \bar{x}) = 0$$

이 항상 성립함을 보일 수 있다. **표준편차**는 분산의 양의 제곱근이며 s로 표시한다.

보기 3.2. 어느 대학 실습림에서 임의로 6그루씩의 소나무와 잣나무의 나이테를 조사한 결과 다음과 같았다.

							합	제곱합
소나무연령(yr; x)	72	74	77	68	66	75	432	31,194
잣나무연령(yr; y)	45	48	52	53	46	50	294	14,458

각 나무의 나이에 대한 분산과 표준편차를 계산해 보면 소나무의 경우

$$\bar{x} = \frac{432}{6} = 72, \quad s_x^2 = \frac{31,194 - 6 \cdot 72^2}{6-1} = 18, \quad s_x = \sqrt{18} = 4.243$$

이며 잣나무의 경우

$$\bar{y} = \frac{294}{6} = 49, \quad s_y^2 = \frac{14,458 - 6 \cdot 49^2}{6-1} = 10.4, \quad s_y = \sqrt{10.4} = 3.225$$

이다.

4. 변동계수(coefficient of variation; CV): 앞에서 본 산포에 대한 척도는 모두 단위가 원래 자료의 측정단위이거나 그 단위의 제곱(분산의 경우)이 된다. 따라서 측정단위에 따라서 그 값이 변하게 되는데 측정단위에 무관한 산포에 척도로 변동계수가 사용된다. 이는 주로 둘이상의 서로 다른 자료군이 평균의 차이가 클 때 산포도를 비교하기 위한 척도로 사용한다. 변동계수는

$$CV = \frac{s}{\bar{x}} \times 100 \tag{3.5}$$

으로 얻어진다. 보기 3.2에서의 자료에서 소나무와 잣나무의 변동계수를 구해 보면

$$\begin{aligned} \text{소나무의 변동계수} &= \frac{4.243}{72} \times 100 = 5.9\% \\ \text{잣나무의 변동계수} &= \frac{3.225}{49} \times 100 = 6.6\% \end{aligned}$$

가 되어 소나무 나이의 표준편차가 잣나무 연령의 표준편차보다 크지만 평균을 고려한 경우, 상대적 산포도는 소나무가 작은 것으로 보인다.

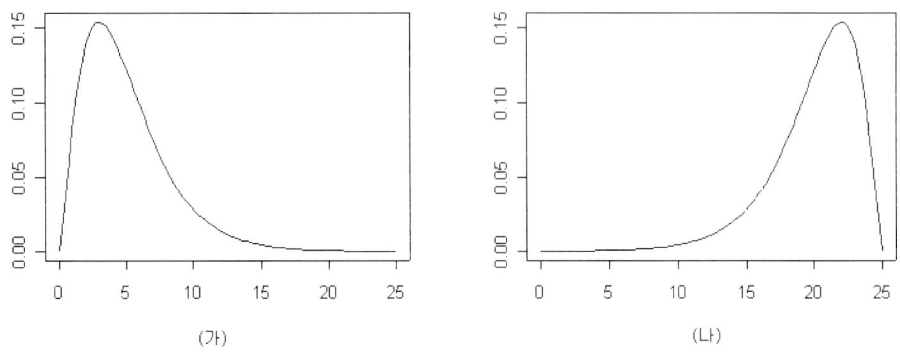

그림 3.4: 오른쪽과 왼쪽으로 기울어진 분포

3.4.1.4 왜도와 첨도

왜도(skewness)와 첨(尖)도(kurtosis)는 분포의 기울어진 정도와 뾰족한 정도에 대한 측도이다. 왜도 γ_1은

$$\gamma_1 = \frac{\mathrm{E}[(X-\mu)^3]}{\sigma^3} \tag{3.6}$$

으로 정의되며 분포가 기댓값을 중심으로 좌우대칭일 경우에 0이며 왼쪽으로 기울어지면 음수, 오른쪽으로 기울어진 분포에서는 양수 값을 갖는다. 따라서 정규분포나 t 분포인 경우 대칭이므로 왜도는 0이다.

분포가 좌우 대칭인 경우가 아니면 오른쪽으로 기울어진(skewed to the right; positively skewed) 또는 왼쪽으로 기울어진(skewed to the left; negatively skewed) 분포인데 그림 3.4의 (가)는 오른쪽으로 기울어진 분포이며 (나)는 왼쪽으로 기울어진 분포이다. 오른쪽으로 기울어진 분포에서는 최빈값, 중앙값, 평균 순서로 값이 크고 왼쪽으로 기울어진 분포에서는 반대로 평균, 중앙값, 최빈값 순서대로 큰 값이 되는 경우가 대부분이다. 실제로 위의 분포는 자유도가 5인 χ^2 분포와 이를 좌우로 바꾼 분포 그림인데 자유도가 5인 χ^2 분포의 최빈값, 중앙값, 평균(기댓값)은 각각 3, 4.35146 및 5이다.

첨도 γ_2는

$$\gamma_2 = \frac{\mathrm{E}[(X-\mu)^4]}{\sigma^4} - 3 \tag{3.7}$$

으로 정의되며 이는 분산이 σ^2인 정규분포의 경우 $\mathrm{E}[(X-\mu)^4]/\sigma^4$의 값이 3이므로 정규분포에서의 첨도를 0으로 하기 위해서 3을 미리 빼서 정의한 것이다. 따라서 정규분포의 첨도는 0이며 정규분포보다 더 뾰족한 분포인 경우 첨도가 0보다 크

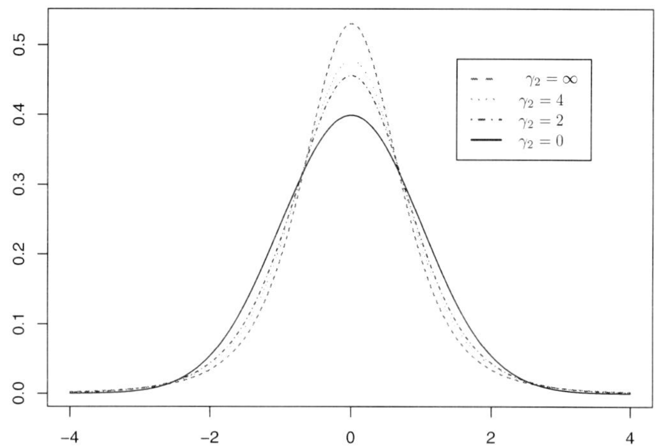

그림 3.5: 첨도의 값에 따른 분포의 모양 비교

고 정규분포보다 덜 뾰족한 분포의 첨도는 0보다 작다. 그림 3.5에는 첨도가 무한대(∞)인 분포, 첨도가 4, 2인 분포 및 첨도가 0인 분포(정규분포)를 그려 본 것이다. 이 분포는 모두 왜도와 평균이 0이면서 첨도만 다른 분포들이다.

크기가 n인 확률표본 $X_1, X_2, \ldots, X_n$에서의 표본 왜도 $\hat{\gamma}_1$과 첨도 $\hat{\gamma}_2$는 각각

$$\hat{\gamma}_1 = \frac{\sum_{i=1}^n \frac{1}{n}(X_i - \bar{X})^3}{(\sum_{i=1}^n \frac{1}{n}(X_i - \bar{X})^2)^{3/2}} \tag{3.8}$$

및

$$\hat{\gamma}_2 = \frac{\sum_{i=1}^n \frac{1}{n}(X_i - \bar{X})^4}{(\sum_{i=1}^n \frac{1}{n}(X_i - \bar{X})^2)^2} - 3 \tag{3.9}$$

으로 계산한다.

3.4.2 그림과 표를 이용한 기술통계

이 절에서는 조사나 실험에서 얻어진 자료를 그림이나 표를 이용하여 요약하는 방법에 대해서 알아보자. 그림이나 표는 숫자가 들어가더라도 시각적 효과에 의존하는 경향이 있기 때문에 그림이나 표를 만들 때 뿐 아니라 주어진 그림이나 표를 해석할 때도 주의를 기울일 필요가 있다.

3.4.2.1 도수분포표(frequency table)

자료가 가질 수 있는 값에 대하여 각각의 자료값 또는 자료값의 범위에 해당하는 빈도수를 표를 이용하여 제시할 때 이 표를 도수분포표라고 한다. 일반적으로 범주형 자료나 이산형 자료에서는 자료의 각각의 값에 대한 표를 제시하며 연속형인 경우 자료의 범위에 따른 빈도를 얻는다. 표 3.1(a)은 범주형 자료에 대한 도수분포표의 예이며 표 3.1(b)은 이산형 자료에 대한 도수분포표의 예이다. 자료가 이산형이라

표 3.1: 도수분포표의 예: 범주형 자료와 이산형 자료

(a) 숲을 찾는 이유에 대한 조사

숲을 찾는 이유	도수	상대도수
약수물	58	0.504
산책	21	0.183
등산	14	0.122
도	7	0.061
벌목	3	0.026
기타	12	0.104
합계	115	1.000

(b) 25 잣나무의 구과수.

구과의 수	도수	상대도수
0	1	0.04
1	4	0.16
2	10	0.40
3	6	0.24
4	2	0.08
5	2	0.08
합 계	25	1.00

도 자료의 범위가 방대하거나 연구목적상 필요한 경우는 범위에 따른 빈도의 표를 구하기도 한다.

연속형인 자료에 대한 도수분포표는 자료를 일정한 범위를 갖도록 칸을 나눈 후 그 범위에 해당하는 자료의 도수를 표로 만든다. 표 3.2은 연속형 자료에 대한 도수분포표의 예이다.

표 3.2: 구내서점에서 판매된 도서 가격 (단위 원).

판매가격	도수	상대도수
0–5,000	5	.125
5,000–10,000	8	.200
10,000–15,000	13	.375
15,000–20,000	11	.225
20,000–	3	.075
합 계	40	1.000

연속형 자료의 경우 자료를 임의의 구간으로 나누게 되는데 자료를 나누는 구간의 개수를 몇개로 하느냐에 따라 도수분포표의 모양이 달라지게 된다. 일반적으로 사용하는 가장 단순한 방법은 자료의 수를 n이라고 하고 구간의 수를 k라고 할 때 $2^k \geq n$ 을 만족하는 k 중 가장 작은 k를 구간의 개수로 사용한다. 적절한 구간의 수를 얻는 다른 방법들은 3.4.2.5절에서 살펴 보기로 한다.

구간의 간격은 동일하게 설정하는 것이 원칙이나 연구목적에 따라 간격을 다르게 할 수도 있다. 예를 들어, 연간 소득에 대한 조사를 하는 경우, 5000만원 이하의 연소득자가 자료의 대부분을 찾지하고 있으므로 이 구간을 5000만원 이상의 구간보다 세분화하여 표시는 것이 자료를 이해하는데 도움이 된다.

보기 3.3. 자료의 수가 200개인 자료를 도수분포표를 이용하여 요약하려고 한다. 적절한 구간의 수는 $2^7 = 128$, $2^8 = 256$ 이므로 8개 정도가 가장 적당하다. ■

3.4.2.2 점도표 (dot diagram)

모든 자료를 수직선 위에 점으로 표시하며 같은 값이 두 번이상 있을 때는 위로 점을 추가한다.

보기 3.4. 어느 지점을 통과하는 자동차들의 시간 간격(단위 초)이 다음과 같이 얻어졌다면

```
6, 3, 5, 6, 4, 3, 5, 4, 5, 3, 4, 4, 15
```

이 자료를 점도표를 이용하여 요약하면 다음과 같다.

```
        o
   o    o    o
   o    o    o    o
   o    o    o    o                                            o
-----------------------------------------------------------------
   3    4    5    6    7    8    9   10   11   12   13   14   15
```

점도표는 모든 자료를 점으로 표시하므로 자료의 개수가 많은 경우에는 사용에 제약이 있으나 전체적인 분포의 모양을 자세히 관찰할 수 있는 장점이 있다.

3.4.2.3 막대 그래프 (bar graph)

각 자료값에 해당되는 수직선상의 점 위에 도수와 같은 높이의 직선 또는 막대를 그린 그래프로 주로 범주형 자료에 사용된다. 경우에 따라서는 막대의 높이를 절대도수 대신에 상대도수를 사용하기도 한다. 따라서 x 축은 범주형 자료의 관찰된 값이며 y 축은 빈도수를 나타낸다. 그림 3.7(a)는 A.1절의 자료에서 종교에 대한 빈도를 막대그림으로 표현한 것이다.

3.4.2.4 원그래프 (pie chart)

Pie chart는 원그래프 또는 원그림으로 불리며 주로 범주의 개수가 많지 않은 범주형 자료를 그림으로 요약할 때 많이 사용하며 자료의 값의 빈도수를 부채꼴의 각도에 비례하게 그린다. 즉 자료의 각 값에 해당하는 부채꼴의각도는 상대도수 × 360로 얻어진다. 원그림은 주로 자료의 값에 대한 상대적 비교에 많이 사용된다. 예를 들어 300명을 대상으로 정부의 경제 정책에 대한 여론조사를 한 결과가 찬성 124명(54%), 반대 84명(28%) 및 무관심 54명(18%)이었다면 이를 원그래로 그리면 그림 3.6와 같다. 이 그림에서 숫자를 보지 않더라도 찬성과 반대의 대략적인 비율을 즉시 알 수 있으며 찬성이 반대의 두 배 가량 됨을 볼 수도 있다.

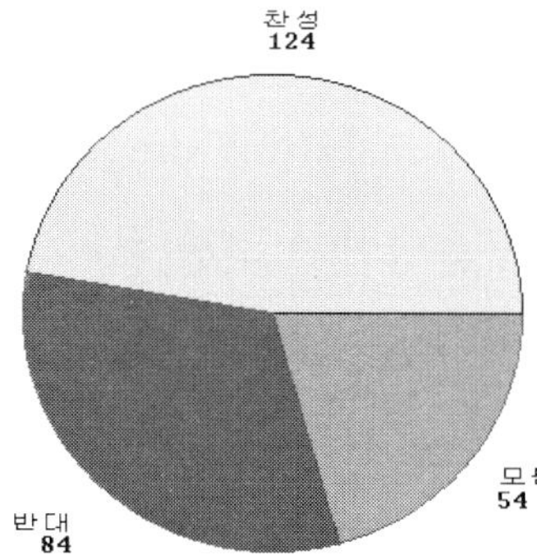

그림 3.6: 원그림의 보기

3.4.2.5 히스토그램 (histogram)

히스토그램은 연속형 자료의 분포에 대한 관찰이 필요할 때 주로 그리며 연속인 변수의 자료를 도수분포표를 그림으로 표현한다고 보면 된다. x 축은 표 3.2 도수분포표의 각 범위의 끝점이며 y 그 범위에 포함되는 자료의 빈도수이다. 히스토그램은 연속인 자료를 그림으로 표현하기 때문에 막대그래프와 달리 각 막대사이에 빈공간을 넣지 않는다. 특히 y 축을 전체 도수에 대한 상대도수로 사용하는 경우가 있는데 이런 경우는 특히 확률히스토그램(probability histogram)이라고 한다. 확률히스토그램에서는 막대의 전체 면적은 1이며 각 막대의 면적은 그 범위에 해당되는 자료의

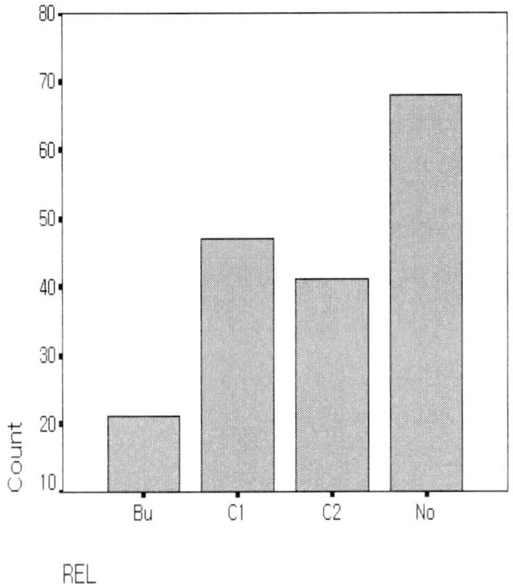

(a) 종교에 대한 막대그림.

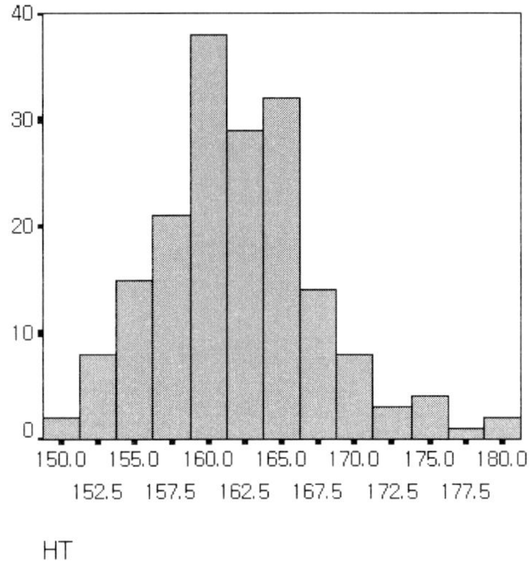

(b) 키에 대한 히스토그램.

그림 3.7: A.1절의 자료에 대한 막대그림과 히스토그램

상대도수가 된다. 그림 3.7(b)는 A.1절의 자료에서 키에에 대한 빈도를 히스토그램으로 표현한 것이다.

히스토그램에서 기둥의 수가 달라지면 같은 자료에서도 서로 다른 자료에서 그린 히스토그램처럼 보일 정도로 히스토그램에서 기둥의 수 또는 간격의 크기 결정은 중요한 문제이다. 그림 3.8은 같은 자료로 기둥 간격의 크기를 달리한 히스토그램의 보기이다. 여기서 사용한 자료는

8	2	10	1	1	6	6	3	4	4	3	4	5	3	14	5	3	4	7
9	5	1	10	6	2	4	6	8	3	4	13	3	5	7	7	6	6	7
3	8	4	4	5	1	1	12	2	9	3	15							

이다.

이 그림에서 보는 것과 같이 히스토그램을 그릴 때 기둥의 수(또는 기둥의 폭)을 어떻게 설정하는지에 따라 히스토그램의 모양이 완전히 달라질 수가 있다. 따라서 히스토그램을 그릴 때에는 기둥의 수를 어떻게 정하는지가 중요한 문제가 된다. 하지만 이론적으로 모두가 동의하는 히스토그램의 기둥수를 결정하는 방식은 없으나 몇몇 연구자들의 제안으로 사용하는 식은 다음과 같은 것이 있다. 먼저 n을 자료의

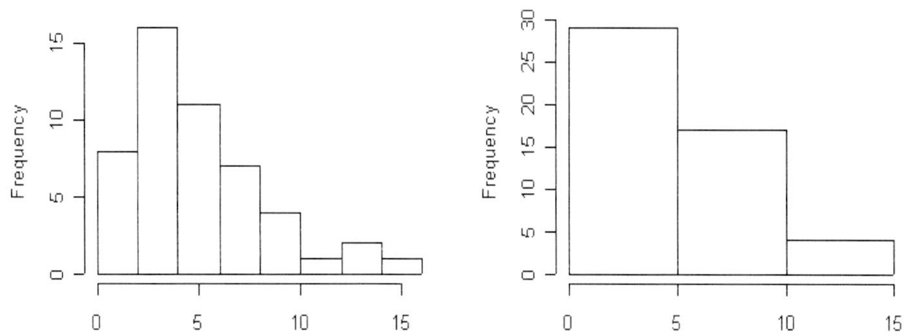

그림 3.8: 같은 자료에서 만든 두 개의 히스토그램

수라고 할 때 3.4.2.1절에서 본

$$2^k \geq n \tag{3.10}$$

을 만족하는 k 중 가장 작은 k를 기둥의 수로 하는 것이 하나의 방법이다.

다른 방법으로

$$1 + 3.3\log(n) \quad n > 15 \text{ 일 때} \tag{3.11}$$

로 기둥의 수를 정하는 방법이 있다.

기둥의 폭을 정하는 방법으로는 Sturges(JASA, 1926)의 방법으로 알려진 방법으로 자료의 범위가 R일 때 기둥의 폭 w를

$$w = \frac{R}{\log_2 n + 1} \tag{3.12}$$

로 사용하는 방법이 있다. 이 방법은 자료에 이상점이 있을 때 너무 많은 기둥을 만드는 경향이 있다. 범위 R은 55면을 참고하자.

Friedman-Diaconis(1981) 방법은 히스토그램의 각 기둥의 폭을 w라고 할 때

$$w = 2\frac{IQR}{\sqrt[3]{n}} \tag{3.13}$$

의 값을 기둥의 폭으로 사용하는 방법이며 IQR은 사분위수범위이며 자세한 것은 55면을 참고하기로 한다.

Scott(1979)의 방법은 기둥의 폭 w를

$$w = 3.5\frac{\hat{\sigma}}{\sqrt[3]{n}} \tag{3.14}$$

로 사용하는 방법이다. 여기서 $\hat{\sigma}$는 표본표준편차로 식 (3.3) 또는 식 (3.4)의 양의 제곱근이다.

3.4.3 줄기잎 그림 (stem-and-leaf display)

개개의 자료의 값에 대한 정보를 손실하지 않으면서 자료의 전체구조 또는 형태를 이해할 수 있는 방법으로 자료의 수가 많지 않을 때 분포의 모양 뿐아니라 자료의 모든 값을 보여줄 수 있는 방법이다. 자료의 일정한 범위를 줄기로 잡고 그 범위에 해당되는 모든 값을 잎으로 잡아 그림을 그린다. 예로 통계학 시험 결과가 75, 98, 42, 75, 84, 87, 65, 59, 63, 86 및 73점인 경우

```
1  1        5|9
2  3        6|35
3 (6)       7|355
3  4        8|467
1  1        9|8
```

와 같은 그림을 그릴 수 있으며 첫 번째 열은 각 줄기의 빈도수, 두 번째 열은 각 줄기에 대한 누적빈도수인데 큰 쪽부터 작은 쪽으로와 작은 쪽부터 큰 쪽으로 두 방향으로 중앙값이 포함된 줄기까지 계산한다. 괄호가 있는 줄기는 그 줄기에 중앙값이 포함되었다는 의미이다.

3.4.4 상자그림(box plot)

상자그림은 최대, 최소 및 사분위수 Q_1, Q_2, Q_3를 사용하여 대략적인 분포의 모양을 알 수 있게 도와 준다. 상자그림은 Q_1과 Q_3 사이는 상자로 표시하고 그 바깥부분은 선으로 표시한다. 선의 길이는 $IQR = Q_3 - Q_1$의 1.5배 정도로 한다. 이 범위를 벗어난 자료는 보통 점으로 따로 표시하는데 그 점의 값을 따로 인쇄하기도 한다. 특히 둘 이상의 상자그림을 동시에 그릴 경우 분포의 모양 뿐 아니라 둘 이상의 집단끼리의 비교도 한 눈에 할 수 있어서 두 집단 또는 여러집단의 반응값을 비교할 때 많이 제시하는 그림이다. 그림 3.10은 A.1절의 키를 남녀별로 그린 것이다. 이

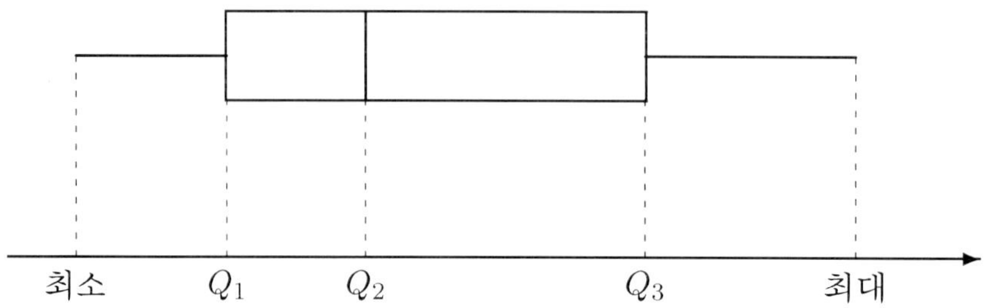

그림 3.9: 상자그림의 구성

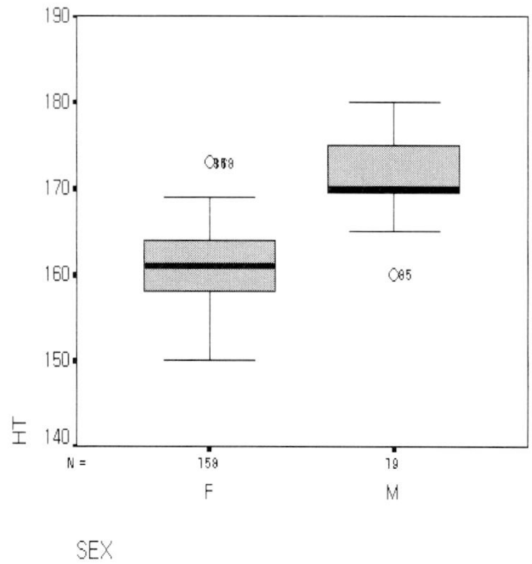

그림 3.10: 두 모집단의 비교를 위한 상자그림

그림에서 사각형의 값은 각각 제1사분위수, 제2사분위수 및 제3사분위수이며 자료에서 그림에 포함되기에 너무 크거나 작은 값은 따로 점이나 숫자로 표시한다.

상자그림 그리는 방법을 순서대로 요약해 보면 다음과 같다.

1. 자료에서 Q_1, Q_2 및 Q_3를 얻는다.

2. Q_1, Q_2 및 Q_3에 해당하는 점을 사용하여 그림 3.9과 같이 상자를 그린다.

3. 상자의 오른쪽과 왼쪽으로 1.5배 IQR만큼 선을 연결한다. 만일 최대나 최소값이 Q_3와 Q_1으로부터 1.5배의 IQR이내이면 최대 또는 최소값까지만 선을 연결한다.

4. 선으로 연결한 부분의 바깥에 자료가 존재하면 점 등으로 따로 표시한다.

3.4.5 도수분포표에서의 통계량 계산

앞에서 본 중심이나 흩어짐이 측도를 포함한 모든 통계량의 계산에서 원자료를 사용하는 것이 바람직하나 가끔 만일 자료가 원래 자료는 없이 표 3.2과 같은 도수분포만으로 제공되는 경우가 있다. 이런 경우에 평균이나 분산과 같은 통계량을 계산하는 방법을 알아보자. 도수분포표에서 주어진 자료인 경우 각 구간의 중앙을 그 구간의 대표값이라고 한다. 도수분포표에서 통계량을 계산하는 기본 원리는 각 구간의 대표값이 그 구간의 도수만큼 반복되었다고 간주하는 것이다. 즉 표 3.2의 경우 책 가격이 2,500원인 경우가 5종, 7,500 인 경우가 8종, 12,500인 경우가 13종 17,500인 경우가 11종, 22,500인 경우가 3종 이라고 간주하면 평균 도서가격은

$$\bar{x} = \frac{2,500 \times 5 + 7,500 \times 8 + 12,500 \times 13 + 17,500 \times 11 + 22,500 \times 3}{40} = 12,375$$

이 된다. k개의 구간이 있는 도수분포포표의 i번째 구간의 도수를 f_i라고 그 구간의 대표값을 x_i라고 하면 평균의 일반적인 형태는

$$\bar{x} = \frac{\sum_{i=1}^{k} x_i f_i}{\sum_{i=1}^{k} f_i} \tag{3.15}$$

가 된다. 마찬가지로 분산은 편차의 제곱합을 표본의 (개수 −1)로 나눈 값이므로

$$s^2 = \frac{\sum_{i=1}^{k} f_i (x_i - \bar{x})^2}{\sum_{i=1}^{k} f_i - 1} = \frac{\sum_{i=1}^{k} f_i x_i^2 - n\bar{x}^2}{\sum_{i=1}^{k} f_i - 1} \tag{3.16}$$

로 얻는다. 여기로 n은 표본의 개수이며 이는 $\sum_{i=1}^{k} f_i$이다. 따라서 표 3.2에서 도서 가격의 분산 s^2은

$$\frac{2,500^2 \cdot 5 + 7,500^2 \cdot 8 + 12,500^2 \cdot 13 + 17,500^2 \cdot 11 + 22,500^2 \cdot 3 - 40 \cdot 12,375^2}{40 - 1}$$
$$= 32,676,282$$

가 된다. $s = 5,716.32$이다.

3.5. SPSS를 사용한 기술통계

SPSS에 대한 일반적인 사용법은 부록 B를 참고하기로 하며, 여기에서는 SPSS를 사용하여 기술통계값을 얻거나 표나 그림으로 자료를 요약하는 방법에 대해서 알아보기로 한다.

3.5.1 도수분포표

SPSS에서의 도수분포표는 메뉴의 **분석** 또는 `Analyze` → **기술통계** 또는 `Descriptive Statistics` → **빈도분석** 또는 `Frequencies` 순서로 메뉴를 선택한다. **빈도분석** 메뉴를 선택하면 왼쪽 창에는 사용가능한 변수의 목록이 나타나고 이 변수의 목록에서 분석할 변수를 선택하여 오른쪽에 두면 된다. 그림 3.11은 부록 A.1를 사용하여 만든 그림이다.

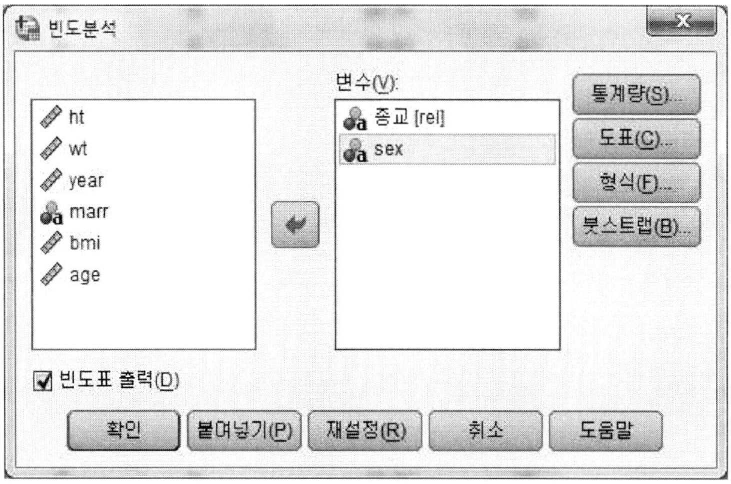

그림 3.11: SPSS 빈도분석의 대화창

- 빈도분석의 대화창에서 [통계량] 버튼을 클릭하면 평균, 분산 등의 통계량을 선택하여 출력하게 할 수 있다. 그림 3.11의 [통계량] 버튼을 클릭하면 그림 3.12과 같은 대화창이 생성되는데 이 대화창에서 필요한 통계량을 선택하면 정해진 통계량을 SPSS 출력으로 얻을 수 있다. 그림 3.12에서 통계량을 지정하고 [Continue] 또는 [계속] 버튼을 클릭하면 그림 3.11의 화면으로 돌아가는데 이 그림에서 [OK] 또는 [확인] 버튼을 클릭하면 그림 3.13와 같은 출력

그림 3.12: SPSS 빈도분석의 대화창에서 통계량 지정 화면

을 얻는다. 이 그림에서 보는 출력 외에도 변수의 각각의 값에 대한 빈도분석표도 얻게 되는데 연속으로 얻어진 값의 경우 가질 수 있는 값이 너무 많아서 불필요하게 많은 출력을 얻을 수도 있다. 이런 경우는 아래의 [형식]을 사용하여 도수분포표를 인쇄하지 않을 수도 있다.

- [도표] 버튼을 클릭하면 빈도분석에 추가하여 히스토그림, 막대그림, 원도표를 출력할 수 있다. 그림을 얻기 위해서는 [그래프] 메뉴를 사용할 수 있으며 그 때의 사용 방법이 좀더 다양한 그림을 얻을 수 있기 때문에 [그래프] 메뉴에서 자세히 알아 보기로 한다.

- [형식] 버튼을 선택하면 빈도분석에 사용할 값의 순서를 지정할 수 있다. 또한 그림 3.14의 오른쪽 아래의 체크박스에서 보는 '도수분포표 출력하지 않기'를 선택하여 도수분포표는 출력하지 않을 수도 있다.

통계량

		키	몸무게
N	유효	177	177
	결측	0	0
평균		162.10	53.47
중위수		162.00	52.00
최빈값		160	50
표준편차		5.473	7.175
분산		29.951	51.478
왜도		.569	1.081
왜도의 표준오차		.183	.183
첨도		.835	1.872
첨도의 표준오차		.363	.363
최소값		150	40
백분위수	25	158.00	49.00
	50	162.00	52.00
	75	165.00	57.00

그림 3.13: SPSS에서의 기술통계량의 값.

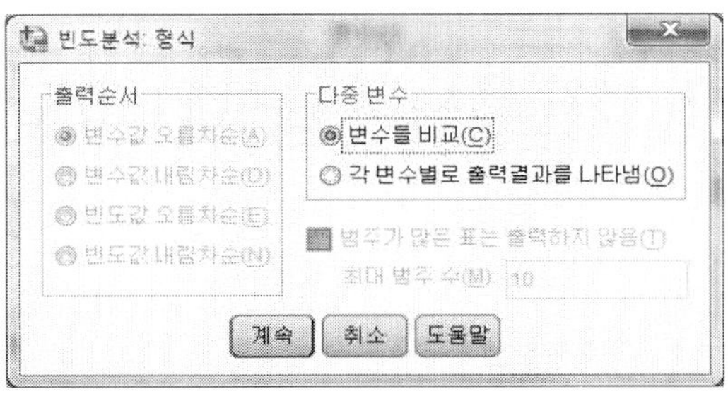

그림 3.14: SPSS의 빈도분석의 형식(Format) 버튼으로 만들어지는 대화창

3.5.2 기술통계량

SPSS에서 기술통계량을 계산하기 위해서는 메뉴에서 **분석** 또는 `Analyze` → **기술통계** 또는 `Descriptive Statistics` → `Descriptives...` 순서로 메뉴를 선택한다. 이 순서로 메뉴를 선택하면 그림 3.15의 왼쪽 그림과 같은 대화창이 생성된다. 이 그림에서

`Save standardized values as variables` 또는 **표준화 값을 변수로 저장**에 체크를 하면 선택된 변수의 표준화 점수를 계산하여 새로운 변수로 저장하게 된

그림 3.15: SPSS에서 기술통계량 얻기

다. 표준화 점수는 원래의 값에서 평균으로 빼준 값을 표준편차로 나눈 값이다. 즉, 원래 자료의 i번째 값을 X_i라 하고 이 값들의 평균과 표준편차를 각각 $\bar{X}$ 및 S라고 표시하면 표본 표준화 점수는

$$Z_i = \frac{X_i - \bar{X}}{S} \tag{3.17}$$

이다. 그림 3.15의 왼쪽 그림에서 ht 변수를 선택하고 표준화 점수 얻기를 체크를 하면 SPSS의 데이터는 그림 3.16과 같이 새로운 변수 zht를 얻는다. 표준화 점수를 저장하는 변수의 이름은 원래 변수 이름 앞에 z를 붙인다.

옵션 또는 Options 버튼을 클릭하면 그림 3.15의 오른쪽 그림과 같은 대화창이 생성되는데 이 대화창에서 원하는 기술통계량을 선택하면 선택한 통계량이 계산된다. 이 대화창에서 선택된 항목은 SPSS에서 기본값으로 선택된 값이다. 이 계산결과는 그림 3.17이다.

3.5.3 탐색적 자료분석

상자그림이나 줄기잎그림과 같은 탐색적 자료분석은 **분석** → **기술통계** → **데이터 탐색**을 사용한다. 탐색적 자료분석에서 만들어지는 대화창의 통계량 버튼을 클릭

그림 3.16: SPSS에서 기술통계량 얻기–표준화 점수 계산

기술통계량

	N	최소값	최대값	평균	표준편차
키	177	150	180	162.10	5.473
유효수 (목록별)	177				

그림 3.17: SPSS에서 기술통계량 얻기-결과물

하면 기술통계량들을 출력할 수 있으며 제 4.2절에서 다룰 신뢰구간을 계산할 수도 있다. 그림 3.18이 **데이터 탐색** 메뉴를 선택하였을 때의 대화창이며 이 그림에서

- ◉ **종속변수**에는 데이터 탐색을 할 변수를 지정한다. 예를 들어 A.1절의 자료에서의 키, 몸무게나 이들에서 계산한 체질량지수 등이다.
- ◉ **요인**에는 앞의 종속변수를 다른 변수의 값에 따라서 분석하고자 할 때 지정한다. 예를 들면 결혼여부에 따른 체질량지수의 분석을 할 경우 **요인**에 결혼여

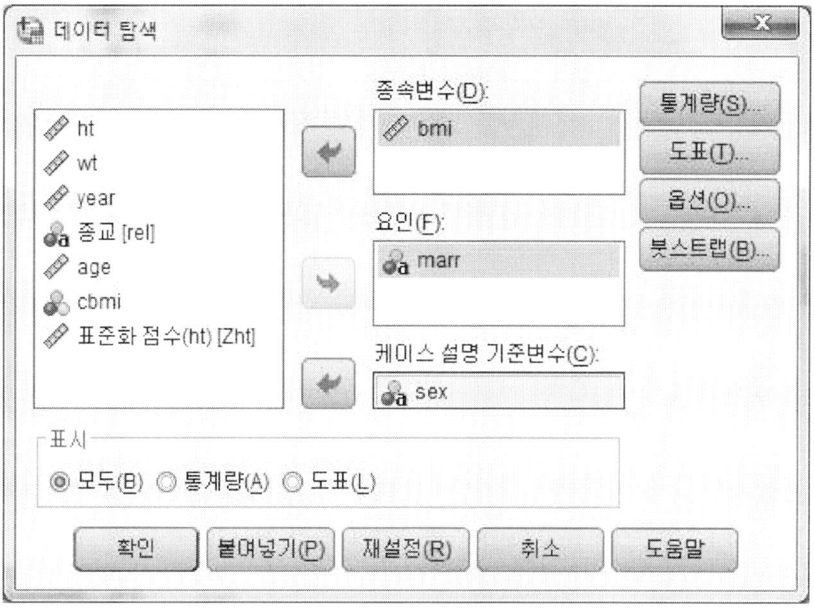

그림 3.18: SPSS에서의 탐색적 자료분석

부에 해당하는 변수를 지정한다. 그림 3.19는 종속변수에 `bmi` 요인(factor)에 **결혼**을 선택하여 얻은 기술통계량이다. 이 그림에서 보는 출력은 결혼 여부(`N`과 `Y`)에 따라서 `bmi`의 통계량을 출력하였다. 또한 `marr`(결혼)의 값에 따른 줄기잎 그림은 그림 3.20와 같다. 상자그림은 그림 3.21와 같이 `marr`의 값이 `Y`일 때와 `N`일 때 따로 작성하지만 한 그림에 넣음으로써 비교를 용이하게 하였다.

- **케이스 설명 기준변수** 만일 분석하는 중에 자료의 값이 인쇄될 경우(최대, 최소, 이상치 등) 그 값이 어떤 케이스인지 알기 쉽게 그값을 지정할 변수를 정한다. 예를 들면 결혼여부에 따른 체질량지수를 분석함에 있어서 가장 미혼과 기혼인 사람의 체질량 지수의 가장 큰 값을 가진 사람의 성별을 구분하고자 할 때는 성별에 해당하는 변수를 지정한다.

- [통계량]에 필요한 통계량을 선택할 메뉴 대화창을 만든다.

- [도표] 그리고 싶은 도표를 선택한다.

- [옵션] 결측치의 처리방법을 정해준다.

기술통계

	marr			통계량	표준오차
bmi	N	평균		20.0556	.16334
		평균의 95% 신뢰구간	하한	19.7325	
			상한	20.3787	
		5% 절삭평균		20.0034	
		중위수		19.7239	
		분산		3.549	
		표준편차		1.88376	
		최소값		16.00	
		최대값		24.49	
		범위		8.49	
		사분위수 범위		2.57	
		왜도		.427	.210
		첨도		-.217	.417
	Y	평균		21.0537	.36451
		평균의 95% 신뢰구간	하한	20.3186	
			상한	21.7888	
		5% 절삭평균		21.0095	
		중위수		20.3796	
		분산		5.846	
		표준편차		2.41786	
		최소값		16.41	
		최대값		25.95	
		범위		9.55	
		사분위수 범위		4.01	
		왜도		.486	.357
		첨도		-.732	.702

그림 3.19: SPSS에서의 탐색적 자료분석 결과 1

3.5.4 그래프

히스토그램이나 막대그래프 및 원그래프 등의 그래프는 SPSS의 **그래프** 또는 `Graphs` 메뉴에서 '레거시 대화상자' 메뉴를 선택한다. 이 선택 결과에서 생기는 대화창인 그림 3.22에서 각각 `Histogram`, `Bar..` 또는 `Pie..` 또는 **히스토그램**, **막대도표** 및 **원도표**를 선택한다.

```
BMI Stem-and-Leaf Plot for
결혼= N

 Frequency    Stem &  Leaf

     2.00       16 .  04
     3.00       16 .  888
     3.00       17 .  123
    11.00       17 .  55777788999
     8.00       18 .  22344444
    14.00       18 .  55556667777788
    15.00       19 .  000011222233334
    15.00       19 .  555555566779999
    10.00       20 .  0112223334
    13.00       20 .  5555777888999
    11.00       21 .  00022223444
     8.00       21 .  66678889
     6.00       22 .  001233
     3.00       22 .  668
     2.00       23 .  12
     3.00       23 .  579
     6.00       24 .  223344
```

```
BMI Stem-and-Leaf Plot for
결혼= Y

 Frequency    Stem &  Leaf

     1.00       16 .  4
     1.00       17 .  7
     6.00       18 .  034579
    11.00       19 .  01245557889
     7.00       20 .  0034557
     5.00       21 .  44678
     2.00       22 .  34
     3.00       23 .  578
     5.00       24 .  00669
     3.00       25 .  459

 Stem width:      1.00
 Each leaf:       1 case(s)
```

그림 3.20: SPSS에서의 탐색적 자료분석 결과 - 줄기잎그림

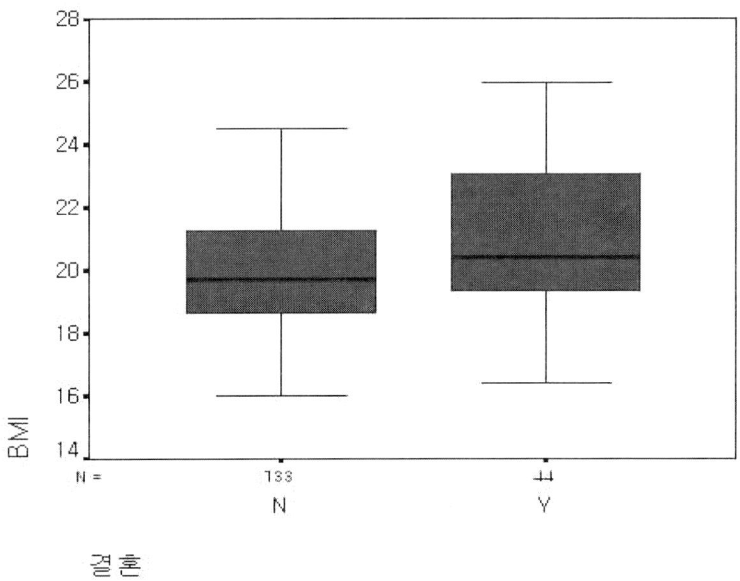

그림 3.21: SPSS에서의 탐색적 자료분석 결과 - 상자그림.

막대그림

그림 3.23의 왼쪽 그림은 막대도표 메뉴를 선택할 때 나오는 대화창인데 이 대화창의 세 가지 그림 '단순', '수평누적' 또는 '수직누적' 중에서 원하는 그림을 선택하고

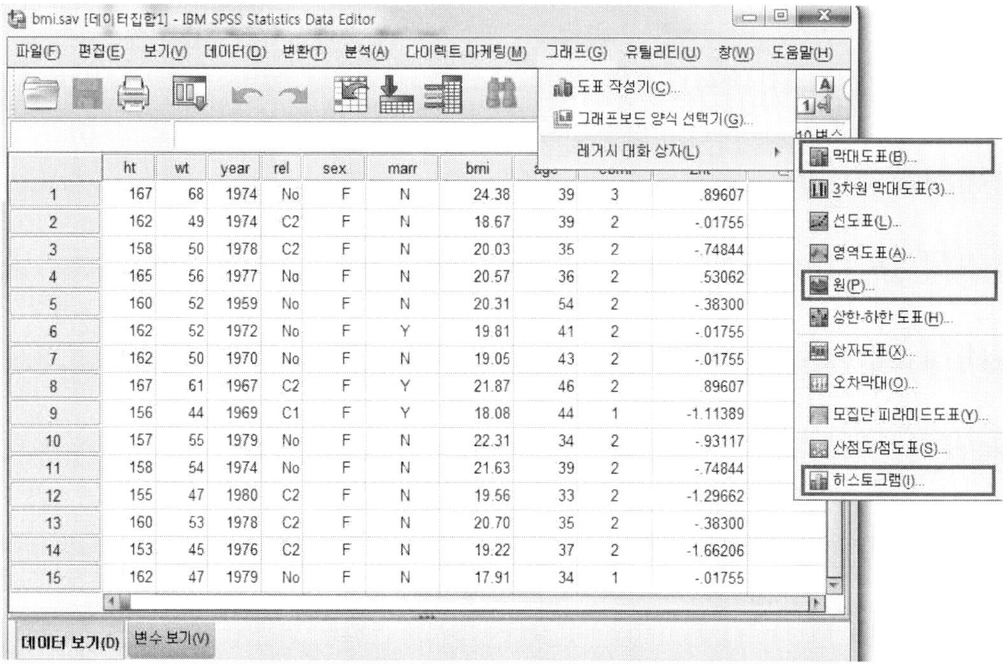

그림 3.22: SPSS에서 그림 메뉴

도표에 표시할 데이터를 선택한다.

기둥그림은 기본적으로 x 축과 y축을 가지는데 그림 3.23의 왼쪽 그림의 아래쪽의 '도표에 표시할 데이터'는 이 x축과 y축에 어떤 값을 사용할지 지정하는 것이다. 이 그림에서

케이스 집단들의 요약값 은 가장 자주 사용하는 방법으로 x 축에는 기둥의 구분에 사용할 값을 사용하고 y축에는 x 축에 사용한 변수의 도수, 누적도수 등을 사용하거나 x축에 사용한 변수와 전혀 다른 새로운 변수의 통계량(예: 평균)등을 기둥으로 표시하고 할 때 사용한다. 예를 들면 성별에 따른 빈도수를 기둥그림으로 만들거나, 성별에 따른 키의 평균을 기둥그림으로 만들고자 할 때 사용한다.

개별 변수의 요약값 을 지정하면 x 축에는 설정한 변수 이름이, y축에는 x 축에서 설정한 변수의 함수값을 기둥으로 만든다. 예를 들어 2010년, 2011년, 2012년의 근로자 100명의 소득자료에서 해당 연도의 평균소득 등을 기둥으로 만들고자 할 때 지정할 수 있다. 이 경우 설정된 변수의 개수만큼 기둥이 만들어진다.

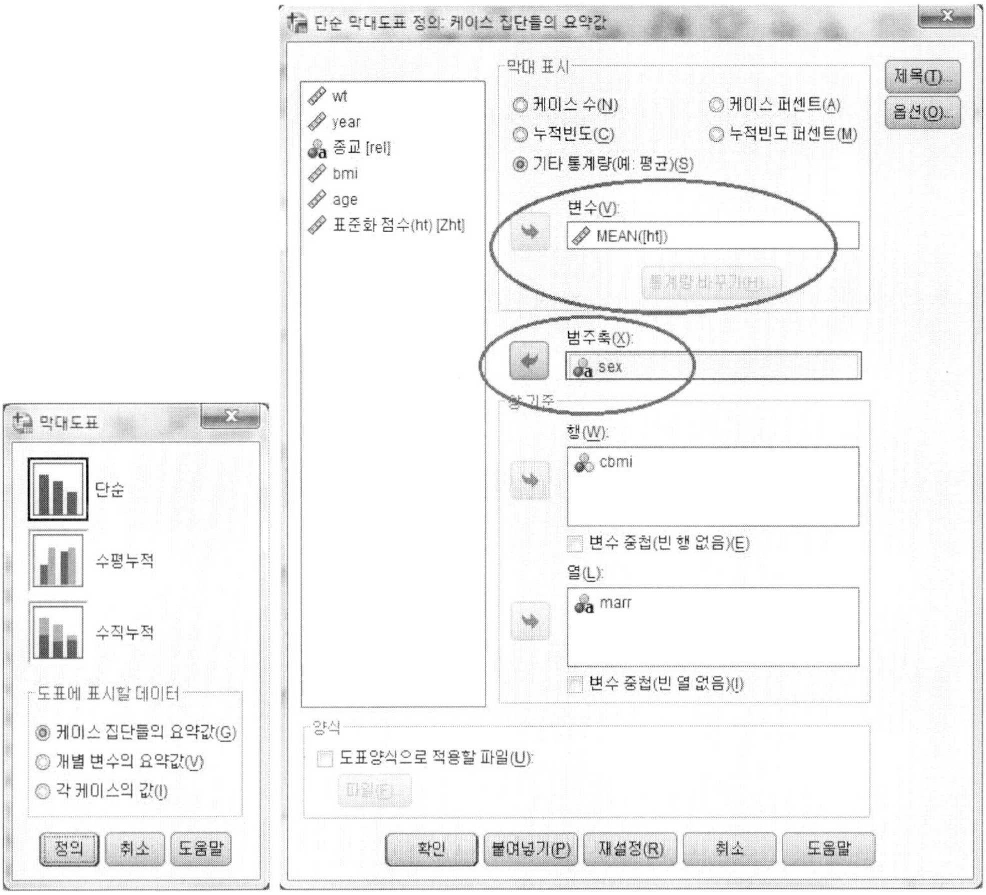

그림 3.23: SPSS에서의 막대그래프 그리기

각 케이스의 값 을 지정하면 x축에서는 지정된 변수의 원래값, y축은 지정한 변수의 케이스 번호 또는 다른 지정된 변수의 값이 사용된다. '케이스 집단의 요약값'과의 비슷하나 원래 변수 값이 그대로 y축의 값에 사용된다는 점이 다르다.

먼저

- 케이스 집단들의 요약값을 선택하면 각 케이스의 요약을 할 수 있는 막대 그림을 생성하게 되고 이 경우 그림 3.23의 오른쪽 그림과 같은 대화창이 생성되므로 막대의 높이로 사용할 값으로 빈도, 비율 등을 정해준다. 그림 3.23의 오른쪽 그림에서 y축에 사용할 수 있는 막대표시로 케이스 수(빈도), 퍼센트 등을 설정할 수 있을 뿐 아니라 '기타 통계량'을 지정하여 y축에 사용할 값을 설정할 수 있다. 이 그림에서는 `ht`(키)라는 변수의 평균이 설정된 상태이다.

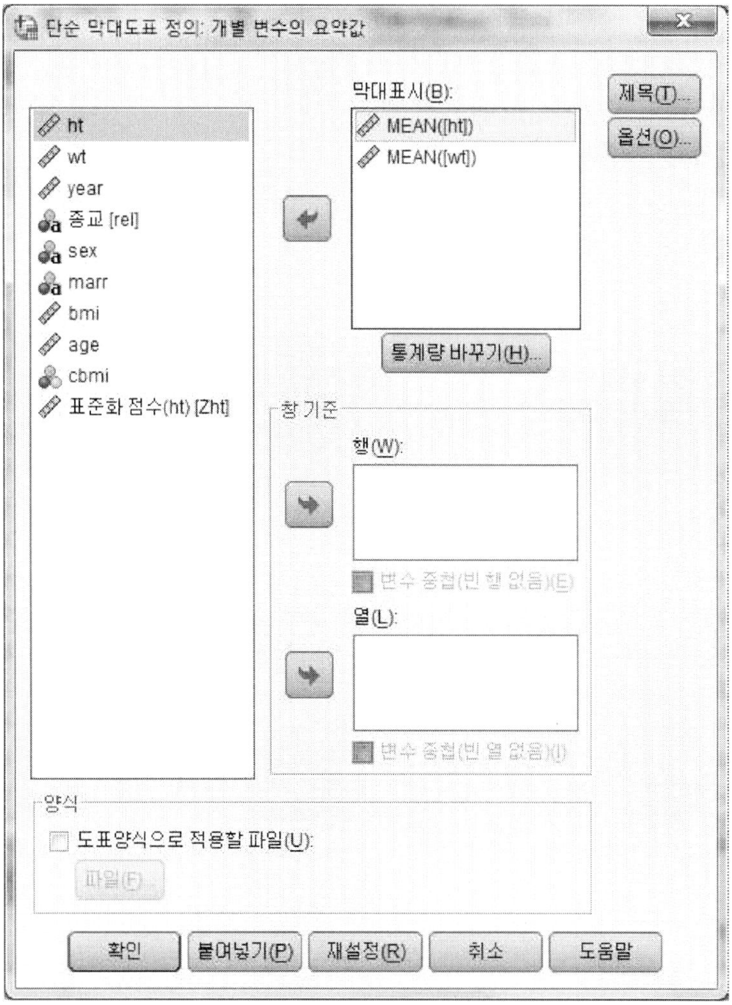

그림 3.24: SPSS에서의 막대그래프 그리기 2

평균이 아닌 다른 값을 설정하고자 한다면 그림에서 통계량 바꾸기 버튼을 클릭하여 그림 3.25와 같은 대화창을 만들어서 사용할 속성 또는 통계량을 설정할 수 있다. 그림 3.25에서는 통계량의 선택도 가능하며 특정한 값을 기준으로 그 값보다 큰 값, 백분위수 등을 설정할 수도 있고, 특정 범위내의 값들만 사용하도록 지정할 수도 있다.

x축에 사용할 변수(그룹을 나눌 변수)는 **범주 축**에 지정한다. 그림 3.25는 남녀별 평균 신장의 막대그림을 그리기 위한 설정이다.

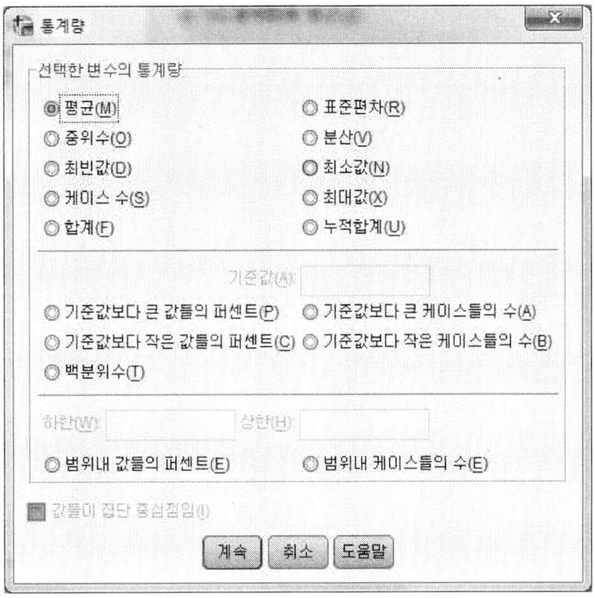

그림 3.25: SPSS에서의 막대그래프 그리기 3

그림 3.23의 오른쪽 그림의 행과 열에는 기둥 그림을 따로 행과 열에 설정된 변수의 값에 따라 따로 만들고자 할 때 행과 열에 사용할 변수를 지정할 수 있다. 이 그림에서는 cbmi와 marr 변수가 가질 수 있는 모든 가능한 조합에서 성별에 따른 키의 평균을 막대그림으로 그리도록 설정하였다. 이 명령의 결과는 그림 3.26이다.

◉ 개별변수의 요약값은 둘 이상의 변수의 평균 등을 비교할 때 사용하며 이 경우 그림 3.23의 오른 쪽 그림의 '변수'에 사용할 변수를 모두 넣어야 한다. 예를 들어 키의 평균과 몸무게의 평균을 비교하려면 그림 3.24와 같이 키와 몸무게를 모두 입력해주면 되고, 이 그림의 결과는 그림 3.27이다.[1]

그림 3.24에서의 '행'과 '열'은 앞에서와 마찬가지로 이 둘이 설정되면 행과 열에 설정된 모든 변수값의 조합에 대해서 막대그림을 그린다. '행'과 '열'은 둘 중의 하나만 설정도 가능하다.

◉ '각 케이스 값'을 선택한 경우는 y축에 원자료의 값(raw data)를 직접 사용하

[1] 키와 몸무게는 길이와 무게를 측정하는 것으로 서로 비교가 어렵지만 부록의 자료 내에서 설명하기 위해 막대그림을 그린 것임을 이해하기로 한다.

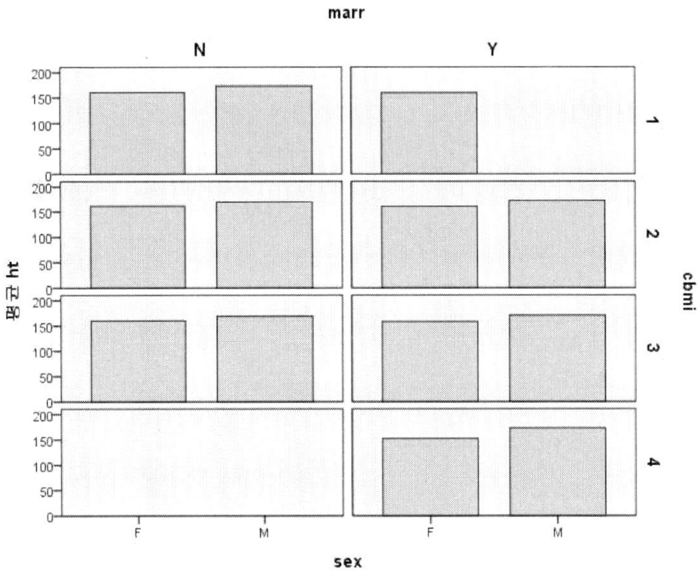

그림 3.26: SPSS에서의 막대그래프 그리기 출력 결과

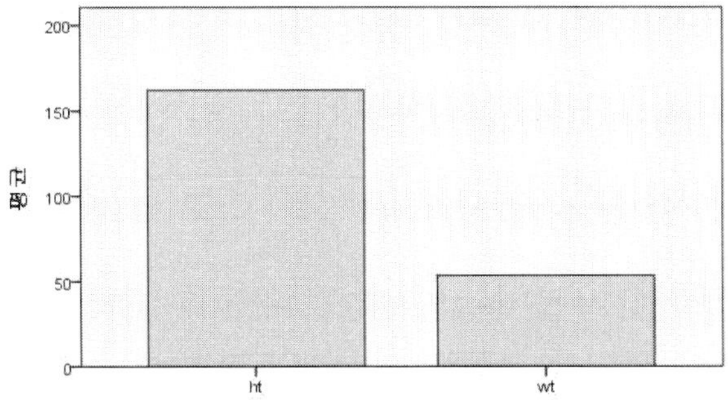

그림 3.27: SPSS에서의 막대그래프 그리기 출력 결과 2

는 점을 제외하면 '케이스 집단의 요약값'을 설정한 경우와 사용법이나 그 결과가 대동소이하므로 생략하기로 한다.

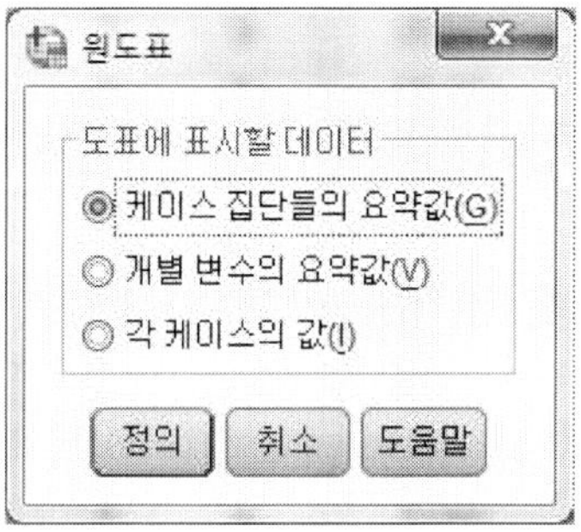

그림 3.28: SPSS에서의 원그림(Pie)의 대화창

원그림

원그래프와 히스토그램 메뉴도 SPSS에서 **그래프** 메뉴에서 '레거시 대화상자' 메뉴에 속해 있다(그림 3.22). 이 그래프 메뉴에서 원그림과 히스토그램 메뉴를 선택할 때 나타나는 대화창은 그림 3.23의 대화창과 거의 같다. 원그림은 메뉴에서 **그래프** → **레거시 대화상자** → **원그림**(Pie) 순서로 선택하면 그림 3.28와 같은 대화창이 생성된다. 이 그림의 대화창에서 첫 번째로 선택할 수 있는 '케이스 집단들의 요약값'은 각 원그림의 각 조각에 사용할 값을 지정한다. '케이스 집단들의 요약값을 선택하면 그림 3.29의 대화창이 생성되며 이 그림에서 '조각표시'의 '케이스 수'와 '케이스 퍼센트'는 아래의 '조각기준변수'에 주어진 변수의 각각의 값에 대한 빈도수 또는 백분율로 원그림의 각 조각의 비율을 맞추는 것이며 '변수합계'는 원의 한 조각에 사용할 값을 '조각기준변수'에 설정된 변수의 각각의 값에 대해 '변수'에 설정된 변수의 합을 한 조각의 면적에 비례하도록 원그림을 그린다. 예를 들면 '종교'라는 변수의 여러 가지 값에 대해 종교별 소득의 합을 그릴 때 사용한다.

그림 3.28의 두 번째인 '개별변수의 요약값'은 서로 다른 변수를 원그림의 각 슬라이스(slice)로 사용하고자 할 때 선택한다. 따라서 이 경우는 원그림의 조각의 개수만큼 변수를 지정하여야 한다. 예를 들면 2003년, 2004년, 2005년의 수능점수가 서로 다른 변수로 저장되어 있을 때 각 연도의 평균을 원그림으로 그리고자 할 때 사용할 수 있다.

그림 3.28에서 해당되는 항목을 선택하면 그림 3.23의 오른쪽 그림이나 그림 3.24과 유사한 대화창이 얻어진다. 그림 3.29은 그림 3.28에서 첫 번째 선택을 하였을 때 나오는 대화창으로 이 대화창에서 윗부분의 선택표시들은 원그림의 각 슬

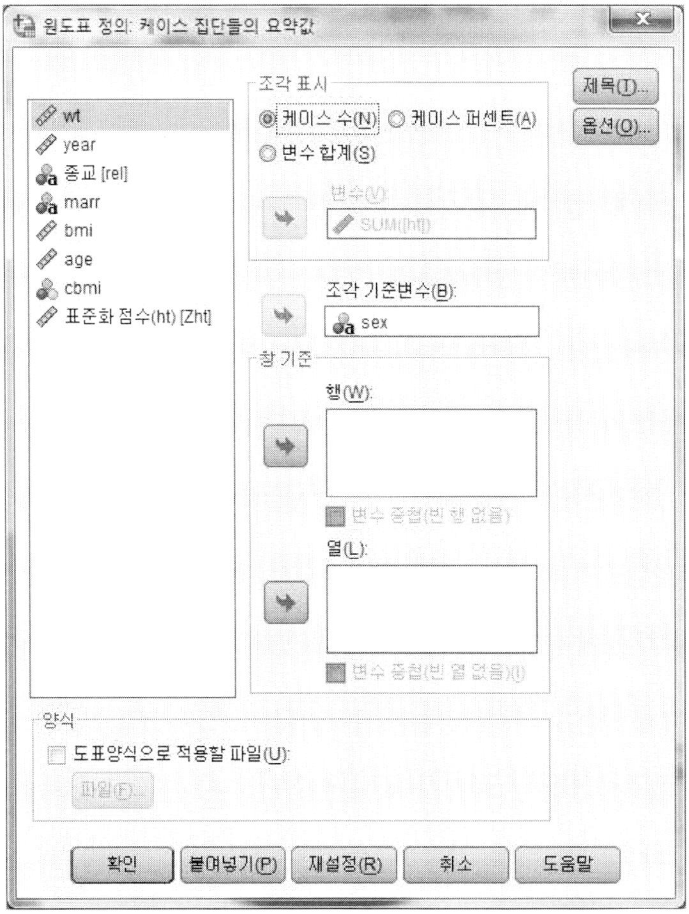

그림 3.29: SPSS에서의 원그림(Pie)의 대화창 2

라이스의 면적에 사용할 값을 지정한다. '변수합계'를 선택하는 경우는 합할 변수를 별도로 '변수'에 지정하여야 하며 각 슬라이스의 면적은 여기서 지정한 변수합의 크기에 비례한다. 그림 3.29은 자료에서 성별에 따른 빈도수를 각 슬라이스 크기에 비례하도록 설정하는 화면이며 이 설정의 결과는 그림 3.30이다. 경우이다.

그림 3.29의 '행'과 '열'은 막대그림에서와 마찬가지로 행과 열에 설정된 변수의 모든 가능한 조합의 값에서 원그림을 그린다.

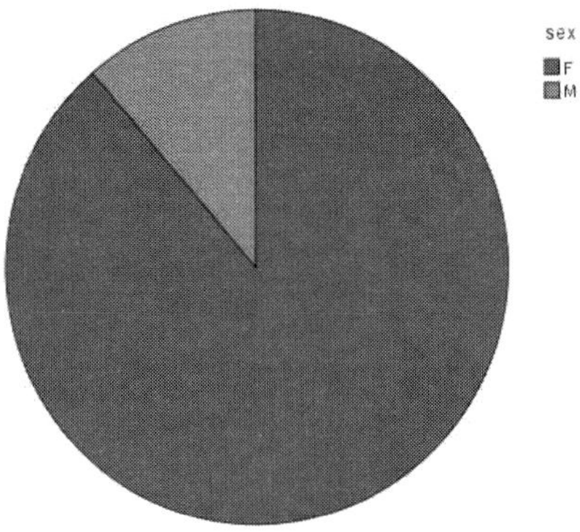

그림 3.30: SPSS에서의 원그림(Pie)의 출력

그림 3.31: SPSS에서의 히스토그램 그리기 메뉴설정

히스토그램

히스토그램을 그리기 위해서 메뉴에서 **그래프** → **레거시 대화상자** → **히스토그램** 순서로 메뉴 항목을 선택하면 그림 3.31과 같은 대화창이 생성되는데 이 대화창에

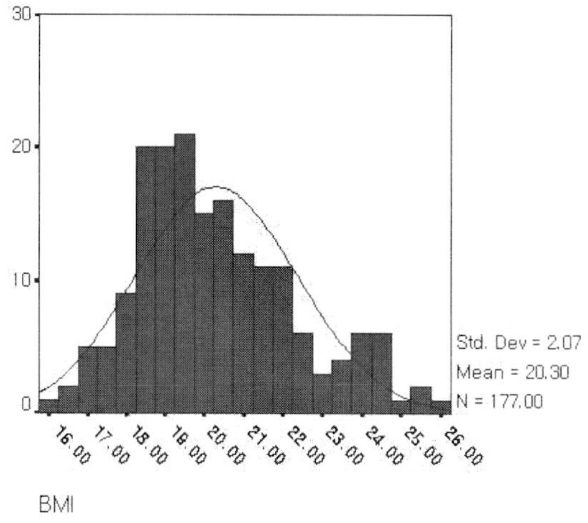

그림 3.32: SPSS에서의 히스토그램 그리기 출력

서 히스토그램을 그릴 변수를 선택한다. 히스토그램에 사용될 변수는 변수목록에서 선택하여 '변수' 칸에 넣으면 된다. 그림 3.31에서는 `bmi`가 히스토그램을 그릴 변수로 선택되었으며 이 그림의 '변수' 아래의 동그라미 친 부분의 체크박스는 히스토그램을 정규분포와 비교하기 위해서 자료에서 계산된 평균과 분산을 따르는 정규분포 곡선을 히스토그램 위에 겹쳐 그리도록 하는 선택이다. 이 명령의 결과는 그림 3.32이다. 이 그림에서 보는 것처럼 정규분포 곡선이 겹쳐 그려졌음을 알 수 있다.

그림 3.31의 제목 버튼을 클릭하면 히스토그램 도표의 위나 아래에 사용자가 설정한 제목을 넣을 수 있는 대화창이 생성되며, 이 대화창에 주어진 제목이 히스토그램에 추가된다.

그림 3.31의 '행'과 '열'은 막대그림이나 원그림에서와 마찬가지로 행과 열에 설정된 변수의 모든 가능한 조합의 값에서 히스토그램을 그린다. '행'과 '열'의 설정예는 막대그래프에서 사용한 그림 3.23와 그 결과인 그림 3.26 및 점도표에서 사용한 예인 그림 3.33 및 그 결과인 그림 3.34를 참고하기로 한다.

점도표

점도표는 SPSS에서 히스토그램을 그리는 메뉴에서 선택할 수 있다. 히스토그램은 **그래프 → 레거시 대화상자 → 산점도/점도표** 메뉴를 선택하면 그림 7.1(198면)과 같은 대화창이 만들어지는데(이 대화창의 산점도에 대해서는 7.1절에서 다루기로

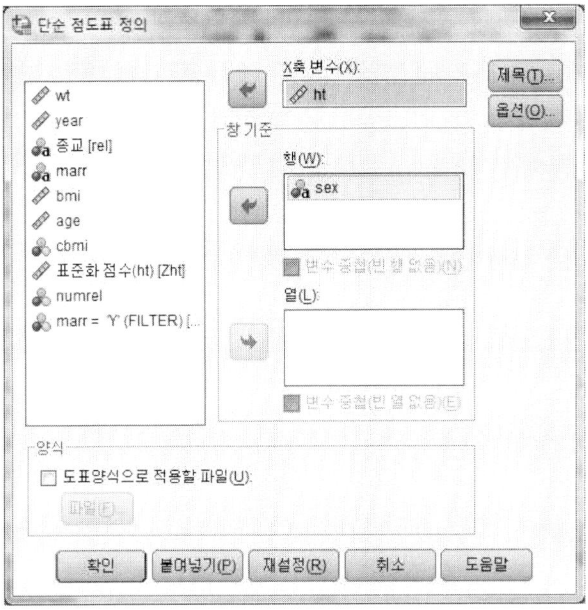

그림 3.33: SPSS에서의 점도표 그리기 설정

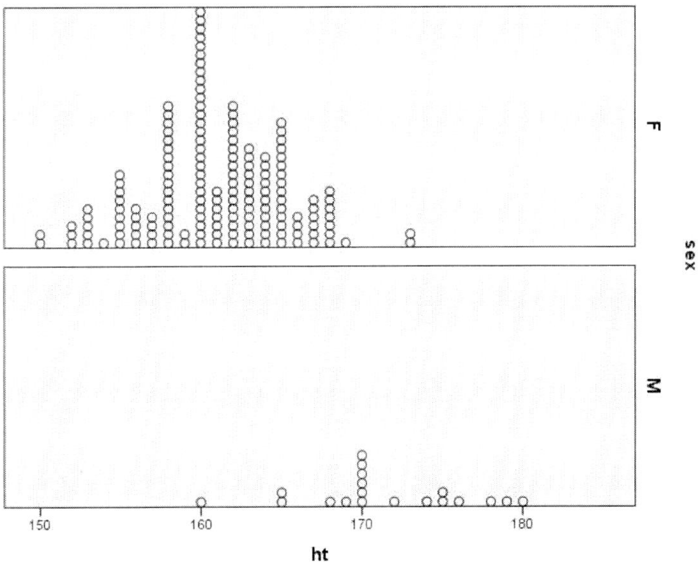

그림 3.34: SPSS에서의 점도표 그리기 출력

한다) 이 대화창에서 **단순 점도표**를 선택하면 그림 3.33과 같은 설정창이 생성된다. 이 그림에서 점도표를 그릴 변수를 'X축 변수'에 설정한다.

'행'과 '열'에는 행과 열에 설정된 변수의 모든 조합에 대해 점도표를 생성하도록 한다. 그림 3.33에서는 행에 변수 sex를 지정하였으므로 sex 변수의 모든 가능한 값에 대해 각각 점도표를 그리게 된다. 이 명령의 결과는 그림 3.34이다. 이 점도표는 부록 A의 키몸무게 자료에서 성별에 따른 키의 점도표이다.

연습문제

3.1 보기 3.4의 자료는 어떤 종류의 자료라고 할 수 있는가?

3.2 신문, 잡지 등 언론매체에서 도수분포표나 그래프를 이용한 기술통계자료를 찾고, 배운 내용과 비교하여라.

3.3 부록 A.1절의 키몸무게 자료를 이용하여

(a) 남녀별 빈도에 대한 막대그림과 원그림을 그려보아라.

(b) 남녀별 키의 평균에 대한 막대그림을 그려보아라.

(c) 키와 몸무게에 대한 히스토그램을 그려라.

(d) 키에 대한 남녀별 상자 그림을 그려보고 줄기잎 그림을 그려라.

(e) 키, 몸무게에 대한 평균, 분산, 중앙값, 최대, 최소, 제 1사분위수, 제 3사분위수, 사분위수범위를 구하여라.

3.4 아래의 도수분포표는 1900년에서 1988년까지 미국에서 발생한 회오리 바람(tornado)에 의해 사망한 사람의 수의 자료이다. 이 자료를 이용하여 상대

사망자 수	도수	상대도수
–24	10	0.127
25–49	21	0.266
50–74	20	0.253
75–99	13	0.164
100–149	7	0.089
150–199	2	0.025
200–249	4	0.051
250–400	2	0.025
합 계	79	1.000

표 3.3: 회오리바람 빈도수.

도수 히스토그램을 그려라.

3.5 위의 도수분포의 자료를 이용하여 사망자수의 평균과 분산을 구하여라.

3.6 흡연이 세포내에서의 염색체 교대현상에 미치는 영향을 알아보기 위해서 흡연자의 염색체에 교대현상이 일어난 횟수를 세어 보았더니 다음과 같았다. 평

균, 중앙값, 최빈값, 분산, 표준편차를 계산하고 줄기잎 그림과 상자그림을 그려보아라.

9 7 24 30 14 7 16 20 23 23 25 23 37 29 6 5 23 24 22 10 21

3.7 통계학 시험성적이 아래와 같이 줄기 잎 그림표로 표시되어 있다.

```
4|9
5|
6|35
7|355
8|467
9|8
```

이 자료를 이용하여

(a) 평균, 중앙값을 구하여라.

(b) 표준편차 s를 구하여라.

(c) 평균을 중심으로 $2s$ 구간 안에 있는 관찰값의 비율은?

3.8 표 3.3의 자료에서 사망자 수의 평균과 분산을 구하여라.

3.9 분산의 간편식

$$s^2 = \frac{\sum(x_i - \bar{x})^2}{n-1} = \frac{\sum x_i^2 - n(\bar{x})^2}{n-1}$$

이 항상 성립함을 보여라.

3.10 다음 등식

$$\sum_{i=1}^{k} f_i(x_i - \bar{x})^2 = \sum_{i=1}^{k} f_i x_i^2 - n\bar{x}^2$$

이 성립하므로 식 (3.16)에서 주어진 도수분포표에서의 분산의 간편식이 성립함을 보여라.

3.11 어느 묘포장에서 키운 참나무 1-0묘의 표고(지면으로 부터 측정한 나무의 높이)는 정규분포를 한다고 한다. 모집단의 평균(μ)과 분산(σ^2)이 정확히 알려져 있지 않은 상황에서 다음과 같이 임의로 9본의 표본을 선발하여 측정하였다. 이 측정치를 사용하여 평균표고와 표고의 표준편차를 구하여라.

31, 29, 27, 25, 31, 30, 27, 35, 31

제 4 장

모평균에 대한 추론

모집단의 평균 μ에 대한 추정을 하기 위해 표본을 얻고 표본으로부터 표본평균 $\bar{X}$를 얻었다고 하자. 이때 모평균이 표본으로터 얻은 $\bar{X}$와 정확히 일치한다고 생각하기는 힘들 것이다. 하지만 모평균이 표본평균과 가까운 값이라고는 생각할 수 있다. 이장에서는 표본에서 얻은 표본평균에 기초하여 모평균에 대한 구간추정과 가설검정에 대해서 알아보자.

표본평균에 기초한 모평균의 추론은 표본의 크기 n이 충분히 크면 중심극한정리에 의해서 자료의 분포가 정규분포라야 하는 가정은 필요하지 않지만 n이 작으면 자료는 정규분포임을 가정한다. 따라서 원래 자료가 정규분포가 아닌 경우 n이 작으면 여기서 소개하는 추정이나 검정방법은 사용할 수 없다.

4.1. 표본평균의 분포와 몇 가지 성질

연구자나 조사자가 모평균 μ의 값을 알기 위해서 크기 n인 표본을 뽑는다고 생각해 보자. 좀더 구체적으로 7,000명의 학생의 몸무게의 평균 μ를 알기 위해서 $n = 100$인 표본을 얻어서 이들의 표본평균인 $\bar{X}$를 이용하여 모평균을 추정하는 상황을 가정하자. 이 경우

1. 대부분의 경우 100명의 체중을 얻는 조사는 1회만 한다.

2. 실제로는 7,000명 중에서 100명을 뽑는 방법의 수는

$$\binom{7,000}{100}$$

이다.

3. 위에서 얻은 경우의 수만큼 표본을 얻고 각 경우마다 표본의 평균을 얻을 수 있다. 따라서 이론적으로는 각각의 표본 평균에 대하여 평균을 얻을 수 있으므로 이들 표본평균의 평균, 분산 등을 계산할 수 있다.

4. 따라서 조사자가 1회 조사하여 얻은 표본평균은 수많은 가능한 표본평균의 값 중에서 하나를 얻은 것이다.

를 숙지할 필요가 있다.

4.2. 모평균에 대한 구간추정

자료의 모평균 μ를 대신하기 위해서 표본평균 $\bar{X}$를 사용하거나 자료의 모분산 σ^2을 대신하기 위해서 사용하는 표본분산 S^2을 얻는 것과 같이 모수의 값을 하나의 값으로 추정하는 것을 점추정(point estimation)이라고 한다.

한편 추정하고자 하는 모수가 어떤 구간내에 속할 것을 추정하는 것을 **구간추정**이라고 하고 이 때 추정된 구간을 **신뢰구간**(confidence interval)이라고 한다. 신뢰구간의 가장 왼쪽 값과 오른쪽 값을 신뢰하한(lower confidence bound)과 신뢰상한(upper confidence bound)이라고 부르기도 한다.

임의표본 $X_1, X_2, \ldots, X_n$이 평균이 μ이고 분산이 σ^2인 정규분포로부터 얻어진 경우에는 μ의 점추정의 하나로 사용하는 것이 $\bar{X}$이며 $\bar{X}$의 분포는 평균이 μ이고 분산이 σ^2/n이다. 따라서 이를 표준화하면

$$Z = \frac{\bar{X} - \mu}{\sigma/\sqrt{n}} \sim N(0,1) \tag{4.1}$$

이 되고 따라서

$$\begin{aligned} 1 - \alpha &= \Pr\left[-z_{\alpha/2} < \frac{\bar{X} - \mu}{\sigma/\sqrt{n}} < z_{\alpha/2}\right] \\ &= \Pr\left[\bar{X} - z_{\alpha/2}\frac{\sigma}{\sqrt{n}} < \mu < \bar{X} + z_{\alpha/2}\frac{\sigma}{\sqrt{n}}\right] \end{aligned} \tag{4.2}$$

이다 따라서 μ에 대한 $100(1-\alpha)\%$ 신뢰구간은

$$\left(\bar{X} - z_{\alpha/2}\frac{\sigma}{\sqrt{n}}, \bar{X} + z_{\alpha/2}\frac{\sigma}{\sqrt{n}}\right) \tag{4.3}$$

이다. 여기서 $z_{\alpha/2}$는 $\Pr[Z > z_{\alpha/2}] = \alpha/2$가 되는 점이다.

보기 4.1. 어느 지역의 학생 100명의 키를 조사하였더니 평균이 171cm이었다. 분산이 25cm^{2}이라고 가정하고 이 지역 학생의 평균 키에 대한 95% 신뢰구간을 구해 보자.

풀이: 부록의 표 A.2에서 $\alpha = 0.05$이므로 $z_{\alpha/2} = z_{0.025} = 1.96$이다. 따라서 95% 신뢰구간은

$$\mu = \bar{x} \pm z_{\alpha/2}\frac{\sigma}{\sqrt{n}} = 171 \pm 1.96\frac{5}{10} = (170.02, 171.98)$$

이다. ■

일반적으로 모집단의 표준편차인 σ는 알 수 없고 이런 경우에는 σ 대신 표본표준편차 S를 사용하며 이 경우는

$$T = \frac{\bar{X} - \mu}{S/\sqrt{n}} \sim t_{n-1} \tag{4.4}$$

이므로 사용하여야 할 분포는 자유도가 $(n-1)$인 t-분포가 된다. (식 (2.30) 참조.) 따라서

$$\begin{aligned} 1-\alpha &= \Pr\left[-t_{n-1;\alpha/2} < \frac{\bar{X}-\mu}{S/\sqrt{n}} < t_{n-1;\alpha/2}\right] \\ &= \Pr\left[\bar{X} - t_{n-1;\alpha/2}\frac{S}{\sqrt{n}} < \mu < \bar{X} + t_{n-1;\alpha/2}\frac{S}{\sqrt{n}}\right] \end{aligned} \tag{4.5}$$

이 되어 σ를 모를 때 μ에 대한 $100(1-\alpha)\%$ 신뢰구간이

$$\left(\bar{X} - t_{n-1;\alpha/2}\frac{S}{\sqrt{n}}, \bar{X} + t_{n-1;\alpha/2}\frac{S}{\sqrt{n}}\right) \tag{4.6}$$

이 된다. 여기서 $t_{n-1;\alpha/2}$는 $\Pr[T_{n-1} > t_{n-1;\alpha/2}] = \alpha/2$가 되는 점이며

$$S = \sqrt{\frac{\sum(X_i - \bar{X})^2}{n-1}} \tag{4.7}$$

로 계산한다. t 분포표는 부록의 표 A.3에서 찾아볼 수 있다.

보기 4.2. 다음 자료는 10명의 정상인의 공복시 혈당치이다.(단위: mg/dl)

```
89, 91, 98, 78, 80, 85, 88, 87, 90, 92
```

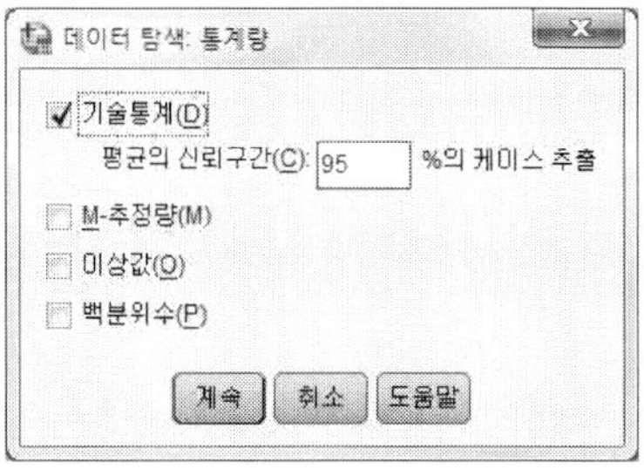

그림 4.1: 신뢰구간의 신뢰도 지정

정상인의 공복시 혈당치에 대한 99% 신뢰구간을 구하여라. 참고로 정상인의 경우 이른 아침 공복시 혈당치는 60–100mg/dl이다.

풀이: 이 자료의 평균과 표준편차가 각각 87.8과 5.808이고 표 A.3에서 $t_{9;0.005} = 3.25$이므로

$$\mu = 87.8 \pm 3.25\frac{5.808}{\sqrt{10}} = (81.83, 93.77)$$

이다. ■

보기 4.3. 연습문제 3.6의 자료는 앞에서 설명한 신뢰구간을 얻는데 사용할 수 있는가? 그 이유를 설명하여라.

풀이: 자료가 이산형인 계수자료이므로 정규분포를 가정하기 힘들 뿐 아니라 자료의 크기가 얼마되지 않아 중심극한 정리도 적용하기 힘들기 때문에 이 자료는 위의 신뢰구간을 적용하기 힘들다. ■

4.2.1 컴퓨터 패키지의 이용

모평균에 대한 신뢰구간을 SPSS에서 얻으려면 **분석** → **기술통계** → **데이터 탐색**을 이용한다. 데이터 탐색을 선택하였을 때의 대화창(그림 3.18 참고)에서 [통계량]이나 [Statistics] 버튼을 선택하면 그림 4.1와 같이 신뢰도를 지정해 줄 수 있는 창이 만들어지므로 신뢰도를 지정해주면 된다. 신뢰도는 따로 지정하지 않으면 기본값으로 95%를 사용한다. SPSS의 버전 17–19까지는 이 부분의 번역이 잘못되어 있어서 '%의 케이스 추출'로 보이는데 사실은 신뢰도로 번역해야 옳다. 그림에서와 같이 신뢰도를 지정한 후 보기 4.2의 자료로 신뢰구간을 얻어보면 그림 4.1과 같은 결과를 얻는다. 이 그림에서 동그라미 한 부분이 신뢰구간의 신뢰상한과 신뢰하한의 값이며 보기 4.2에서와 같은 결과임을 알 수 있다.

기술통계

			통계량	표준오차
혈당치	평균		87.80	1.837
	평균의 99% 신뢰구간	하한	81.83	
		상한	93.77	
	5% 절삭평균		87.78	
	중위수		88.50	
	분산		33.733	
	표준편차		5.808	
	최소값		78	
	최대값		98	
	범위		20	
	사분위수 범위		8	
	왜도		-.183	.687
	첨도		.312	1.334

그림 4.2: 신뢰구간의 계산 결과

SPSS에서의 신뢰구간은 뒤에서 볼 가설검정의 SPSS 출력에서도 얻어지므로 그 결과는 가설검정을 다룰 때 따로 알아보기로 한다.

4.2.2 신뢰구간의 해석

보기 4.1에서 얻은 키에 대한 95% 신뢰구간에 대해서 생각해 보자. 이 보기의 결과에 따르면 모평균에 대한 신뢰구간은 $(170.02, 171.98)$이므로 키의 모평균 μ가 이 구간에 포함될 확률이 95%일까? 정답은 '아니다'이다. 특정지역 학생의 키의 모평균 값은 모르는 값이긴 하지만 그 값은 어떤 수이고 따라서 그 값은 보기에서 얻은 신뢰구간 $(170.02, 171.98)$에 포함되든가 포함되지 않든가 둘 중의 하나이다. 굳이 모평균이 이 구간에 포함될 확률을 말하라면 0아니면 1이 된다.

그러면 95% 신뢰구간의 의미는 무엇인가? 이 의미는 다음과 같다. 이 보기에서 표본을 얻은 방법과 똑 같은 방법으로 100개씩의 자료를 얻어 많은 신뢰구간을 얻으면 그 때 얻은 많은 신뢰구간 중에서 모평균 μ를 포함하는 신뢰구간이 약 95%가 된다는 의미이다. 물론 무한히 많은 신뢰구간을 얻었을 경우 모평균이 신뢰구간에 포함되는 것은 95% 이다.

그림 4.3에는 모집단에서 표본을 5개 얻어 신뢰구간을 구하는 실험을 100번씩 할 수 있는 모의실험 프로그램을 수행한 결과이다. 이 결과에서 세로 직선은 표본크

기 5인 자료에서 계산한 신뢰구간이고 가로축은 모평균이다. 이 그림에서 보는 것

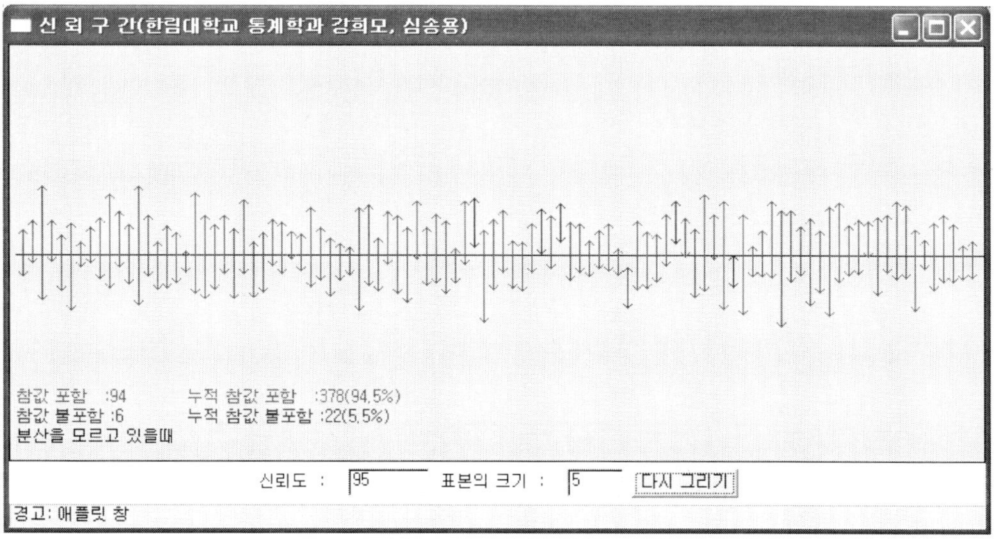

그림 4.3: 신뢰구간 모의실험 결과

과 같이 어떤 신뢰구간은 모평균을 포함하지 못하고 어떤 구간은 포함하고 있다. 실험자나 조사자가 관찰하는 신뢰구간은 이들 중 하나이므로 이 신뢰구간에는 모평균이 포함될 수도 그렇지 않을 수도 있으나 이러한 신뢰구간을 얻는 과정을 무수히 반복하면 원하는 신뢰도 만큼의 신뢰구간은 모평균은 포함한다. 이 그림을 얻기위한 JAVA applet은

`http://jupiter.hallym.ac.kr`

에서 얻을 수 있다.

4.2.3 신뢰구간에 기초한 표본의 수

단순임의추출로 표본을 얻고 모집단의 수가 무한이거나 아주 큰 경우에 적용될[1] 수 있는 이 방법은 신뢰구간에서의 이론에서 출발한다. 신뢰구간이 앞에서 본 것처럼 $|\bar{X} - \mu| = z_{\alpha/2}\dfrac{\sigma}{\sqrt{n}}$ 이므로 오차한계 d를 $|\bar{X} - \mu|$라고 하면 $d = z_{\alpha/2}\dfrac{\sigma}{\sqrt{n}}$ 이므로 이

[1] 따라서 표본 추출 방법이 단순임의추출이 아니거나 모집단의 개수가 작은 경우에 여기서 소개하는 방법을 사용할 수 없고 표본이론에 관련된 문헌을 참고하여야 한다.

를 n에 대해서 풀면

$$n = \frac{z_{\alpha/2}^2 \sigma^2}{d^2} \tag{4.8}$$

이 된다. 따라서 조사는 신뢰도 $100(1-\alpha)\%$, 오차한계 $\pm d$ 인 결과를 얻기 위해서는 식 (4.8)에서 주어진 개수만큼 표본을 뽑으면 된다. 표본의 개수를 정하는 것에서도 역시 σ를 모르는 문제가 대두되며 이 경우에는 더 문제가 되는 것이 표본을 뽑기 전이기 때문에 표본표준편차인 S를 대신 사용할 수도 없는 문제가 생기게 된다. 이런 이유로 처음하는 조사인 경우 σ의 추정치를 얻기 위해 소량의 표본을 미리 뽑는 예비조사를 하기도하며 이전에 같은 조사를 한 결과가 있는 경우 그 때의 표본표준편차를 사용하기도 한다.

이런 이유 때문에 신뢰도 95% 인 경우 $z_{\alpha/2}$의 값으로 1.96이 아닌 2를, 99% 신뢰도인 경우 2.575(2.57 또는 2.58) 대신에 3을 사용하는 약간 보수적인 접근을 하는 것이 보편적이다.

보기 4.4. 대학생이 한달에 지출하는 이동전화요금의 평균을 오차한계 1,000원, 신뢰도 95%로 추정하려고 한다. 몇 명의 학생을 조사하여야하는가? 조사방법은 단순임의추출로 하며 이전의 조사에서 통신비에 대한 표준편차는 5,000원으로 알려져 있다고 가정하자.

풀이: 신뢰도 95%이므로 $z_{\alpha/2} = 2$를 사용하고 $\sigma = 5,000$, $d = 1,000$ 이므로 필요한 표본의 개수는

$$n = \frac{2^2 \cdot 5,000^2}{1,000^2} = 100$$

개이다. ■

4.3. 모평균 μ에 대한 가설검정

통계적 가설검정은 두 가지 상반되는 가설을 세우고 그 중 어느 가설이 옳을 것인지 수집된 자료에 근거하여 판단하는 과정을 말한다. 이때 설정하는 두 가설은 **귀무가설** (null hypothesis) H_0과 **대립가설**(alternative hypothesis) H_1 로 부른다. 일반적으로 대립가설은 연구자가 주장하고자 하는 가설이 되며 귀무가설은 '변함이 없다' 또는 '이전과 같다' 가 된다. 예를 들어 새로 개발한 비료가 평균 수확량을 올려 줄 것으로 기대하고 기존의 비료와 새 비료를 이용하여 수확량을 비교하는 경우 귀무가설은 '새 비료에 의한 평균수확량과 이전 비료에 의한 평균 수확량이 같다'가 되

고 대립가설은 '새 비료에 의한 평균수확량이 이전 비료에 의한 평균 수확량보다 많다'가 된다.

위의 비료에 따른 수확량의 문제에서 새비료를 사용할 때의 평균 수확량이 이전 비료를 사용할 때보다 높아졌는지 알기 위해서 표본을 구하여 이 표본에서 평균값을 얻어보아 새로운 값이 이전의 값보다 '많이' 크면 대립가설이 옳을 것으로 판단하게 된다. 이와 같이 통계적 가설검정에서는 표본에서 얻어진 어떤 특정한 값을 기초로 두 가설 중 어느쪽이 옳을지를 판단하게 되는데 이 표본에서 얻어진 특정한 값을 **검정통계량**(test statistic)이라고 한다. 실제로는 귀무가설이 옳을 때의 검정통계량의 분포를 구하여 이 분포이론에 근거하여 귀무가설을 기각하거나 채택하게 된다. 검정통계량에 기초하여 귀무가설을 기각하게 되는 영역을 구할 수 있는데 이 영역을 **기각역**(critical region)이라고 한다.

통계적 가설검정에 의한 결론은 모집단의 일부인 표본에 기초하고 이 표본이 편기(biased)될 가능성 때문에 그 결론이 옳지 않을 확률이 항상 존재한다. 예를 들어 성인남자의 평균 신장과 성인 여자의 평균신장을 비교하기 위해 남자 100명 여자 100명을 조사하는 경우에 우연히 남자는 165cm 이하인 사람만 표본에 포함되고 여자는 170cm 이상인 사람만 표본에 포함될 확률이 존재하며 그럴 경우 통계적 가설검정에 따른 결론은 여자의 평균신장이 더 크다는 틀린 결론에 이르게 될 수 있다.

이러한 잘못된 결론은 귀무가설이 옳음에도 귀무가설을 기각하는 오류와 대립가설이 옳음에도 귀무가설을 기각하지 않는 두 가지 오류가 있다. 이를 각각 **제1종 오류**와 **제2종 오류**라고 한다.

귀무가설이 옳음에도 귀무가설을 기각하는 확률, 즉 제1종 오류 확률의 최대 허용값을 **유의수준**(significance level)이라고 부르고 보통 α로 나타낸다. 일반적으로 사용하는 유의수준의 값은 5%, 1% 또는 10% 이다.

위의 과정과 용어를 요약하면 일반적으로 통계적 가설검정은 다음과 같은 과정으로 이루어진다.

1. 귀무가설 H_0과 대립가설 H_1 이라는 두 가지 가설을 설정한다. 대부분의 경우 대립가설은 실험자 또는 조사자가 주장하려는 것이 되며 귀무가설은 이전과 변화가 없다가 된다.

2. 귀무가설을 기각하는 영역인 **기각역**을 결정한다.

3. 검정통계량을 계산한다.

4. 검정통계량이 기각역에 속하면 귀무가설을 기각한다.

기각역은 자료의 분포와 가설의 모양에 따라 달라진다.

현대 통계학에서는 가설검정을 실제 수행함에 있어서 필요한 계산은 컴퓨터가 대신하는 경우가 대부분이다. 이러한 컴퓨터의 도움을 얻을 경우에는 귀무가설을 기각하는 영역을 계산하는 것보다 귀무가설을 잘못 기각할[2] 확률을 컴퓨터가 계산하여 출력을 해주는 경우가 많다. 이렇게 귀무가설을 잘못 기각할 확률을 컴퓨터가 계산해주는 경우의 가설검정 절차는 위의 방법과 이론적으로는 같으나 절차적으로 약간 달라 보이기 때문에 4.4절에 따로 정리하였다.

이제 자료의 분포가 정규분포인 경우 모평균에 대한 가설검정에서 검정통계량을 무엇으로 사용할 지에 대해 알아보자.

4.3.1 단측검정

모평균에 대한 단측검정(one sided test)이란 대립가설이 '모평균이 어떤 값보다 크다' 또는 '모평균이 어떤 값보다 작다'인 경우의 가설검정을 말한다. 한편 '모평균이 특정한 값보다 크거나 작다' 또는 '모평균이 특정한 값이 아니다'에 대한 검정은 양측검정(two sided test)이라고 한다.

여기서는 확률표본 $X_1, X_2, \ldots, X_n$이 정규분포 $N(\mu, \sigma^2)$을 따르는 경우에 적용할 수 있는 단측검정에 대해서 알아보기로 한다.

4.3.1.1 모평균 μ가 어떤 값 μ_0보다 큰가?

먼저 모평균 μ가 어떤 값 μ_0보다 크다고 할 수 있을지에 대하여 알아보자. 이 경우는 설정된 값 μ_0에 대하여 귀무가설 $H_0 : \mu = \mu_0$와 대립가설 $H_1 : \mu > \mu_0$를 검정하는 경우이다. 이 때 표본에서 구한 평균 $(\bar{X})$이 μ_0보다 충분히 많이 크면 H_0가 아닐 가능성이 커질 것이다. 또한 귀무가설을 잘못 기각할 확률은 유의수준 α 이내로 하여야 한다. 따라서 우리는

$$\bar{X} > \mu_0 + z_\alpha \frac{\sigma}{\sqrt{n}} \tag{4.9}$$

이면 귀무가설 H_0를 기각한다. 이와 같이 귀무가설을 기각하는 영역을 표시한 것을 **기각역**(critical region)이라고 한다. 위 식을 다시 써 보면

$$\frac{\bar{X} - \mu_0}{\sigma/\sqrt{n}} > z_\alpha \tag{4.10}$$

[2]여기서 잘못 기각한다는 의미는 귀무가설이 옳음에도 불구하고 귀무가설을 기각하고 대립가설을 채택하는 경우를 말한다.

이다. 여기서

$$\frac{\bar{X} - \mu_0}{\sigma/\sqrt{n}}$$

은 검정통계량(test statistic)이며 이 검정통계량은 표본에서 얻은 자료가 모평균 μ_0일 때 표준정규분포를 따른다.

만일 모평균이 μ_0(H_0가 참)이라면 위와 같이 될(즉, H_0를 기각하는) 확률은 α이고 이 확률은 잘못된 결론–귀무가설이 옳음에도 귀무가설을 기각하는–을 내릴 확률이다. 이런 확률을 제1종 오류 확률이라고 한다. 따라서 기각역이 위와 같이 주어졌을 때 유의수준은 α가 된다.

실제 자료분석의 경우에는 σ를 알고 있는 경우는 거의 없으므로 σ 대신의 σ의 추정치인 표본 표준편차 S를 사용한다. 이 때 검정통계량은

$$\frac{\bar{X} - \mu_0}{S/\sqrt{n}}$$

을 사용하며 따라서 귀무가설이 옳을 때 적용되는 분포는 자유도가 $(n-1)$인 t 분포이다. 따라서

$$\bar{X} > \mu_0 + t_{n-1;\alpha}\frac{S}{\sqrt{n}} \tag{4.11}$$

또는

$$\frac{\bar{X} - \mu_0}{S/\sqrt{n}} > t_{n-1;\alpha} \tag{4.12}$$

이면 귀무가설 H_0를 기각한다.

보기 4.5. 보기 4.2의 자료에서 공복시의 혈당평균이 84보다 높다고 할 수 있는지 유의수준 5% 에서 검정하여 보자. 이 경우 귀무가설과 대립가설은 각각 $H_0 : \mu = 84$, $H_1 : \mu > 84$이며 검정통계량은

$$t_0 = \frac{\bar{x} - \mu_0}{s/\sqrt{n}} = \frac{87.8 - 84}{5.808/\sqrt{10}} = 2.069$$

이고 $t_{9;0.05} = 1.833$이다. 따라서 $t_0 > t_{n-1;\alpha}$이므로 귀무가설을 기각한다. ■

4.3.1.2 모평균 μ가 어떤 값 μ_0보다 작은가?

이번에는 위와 반대인 경우로 모평균 μ가 어떤 값보다 작다고 할 수 있을지에 대하여 알아보자. 즉, 임의의 값 μ_0에 대하여 $H_0 : \mu = \mu_0$ 와 $H_1 : \mu < \mu_0$ 를 검정하

여 보자. 이 경우는 위의 경우와 반대로 표본에서 얻어진 평균이 μ_0보다 상당히 작은 값일 때 H_0가 아니라고 할 수 있을 것이고 그 경우는 위에서 사용한 논리를 그대로 적용하여

$$\bar{X} < \mu_0 - t_{n-1;\alpha}\frac{S}{\sqrt{n}} \tag{4.13}$$

또는

$$\frac{\bar{X} - \mu_0}{S/\sqrt{n}} < -t_{n-1;\alpha} \tag{4.14}$$

이다. 따라서 위의 두 경우는 귀무가설 H_0를 기각한다.

보기 4.6. 한 전구 회사에서 팔고 있는 전구의 수명이 1100 시간 이상이라고 하나 일부 소비자는 이에 이의를 제기하여 소비자단체에서는 이를 검증하기 위해 다음과 같은 자료를 얻었다.

1100 1200 980 1230 950 990 1050 1120 1190

이 자료를 이용하여 평균수명이 1100미만인지 유의수준 5% 를 사용하여 가설검정을 하여라. 이 때 필요한 자료에 대한 가정도 말하여라.

풀이: 모든 자료는 독립이고 정규분포를 따른다는 가정이 필요하며 귀무가설과 대립가설은 각각 $H_0 : \mu = 1100$과 $H_1 : \mu < 1100$(소비자 단체의 주장)이다. $\bar{x} = 1090$이며 $s = 103.682$이므로 검정통계량은

$$t_0 = \frac{1090 - 1100}{103.682/\sqrt{9}} = -0.289$$

이다. 또한 $t_{8;0.05} = 1.860$ 이라서 $t_0 > -t_{8;0.05}$이므로 귀무가설을 기각할 수 없다. 즉, 표본에서 얻은 평균이 1090으로 비록 1100보다 작지만 우연히 평균이 작게 나온 표본 9개를 얻었기 때문에 관찰한 값으로 판단한다. ■

4.3.2 양측검정

이번에는 위의 두 단측검정의 양쪽의 경우를 합한 것과 같은 경우로서 모평균 μ가 어떤 값과 다르다고 할 수 있을지에 대하여 알아보자. 즉, 임의의 값 μ_0에 대하여 $H_0 : \mu = \mu_0$ 와 $H_1 : \mu \neq \mu_0$ 를 검정하는 문제를 생각하자. 이 경우 대립가설이 '크다'와 '작다'를 모두 포함하기 때문에 양측검정(two sided test)라고도 한다. 단측검정에서와 마찬가지로 자료 $X_1, X_2, \ldots, X_n$은 $N(\mu, \sigma^2)$에서의 확률표본임을 가정한다.

양측검정의 경우는 표본에서 얻어진 평균값이 μ_0보다 지나치게 크거나 작으면 모두 귀무가설을 기각할 것이다. 이 때도 귀무가설을 잘못 기각할 확률의 최대 허용치(유의수준)은 단측검정에서와 마찬가지로 α로 하여야 하기 때문에 표본평균이 커서 귀무가설을 잘못 기각하는 경우와 작아서 귀무가설을 잘못 기각하는 경우의 확률의 합이 최대로 α를 넘지 않아야 한다. 귀무가설이 옳을 때의 검정통계량의 분포가 대칭이므로 표본평균이 커서 귀무가설을 잘못 기각하는 경우와 작아서 귀무가설을 잘못 기각하는 경우의 확률의 최대 허용값을 각각 $\alpha/2$를 넘지 않도록 정할 수 있을 것이다. 즉, 양측검정의 경우

$$\bar{X} > \mu_0 + t_{n-1;\alpha/2}\frac{S}{\sqrt{n}} \text{ 또는 } \bar{X} < \mu_0 - t_{n-1;\alpha/2}\frac{S}{\sqrt{n}} \tag{4.15}$$

이면 귀무가설을 기각한다. 이는 다시 써보면

$$\left|\frac{\bar{X} - \mu_0}{S/\sqrt{n}}\right| > t_{n-1;\alpha/2} \tag{4.16}$$

이다. 양측 검정인 이 경우는 양쪽의 확률을 합하여 α가 되도록 하기 위하여 $t_{n-1;\alpha/2}$ 를 사용하였다.

4.3.3 양측검정과 신뢰구간

귀무가설 $H_0 : \mu = \mu_0$와 대립가설 $H_1 : \mu \neq \mu_0$에 대한 유의수준 α에서의 양측검정의 결과와 모평균 μ에 대한 $100(1-\alpha)\%$ 신뢰구간은 같은 결론을 갖는다. 즉,

- ◉ 귀무가설을 기각한 경우 신뢰구간에는 μ_0가 포함되지 않고
- ◉ 귀무가설을 기각하지 못한 경우에는 신뢰구간에 μ_0가 포함된다.

라는 것이다. 위의 역도 성립한다.

이는 신뢰구간의 공식과 양측검정의 기각역을 비교해 보면 바로 알 수 있는데 다음 보기를 살펴보자.

보기 4.7. 보기 4.2의 자료에 대해 유의수준 1%에서 $H_0 : \mu = 84$와 $H_1 : \mu \neq 84$를 검정해 보아라. 이 결과와 보기 4.2의 신뢰구간의 결과가 일치하는가? 유의수준 5%, 10%의 가설검정의 결과와 95%, 90%의 신뢰구간을 비교하여 보고 각각 신뢰구간과 가설검정의 결과가 일치하는지 살펴보아라.

풀이: $t_{9;0.05} = 1.833$ $t_{9;0.025} = 2.262$ $t_{9;0.005} = 3.250$이고 $\bar{x} = 87.8$, $s = 5.808$이므로 검정통계량은

$$t = \frac{87.8 - 84}{5.808/\sqrt{10}} = 2.069$$

이다. 따라서 유의수준 10% 에서는 귀무가설을 기각하고 5%와 1%에서는 기각하지 못한다. 각 유의수준에 따른 신뢰구간과 가설검정의 결과는 다음 표와 같다.

α	신뢰구간	$\mu_0(84)$ 포함여부	양측검정 결과
0.1	$(84.43, 91.17)$	포함 않음	H_0 기각
0.05	$(83.65, 91.95)$	포함	H_0 기각 못함
0.01	$(81.83, 93.77)$	포함	H_0 기각 못함

이 표에서 보는 것과 같이 신뢰구간에 $\mu_0 = 84$가 포함된 경우는 귀무가설을 기각하지 못하고 84를 포함하지 못한 경우는 귀무가설을 기각한다. ■

4.3.4 자료가 정규분포가 아닌 경우

앞에서 소개한 모평균 μ에 대한 추론은 자료가 정규분포인 경우에 적용할 수 있는 방법으로 자료가 명백하게 정규분포가 아닌 경우, 특히 표본 크기 n이 작을 때는 적용하는데 문제가 있다. 자료가 정규분포가 아닌 경우는 제12장의 비모수적 방법을 적용하든지 n이 충분히 클 때는 중심극한정리에 근거하여 검정통계량의 분포가 근사적으로

$$Z_0 = \frac{\bar{X} - \mu_0}{S/\sqrt{n}} \sim N(0,1)$$

로 근사적으로 정규분포를 따른다는 사실을 적용할 수 있다. 즉 n이 충분히 크면 μ의 $100(1-\alpha)$%근사 신뢰구간은

$$\left(\bar{X} - z_{\alpha/2}\frac{S}{\sqrt{n}}, \bar{X} + z_{\alpha/2}\frac{S}{\sqrt{n}}\right)$$

이고 귀무가설 $H_0 : \mu = \mu_0$에 대해서

- $H_1 : \mu > \mu_0$인 경우 $Z_0 > z_\alpha$ 이면 귀무가설을 기각하고
- $H_1 : \mu < \mu_0$인 경우 $Z_0 < -z_\alpha$ 이면 귀무가설을 기각하고
- $H_1 : \mu \neq \mu_0$인 경우 $|Z| > z_{\alpha/2}$ 이면 귀무가설을 기각

한다. n이 얼마나 커야 하는지는 원래 자료의 분포에 따라 달라지므로 일괄적으로 말할 수는 없다. 다만 원래 자료가 0 또는 1을 가지는 베르누이 시행인 경우는 4.8절을 참고할 수 있다.

4.4. 유의확률

통계적 가설검정은 두 가지 상반되는 가설 귀무가설 H_0과 대립가설 H_1을 세우고 자료에 근거하여 그 중 어느 가설이 옳을 것이라고 판단하는 과정을 말하는 것을 앞에서 보았다. 이런 가설검정은 H_0의 참 거짓과 이의 기각 여부에 따라 다음과 같은 표를 얻을 수 있다.

결론 \ 사실	H_0가 참	H_0가 거짓
H_0 기각	제 1 종 오류	옳은 결정
H_0 채택	옳은 결정	제 2종 오류

이 표에서 보는 것처럼 귀무가설 H_0가 참임에도 불구하고 귀무가설을 기각하는 오류를 **제 1 종 오류**(type I error)라고 하며 귀무가설 H_0가 거짓임에도 불구하고 귀무가설을 기각하지 않는 오류를 **제 2 종 오류**(type II error)라고 한다. 각 오류가 발생할 확률을제 1 종 오류 확률(type I error probability) 및 **제 2 종 오류 확률**(type II error probability)이라고 한다.

허용할 수 있는 최대의 제 1종 오류의 확률을 **유의수준**(significance level)이라고 부르고 보통 α로 나타낸다는 것을 앞에서 보았다. 제 2 종 오류의 확률은 보통 $1-\beta$로 나타내고 β를 **검정력**(power)이라고 하는데 실제로 β의 값은 귀무가설이 옳지 않을 때 귀무가설을 기각할 확률이다. 검정력이 클수록 제2종 오류 확률이 작아진다.

다른 조건이 모두 같다면 제1종 오류확률과 제2종 오류확률을 동시에 줄이는 방법은 표본의 크기를 늘이는 것이다.

최근에는 컴퓨터 패키지를 이용하여 가설검정을 하는 경우가 많고 컴퓨터 패키지의 경우는 귀무가설을 기각한다 또는 기각하지 못한다 등의 결론을 내리지 않고 유의확률을 계산해 주는 경우가 많다. **유의확률**(significance probability)이란 P, p-값, p-value로도 표시하며 이 확률은 자료에서 계산된 검정통계량에 기초하여 귀무가설을 기각할 때 그 결론이 잘못되었을 확률이다. 좀더 간략하게 줄이면 귀무가설을 잘못 기각할 확률이 유의확률이다.[3] 위의 용어를 사용하면 유의확률이란 자료에서 계산된 제1종 오류 확률이다.

대부분의 통계적 가설검정은 검정통계량이 어떤 기준값 c보다 클 때 귀무가설을 기각하도록 검정통계량이 설계되며 검정통계량을 $\theta(X_1, X_2, \ldots, X_n)$ 라고 하면 기각역(Critical Region; CR)은

$$\text{CR} = \{\theta | \theta(X_1, X_2, \ldots, X_n) > c\} \tag{4.17}$$

가 된다. 여기서 c는 귀무가설이 참일 때 귀무가설을 기각할 확률이 α가 되게 하는 값이다. 앞에서 본 $H_0 : \mu = \mu_0$ 대 $H_1 : \mu > \mu_0$에 대한 가설검정의 경우

$$\theta(X_1, X_2, \ldots, X_n) = \frac{\bar{X} - \mu_0}{S/\sqrt{n}}$$

이며 귀무가설이 참일 때 θ의 분포는 t_{n-1}이므로

$$\Pr\left[\frac{\bar{X} - \mu_0}{S/\sqrt{n}} > c | H_0\right] = \alpha$$

를 만족하는 c는 $t_{n-1;\alpha}$이다.

만일 자료에서 계산된 검정통계량의 값을 $\theta_0 = \theta(x_1, x_2, \ldots, x_n)$라고 하면 유의확률 P는

$$P = \Pr[\theta(X_1, X_2, \ldots, X_n) > \theta(x_1, x_2, \ldots, x_n) | H_0] = \Pr[\theta > \theta_0 | H_0] \tag{4.18}$$

이 된다. 앞의 $H_0 : \mu = \mu_0$ 대 $H_1 : \mu > \mu_0$에 대한 가설검정의 경우 를 식 (4.18)에 대입해 생각해보면

$$P = \Pr[\theta > \theta_0 | H_0] = \Pr\left[\frac{\bar{X} - \mu_0}{S/\sqrt{n}} > t_0 | H_0\right]$$

이며 귀무가설이 참일 때 검정통계량의 분포는 자유도 $(n-1)$인 t 분포를 따르므로 T_{n-1}을 자유도 $(n-1)$인 t 분포를 갖는 확률변수라고 하면 위의 확률은 $\Pr[T_{n-1} > t_0]$ 가 된다.

---

[3] 잘못 기각한다는 표현은 귀무가설이 옳은데도 귀무가설을 기각하는 것을 의미한다.

보기 4.8. 4.3.1.1절의 단일표본 t 검정을 생각해보자. 이 경우 검정통계량 θ는

$$T = \frac{\bar{X} - \mu_0}{S/\sqrt{n}}$$

이며 기각역은

$$\mathrm{CR} = \{T | T > t_{n-1;\alpha}\}$$

이다. 자료를 얻은 후 표본에서 계산된 검정통계량 T의 값을 t_0라고 하면 유의확률은

$$P = \Pr[T > t_0] \tag{4.19}$$

이며 귀무가설 $H_0 : \mu = \mu_0$가 옳으면 T가 자유도 $(n-1)$인 t 분포를 따르므로 P 값은 t 분포에서 얻을 수 있다. ■

위의 과정을 정리하면 유의확률을 이용한 가설검정은

유의확률이 유의수준보다 작은 값이면 귀무가설을 기각한다.

으로 검정의 결론을 얻을 수 있다.

이제 앞에서 본 검정통계량을 이용한 가설검정를 유의확률을 이용한 가설검정으로 다시 정리해 보면 일반적으로 통계적 가설검정은 다음과 같은 과정으로 이루어진다.

1. 귀무가설 H_0과 대립가설 H_1 이라는 두 가지 가설을 설정한다. 대부분의 경우 대립가설은 실험자 또는 조사자가 주장하려는 사실이며 귀무가설은 이전과 변화가 없다가 된다.

2. 유의수준을 정한다.

3. 검정 통계량을 구한다.

4. 현재 자료에 의해 얻어진 검정통계량에 의한 제 1종 오류의 확률, 즉, 현재의 표본에서 얻은 검정통계량의 값으로 귀무가설을 기각하였을 때 그 결론이 잘못되었을 확률을 계산한다. 이 확률을 **유의확률**이라고 부른다. 예를 들어 귀무가설이 $H_0 : \mu = \mu_0$이고 대립가설이 $H_1 : \mu > \mu_0$ 일 때

$$t_0 = \frac{\bar{x} - \mu_0}{s/\sqrt{n}} \tag{4.20}$$

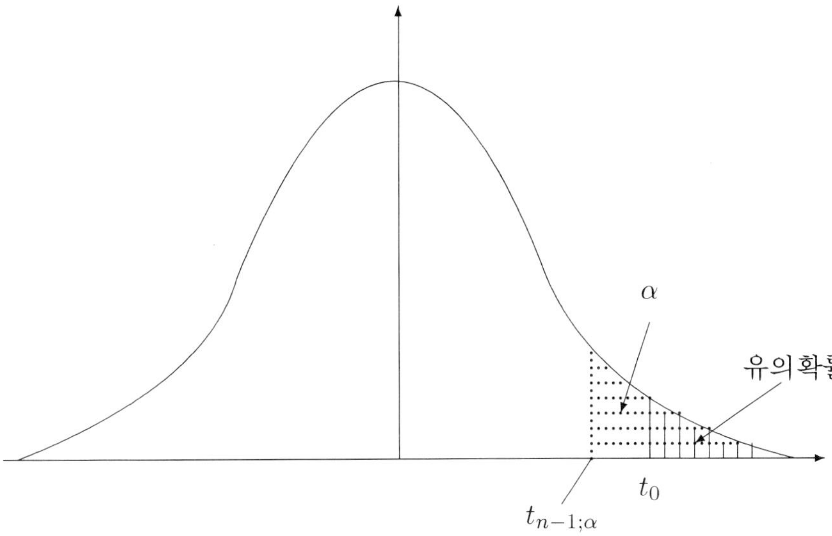

그림 4.4: $H_0 : \mu = \mu_0$ 대 $H_1 : \mu > \mu_0$에 대한 유의확률과 유의수준: 귀무가설을 기각하는 경우

이 계산되었다고 할 때 귀무가설이 옳으면 t_0는 자유도가 $(n-1)$인 t 분포에서의 관측치이므로 유의확률은

$$\Pr[T_{n-1} > t_0] \tag{4.21}$$

이 된다. 이 값이 유의수준 α 보다 작으면 $t_0 > t_{n-1;\alpha}$이므로 앞에서 본 기각역과 같은 결론을 얻게 된다. (그림 4.4 참고) 같은 방법으로 귀무가설이 $H_0 : \mu = \mu_0$이고 대립가설이 $H_1 : \mu < \mu_0$ 일 때는 앞의 t_0에 대해서 유의확률은 $\Pr[T_{n-1} < t_0]$ 이 되고 귀무가설이 $H_0 : \mu = \mu_0$이고 대립가설이 $H_1 : \mu \neq \mu_0$ 일 때는 앞의 t_0에 대해서 유의확률은

$$\Pr[T_{n-1} > |t_0|] + \Pr[T_{n-1} < -|t_0|] \tag{4.22}$$

가 된다.

귀무가설 하에서 검정통계량의 분포가 대칭인 분포를 따를 때는 컴퓨터 출력에서의 유의확률의 해석은 신중하게 해야 하므로 4.5 절에서 따로 정리하였다.

5. 만일 위의 제 1종 오류의 확률이 유의수준 α 보다 작으면 귀무가설을 기각한다.

다시 강조하지만 위의 유의확률을 사용한 가설검정 과정은 앞에서 검정통계량을 사용하는 가설검정과 같은 것이다.

보기 4.9. 다음의 컴퓨터 패키지 출력 결과를 이용하여 키에 대한(자료는 A.1절의 키, 몸무게 자료에서 계산한 BMI임.) 귀무가설 $H_0 : \mu = 20$에 대한 가설검정을 생각해 보자. 다음의 패키지 출력결과(A.1절의 `bmi.html`에서 계산한 BMI)

One-Sample Test

Test Value = 20					
	t	df	Sig. (2-tailed)	평균	표준편차
BMI	1.954	176	.052	20.3037	2.06805

이 출력에서 Sig(2-tailed)라는 말이 나오는데 이 값이 위에서 말한 **유의확률** (**유의도**, p-값 등)이라고 불리는 값이다. 이 출력에 의하면 유의확률 (2-tailed)의 값이 유의확률 0.052라고 하는데 이 값이 계산된 과정를 살펴보자. 이 값은 **데이터에서 얻어진 검정통계량에 의한 제 1종 오류의 확률**이라고 하였다. 위의 결과에 의하면 검정통계량 t의 값은 1.954이고 이는

$$t = \frac{\bar{X} - 20}{s/\sqrt{n}} = \frac{20.3037 - 20}{2.06805/\sqrt{177}} \tag{4.23}$$

로 계산된것이다. 이 값은 실제 평균이 평균이 20일 경우에는(즉, H_0가 참인 경우이다.) 자유도가 176인 t 분포에서의 한 관측값이다. 따라서 유의확률 또는 p-값은 H_0가 옳을 때 귀무가설을 기각하는 확률이므로 이 값은

$$\Pr[T_{176} > 1.954] + \Pr[T_{176} < -1.954] = 0.052 \tag{4.24}$$

이다. 위의 값은 H_1이 $\mu \neq 20$인 경우이며 만일 $H_1 : \mu > 20$인 단측검정이면 유의확률은

$$\Pr[T_{176} > 1.954]$$

이므로 p 값은 $0.052/2 = 0.026$이 되고 $H_1 : \mu < 20$인 경우에는

$$\Pr[T_{176} < -1.954] = 1 - 0.052/2 = 0.974$$

가 된다. 이 유의확률에 대한 자세한 해석은 4.5절을 참고하기로 한다. ■

보기 4.10. 우리나라 20대 여성의 평균 신장이 90년대 들어서 160cm 이상으로 커졌는지 알아보기 위해 20대 여성 20명의 키를 조사한 자료이다. (cm)

163	158	158	158	168	165	157	165	167	162
159	167	160	162	158	159	159	160	160	160

1. 가설검정에 따른 결론은? (유의수준은 5%와 10%로 하여 보아라.)
2. 위의 가설을 양측검정으로 바꾸어서 실행하여라. p 값은 얼마인가?
3. μ의 90%, 95% 신뢰구간을 구해 보아라. 위의 양측 검정과 결과를 비교하여 보아라.

풀이: 이 자료에 따른 기초통계량으로 $\bar{x} = 161.25$이고 $s^2 = 11.88158$이므로

1. $H_0 : \mu = 160$, $H_1 : \mu > 160$에 대하여

$$t = \frac{161.25 - 160}{3.446979/\sqrt{20}} = 1.6218 \tag{4.25}$$

이므로 유의수준 0.05에서 $t_{19;0.05} = 1.729$ 보다 작으므로 귀무가설을 기각하지 못한다. 유의수준 0.10에서는 $t_{19;0.10} = 1.328$ 보다 크므로 귀무가설을 기각한다. p 값은 귀무가설이 옳을 때 기각할 확률이므로

$$\Pr[T_{n-1} > 1.6218] = 0.06066 \tag{4.26}$$

으로 유의수준이 5%에서는 채택하고 10%에서는 기각한다.

2. 만일 양측검정이면 95%에서는 $t = 1.6218 < t_{19,0.025} = 2.09$ 이므로 귀무가설을 기각하지 못하고 90%에서는 $t = 1.6218 < t_{19,0.05} = 1.729$ 이므로 귀무가설을 기각하지 못한다.

3. 95% 신뢰구간은 $t_{19,0.025} = 2.093$이므로

$$\mu = 161.25 \pm 2.093\frac{3.446967}{\sqrt{20}} = 161.25 \pm 1.613 = (159.637, 162.863) \tag{4.27}$$

이다. 이 구간에 160이 포함되어 있다.

90% 신뢰구간은 $t_{19,0.05} = 1.729$이므로

$$\mu = 161.25 \pm 1.729\frac{3.446967}{\sqrt{20}} = 161.25 \pm 1.243 = (159.917, 162.583)$$

이다. 이 구간에도 160이 포함된다. ■

4.5. 대칭인 분포를 따르는 경우의 컴퓨터 출력의 유의확률

가설검정을 컴퓨터 패키지를 사용하여 하는 경우 SPSS나 SAS 등 많은 컴퓨터 패키지가 대립가설을 설정하지 않고 귀무가설만으로 검정통계량 및 유의확률 등의 통계량을 출력한다. 검정통계량의 귀무가설이 옳을 때의 분포가 대칭이 아니면(χ^2 검정, F 검정 등) 대부분의 경우 컴퓨터에서 출력된 유의확률값이 사용자가 바로 사용할 수 있는 유의확률이 된다.

만일 검정통계량의 분포가 (근사적인) 표준정규분포나 t 분포와 같이 0을 기준으로 대칭인 분포를 따르는 경우는 SPSS, SAS 등 많은 컴퓨터 패키지는 대립가설이 양측이라고 가정하고 양측검정일 때의 유의확률을 인쇄한다.[4] 따라서 만일 연구자의 대립가설이 양측이 아니라면 패키지에서 출력된 유의확률이 옳은 유의확률 값이 아니며 컴퓨터에서 계산된 유의확률에 기초하여 단측 검정인 대립가설에 맞게 따로 계산하여야 한다.

이 절에서는 이와 같이 컴퓨터에서 출력된 유의확률은 양측검정에 의한 유의확률이고 사용자는 단측검정을 하고자 하는 경우에 옳은 유의확률을 얻는 방법을 알아보자.

실제로 SPSS나 SAS 등의 출력에서 얻은 유의확률은 양측 검정에 대한 유의확률이므로 T_ν를 자유도가 ν인 t 분포를 따르는 확률변수라고 하고 관찰된 값에서 얻은 t의 계산값을 t_0라 하면 Sig(2-tailed)(SPSS에서의 표현)나 `2P[T>|t|]`(SAS에서의 표현)는

$$2\,\Pr[T_\nu > |t_0|] = \Pr[T_\nu > |t_0|] + \Pr[T_\nu < -|t_0|] \tag{4.28}$$

이다.[5] 그림 4.5에 식 (4.28)의 확률을 그림으로 나타내었는데 이 그림의 $|t_0|$의 오

[4]MINITAB, R-언어 등과 같이 대립가설을 설정할 수 있는 경우는 컴퓨테서 계산된 유의확률을 바로 사용할 수 있다.

[5]t_0의 값이 양수일 수도 음수일 수도 있기 때문에 이 식에서는 t_0에 절대값을 씌웠는데 t_0가 양수인 경우만 생각하면 절대값을 취하지 않고 쓸 수 있으므로 이해가 쉽다.

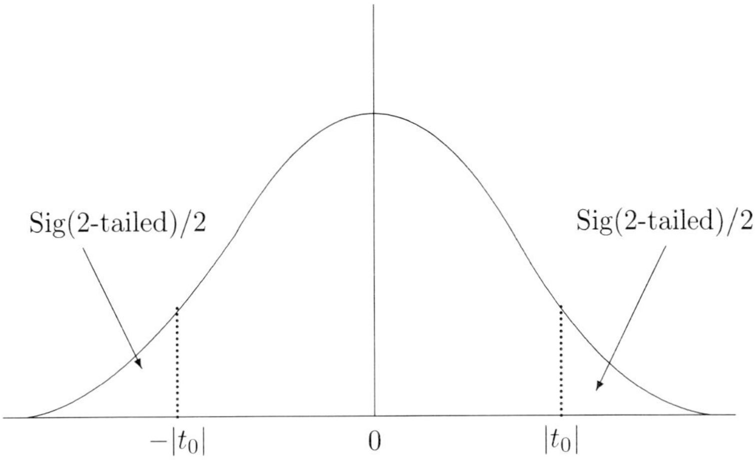

그림 4.5: Sig(2-tailed)의 그림 상의 확률값

른쪽 면적과 $-|t_0|$의 왼쪽 면적의[6] 합이 SPSS나 SAS에서 계산된 유의확률의 값이다.

실제 유의확률은 귀무가설을 잘못 기각-귀무가설이 옳을 때 귀무가설을 기각-하여 대립가설을 채택하는 확률이다. 따라서 자유도 ν인 t 분포를 갖는 확률변수 T_ν와 검정통계량 T 및 자료에서 계산된 검정통계량의 값 t_0에 대해서

- 대립가설이 $H_1 : \mu > \mu_0$이면 기각역은 $\{T > t_{\nu;\alpha/2}\}$이며 이에 따른 유의확률은 $\Pr[T_\nu > t_0]$이고
- 대립가설이 $H_1 : \mu < \mu_0$이면 기각역은 $\{T < -t_{\nu;\alpha/2}\}$이며 이에 따른 유의확률은 $\Pr[T_\nu < t_0]$이다.

따라서 각각의 대립가설에 따른 유의확률의 실제 값은 다음과 같이 얻어진다.

1. 대립가설이 $H_1 : \mu > \mu_0$이면 유의확률은 $\Pr[T_\nu > t_0]$이므로
   (a) t_0가 양수이면 SPSS에서 계산된 Sig(2-tailed)의 반 (그림 4.5에서 $|t_0| = t_0$ 의 오른쪽 면적)
   (b) t_0가 음수이면 1에서 SPSS에서 계산된 Sig(2-tailed)값의 반을 뺀 값 (그림 4.5에서 $-|t_0| = t_0$ 의 오른쪽 면적)

[6] 이 면적은 실제로는 확률이다.

이 유의확률이 되고

2. 대립가설이 $H_1 : \mu < \mu_0$이면 유의확률은 $\Pr[T_\nu < t_0]$이므로

   (a) t_0가 양수이면 1에서 SPSS에서 계산된 Sig(2-tailed)의 반을 뺀 값이 (그림 4.5에서 $|t_0| = t_0$ 의 왼쪽 면적)

   (b) t_0가 음수이면 SPSS에서 계산된 Sig(2-tailed)값의 반 (그림 4.5에서 $-|t_0| = t_0$ 의 왼쪽 면적)

   이 유의확률이 되며

3. 양측 검정일 때는 SPSS에서 계산된 값 Sig(2-tailed)가 유의확률이 된다.

이를 요약하면 컴퓨터 출력의 유의확률값(Sig(two-tailed))을 a라고 하고 얻어진 검정통계량의 값을 t_0라고 하면 실제 유의확률 p는

검정통계량의 부호	$H_1 : \mu > \mu_0$	$H_1 : \mu < \mu_0$
$t_0 > 0$	$p = a/2$	$p = 1 - a/2$
$t_0 < 0$	$p = 1 - a/2$	$p = a/2$

이다. 이를 그림으로 표시한 것이 그림 4.6이다.

보기 4.11. 4.6절의 그림 4.9의 SPSS 출력에 나타난 t 값과 유의확률을 보고 귀무가설 $H_0 : \mu = 160$에 대한 각 대립가설 $H_1 : \mu > 160$, $H_1 : \mu < 160$, $H_1 : \mu \neq 160$에 대한 가설검정의 결과를 알아보자.

1. $H_1 : \mu > 160$ 일 때 유의확률은 0.000/2이므로 귀무가설을 기각하고

2. $H_1 : \mu < 160$ 일 때 유의확률은 $1 - 0.000/2$이므로 귀무가설을 기각하지 못하며

3. $H_1 : \mu \neq 160$ 일 때 유의확률은 0.000 이므로 귀무가설을 기각함

을 알 수 있다. ■

보기 4.12. 보기 4.14의 SPSS 출력의 결과인 그림 4.10의 결과를 사용하여 유의확률을 구해보자. 컴퓨터 출력에서 양측검정의 유의확률이 0.121이며 대립가설은 $H_1 : \mu > 160$이고 얻어진 검정통계량의 값은 1.622이다. 따라서 그림 4.7에서 도시한 것과 같이 0.0605이다.

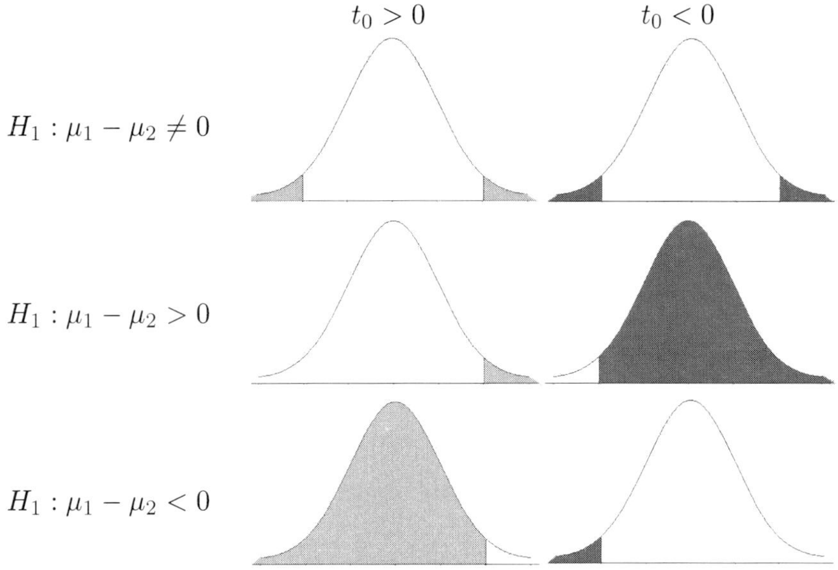

그림 4.6: 대칭인 분포의 유의확률

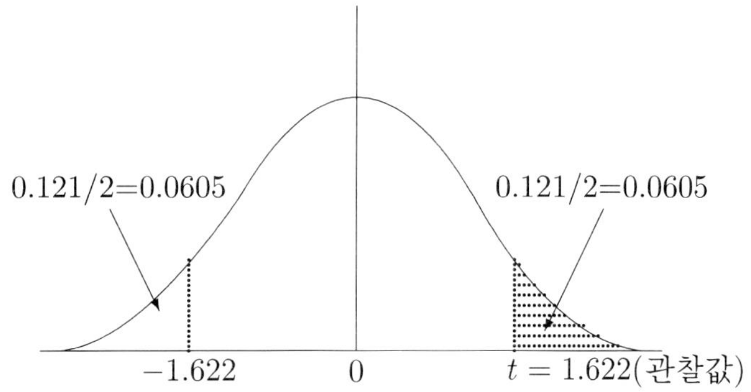

그림 4.7: Sig(2-tailed)의 그림 상의 확률값-보기 4.10과 보기 4.14의 분석

보기 4.13. 다음은 $H_0 : \mu = \mu_0$를 검정하면서 얻은 몇 가지 t_0 값과 자유도와 SPSS에서 얻은 Sig(2-tailed)의 값이다. 각각의 대립가설 $H_1 : \mu > \mu_0$, $H_1 : \mu < \mu_0$에 대해서 유의확률을 구하여라.

t_0	자유도	Sig(2-tailed)
−3.12	9	0.0123
2.50	7	0.041
−2.67	10	0.0235

유의확률을 계산해 보면 다음과 같다.

t_0	자유도	Sig(2-tailed)	$H_1 : \mu > \mu_0$	$H_1 : \mu < \mu_0$
−3.12	9	0.0123	0.99385	0.00615
2.50	7	0.041	0.0205	0.9795
−2.67	10	0.0235	0.98825	0.01175

4.6. SPSS에서의 한 표본에 대한 t 검정과 신뢰구간

SPSS에서 단일 표본에 대한 t 검정은 SPSS의 분석 → 평균비교 → 단일표본 검정을 선택한다. 그림 4.8에서 처럼 검정할 변수(이 그림의 경우 `ht`)와 검정할 값(이 그림의 160 이라는 숫자: 동그라미 친부분)을 지정하고 OK 또는 확인 버튼을 클릭하면 얻어진다. 즉, 동그라미 친 부분에는 귀무가설이 $H_0 : \mu = \mu_0$일 때 μ_0의 값을 지정하여야 한다. 그림 4.8의 위의 대화창은 이 순서로 메뉴를 선택할 때 나타나는 대화창인데 여기서는 $\mu = 160$인지 검정하는 보기로(자료는 A.1절의 자료의 키이다.) 여기서 옵션 버튼을 선택하면 이 그림의 아래쪽의 대화상자가 생성된다. 이 대화상자에서 동그라미 부분에는 신뢰구간의 신뢰도를 지정해 주며 따로 정해주지 않으면 95%를 신뢰도로 사용한다. 이 결과로 얻어지는 SPSS 출력은 그림 4.9에 실려있다. 이 그림의 위쪽의 상자에는 기본적인 통계량, 즉, 자료의 개수, 평균, 표준편차 등이 계산되어 있으며 아래쪽 상자에는 t 검정의 결과와 신뢰구간이 출력되어 있다. 이 출력에 의하면 $H_0 : \mu = 160$을 검정하기 위한 검정통계량의 값은 $t_0 = 5.095$이며 유의확률은 0.000임을 알 수 있다. 이 유의확률에 대한 자세한 해석은 4.5절을 참고하기로 한다.

귀무가설 $H_0 : \mu = \mu_0$에 대한 SPSS의 출력에는 $\mu - \mu_0$에 대한 신뢰구간이 출력되는데 그림 4.9의 SPSS 출력의 동그라미 부분에는 모평균 μ와 검정값에 대한 차이 $\mu - 160$에 대한 95% 신뢰구간의 신뢰하한과 신뢰상한이 계산되어 있음을 볼 수 있다. 이 값이 각각 1.28과 2.91이므로 μ에 대한 95% 신뢰구간은

$$(160 + 1.28, 160 + 2.91) = (161.28, 162.91)$$

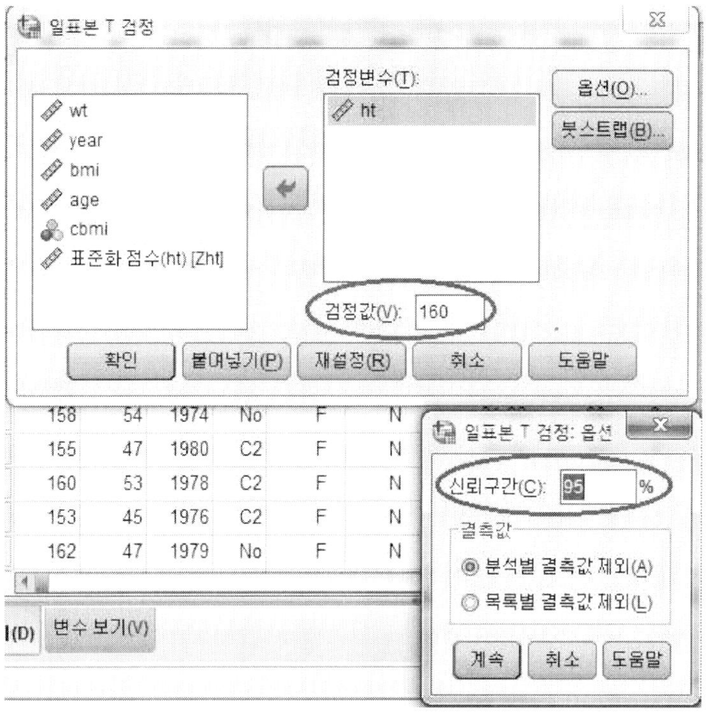

그림 4.8: SPSS의 단일 표본 t 검정과 신뢰구간 설정

일표본 통계량

	N	평균	표준편차	평균의 표준오차
HT	177	162.10	5.473	.411

일표본 검정

	검정값 = 160					
	t	자유도	유의확률 (양쪽)	평균차	차이의 95% 신뢰구간	
					하한	상한
HT	5.095	176	.000	2.10	1.28	2.91

그림 4.9: SPSS의 단일 표본 t 검정과 신뢰구간 결과

이 됨을 알 수 있다.

일표본 통계량

	N	평균	표준편차	평균의 표준오차
키	20	161.25	3.447	.771

일표본 검정

	검정값 = 160					
					차이의 95% 신뢰구간	
	① t	② 자유도	③ 유의확률 (양쪽)	④ 평균차	⑤ 하한	상한
키	1.622	19	.121	1.250	-.36	2.86

그림 4.10: SPSS의 단일 표본 t 검정과 신뢰구간 결과 - 보기 4.10의 자료

보기 4.14. 보기 4.10의 자료로 SPSS를 이용하여 $H_0 : \mu = 160$ 대 $H_1 : \mu > 160$를 검정하고 μ에 대한 95% 신뢰구간을 구하여 보아라. 위의 방법과 같이 SPSS를 사용하면 그림 4.10와 같은 출력을 얻는다. 이 출력에서

1. 그림 4.10의 ①에는 식 (4.20)을 계산한 값으로 검정통계량의 t 값이 1.622이다.

2. 그림 4.10의 ②에는 검정통계량의 t 분포의 자유도가 19임을 출력하였다(자료의 수는 20).

3. 그림 4.10의 ③에는 대립가설이 $H_1 : \mu \neq 160$일 때의 유의확률값을 출력하였다. 우리의 대립가설은 $H_1 : \mu > 160$인 단측검정이므로 유의확률은 식 (4.21)에 주어진 한 쪽부분만의 확률이며 출력 값 0.121은 식 (4.21)의 두 배이다. 가능한 대립가설에 따른 실제 유의확률은

    1. 만일 대립가설이 $H_1 : \mu > 160$이면 $t = 1.622$로 양수이므로 유의확률은 $\Pr[T_{n-1} > 1.622] = 0.121/2$ 이며
    2. 만일 대립가설이 $H_1 : \mu < 160$이면 $t = 1.622$로 양수이므로 유의확률은 $\Pr[T_{n-1} < 1.622] = 1 - 0.121/2$ 이며
    3. 만일 대립가설이 $H_1 : \mu \neq 160$이면 유의확률은 $\Pr[T_{n-1} > 1.622] + \Pr[T_{n-1} < -1.622] = 0.121$ 이다.

    이다.

4. 그림 4.10의 ④에는 표본에서 계산된 표본평균 $\bar{x}(161.25)$와 $\mu_0(160)$과의 차이가 주어져 있다.

5. 그림 4.10의 ⑤는 $\mu - \mu_0$의 95% 신뢰구간이다. 따라서 실제 μ에 대한 95% 신뢰구간은 $\mu_0 = 160$이므로

$$(\mu_0 - 0.36, \mu_0 + 2.86) = (159.64, 162.86)$$

이다.

4.7. 두 모집단 간의 차이에 대한 검정

새로 개발된 약이 신경성 편두통에 효과가 있는지 알아보기 위해 100명의 편두통 환자에게 이 약을 처방한 후 효과가 있는지 알아보았다. 이 때 70명의 환자에게서 이 약의 효과가 있었다면 이 약은 과연 효과가 좋은 약일까? 반드시 그렇다고 하기가 힘든 것이 치료약을 먹었다는, 그것도 그 분야의 최고의 병원에서 최고의 의사가 처방한 약을 먹은다는 심리적인 이유만으로 증상이 개선되는 경우가 많다는 사실은 잘 알려져 있다. 이는 특히 심인성인 질환에서 많이 나타나는데 이러한 효과를 위약효과(placebo effect)라고 한다. 따라서 이와 같은 위약효과를 제거한 약의 치료효과를 검정하기 위해서는 환자를 두 그룹으로 임의로 나눈 후 한 그룹에는 진짜약을 처방하고 다른 그룹에는 가짜약을 처방한 후 두 그룹을 비교하여 가짜약을 처방한 환자와 진짜약을 처방한 환자 사이에 치료효과의 차이가 있는지 검정하는 과정을 거치게 된다. 이런 경우 진짜약을 처방한 그룹을 처리군(treatment group)이라고 하고 비교하기 하기 위한 대상으로 가짜약을 처방한 그룹을 대조군(control group)이라고 한다. 이 때 처방을 받는 환자는 자신이 처방받은 약이 진짜약인지 가짜약인지 모르게 처방하며 이런 이유로 이런 검정을 맹검(盲檢; blind test)이라고 한다. 약을 처방하는 의사나 치료효과를 측정하는 의료 관계인조차도 자신이 처방하거나 의학적 검증을 하고자 하는 약이 진짜약인지 가짜약인지 모르게 하고 이 실험을 설계하고 분석하는 통계학자를 포함한 일부만 누가 진짜약을 처방 받는지 알게하는 경우가 많은데 이는 검정은 이중맹검(double blind test)이라고 한다.

경우에 따라서는 위에서 설명한 방법이 아니고 환자의 치료 전과 후의 지료효과를 바로 비교하는 경우가 있는데 이런 경우 한 환자에게서 측정된 치료전과 치료 후의 반응값이 독립이라고 하기 어렵기 때문에 이런 경우에 전과 후를 비교하기 위한

별도의 분석방법이 필요하다.

이 절에서는 이와 같은 두 가지 경우에 대해서 모평균의 차에 대한 추정과 검정에 대해서 알아보자.

4.7.1 독립인 두 표본: 분산이 같을 때

$X_1, X_2, \ldots, X_m$이 독립이며 평균이 μ_1이고 분산이 σ^2인 정규분포에서 얻어지고 $Y_1, Y_2, \ldots, Y_n$ 이 독립이며 평균이 μ_2이고 분산이 σ^2인 정규분포에서 X_i들과 독립적으로 얻어진 표본일 때 $H_0 : \mu_1 - \mu_2 = \delta_0$에 대한 가설검정에 대해서 알아보자. 위에서 가정한 것처럼 두 집단의 분산은 σ^2으로 같은 값으로 설정된 것에 유의하여야 한다. 즉, 두 집단의 분산이 다르다는 충분한 근거가 있을 때에는 이 절에서 소개하는 방법을 사용할 수 없으며, 4.7.2절에서 소개하는 방법을 이용하여야 한다. 두 집단의 분산이 같은지에 대한 검정은 5.2.1절을 참고하기로 한다.

위의 자료에 대한 가정이 옳으면 $\bar{X}$와 $\bar{Y}$는 각각 $N(\mu_1, \sigma^2/m)$과 $N(\mu_2, \sigma^2/n)$을 따르게 되고 $\bar{X}$와 $\bar{Y}$가 독립이므로 $\bar{X}-\bar{Y}$의 기댓값과 분산은 각각 $\mu_1-\mu_2$와 $\sigma_1^2/m+\sigma_2^2/n$이 된다. 따라서

$$\bar{X} - \bar{Y} \sim \Big(\mu_1 - \mu_2, \sigma^2\big(\frac{1}{m} + \frac{1}{n}\big)\Big) \tag{4.29}$$

을 따르게 된다. 분산과 표준오차를 사용하여 $\bar{X} - \bar{Y}$를 표준화하면

$$Z = \frac{\bar{X} - \bar{Y} - \delta_0}{\sigma\sqrt{\dfrac{1}{m} + \dfrac{1}{n}}} \sim N(0, 1) \tag{4.30}$$

이 되므로 가설의 검정과 신뢰구간을 얻을 수 있다.

실제 자료를 분석하는 과정에서는 공통분산인 σ^2을 모르기 때문에 이의 추정치를 S_p^2이라고 하면 검정통계량은

$$T = \frac{\bar{X} - \bar{Y} - \delta_0}{S_p\sqrt{\dfrac{1}{m} + \dfrac{1}{n}}} \tag{4.31}$$

이고 이 때 T는 귀무가설이 옳을 때 자유도가 $m+n-2$인 t 분포를 따르게 된다. 단,

$$S_p^2 = \frac{(m-1)S_1^2 + (n-1)S_2^2}{m+n-2} = \frac{\sum(X_i - \bar{X})^2 + \sum(Y_i - \bar{Y})^2}{m+n-2} \tag{4.32}$$

으로 분산 σ^2의 추정치로 공통분산(pooled variance)라고 부른다.

귀무가설 $H_0 : \mu_1 - \mu_2 = \delta_0$에 대해서 유의수준이 α인 경우

- 대립가설이 $H_1 : \mu_1 - \mu_2 > \delta_0$이면 기각역은 $T > t_{m+n-2;\alpha}$이 되고
- 대립가설이 $H_1 : \mu_1 - \mu_2 < \delta_0$이면 기각역은 $T < -t_{m+n-2;\alpha}$이 된다.
- 또 대립가설이 $H_1 : \mu_1 - \mu_2 \neq \delta_0$이면 기각역은 $|T| > t_{m+n-2;\alpha/2}$가 된다.

많은 경우에 $\delta_0 = 0$을 사용하는데 이 경우 두 모집단의 평균의 차이가 있는지 검정하는 것이 된다.

독립인 두 표본의 검정문제도 컴퓨터 출력에서는 대부분의 경우 양측검정의 유의확률이 출력된다. 따라서 이 검정을 컴퓨터 패키지의 유의확률에 근거한 검정으로 수행하고자 할 때는 대립가설의 방향에 따른 유의확률의 해석에 유의하여야 한다. 즉, 대립가설이 양측일 때는 인쇄된 컴퓨터 출력의 유의확률을 그대로 해석할 수 있으나 단측검정일 때는 그 해석이 달라진다. 컴퓨터 출력의 유의확률값을 a라고 하고 얻어진 검정통계량의 값을 t_0라고 하면 실제 유의확률 p는

검정통계량의 부호	$H_1 : \mu_1 - \mu_2 > 0$	$H_1 : \mu_1 - \mu_2 < 0$
$t_0 > 0$	$p = a/2$	$p = 1 - a/2$
$t_0 < 0$	$p = 1 - a/2$	$p = a/2$

이다.

$\mu_1 - \mu_2$에 대한 $100(1-\alpha)\%$ 신뢰구간은

$$\mu_1 - \mu_2 = \bar{X} - \bar{Y} \pm t_{m+n-2;\alpha/2} S_p \sqrt{\frac{1}{m} + \frac{1}{n}} \tag{4.33}$$

로 얻어진다.

두 표본의 차이에 대한 검정과 신뢰구간 사이에도 앞의 한 표본에서와 마찬가지의 관계가 존재한다. 즉, 귀무가설 $H_0 : \mu_1 - \mu_2 = \delta_0$ 에 대한 유의수준 α에서의 양측 검정의 결과 귀무가설을 기각하는 경우에는 $(\mu_1 - \mu_2)$에 대한 $100(1-\alpha)\%$ 신뢰구간에 δ_0가 포함되지 않으며 귀무가설을 기각하지 못하는 경우에는 신뢰구간에 δ_0가 포함된다. 그 역도 성립한다.

보기 4.15. 흡연자와 비흡연자의 혈중 페나세틴(phenacetin) 대사과정에 대해서 알아보기 위해 흡연자 10명과 비흡연자 11명을 자원자 중에서 선발하여 혈중 페나세틴을 측정하였다.

비흡연자(x)	0.005	0.600	1.325	1.505	1.520	2.000	2.255	2.575
	3.000	3.300	3.500					
흡연자(y)	0.005	0.005	0.255	0.505	0.525	1.000	1.250	1.505
	1.750	2.750						

흡연자와 비흡연자의 혈중 페나세틴 농도에 차이가 있는지 검정하고 차이에 대한 95% 신뢰구간을 구하여라. 두 그룹이 분산이 같다고 할 수 있는지는 보기 5.5.3을 참고하기로 한다.

귀무가설 $H_0 : \mu_1 = \mu_2$와 대립가설 $H_1 : \mu_1 \neq \mu_2$에 대한 가설검정이다. $\bar{x} = 1.962$, $\bar{y} = 0.955$, $s_1^2 = 1.219$, $s_2^2 = 0.770$이므로

$$s_p = \sqrt{\frac{(11-1)\cdot 1.219 + (10-1)\cdot 0.770}{11+10-2}} = \sqrt{1.006} = 1.003$$

이다. 따라서 검정통계량

$$t_0 = \frac{1.962 - 0.955}{1.003\sqrt{\frac{1}{11} + \frac{1}{10}}} = 2.298$$

이며 $t_{19,0.025} = 2.093$이므로 귀무가설을 기각한다.

$\mu_x - \mu_y$의 95% 신뢰구간은

$$\mu_x - \mu_y = \bar{x} - \bar{y} \pm t_{m+n-2;\alpha/2} s_p \sqrt{\frac{1}{m} + \frac{1}{n}} = 1.962 - 0.955 \pm 2.093 \cdot 1.003\sqrt{1/10 + 1/11}$$

$= (0.08976, 1.9242)$로 이 구간에 0이 포함되지 않는다. 이 결과는 위의 가설검정의 결과와 일치한다. ■

보기 4.15의 SPSS 출력은 보기 4.17에서 확인할 수 있다.

4.7.2 독립인 두 표본: 분산이 다를 때

제 5.2.1 절의 두 모집단의 분산비에 대한 검정 결과 두 모집단의 분산이 같다는 귀무가설을 기각할 경우 4.7.1절의 자료에 대한 가정이 맞지 않기 때문에 4.7.1 절에서

설명한 내용을 사용할 수 없다. 이 절에서는 두 집단의 분산이 같지 않을 때의 모평균 차에 대한 가설검정을 살펴 보기로 한다.

귀무가설이 $H_0 : \mu_1 - \mu_2 = \delta_0$인 경우 검정통계량은

$$T^* = \frac{\bar{X} - \bar{Y} - \delta_0}{\sqrt{\dfrac{S_1^2}{m} + \dfrac{S_2^2}{n}}} \tag{4.34}$$

이 되며 이 검정통계량은 귀무가설 하에서 t 분포를 따르나 자유도가 새터스웨이트(Satterthwaite)의 자유도를 따르는 t 분포이다. 새터스웨이트의 자유도 d는

$$d = \frac{\left(\frac{S_1^2}{m} + \frac{S_2^2}{n}\right)^2}{\dfrac{\left(\frac{S_1^2}{m}\right)^2}{m-1} + \dfrac{\left(\frac{S_2^2}{n}\right)^2}{n-1}} \tag{4.35}$$

따라서 이러한 분포를 바탕으로 $(\mu_1 - \mu_2)$에 대한 $100(1-\alpha)\%$ 신뢰구간은

$$\bar{X} - \bar{Y} \pm t_{d;\alpha/2}\sqrt{\frac{S_1^2}{m} + \frac{S_2^2}{n}} \tag{4.36}$$

가 되며

귀무가설 $H_0 : \mu_1 - \mu_2 = \delta_0$에 대한 가설검정은

- 대립가설이 $H_1 : \mu_1 - \mu_2 > \delta_0$ 인 경우 $T^* > t_{d;\alpha}$ 일 때,
- 대립가설이 $H_1 : \mu_1 - \mu_2 < \delta_0$ 인 경우 $T^* < -t_{d;\alpha}$ 일 때,
- 대립가설이 $H_1 : \mu_1 - \mu_2 \neq \delta_0$ 인 경우 $|T^*| > t_{d;\alpha/2}$ 일 때

귀무가설을 기각하게 된다.

보기 4.16. 보기 4.15의 자료를 사용하여 분산이 다른 경우의 계산을 해보자.[7]

$$t^* = \frac{1.96227 - .955}{\sqrt{1.104132^2/11 + .87737^2/10}} = 2.324296$$

[7] 이 자료의 경우 5.2.2절의 Levene 검정의 결과 $F = 0.611$, $P = 0.444$로 두 그룹의 분산이 다르다고 하기 힘들다. 표본에서 계산된 두 그룹의 분산이 크게 차이가 나지 않으면 두 그룹의 분산이 같다고 가정한 경우의 검정통계량 (4.31)과 다르다고 한 경우의 검정통계량 (4.34)의 값이 큰 차이를 보이지 않는다. 또한 자유도도 거의 비슷하게 되므로 결과적으로 유의확률도 비슷해진다.

이며 자유도는

$$\frac{(1.104132^2/11 + .87737^2/10)^2}{((\frac{1.104132^2}{11})^2/10 + (\frac{.87737^2}{10})/9)} = 18.69473$$

가 얻어진다. 자유도 18.695인 t 분포에서 검정통계량의 값이 2.324인 이 경우 양측 검정의 유의확률은 0.032이다. ■

4.7.3 두 그룹의 분산이 같은지는 어떻게 판단할 것인가?

앞의 두 절에서 다룬 t 검정의 경우 두 그룹의 분산이 같을 때와 다를 때 사용하는 검정통계량이 같지 않음을 보았다. 두 그룹의 모평균이 같은지 검정을 하는 상황에서 두 그룹의 분산이 같은지 미리 알고 있는 경우는 드물거나 없다고 할 수 있다. 따라서 두 그룹의 분산이 같은지에 대한 판단은 또 다른 가설검정, 즉, $H_0 : \sigma_1^2 = \sigma_2^2$ 대 $H_1 : \sigma_1^2 \neq \sigma_2^2$에 대한 가설검정을 하여 이 검정의 결과에 따라 식 (4.31) 또는 식 (4.34)의 검정통계량을 사용한 검정을 한다. SPSS에서 두 분산이 같은지에 대한 검정은 Levene 검정을 사용하며 이 검정으로 얻은 검정통계량인 F 값이 부록의 F 분포표에서의 $F_{1,m+n-2;\alpha}$보다 크거나 유의확률이 α보다 작으면 위의 귀무가설을 기각하고, 두 그룹의 분산이 다르다고 본다. 두 그룹의 분산이 같은지에 대한 검정은 5.2.2절 또는 6.6.1.2절에서 따로 다루기로 한다.

이를 요약하면 다음과 같다.

1. $H_0 : \sigma_1^2 = \sigma_2^2$ 대 $H_1 : \sigma_1^2 \neq \sigma_2^2$에 대한 가설검정을 한다.
2. 위의 등분산 가설검정에서 귀무가설을 기각하지 못하면 식 (4.31)에 의한 t 검정을,
3. 위의 등분산 가설검정에서 귀무가설을 기각하면 식 (4.34)에 의한 t 검정을

시행한다.

4.7.4 표본의 크기가 충분히 클 때

식 (4.35)의 자유도는 m과 n이 모두 ∞로 커지면 $d \to \infty$임을 볼 수 있다. t 분포는 자유도가 커지면 표준정규분포로 빠르게 근사하므로(그림 2.5 참조.) m과 n이 모두 충분히 크면 정규분포의 이론을 적용할 수 있다. 따라서 귀무가설 $H_0 : \mu_1 - \mu_2 = \delta_0$에 대한 가설검정은 식 (4.34)의 검정통계량 T^*를 계산하여

- ◉ $H_1 : \mu_1 - \mu_2 > \delta_0$ 인 경우 $T^* > z_\alpha$ 일 때,

◉ $H_1 : \mu_1 - \mu_2 < \delta_0$ 인 경우 $T^* < -z_\alpha$ 일 때,

◉ $H_1 : \mu_1 - \mu_2 \neq \delta_0$ 인 경우 $|T^*| > z_{\alpha/2}$ 일 때

귀무가설을 기각하고, $\mu_1 - \mu_2$에 대한 신뢰수준 $100(1-\alpha)\%$인 신뢰구간은

$$\bar{X} - \bar{Y} \pm z_{\alpha/2}\sqrt{\frac{S_1^2}{m} + \frac{S_2^2}{n}} \tag{4.37}$$

으로 얻을 수 있다.

4.7.5 SPSS에서 독립인 두 표본 평균 추론

SPSS를 이용하여 독립인 두 표본의 모평균 차이를 검정하려고 할 때는 **분석**(Analyze) → **평균비교**(Compare Means) → **독립표본 t 검정**(Independent Samples t-Test) 순서로 메뉴를 선택하면 그림 4.11와 같은 대화창이 나온다. 이 대화창의 동그라미

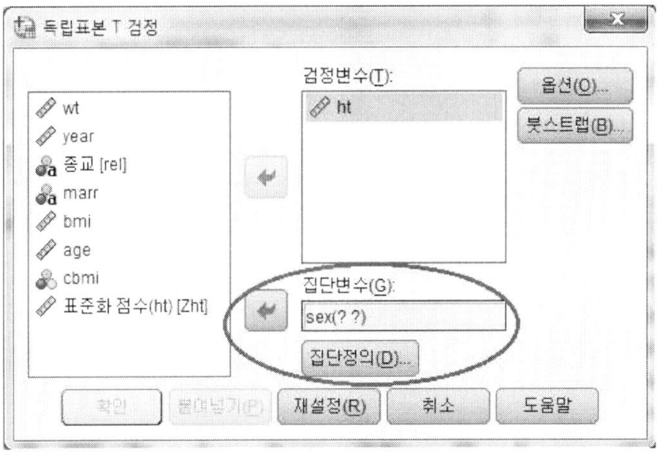

그림 4.11: SPSS에서의 독립인 두 표본 검정

를 친 부분에서 그룹을 지정하여야 하는데 이 그룹 지정은 비교할 변수(이 경우 키)를 어떤 두 그룹의 값에 따라 비교할 지 지정한다. 이 경우 그림 4.11의 변수 sex가 가질 수 있는 두 값을 지정하여야 하는데 이 값을 지정하기 위해 [집단정의] 또는 [Define Groups] 버튼을 클릭한다. 이 버튼을 클릭하면 그림 4.12와 같은 대화창이 생성되는데 이 때 모평균을 비교할 두 그룹의 값을 하나씩 지정한다. 이 대화창에서 두 값을 지정한 후 [확인]을 선택한다. 그림 4.11는 A.1절의 키와 몸무게 자료에서

그림 4.12: SPSS에서의 독립인 두 표본 검정–그룹 지정

집단통계량

	SEX	N	평균	표준편차	평균의 표준오차
HT	M	19	171,37	5,112	1,173
	F	158	160,98	4,350	,346

독립표본 검정

		Levene의 등분산 검정		평균의 동일성에 대한 t-검정						
									차이의 95% 신뢰구간	
		F	유의확률	t	자유도	유의확률 (양쪽)	평균차	차이의 표준오차	하한	상한
HT	등분산이 가정됨	,729	,394	9,647	175	,000	10,39	1,077	8,262	12,513
	등분산이 가정되지 않음			8,495	21,253	,000	10,39	1,223	7,846	12,929

그림 4.13: SPSS에서의 독립인 두 표본 검정 - 출력

남녀간의 몸무게의 차이에 대한 검정을 하는 예에서 sex의 값이 M일 때와 F일 때를 지정하였다.

이 결과로 출력된 그림 4.13의 첫 번째 표는 두 개의 그룹(남,여)별 평균이나 표준편차와 같은 기술통계량이고 두 번째 표의 Levene Test는 두 그룹간의 키의 분산이 같은지 검정한 것이다.[8] 앞의 이론적 배경을 공부할 때 두 그룹의 분산이 같을 때와 그렇지 않을 경우에는 검정 통계량의 귀무가설하에서의 분포가 달라지는 것을 보았다.

따라서 독립인 두 그룹의 비교를 하기 위해서는 먼저 두 그룹의 분산이 같은지 검정을 하는데 검정에 대한 이론적 절차는 5장에서 따로 다루기로 하고 여기서는 이 Levene 검정의 검정통계량에 대한 귀무가설과 대립가설을 알아보자. 여기서 출력된 F 값은 $H_0 : \sigma_1^2 = \sigma_2^2$ 대 대립가설 $H_1 : \sigma_1^2 \neq \sigma_2^2$을 검정하기 위한 검정통계량의

[8] Levene 검정은 둘 이상의 그룹의 등분산성에 대한 검정으로 대한 자세한 것은 6.6.1.2절을 참고하기로 하며 다른 방법의 두 그룹의 분산비교는 제5장을 참고하기로 한다.

값이며 따라서 유의확률이 유의수준보다 작으면 두 그룹의 분산이 다르다고 판단한다. 이 출력에서는 Levene 검정의 유의확률은 0.394이므로 0.394보다 작은 유의수준에서는 귀무가설을 기각하지 못하므로 두 그룹의 분산은 같다고 할 수 있다.

따라서 이 출력의 윗줄 '등분산이 가정됨'을 읽으면 되고 이 때 SPSS에서 계산된 유의확률 0.000은 양측검정일 때의 유의확률값이므로 각각의 대립에 따른 유의확률과 검정의 결과는 다음과 같다.

1. 대립가설이 $H_1 : \mu_M > \mu_F$이면 유의확률은 0.000/2이므로 귀무가설을 기각하고

2. 대립가설이 $H_1 : \mu_M < \mu_F$이면 유의확률은 $1 - 0.000/2$이므로 귀무가설을 기각할 수 없으며

3. 대립가설이 $H_1 : \mu_M \neq \mu_F$이면 유의확률은 0.000이므로 귀무가설을 기각한다.

그림 4.13의 두 개의 t 값은 각각 식 (4.31)(분산이 같을 때)과 식 (4.34)(분산이 다를 때)의 계산 결과이며 자유도는 $(m + n - 2)$(분산이 같을 때)와 식 (4.35)(분산이 다를 때)의 값이다.

SPSS 출력에서 얻어진 차이의 표준오차는 $\bar{X} - \bar{Y}$의 표준편차의 추정치이므로 분산이 같을 때는

$$s_p\sqrt{\frac{1}{m} + \frac{1}{n}} = \sqrt{\frac{18 \cdot 5.112^2 + 157 \cdot 4.350^2}{19 + 158 - 2}\left(\frac{1}{19} + \frac{1}{158}\right)} = 1.076759$$

이며 분산이 다를 때는

$$\sqrt{\frac{s_1^2}{m} + \frac{s_2^2}{n}} = \sqrt{\frac{5.112^2}{19} + \frac{4.350^2}{158}} = 1.222767$$

로 얻어진다. 여기서 $s_1 = 5.112$, $s_2 = 4.350$은 SPSS 출력에서의 값을 사용하였다.

구해진 신뢰구간은 차이에 대한 95% 신뢰구간이므로 $\mu_1 - \mu_2$에 대한 95% 신뢰구간이다. 분산이 같을 때와와 다를 때 각각 식 (4.33)와 식 (4.36)를 얻은 것이다. $t_{175;0.025} = 1.97361$, $t_{21.253;0.025} = 2.07811$이고 위의 차이에 대한 표준오차 추정치 1.076759와 1.222767의 값을 사용하여 분산이 같을 때와 다를 때의 신뢰구간을 구

해 보면 분산이 같을 때는

$$(171.37 - 160.98) \pm 1.97361 \cdot 1.076759 = (8.264898, 12.51510)$$

이고 분산이 다를 때는

$$(171.37 - 160.98) \pm 2.07811 \cdot 1.222767 = (7.848956, 12.93104)$$

이다.

또한 분산의 값이 다른 경우의 Satterswaite 자유도 d는

$$d = \frac{\left(\frac{S_1^2}{m} + \frac{S_2^2}{n}\right)^2}{\frac{\left(\frac{S_1^2}{m}\right)^2}{m-1} + \frac{\left(\frac{S_2^2}{n}\right)^2}{n-1}} = \frac{\left(\frac{5.112^2}{19} + \frac{4.350^2}{158}\right)^2}{\frac{\left(\frac{5.112^2}{19}\right)^2}{19-1} + \frac{\left(\frac{4.350^2}{158}\right)^2}{158-1}} = 21.2527$$

와 t의 값은

$$t^* = \frac{\bar{X} - \bar{Y} - \delta_0}{\sqrt{\frac{S_1^2}{m} + \frac{S_2^2}{n}}} = \frac{171.37 - 160.98}{\sqrt{\frac{5.112^2}{19} + \frac{4.350^2}{158}}} = 8.497$$

을 얻을 수 있으며 이는 오차범위 내에서 SPSS의 결과와 같다.

그림 4.13의 오른쪽 끝의 출력은 평균차 $(\mu_1 - \mu_2)$에 대한 95% 신뢰구간인데 95%가 아닌 다른 신뢰도를 지정하고자 할 때는 그림 4.11의 [옵션] 버튼을 클릭하여 만들어지는 대화창에서 설정할 수 있다(그림 4.8의 작은 대화창 참조).

보기 4.17. 보기 4.15의 자료를 사용하여 SPSS의 출력 결과를 얻어보면 그림 4.14을 얻을 수 있다. 이 그림에서 보는 바와 같이 Levene 검정의 결과 두 그룹

독립표본 검정

		Levene의 등분산 검정		평균의 동일성에 대한 t-검정						
		F	유의확률	t	자유도	유의확률 (양쪽)	평균차	차이의 표준오차	차이의 95% 신뢰구간 하한	차이의 95% 신뢰구간 상한
V2	등분산이 가정됨	.611	.444	2.298	19	.033	1.007273	.438298	.089904	1.924642
	등분산이 가정되지 않음			2.324	18.695	.032	1.007273	.433366	.099225	1.915321

그림 4.14: 보기 4.15의 SPSS 출력

의 분산이 다르다고 할 수 없으며($P = 0.444$), 따라서 출력의 윗줄에서 $t = 2.298$을 얻는다. 양측 검정의 유의확률이 0.033이므로 두 그룹의 평균 차이가 없다는 귀무

가설을 기각한다. 이 자료에서 $\mu_1 - \mu_2$에 대한 95% 신뢰구간은

$$(0.89904, 1.924642)$$

임을 알 수 있다. ■

4.7.6 대응표본에 대한 추론

대응표본 비교(paired samples comparison)는 X_i 값과 Y_i의 값이 쌍으로 관측된 경우의 두 표본에 대한 비교를 말하며 짝비교, 짝검정, 쌍체검정, 대응표본검정 등으로 불리기도 한다. 이런 경우에는 자료가 짝으로 이루어져 있기 때문에 자료를 표시할 때 $(X_1, Y_1), (X_2, Y_2), \ldots, (X_n, Y_n)$과 같이 순서쌍으로 표시하는 경우가 많으며 쌍체 비교인 경우 두 표본의 개수는 항상 같다.[9] 이는 앞의 독립인 두 표본이 X_i들과 Y_i들이 서로 독립적인 관측치라고 가정한 것과는 아주 큰 차이가 있다. 예를 들어 X_i와 Y_i를 i 번째 학생의 중간고사와 기말고사의 시험성적이라고 한다면 X_i와 Y_i는 같은 학생의 점수이므로 대부분의 경우 두 점수가 동시에 높거나 낮을 가능성이 클 것이다. 따라서 X_i와 Y_i의 독립성을 가정하기 힘들다.

X_i의 기댓값을 μ_1, Y_i의 기댓값을 μ_2라고 할 때 귀무가설 $H_0 : \mu_D = \mu_1 - \mu_2 = \delta_0$에 대한 가설검정은 각각의 자료쌍 (X_i, Y_i)에 대한 차이

$$D_i = X_i - Y_i \tag{4.38}$$

가 독립이고 기댓값이 μ_D, 분산이 σ_D^2인 정규분포를 따른다는 가정을 하거나 자료의 수가 충분히 많아 중심극한정리를 적용하여 근사적인 정규분포를 사용할 수 있는 것을 가정하는 경우가 많다.

식 (4.38)의 $D_1, D_2, \ldots, D_n$이 $N(\mu_D, \sigma_D^2)$에서의 확률표본일 때 $\bar{D}$를 D_i의 표본평균, S_D를 표본표준편차로 나타내면

$$T = \frac{\bar{D} - \delta_0}{S_D/\sqrt{n}} \tag{4.39}$$

[9] 실험이나 관찰 중에 생긴 결측치를 제외하고 이론적으로 완벽한 연구가 이루어졌을 때 두 표본의 개수가 같으며 실제로는 결측치 등으로 자료의 수가 달라질 수 있다. 짝비교에서 자료의 한 값이 결측이면 그 자료의 쌍을 사용할 수 없다.

가 귀무가설

$$H_0 : \mu_D = \mu_1 - \mu_2 = \delta_0$$

이 옳을 때 자유도가 $(n-1)$인 t 분포를 따르게 된다. 따라서 유의수준이 α인 경우 이 귀무가설에 대한 검정은 다음과 같다.

- $H_0 : \mu_1 - \mu_2 = \delta_0$ 이고 $H_1 : \mu_1 - \mu_2 > \delta_0$ 이면 $t > t_{n-1;\alpha}$ 이면 귀무가설을 기각하고
- $H_0 : \mu_1 - \mu_2 = \delta_0$ 이고 $H_1 : \mu_1 - \mu_2 < \delta_0$ 이면 $t < -t_{n-1;\alpha}$ 이면 귀무가설을 기각하고
- $H_0 : \mu_1 - \mu_2 = \delta_0$ 이고 $H_1 : \mu_1 - \mu_2 \neq \delta_0$ 이면 $|t| > t_{n-1;\alpha/2}$ 이면 귀무가설을 기각한다.

일반적으로 '두 그룹의 차이가 없다'는 귀무가설, 즉, $\delta_0 = 0$을 많이 사용한다.

$\mu_1 - \mu_2$에 대한 $100(1-\alpha)\%$ 신뢰구간은

$$\mu_1 - \mu_2 = \bar{D} \pm t_{n-1;\alpha/2}\frac{s_D}{\sqrt{n}} \tag{4.40}$$

로 얻어진다.

쌍체비교인 경우 차이 D_i를 얻고 나면 실제 계산과정은 모두 한 표본 검정문제와 동일함을 유의하자.

보기 4.18. 말을 더듬는 사람에게 지속성 안면 마비치료와 같은 방법으로 신경계통의 치료를 하면 말을 더듬는 증상에 효과가 있다고 한다. 이 신경계통의 치료를 위하여 아드레날린을 저하시켜 주는 프로프래노롤(propranolol)과 같은 약제를 사용하여 그 효과를 검증하고자 한다. 이를 위해 말을 더듬는 환자 10 명를 대상으로 2주간 약을 투여하고 투여하기 전과 후의 말 더듬는 정도를 측정하였더니 다음과 같은 결과를 얻었다.

환자	1	2	3	4	5	6	7	8	9	10
치료전	5	1	0	4	4	5	3	3	2	4
치료후	4	0	0	2	1	3	3	1	2	1

1. 이 약의 효과가 있는지 검정하여 보아라. $(\alpha = 0.01)$
2. 모평균 차에 대한 95% 신뢰구간을 구해 보아라.

3. 만일 위의 자료가 20 명의 말 더듬는 환자를 임의로 추출하여 10명에게는 가짜약(placebo)를 투여하고 나머지 10명에게는 프로프래노롤을 투여한 결과라면 결론은? ($\alpha = 0.01$)

풀이: 차이를 계산해서 그 값의 평균과 표준편차를 얻으면 $\bar{D} = 1.4$이고 $s_D = 1.1738$ 이므로

$$t = \frac{1.4}{1.1738/\sqrt{10}} = 3.772$$

이고 $t_{9;0.01}$ 는 2.821 이므로 귀무가설 $H_0 : \mu_1 - \mu_2 = 0$를 기각한다. (대립가설 $H_1 : \mu_1 - \mu_2 > 0$) 실제 유의확률은 $\Pr[T_9 > 3.772] = 0.0022$ 이며 이 값은 유의수준 0.01보다 작므로 귀무가설을 기각한다. 여기서 T_9는 자유도가 9인 t 분포를 갖는 확률변수이다.

모평균 차이에 대한 95% 신뢰구간은 $t_{9,0.025} = 2.262$이므로

$$1.4 \pm 2.262\frac{1.1738}{\sqrt{10}} = (0.5604, 2.2396)$$

이다.

만일 독립인 두 표본이면(즉, 잘못된 분석을 하면) $\bar{X} = 3.1$, $\bar{Y} = 1.7$이고 $s_1 = 1.6633$, $s_2 = 1.3375$이므로

$$s_p^2 = \frac{(10-1)1.6633^2 + (10-1)1.3375^2}{10+10-2} = 2.77737$$

이고 따라서

$$t = \frac{3.1 - 1.7}{1.5092\sqrt{\frac{1}{10} + \frac{1}{10}}} = 2.0742$$

이다. $t_{18;0.01} = 2.552$ 이므로 귀무가설을 기각할 수 없다. 실제 유의확률은 T_{18}이 자유도 18인 t 분포를 따르는 확률변수라고 할 때 $\Pr[T_{18} > 2.0742] = 0.0263$이며 이 값은 유의수준 0.01보다 크므로 귀무가설을 기각할 수 없다.

이 예에서 보는 것과 같이 값이 같은 자료라도 자료를 얻은 방법에 따라 분석할 방법이 다르고 이 방법의 차이를 제대로 적용하지 못하면 결과적으로 잘못된 결론에 이를 수 있음을 알 수 있다. ■

SPSS에서의 대응표본 비교

SPSS에서 짝을 이룬 두 표본에 대한 t 검정은 SPSS의 **분석** → **평균비교** → **짝 검정**을 선택한다. 그림 4.15에서 처럼 차이를 얻어 검정할 두 변수를 순서대로 지정하면

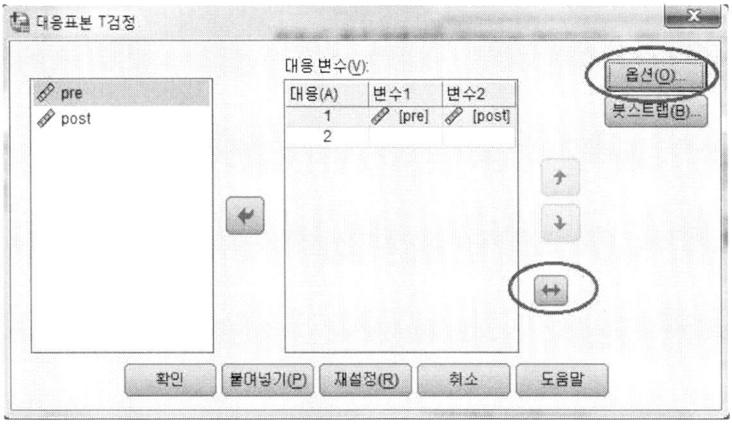

그림 4.15: SPSS의 두 표본 대응표본 t 검정

앞의 변수에서 뒤의 변수값을 뺀 값으로(이 그림의 경우 pre − post) t 검정을 하게 된다. 만일 이 순서를 바꾸고자 한다면 새로 설정할 수도 있고 그림 4.15의 중간에 있는 ⇔ 모양의 버튼을 클릭하여도 된다. 양측검정의 경우 어느 값에서 어느 값을 뺀 계산을 하는 것인지 명확하지 않으면 검정통계량의 값 등이 다르게 계산되므로 명확히 할 필요가 있다.

두 변수를 순서대로 정하고 [OK] 또는 [확인] 버튼을 클릭하면 결과가 얻어진다. SPSS에서 쌍체비교를 이용한 t 검정을 사용하여 얻은 유의확률은 4.5절에서 설명한 대로 양측검정에 의한 유의확률이므로 단측검정일 때는 Sig(2-talied)의 값을 잘 해석하여야 한다. Sig(2-tailed)의 해석은 4.5절에서 설명한 것과 같이 대립가설의 방향이나 식 (4.39)를 사용하여 얻은 t 값의 부호에 따라 Sig(2-tailed)의 값 그대로 이거나 이 값의 반이거나 1에서 이 값의 반을 뺀 값이 된다.

보기 4.18의 자료를 SPSS에서 그림 4.15와 같은 방법으로 분석하면 그림 4.16와 같은 출력인 $t = 3.772$를 얻는다. 이 값은 차에 대한 평균이 $\bar{d} = 1.40$, 차에 대한 표준편차가 $s_D = 1.174$이므로

$$t = \frac{\bar{d}}{s_D/\sqrt{n}} = \frac{1.40}{1.174/\sqrt{10}} = 3.772$$

대응표본 통계량

		평균	N	표준편차	평균의 표준오차
대응 1	pre	3.10	10	1.663	.526
	post	1.70	10	1.337	.423

대응표본 상관계수

		N	상관계수	유의확률
대응 1	pre & post	10	.714	.020

대응표본 검정

		대응차					t	자유도	유의확률 (양쪽)
					차이의 95% 신뢰구간				
		평균	표준편차	평균의 표준오차	하한	상한			
대응 1	pre - post	1.400	1.174	.371	.560	2.240	3.772	9	.004

그림 4.16: SPSS의 대응 표본 t 검정 결과

로 얻어진 것이며 이 t 값은 보기 4.18에서 계산한 것과 같은 값을 얻은 것을 알 수 있다.

SPSS에서 얻어진 양측 유의확률이 0.004이고 t 값이 양수이며 대립가설이 H_1 : $\mu_{pre} - \mu_{post} > 0$이므로 실제 유의확률은 0.004의 반인 0.002가 되어 유의수준 5%에서 귀무가설을 기각한다.

평균차에 대한 95% 신뢰구간은 출력에서 보는 것과 같이 $(0.56, 2.24)$이며 이 신뢰구간은 보기 4.18와 같은 결과를 얻음을 알 수 있다. 평균차에 대한 신뢰구간의 신뢰도는 그림 4.15의 옵션 버튼을 클릭하여 얻는 대화창에서 95%가 아닌 다른 값으로 설정할 수 있다(그림 4.8의 작은 대화창 참조).

4.8. 모비율에 대한 추론

선거에서 특정 후보에 대한 지지 여부나 품질검사에서 합격여부와 같이 관찰 가능한 값이 둘인 경우 지지율이나 합격율에 대한 추론이 필요하다.

관찰할 수 있는 값이 두 가지인 경우 이 두 값을 1(성공, 지지, 합격)과 0(실패, 지지 않음, 불합격)으로 표시하면 추후 수치적으로 다루기가 편리하다. 이와 같이 성공확률이 p인 확률변수를 베르누이 시행이라고 한다.

$X_1, X_2, \ldots, X_n$이 독립이고 성공확률이 p인 베르누이 시행의 확률변수라고 하

고 X를 n개 중에서의 성공의 개수, 즉, $X = X_1 + X_2 + \cdots + X_n$이라고 하자. 즉

$$X_i = \begin{cases} 1 & \text{확률 } p \\ 0 & \text{확률 } 1-p \end{cases} \tag{4.41}$$

이므로 $X_1 + X_2 + \cdots + X_n$은 X_i들 중에서 1인 것들만 합한 것과 마찬가지이며 따라서 X의 분포는 이항분포 $B(n,p)$이며 성공확률 p에 대한 추정치 $\hat{p}$는 X/n이다. 실제 $\hat{p}$는 자료의 값이 1 또는 0이라는 특성을 갖는 자료의 평균이다. 즉,

$$\hat{p} = \frac{X}{n} = \frac{\sum X_i}{n} = \bar{X} \tag{4.42}$$

로 성공율의 추정치 $\hat{p}$는 값이 0 또는 1을 갖는 자료의 표본평균이기도 하기 때문에 n이 충분히 크면 중심극한정리를 적용할 수 있어서 정규분포로의 근사를 사용할 수 있다.

이 절에서 소개할 내용은 기본적으로 이항분포의 정규근사를 사용하기 때문에 자료가 수가 충분히 큰 경우에 적용할 수 있으며 일반적으로 이항분포의 정규근사를 사용하기 위해서는 np와 $n(1-p)$ 중의 작은 값이 5보다 같거나 클 정도로 n이 커야 한다. 즉, 이 절에서 소개하는 p에 대한 추론은

$$\min(np, n(1-p) \geq 5$$

인 경우에 적용될 수 있는 근사적인 추론이다.

4.8.1 모비율 p의 신뢰구간

위에서 본 것처럼 비율 문제에서 각각의 관측량 X_i는 베르누이 시행이므로 기대값은 p, 분산은 $p(1-p)$이다. 따라서 식 (4.42)의 $\hat{p}$는 n개의 베르누이 시행의 평균이므로 표본의 크기 n이 충분히 크면 중심극한정리 또는 이항분포의 정규근사에 의하여 근사적으로

$$\hat{p} = \frac{X}{n} = \frac{\sum_{i=1}^{n} X_i}{n} \sim N\Big(p, \frac{p(1-p)}{n}\Big) \tag{4.43}$$

인 정규분포이다.

따라서

$$1-\alpha = \Pr\left[-z_{\alpha/2} < \frac{\hat{p}-p}{\sqrt{\frac{p(1-p)}{n}}} < z_{\alpha/2}\right] \tag{4.44}$$

$$= \Pr\left[\hat{p}-z_{\alpha/2}\sqrt{\frac{p(1-p)}{n}} < p < \hat{p}+z_{\alpha/2}\sqrt{\frac{p(1-p)}{n}}\right] \tag{4.45}$$

인 사실에 근거하여 p에 대한 $100(1-\alpha)\%$ (근사적인) 신뢰구간은

$$\left(\hat{p}-z_{\alpha/2}\sqrt{\frac{\hat{p}(1-\hat{p})}{n}}, \hat{p}+z_{\alpha/2}\sqrt{\frac{\hat{p}(1-\hat{p})}{n}}\right) \tag{4.46}$$

가 된다.

4.8.2 신뢰구간에 기초한 표본의 수

비율에 대한 추론일 때의 필요한 표본의 수는 4.2.3절의 분산 σ^2이 $p(1-p)$이므로 분산값에 이 값을 사용한다. 즉, 신뢰도 $100(1-\alpha)\%$, 오차한계 d를 $|\hat{p}-p|$라고 하면 신뢰구간에서 얻는 표본의 수는 식 (4.8)의 σ^2에 $p(1-p)$을 사용하여

$$n = \frac{z_{\alpha/2}^2 p(1-p)}{d^2} \tag{4.47}$$

가 된다. 이 때 n의 값은 $p=0.5$일 때 최대가 되므로 p에 대한 사전 정보가 없을 때는 안전하게

$$n = \frac{z_{\alpha/2}^2 \cdot 0.5(1-0.5)}{d^2} = \frac{z_{\alpha/2}^2}{4d^2} \tag{4.48}$$

를 사용하는 경우가 많다.

4.8.3 모비율 p에 대한 가설검정

성공확률 p에 대한 가설검정도 근사적인 방법을 사용할 수 있는데, 특정한 값 p_0에 대해서 귀무가설 $H_0 : p = p_0$에 대해서 귀무가설이 옳다면 근사적으로

$$\hat{p} = \frac{X}{n} = \frac{\sum_{i=1}^n X_i}{n} \sim N\left(p_0, \frac{p_0(1-p_0)}{n}\right)$$

이므로

$$Z = \frac{\hat{p} - p_0}{\sqrt{\frac{p_0(1-p_0)}{n}}} \tag{4.49}$$

는 근사적으로 표준정규분포를 따르게 된다. 따라서 귀무가설이 $H_0 : p = p_0$인 경우 식 (4.49)의 Z에 대해

- 대립가설이 $H_1 : p > p_0$ 이면 $Z > z_\alpha$ 이면 귀무가설을 기각하고
- 대립가설이 $H_1 : p < p_0$ 이면 $Z < -z_\alpha$ 이면 귀무가설을 기각하고
- 대립가설이 $H_1 : p \neq p_0$ 이면 $|Z| > z_{\alpha/2}$ 이면 귀무가설을 기각하게 된다.

참고: 식 (4.49)의 검정통계량에서 귀무가설 $H_0 : p = p_0$가 참이면 $\hat{p}$의 분산이 $p_0(1-p_0)/n$이므로 이 식을 사용하기도 하고, 중심극한정리를 적용한 검정통계량

$$Z = \frac{\hat{p} - p_0}{\sqrt{\frac{\hat{p}(1-\hat{p})}{n}}}$$

를 사용하기도 한다.

보기 4.19. 어느 종합병원에서 신생아의 성별을 조사한 바에 의하면 최근 1년간 태어난 셋째 아이의 경우 525명의 신생아 중 남자아이가 357명이었다. 알려진 남자아이 출생 성비인 55%보다 비율이 높다고 할 수 있는지 유의수준 5%로 검정하여라. 모비율에 대한 95% 신뢰구간도 구하여 보아라.

풀이: 자료의 수 $n = 525$, $\hat{p} = 357/525 = .68$이므로 귀무가설 $H_0 : p = 0.55$ 대 대립가설 $H_1 : p > 0.55$을 검정하기 위한 검정통계량의 값은

$$Z = \frac{0.68 - 0.55}{\sqrt{\frac{0.55(1-0.55)}{525}}} = 5.987$$

이고 이 값이 $z_{0.05} = 1.645$ 보다 크므로 귀무가설을 기각한다.

모비율에 대한 신뢰구간은 $z_{0.025} = 1.96$이므로

$$\left(0.68 - 1.96\sqrt{\frac{0.68(1-0.68)}{525}}, 0.68 + 1.96\sqrt{\frac{0.68(1-0.68)}{525}}\right) = (0.64, 0.72)$$

로 구해진다. ■

4.9. 비율차에 대한 추론

두 그룹의 비율 p_1과 p_2의 차이에 대한 추론도 각 그룹의 자료가 0과 1로 얻어지며, 각각이 독립이며 베르누이 시행에 얻어진다는 가정에서 시작한다. 이 때 각 그룹의 비율의 추정치가 각 그룹의 평균이고 평균은 중심극한정리에 의해 정규분포에 근사할 수 있다는 성질을 이용하게 된다. 따라서 구간추정과 가설검정은 정규분포에 기초하게 되며 이러한 추론은 근사적인 추론이며 각 그룹에서의 자료의 수가 충분히 많을 때 사용할 수 있다.

$X_1, X_2, \ldots, X_m$과 $Y_1, Y_2, \ldots, Y_n$을 독립이고 0(실패)과 1(성공)로 관측된 두 그룹의 자료라고 하자. 첫 번째와 두 번째 그룹의 성공율에 대한 추정치는 각각 $\hat{p}_1 = \sum_{i=1}^m X_i/m$, $\hat{p}_2 = \sum_{j=1}^n Y_i/n$이 된다. 또한 중심극한정리에 의해서 m과 n이 충분히 클 때 $\hat{p}_1 - \hat{p}_2$의 근사적인 분포는 정규분포가 된다. 즉,

$$\hat{p}_1 - \hat{p}_2 \sim N\Big(p_1 - p_2, \frac{p_1(1-p_1)}{m} + \frac{p_2(1-p_2)}{n}\Big) \tag{4.50}$$

이다. 따라서 $p_1 - p_2$에 대한 $100(1-\alpha)\%$ (근사적인) 신뢰구간은

$$\left(\hat{p}_1 - \hat{p}_2 - z_{\alpha/2}\sqrt{\frac{\hat{p}_1(1-\hat{p}_1)}{m} + \frac{\hat{p}_2(1-\hat{p}_2)}{n}}, \hat{p}_1 - \hat{p}_2 + z_{\alpha/2}\sqrt{\frac{\hat{p}_1(1-\hat{p}_1)}{m} + \frac{\hat{p}_2(1-\hat{p}_2)}{n}}\right) \tag{4.51}$$

가 된다.

성공확률 $p_1 - p_2$에 대한 가설검정도 중심극한정리를 이용한 근사적인 방법을 사용할 수 있는데 귀무가설 $H_0 : p_1 - p_2 = \delta_0$에 대해서 귀무가설이 옳다면

$$Z_0 = \frac{\hat{p}_1 - \hat{p}_2 - \delta_0}{\sqrt{\frac{\hat{p}_1(1-\hat{p}_1)}{m} + \frac{\hat{p}_2(1-\hat{p}_2)}{n}}} \tag{4.52}$$

는 근사적으로 표준정규분포를 따르게 된다. 따라서 귀무가설이 $H_0 : p_1 - p_2 = \delta_0$인 경우 식 (4.52)의 Z_0에 대해

- 대립가설이 $H_1 : p_1 - p_2 > \delta_0$ 이면 $Z_0 > z_\alpha$ 이면 귀무가설을 기각하고
- 대립가설이 $H_1 : p_1 - p_2 < \delta_0$ 이면 $Z_0 < -z_\alpha$ 이면 귀무가설을 기각하고
- 대립가설이 $H_1 : p_1 - p_2 \neq \delta_0$ 이면 $|Z| > z_{\alpha/2}$ 이면 귀무가설을 기각하게 된다.

보기 4.20. 한 병원에서 같은 기간에 출생한 신생아 중에서 첫째 아이의 성별을 조사하였더니 1000명의 신생아 중 540 명이 남아였고 셋째 아이인 경우에는 100명 중 70명이 남아였다고 한다. 이 병원에서 출생한 첫째 아이와 셋째 아이의 남아의 비율이 10% 포인트 이상 차이가 난다고 할 수 있겠는가? 유의수준 5%에서 검정하여 보고 비율차에 대한 95% 신뢰구간을 구하여 보자.

$m = 1000$, $p_1 = 0.54$, $n = 100$, $p_2 = 0.7$이므로 검정통계량

$$Z_0 = \frac{0.7 - 0.54 - 0.1}{\sqrt{\frac{0.54(1-0.54)}{1000} + \frac{0.7(1-0.7)}{100}}} = \frac{-0.16}{0.04846029} = 1.2381$$

이고 $z_{0.025} = 1.96$이라서 $|Z_0| < z_{\alpha/2}$이므로 귀무가설을 기각한다. 즉, 셋째 아이의 성비는 첫째 아이의 성비가 10% 포인트 이상 차이가 난다고 할 수 없다.

비율차에 대한 95% 신뢰구간은

$$\begin{aligned} & \hat{p}_1 - \hat{p}_2 \pm z_{\alpha/2}\sqrt{\frac{\hat{p}_1(1-\hat{p}_1)}{m} + \frac{\hat{p}_2(1-\hat{p}_2)}{n}} \\ = \ & 0.54 - 0.7 \pm 1.96\sqrt{\frac{0.54(1-0.54)}{1000} + \frac{0.7(1-0.7)}{100}} \\ = \ & -0.16 \pm 1.96 \cdot 0.04846029 = (-0.255, -0.065) \end{aligned}$$

이다. 이 신뢰구간에 −0.1이 포함되는 것과 앞의 양측검정에서 귀무가설을 기각하지 못한 결론이 일치한다. ■

참고: δ_0가 0인 경우, 즉 $H_0 : p_1 - p_2 = 0$에 대한 검정인 경우 귀무가설 H_0가 옳을 경우 $p_1 = p_2 = p$라 하면 식 (4.50)는 자료의 수가 충분히 많을 때 근사적으로

$$\hat{p}_1 - \hat{p}_2 \sim N\Big(0, p(1-p)\Big(\frac{1}{m} + \frac{1}{n}\Big)\Big) \tag{4.53}$$

이므로 이 검정을 위해서는 p에 대한 추정치로

$$\hat{p} = \frac{X+Y}{m+n} \tag{4.54}$$

을 사용하며 식 (4.52)의 검정통계량은

$$Z_0 = \frac{\hat{p}_1 - \hat{p}_2}{\sqrt{\hat{p}(1-\hat{p})\left(\frac{1}{m}+\frac{1}{n}\right)}} \tag{4.55}$$

을 사용한다. 대립가설에 따른 기각역은 δ_0가 0이 아닌 경우와 같다.

보기 4.21. 보기 4.20의 자료에서 첫째와 셋째 아이의 출생성비가 다르다고 할 수 있겠는지 알아보자. 공통비율 p의 추정치는 $\hat{p} = (540+70)/1100 = 0.5545455$ 이므로 검정통계량은

$$\frac{0.7 - 0.54}{\sqrt{.5545(1-.5545)(1/1000+1/100)}} = 3.069399$$

이며 유의수준 5%에서 $3.069 > 1.96$ 이므로 귀무가설을 기각한다. 즉, 첫째와 셋째 아이의 출생성비는 다르다고 할 수 있다.

4.10. 요약

이 장에서 다룬 평균에 대한 추론을 요약하면 다음과 같다.

일표본 추론

자료 가정	$X_1, X_2, \ldots, X_n \overset{iid}{\sim} N(\mu, \sigma^2)$		
신뢰구간	$\mu = \bar{X} \pm t_{\alpha/2;n-1}\frac{S}{\sqrt{n}}$		
귀무가설	$H_0 : \mu = \mu_0$		
대립가설	$H_1 : \mu > \mu_0$	$H_1 : \mu < \mu_0$	$H_1 : \mu \neq \mu_0$
검정통계량	$T = \frac{\bar{X} - \mu}{S/\sqrt{n}} \sim t_{n-1}$ under H_0		
기각역	$T > t_{\alpha;n-1}$	$T < -t_{\alpha;n-1}$	$\lvert T\rvert > t_{\alpha/2;n-1}$
유의확률	$\Pr[T_{n-1} > t_0]$	$\Pr[T_{n-1} < t_0]$	$\Pr[\lvert T_{n-1}\rvert > \lvert t_0\rvert]$

양측검정 유의확률이 a일 때 단측검정의 유의확률			
$t_0 > 0$	$a/2$	$1-a/2$	a
$t_0 < 0$	$1-a/2$	$a/2$	a

여기서 t_0는 검정통계량 T의 관측치, T_{n-1}은 자유도 $(n-1)$인 t분포를 가지는 확률변수, 신뢰구간의 신뢰도는 $100(1-\alpha)\%$, 가설검정의 유의수준은 α, S^2은 표본분산임. 또한 iid는 독립이고 분포가 같다(independent and identically distributed)는 뜻으로 확률표본이라는 의미임.

또한 양측검정의 유의확률 $\Pr[|T_{n-1}| > |t_0|]$은 $2\Pr[T_{n-1} > |t_0|]$ 로도 쓸 수 있음.

이표본 등분산인 경우의 추론

자료 가정	$X_1, X_2, \ldots, X_m \overset{iid}{\sim} N(\mu_1, \sigma^2)$ $Y_1, Y_2, \ldots, Y_n \overset{iid}{\sim} N(\mu_2, \sigma^2)$ X들과 Y들도 독립		
신뢰구간	$\mu_1 - \mu_2 = (\bar{X} - \bar{Y}) \pm t_{\alpha/2;m+n-2} S_p \sqrt{\frac{1}{m} + \frac{1}{n}}$		
귀무가설	$H_0 : \mu_1 - \mu_2 = \delta_0$		
대립가설	$H_0 : \mu_1 - \mu_2 > \delta_0$	$H_0 : \mu_1 - \mu_2 < \delta_0$	$H_0 : \mu_1 - \mu_2 \neq \delta_0$
검정통계량	$T = \dfrac{(\bar{X} - \bar{Y}) - \delta_0}{S_p \sqrt{\frac{1}{m} + \frac{1}{n}}} \sim t_{m+n-2}$ under H_0		
기각역	$T > t_{\alpha;m+n-2}$	$T < -t_{\alpha;m+n-2}$	$\|T\| > t_{\alpha/2;m+n-2}$
유의확률	$\Pr[T_{m+n-2} > t_0]$	$\Pr[T_{m+n-2} < t_0]$	$\Pr[\|T_{m+n-2}\| > \|t_0\|]$

양측검정 유의확률이 a일 때 단측검정의 유의확률			
$t_0 > 0$	$a/2$	$1 - a/2$	a
$t_0 < 0$	$1 - a/2$	$a/2$	a

여기서 t_0는 검정통계량 T의 관측치, T_{m+n-2}은 자유도 $(m+n-2)$인 t분포를 가지는 확률변수, 신뢰도는 $100(1-\alpha)\%$, 유의수준은 α임. 여기서

$$S_p^2 = \frac{(m-1)S_1^2 + (n-1)S_2^2}{m+n-2}$$

이며 S_1^2 및 S_2^2은 각각 X들 및 Y들의 표본분산이다.

또한 양측검정의 유의확률 $\Pr[|T_{m+n-2}| > |t_0|]$은 $2\Pr[T_{m+n-2} > |t_0|]$ 로도 쓸 수 있음.

이표본 이분산인 경우의 추론

자료 가정	$X_1, X_2, \ldots, X_m \overset{iid}{\sim} N(\mu_1, \sigma_1^2)$ $Y_1, Y_2, \ldots, Y_n \overset{iid}{\sim} N(\mu_2, \sigma_2^2)$ X들과 Y들도 독립		
신뢰구간	$\mu = (\bar{X} - \bar{Y}) \pm t_{\alpha/2;df}\sqrt{\dfrac{S_1^2}{m} + \dfrac{S_2^2}{n}}$		
귀무가설	$H_0 : \mu_1 - \mu_2 = \delta_0$		
대립가설	$H_0 : \mu_1 - \mu_2 > \delta_0$	$H_0 : \mu_1 - \mu_2 < \delta_0$	$H_0 : \mu_1 - \mu_2 \neq \delta_0$
검정통계량	$T = \dfrac{(\bar{X} - \bar{Y}) - \delta_0}{\sqrt{\dfrac{S_1^2}{m} + \dfrac{S_2^2}{n}}} \sim t_{df}$ under H_0 단 $df = \dfrac{\left(\frac{S_1^2}{m} + \frac{S_2^2}{n}\right)^2}{\dfrac{\left(\frac{S_1^2}{m}\right)^2}{m-1} + \dfrac{\left(\frac{S_2^2}{n}\right)^2}{n-1}}$		
기각역	$T > t_{\alpha;df}$	$T < -t_{\alpha;df}$	$\lvert T\rvert > t_{\alpha/2;df}$
유의확률	$\Pr[T_{df} > t_0]$	$\Pr[T_{df} < t_0]$	$\Pr[\lvert T_{df}\rvert > \lvert t_0\rvert]$
양측검정 유의확률이 a일 때 단측검정의 유의확률			
$t_0 > 0$	$a/2$	$1 - a/2$	a
$t_0 < 0$	$1 - a/2$	$a/2$	a

여기서 t_0는 검정통계량 T의 관측치, T_{df}은 자유도 df인 t분포를 가지는 확률변수, 신뢰도는 $100(1-\alpha)\%$, 유의수준은 α임.

또한 양측검정의 유의확률 $\Pr[\lvert T_{df}\rvert > \lvert t_0\rvert]$은 $2\Pr[T_{df} > \lvert t_0\rvert]$ 로도 쓸 수 있음.

> **참고**: 원래 자료 X 및 Y의 분포가 정규분포라는 가정이 맞지 않을 경우라도 m과 n이 충분히 클 경우에는 위의 신뢰구간 및 검정통계량을 정규분포에 근사하여 사용할 수 있다(중심극한정리). 즉, $m, n \to \infty$이면 신뢰구간에서 $t_{\alpha/2;df}$ 대신에 $z_{\alpha/2}$를, 기각역에서 단측검정의 경우 $t_{\alpha;df}$ 대신에 z_α를, 양측검정의 경우 $t_{\alpha/2;df}$ 대신에 $z_{\alpha/2}$를 각각사용할 수 있다.

대응표본에 추론

자료 가정	$(X_1, Y_1), (X_2, Y_2), \ldots, (X_n, Y_n)$ 독립인 n개의 짝 $D_i = X_i - Y_i \stackrel{iid}{\sim} N(\mu_D, \sigma_D^2)$		
신뢰구간	$\mu_1 - \mu_2 = \bar{D} \pm t_{\alpha/2;n-1} \dfrac{S_D}{\sqrt{n}}$		
귀무가설	$H_0 : \mu_1 - \mu_2 = \delta_0$		
대립가설	$H_0 : \mu_1 - \mu_2 > \delta_0$	$H_0 : \mu_1 - \mu_2 < \delta_0$	$H_0 : \mu_1 - \mu_2 \neq \delta_0$
검정통계량	$T = \dfrac{D - \delta_0}{S_D/\sqrt{n}} \sim t_{n-1}$ under H_0		
기각역	$T > t_{\alpha;n-1}$	$T < -t_{\alpha;n-1}$	$\|T\| > t_{\alpha/2;n-1}$
유의확률	$\Pr[T_{n-1} > t_0]$	$\Pr[T_{n-1} < t_0]$	$\Pr[\|T_{n-1}\| > \|t_0\|]$

양측검정 유의확률이 a일 때 단측검정의 유의확률			
$t_0 > 0$	$a/2$	$1 - a/2$	a
$t_0 < 0$	$1 - a/2$	$a/2$	a

여기서 $\bar{D}$ 및 S_D^2은 D_i들의 평균 및 분산이며 t_0는 검정통계량 T의 관측치, T_{n-1}은 자유도 $n-1$인 t분포를 가지는 확률변수, 신뢰구간의 신뢰도는 $100(1-\alpha)\%$, 가설검정의 유의수준은 α임.

또한 양측검정의 유의확률 $\Pr[|T_{n-1}| > |t_0|]$은 $2\Pr[T_{n-1} > |t_0|]$ 로도 쓸 수 있음.

참고

1. 이표본 평균검정에서 많은 경우 δ_0는 0이다.

2. 양측검정의 경우 만일 $100(1-\alpha)\%$ 신뢰구간에 μ_0(일표본 평균검정의 경우)나 δ_0(이표본 평균검정의 경우)가 포함되면 유의수준 α에서 귀무가설 $H_0 : \mu = \mu_0$이나 $H_0 : \mu_1 - \mu_2 = \delta_0$를 기각할 수 없다.

3. 마찬가지로 양측검정의 경우 $100(1-\alpha)\%$ 신뢰구간에 μ_0(일표본 평균검정의 경우)나 δ_0(이표본 평균검정의 경우)가 포함되지 않으면 유의수준 α에서 귀무가설 $H_0 : \mu = \mu_0$이나 $H_0 : \mu_1 - \mu_2 = \delta_0$를 기각한다.

연습문제

4.1 정규분포인 모집단에서 10개를 임의추출하여 다음과 같은 컴퓨터 출력을 얻었다.

$\bar{x}$	s	S.E.	t	df	Sig. (2-tail)
0.50	0.7458	(가)	2.12	(나)	0.063

다음 물음에 답하여라.

(a) 귀무가설 $\mu_0 = 0$ 대립가설 $H_1 : \mu > 0$인 검정인 경우 $\alpha = 0.05$에서 귀무가설을 기각여부를 말하여라.

(b) (가)의 값은?

(c) (나)에 알맞은 값은?

(d) t는 어떻게 계산된 값인지 설명하여라.

(e) T가 (나)의 자유도를 따르는 확률변수이면 $\Pr[T \leq -2.12]$의 값은?

(f) a가 $\Pr[T > a] = 0.025$인 상수일 때 a와 t의 크기를 비교하여라.

(g) 모평균에 대한 95% 신뢰구간에 0이 포함되는가?

(h) '위에서 구한 95% 신뢰구간에 모평균이 포함될 확률이 95% 이다.'는 바른 표현인가?

4.2 연습문제 3.11의 자료를 이용하여 평균의 95% 신뢰구간을 계산하고 이 신뢰구간의 의미를 해석하여라.

4.3 25명의 학생에 대한 신장을 조사하였더니 평균이 172.3 표준편차가 5cm 였다. 학생의 키의 기댓값에 대한 95% 신뢰구간을 구하여라.

4.4 25명의 학생을 대상으로 휴대전화 요금을 조사하였더니 평균 30,000원 표준편차 5,000원 이었다면

(a) 휴대전화 요금의 90% 신뢰구간을 구해 보아라.

(b) 월 평균요금이 35,000원이라고 할 수 있는지 유의수준 10%에서 검정해 보고 위의 신뢰구간에서 얻은 결과와 비교해 보아라.

4.5 10년전 고등학교 3학년 남학생의 평균신장은 169cm였다. 올해 고등학교 3학년 학생 49명을 조사하였더니 평균신장이 174cm 이고 표준편차가 9cm라면 10년전에 비하여 고등학교 3학년 남학생의 신장이 더 크다고 할 수 있겠는가?

4.6 자동차 회사에서 주장하는 연비가 10km/l인 자동차를 100대를 임의로 선택하여 한달간 주입한 연료의 양과 주행거리를 측정하여 연비를 계산하였더니 평균 연비는 9.5km/l, 표준편차는 2km/l가 얻어졌다. 자동차 회사에서 주장하는 연비가 실제보다 높다고 할 수 있겠는가?

4.7 A.1절의 자료를 이용하여

(a) 남자와 여자의 키의 평균에 대한 차이가 있는지 검정하여라.

(b) 남자와 여자의 체중의 차이에 대한 95% 신뢰구간을 구하여라.

4.8 체질량지수(Body Mass Index;BMI)는 비만의 정도를 나타내는 척도로 사용되는데 몸무게(kg)를 키의 제곱(단위: m)으로 나눈 값이다. 즉, 키가 170cm, 몸무게 60kg인 사람의 BMI는 $60/1.7^2 = 20.76125(kg/m^2)$이다. A.1절의 자료를 이용하여

(a) BMI를 계산하여 BMI에 대한 95%, 99% 신뢰구간을 구해 보아라.

(b) 남녀간 BMI의 차이가 있는지 알아보아라.

(c) 기혼자의 BMI의 평균이 미혼자의 BMI 평균보다 큰지 알아보아라. 결혼한 사람의 나이가 더 많음에 유의하여 이 결과를 음미하여 보아라.

4.9 다음은 한 마리의 쥐의 왼쪽과 오른쪽 귀를 임의로 선택하여 한 쪽 귀에는 에탄올(ethanol)을 다른 쪽 귀에는 캡사이신(capsaicin; 고추의 매운 맛을 내는 성분)을 처리한 후 10분 뒤에 양쪽의 귀의 혈류량을 비교한 자료이다.

처리 \ 쥐	1	2	3	4	5	6	7	8	9
에탄올	208	285	181	251	277	281	232	135	240
캡사이신	791	572	604	766	942	664	643	372	559

캡사이신이 에탄올보다 혈류량을 많이 증가시키는지 검정하여라. 또 평균차에 대한 95% 신뢰구간도 구해보아라.

4.10 다음은 신장결석이 있는 환자와 없는 환자의 요에서 calcium concentration을 조사한 결과이다.(단위: millimoles/litre) 신장결석이 있는 환자와 그렇지 않은 환자 사이에 calcium concentration의 차이가 있다고 할 수 있겠는가?

있음	2.17 0.17 0.83 3.04 1.06 3.93 5.38 3.53 4.54 3.98
	1.02 3.46 1.19 5.64 2.66 1.22 2.64 2.31 4.49
없음	6.96 13.00 5.54 6.19 7.31 14.34 4.74 2.50 1.27 4.18
	3.10 3.01 6.81 8.28 2.33 7.18 5.67 12.68 8.94 3.16
	3.30 6.99

4.11 (연습문제 4.10의 연속) Calcium concentration의 차이에 대한 신뢰구간을 구해 보고 이 신뢰구간의 결과와 가설검정의 결과가 일치하는지 비교하여라. 가설검정의 결과와 비교할 신뢰구간의 신뢰도와 앞의 유의수준 사이의 관계를 말하여라.

4.12 암로디핀(amlodipine) 성분은 심장에 혈액과 산소의 공급을 증가시키고 혈관의 긴장도를 낮춰 줌으로써 심장의 부담을 줄여주어 협심증 발작을 치료, 예방하는 역할을 하는 것으로 알려져 있으며 고혈압, 협심증 등의 치료제로 사용하고 있다.

어느 제약회사에서 제조비용이 기존의 방법보다 적게 들면서 치료효과에는 차이가 없을 것으로 믿어지는 새로운 암로디핀 성분의 약을 개발하여 이 약의 효과를 기존의 약과 비교하고자 한다. 이를 위해 확장기 혈압이 90mmHg 이상인 고혈압 환자를 두 그룹으로 나누어 한쪽 그룹은 기존의 약을 처방하고 다른 그룹은 새로 개발한 약을 처방하여 6주 후에 두 그룹의 확장기 혈압을 조사하였더니 다음과 같았다.

기존 약	89 78 82 94 81 82 70 93 79 86 87 81 80 89 79 78 84
신약	85 89 75 85 99 74 82 92 92 81 77 85 77 84 83 88 85 78 88
	82 94 77 79 84 73 83

두 약의 치료효과가 다르다고 할 수 있겠는가? 확장기 혈압의 차이에 대한 95% 신뢰구간을 구해 보고 이 구간에 0이 포함되는지 확인하여 가설검정의 결과와 비교하여 보아라.

4.13 다음은 임의로 뽑은 20명의 사주를 '재운 있음', '재운 없음'으로 구분하고 이들의 소득을 조사한 자료이다. 사주의 재물운에 따른 소득의 차이가 있다고 할 수 있겠는가?

재운 있음	10.6	11.7	9.5	9.3	10.0	6.9	13.6	7.5	11.9	5.6
재운 없음	10.0	11.8	8.6	7.4	10.0	9.6	13.3	10.2	10.8	6.2

4.14 15그루의 상수리나무 묘목에 대해 임의로 선택한 8본에는 관수를 매주 3회(처리1)하고, 7본에는 관수를 매주 2회(처리2) 한 결과 가을에 다음과 같은 묘고 생장량을 얻었다.

처리1(x)	25	30	15	19	23	18	28	20
처리2(y)	16	19	22	25	17	15	11	

두 처리에 의한 묘고 생장량이 정규분포를 따르고, 모분산 같다고 가정했을 때 처리에 따른 묘고 생장량에 차이가 있는가를 검정하여라.

4.15 두 종류의 오리나무 잎벌레 방제약품이 살포 후 오리나무 엽조직에 미치는 영향을 알아보기 위해 임의로 선택한 10개의 잎에 대해 주맥을 중심으로 양쪽에 각각 약품1, 약품2를 처리한 후 3일이 지난 다음 나타난 반점수를 조사해 보았더니 다음과 같았다.

엽번호(i)	1	2	3	4	5	6	7	8	9	10
약품 1(x_i)	7	8	7	4	7	7	9	9	7	4
약품 2(y_i)	6	7	8	3	5	6	10	9	5	3

95% 신뢰수준에서의 두 처리의 차의 신뢰구간과 이 차이를 인정할 수 있는가에 대한 검정을 하여라.

4.16 자료의 수가 각각 m, n인 독립인 두 표본 문제에서 $S_1^2 = S_2^2$인 경우

(a) 식 (4.35)의 Satterswaite 자유도는 어떻게 되는가? 이 자유도와 $\sigma_1^2 = \sigma_2^2$을 가정하는 경우의 자유도와 비교하여라.

(b) 식 (4.34)의 검정통계량은 어떻게 바뀌는가? 식 (4.31)의 검정통계량과 비교하여라.

4.17 소비자에게 제품 사용법에 대해 간단히 설명한 경우(방법 A)와 자세히 설명한 경우(방법 B)를 적용하여 두 방법을 두 그룹의 소비자에게 사용하여 소비자의 만족도를 점수화하였다. 두 방법에 따른 소비자의 만족도에 차이가 있는지 검정하여라.

방법 A	15	20	11	23	16	21	18	16	27	24
방법 B	23	31	13	19	23	17	28	26	25	28

제 5 장

분산에 대한 추론

이 장에는 자료가 독립이며 정규분포일 때 모분산에 대한 신뢰구간과 가설검정에 대한 내용을 살펴보기로 한다. 또한 두 모집단의 분산이 다른지에 대한 추론으로 두 모집단의 분산비에 대한 추론을 다루도록 한다.

5.1. 하나의 분산에 대한 추론

$X_1, X_2, \ldots, X_n$이 모두 독립이고 평균이 μ, 분산이 σ^2인 정규분포에서의 표본이라고 하자. 모분산에 대한 점추정치 표본분산은 보통 S^2으로 나타나며

$$S^2 = \frac{\sum_{i=1}^{n}(X_i - \bar{X})^2}{n-1} \tag{5.1}$$

으로 구한다. 표준편차에 대한 점추정치는 $S = \sqrt{S^2}$를 사용한다. 이론적으로

$$\frac{(n-1)S^2}{\sigma^2} = \frac{\sum_{i=1}^{n}(X_i - \bar{X})^2}{\sigma^2} \tag{5.2}$$

이 자유도가 $(n-1)$인 카이제곱분포임을 보일 수 있으므로

$$1 - \alpha = \Pr\left[\chi^2_{n-1;1-\alpha/2} < \frac{(n-1)S^2}{\sigma^2} < \chi^2_{n-1;\alpha/2}\right]$$

이다. 따라서 위의 부등식을 σ^2에 대해서 풀어서 얻은

$$\left(\frac{(n-1)S^2}{\chi^2_{n-1,\alpha/2}}, \frac{(n-1)S^2}{\chi^2_{n-1,1-\alpha/2}}\right) \tag{5.3}$$

을 σ^2에 대한 $100(1-\alpha)\%$ 신뢰구간으로 얻는다.

σ^2에 대한 가설검정은 귀무가설 $H_0 : \sigma^2 = \sigma_0^2$에 대해 검정통계량을

$$\chi_0^2 = \frac{(n-1)S^2}{\sigma_0^2} = \frac{\sum_{i=1}^n (X_i - \bar{X})^2}{\sigma_0^2} \tag{5.4}$$

을 사용하며 이 검정통계량은 귀무가설이 참일 때 자유도가 $(n-1)$인 카이제곱분포를 따르므로

- 대립가설이 $H_1 : \sigma^2 > \sigma_0^2$ 이면 $\chi_0^2 > \chi^2_{n-1;\alpha}$ 일 때,
- 대립가설이 $H_1 : \sigma^2 < \sigma_0^2$ 이면 $\chi_0^2 < \chi^2_{n-1;1-\alpha}$ 일 때,
- 대립가설이 $H_1 : \sigma^2 \neq \sigma_0^2$ 이면 $\chi_0^2 > \chi^2_{n-1;\alpha/2}$ 또는 $\chi_0^2 < \chi^2_{n-1;1-\alpha/2}$ 일 때

각각 귀무가설을 기각한다.

보기 5.1. 50명의 고등학생들의 키의 표본분산은 5이었다. 분산의 95% 신뢰구간을 구하여 보아라. 분산이 7보다 작다고 할 수 있는지 유의수준 1% 에서 검정하여 보아라. 먼저 $\chi^2_{49;0.025} = 70.22$, $\chi^2_{49;0.975} = 31.55$ 이므로 95% 신뢰구간은

$$\left(\frac{49 \cdot 5}{70.22}, \frac{49 \cdot 5}{31.55}\right) = (3.49, 7.77)$$

이 된다. $H_0 : \sigma^2 = 7$ 대 $H_1 : \sigma^2 < 7$에 대한 가설검정을 위한 검정 통계량은

$$\chi_0^2 = \frac{49 \cdot 5}{7} = 35 > \chi^2_{49;0.99} = 28.94$$

이므로 귀무가설을 기각하지 못한다. ■

5.2. 두 분산의 비교

독립인 두 그룹의 자료를 사용하여 두 그룹의 분산 비교에 대해서 알아보자.

5.2.1 두 분산의 비에 대한 추론

앞에서 본 독립인 두 표본의 평균차에 대한 검정을 사용하기 위해서는 두 집단의 분산이 같아야한다는 조건이 필요하였다. 두 그룹의 분산이 같은지에 대한 검정은 F 분포를 사용하여 검정할 수 있으며 아울러 분산비에 대한 신뢰구간도 얻을 수 있다. 먼저 자료가 4.7.1절의 가정과 비슷하게

1. $X_1, X_2, \ldots, X_m$이 독립이고 평균이 μ_1이고 분산이 σ_1^2인 정규분포에서의 표본이고

2. $Y_1, Y_2, \ldots, Y_n$도 독립이며 평균이 μ_2이고 분산이 σ_2^2인 정규분포에서 표본이며

3. X_i들과 Y_i들도 독립적으로 얻어진 표본

이라고 하자. 각각의 집단에서 얻어진 표본분산을 S_1^2과 S_2^2라고 하면

$$\frac{S_1^2/\sigma_1^2}{S_2^2/\sigma_2^2} \tag{5.5}$$

이 자유도가 $(m-1, n-1)$인 F 분포를 따른다는 사실이 알려져 있다. 따라서 분산비 $\dfrac{\sigma_1^2}{\sigma_2^2}$에 대한 신뢰구간은

$$\begin{aligned} 1-\alpha &= \Pr\Big[F_{m-1,n-1;1-\alpha/2} \le \frac{S_1^2/\sigma_1^2}{S_2^2/\sigma_2^2} \le F_{m-1,n-1;\alpha/2}\Big] \\ &= \Pr\Big[\frac{1}{F_{m-1,n-1;\alpha/2}}\frac{S_1^2}{S_2^2} \le \frac{\sigma_1^2}{\sigma_2^2} \le \frac{1}{F_{m-1,n-1;1-\alpha/2}}\frac{S_1^2}{S_2^2}\Big] \end{aligned} \tag{5.6}$$

이 되어 분산비에 대한 $100(1-\alpha)\%$ 신뢰구간은

$$\Big(\frac{1}{F_{m-1,n-1;\alpha/2}}\frac{S_1^2}{S_2^2}, \frac{1}{F_{m-1,n-1;1-\alpha/2}}\frac{S_1^2}{S_2^2}\Big) \tag{5.7}$$

로 얻어진다. 제 2.5.4절의 F 분포의 정의에 의해서 $F_{n-1,m-1;1-\alpha} = 1/F_{m-1,n-1;\alpha}$이므로 위의 신뢰구간은

$$\Big(\frac{1}{F_{m-1,n-1;\alpha/2}}\frac{S_1^2}{S_2^2}, F_{n-1,m-1;\alpha/2}\frac{S_1^2}{S_2^2}\Big)$$

로 쓸 수도 있다. F 분포표는 부록의 표 A.6부터 표 A.11에서 찾아볼 수 있다.

두 집단의 분산이 같은지에 대한 가설검정은 분산의 비율이 1인지에 대한 가설검정과 같으므로 귀무가설

$$H_0 : \frac{\sigma_1^2}{\sigma_2^2} = 1 \tag{5.8}$$

에 대한 가설검정은 검정통계량으로

$$F_0 = \frac{S_1^2}{S_2^2} \tag{5.9}$$

을 사용하고 이 검정통계량은 귀무가설이 참일 때 자유도가 $(m-1, n-1)$인 F 분포를 따르므로

- 대립가설이 $H_1 : \sigma_1^2 > \sigma_2^2$이면 $F_0 > F_{m-1,n-1;\alpha}$ 일 때
- 대립가설이 $H_1 : \sigma_1^2 < \sigma_2^2$이면 $F_0 < 1/F_{n-1,m-1;\alpha}$ 일 때
- 대립가설이 $H_1 : \sigma_1^2 \neq \sigma_2^2$이면 $F_0 > F_{m-1,n-1;\alpha/2}$ 이거나 $F_0 < 1/F_{n-1,m-1;\alpha/2}$ 일 때

각각 귀무가설을 기각한다. 양측검정의 기각역에서 사용한 $1/F_{n-1,m-1;\alpha/2}$는 F 분포의 정의에 의해서 $F_{m-1,n-1;1-\alpha/2}$ 과 같은 값이므로 대립가설이 $H_1 : \sigma_1^2 \neq \sigma_2^2$이면 $F_0 > F_{m-1,n-1;\alpha/2}$ 이거나 $F_0 < F_{m-1,n-1;1-\alpha/2}$ 일 때 H_0를 기각한다고 하여도 같은 표현이다.

보기 5.2. 남녀 고등학생 각 10명의 시험 점수의 분산을 조사하였더니 남학생의 분산은 15, 여학생의 분산은 10이었다. 남녀학생 사이의 분산이 같다고 할 수 있는지 유의수준 5%에서 검정하여라. 분산비에 대한 95% 신뢰구간도 구하여 보아라.

풀이: $F_0 = 15/10 = 1.5$이고 $F_{9,9;0.025} = 4.026$ 이고 $1/F_{9,9;0.025} = F_{9,9;0.975} = 0.248$이므로 귀무가설 $H_0 : \sigma_1^2 = \sigma_2^2$을 기각할 수 없고 따라서 남녀학생간의 분산이 같다는 결론을 얻는다. 분산비에 대한 95% 신뢰구간은

$$\left(\frac{1}{4.026}\frac{15}{10}, \frac{1}{0.248}\frac{15}{10}\right) = (0.37, 6.05)$$

가 된다. 이 신뢰구간에 1이 포함되므로 가설검정과 신뢰구간이 같은 결론에 도달함을 알 수 있다.

보기 5.3. 보기 4.15의 자료에 대해서 두 그룹의 분산이 같다고 할 수 있는지 알아보자.
풀이: 분산이 같은지에 대한 검정의 검정통계량은

$$F_0 = \frac{s_1^2}{s_2^2} = \frac{1.219}{0.770} = 1.583$$

이고 $F_{10,9,0.025} = 3.9639$이고 $F_{10,9,0.975} = 1/F_{9,10,0.025} = 0.2646$이므로 귀무가설 $H_0 : \sigma_1^2 = \sigma_2^2$을 기각할 수 없다. (대립가설 $H_1 : \sigma_1^2 \neq \sigma_2^2$)

참고: 셋 이상의 그룹에서 분산이 모두 동일한지에 대한 검정은 6.6.1절을 참고하기로 한다.

5.2.2 Levene의 등분산성 검정

SPSS에서는 분산비에 대한 검정은 독립인 두 표본검정을 시행할 경우 Levene's F test가 출력되는데 이 부분이 그 집단의 분산이 같은지 다른지에 대한 가설검정이다. 이 가설검정은 5.2.1절의 F 검정과는 다른 방법으로 검정통계량을 계산하는데 Levene 검정은 둘 이상의 그룹에서 등분산성을 검정하는 방법이다. 둘 이상의 그룹에서의 등분산성 검정은 6.6.1.2절을 참고하기로 하며 여기서는 두 그룹에서의 등분산성을 검정하는 경우에 대해서만 알아보자.

두 그룹의 자료가 5.2.1절의 가정을 만족한다고 할 때

1. $Z_{1i} = |X_i - \bar{X}|$와 $Z_{2i} = |Y_i - \bar{Y}|$를 계산한다.

2. Z_{1i}와 Z_{2i}를 두 그룹의 자료로 두고 두 그룹의 분산이 같을 때 독립인 두 표본검정에서의 검정통계량 (4.31)를 계산한다. 이 때 계산된 값을 t라고 하자.

3. Levene의 검정통계량 F는 t^2으로 얻어진다.

4. 위의 검정통계량 F는 귀무가설 하에서 근사적으로 자유도 $(1, m+n-2)$인 F 분포를 따르므로 이 검정통계량이 $F_{1,m+n-2;\alpha}$보다 크면 귀무가설을 기각한다.

보기 5.4. 보기 4.15의 자료를 이용한 보기 4.17의 SPSS 출력의 Levene 검정의 F 값을 계산해보자. 먼저 각 그룹의 평균이 1.96227과 0.955이므로 Z_{1i}와 Z_{2i}들을 계

산해 보면[1]

비흡연자(Z_{1i})	1.95727	1.36227	.63727	.45727	.44227	.03773
	.29273	.61273	1.03773	1.33773	1.53773	
흡연자(Z_{2i})	.95000	.95000	.70000	.45000	.43000	.04500
	.29500	.55000	.79500	1.79500		

이므로 각 그룹의 평균은 각각 0.8829755, 0.696이고 표준편차는 각각 0.60124587, 0.48118373 이므로 $S_p^2 = ((11-1)\cdot 0.60124587^2 + (10-1)\cdot 0.48118373^2)/(11+10-2) = 0.2999372$이다. 따라서 Levene의 F는

$$F = \frac{(0.8829755 - 0.696)^2}{0.2999372 \cdot (1/11 + 1/10)} = 0.6105377$$

를 얻을 수 있으며 이 값은 보기 4.17에서 얻은 Levene 검정통계량과 같음을 확인할 수 있으며 $F_{1,19;0.05} = 4.381$이므로 귀무가설을 기각할 수 없다. 참고로 유의확률은 $\Pr[F_{1,19} > 0.6105377] = 0.4442134$이다. ■

SPSS 의 독립인 두 그룹에 대한 평균차 검정에서 출력되는 Levene 검정의 p 값은 양측검정에 대한 유의확률이며, 이 유의확률이 유의수준보다 작으면 귀무가설 H_0 : '두 그룹이 분산이 같다'를 기각하고 H_1 : '두 그룹의 분산이 다르다'를 채택한다. 이 SPSS의 분산에 대한 검정에 대한 자세한 내용은 4.7.5절에서 이미 다루었으므로 독립인 두 집단의 평균차에 대한 검정을 참고하기로 한다.

[1] 반올림에 의한 오차를 줄이기 위해서 다소 많은 자리수를 유지함.

연습문제

5.1 $F_{4,9;0.975}$의 값을 표 A.6–표 A.11에서 찾아보고 $F_{9,4;0.025}$ 값을 말하여라. 이 두 값의 관계에 대해서 설명하여라.

5.2 정규분포 $N(0, 10^2)$에서의 크기 15인 임의표본에서 표본분산이 144보다 클 확률은?

5.3 두 개의 독립인 정규분포를 갖는 모집단에서 각각 크기가 10 개와 7개의 임의 표본을 구했을 때 두 표본분산의 비가 2보다 클 확률은?

5.4 연습문제 4.10의 요에서의 calcium concentration의 분산이 신장 결석이 있는 환자와 그렇지 않은 환자 사이에 차이가 있는지 검정하여라.

5.5 연습문제 4.12의 확장기 혈압의 분산이 같은지 검정하여라. 분산의 비율에 대한 95% 신뢰구간을 구해 보아라.

5.6 A.1절의 자료를 이용하여 제질량지수(BMI)를 계산하여라. 이 BMI에 대해서

(a) BMI의 분산을 구하고 모분산의 95%, 99% 신뢰구간을 구하여라.

(b) 남녀간 분산이 다른지 검정하여라.

(c) 기혼자와 미혼자의 분산의 비에 대한 95% 신뢰구간을 구하여라.

(d) 기혼자와 미혼자의 분산이 같은지 유의수준 5%에서 검정하고 위의 신뢰구간의 결과와 비교하여라.

5.7 연습문제 4.13의 자료에서 '재운 있음'과 '재운 없음' 두 그룹의 소득의 분산이 다른지 검정하여라.

5.8 동일한 원료를 사용하여 두 가지 방법으로 제작된 종이를 임의로 각각 10장과 9장을 선택하여 강도를 조사한 결과 다음과 같았다.

방법 1	74.9	74.0	75.5	73.9	74.7	74.3	75.8	74.2	74.4	73.3
방법 2	75.3	76.5	74.4	74.9	75.0	76.9	75.3	75.0	75.2	

방법1과 방법2에서 얻어지는 종이강도의 분산의 차이가 있다고 말할 수 있는가?

제 6 장

분산분석과 g개의 그룹비교

제 4.7절에서 두 표본 사이에 모평균의 차이가 있는지 검정하는 방법에 대하여 알아보았다. 이 장에서는 이를 확장하는 방법에 대해서 알아보자. 즉, 세 개 이상의 표본에 대하여 그 모평균이 차이가 있는지 검정하고자 한다면 어떤 방법을 사용할 수 있을까하는 문제를 생각해 보자. 예를 들면 네 가지 서로 다른 두통약이 약효의 차이가 있을까 하는 검정이나, 세 가지 서로 다른 보청기가 환자의 사용편이성이 서로 다른가 하는 문제 또는 일사량에 따라 나무의 성장률이 차이가 나는가 하는 문제 등이 이 절에서 다룰 수 있는 문제들이다. 이와 같이 셋 이상의 그룹에서 모평균의 차이에 대한 추론을 다루는 통계적 방법을 일원배치 분산분석(Oneway Analysis of Variance; Oneway ANOVA)이라고 한다.

6.1. 모형과 분산분석

Y_{ij}를 i 번째 $(i = 1, 2, \ldots, g)$ 그룹(또는 처리)의 j 번째 $(j = 1, 2, \ldots, n_i)$ 관측치라고 할 때 이 자료를 표로 만들어 보면

처리 1	처리 2	$\cdots$	처리 g
Y_{11}	Y_{21}	$\cdots$	Y_{g1}
Y_{12}	Y_{22}	$\cdots$	Y_{g2}
$\vdots$	$\vdots$	$\vdots$	$\vdots$
Y_{1n_1}	Y_{2n_2}	$\cdots$	Y_{gn_g}

와 같다. 따라서 전체 자료의 개수를 N이라고 하면 $N = n_1 + n_2 + \cdots + n_g$이다. μ_i를 i 번째 표본의 모평균이라 하고 μ를 전체 평균이라 하여 $\alpha_i = \mu_i - \mu$로 나타내자. 그러면 이와 같이 자료 Y_{ij}에 대한 통계학적인 모형은

$$Y_{ij} = \mu + \alpha_i + \epsilon_{ij} \tag{6.1}$$

으로 설정하는데 μ는 Y_{ij}의 전체 평균이며 α_i는 i 번째 표본의 모평균의 전체 모평균에 대한 차이이며(따라서 $\sum_{i=1}^{g} \alpha_i = 0$ 이다.) ϵ_{ij}는 독립이며 정규분포 $N(0, \sigma^2)$을 따른다. 따라서 $Y_{ij} \sim N(\mu + \alpha_i, \sigma^2)$ 이다. 즉, Y_{ij}에

1 모두 독립

2 정규분포

3 분산이 모두 같음[1]

을 가정한다.

g 개 그룹의 등분산성에 대한 검토 및 등분산성이 성립하지 않을 때의 평균에 대한 추론은 6.6절에서 다루기로 한다. 자료 Y_{ij}가 정규분포에서 명백하게 벗어나는 경우는 제12장의 비모수 방법을 사용할 수도 있으며 Y_{ij}의 분포가 이항분포 또는 다항분포인 경우에는 제13장의 모형을 적용할 수도 있다.

여기서 사용할 귀무가설은 "처리간의 차이가 없다." 이며 대립가설은 귀무가설이 아니다", 즉, "모든 평균이 같지는 않다."이다.[2] 이를 식으로 표현하면

$$H_0 : \alpha_1 = \alpha_2 = \cdots = \alpha_g = 0, \qquad H_1 : H_0\text{가 아님} \tag{6.2}$$

이 되며 이는

$$H_0 : \mu_1 = \mu_2 = \cdots = \mu_g, \qquad H_1 : H_0\text{가 아님} \tag{6.3}$$

와 같은 표현이다. 여기서 대립가설 'H_1 : H_0가 아님'은 H_0에 대한 부정, 즉, '적어도 하나의 α_i가 0이 아니다'이거나(α_i들에 의한 귀무가설 (6.2)) '적어도 하나의 μ_i가 다른 μ_j와 다르다'(μ_i들에 의한 귀무가설 (6.3))는 뜻이지 모든 α_i 또는 μ_i들이 서로 다르다는 뜻이 아님에 다시 한 번 강조한다.

[1] 4.7절의 독립인 두 표본에 대한 평균차이에 대한 추론에서도 등분산성을 가정하였는데 등분산성이 성립할 때 독립인 두 표본에 대한 평균검정과 여기서 소개할 분산분석은 같은 결과를 얻는다.

[2] 모든 평균이 같지 않다 또는 모든 평균이 다르다고 하면 틀린 표현이다.

이러한 가설검정을 위해 필요한 제곱합의 분해를 생각해 보자. 자료가 다음의 표와 같이 얻어졌을 때 필요한 평균들을 먼저 계산한다.

	처리 1	처리 2	$\cdots$	처리 g	
자료	Y_{11}	Y_{21}	$\cdots$	Y_{g1}	
	Y_{12}	Y_{22}	$\cdots$	Y_{g2}	
	$\vdots$	$\vdots$	$\vdots$	$\vdots$	
	Y_{1n_1}	Y_{2n_2}	$\cdots$	Y_{gn_g}	
평균	$\bar{Y}_{1.}$	$\bar{Y}_{2.}$	$\cdots$	$\bar{Y}_{g.}$	$\bar{Y}_{..}$

즉, 위의 표에서와 같이 $\bar{Y}_{..}$은 모든 자료의 평균이라 하고 $\bar{Y}_{i.}$은 i 번째 처리의 평균이다. 따라서,

$$\bar{Y}_{..} = \frac{\sum_{i=1}^{g}\sum_{j=1}^{n_i} Y_{ij}}{\sum_{i=1}^{g} n_i}, \qquad \bar{Y}_{i.} = \frac{\sum_{j=1}^{n_i} Y_{ij}}{n_i}, \tag{6.4}$$

로 얻어지며 전체 자료의 평균차에 대한 제곱합 $\sum_{i=1}^{g}\sum_{j=1}^{n_i}(Y_{ij} - \bar{Y}_{..})^2$ 는

$$\begin{array}{ccccc} \sum_{i=1}^{g}\sum_{j=1}^{n_i}(Y_{ij} - \bar{Y}_{..})^2 & = & \sum_{i=1}^{g}\sum_{j=1}^{n_i}(Y_{ij} - \bar{Y}_{i.})^2 & + & \sum_{i=1}^{g}\sum_{j=1}^{n_i}(\bar{Y}_{i.} - \bar{Y}_{..})^2 \\ \text{SST} & = & \text{SSE} & + & \text{SSTrt} \end{array} \tag{6.5}$$

으로 두 개의 제곱합의 합으로 나누어서 쓸 수 있는데 이를 각각 전체제곱합, 오차제곱합 및 처리제곱합이라고 하고 각각 SST (sum of squares total), SSE (sum of square error) 및 SSTrt (sum of squares treatment)로 줄여 쓰기도 한다.

만일 각 처리간의 평균의 차이가 크다면 SSTrt의 값이 크게 되는데 이 값은 제곱의 합이므로 처리의 개수 g가 클 때도 큰 값을 갖게 된다. 따라서 이를 보정할 필요가 있는데 이 보정은 SSTrt를 $(g-1)$로 나누어 주어서 해결할 수 있다. 이 값을 보통 MSTrt (mean square treatment)라고 나타내고 평균 처리제곱합이라고 한다.

MSTrt의 값은 Y_{ij}의 관찰단위만 바뀌어도 달라지므로 단위에 종속되지 않는 검정통계량을 생각하면 적절한 제곱합으로 나누어야 할 것이다.

또한 공통분산 σ^2에 대한 추정치로는 SSE/$(N-g)$를 사용하며 이를 평균오차제곱합(Mean Square Error; MSE)이라고 한다.

표 6.1: 분산분석표

source	제곱합	자유도	평균제곱합	F
처리	SSTrt	$g-1$	MSTrt = SSTrt/$(g-1)$	MSTrt/MSE
오차	SSE	$N-g$	MSE = SSE/$(N-g)$	
합	SST	$N-1$		

따라서 식 (6.2) 또는 (6.3)의 귀무가설과 대립가설에 대한 가설검정의 검정통계량은

$$F=\frac{\text{MSTrt}}{\text{MSE}}=\frac{\text{SSTrt}/(g-1)}{\text{SSE}/(N-g)}=\frac{\displaystyle\sum_{i=1}^{g}\sum_{j=1}^{n_i}(\bar{Y}_{i.}-\bar{Y}_{..})^2/(g-1)}{\displaystyle\sum_{i=1}^{g}\sum_{j=1}^{n_i}(Y_{ij}-\bar{Y}_{i.})^2/(N-g)} \tag{6.6}$$

을 사용하며 이 값은 귀무가설 H_0가 참일 때 자유도가 $(g-1, N-g)$인 F 분포를 따르게 된다.

식 (6.6)의 검정통계량의 귀무가설하에서의 분포가 F 분포이므로 식 (6.6)의 검정통계량 F 값이 F 분포표의 $F_{g-1,N-g;\alpha}$ 보다 크면 유의수준 α에서 귀무가설을 기각하고 모든 처리의 "평균이 같지는 않다" 또는 "적어도 한 표본에서의 모평균은 나머지와 다르다."라고 말할 수 있다. F 분포표는 부록의 표 A.6부터 표 A.11에서 찾아볼 수 있다. 컴퓨터 패키지를 사용하는 경우 유의확률이 계산되므로 유의확률이 유의수준보다 작으면 귀무가설을 기각한다.

SST, SSTrt및 SSE에 대한 계산은 다음과 같은 간편식을 많이 사용한다.

$$\text{SST} = \sum_{i=1}^{g}\sum_{j=1}^{n_i}(Y_{ij}-\bar{Y}_{..})^2=\sum_{i=1}^{g}\sum_{j=1}^{n_i}Y_{ij}^2-N\bar{Y}_{..}^2 \tag{6.7}$$

$$\text{SSTrt} = \sum_{i=1}^{g}\sum_{j=1}^{n_i}(\bar{Y}_{i.}-\bar{Y}_{..})^2=\sum_{i=1}^{g}n_i\bar{Y}_{i.}^2-N\bar{Y}_{..}^2 \tag{6.8}$$

$$\text{SSE} = \text{SST}-\text{SSTrt} \tag{6.9}$$

이러한 과정에 의한 계산은 대부분 **분산분석표**로 만들어 요약하는데 표 6.1에 분산분석표의 일반적인 형태이다.

일원배치 분산분석에서는 처리제곱합과 오차제곱합을 각각 급간분산(그룹간 분산; Between group sum of squares; SSB)과 급내분산(그룹내 분산; within group sum of squares; SSW)으로 부르는 경우가 있는데 이는 처리제곱합은 서로 다른 그룹간의 평균의 편차의 제곱합을 계산하고 오차제곱합은 각 그룹내의 자료의 평균에 대한 편차제곱합을 계산한 것에서 연유한 표현이다. 급간분석과 급내분산이란 명칭은 주로 일부 사회학분야에서 주로 사용하나 처리가 두 개 이상이면 이 표현을 확장하기가 어렵기 때문에 이 표현의 사용은 권장하지는 않는다.

6.2. 모평균에 관한 추론

처리 i의 모평균 μ_i에 대한 추정량은 i 번째 그룹의 표본평균인 $\bar{Y}_{i.}$으로 얻으며 Y_{ij}들의 분산 σ^2의 추정량은 오차제곱합을 자유도로 나눈 오차평균제곱합

$$\hat{\sigma}^2 = \frac{\sum_{i=1}^{g}\sum_{j=1}^{n_i}(Y_{ij} - \bar{Y}_{i.})^2}{N-g} = \text{MSE}$$

를 사용한다. Y_{ij}들이 정규분포이고 독립이므로 $\bar{Y}_{i.}$와 $\bar{Y}_{i.} - \bar{Y}_{j.}$가 정규분포임을 이용하면

$$\frac{\bar{Y}_{i.} - \mu_i}{\sigma/\sqrt{n_i}} \sim N(0,1) \qquad \text{및} \qquad \frac{(\bar{Y}_{i.} - \bar{Y}_{j.}) - (\mu_i - \mu_j)}{\sigma\sqrt{\dfrac{1}{n_i} + \dfrac{1}{n_j}}} \sim N(0,1)$$

이며 σ^2의 추정치로 MSE로 사용하면

$$\frac{\bar{Y}_{i.} - \mu_i}{\sqrt{\text{MSE}}/\sqrt{n_i}} \sim t_{N-g} \qquad \text{및} \qquad \frac{(\bar{Y}_{i.} - \bar{Y}_{j.}) - (\mu_i - \mu_j)}{\sqrt{\text{MSE}}\sqrt{\dfrac{1}{n_i} + \dfrac{1}{n_j}}} \sim t_{N-g}$$

임을 보일 수 있다.

따라서 i 번째 그룹의 모평균 μ_i의 $100(1-\alpha)\%$ 신뢰구간은

$$\bar{Y}_{i.} \pm t_{N-g;\alpha/2}\sqrt{\frac{\text{MSE}}{n_i}} \tag{6.10}$$

으로 얻어지며 i 번째 처리와 j 번째 처리의 모평균차에 대한 신뢰구간은

$$\bar{Y}_{i.} - \bar{Y}_{j.} \pm t_{N-g;\alpha/2}\sqrt{\text{MSE}}\sqrt{\frac{1}{n_i} + \frac{1}{n_j}} \tag{6.11}$$

이다. 여기서 MSE는 분산분석표에서 얻은 값으로 σ^2의 추정치로 사용된 것이다.

i 번째 그룹의 모평균 μ_i에 대한 귀무가설 $H_0 : \mu_i = \mu_{i0}$에 대한 가설검정은 검정통계량으로

$$T = \frac{\bar{Y}_{i.} - \mu_{i0}}{\sqrt{\frac{\text{MSE}}{n_i}}} \tag{6.12}$$

를 사용하며

- 대립가설이 $H_1 : \mu_i > \mu_{i0}$인 경우 $T > t_{N-g;\alpha}$이면 귀무가설을 기각하고
- 대립가설이 $H_1 : \mu_i < \mu_{i0}$인 경우 $T < -t_{N-g;\alpha}$이면 귀무가설을 기각하고
- 대립가설이 $H_1 : \mu_i \neq \mu_{i0}$인 경우 $|T| > t_{N-g;\alpha/2}$이면 귀무가설을 기각한다.

두 그룹간의 모평균 차에 대한 귀무가설 $H_0 : \mu_i - \mu_j = \delta$에 대한 가설검정에서는[3]

$$T = \frac{\bar{Y}_{i.} - \bar{Y}_{j.} - \delta}{\sqrt{\text{MSE}}\sqrt{\frac{1}{n_i} + \frac{1}{n_j}}} \tag{6.13}$$

를 검정통계량으로 사용하며

- 대립가설이 $H_1 : \mu_i - \mu_j > \delta$인 경우 $T > t_{N-g;\alpha}$이면 귀무가설을 기각하고
- 대립가설이 $H_1 : \mu_i - \mu_j < \delta$인 경우 $T < -t_{N-g;\alpha}$이면 귀무가설을 기각하고
- 대립가설이 $H_1 : \mu_i - \mu_j \neq \delta$인 경우 $|T| > t_{N-g;\alpha/2}$이면 귀무가설을 기각한다.

만일 $g = 2$이면 위의 모평균차에 대한 신뢰구간이나 검정은 4.7.1절에서 소개한 공통분산을 사용한 두 모집단의 비교와 같은 결과를 얻는다.

보기 6.1. 사료의 차이에 따른 체중의 증가가 있는지 조사하기 위하여 동물 실험을 하였다. 사료 A는 평소 사용하던 사료이고 나머지 셋은 최근에 새로 개발된 사료라고 한다. 그 실험 결과는 아래 표에 정리하였다.

[3] 대개의 경우 δ는 0인 경우에 대한 추론이 사용된다.

사료	A	B	C	D
	60	62	68	56
	59	67	67	60
	59	63	71	59
	58	64	70	57
합 ($\sum_j y_{ij}$)	236	256	276	232
제곱합 ($\sum_j y_{ij}^2$)	13926	16398	19054	13466

사료의 종류에 따른 체중의 차이가 있는지 검정하여라. 또 사료 D를 사용하였을 때의 모평균을 μ_D라고 할 때 μ_D의 95% 신뢰구간을 구하여라. 사료 A와 B를 사용할 때의 체중차에 대한 99% 신뢰구간을 구해보아라.

풀이: 먼저 분산분석표를 구해 보면

요인	제곱합	자유도	평균제곱	F	유의확률
모형	308	3	102.67	34.22	0.0001
오차	36	12	3.00		
전체	344	15			

이다. 따라서 분산분석표의 F 값은 34.22이고 $F_{3,12;0.05} = 3.49 < 34.22$이므로 유의수준 5%에서 귀무가설을 기각한다. 즉, 사료에 따른 체중의 증가정도가 차이가 (최소한 하나 이상의 사료에서) 있다고 말할 수 있다. 이 때 유의확률 p 값은 0.0001이므로 이 값보다 큰 모든 유의수준에서 같은 결론을 내릴 수 있다. 따라서 μ_D의 95% 신뢰구간은 MSE $= 3$이므로

$$58 \pm t_{12;0.025}\sqrt{\frac{3}{4}} = 58 \pm 2.1788\sqrt{\frac{3}{4}} = (56.1131, 59.8869)$$

이다.

사료 A의 평균은 59이고 사료 B의 평균은 64이며 $t_{12;0.005} = 3.05454$이므로

$$\mu_A - \mu_B = \bar{y}_{1.} - \bar{y}_{2.} \pm t_{N-g;\alpha/2}\sqrt{\text{MSE}}\sqrt{\frac{1}{n_1} + \frac{1}{n_2}} = 59 - 64 \pm 3.05454\sqrt{3}\sqrt{\frac{1}{4} + \frac{1}{4}}$$
$$= (-8.741, -1.259)$$

이다. ■

보기 6.2. 보기 4.15의 자료를 이용하여 두 그룹의 차에 대한 분산분석을 시행해 보고 이 결과와 독립인 두 표본의 모평균 차에 대한 검정의 결과를 비교하여라.

풀이: $\sum\sum y_{ij}^2 = 70.59498$, $\bar{y}_{1.} = 1.962273$, $\bar{y}_{2.} = 0.955$, $\bar{y}_{..} = 1.482619$ 이므로 식 (6.7), 식 (6.8) 및 식 (6.9)을 사용하면 $\text{SST} = 70.59498 - 21 \cdot 1.482619^2 = 24.43363$, $\text{SSTrt} = 11 \cdot 1.962273^2 + 10 \cdot 0.955^2 - 21 \cdot 1.482619^2 = 5.314578$ 및 $\text{SSE} = 24.43363 - 5.314578 = 19.119$이다. 이를 사용하여 분산분석표를 얻어보면

요인	제곱합	자유도	평균제곱	F	유의확률
모형	5.315	1	5.315	5.281	0.033
오차	19.119	19	1.006		
전체	24.434	20			

이며 유의확률이 0.05보다 작으므로 유의수준 5%에서 두 그룹의 평균은 다르다고 할 수 있다. 여기서 오차평균제곱합 MSE는 1.006으로 보기 4.15에서의 공통분산 s_p^2과 같은 값임을 확인할 수 있으며, 검정통계량 F 값 5.281은 보기 4.15에서 얻은 검정통계량의 값 2.298의 제곱임을 알 수 있다. 또한 유의확률도 F에 의한 유의확률과 독립인 두 표본 검정에서 양측검정의 유의확률과 같다.

분산의 추정치와 사용할 자유도가 19로 같으므로 평균차에 대한 신뢰구간도 보기 4.15에서와 같은 결과를 얻는다. ■

실제 이론적으로 두 그룹의 비교는 분산분석표를 이용한 것과 독립인 두 표본 검정과 같다는 것을 증명할 수 있다. 다만 단측검정일 때는 분산분석의 대립가설이 항상 양측검정의 형태를 가지므로 t 검정을 사용하는 것이 나을 수 있다. 실제 분산분석 모형에서 자료에 대한 가정을 살펴보면 두 모형에서의 가정–정규분포, 독립성 및 등분산–이 같음을 알 수 있다.

6.3. 다중비교(사후검정)

일원배치법에서 얻은 분산분석표에서 F 검정의 결과 귀무가설을 기각한 경우에 얻을 수 있는 결론은 '모든 그룹의 평균값이 같지는 않다'이다. 즉, 최소한 하나 이상의 그룹의 평균이 다르다는 결론을 얻게 되는데 이 결론만으로는 부족한 점이 있다. 평균이 모두 같지 않다는 것은 알지만 어떤 그룹과 어떤 그룹의 평균이 다른지에 대해서는 추론하기 힘들기 때문이다. 이러한 추론이 있어야 그룹간의 차이에 대해서 구체적으로 의미있는 결과를 얻게 되는데 이러한 추론을 **다중비교**(multiple comparisons) 또는 **사후분석**(post hoc analysis)이라고 부른다. 이러한 다중비교는 여러 통계학자들이 제안한 방법들이 있는데 많이 사용하는 방법은 LSD(Least Squares Distance), Scheffe, Bonferroni, Duncan의 방법 등이 있다.

다중비교는 표본에서 추정된 i 번째 처리군의 모평균의 추정치 $\bar{Y}_i$들을 순서대로 배열한 후 다음의 기준에 의해 모평균의 차이를 검정한다. 아래에서 소개하는 이론은 각 처리 군의 표본의 크기가 모두 같을 때 적용되며 각 그룹의 표본의 크기를 n이라고 하였다.

1 LSD는 Fisher가 생각한 방법으로 최소유의차검정이라고 한다. 이 방법은

$$\text{LSD} = t_{g(n-1);\alpha/2}\sqrt{\frac{2\text{MSE}}{n}} \tag{6.14}$$

를 계산하여 $|\bar{Y}_{i.} - \bar{Y}_{j.}| > \text{LSD}$인 두 그룹에 대해서는 모평균이 같지않다고 하고 그렇지 않은 두 그룹의 모평균은 같다고 판단하는 방법이다. 만일 그룹 사이에 자료의 수가 모두 같지 않으면

$$\text{LSD} = t_{N-g;\alpha/2}\sqrt{\text{MSE}\Big(\frac{1}{n_i} + \frac{1}{n_j}\Big)} \tag{6.15}$$

을 사용하며 t 분포의 자유도는 오차제곱합의 자유도인 $N - g$를 사용한다.

2 Duncan의 방법은 g개의 처리를 비교함에 있어서 g개의 처리, $(g-1)$개의 처리군비교, $(g-2)$개의 처리군, $\cdots$, 두 개의 처리군 비교를 하는 방법이다. 각각의 처리군 비교에 있어서 가장 큰 표본평균을 갖는 처리군의 값과 가장 작은 표본평균값을 갖는 처리군의 평균차를 검정하는데 이 때 사용하는 유의수준의 값을 몇 개의 처리군을 비교하는지에 따라 다르게 선택한다. k개 처리군을 비교할 때 사용하는 유의수준은 전체 유의수준이 α일 때 $\alpha_k = 1-(1-\alpha)^k$를 사용하여 d_{α_k}를 계산한 후

$$|\bar{Y}_M - \bar{Y}_m| > d_{\alpha_k}$$

인 경우 k개의 처리군의 평균이 모두 같지는 않은 것으로 판단한다. 이 때 $\bar{Y}_M$과 $\bar{Y}_m$은 k개의 평균 중 가장 큰 값과 가장 작은 값이다.$(k = 1, 2, \ldots, g)$ d_{α_k}의 값은 별도의 표가 필요하다.

3 Tukey의방법은 Honest Significant Difference(HSD)라고도 부르는데

$$\text{HSD} = q_{g,g(n-1);\alpha/2}\sqrt{\frac{\text{MSE}}{n}} \tag{6.16}$$

를 계산하여 $|\bar{Y}_i - \bar{Y}_j| > \text{HSD}$인 두 처리군에 대해서는 모평균이 같지 않다고 하고 그렇지 않은 처리군은 같다고 판단하는 방법이다. $q_{\alpha,g,g(n-1)}$의 값은 표로 제공되는 경우가 많으며 Pearson and Hartley(1966)의 표 29 등을 참고하기로 한다.

만일 모든 그룹에서의 관측치의 수가 같지 않으면 위의 HSD 대신에

$$\text{HSD} = \frac{q_{g,N-g;\alpha/2}}{\sqrt{2}}\sqrt{\Big(\frac{1}{n_i}+\frac{1}{n_j}\Big)\text{MSE}} \tag{6.17}$$

를 사용하여 $|\bar{Y}_i - \bar{Y}_j| > \text{HSD}$인 두 처리군에 대해서는 모평균이 같지 않다고 한다. 그러나 자료의 수가 같지 않은 경에는 근사적인 검정이 된다(Box, Hunter and Hunter(1978)). 식 (6.17)에서 n_i들이 모두 같으면 식 (6.16)을 얻는다.

4 다중비교의 경우 하나의 대조군과 여러 개의 처리군을 비교하는 경우가 있다. 예를 들어 위약(placebo)와 세 개의 처리약을 비교하는 경우 등이다. 이와 같이 여러 개의 그룹을 비교하는 경우들 중 하나의 대조군과 여러 개의 처리 그룹을 비교하는 경우에는 Dunnett의 방법 등을 사용한다. 이 경우 대조군과 처리들 사이의 다중비교만 필요하므로 g개의 그룹이 있으면 $(g-1)$개의 비교만 만들어진다. Dunnett의 검정은

$$\text{D} = t_{g,N-g;\alpha/2}\sqrt{\Big(\frac{1}{n_i}+\frac{1}{n_j}\Big)\text{MSE}} \tag{6.18}$$

를 계산하여 $|\bar{Y}_c - \bar{Y}_j| > \text{D}$인 두 처리군에 대해서는 모평균이 같지 않다고 한다. 여기서 $\bar{Y}_c$는 대조군의 평균이며 $t_{g,N-g;\alpha/2}$ 분포값은 Dunnett(1964)에서 얻을 수 있다.

이외의 서로 다른 통계학적인 기준에 대한 자세한 것은 이 교재의 범위를 벗어나므로 자세한 이론적인 내용은 Box, Hunter and Hunter(1978)나 Milliken and Johnson(1984) 등의 분산분석에 대한 문헌을 참고하기로 한다.

보기 6.3. 보기 6.1의 자료를 사용하여 유의수준 5%로 LSD에 의한 다중비교를 하여 보자.

먼저 MSE = 3 이고 $t_{N-g,\alpha/2} = t_{12,0.025=2.1788}$ 이므로

$$\text{LSD} = t_{N-g;\alpha/2}\sqrt{\text{MSE}\Big(\frac{1}{n_i}+\frac{1}{n_j}\Big)} = 2.1788\sqrt{3(1/4+1/4)} = 2.668$$

임을 알 수 있다. 따라서 두 그룹의 평균차이가 2.668 이상이면 서로 다른 그룹으로 판별하게 된다. 각 사료별 평균 몸무게 증가는 평균의 오름차순으로 정리할 때 각각 58, 59, 64, 69이므로 이 결과를 그림으로 제시하면

```
 D   A   B   C
58  59  64  69
------  --  --
```

와 같은 결과를 얻는다. ■

다중비교에서 각 그룹별 자료의 수가 현격하게 차이가 나는 경우는 적절한 해석이 어려운 경우가 많아 일부 문헌에서는 다중비교는 각 그룹의 관측치의 수가 동일한 경우에만 적용되는 것으로 소개하기도 한다. 그 이유는 다음의 보기와 같다.

보기 6.4. 다음의 자료는 실제 자료를 분석한 결과이다. 전체 자료의 수가 574개로 책에 싣기에는 너무 많아서 원자료는 생략하고 분석결과의 일부만 살펴보도록 하자. 자료는 다섯 개의 그룹에서 얻었으며 그룹별 기술통계량은 다음 표와 같다.

그룹(i)	1	2	3	4	5	전체
자료수(n_i)	303	16	125	25	105	574
평균($\bar{y}_{i.}$)	3.3574	3.5563	3.5064	3.2800	3.5410	3.4256
표준편차	.56732	.81402	.71174	.71356	.65672	.63556

이 자료의 분산분석표는

요인	제곱합	자유도	평균제곱	F	유의확률
처리	4.425	4	1.106	2.772	.027
오차	227.029	569	.399		
합계	231.454	573			

이다. $t_{569,0.025} = 1.96414$, MSE = .399이므로 유의수준 5% 에서의 LSD는 그룹별로 계산해보면

	1	2	3	4
2	0.3183			
3	0.1319	0.3294		
4	0.2582	0.3972	0.2718	
5	0.1405	0.3330	0.1642	0.2761

이 된다. 따라서

- 그룹 1과 그룹 2의 평균차이는 $|3.3574-3.5563| = 0.1989$이며 이 값은 LSD인 0.3183 보다 작으므로 이 둘은 차이가 없는 그룹들이며
- 그룹 1과 그룹 3의 차이는 $|3.3574 - 3.5064| = 0.1490$으로 두 그룹의 LSD 0.1319보다 크므로 평균이 서로 다른 그룹이다.

하지만 실제 그룹 1, 2, 3의 평균은 각각 3.3574, 3.5563, 3.5064으로 그룹 1과 2의 차이가 그룹 1과 3의 차이보다 더 커서 이를 (통계이론을 배제한 상태에서)이해하기가 쉽지 않다. ■

컴퓨터 패키지를 사용하여 다중비교의 결과를 얻는 것은 6.5절에서 따로 다루었다.

6.4. 대비(contrast)

보기 6.1의 사료에 따른 비만도 자료에서 사료 A는 기존의 사료이고 나머지 셋은 새로운 종류의 사료라고 하였다. 그러면 사료 A와 나머지 사료와 차이가 있을지 검정할 필요가 생길 것이다. 즉, A를 제외한 나머지 사료의 평균을 $(\mu_B+\mu_C+\mu_D)/3$으로 표시하면 귀무가설

$$H_0 : \mu_A = \frac{\mu_B + \mu_C + \mu_D}{3} \tag{6.19}$$

을 검정할 필요가 생긴다.

보기 6.5. 네 가지 진통제 A, B, C, D 중 A와 B는 국산이며 C와 D는 수입품이라고 한다. 국산과 수입품 사이에 진통효과 평균의 차이가 있는지 검정하려면

$$H_0 : \mu_A + \mu_B - \mu_C - \mu_D = 0$$

를 검정하면 되고 이 때 식 (6.20)의 상수 c_i는 $c_1 = c_2 = 1$, $c_3 = c_4 = -1$이며 이들의 합은 0임을 알 수 있다. ■

대비의 검정에서 사용하는 상수는 합이 0이라는 조건밖에 없으므로 $H_0 : \mu_A + \mu_B - \mu_C - \mu_D = 0$ 대신에

$$H_0 : \frac{\mu_A + \mu_B}{2} - \frac{\mu_C + \mu_D}{2} = 0$$

를 사용하고 $c_1 = c_2 = 1/2$, $c_3 = c_4 = -1/2$이라고 하거나 식 (6.19)의 귀무가설은

$$H_0 : 3\mu_A - \mu_B - \mu_C - \mu_D = 0$$

을 사용할 수 있으며 이렇게 다른 상수값 c_i를 사용하여도 대비검정의 결과는 변하지 않는다.

이 과정을 g개의 그룹의 평균에 대한 추론으로 일반화하면 $c_1 + c_2 + \cdots + c_g = 0$인 c_i들에 대해서 **대비(contrast)**는

$$C = c_1\mu_1 + c_2\mu_2 + \cdots + c_g\mu_g \tag{6.20}$$

으로 정의하며 이는 식 (6.19)을 일반화 한 모양이다.

대비에 대한 가설검정은 귀무가설 $H_0 : C = 0$에 대한 검정이 된다. 즉, 대비의 검정은 귀무가설

$$H_0 : c_1\mu_1 + c_2\mu_2 + \cdots + c_g\mu_g = 0 \tag{6.21}$$

에 대한 검정이다. 이 검정은 t 검정 또는 F 검정으로 얻어지는데 F 검정의 경우 F 분포의 분자의 자유도가 1로 얻어지기 때문에 t 검정의 결과로 얻어지는 검정통계량의 제곱값을 검정통계량을 얻게된다. 여기서는 양측검정의 결과를 바로 얻을 수 있는 t 검정을 살펴보자.

i 번째 그룹의 모평균에 대한 추정치는 $\bar{Y}_{i.}$로 얻어지므로 식 (6.20)의 대비에 대한 추정치는

$$\hat{C} = c_1\bar{Y}_{1.} + c_2\bar{Y}_{2.} + \cdots + c_g\bar{Y}_{g.} \tag{6.22}$$

로 얻어지고 $\hat{C}$의 기댓값은 식 (6.20)와 같으며 분산은

$$\text{Var}(\hat{C}) = c_1^2\frac{\sigma^2}{n_1} + c_2^2\frac{\sigma^2}{n_2} + \cdots + c_g^2\frac{\sigma^2}{n_g} \tag{6.23}$$

로 얻어진다. σ^2은 일원배치의 모형식 (6.1)에서 가정한 Y_{ij}들의 공통분산이며 이 값은 대부분의 경우 모르는 값이기 때문에 σ^2의 추정치인 분산분석표의 평균제곱합(MSE)을 대신 사용한다. 식 (6.23)에서 σ^2 대신에 MSE를 사용한 값을 $\widehat{\text{Var}}(\hat{C})$로 표시하며 이론적으로

$$T = \frac{\hat{C}}{\sqrt{\widehat{\text{Var}}\hat{C}}} = \frac{c_1\bar{Y}_{1.} + c_2\bar{Y}_{2.} + \cdots + c_g\bar{Y}_{g.}}{\sqrt{\text{MSE}\left(\frac{c_1^2}{n_1} + \frac{c_2^2}{n_2} + \cdots + \frac{c_g^2}{n_g}\right)}} \tag{6.24}$$

는 자유도가 $(N-g)$인 t 분포를 따른다. 따라서 대비에 대한 $100(1-\alpha)\%$ 신뢰구간은

$$\hat{C} \pm t_{N-g;\alpha/2}\sqrt{\widehat{\text{Var}}(\hat{C})} \tag{6.25}$$

이 되며 귀무가설이 식 (6.20)에서와 같이 $H_0 : C = 0$일 때 검정 통계량은 식 (6.24)의 T를 사용하여

- 대립가설이 $H_1 : C > 0$이면 $T > t_{N-g;\alpha}$ 일 때
- 대립가설이 $H_1 : C < 0$이면 $T < -t_{N-g;\alpha}$ 일 때
- 대립가설이 $H_1 : C \neq 0$이면 $|T| > t_{N-g;\alpha/2}$ 일 때

각각 귀무가설을 기각한다.

보기 6.6. 보기 6.1의 자료에서 사료 A는 기존의 사료이고 나머지 B, C, D의 세 가지 사료는 유전공학의 여러 이론을 접목하여 만든 신제품이라고 가정해 보자. 보기 6.1의 이용하여 사료 A와 나머지 사료 B, C, D의 평균의 차이가 있는지 알아보자. 즉, 귀무가설은 사료 A의 수확량과 나머지 사료의 수확량의 차이가 없다이며 대립가설은 차이가 있다를 두 가설로 하여 가설검정을 실행해보자.

풀이: 먼저 $c_1 = 3, c_2 = c_3 = c_4 = -1$, $n_1 = n_2 = n_3 = n_4 = 4$이고 $\bar{y}_{1.} = 59$, $\bar{y}_{2.} = 64$, $\bar{y}_{3.} = 69$, $\bar{y}_{4.} = 58$이므로 대비의 추정치 $\hat{C}$는

$$\hat{C} = \sum c_i\bar{y}_{i.} = 3 \cdot 59 - 64 - 69 - 58 = -14$$

이고 추정한 대비의 분산의 추정치는 보기 6.1에서 MSE = 3이므로

$$
\begin{aligned}
t &= \frac{\hat{C}}{\sqrt{\widehat{\mathrm{Var}}\hat{C}}} = \frac{c_1\bar{y}_{1.} + c_2\bar{y}_{2.} + \cdots + c_g\bar{y}_{g.}}{\sqrt{\mathrm{MSE}\Big(\frac{c_1^2}{n_1} + \frac{c_2^2}{n_2} + \cdots + \frac{c_g^2}{n_g}\Big)}} = \frac{-14}{\sqrt{3(3^2/4 + 1/4 + 1/4 + 1/4)}} \\
&= \frac{-14}{3} = -4.6667
\end{aligned}
$$

이며 $-4.6667 < -t_{12,0.025} = -2.1788$이다. 따라서 귀무가설 $H_0 : C = 0$ 대 대립가설 $H_1 : C \neq 0$의 검정은 귀무가설을 기각하는 결론을 얻게 된다.

대비에 대한 95% 신뢰구간은

$$
-14 \pm 2.1788 \cdot 3 = (-20.5364, -7.4636)
$$

이며 이 구간에는 0이 포함되지 않는다. ■

6.5. 컴퓨터 패키지의 사용

SPSS에서 보기 6.1의 결과를 얻기 위해서는 그림 6.1과 같이 자료를 입력한 후 그림의 메뉴 선택에서 보는 것처럼 **분석** → **평균비교** → **일원배치 분산분석** 순서로 메뉴를 선택한다. 그림 6.1 에서 메뉴를 선택하면 그림 6.2의 대화창이 나타나는데 이 대화창에서 종속변수에는 반응값(이 경우 수확량(yield))을 지정하고 요인에는 그룹을 표시하는 변수(이 경우 비료(fert))를 지정해주면 된다.

> **참고**: SPSS 버전 17–19에서는 요인에 해당하는 변수로 명목변수를 지정할 수 없다. 이론적으로는 요인에서 사용할 변수는 당연히 명목변수가 가능하며, 오히려 명목변수인 경우가 더 자연스러울 수도 있다. 요인에 사용할 변수가 명목변수인 경우 SPSS 버전 17–19에서는 이 변수를 숫자로 코딩변경을 하거나(B.3.2절 참조), 분석 → 일반선형모형(일반화 선형모형이 아님에 주의) → 일변량 순서로 메뉴를 선택하여야 한다. 일반선형모형 메뉴는 두 개이상의 요인이 있거나, 연속형 설명변수가 포함되어 있는 경우(Analysis of Covarinace 또는 줄여서 ANCOVA라고 함) 등의 다양한 모형의 적합에 사용할 수 있으며 일원배치 분산분석은 이들의 부분집합이므로 이 메뉴를 사용할 수 있다.

그림 6.1: SPSS에서의 일원배치 분산분석 메뉴 선택과 자료 입력

대비에 대한 검정을 포함하려면 그림 6.2의 **대비**(Contrast) 버튼(A)을 다중비교(사후검정)을 하려면 그림 6.2의 **사후분석**(B)를 선택한다. 이 예에서 식 (6.19)의 대비를 검정하고 다중비교의 방법으로 LSD를 사용하려면 그림 6.3에서 보는 왼쪽 그림과 오른쪽 그림과 같은 대화창을 설정하면 된다. 참고로 그림 6.3의 왼쪽 그림에 보이는 대비설정의 그림에서 '상관계수'는 '대비계수'의 오번역으로 보인다(SPSS 버전 19). 이 대비계수는 식 (6.20)나 (6.21)의 c_i값들이다.

그림 6.2의 **옵션**(Options) 버튼(C)을 클릭하면 그림 6.4와 같은 대화창이 생성되는데 **기술통계**(그림에서 사각형①)를 선택하면 그룹별 평균, 분산 등의 기술통계량이 출력되고 그림 6.4에서 ②번 사각형인 **평균도표**을 선택하면 그룹별로 평균에 대한 그림이 얻어진다. ④번 사각형인 **분산동질성 검정**을 선택하면 그룹들 사이의

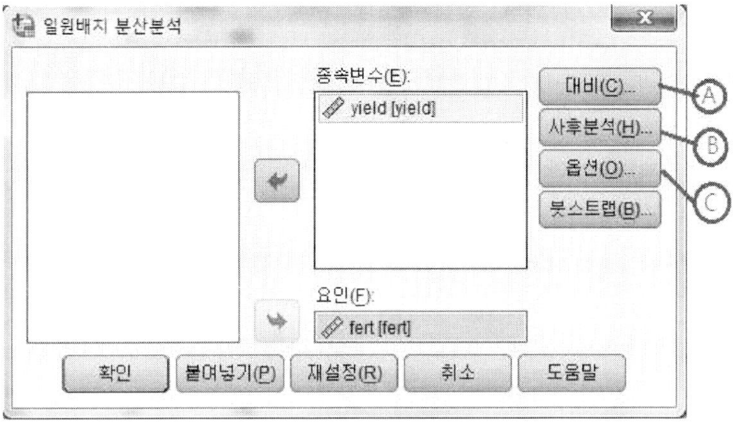

그림 6.2: SPSS에서의 일원배치 분산분석 변수지정

그림 6.3: SPSS에서의 일원배치 분산분석 대비와 다중비교 설정

분산이 같은지 검정을 해 준다. 등분산성 검정은 6.6.1절에서 자세히 보기로 한다.

위와 같은 설정을 한 후 얻어진 결과는 그림 6.5와 같다. 이 그림에서 분산분석 표는 그림 6.6과 같으며 이는 보기에서 얻은 결과와 동일하다.

그림 6.5의 첫 번째 표는 대비검정의 결과로 그림 6.3의 왼쪽 그림에서 보는 대비

$$H_0 : -3\mu_1 + \mu_2 + \mu_3 + \mu_4 = 0$$

그림 6.4: SPSS의 ANOVA에서 옵션 버튼시 생성되는 대화창

을 검정한 것으로 각 그룹의 분산이 같다고 가정할 수 있을 때와 그렇지 못할 경우에 대해서 출력이 나와 있다. 등분산성의 검정은 6.6.1절을 참고하자. 그림 6.5의 대비검정의 결과에 의하면 등분산성을 가정하든 가정하지 못하든 두 경우 모두 유의확률이 작은 값이기 때문에 귀무가설을 기각할 수 있다. 즉 첫 번째 비료와 나머지 세 비료의 평균은 다르다고 할 수 있다. 이 그림의 등분산성을 가정할 때의 대비검정은 보기 6.6의 결과와 같다는 것을 알 수 있다.

그림 6.5의 두 번째 표는 사후검정의 결과로 가능한 모든 비교 쌍에 대해서 두 그룹의 평균이 같은지 LSD에 의한 결과를 검정결과 평균차에 신뢰구간을 출력하였다. 이 출력에 의하면 1, 2와 1, 3 그룹, 2, 4 그룹 및 3, 4 그룹 등의 평균차가 유의수준 5%에서 유의하다. 이 결과는 보기 6.3과 같은 결과임을 확인할 수 있다.

그림 6.2에서 옵션 버튼을 클릭하여 얻은 그림 6.4의 선택 결과로 얻어진 출력은 그림 6.7과 그림 6.8이다. 그림 6.7은 그룹별 기술통계량이며 이는 그림 6.4의 기술통계량을 선택하였을 때 만들어지는 출력이다. 그림 6.4의 평균산점도를 선택하면 그림 6.8과 같은 그룹별 평균의 그림을 출력한다. 이 그림은 각 그룹별 평균을 시각적으로 비교할 수 있게 해준다.

대비검정

		대비	대비 값	표준오차	t	df	유의확률 (양측)
yield	등분산 가정	1	-14.00	3.000	-4.667	12	.001
	등분산을 가정하지 않습니다.	1	-14.00	2.082	-6.725	11.267	.000

사후검정

다중 비교

yield
LSD

(I) fert	(J) fert	평균차(I-J)	표준오차	유의확률	95% 신뢰구간	
					하한값	상한값
1	2	-5.000*	1.225	.002	-7.67	-2.33
	3	-10.000*	1.225	.000	-12.67	-7.33
	4	1.000	1.225	.430	-1.67	3.67
2	1	5.000*	1.225	.002	2.33	7.67
	3	-5.000*	1.225	.002	-7.67	-2.33
	4	6.000*	1.225	.000	3.33	8.67
3	1	10.000*	1.225	.000	7.33	12.67
	2	5.000*	1.225	.002	2.33	7.67
	4	11.000*	1.225	.000	8.33	13.67
4	1	-1.000	1.225	.430	-3.67	1.67
	2	-6.000*	1.225	.000	-8.67	-3.33
	3	-11.000*	1.225	.000	-13.67	-8.33

*. 평균차는 0.05 수준에서 유의합니다.

그림 6.5: SPSS에서의 일원배치 분산분석 결과–대비와 다중비교(LSD)

6.6. 등분산성 가정과 분산이 다를 때의 추론

앞에서 여러 개의 그룹의 평균을 비교하는 경우 각 그룹의 분산이 같다는 가정하에서 모든 검정이 이루어지는 것을 살펴 보았다. 여기서는 실제 g 개의 그룹의 분산의 동일성을 검정하는 문제와 모든 그룹의 분산이 같지는 않을 때, 즉, 적어도 하나의 그룹의 분산이 나머지 그룹의 분산과 다를 때의 분산분석에 대해서 알아 보자.

분산분석

yield

	제곱합	df	평균 제곱	F	유의확률
집단-간	308.000	3	102.667	34.222	.000
집단-내	36.000	12	3.000		
합계	344.000	15			

그림 6.6: SPSS에서의 일원배치 분산분석 결과–분산분석표

기술통계

yield

	N	평균	표준편차	표준오차	평균에 대한 95% 신뢰구간		최소값	최대값
					하한값	상한값		
1	4	59.00	.816	.408	57.70	60.30	58	60
2	4	64.00	2.160	1.080	60.56	67.44	62	67
3	4	69.00	1.826	.913	66.09	71.91	67	71
4	4	58.00	1.826	.913	55.09	60.91	56	60
합계	16	62.50	4.789	1.197	59.95	65.05	56	71

그림 6.7: SPSS에서의 일원배치 분산분석 결과 - 그룹별 기술통계량

6.6.1 등분산성 검정

일원배치모형 (6.1)에서 오차항 ϵ_{ij}는 기댓값이 0이고 분산이 σ^2으로 모두 같음을 가정하였다(또한 모두 독립이고 정규분포이다). 따라서 관측치 Y_{ij}들도 기댓값은 다를 수 있지만 분산은 모두 같아야 한다. 그러나 모든 처리 또는 그룹의 분산이 같은지는 아무도 보장해 주지 않을 것이므로 모든 그룹의 분산이 같은 지 검정할 필요가 있다.

분산분석 문제에서 모든 그룹에서 분산이 같다는 가정을 받아들일 수 있는 지를 검정하는 몇 가지 방법이 알려져 있으나 '모든 그룹의 분산이 같다'는 귀무가설이 참일 때 검정통계량의 분포가 잘 알려진 분포인 χ^2 분포와 F 분포를 따르는 Bartlett의 검정과 Levene 검정을 소개하기로 한다.

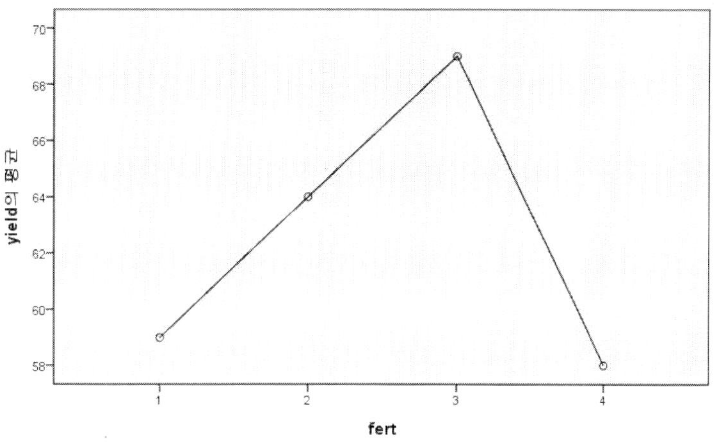

그림 6.8: SPSS에서의 일원배치 분산분석 결과 - 평균 그림

6.6.1.1 Bartlett 검정

g개의 그룹에서 i 번째 그룹의 분산을 σ_i^2으로 나타낼 때 귀무가설과 대립가설을

$$H_0 : \sigma_1^2 = \sigma_2^2 = \cdots = \sigma_g^2 \text{ 대 } H_1 : \text{not } H_0 \tag{6.26}$$

로 나타내면 귀무가설은 '모든 그룹에 대해서 분산이 같다'이고 대립가설은 '모두 같지는 않다', 즉, '적어도 하나의 그룹에서는 분산이 나머지 그룹과 다르다'이다. 이 두 가설에 대한 가설검정을 검정하는 문제에서 Bartlett 검정은 i 번째 그룹의 분산의 추정치 $\hat{\sigma}_i^2$를

$$\hat{\sigma}_i^2 = \frac{\sum_{j=1}^{n_i}(Y_{ij} - \bar{Y}_{i.})^2}{n_i - 1} \tag{6.27}$$

이라고 할 때

$$U = \frac{1}{C}\Big[(N-g)\ln\Big(\sum_{i=1}^{g}\frac{(n_i-1)\hat{\sigma}_i^2}{N-g}\Big) - \sum_{i=1}^{g}(n_i-1)\ln(\hat{\sigma}_i^2)\Big] \tag{6.28}$$

이 $\chi^2_{g-1;\alpha}$보다 크면 유의수준 α에서 귀무가설을 기각한다. 여기서

$$C = 1 + \frac{1}{3(g-1)}\Big(\sum_{i=1}^{g}\frac{1}{n_i-1} - \frac{1}{N-g}\Big)$$

이다.

식 (6.28)에서

$$\sum_{i=1}^{g} \frac{(n_i - 1)\hat{\sigma}_i^2}{N-g} = \frac{\sum_{i=1}^{g}\sum_{j=1}^{n_i}(Y_{ij} - \bar{Y}_{i.})^2}{N-g} = \text{MSE} \tag{6.29}$$

이므로 검정통계량 U는

$$U = \frac{1}{C}\Big[(N-g)\ln(\text{MSE}) - \sum_{i=1}^{g}(n_i - 1)\ln(\hat{\sigma}_i^2)\Big] \tag{6.30}$$

로 쓸 수 있다.

이 검정통계량은 귀무가설이 옳을 때 자유도가 $g-1$인 χ^2 분포를 따르므로 $U > \chi^2_{g-1;\alpha}$이면 모든 그룹의 분산이 같다는 귀무가설을 기각한다.

6.6.1.2 Levene 검정

식 (6.26)의 귀무가설과 대립가설에 대한 등분산성 검정을 위해 Levene이 제안한 방법은 각 그룹의 자료값의 편차를 사용하여 편차에 대한 일원배치 분산분석을 이용하는 것이다. 즉

1 각각의 자료 Y_{ij}에서 $Z_{ij} = |Y_{ij} - \bar{Y}_{i.}|$를 계산한다.

2 Z_{ij}에 대해서 일원배치 분산분석을 실행한다.

3 Z_{ij}를 사용한 분산분석표의 F_0 값이 $F_{g-1,N-g;\alpha}$ 보다 크면 식 (6.26)의 귀무가설을 기각한다.

순서로 가설을 검정하는 방법이다.

Bartlett의 방법은 원래자료가 정규분포이거나 정규분포에 가까운 분포를 따를 때는 좋은 결과를 보이나 자료가 정규분포에서 멀어질수록 결과를 믿기 힘들어지는 반면 Levene의 검정은 자료가 정규분포일 때는 Bartlett에 필적할 만큼 좋을 결과를 주면서 자료가 정규분포에서 멀더라도 좋은 검정결과를 준다는 것이 밝혀져 있다(Conover, Johnson and Johnson(1981)).

보기 6.7. 다음 자료에서 세 그룹의 분산이 같은지 검정하여보자.

처리	관측치(편차: $\|Y_{ij} - \bar{Y}_{i.}\|$)				
1	9.23(1.248)	10.52(0.042)	10.63(0.152)	10.93(0.452)	11.08(0.602)
2	9.89(0.662)	9.11(1.442)	13.64(3.088)	9.76(0.792)	10.36(0.192)
3	1.71(5.880)	3.62(3.970)	13.33(5.740)	15.28(7.690)	4.01(3.580)

여기서 $i = 1, 2, 3$일 때 $\bar{y}_{i.}$ 는 각각 10.478, 10.552, 7.590 이며 $\hat{\sigma}_i^2$은 각각 0.53727, 3.17937 및 38.80885이다. Bartlett 검정을 먼저 해 보면

$$\sum(n_i - 1)\hat{\sigma}_i^2/(N - g) = \frac{4 \cdot 0.53727 + 4 \cdot 3.17937 + 4 \cdot 38.80885}{15 - 3} = 14.17516$$

이고[4] $C = 1 + (1/6)(1/4 + 1/4 + 1/4 - 1/12) = 10/9 = 1.1111$이므로

$$U = \frac{9}{10}\Big[12\ln(14.17516) - (4 \cdot \ln(0.53727) + 4 \cdot \ln(3.17937) + 4 \cdot \ln(38.80885))\Big]$$

$= 13.53743$이고 $\chi_{2;0.05} = 5.991465$ 이므로 귀무가설을 기각한다. 즉, 분산이 모든 그룹에서 같다고 할 수 없다. 검정통계량 13.53743에 대한 유의확률 p-값은 0.0011492이다.

Levene의 방법을 사용하기 위해 $Z_{ij} = |Y_{ij} - \bar{Y}_{i.}|$를 사용하여 분산분석표를 얻어보면

요인	제곱합	자유도	평균제곱	F	$\Pr > F$
모형	68.9983168	2	34.4991584	24.45	$< .0001$
오차	16.9354416	12	1.4112868		
전체	85.9337584	14			

와 같고 유의확률 p가 0.0001보다 작으므로 귀무가설을 기각하게 된다. 둘 모두에서 같은 결론을 얻을 수 있다. ■

보기 6.8. 보기 6.7에서의 Levene 가설검정의 결과는 SPSS에서도 얻을 수 있는데 그림 6.2에서 Options 또는 옵션 버튼을 선택하면 그림 6.9의 대화상자가 만들어진다. 이 대화상자에서 그림에서와 같이 등분산성 검정을 선택하면 Levene의 가설검정 결과를 출력한다. 출력 결과도 그림 6.9에 같이 포함되어 있으며 이 결과는 보기 6.7의 결과와 동일함을 알 수 있다. ■

[4] 이 값은 원자료에 대한 분산분석표에서 MSE이다. 보기 6.9 참고.

분산의 동질성 검정

response

Levene 통계량	df1	df2	유의확률
24.445	2	12	.000

그림 6.9: SPSS에서의 Levene 등분산성 검정의 설정

6.6.2 등분산성이 성립되지 않을 때의 분산분석

등분산성이 성립되지 않을 경우 앞에서 본 표 6.1의 분산분석표의 F 값에 기초한 분산분석표를 사용한 가설검정을 할 수 없다.[5] 이런 경우에는 12.5 절의 비모수적인 방법을 사용할 수 있다.

다른 방법으로는 Welch의 검정이 있는데 이 방법은 $\hat{\sigma}_i^2$을 식 (6.27)와 같을 때 $W_i = n_i/\hat{\sigma}_i^2$라고 하고 $W_.$과 $\bar{Y}^*$를 각각 $W_. = \sum_{i=1}^g W_i$ 및 $\bar{Y}^* = \sum_i W_i\bar{Y}_{i.}/W_.$라고 하자. Λ를

$$\Lambda = \sum_{i=1}^{g} \frac{(1 - W_i/W_.)^2}{n_i - 1} \tag{6.31}$$

라고 하면

$$F_c = \frac{\sum_i W_i(\bar{Y}_{i.} - \bar{Y}^*)^2/(g-1)}{1 + 2(g-2)\Lambda/(g^2-1)} \tag{6.32}$$

가 귀무가설 $H_0 : \mu_1 = \mu_2 = \cdots = \mu_g$ 하에서 근사적으로 자유도가 $\nu_1 = g - 1$, $\upsilon_2 = (g^2-1)/(3\Lambda)$인 F_{ν_1,ν_2}를 따른다. 따라서 등분산성이 성립하지 않을 때는 검

[5]분산분석표를 사용한 F 검정은 강력(robust)한 검정이기 때문에 가정이 맞지 않더라도 원래의 가설을 검정하는데 큰 문제가 없는 경우가 많다. 분산분석표를 사용한 이 F 검정은 분산이 그룹별로 다르더라도 1. 각 그룹의 관측치의 수가 비슷하거나 2. 분산이 큰 그룹에서 더 많은 표본이 얻어진 경우에는 사용하여도 좋은 결과를 얻는다. Milliken and Johnson (1984) 참고.

정 통계량 (6.32)를 계산하여 이 값이 $F_{\nu_1,\nu_2;\alpha}$보다 크면 귀무가설을 기각하여 모든 그룹에서의 평균이 같지는 않다라는 결론을 얻게된다.(유의수준 α)

보기 6.9. 보기 6.7의 자료를 사용하여 Welch 검정과 일반적인 분산분석을 이용하여 분석해 보아라.

풀이: 먼저 W_1, W_2, W_3의 값이 각각 9.3063, 1.5726, 0.1288이므로

$$\bar{Y}^* = (9.3063 \cdot 10.478 + 1.5726 \cdot 10.552 + 0.1288 \cdot 7.590)/(9.3063 + 1.5726 + 0.1288)$$

$= 10.45477$이고

$$\Lambda = \frac{1 - 9.3063/11.008)^2}{5-1} + \frac{1 - 1.5726386/11.008)^2}{5-1} + \frac{1 - 0.1288366/11.008)^2}{5-1}$$

$= 0.4338$ 이다. 따라서 검정통계량 F_c는

$$F_c = \frac{\dfrac{9.3063 \cdot 0.02323^2}{3-1} + \dfrac{1.5726 \cdot 0.09723^2}{3-1} + \dfrac{0.1288 \cdot (-2.86477)^2}{3-1}}{\dfrac{1 + 2(3-2)0.4338}{3^2 - 1}}$$

$= 0.4859187$ 이므로 귀무가설을 기각할 수 없다. 이 때 자유도는 $v_1 = 2$, $v_2 = 8/(3 \cdot 0.4338248) = 6.146875$이다. $F_c = 0.4859187$의 유의확률은 0.6369이다.

일반적인 분산분석표를 구해 보면

요인	제곱합	자유도	평균제곱	F	$\Pr > F$
모형	28.53244	2	14.2662200	1.01	0.3944
오차	170.10196	12	14.1751633		
전체	198.63440	14			

로 일반적으로 사용하는 유의확률에서 가설검정의 결과는 같지만 유의확률은 거의 두 배 정도의 차이가 난다. ■

참고로 보기 6.7의 자료는 $N(10, 1), N(10, 2)$ 및 $N(10, 4)$에서 난수생성 프로그램으로 생성된 자료이다.

SPSS의 최근 버전은 Welch 검정을 지원하는데 그림 6.4의 ③번 사각형을 선택하면 Welch 검정의 결과를 얻을 수 있다. 다음 표는 보기 6.9의 자료를 사용하여 SPSS에서 얻은 Welch 검정의 결과이다.

	통계량	자유도1	자유도2	유의확률
Welch	.486	2	6.147	.637

6.6.3 등분산성이 성립하지 않을 때의 대비검정

일원배치에 의한 자료 Y_{ij}가 $Y_{ij} = \mu_i + \epsilon_{ij}$이고 ϵ_{ij}들이 독립이고 분포가 $N(\mu_i, \sigma_i^2)$를 따르는 경우를 생각하자. $(i = 1, 2, \ldots, g; j = 1, 2, \ldots, n_i)$ 앞에서 본 것과 같이 대비(contrast)검정이란 $\sum_{i=1}^{g} c_i = 0$인 c_i들에 대해서

$$H_0 : C = c_1\mu_1 + c_2\mu_2 + \cdots + c_g\mu_g = C_0 \tag{6.33}$$

를 검정하는 문제이다. 이 대비에 대한 추정치는

$$\hat{C} = c_1\bar{Y}_{1.} + c_2\bar{Y}_{2.} + \cdots + c_g\bar{Y}_{g.} = \sum c_i\bar{Y}_{i.} \tag{6.34}$$

이며 Y_{ij}들이 독립이므로 위의 대비의 분산은

$$\text{Var}(\hat{C}) = \frac{c_1^2}{n_1}\sigma_1^2 + \frac{c_2^2}{n_2}\sigma_2^2 + \cdots + \frac{c_g^2}{n_g}\sigma_g^2 = \sum \frac{c_i^2}{n_i}\sigma_i^2 \tag{6.35}$$

이며 이 분산의 추정치는 i 번째 그룹의 분산 σ_i^2의 추정치 $\hat{\sigma}_i^2$이 식 (6.27)의 값일 때

$$\widehat{\text{Var}}(\hat{C}) = \frac{c_1^2\hat{\sigma}_1^2}{n_1} + \frac{c_2^2\hat{\sigma}_2^2}{n_2} + \cdots + \frac{c_g^2\hat{\sigma}_g^2}{n_g} = \sum \frac{c_i^2\hat{\sigma}_i^2}{n_i} \tag{6.36}$$

가 된다. 따라서 n_i들이 충분히 크면

$$t^* = \frac{\sum c_i\bar{Y}_{i.} - C_0}{\sqrt{\sum c_i^2\hat{\sigma}_i^2/n_i}} \tag{6.37}$$

가 근사적으로 정규분포를 따른 사실을 사용할 수 있다. 식 (6.37)는 그룹의 수 $g =$ 2이면 독립인 두 모집단 검정에서 사용한 검정통계량인 식 (4.34)과 같음을 알 수 있다.

만일 n_i들이 작으면 중심극한정리를 적용할 수 없으므로 정규분포를 사용할 수 없으며 이 경우에는 식 (6.37)가 근사적으로 자유도가

$$d = \frac{(\sum c_i^2 \hat{\sigma}_i^2 / n_i)^2}{\sum [c_i^4 \hat{\sigma}_i^4 / (n_i^2 (n_i - 1))]} \tag{6.38}$$

인 t 분포를 따른다. 이 자유도를 Satterthwaite 자유도라고 하며 그룹의 수 $g = 2$일 때는 식 (4.35)와 같음을 알 수 있다. 따라서 등분산을 가정할 수 없을 때 식 (6.33)의 귀무가설에 대한 유의수준 α에서의 검정은

- 대립가설이 $C - C_0 > 0$이면 $t^* > t_{d;\alpha}$일 때 귀무가설을 기각한다.
- 대립가설이 $C - C_0 < 0$이면 $t^* < -t_{d;\alpha}$일 때 귀무가설을 기각한다.
- 대립가설이 $C - C_0 \neq 0$이면 $|t^*| > t_{d;\alpha/2}$일 때 귀무가설을 기각한다.

대비 C에 대한 $100(1-\alpha)\%$ 신뢰구간은

$$\sum c_i \bar{Y}_{i.} \pm t_{d;\alpha/2} \sqrt{\sum \frac{c_i^2 \hat{\sigma}_i^2}{n_i}} \tag{6.39}$$

이다.

보기 6.10. 보기 6.9의 자료에 대해서 $H_0 : \mu_1 - 2\mu_2 + \mu_3 = 0$ 대 $H_1 : \text{not } H_0$을 유의수준 5%에서 검정하여 보아라. 또 95% 신뢰구간도 구하여라. (단, $t_{6.4997;0.025} = 2.402$)

풀이: $\hat{\sigma}_i^2$이 $i = 1, 2, 3$에 대해서 0.53727, 3.17937, 38.80885이고 $\bar{y}_{i.}$이 10.478, 10.552, 7.590이므로

$$\hat{C} = \sum c_i \bar{y}_{i.} = 10.478 - 2 \cdot 10.552 + 7.590 = -3.036$$

이다.또한 $\sum c_i^2 \hat{\sigma}_i^2 / n_i = 10.41272$ 이므로

$$t^* = -3.036 / \sqrt{10.41272} = -0.9408$$

이며 Satterthwaite 자유도는

$$\sum c_i^4 \sigma_i^4 / n_i^2 (n_i - 1) = 16.6815, \quad (\sum c_i^2 S_i^2 / n_i)^2 = 10.41272^2 = 108.4247$$

대비 계수

대비	group 1	group 2	group 3
1	1	-2	1

대비검정

		대비	대비 값	표준오차	t	df	유의확률 (양측)
response	등분산 가정	1	-3.0360	4.12434	-.736	12	.476
	등분산을 가정하지 않습니다.	1	-3.0360	3.22687	-.941	6.500	.380

그림 6.10: 등분산이 아닐 때의 SPSS 대비 검정 결과

이므로 $d = 108.4247/16.6815 = 6.4997$이다. 따라서 $t_{6.4997;0.025} = 2.402$이므로 귀무가설을 기각할 수 없다.
대비에 대한 95% 신뢰구간은

$$\hat{C} \pm 2.402\sqrt{10.41272}$$

이다. ■

보기 6.11. 보기 6.10의 결과는 SPSS에서 6.4에서 본 대비검정을 사용하여 얻을 수 있다. 보기 6.9의 자료를 사용한 SPSS 대비검정의 결과는 그림 6.3의 왼쪽 그림과 같은 대비설정에서 얻어지는 결과인 그림 6.4의 첫 번째 표의 등분산을 가정하지 못할 경우에서 얻을 수 있다. 보기 6.9의 자료를 대비검정한 결과로 얻어진 출력은 그림 6.10인데 이 그림에서 등분산성을 가정할 수 없을 때 부분(두 번째 줄)을 보면 반올림을 고려할 때 보기 6.10과 같은 결과임을 알 수 있다. ■

6.7. 두 개 이상의 요인이 있는 경우의 분산분석

반응값 Y에 영향을 미치는 요인이 둘 이상인 경우의 분산분석에 대해서 알아보자. 이 경우 요인이 둘이면 이원배치 분산분석(twoway ANOVA), 요인이 k 개이면 k-way ANOVA라고 한다. 예를 들어 수확량을 결정하는 요인으로 비료의 면적당 비료의 양과 관수량을 달리하여 수확량에 어떤 영향을 미치는지 알아보는 경우 반응값은 수확량이 되며 요인은 비료와 관수가 된다.

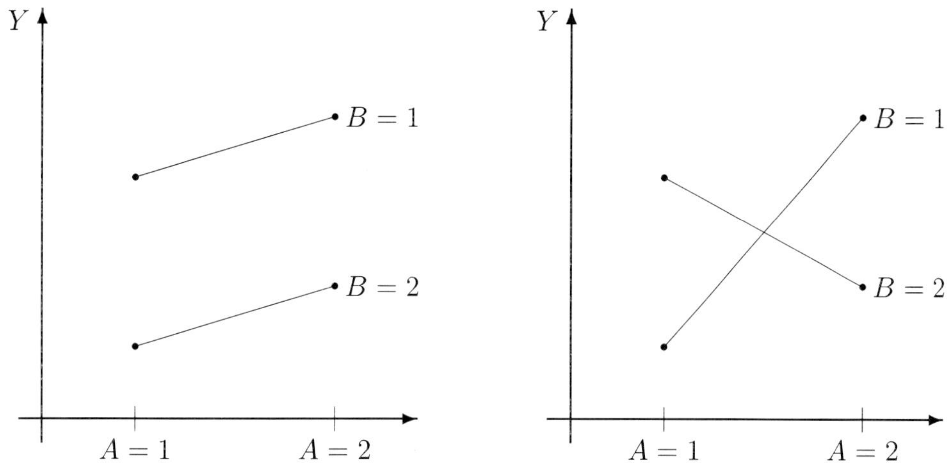

그림 6.11: 상호작용이 있는 경우와 없는 경우의 평균

반응값에 영향을 주는 것으로 생각되는 두 개의 요인 A와 B가 있다면 요인 A에 의한 영향과 요인 B에 의한 영향 및 요인 A와 B가 동시에 주는 영향으로 나누어서 생각할 수 있다. 요인 A와 B가 반응값에 동시에 영향을 주면 이 영향을 상호작용 또는 교호작용(interaction)이라고 한다. 그림 6.11의 왼쪽 그림의 경우 요인 A의 수준이 1인 경우나 2인 경우 모두 요인 B의 수준이 1일 때 반응값이 더 높고 요인 B의 수준이 1인 경우나 2인 경우 모두 요인 A의 수준이 2일 때 반응값이 더 높으므로 두 요인의 상호작용이 존재하지 않는다고 한다.

한편 그림 6.11의 오른쪽 그림의 경우 요인 A의 수준이 1인 경우에는 요인 B의 수준이 2일 때 반응값 Y가 높고 A의 수준이 2인 경우는 요인 B의 수준이 1인 경우에 반응값이 높으므로 반응값 Y의 수준 A에 따른 값은 요인 B의 수준에 따라 달라짐을 알 수 있으며 이런 경우 상호작용이 존재한다고 한다.

6.7.1 모형식

반응값 Y에 영향을 주는 두 개의 요인을 고려할 경우 Y_{ijk}를 요인 A의 수준이 i, 요인 B의 수준이 j일 때 k번째 관측라고 하면 표 6.2와 같이 자료를 요약할 수 있다. 이 때 Y_{ijk}는 다음의 모형에 따라 자료가 얻어졌다고 가정한다. ($i = 1, 2, \ldots, a$; $j = 1, 2, \ldots, b$; $k = 1, 2, \ldots, n$)

$$Y_{ijk} = \mu + \alpha_i + \beta_j + (\alpha\beta)_{ij} + \epsilon_{ijk}, \quad \epsilon_{ijk} \sim N(0, \sigma^2) \tag{6.40}$$

표 6.2: 이원배치 분산분석의 자료 구성 형태

A \ B	1	2	$\cdots$	j	$\cdots$	b	평균
1	$Y_{111}, Y_{112}, \ldots, Y_{11n}$	$Y_{121}, Y_{122}, \ldots, Y_{12n}$	$\cdots$	$Y_{1j1}, Y_{1j2}, \ldots, Y_{1jn}$	$\cdots$	$Y_{1b1}, Y_{1b2}, \ldots, Y_{1bn}$	$\bar{Y}_{1..}$
2	$Y_{211}, Y_{212}, \ldots, Y_{21n}$	$Y_{221}, Y_{222}, \ldots, Y_{22n}$	$\cdots$	$Y_{2j1}, Y_{2j2}, \ldots, Y_{2jn}$	$\cdots$	$Y_{2b1}, Y_{2b2}, \ldots, Y_{2bn}$	$\bar{Y}_{2..}$
$\vdots$	$\vdots$	$\vdots$	$\vdots$	$\vdots$	$\vdots$	$\vdots$	$\vdots$
i	$Y_{i11}, Y_{i12}, \ldots, Y_{i1n}$	$Y_{i21}, Y_{i22}, \ldots, Y_{i2n}$	$\cdots$	$Y_{ij1}, Y_{ij2}, \ldots, Y_{ijn}$	$\cdots$	$Y_{ib1}, Y_{ib2}, \ldots, Y_{ibn}$	$\bar{Y}_{i..}$
$\vdots$	$\vdots$	$\vdots$	$\vdots$	$\vdots$	$\vdots$	$\vdots$	$\vdots$
a	$Y_{a11}, Y_{a12}, \ldots, Y_{a1n}$	$Y_{a21}, Y_{a22}, \ldots, Y_{a2n}$	$\cdots$	$Y_{aj1}, Y_{aj2}, \ldots, Y_{ajn}$	$\cdots$	$Y_{ab1}, Y_{ab2}, \ldots, Y_{abn}$	$\bar{Y}_{a..}$
평균	$\bar{Y}_{.1.}$	$\bar{Y}_{.2.}$	$\cdots$	$\bar{Y}_{.j.}$	$\cdots$	$\bar{Y}_{.b.}$	$\bar{Y}_{...}$

여기서 $\sum_i \alpha_i = 0$, $\sum_j \beta_j = 0$, $\sum_i (\alpha\beta)_{ij} = 0$, $\sum_j (\alpha\beta)_{ij} = 0$이고, 모든 ϵ_{ijk}들은 독립이다.

표 6.2에서 $\bar{Y}_{i..}$은 요인 A의 i번째 수준의 모든 자료 bn개의 평균, $\bar{Y}_{.j.}$은 요인 B의 j번째 수준의 모든 자료 an개의 평균, $\bar{Y}_{...}$은 모든 자료 abn개의 평균이며, 이 자료의 각 칸에서의 n개의 자료의 평균은 $\bar{Y}_{ij.}$이라고 하자.

식 (6.40)에서 요인 A에 의한 차이가 있는지, 요인 B에 의한 차이가 있는지, 요인 A와 B에 의한 상호작용이 존재하는지 검정하게 되며 이는 귀무가설과 대립가설로 표현하면 다음과 같다.

요인 A에 의한 효과가 없다는 귀무가설과 효과가 있다는 대립가설은 각각

$$H_0 : \alpha_1 = \alpha_2 = \cdots = \alpha_a = 0 \text{ vs } H_1 : \text{적어도 하나는 0이 아님} \tag{6.41}$$

이며 요인 B에 의한 효과가 없다는 귀무가설과 효과가 있다는 대립가설은 각각

$$H_0 : \beta_1 = \beta_2 = \cdots = \beta_b = 0 \text{ vs } H_1 : \text{적어도 하나는 0이 아님} \tag{6.42}$$

이고 상호작용이 존재하지 않는다는 귀무가설과 존재한다는 대립가설은 각각

$$H_0 : (\alpha\beta)_{11} = (\alpha\beta)_{12} = \cdots = (\alpha\beta)_{ab} = 0 \text{ vs } H_1 : \text{적어도 하나는 0이 아님} \quad (6.43)$$

이다. 이제 위의 각 가설에 대한 검정을 어떻게 할 것인지 알아보자.

6.7.2 제곱합의 분해와 분산분석표

일원배치 분산분석과 마찬가지로 요인이 둘 이상인 경우도 분산분석표를 통해서 가설을 검정한다. 분산분석표의 각 항목은 제곱합의 분해와 분해된 각 항의 자유도를 통해서 구성된다. 제곱합의 분해는

$$\begin{aligned} &\sum_{i,j,k}(Y_{ijk} - \bar{Y}_{...})^2 \quad (6.44) \\ = &\sum_{i,j,k}(\bar{Y}_{i..} - \bar{Y}_{...})^2 + \sum_{i,j,k}(\bar{Y}_{.j.} - \bar{Y}_{...})^2 + \sum_{i,j,k}(\bar{Y}_{ij.} - \bar{Y}_{i..} - \bar{Y}_{.j.} + \bar{Y}_{...})^2 + \sum_{i,j,k}(Y_{ijk} - \bar{Y}_{ij.})^2 \end{aligned}$$

로 얻어지며 위의 각 항은 순서대로

$$\begin{aligned} &\text{SST} \\ = &\text{SSA} + \text{SSB} + \text{SSAB} + \text{SSE} \quad (6.45) \end{aligned}$$

로 부르며 이들은 각각 전체제곱합(SST), 요인 A에 의한 제곱합(SSA), 요인 B에 의한 제곱합(SSB), 상호작용에 의한 제곱합(SSAB) 및 오차제곱합(SSE)으로 불린다. 각 제곱합의 자유도는 순서대로

$$\begin{aligned} &abn - 1 \\ = &(a-1) + (b-1) + (a-1)(b-1) + ab(n-1) \quad (6.46) \end{aligned}$$

이다. 이 제곱합의 분해 및 자유도를 종합하여 이원배치 분산분석에 필요한 분산분석표를 얻으면 표 6.2가 된다. 이 분산분석표를 사용한 각 효과에 대한 검정은 다음과 같이 할 수 있다.

- 요인 A에 의한 효과 검정인 식 (6.41)의 가설을 검정하기 위해 표 6.3의 $F =$ MSA/MSE를 사용하여 이 값이 F 분포표의 $F_{a-1,ab(n-1);\alpha}$보다 크거나 유의확률이 유의수준 α보다 작으면 귀무가설을 기각한다.

표 6.3: 이원배치법의 분산분석표

요인	제곱합	자유도	평균제곱합	F
A	SSA	$a-1$	MSA=SSA/$(a-1)$	MSA/MSE
B	SSB	$b-1$	MSB=SSB/$(b-1)$	MSB/MSE
$A \times B$	SSAB	$(a-1)(b-1)$	MSAB=SSAB/$(a-1)(b-1)$	MSAB/MSE
오차	SSE	$ab(n-1)$	MSE=SSE/$ab(n-1)$	
합	SST	$abn-1$		

- ◉ 요인 B에 의한 효과 검정인 식 (6.42)의 가설을 검정하기 위해 표 6.3의 $F =$ MSB/MSE를 사용하여 이 값이 F 분포표의 $F_{b-1,ab(n-1);\alpha}$보다 크거나 유의확률이 유의수준 α보다 작으면 귀무가설을 기각한다.

- ◉ 요인 A와 B의 상호작용의 존재여부에 대한 검정인 식 (6.43)의 가설을 검정하기 위해 표 6.3의 F = MSAB/MSE를 사용하여 이 값이 F 분포표의 $F_{(a-1)(b-1),ab(n-1);\alpha}$보다 크거나 유의확률이 유의수준 α보다 작으면 귀무가설을 기각한다.

6.7.3 상호작용의 풀링

표 6.3의 분산분석표를 사용한 가설검정을 할 때 상호작용에 대한 가설검정을 가장 먼저 실시하여 상호작용 $A \times B$가 유의하지 않은 경우에는 상호작용의 제곱합 및 자유도를 오차항에 합해서 새로운 분산분석표을 만든 후에 이 분산분석표를 주효과 A 및 B의 유의성검정에 사용하기도 한다. 이를 상호작용의 풀링(pooling)이라고 한다.

상호작용을 오차항에 풀링하는 경우 모형식은 상호작용이 없는

$$Y_{ijk} = \mu + \alpha_i + \beta_j + \epsilon_{ijk}, \quad \epsilon_{ijk} \sim N(0, \sigma^2) \tag{6.47}$$

이 되며 제곱합의 분해는

$$\begin{aligned} & \sum_{i,j,k} (Y_{ijk} - \bar{Y}_{...})^2 \\ = & \sum_{i,j,k} (\bar{Y}_{i..} - \bar{Y}_{...})^2 + \sum_{i,j,k} (\bar{Y}_{.j.} - \bar{Y}_{...})^2 + \sum_{i,j,k} (Y_{ijk} - \bar{Y}_{i..} - \bar{Y}_{.j.} + \bar{Y}_{...})^2 \end{aligned} \tag{6.48}$$

표 6.4: 이원배치법의 분산분석표

요인	제곱합	자유도	평균제곱합	F
A	SSA	$a-1$	MSA=SSA/$(a-1)$	MSA/MSE
B	SSB	$b-1$	MSB=SSA/$(b-1)$	MSB/MSE
오차	SSE	$abn-a-b+1$	MSE=SSE/$(abn-a-b+1)$	
합	SST	$abn-1$		

로 얻어지며 위의 각 항은 순서대로

$$\begin{aligned} & \text{SST} \\ = \; & \text{SSA} + \text{SSB} + \text{SSE} \end{aligned} \tag{6.49}$$

로 부르며 이들은 각각 전체제곱합(SST), 요인 A에 의한 제곱합(SSA), 요인 B에 의한 제곱합(SSB), 및 오차제곱합(SSE)이 된다.. 각 제곱합의 자유도는 순서대로

$$\begin{aligned} & abn-1 \\ = \; & (a-1)+(b-1)+(abn-a-b+1) \end{aligned} \tag{6.50}$$

이다. 이 제곱합의 분해 및 자유도를 종합하여 이원배치 분산분석에 필요한 분산분석표를 얻으면 표 6.4가 된다. 분산분석표 6.4에서 주효과 A와 B 에 대한 검정과 다음과 같다.

- 요인 A에 의한 효과 검정인 식 (6.41)의 가설을 검정하기 위해 표 6.4의 $F=$ MSA/MSE를 사용하여 이 값이 F 분포표의 $F_{a-1,abn-a-b+1);\alpha}$보다 크거나 유의확률이 유의수준 α보다 작으면 귀무가설을 기각한다.

- 요인 B에 의한 효과 검정인 식 (6.42)의 가설을 검정하기 위해 표 6.4의 $F=$ MSB/MSE를 사용하여 이 값이 F 분포표의 $F_{b-1,abn-a-b+1;\alpha}$보다 크거나 유의확률이 유의수준 α보다 작으면 귀무가설을 기각한다.

보기 6.12. 다음은 세가지 종류의 비료(A)와 두 가지의 농약(B)에 따른 단위면적당 작물의 수확량 자료이다. 이 자료에서 비료와 농약에 따른 수확량의 차이가 있는지 검토해보자.

농약 \ 비료	1	2	3	평균
1	8, 11, 11	11, 12, 13	14, 15, 16	12.3333
2	10, 11, 12	7, 8, 9	12, 13, 14	10.6667
평균	10.5	10	14	11.5

다음은 각 수준별 평균 $\bar{Y}_{ij.}$이다.

	1	2	3
1	10	12	15
2	11	8	13

따라서 SST=104.5, SSA = 57, SSB=12.5, SSAB=19를 얻을 수 있으며, 분산분석표는

요인	제곱합	자유도	평균제곱	F	유의확률
비료	57.0	2	28.500	21.375	.000
농약	12.5	1	12.500	9.375	.010
비료 * 농약	19.0	2	9.500	7.125	.009
오차	16.0	12	1.333		
합계	104.5	17			

로 얻을 수 있다. 유의확률값을 보면 두 가지의 주효과 및 상호작용이 모두 유의함을 알 수 있다.($\alpha = 0.05$) ■

6.7.4 SPSS에서 이원배치법의 분석

보기 6.12의 자료를 SPSS에서 분석하려면 어떻게 설정하고, 그 출력을 해석할지 알아보자. 보기에서 표로 제시된 자료는 그림 6.12에서 보이는 것과 같이 비료의 수준 및 농약의 수준에 따른 수확량 값으로 입력되어야 한다.[6] 이와 같이 자료가 입력되었다면 그림 6.12과 같이 **분석** → **일반선형모형** → **일변량** 순서로 메뉴를 선택한다.

그림 6.12의 순서로 메뉴를 선택하면 그림 6.13의 대화창이 생성되며 이 창에서 종속변수에는 수확량을, 모수요인에는 두 개의 요인 비료와 농약을 설정한다. 는

그림 6.13의 설정으로 얻는 SPSS 출력은 그림 6.14의 분산분석표 이다. 이 분산분석표에서 ②는 각 요인 비료, 농약 및 비료와 농약의 상호작용에 의한 분석 결과

[6] 어떤 의미에서는 표의 자료가 그림 6.12의 원자료(raw data)를 일차 가공하여 표로 만든 것이다.

그림 6.12: 이원배치법의 자료입력과 메뉴선택

이다. 이 결과는 보기 6.12와 같은 결과임을 알 수 있다. 분산분석표의 ③은 오차제곱에 대한 통계값이며 ④는 전체제곱에 대한 분석값이다. 그림 6.14에서 수정모형에 해당하는 ①은 비료, 농약 및 비료와 농약의 상호작용에 대한 제곱합, 자유도 등을 합한 값으로 모형에 포함한 요인들 중에서 한개의 요인이라도 유의한 요인이 있는지 검정할 때 사용할 수 있다.

그림 6.14의 분산분석표에서 '절편'에 주어진 값은 식 (6.40)이나 (6.47)의 모형에서 전체평균 μ의 값이 0인지 검정할 수 있는 값이다. 즉 $H_0 : \mu = 0$대 $H_1 : \mu \neq 0$를 검정하기 위한 값이다.

SPSS나 SAS 등의 통계 패키지에서 '수정'이란 표현이 분산분석표에서 사용된 경우 전체 평균을 뺀 값을 사용한 경우이다. 즉, Y_{ijk}^2 대신 $(Y_{ijk} - \bar{Y}_{...})^2$을 사용한 것을 수정제곱합이라고 한다. 이 경우도 '합계'는 전체 자료의 제곱합, 즉 $\sum_i \sum_j \sum_k y_{ijk}^2$이 2,485이며 이 값은 '절편', '수정모형' 및 '오차'의 제곱합을 합한 값임을 알 수 있다.

'수정합계'는 평균을 뺀 제곱합 $\sum_i \sum_j \sum_k (y_{ijk} - \bar{y}_{...})^2$이며 따라서 SST이다. 이 분산분석표의 SST = 104.5로 보기 6.12와 같은 결과를 얻었음을 알 수 있다.

참고: 그림 6.13의 '모수요인(fixed effect)'과 '변량요인'(random ef-

그림 6.13: 이원배치법의 모형설정

종속 변수:수확량

소스	제 III 유형 제곱합	자유도	평균 제곱	F	유의확률	
수정 모형	88.500ª	5	17.700	13.275	.000	①
절편	2380.500	1	2380.500	1785.375	.000	
비료	57.000	2	28.500	21.375	.000	②
농약	12.500	1	12.500	9.375	.010	②
비료 * 농약	19.000	2	9.500	7.125	.009	②
오차	16.000	12	1.333			③
합계	2485.000	18				
수정 합계	104.500	17				④

a. R 제곱 = .847 (수정된 R 제곱 = .783)

그림 6.14: 이원배치법의 분산분석표

fect)은 종속변수에 영향을 주는 요인이 모두 이산형(주로 명목 또는 순서형자료)인 경우에 해당변수를 지정한다. 모수요인과 변량요인의 차이는 모수요인인 경우 해당 변수의 값에 따른 차이만 검정할 때 사용하며 변량요인인 경우 해당 설명변수값 뿐 아니라 실험에 포함되지 않은 다른 값에 대한 차이까지 확장할 때 사용한다고 대략적인 해석이 가능하다. 이 두 요인의 차이에 대해서는 Milliken과 Johnson(1984)등 실험계획법(Design of experimenet)에 관한 전문서적을 참고하기로 한다. 하나의 실험에서 모수요인과 변량요인이 모두 사용되면 보통 '혼합모형'(mixed model)이라고 한다.

그림 6.13의 '공변량'에는 종속변수에 연속인 독립변수가 영향을 주는 것으로 판단되어 연속형 변수도 설명변수에 포함할 때 공변량에 해당 변수를 지정한다. ANOVA 모형에서 연속인 설명변수가 함께 포함되면 보통 공분산분석(ANCOVA; Analysis of Covariance)라고 하며 자세한 것은 9.3절을 참고하기로 한다.

그림 6.13의 'WLS 가중값'은 Y_{ijk}의 분산이 모두 같다는 가정이 성립하지 않고 각 그룹별 분산을 알고 있을 때 분산을 저장한 변수를 지정한다. WLS는 Weight Least Squares의 약자로 가중최소제곱(법)이라고 번역한다.

6.7.5 모델의 변경

만일 상호작용 또는 일부 주효과가 유의하지 않다면 해당되는 제곱합은 오차제곱합으로 간주하여 모형에서 제외하게 된다. 이런 경우 그림 6.13의 [모형] 버튼을 선택하여 사용할 요인을 별도로 지정할 수 있다. 그림 6.13의 [모형] 버튼을 클릭하면 그림 6.15의 대화창이 생성되는데 이 그림에서 사각형 테두리에 보이는 '사용자 정의'를 선택한다. 기본값은 '완전요인모형'으로 완전요인모형은 모든 가능한 주요인 및 상호작용을 사용한 모형을 말한다.

'사용자 정의'를 선택하면 모형에 모함할 요인을 하나씩 선택해야 하는데 주요인은 왼쪽창에서 하나씩 선택하여 오른쪽 창으로 옮기면 되고 상호작용의 경우 해당되는 요인들을 선택(control+마우스왼쪽클릭)한후 오른쪽으로 보내면 된다. 그림 6.15의 경우 주효과인 '비료'와 '농약'은 모형에 포함된 상태이며 '비료'와 '농약'의 상호작용은 선택만 되어 있고 모형에는 포함되지 않은 상태이다.(그림의 ①)

이 그림의 결과는 앞에서 사용한 비료와 농약에 따른 수확량자료를 사용한 결과로 그림 6.16에서 보는 것과 같은 분산분석표이며 이 분산분석표에는 상호작용이 포

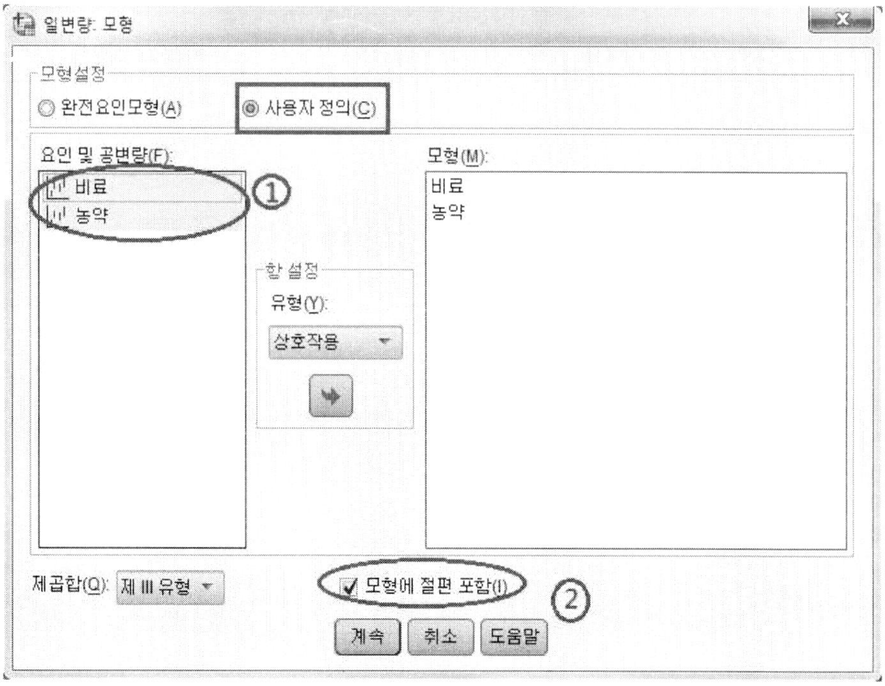

그림 6.15: 이원배치법의 분산분석표 2

개체-간 효과 검정

종속 변수:수확량

소스	제 III 유형 제곱합	자유도	평균 제곱	F	유의확률
모형	2450.000a	4	612.500	245.000	.000
비료	57.000	2	28.500	11.400	.001
농약	12.500	1	12.500	5.000	.042
오차	35.000	14	2.500		
합계	2485.000	18			

a. R 제곱 = .986 (수정된 R 제곱 = .982)

그림 6.16: 이원배치법의 분산분석표 2

함되지 않았음을 볼 수 있다.[7]

[7] 이 경우 여기서는 일부 요인만 포함 또는 제외하는 방법을 알아보기 위해 상호작용을 제외해 보았으나 이 자료에서는 실제로는 상호작용이 유의하였으므로 특별한 이유가 있지 않는 한 상호작용을 배제하면 안된다.

그림 6.16는 그림 6.15에서 '모형에 절편 포함'의(그림의 ②) 체크를 해제한 결과로써 절편(전체 평균)이 0인지 검정하는 것도 출력되지 않았음에 유의하자.

연습문제

6.1 연습문제 4.10의 신장 결석여부와 calcium concentration 자료를 이용하여 분산분석표를 작성하여 보아라. 이 분산분석표의 F 값과 연습문제 4.10에서 두 그룹의 분산이 같다고 가정할 때의 t 값은 어떤 관계에 있는지 살펴보고 컴퓨터 패키지를 사용하여 두 검정통계량에 따른 유의확률도 비교하여 보아라.

6.2 새로운 교수법에 대한 교육효과를 검정하기 하기 위해서 세 가지 방법을 사용하여 임의로 선택한 학생들에게 한달간 강의를 한 후 세 그룹의 학생의 성적을 조사하였더니 다음과 같았다.

교수법	1	2	3
점수	90	88	93
	97	92	97
	98	90	97
	95	93	94

물음에 답하여라.

(a) 세 교수법에 따른 성적 차이가 있다고 할 수 있겠는가?

(b) 교수법에 따른 성적이 차이가 있다면 어느 방법에 의한 차이인지 밝혀라.

(c) 두 번째 교수법은 시청각 자료를 사용하지 않은 방법이었다고 한다. 나머지 방법과 성적차이가 있는지 검정하여라.

6.3 다음은 각 처리군의 차이를 알아보기 위해 일원배치법을 컴퓨터 패키지를 이용하여 분석한 결과이다. 이 결과를 보고 다음에 답하여라.

요인	제곱합	자유도	평균제곱	F	Pr > F
모형	1.9788	3	0.6596	( )	0.0001
오차	0.1692	8	0.02115		
전체	( )	( )			

(a) 이 분산분석표의 빈칸을 채워라.

(b) 위 분산분석표는 몇 개의 처리군을 비교한 것인가?

(c) 이 분산분석표로 검정할 귀무가설과 대립가설을 설명하고 그 검정결과를 말하여라.

(d) 몇 개의 그룹이 비교되었는가? 만일 각 처리의 반복수가 같다면 몇 번의 반복측정이 있는가?

(e) 종속변수 Y_{ij}의 공통분산 σ^2의 추정치로 사용할 수 있는 값은?

(f) 첫 번째 그룹의 표본평균값이 2.5이며 자료의 수가 3이라면 첫 번째 그룹의 모평균 μ_1의 95% 신뢰구간은?

(g) 두 번째 그룹의 표본평균이 2.7이고, 이 그룹의 자료수 $n_2 = 4$라면 $\mu_1 - \mu_2$의 95% 신뢰구간은?

(h) 첫 번째 그룹과 두 번째 그룹의 평균이 유의수준 5%에서 같다고 할 수 있는지 말하여라.

6.4 다음은 고급 기능을 가진 컴퓨터 마우스를 동작시키는 방법을 새롭게 설계하여 기존의 마우스와 비교한 것이다. 새로운 세 가지 방법은 3×3, *matrix* 및 *cross* 방식이며 기존의 방식은 noAd라고 하였다. 이 네 가지 방법의 마우스를 사용하여 마우스 포인터를 이동하는데 사용된 시간을 조사하였다. (단위:초)

noAd	13.891 10.172 13.891 12.078 15.203 10.922 18.156 8.094 12.032 16.782 9.125 14.265
3by3	9.297 8.859 9.843 4.703 11.703 9.078 8.625 7.437 6.125 10.625 6.125 7.657
mtrx	8.610 9.422 8.000 5.485 9.531 7.563 7.234 5.844 7.891 8.906 5.266 5.688
xoss	16.141 7.219 9.438 11.719 18.953 11.406 13.797 10.625 12.032 11.484 9.688 8.39

(a) 분산분석표를 작성하여라.

(b) 기존의 방법에 비해 새 방법이 좋다고 할 수 있겠는가?

(c) 3×3와 matrix 방법이 나머지 두 가지 방법에 비해 더 좋은 방법이라고 할 수 있겠는가?

6.5 다음은 임의로 뽑은 30 명의 사주를 '재운 있음', '보통', '재운 없음'으로 구분하고 이들의 소득을 조사한 자료이다. 사주의 재물운에 따른 소득의 차이가 있다고 할 수 있겠는가?

재운 있음	10.6 11.7 9.5 9.3 10.0 6.9 13.6 7.5 11.9 5.6
보통	8.6 11.0 7.4 9.2 11.8 10.3 11.0 7.8 11.4 14.6
재운 없음	10.0 11.8 8.6 7.4 10.0 9.6 13.3 10.2 10.8 6.2

6.6 다음은 세 종류의 약을 투여한 후 약효를 측정한 자료이다.

A	13 9 4 9 13 13 8
B	8 10 16 12 9 14 13 12
C(위약)	24 9 4 6 13 8 12 10 2

이 자료를 이용하여

(a) 세 그룹의 분산이 같은지 검정하여라.

(b) 위약과 나머지 두 약의 약효가 같은지 검정하여라.(세그룹의 분산이 같다고 가정할 때와 그렇지 않을 때의 결과를 비교하여라.)

(c) 약 A와 B만의 자료가 있다고 가정하고 독립인 두 표본 검정과 분산분석의 결과를 비교하여라. (두 그룹의 분산이 같다고 가정할 때와 그렇지 않을 때의 결과를 비교하여라.)

(d) 일반적인 분산분석의 결과와 Welch 검정의 결과를 비교하여라.

6.7 MRSA(Methicillin Resistance Staphyllococcus Aureus (메치실린이라는 항생제에도 내성이 있는 Staphyllococcus Aureus 라는 균) 에 감염이 되면 보통의 항생제로는 치료가 되지 않고 반코마이신(Vancomycin)이나 Teicoplanin, Linezolid라는 항균제를 사용하고 있으나 이들에도 내성이 생기는 경우에는 치료 방법이 없는 실정이다. 또한 반코마이신 등은 신장쪽에 부작용이 생길 수 있다.

나폴레옹 군대의 야전의들은 구더기의 상처치유력을 기록하고 있으며 1차 대전과 미국의 남북전쟁에서도 구더기가 부상한 병사들의 상처치료에 이용되었다. 구더기는 괴사하거나 손상된 조직만 먹어 치우지 건강한 조직은 파먹지 않는다고 한다. MRSA에 감염된 상처를 가진 환자를 대상으로 네 가지 치료 방법을 이용하여 치료효과의 차이를 검정하기 위해서 다음과 같은 자료를 얻었다(가상 자료).

	구더기	Vancomycin	Teicolanin	Linezolid
치료점수	99	105	91	91
	113	105	95	80
	99	128	120	79
	89	123	55	130
	84	62	101	103
	82	103	100	87

네 방법에 따른 차이가 있는가?

6.8 다음은 사주의 재물운과 손금의 재물선에 따른 소득을 조사한 결과이다. 사주나 손금에 따른 소득의 차이가 있다고 할 수 있는지 검토하여라.(가상자료)

	재물선 약함	재물선 보통	재물선 강함
약한 재운	7, 13, 12	10, 11, 11	9, 11, 12
강한 재운	11, 8, 9	10, 10, 9	9, 11, 7

제 7 장

산점도와 상관계수

두 변수 사이의 관계를 알아보기 위해 두 확률변수의 순서쌍 (X, Y)의 n개의 관측값을 $(x_1, y_1), (x_2, y_2), \ldots, (x_n, y_n)$을 순서쌍으로 관찰하였다고 하자. 이들의 관계를 직관을 이용하여 살펴 볼 수 있는 방법 중의 하나가 두 변수에 대한 산점도(scatterplot)이다. 산점도를 보아서 알수 있는 관계는 너무 직관에만 의존하게 되므로 이들의 관계를 수치로 표현할 필요가 있는데 두 변수 사이에 어떤 연관이 있는지에 측도로서 많이 사용하는 통계량이 상관계수이다. 상관계수는 두 변수의 선형인 상관 관계가 높을수록 큰 값이 되도록 고안되었으며 상관계수를 사용하여 두 변수 사이의 상관의 정도를 계량화 할 수 있다.

상관계수에 기초하여 문항의 신뢰도를 분석하는 경우가 있는데 이 때 사용하는 척도 중의 하나가 Cronbach의 신뢰도 계수이다. 이 장에서는 산점도, Pearson 상관계수와 관련 신뢰도 계수 등에 대해서 다루고 부분상관계수는 9.10절에서, 순위상관계수는 12.6절에서 다루기로 한다.

7.1. SPSS에서 산점도 그리기

산점도는 (x, y) 의 순서쌍으로 이루어진 자료를 평면에 점으로 표현한 그림을 말하는 것으로 SPSS에서 산점도는 **그래프** → **레거시 대화상자** → **산점도/점도표** 순서로 메뉴를 선택하여 그릴 수 있다. 이렇게 메뉴를 선택하면 그림 7.1과 같이 산점도를 그릴 형식을 선택하는 대화창이 생성되는데 이 그림에서

단순 단순 산점도를 그릴 때

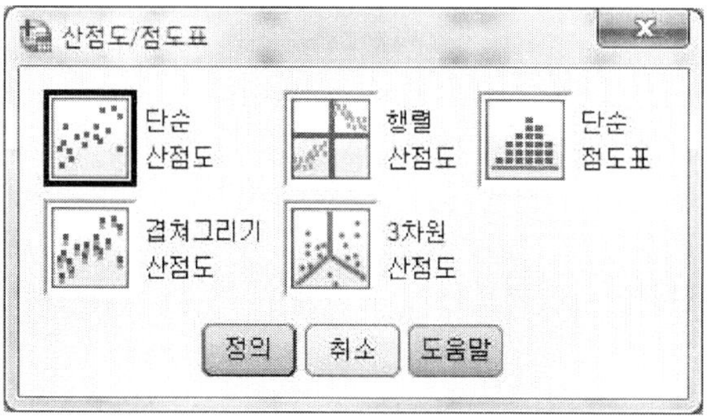

그림 7.1: 산점도의 종류 선택

행렬 여러 개의 산점도를 행렬처럼 그릴 때 사용한다. 한번에 여러 산점도를 비교하기에 좋으며, 예를 들어 $X_1, X_2, \ldots, X_n$을 산점도를 그릴 변수로 지정하면 X_i와 X_j의 가능한 모든 조합에 대한 산점도를 그린다.

단순 점도표 점도표(dot diagram)을 그리고자 할 때 사용한다. 점도표는 3.4.2.2절 및 그림 3.33(85면), 그림 3.34를 참고하기로 한다.

겹쳐그리기 둘 이상의 산점도를 하나의 산점도에 그릴 때 사용한다. 행렬은 가능한 조합에 대한 모든 산점도를 각각 그리지만, 이 경우는 한 산점도에 겹쳐 그리게 한다.

삼차원 세 개의 변수에 대한 3차원 산점도를 그리는 경우

에 선택한다.

그림 7.2는 단순 산점도를 선택하였을 때 각각 'X 축' 및 'Y 축'에는 각각 산점도의 x축 y축에 사용할 변수를 설정한다. 이 그림에서는 산점도의 x축에는 `wt`라는 변수가, y축에는 `ht`라는 변수가 사용된다.

필요한 경우 이 산점의 모양이나 색을 다르게 하고자 할 때는 **점표시 기준 변수**에 이 변수의 이름을 정해 준다. 그림 7.2는 산점을 형식을 남녀별로 다르게 표시할 것을 지정한 것이다(변수 `sex`가 설정됨).

케이스 설명 기준 변수는 산점도의 각점을 점의 표시와 함께 어떤 변수의 값을 인쇄하고자 할 때 사용하는 것으로 이 때는 그림 7.2의 옵션을 클릭하여 그림 7.3와 같은 대화창을 생성하여 이 대화창에서 그림 7.3에서 보는 것처럼 **케이스 설명과 함께 도표 출력**을 선택하여야 한다. 이 옵션이 선택되어 있지 않으면 케이스

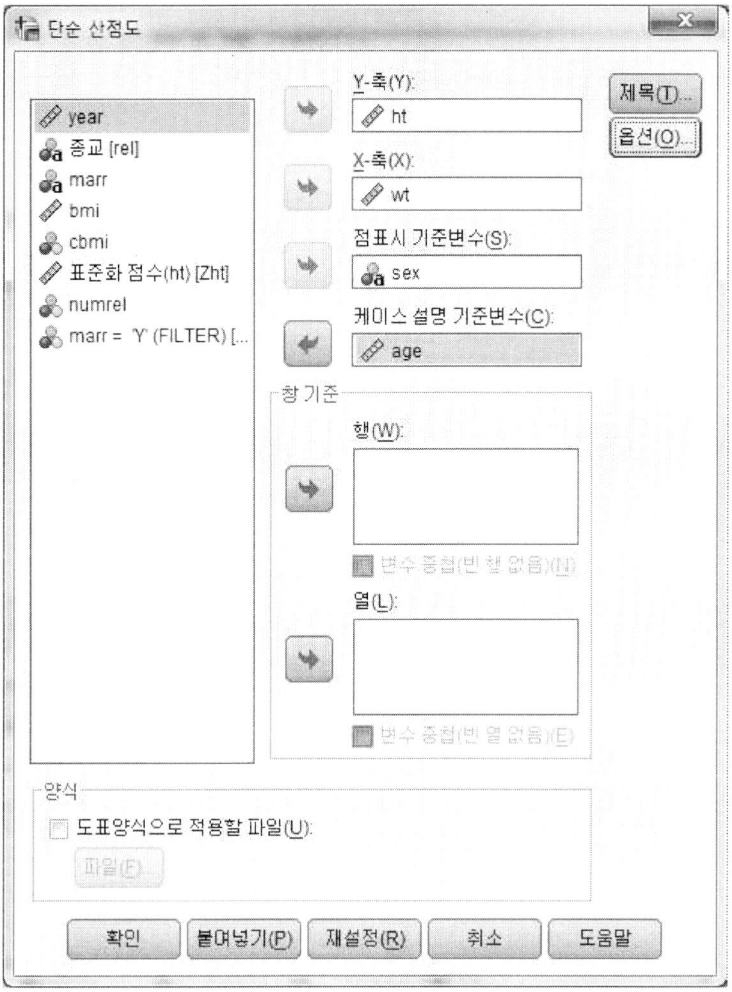

그림 7.2: 단순 산점도의 변수 지정 대화창

설명변수의 지정은 산점도에 아무런 효과가 없다. 케이스 설명 기준 변수를 선택할 때는 모든 케이스에 대한 지정한 변수값이 인쇄되므로 산점도를 읽기 힘든 경우가 많으며 특히, 산점의 수가 많을 때는 더욱 그러하다.

이 그림에서 '행'과 '열'에 변수를 설정하면 행과 열에 주어진 변수의 모든 조합에 해당하는 산점도를 그린다. 행과 열 중 하나만 설정할 수도 있다. '행'과 '열'의 설정에는 막대그래프에서 사용한 그림 3.23와 그 결과인 그림 3.26 및 점도표에서 사용한 예인 그림 3.33 및 그 결과인 그림 3.34를 참고하기로 한다.

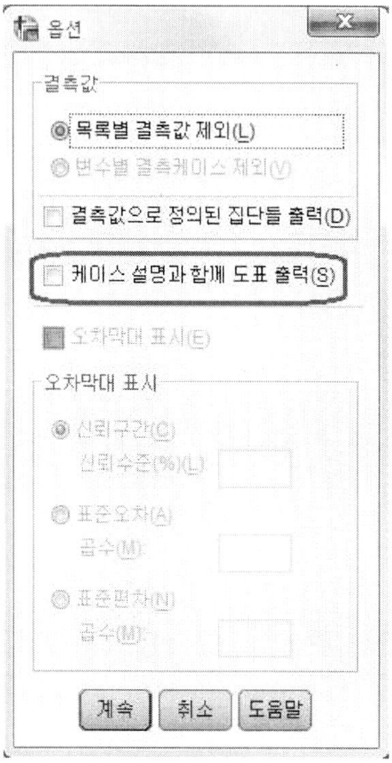

그림 7.3: 단순 산점도의 케이스 설명 기준 변수 지정 대화창

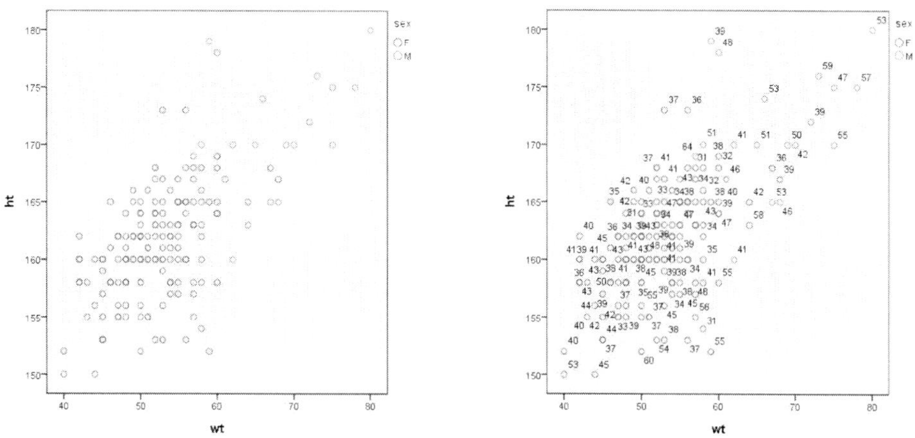

그림 7.4: 산점도 결과 출력

그림 7.4의 왼쪽 그림과 오른쪽 그림은 둘다 그림 7.2의 결과이나 이 그림의 왼쪽 산점도는 그림 7.2에서 '케이스 설명과 함께 도표 출력'이 선택되지 않은 그림이며 오른쪽 산점도는 그림 7.2에서 '케이스 설명과 함께 도표 출력'이 선택된 경우의 산점도이다. 오른쪽 산점에서 보이는 숫자는 해당 산점에 해당하는 자료의 '나이'(age)이다. 이 산점도는 부록 A의 키몸무게 자료에서 키와 몸무게 대한 산점도이며 색이 달라 보이는 점들은 각각 남자 및 여자에 해당되는 점을 구별하기 위함이다.

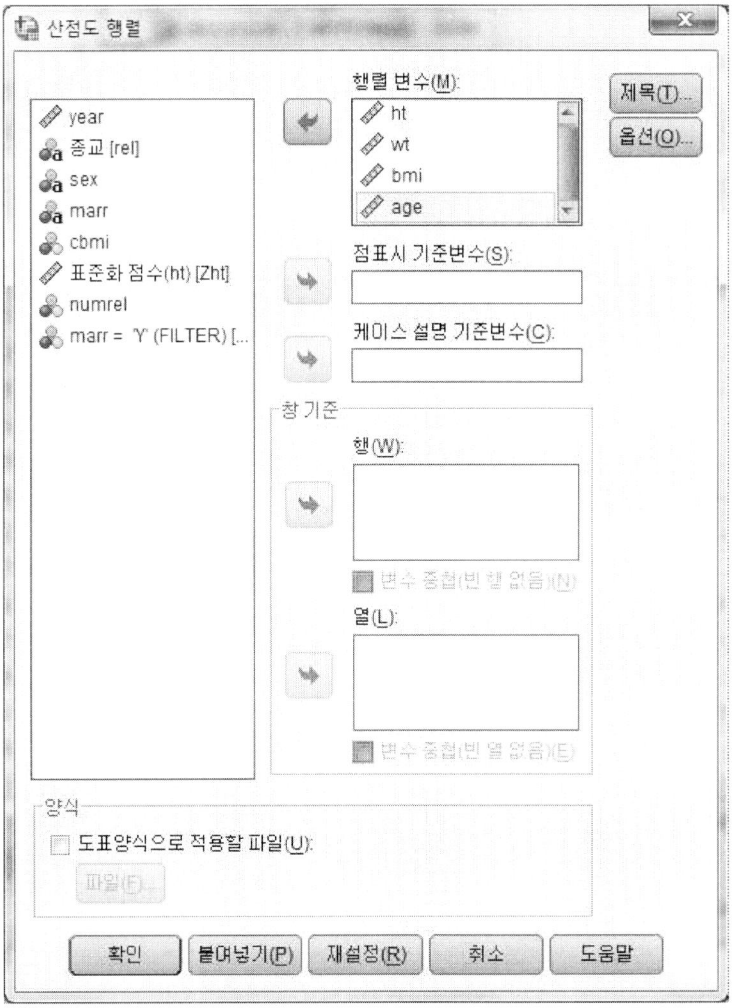

그림 7.5: 행렬 산점도의 변수 지정 대화창

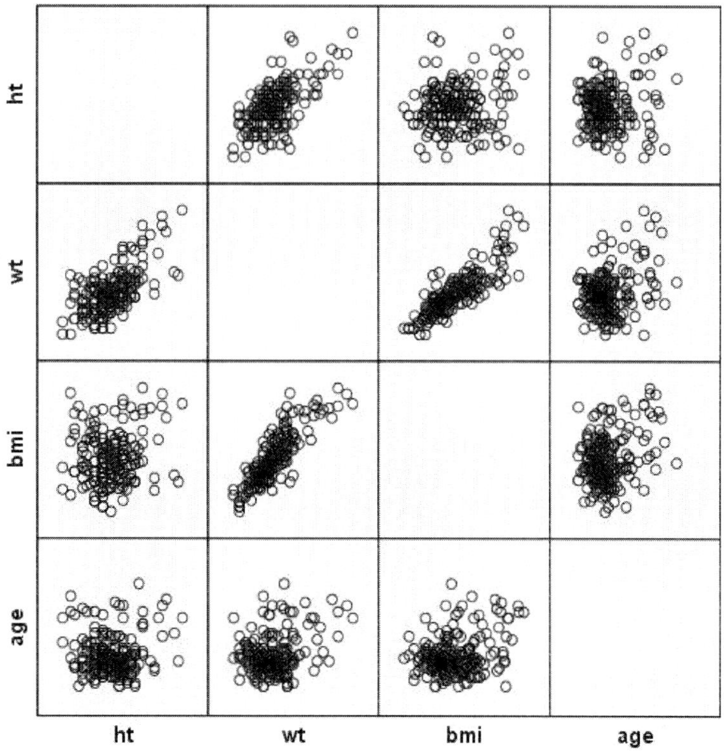

그림 7.6: 행렬 산점도의 결과

그림 7.1에서 행렬산점도(matrix plot)를 선택하면 그림 7.5의 대화창이 생성된다. 이 대화창은 그림 7.2의 대화창과 비슷하지만 x축과 y축에 사용할 변수를 별도로 지정할 수 없으며 '행렬변수'에 산점도를 그릴 변수를(최소 두 개 이상의 변수) 설정한다. 여기서 설정된 변수의 모든 가능한 짝에 대해서 산점도를 얻게 된다.

이 산점도에서 대각선의 비어 있는 부분은 같은 변수끼리의 산점도는 항상 기울기가 1인 직선에 산점이 생기므로 SPSS에서는 이들은 만들지 않는다.

'점표시 기준변수', '케이스 설명 기준변수', '행' 및 '열'은 단순산점도에서의 설정과 같은 것이므로 앞에서 다룬 단순 산점도를 참고하기로 한다. 그림 7.6은 부록 A의 키몸무게 자료에서 키, 몸무게, 체질량지수(BMI) 및 나이의 모든 조합에 대해서 얻은 행렬산점도이다.

7.2. 상관계수

모집단의 상관계수인 모상관계수 ρ는 2.7절에서 기댓값을 이용하여 정의하였다. 모상관계수의 값은 일반적으로 모르는 값이므로 이 값을 표본을 이용하여 추정할 수 있으며 보통 모상관계수 ρ의 추정량인 표본상관계수는 r로 표시한다. (X_1, Y_1), $(X_2, Y_2), \ldots, (X_n, Y_n)$로 관찰된 두 확률변수 X와 Y의 표본공분산은

$$\hat{\sigma}_{XY} = \frac{\sum_{i=1}^{n}(X_i - \bar{X})(Y_i - \bar{Y})}{n-1} = \frac{\sum_{i=1}^{n} X_i Y_i - n\bar{X}\bar{Y}}{n-1} \tag{7.1}$$

으로 얻으며 Pearson의 **표본선형상관계수**(linear correlation coefficient) r은

$$\begin{aligned} r &= \frac{\hat{\sigma}_{XY}}{\hat{\sigma}_X \hat{\sigma}_Y} \\ &= \frac{\sum(X_i - \bar{X})(Y_i - \bar{Y})}{\sqrt{\sum(X_i - \bar{X})^2}\sqrt{\sum(Y_i - \bar{Y})^2}} = \frac{\sum X_i Y_i - n\bar{X}\bar{Y}}{\sqrt{\sum X_i^2 - n\bar{X}^2}\sqrt{\sum Y_i^2 - n\bar{Y}^2}} \end{aligned} \tag{7.2}$$

으로 얻는다.[1] 이 r을 보통 **(표본)상관계수** 또는 피어슨(Pearson) 상관계수라고 부른다.

표본 상관계수 r은 다음과 같은 성질을 가진다.

1. $-1 \le r \le 1$이다. 즉 상관계수의 값은 ± 1 사이에 있다.

2. $|r| = 1$ 인 경우 X와 Y의 산점도의 모든 점이 한 직선 위에 있다. X와 Y의 산점도의 모든 점이 기울기가 0이나 ∞가 아닌[2] 직선 위에 있으면 상관계수의 값은 1 또는 -1이다.

3. 상관계수 r의 값이 양의 값이면 $X(Y)$의 값이 커질 때 $Y(X)$의 값이 같이 커지는 관계(양의 상관)가 있으며 상관계수의 값이 음의 값이면 $X(Y)$의 값이 커질 때 $Y(X)$의 값이 같이 작아지는 관계(음의 상관)가 있다. 24면의 그림 2.7에서 본 모상관계수 크기에 따른 분포 등고선의 모양이 표본상관계수의 값에 대해서도 적용된다. 상관계수의 값에 따른 산점도는 그림 7.7를 참고하기로 한다.

---

[1] 여기서 $\sum$는 $\sum_{i=1}^{n}$을 의미한다.

[2] 이 경우 r의 분모가 0이라서 정의가 되지 않는다.

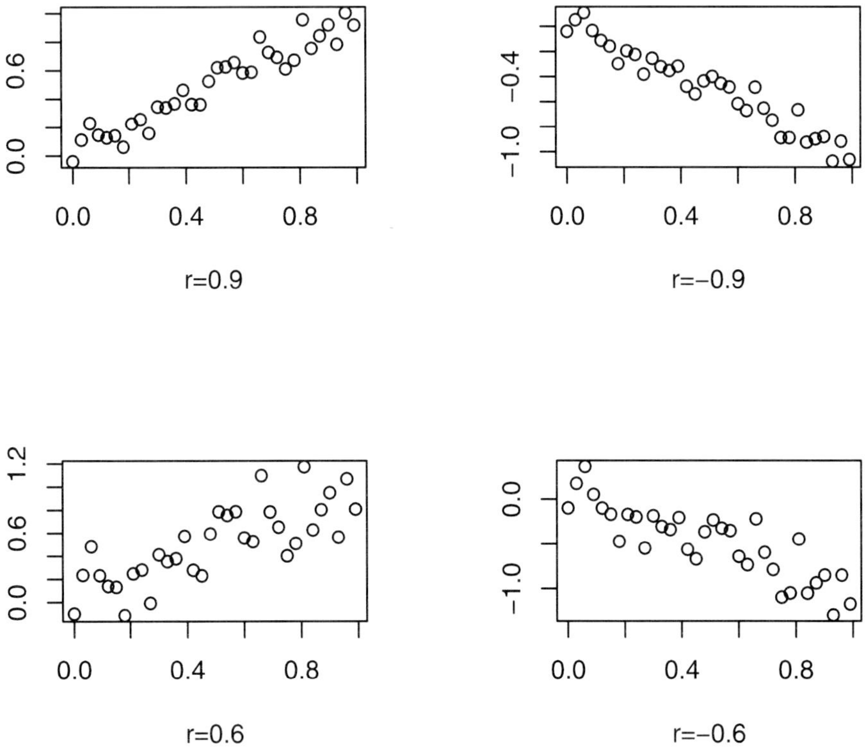

그림 7.7: 상관계수의 값에 따른 산점도

4. 만일 X와 Y가 선형인 관계에 있지 않으면서 어떤 관계가 있더라도 r은 0에 가까운 값을 가지는 경우가 있을 수 있다. 즉, 표본에서 상관계수가 0에 가까운 값을 얻었다고 두 변수 간의 관계가 없다고 하면 틀릴 수 있으며 반드시 산점도를 그려보고 직선이 아닌 다른 관계가 존재하는지 확인하여야 한다. 25면의 그림 2.8에서 본 모상관계수 0에 가까운 산점도의 모양이 표본상관계수의 값에 대해서도 적용된다. 보기 7.2도 참고하기로 하자.

5. 만일 X와 Y가 독립이면 이론적으로 모집단 상관계수 $\rho = 0$이며 표본에서 추정된 상관계수 r의 값은 0에서 가까운 값을 갖게 된다. 하지만 모집단의 상관계수가 0이라도 확률변수 X와 Y는 독립이 아닐 수 있으며, 이는 위에서 말한 것처럼 표본상관계수가 0이거나 0에 아주 가깝더라도 산점도에서는 두 변

수의 관계를 확인할 수 있는 이론적 근거가 된다.

6. X와 Y의 결합확률분포가 이변량 정규분포일 때 모집단 상관계수가 0이면 두 확률변수가 독립이고, 두 확률변수가 독립이면 모집단 상관계수는 0이다.

7. 상관계수를 얻은 두 변수가 실험연구가 아닌 관찰 연구의 결과인 경우 두 변수 사이의 인과관계(causation)를 말하기 힘들다는 점에 유의하여야 한다. 즉, 키와 몸무게의 상관계수가 높다고 하여 키가 커서 몸무게가 많이 나간다든지 혹은 몸무게가 많이 나가서 키가 크다고 할 수 없고 다만 두 변수 사이의 연관(association)이 높다고만 말할 수 있다.

Pearson 상관계수는 두 확률변수의 선형관계만 잘 측정할 수 있으므로 확률변수 X가 증가할 때 Y가 증가 또는 감소하는 것이 100% 예측 가능하더라도 그 형태가 직선형태가 아닌 경우, 예를 들어 기하급수적이거나, 로그함수 형태일 때는 상관계수의 값이 1이 되지 않는다.

만일 두 확률변수의 관계가 X가 증가할 때 Y의 변화 형태가 직선관계가 아니더라도 증가 또는 감소관계인지만 측정하는 것이 중요한 의미를 가질 때는 상관을 측정하는 다른 형태의 측도가 필요하게 된다. 이 경우 측도로는 12.6절의 Spearman의 순위상관계수 등을 사용할 수 있다.

연관을 측정하고자 하는 두 변수가 연속인 경우는 Pearson 상관계수나 SPearman 상관계수를 사용하나, 변수가 연속이 아닌 경우 10장에 소개된 여러가지 측도를 사용한다.

7.2.1 상관계수에 대한 가설검정과 신뢰구간

상관계수에 대한 가설검정과 신뢰구간은 상관계수의 근사 분포에 기초하여 얻어진다. 이 근사분포는 모집단의 상관계수가 ρ일 때

$$\nu = \frac{1}{2}\log\frac{1+r}{1-r} \sim N\Big(\frac{1}{2}\log\frac{1+\rho}{1-\rho}, \frac{1}{n-3}\Big) \tag{7.3}$$

인데(이 변환은 Fisher 변환이라고 불림.) 따라서 귀무가설 $H_0 : \rho = \rho_0$에 대하여

$$\mu_\nu = \frac{1}{2}\log\frac{1+\rho_0}{1-\rho_0}, \qquad \sigma_\nu = \frac{1}{\sqrt{n-3}}$$

이라 하면 검정통계량으로

$$Z = \frac{\nu - \mu_\nu}{\sigma_\nu} \tag{7.4}$$

를 사용하고 대립가설이

- $H_1 : \rho > \rho_0$인 경우는 $Z > z_\alpha$일 때
- $H_1 : \rho < \rho_0$인 경우는 $Z < -z_\alpha$일 때
- $H_1 : \rho \neq \rho_0$인 경우는 $|Z| > z_{\alpha/2}$일 때

각각 귀무가설을 기각한다.

상관계수에 대한 신뢰구간은 먼저 식 (7.3)에 준 근사분포를 이용하여 ν에 대한 신뢰구간을 먼저 구한 다음 Fisher transformation의 역 변환, 즉

$$r = \frac{e^{2\nu} - 1}{e^{2\nu} + 1} \tag{7.5}$$

을 이용할 수 있는데 이는 다음 과정을 거친다.

1. 표본 상관계수 r을 구하여

$$\nu_L = \frac{1}{2}\log\frac{1+r}{1-r} - z_{\alpha/2}\sqrt{\frac{1}{n-3}} \tag{7.6}$$

   과

$$\nu_U = \frac{1}{2}\log\frac{1+r}{1-r} + z_{\alpha/2}\sqrt{\frac{1}{n-3}} \tag{7.7}$$

   를 얻는다.

2. 이를 근거로

$$r_L = \frac{e^{2\nu_L} - 1}{e^{2\nu_L} + 1} \text{ 과 } r_U = \frac{e^{2\nu_U} - 1}{e^{2\nu_U} + 1} \tag{7.8}$$

   를 얻는다.

3. r_L과 r_U가 상관계수에 대한 $100(1-\alpha)\%$ 신뢰하한과 신뢰상한이 된다.

보기 7.1. 아버지의 IQ와 아들의 IQ에 대한 상관을 알아보기 위해 50부자를 선택하여 부모와 자식 간의 IQ의 상관관계를 조사하였더니 0.2였다.

1. 부자간의 IQ가 양의 상관관계가 있다고 할 수 있는지 검정하여라.($\alpha = 0.05$)

2. 부자간 IQ의 상관계수에 대한 95% 신뢰구간을 구하여라.

풀이

1. $H_0 : \rho = 0$와 $H_1 : \rho > 0$인 가설검정에서 $n = 50$, $r = 0.2$이므로[3]

$$\frac{1}{2}\log\frac{1+r}{1-r} = \frac{1}{2}\log\frac{1+0.2}{1-0.2} = 0.2027326$$

이므로

$$Z = \frac{\frac{1}{2}\log\frac{1+r}{1-r} - \frac{1}{2}\log\frac{1+0}{1-0}}{\sqrt{\frac{1}{n-3}}} = \frac{0.2027326 - 0}{0.145865} = 1.3898$$

이다. 따라서 $Z = 1.3898 < z_\alpha = z_{0.05} = 1.645$ 이므로 귀무가설을 기각할 수 없다.

2. 먼저 $\nu = \frac{1}{2}\log\frac{1+r}{1-r}$에 대한 신뢰하한과 신뢰상한이

$$\nu_L = \frac{1}{2}\log\frac{1+r}{1-r} - z_{\alpha/2}\sqrt{\frac{1}{n-3}} = \frac{1}{2}\log\frac{1.2}{0.8} - 1.96\sqrt{\frac{1}{47}} = -0.08316283$$

과

$$\nu_U = \frac{1}{2}\log\frac{1+r}{1-r} + z_{\alpha/2}\sqrt{\frac{1}{n-3}} = \frac{1}{2}\log\frac{1.2}{0.8} + 1.96\sqrt{\frac{1}{47}} = 0.4886279$$

이므로 상관계수 r에 대한 신뢰하한과 신뢰상한은 각각

$$r_L = \frac{e^{2\nu_L} - 1}{e^{2\nu_L} + 1} = \frac{e^{2(-0.08316283)} - 1}{e^{2(-0.08316283)} + 1} = -0.08297164$$

과

$$r_U = \frac{e^{2\nu_U} - 1}{e^{2\nu_U} + 1} = \frac{e^{2(0.4886279)} - 1}{e^{2(0.4886279)} + 1} = 0.4531268$$

이다. 따라서 r에 대한 95% 신뢰구간은 $(-0.08297164, 0.4531268)$ 이다. ■

보기 7.2. 다음 자료에서 X와 Y의 상관계수를 계산하여라. 두 변수간에 아무 관

[3] 반올림오차를 줄이기 위해 중간 계산과정에서 다소 많은 자리수의 수를 사용하였음.

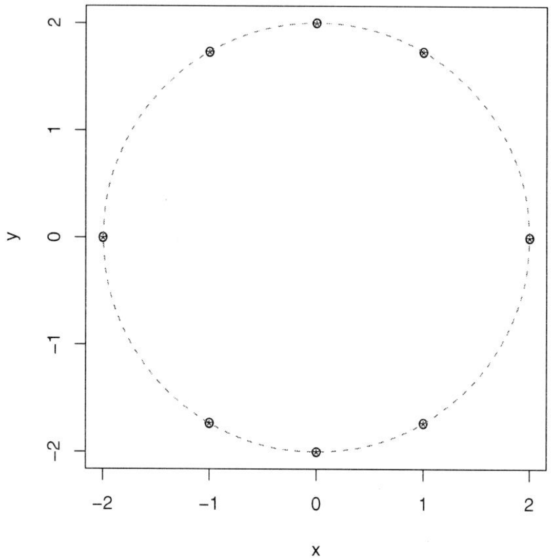

그림 7.8: 산점도와 원의 그림.

계도 없다고 할 수 있겠는가?

x	−2	−1	0	1	2	−2	−1	0	1	2
y	0	1.73	2	1.73	0	0	−1.73	−2	−1.73	0

$\sum x_i y_i = \sum x_i = \sum y_i = 0$이므로 상관계수의 값은 0이다. x와 y 의 산점도는 $x^2 + y^2 = 4$를 만족하는 원 위의 점이다. 따라서 상관계수는 0이지만 두 변수의 관계는 존재한다. 그림 7.8는 위의 자료의 산점도와 원 $x^2 + y^2 = 4$ 의 자취를 겹쳐그린 그림이다. ■

7.2.2 t 분포를 적용한 상관계수 검정

짝으로 이루어진 자료가 X가 주어졌을 때 Y의 분포가 정규분포라고 할 수 있는 경우에 사용할 수 있는 상관계수에 대한 검정 방법을 알아보기로 하자.

이 방법은 단순회귀분석에서 기울기가 0인지 검정하는 과정에서 얻을 수 있는 t

검정을 변환한 검정통계량을 사용하는데[4] 검정통계량으로

$$t = \frac{r\sqrt{n-2}}{\sqrt{1-r^2}} \tag{7.9}$$

를 사용하며 이 검정통계량이 귀무가설 $H_0 : \rho = 0$이 옳을 때 자유도가 $(n-2)$인 t 분포를 따른다는 사실을 이용한다. 이 검정통계량을 얻는 과정과 검정통계량의 분포는 8.1.4절에 정리하였다.

식 (7.9)의 검정통계량 t를 사용하는 경우

- 대립가설이 $H_1 : \rho > 0$인 경우, $t > t_{n-2;\alpha}$이면 귀무가설 $H_0 : \rho = 0$를 기각하고
- 대립가설이 $H_1 : \rho < 0$인 경우, $t < -t_{n-2;\alpha}$이면 귀무가설 $H_0 : \rho = 0$를 기각하고
- 대립가설이 $H_1 : \rho \neq 0$인 경우, $|t| > t_{n-2;\alpha/2}$이면 귀무가설 $H_0 : \rho = 0$를 기각한다.

t 분포를 사용한 검정은 Fisher 변환에 의한 검정과 달리 자료의 수가 작아도 X가 주어졌을 때 Y의 분포가 정규분포라는 가정이 옳으면 적용할 수 있는 장점이 있는 반면 상관계수가 특정한 값 ρ_0인지에 대한 검정, 즉 귀무가설이 $H_0 : \rho = \rho_0 (\rho_0 \neq 0)$인 경우에는 적용할 수 없다.

보기 7.3. 보기 7.1의 자료를 식 (7.9)의 검정통계량을 이용하여 검정통계량을 계산하면

$$t = \frac{0.2\sqrt{50-2}}{\sqrt{1-0.2^2}} = 1.4142$$

이므로 귀무가설 $H_0 : \rho = 0$ 대 대립가설 $H_1 : \rho > 0$의 검정에서 유의확률은 0.0819로 얻어진다. ■

7.2.3 컴퓨터 패키지의 사용

SPSS를 이용하여 상관계수를 출력하고자 할 때는 **분석** → **상관분석** → **이변량 상관계수** 순서로 메뉴를 선택하면 그림 7.9과 같은 대화창이 생성되므로 이 대화창에서 상관계수를 구할 변수를 선택한다. 이 그림에서 동그라미친 부분은 상관변수를

[4] 따라서 단순회귀분석에서의 자료에 대한 가정이 적용될 수 있는 자료만 이 검정을 사용할 수 있다.

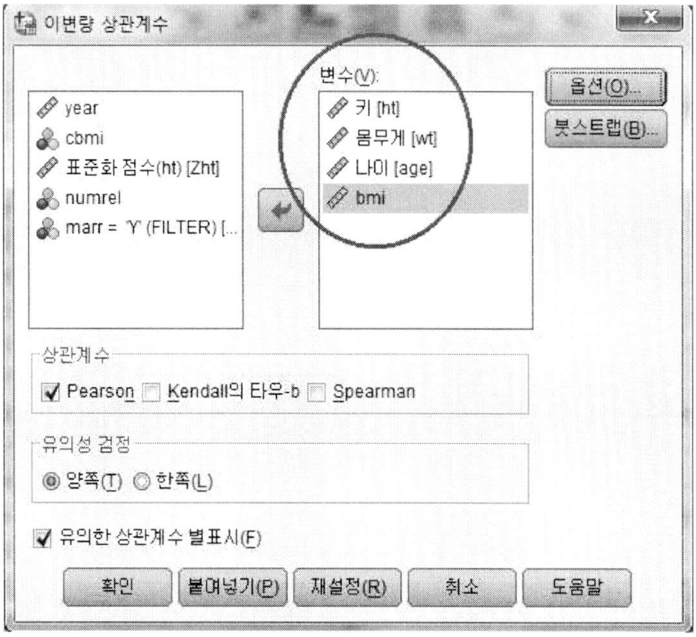

그림 7.9: 상관계수를 구하기 위한 SPSS 대화창 설정

표 7.1: SPSS의 단측검정의 유의확률이 a일 경우 대립가설과 상관계수 값에 따른 실제 유의확률

대립가설 / r	$H_1 : \rho > 0$	$H_1 : \rho < 0$
$r > 0$	a	$1 - a$
$r < 0$	$1 - a$	a

계산할 변수들이다. 계산하는 상관계수는 두변수간의 상관계수이지만 변수는 둘이상의 선택이 가능하다. 기본적으로 Pearson 상관계수가 선택되어 있으므로 Spearman 상관계수를 구하려면(12.6절 참조.) `Spearman`을 그림에서 선택하면 된다. 또한 그림에서 옵션 버튼을 클릭하면 그림 7.10에서와 같이 각 변수의 평균 등의 기초통계량이나 공분산 등을 계산할 수 있는 대화창이 뜬다.

상관계수의 가설검정은 귀무가설 $H_0 : \rho = 0$에 대한 가설검정인데 그림 7.9에서

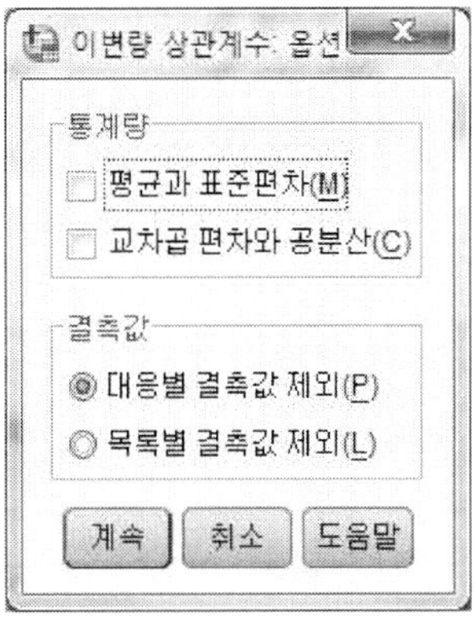

그림 7.10: 공분산 등을 구하기 위한 SPSS 대화창

1. 양측검정을 선택하는 경우는 대립가설 $H_1 : \rho \neq 0$일 때의 유의확률을 계산하고

2. 단측검정을 선택하는 경우

   (a) 계산된 상관계수 r이 양수이면 대립가설이 $H_1 : \rho > 0$일 때의 유의확률을

   (b) 계산된 상관계수 r이 음수이면 대립가설이 $H_1 : \rho < 0$일 때의 유의확률을

   계산한다.

따라서 대립가설의 방향과 상관계수의 값에 따라 단측검정의 경우 SPSS가 제시한 유의확률을 그대로 사용할 수 없는 경우가 발생한다. 표 7.1에 SPSS 출력에서의 단측검정 유의확률이 a일 경우 대립가설과 상관계수의 값에 따른 실제 유의확률을 정리하였다.

그림 7.9의 유의한 검정표시를 선택하면 유의수준 5% 및 1% 에서 유의한 상관계수는 각각 *와 **로 표시하게 된다. 부록의 자료를 이용한 상관계수의 출력은 그림 7.11이다. 이 그림에서 보는 것과 같이 상관계수의 출력결과는 행렬형식으로 주어진 변수에 대한 모든 가능한 짝(pair)에 대한 상관계수와 유의성 검정을 출력한다. 이 출력 결과에서 키와 몸무게의 상관계수는 0.647, 키와 BMI의 상관계수는 0.158이며 각각 1% 및 5% 에서 유의함을 알 수 있다.

Correlations

		키	몸무게	나이	BMI
키	Pearson Correlation	1	,647**	,087	,158*
	Sig. (2-tailed)	.	,000	,247	,036
	N	177	177	177	177
몸무게	Pearson Correlation	,647**	1	,298**	,852**
	Sig. (2-tailed)	,000	.	,000	,000
	N	177	177	177	177
나이	Pearson Correlation	,087	,298**	1	,309**
	Sig. (2-tailed)	,247	,000	.	,000
	N	177	177	177	177
BMI	Pearson Correlation	,158*	,852**	,309**	1
	Sig. (2-tailed)	,036	,000	,000	.
	N	177	177	177	177

**. Correlation is significant at the 0,01 level (2-tailed).

*. Correlation is significant at the 0,05 level (2-tailed).

그림 7.11: 상관계수의 SPSS 출력

또한 그림에서 직선으로 연결한 위치에 있는 키와 BMI 및 BMI와 키의 상관계수는 같은 값이다.

그림 7.11의 동그라미를 그린 부분을 보면 유의확률이 0.01보다 작은 경우와 0.05보다 작은 경우는 각각 유의수준 1% 와 5% 에서 유의하므로 앞에서 설명한 표시가 되어 있음을 알 수 있다.

7.3. Cronbach의 신뢰도

수치화하기 어려운 어떤 특성을 측정하기 위해서는 하나의 문항으로 그 특성이 측정되기 어려운 경우가 많다. 특히 측정하고자 하는 특성이 명확하게 정의하기 어려운 경우는 더욱 그렇다. 예를 들어 특정 모집단이 어느정도 행복한지 알아보고자 피조사자에게 "얼마나 행복하십니까?"라고 물었을 때 질문을 받은 사람의 입장에서는 느닷없는 질문 같이 느껴질 수 있을 뿐 아니라 이를 5점 척도 또는 7점 척도, 100점 만점 등의 수치화 하여 답하기는 더욱 어려울 것을 예상할 수 있다. 이러한 '행복도'와 같이 하나로 정의되기 어려운 특성을 측정하기 위해서는 여러 가지 문항을 설계하여 이들 문항의 합의 값으로 행복도를 측정하고자 하는 방법을 쓰는 경우가 있다. 예를 들면

1. 경제적 여유의 정도. (여유 있을수록 높은 값)
2. 최근 고민거리가 있는지. (없을수록 높은 값)

3. 가족과의 관계에서의 원만함. (원만할 수록 높은 값)

4. 직장에서의 인간관계의 원만함. (원만할 수록 높은 값)

5. 등등...

등과 같이 구체적이고 계량화하기 쉬운 여러 가지 질문을 한 후 이 질문에 대한 답의 합으로 '행복도'를 사용하고자 할 수 있다. 즉 행복도를 X라 하고 구체적인 p개의 질문에 대한 대답을 $X_1, X_2, \ldots, X_p$이라고 하면

$$X = X_1 + X_2 + \cdots + X_p \tag{7.10}$$

을 행복도로 사용할 수 있다. 때로는 너무 광범위하고 수치화하기 쉽지 않더라도 행복한 정도를 직접 물어서 행복도 X_0 값을 얻어서 식 (7.10)로 얻은 값과 비교하기도 한다.

이렇게 p개의 변수 $X_1, X_2, \ldots, X_p$ 의 합으로 X를 얻은 경우[5]

◉ X와 X_i는 상당히 높은 상관을 가져야 할 것이다. 그렇지 않다면 '행복도'를 측정하는데 X_i는 별로 좋은 변수가 아니다.

◉ X_i들과 직접 조사한 X_0와도 마찬가지 이유로 높은 상관을 유지하여야 할 것이다.

이와 같이 하나의 조사, 측정 또는 검사에서 사용한 여러 개의 변수 X_i들이 전체인 X나 X_0에 어느 정도 기여하는지, 또는 X_i들이 동질적인 문항으로 구성되었는지(이럴 경우 문항의 내적 일관성(internal consistency)라고도 부른다.)를 상관계수를 기초로 하여 판단하는 방법 중의 하나가 Cronbach(1951)가 고안한 신뢰도 계수이다.[6] 이 계수는 α로 많이 나타내며 이 값이 클수록 '신뢰도가 높다.', '문항의 내적 일치성이 높다'라고 말한다.

보통 α 값은 0.7보다 큰 값인 것을 필요로 하나 때로는 0.6 이상이면 충분한 것으로 판단하기도 한다. 이 값이 얼마보다 큰 값이라야 신뢰도 있다고 할 것인지에 대한 통계학적 가설검정 방법은 알려지 있지 않으며[7] 따라서 Cronbach α 값의 크기에 대한 절대적이거나 객관적인 기준은 없다.

---

[5] 이를 Likert 척도라고 한다. 3.2.3절 참조.

[6] Cronbach 신뢰도는 통계학에서 다루는 공산품의 잔여 수명 등을 다루는 신뢰도와는 완전히 다른 것이다. 이들은 영어로도 둘다 reliablility이다.

[7] 따라서 많은 통계학자들은 '신뢰도'라고 하면 신뢰구간의 신뢰도 또는 수명을 다루는 학문분야인 '신뢰성 분석'을 먼저 떠올린다.

$X = X_1 + X_2 + \cdots + X_p$로 p개의 문항에 대하여 Cronbach α 계수를 얻는 식은

$$\alpha = \frac{p}{p-1}\Big(1 - \frac{\sum_{i=1}^{p} \mathrm{Var}(X_i)}{\mathrm{Var}(X)}\Big) \tag{7.11}$$

이다.

7.3.1 문항제거시의 신뢰도계수

Cronbach α 계수는 p개의 문항의 합으로 전체 척도 또는 지수를 만들 때 적용하므로, 개별 문항 X_i가 전체 척도에 적절한 기여를 하는지 판단할 필요가 있다. 예를 들어 $X_1 + X_2 + \cdots + X_p$의 Cronbach α 값보다 X_1을 제외한 $X_2 + X_3 + \cdots + X_p$의 Cronbach α 값이 더 크다면 X_1을 제외한 경우의 척도를 사용하는 것이 더 좋은 방법일 수도 있다. 이와 같이 한 문항을 제거하였을 때의 신뢰도를 문항제거 시의 신뢰도라고 한다.

예를 들어 p개의 변수 중 k번째 관측변수 X_k 를 제거하였을 때의 α_k 값은

$$\alpha_k = \frac{p-1}{p-2}\Big(1 - \frac{\sum_{i\neq k}^{p} \mathrm{Var}(X_i)}{\mathrm{Var}(\sum_{i\neq k}^{p} X_i)}\Big) \tag{7.12}$$

이다. $k = 1, 2, \ldots, p$.

또한 전체를 합한 척도와 개별 문항과의 상관계수를 살펴서 이 상관계수가 낮은 경우의 문항은 삭제를 검토한다.

일반적으로 제거하였을 때의 α 값이 전체 척도의 α 값보다 커지는 문항은 전체 척도와 개별문항의 상관계수도 낮아진다. 따라서 특정 문항을 제거하였을 때의 α 값을 크게 해주는 문항과 합과 개별 문항의 상관이 낮은 문항을 우선적으로 제거여부를 검토하는데, 제거여부에 대한 절대적인 기준은 없다.

7.3.2 표준화 신뢰도계수

개별문항의 합으로 하나의 척도를 구성할 때 p개의 개별문항이 전체 척도에 대해서 $1/p$씩의 기여를 하는 것이 이상적이다. 만일 어떤 문항은 변동이 커서 분산값이 크고 일부 문항은 그 반대이거나 애초부터 일부 문항은 5점 척도, 일부 문항은 7점척도로 측정하여 합하여서 새로운 변수를 만드는(Likert 척도, 합산등급척도) 것이 조금 문제가 있는 경우 등의 경우에는 전체 척도가 분산이 큰 소수의 문항에 의해 좌우되거나 큰 값을 가질 수 있는 문항의 영향력이 지나치게 커지므로 바람직하지 합

산등급척도를 사용하는 것이 바람직하지 않을 수 있다. 이런 경우 각 문항의 표준화 점수를 합하는 것을 고려해 볼 수 있다.

표준화 Cronbach α(standardized Cronbach α)는 Spearman-Brown 계수라고도 하는데 Cronbach α와 표준화 α 점수 값의 차이로 측정에 사용한 각 변수의 분산이 같은지 비교하여 각 문항이 전체 척도의 기여도가 같은지 판단하는데 활용한다. 표준화 점수의 계산에는 식 (3.17)가 사용된다.

표준화 Cronbach α의 계산은 원자료를 표준화하여 생성된 새로운 변수에[8] 대해서 Cronbach α 값을 구하여 얻을 수도 있고 다음의 식

$$\alpha = \frac{p\bar{r}}{1+(p-1)\bar{r}} \tag{7.13}$$

으로도 얻을 수 있다. 여기서 $\bar{r}$은 p개의 변수들에서 만들 수 있는 모든 Pearson 상관계수의 평균이다($p(p-1)/2$ 개).

7.3.3 컴퓨터 패키지의 이용

SPSS에서 Cronbach α는 **분석** → **척도화분석** → **신뢰도 분석** 순서로 메뉴를 선택하면 그림 7.12과 같은 대화창이 생성되며 이 대화창에서 신뢰도를 분석할 문항을 선택한다. 그림 7.12은 보기 14.2의 자료에서 `V2`에서 `V10`을 선택한 화면이다. 이 그림에서 변수를 선택하면 그림 7.13와 같은 대화창이 생성되는데 여기서 문항제거시 척도를 선택하면 각각의 문항을 제거할 때의 신뢰도 계수가 출력된다. 이 출력에 대한 설명은 그림 7.17를 참고하기로 하자. 출력결과는 그림 7.14와 같다.

표준화된 변수의 신뢰도는 원래 변수를 표준화하여 표준화된 값을 저장한 후 표준화된 변수를 사용하여 α 값을 얻으면 된다. 표준화 변수 값을 얻는 것은 3.5.2절과 그림 3.15의 왼쪽 그림의 대화창에서 **표준화 값을 변수로 저장**에 체크를 하면 쉽게 얻을 수 있다. 표준화 변수를 생성하였다면 그림 7.15와 같이 표준화된 변수로 Cronbach α를 계산하도록 설정하면 된다. 이 그림에서 보는 것과 같이 표준화된 변수는 원래 변수이름의 앞에 `Z`가 붙는다. 즉 원변수의 이름이 `V2`이면 표준화 변수의 이름은 `ZV2`가 된다. 이 명령의 결과는 그림 7.16이다. 그림 7.16에서 '항목이 삭제된 경우 척도 평균'은 모두 0임을 볼 수 있는데 이는 표준화 점수가 모두 평균이 0이기 때문이다.

[8]표준화된 변수는 항상 평균이 0, 분산이 1이다.

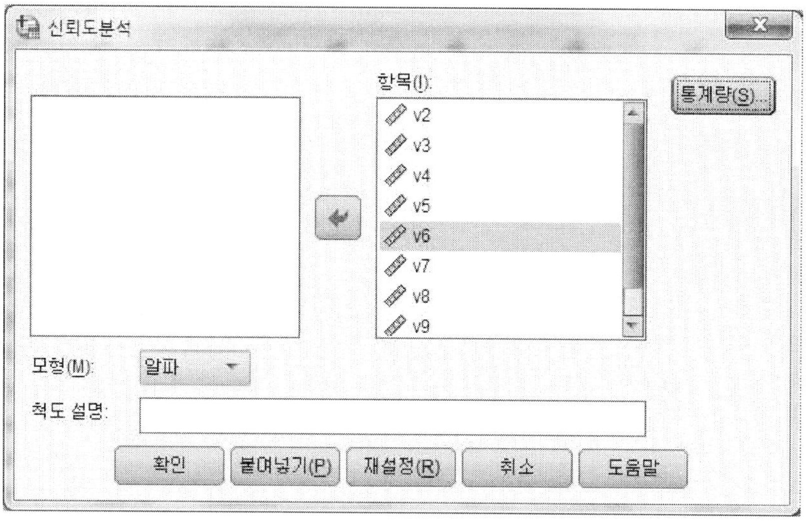

그림 7.12: Cronbach α를 계산하기 위한 대화창 1

SPSS에서 만큼 자주 사용하는 SAS에서는 표준화 α 값을 직접 계산하기도 하므로 간단히 소개하기로 한다. SAS에서 Cronbach α는 PROC CORR에서 ALPHA라는 옵션을 주면 계산된다. 즉, 보기 14.2의 자료에서 V2에서 V10들 간의 α를 계산하려면

```
PROC CORR ALPHA NOSIMPLE NOCORR;
  VAR V2-V10;
RUN;
```

을 사용할 수 있으며 여기서 NOSIMPLE과 NOCORR 옵션은 평균 등의 단순통계량과 상관계수는 출력하지 말라는 옵션이다. 위의 명령으로 그림 7.17의 결과를 얻을 수 있으며 이 결과에서 원자료(데이터)를 사용한 결과와 표준화 결과는 각각 상관계수 및 공분산을 기초로 계산된 것이며 이 둘은 어느 것이 꼭 좋다고 말하기 힘들다. 이 출력 결과에서

1. 먼저 전체 α 값은 원데이터 및 표준화 데이터에서 모두 0.7이상의 좋은 값을 보이므로 V2부터 V10의 합을 전체 범죄율로 사용하는데 무리가 없다는 것을 알 수 있으며

2. 아래 부분의 출력에서 각 변수를 제거했을 때의 α값을 보면 원자료 데이터의

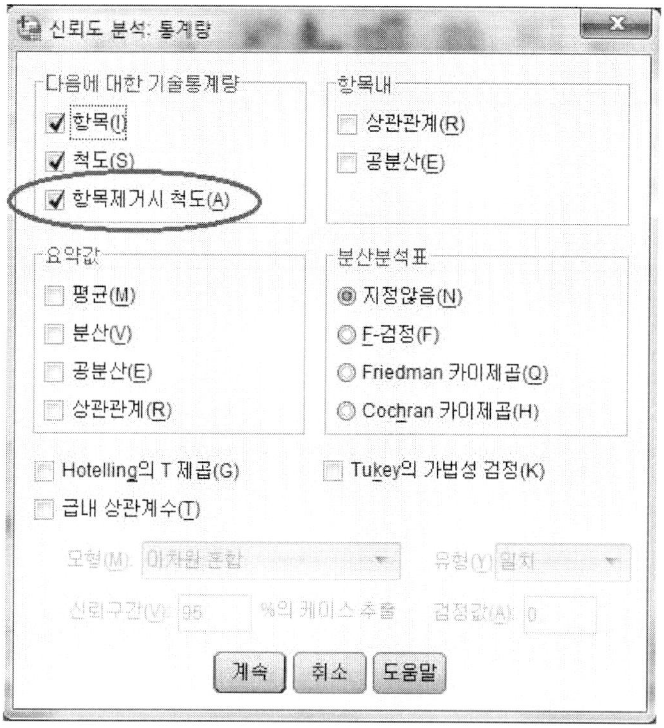

그림 7.13: Cronbach α를 계산하기 위한 대화창 2

경우 V4와 V5는 제거할 때의 α 값이 제거하지 않은 경우의 α 보다 큰 값이므로 이 두 변수의 제거를 고려해 볼 수 있으나, 전체의 신뢰도가 이미 0.799로 높고, 제거하였을 때의 신뢰도와 전체의 차이가 크지 않으므로 원래의 변수를 모두 사용할 수도 있다.

3. 그림 7.16의 SPSS나 그림 7.17의 SAS 출력에 나타난 표준화 신뢰도 계수는 0.925로 원자료의 신뢰도에 비해 많이 높아짐을 알 수 있다. 따라서 개별 문항 V2–V10이 전체 범죄율에 미치는 영향이 차이가 나는 것으로 판단할 수 있다. 실제로 V2의 경우와 V4의 경우를 비교하면 원자료의 값의 크기가 차이가 많이 나는 것을 알 수 있다. 이런 경우 원자료의 단순 합 $V2+V3+\cdots,+V10$으로 전체 변수를 구성하는 것은 재고되어야 한다.

이 보기에서 사용한 범죄건수의 자료는 범죄건수가 범죄별로 차이가 많이 나기 때문에 내적 일관성을 조사하는 목적으로 이 자료를 사용한다면 원래의 자

신뢰도 통계량

Cronbach의 알파	항목 수
,799	9

항목 총계 통계량

	항목이 삭제된 경우 척도 평균	항목이 삭제된 경우 척도 분산	수정된 항목-전체 상관관계	항목이 삭제된 경우 Cronbach 알파
v2	7657,7078	3612641,7	,714	,765
v3	4496,4176	1528721,8	,954	,769
v4	8093,9255	4310750,4	,642	,811
v5	8065,5196	4308577,2	,403	,811
v6	7981,1627	4075694,0	,634	,794
v7	7812,5706	3868472,1	,716	,780
v8	7397,8588	3618348,7	,798	,762
v9	5560,2275	2463566,6	,858	,713
v10	7728,6804	3748528,5	,740	,772

그림 7.14: Cronbach α를 계산한 출력 결과

그림 7.15: 표준화 Cronbach α 설정

항목 총계 통계량

	항목이 삭제된 경우 척도 평균	항목이 삭제된 경우 척도 분산	수정된 항목-전체 상관관계	항목이 삭제된 경우 Cronbach 알파
표준화 점수(v2)	.0000000	38.746	.881	.907
표준화 점수(v3)	.0000000	39.157	.844	.909
표준화 점수(v4)	.0000000	40.457	.728	.917
표준화 점수(v5)	.0000000	44.922	.358	.939
표준화 점수(v6)	.0000000	40.035	.765	.914
표준화 점수(v7)	.0000000	39.383	.823	.911
표준화 점수(v8)	.0000000	41.066	.675	.920
표준화 점수(v9)	.0000000	40.668	.709	.918
표준화 점수(v10)	.0000000	39.582	.805	.912

그림 7.16: 표준화 Cronbach α를 계산한 출력 결과

```
        Cronbach의 α 계수
변수                α 계수
---------------------------
원데이터          0.799399
표준화            0.925361

              변수를 제외했을때의 Cronbach 계수

                 데이터 변수                      표준화된 변수

삭제한      합계와의                         합계와의
변수        상관 계수       α 계수              상관        α 계수
-------------------------------------------------------------------
v2          0.713891      0.765200         0.881190     0.906891
v3          0.953799      0.769034         0.843705     0.909368
v4          0.642164      0.810913         0.727934     0.916865
v5          0.402598      0.810766         0.357644     0.939332
v6          0.634286      0.794255         0.765083     0.914484
v7          0.715802      0.779969         0.823285     0.910707
v8          0.797879      0.762336         0.674979     0.920218
v9          0.857639      0.713158         0.709464     0.918040
v10         0.739836      0.772024         0.805463     0.911870
```

그림 7.17: Cronbach α를 계산한 SAS 출력 결과

료를 직접 사용하기 보다는 각 변수의 값을 일정한 범위에 있도록 변환한 후에 사용하는 것이 바람직하다.

4. 표준화 자료에서는 V5는 제거할 때의 α 값이 제거하지 않았을 때의 값보다 높으므로 V5는 제거를 고려해 볼 수도 있다. 실제 V5는 합과의 상관관계도 가장

낮음을 확인할 수 있다.

Cronbach α에 대한 판단은 가설검정의 이론적 근거가 아닌 경험 법칙을 사용하는 것을 고려할 때 문항을 제거할 때의 Cronbach 계수값이 특별히 커지는 문항도 없으므로 모든 문항을 사용할 수도 있을 것이다. 그림 7.14의 SPSS 출력의 계수와 그림 7.17의 SAS 출력을 비교하면 SPSS 출력은 원자료에 대한 α 값만 출력하였음을 알 수 있다.

7.4. Kuder-Richardson 신뢰도

변수 X_i가 가질 수 있는 값이 둘 뿐일 때 사용할 수 있는 신뢰도 계수로 Kuder-Richardson의 신뢰도 계수가 있다. 이 계수는

$$\kappa = \frac{p}{p-1}\left(1 - \frac{\sum_{i=1}^{p} p_i(1-p_i)}{\sigma_X^2}\right) \tag{7.14}$$

으로 정의된다. 때로 Kuder-Richardson의 신뢰도 계수는 KR-20이라고도 한다. 여기서 p_i는 X_i가 '성공'일 확률이며 σ_X^2은 $X = X_1 + X_2 + \cdots + X_p$의 분산이다.

자료가 가질 수 있는 값이 둘뿐일 경우 $p_i(1-p_i)$는 X_i의 분산이므로 식 (7.14)은 식 (7.11)의 Cronbach α와 같음을 알 수 있다. Kuder-Richardson의 KR-20은 1937년에, Cronbach α는 1951년에 발표되었고 Cronbach α만으로도 이항인 변수의 신뢰도를 얻을 수 있으므로 문항이 이항인 경우에는 Cronbach α라고도 하고 KR-20이라고도 부를 수 있다.

이와 같은 이유로 SPSS의 경우 따로 KR-20을 계산하기 위한 메뉴가 없으며 문항이 이항인 경우 Crobach α를 계산하고 이를 KR-20이라고 불러도 된다.

7.5. Guttman 신뢰도 척도

Gutttman(1954)는 문항의 신뢰도로 사용하는

$$\lambda_1 = 1 - \frac{\sum \text{Var}(X_i)}{\text{Var}(X)} \tag{7.15}$$

케이스 처리 요약

		N	%
케이스	유효	51	100.0
	제외됨[a]	0	.0
	합계	51	100.0

a. 목록별 삭제는 프로시저의 모든 변수를 기준으로 합니다.

신뢰도 통계량

람다	1	.711
	2	.906
	3	.799
	4	1.000
	5	.961
	6	1.000
항목 수		9

그림 7.18: Guttman의 여섯 개의 신뢰도 값

가 항상 신뢰도의 참 값보다 낮게 추정되는 것에(underestimate) 착안하여

$$\lambda_2 = \lambda_1 + \frac{\sqrt{\frac{p}{p-1}\Gamma_2}}{\mathrm{Var}(X)} \tag{7.16}$$

$$\lambda_3 = \frac{p}{p-1}\lambda_1 \tag{7.17}$$

$$\lambda_4 = 2\Big[1 - \frac{\sigma_a^2 + \sigma_b^2}{\mathrm{Var}(X)}\Big] \tag{7.18}$$

$$\lambda_5 = \lambda_1 + \frac{2\sqrt{\bar{\Gamma}_2}}{\mathrm{Var}(X)} \tag{7.19}$$

$$\lambda_6 = 1 - \frac{\sum \mathrm{MSE}_i^2}{\mathrm{Var}(x)} \tag{7.20}$$

의 값 신뢰도 값을 사용하기를 제안하였다(Guttman, 1945)

위의 식에서 Γ_2는 $p(p-1)/2$개의 서로 다른 공분산 $\mathrm{Cov}(X_i, X_j)$의 제곱을 합한 값이며, $\bar{\Gamma}_2$는 한 변수와 나머지 $(p-1)$개의 변수 사이의 공분산의 제곱합 중에서 가장 큰 값이다. 또한 σ_a^2과 σ_b^2은 변수를 두 그룹으로 나누어 측도를 얻었을 때(split half; 반분) 각각의 분산이며(λ_4를 Guttman의 반분 신뢰도, split-half reliability라

고도 한다.) MSE_i는 X_i를 종속변수로 하고 나머지 $(p-1)$를 설명변수로 하여 다중 선형회귀를 하였을 때 얻어지는 분산의 추정값(MSE)이다.

Guttman의 여섯 개의 값들은 다음과 같이 사용된다.

1. λ_1은 거의 사용되지 않으며

2. λ_2 일부 연구자들이 사용한다.

3. λ_3는 Cronbach α와 같은 값이다.

4. λ_4는 Guttman의 반분 신뢰도라고 부르기도 하며 많은 연구자들이 사용하는 척도 중의 하나이다.

5. λ_5는 한 변수가 나머지 $(p-1)$개의 변수와 상관이 높으나, 이들 $(p-1)$개의 변수들끼리는 상관이 낮을 때 사용하는 것이 권장된다.

6. λ_6 각 변수들끼리의 상관이 높지 않을 때 사용하는 것이 권장된다.

SPSS에서 Guttman의 신뢰도는 그림 7.12에서 `알파` 대신에 `Guttman`을 선택하면 이 여섯 개의 λ 값을 얻을 수 있다.

그림 7.18은 보기 14.2의 자료에서 `V2`에서 `V10`까지 아홉 개의 변수로 Guttman의 람다 값을 얻은 것이다. 이 그림에서 1, 2, 3 등의 숫자는 λ의 첨자를 의미한다. 이 그림에서 λ_3는 7.3.3절에서 얻은 Cronbach α와 같은 값을 얻었음을 알 수 있다. 특별히 변수들 사이의 상관을 고려하지 않는 Guttman 반분 신뢰도의 값은 1.000임을 알 수 있다.

연습문제

7.1 자료 $(x_1, y_1), (x_2, y_2), \ldots, (x_n, y_n)$의 상관계수에 대한 다음 설명에 대해서 참과 거짓을 말하여라.

(a) $n = 2$이면 상관계수는 ± 1이다.

(b) Pearson 상관계수가 1이면 자료의 모든 산점이 직선 위에 있다.

(c) 모든 산점이 $y = ax$ 위에 있으면 Pearson 상관계수는 a이다.

(d) 모든 산점이 $y = x + 2$ 위의 점일때 Pearson 상관계수와 $y = 3x$ 위의 점일 때의 Pearson 상관계수는 같은 값이다.

(e) 모든 산점이 $y = x^3 + 2$ 위의 점일때 Spearman 상관계수와 $y = 3x$ 위의 점일 때의 Spearman 상관계수는 같은 값이다.

(f) Pearson 상관계수와 Spearman 상관계수가 모두 0일 때 x_i와 y_i에 대해서 $y_i = f(x_i)$가 되는 함수 f는 존재하지 않는다.

7.2 A.1절의 자료를 이용하여 키, 몸무게, 나이 사이의 Pearson과 Spearman의 상관계수를 구하여라.

7.3 다음은 어떤 상수리 나무 임분에서 임의로 추출한 12본에 대하여 수고(樹高; 단위 m; x)와 흉고직경(cm, y)를 측정한 자료이다.

i	1	2	3	4	5	6	7	8	9	10	11	12	합
x_i	11	16	14	14	12	17	16	13	15	13	11	18	170
y_i	18	36	32	28	20	30	24	20	24	20	22	34	308

이 임분에서 수고와 흉고직경간의 Pearson의 표본상관계수 r을 계산하고 모집단의 상관계수 ρ가 0이라고 할 수 있겠는가? 유의수준 5%에서 검정하여라.

7.4 보기 7.2의 자료에서 상관계수에 대한 95% 신뢰구간을 구해보아라. 이 신뢰구간이 0을 포함하는지 여부와 보기 7.2의 유의수준 5% 검정 결과가 일치하는지 논하여라.

7.5 보기 14.6의 자료를 이용하여 각 변수들의 Cronbach α와 Guttman λ들을 계산하여 보아라.

7.6 $X_1, X_2, \ldots, X_p$가 모두 독립이면 Cronbach α의 값은?

제 8 장

선형 회귀분석

회귀분석이란 반응변수(종속변수) Y의 값을 독립변수(설명변수) x로 설명하고자 할 때 사용하는 통계적 방법으로 x의 값이 변함에 따라서 Y의 값도 같이 변하는 관계식을 얻고자 할 때 사용한다. 이 때 독립적으로 변하는 변수 x를 독립변수 또는 설명변수라고 하고 x의 변화에 따라 변하는 Y를 종속변수 또는 반응변수라고 부른다.

종속변수 Y에 대한 설명변수가 하나 뿐일 때는 단순선형회귀(simple linear regression)이라고 하고 설명변수가 둘 이상이 있는 경우에는 중회귀분석 또는 다중회귀분석(multiple linear regression)이라고 부른다.

이 장에서는 비교적 간단한 단순회귀분석을 알아보고 이를 기초로 설명변수가 둘 이상일 경우에 대한 확장을 하도록 한다.

8.1. 단순선형회귀

회귀분석이란 반응변수(종속변수) Y의 값을 독립변수(설명변수) x로 설명하고자 할 때 사용하는 통계적 방법으로 x의 값이 변함에 따라서 Y의 값도 같이 변하는 관계식을 얻고자 할 때 사용한다. 이 때 독립적으로 변하는 변수 x를 독립변수 또는 설명변수라고 하고 x의 변화에 따라 변하는 Y를 종속변수 또는 반응변수라고 부른다.

Y를 설명하기 위한 독립변수는 여러 개가 있을 수 있으며 독립변수가 한개일 때는 단순회귀분석, 독립변수가 둘이상일 때는 (다)중회귀분석이라고 구분하여 부르기도 한다. 또한 Y가 취할 수 있는 값이 0 또는 1인 경우에는 13.1절의 로지스틱 회

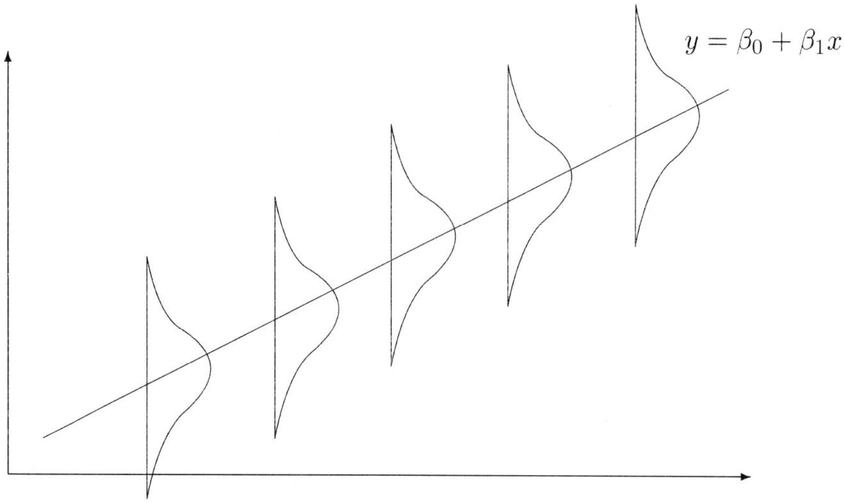

그림 8.1: 단순회귀모형

귀분석을 사용한다. 이 절에서는 먼저 단순회귀에 대해서 알아보자. 얻어진 자료의 쌍이 $(x_1, Y_1), (x_2, Y_2), \ldots, (x_n, Y_n)$이라고 표시할 때 우리가 찾고자 하는 관계식은 통계적 모형으로

$$Y_i = \beta_0 + \beta_1 x_i + \epsilon_i \tag{8.1}$$

로 나타낸다. 이 때 ϵ_i들은 독립이고 $N(0, \sigma^2)$인 분포에서 얻어진 확률변수라고 가정하자. 따라서 Y_i들도 독립이며 Y_i는 기댓값이 $\beta_0 + \beta_1 x_i$, 분산이 σ^2인 정규분포를 따르게 된다. 따라서

1. Y는 확률변수로서 x 값에 따라서 중심(기댓값)이 이동하는 성질을 갖는다. 따라서 회귀직선은 Y 값이 아닌 Y의 기댓값에 대한 직선관계식이다.

2. x 값이 바뀌더라도 Y의 흩어짐의 정도, 즉 분산은 변하지 않는다.

3. 반응변수가 정규분포가 아닌 경우에는 여기서 소개하는 추정이나 검정을 사용할 수 없다.

이러한 회귀모형을 그림으로 표현하면 그림 8.1이다. Y들의 추정값을 $\hat{Y}$로 표시하면 추정값과 참값의 차이를 최소로 하는 β_0와 β_1을 찾을 수 있는데 이를 b_0와 b_1로

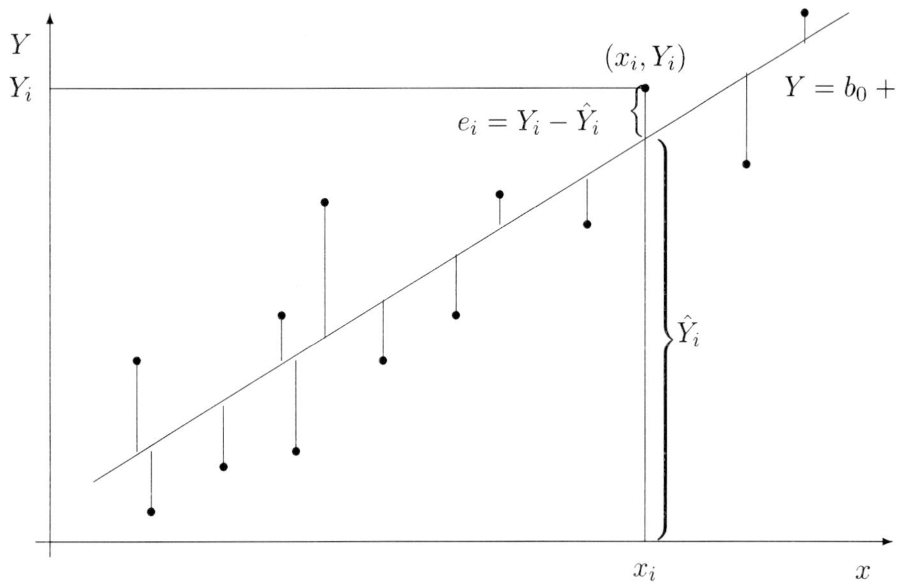

그림 8.2: 회귀분석과 최소제곱추정치

나타내면 이는

$$\min \sum (Y_i - \hat{Y}_i)^2 = \min (Y_i - (b_0 + b_1 x_i))^2 \tag{8.2}$$

을 최소로 하는 값인데 이는 그림 8.2에서 직선과 점사이의 거리의 제곱의 합을 최소로 하는 값이 된다. 따라서 b_0와 b_1은 그림에서 보는 것과 같이 산점을 '최적'으로 지나는 직선의 y축의 절편과 기울기로 얻어진다. 식 (8.2)를 최소로 하는 b_0와 b_1은 이 식을 b_0와 b_1에 대해서 편미분한 후 b_0와 b_1에 대한 연립방정식을 풀면 얻어지는데 그 결과는

$$b_1 = \frac{\sum (x_i - \bar{x})(Y_i - \bar{Y})}{\sum (x_i - \bar{x})^2} = \frac{S_{xy}}{S_{xx}} \tag{8.3}$$

이고

$$b_0 = \bar{Y} - b_1 \bar{x} \tag{8.4}$$

로 얻어진다. 위에서 사용한 것과 같이 앞으로는 편의상

$$S_{xy} = \sum (x_i - \bar{x})(Y_i - \bar{Y}), \quad S_{xx} = \sum (x_i - \bar{x})^2, \quad S_{yy} = \sum (Y_i - \bar{Y})^2 \tag{8.5}$$

표 8.1: 단순회귀의 분산분석표

요인	제곱합	자유도	평균제곱합	F
회귀	$\sum(\hat{Y}_i - \bar{Y})^2$	1	MSR = SSR/1	MSR/MSE
오차	$\sum(Y_i - \hat{Y}_i)^2$	$n-2$	MSE = SSE/$(n-2)$	
합	$\sum(Y_i - \bar{Y})^2$	$n-1$		

으로 나타내기로 한다. 앞에서 설명한 것과 같이 회귀계수를 계산하는 방법을 최소제곱법(least squares method)라고 부르고 얻어진 계수는 최소제곱추정치 (least squares estimators; LSE)라고 한다.

이렇게 얻어진 기울기 β_1에 대한 최소제곱추정치 b_1은 상관계수와 밀접한 관계가 있는데 그 관계는 다음과 같다.

$$b_1 = \frac{S_{xy}}{S_{xx}} = \frac{S_{xy}}{\sqrt{S_{yy}}\sqrt{S_{xx}}} \cdot \frac{\sqrt{S_{yy}}}{\sqrt{S_{xx}}} = r\frac{\sqrt{S_{yy}}}{\sqrt{S_{xx}}} \tag{8.6}$$

여기서 상관계수 r은

$$r = \frac{S_{xy}}{\sqrt{S_{yy}}\sqrt{S_{xx}}}$$

로 얻어질 수 있음에 유의하도록 하자(식 (7.2) 참조). 또한 상관계수의 부호와 기울기 b_1의 부호가 일치할 뿐 아니라 상관계수가 0이면 기울기도 0임을 알 수 있다.

최소제곱법을 사용하는 경우 Y들의 총변동은 다음과 같이 분해를 한다. 즉,

$$\underset{\text{SST}}{\sum(Y_i - \bar{Y})^2} = \underset{\text{SSE}}{\sum(Y_i - \hat{Y}_i)^2} + \underset{\text{SSR}}{\sum(\hat{Y}_i - \bar{Y})^2} \tag{8.7}$$

으로 Y들의 총변동을 분해할 수 있는데 각각을 총제곱합(Sum of Squares Total;SST), 오차제곱합(Sum of Squares Error; SSE) 및 회귀제곱합(Sum of Squares Regression; SSR)로 부른다. 이러한 회귀모형이 우리의 자료를 잘 설명해 주는지 알아보기 위해서 표 8.1 과 같은 분산분석표(Analysis of Variance table; ANOVA table)를 만든다. 이 분산분석표에서 F 값이 귀무가설

$$H_0 : \beta_1 = 0 \tag{8.8}$$

이 참일 때 자유도가 $(1, n-2)$인 F 분포를 따르므로 $F > F_{1,n-2;\alpha}$ 이면 귀무가설

$H_0 : \beta_1 = 0$를 기각하고 대립가설 $H_1 : \beta_1 \neq 0$를 채택하게 된다. 이 F 통계량은 회귀모형 $Y = \beta_0 + \beta_1 x + \epsilon$으로 Y를 설명할 수 있는지에 대한 검정통계량이다.[1]

또 ϵ_i의 또는 Y_i의 분산 σ^2에 대한 추정치는 MSE이며, 회귀분석에서 사용하는 추론에서 σ^2 값이 필요한 경우 MSE를 사용하게 된다.

SSR/SST의 값은 전체 변동 중에서 회귀식으로 설명되는 변동의 비율이며 이 값은 단순회귀인 경우 상관계수의 제곱값과 같다. 이는

$$\text{SSR} = \sum(\hat{Y}_i - \bar{Y})^2 = \sum(b_0 + b_1 x_i - \bar{Y})^2 = \sum((\bar{Y} - b_1\bar{x}) + b_1 x_i - \bar{Y})^2 = b_1^2 S_{xx}$$

이므로

$$\frac{\text{SSR}}{\text{SST}} = \frac{b_1^2 S_{xx}}{S_{yy}} = \frac{(S_{xy}/S_{xx})^2 S_{xx}}{S_{yy}} = \frac{S_{xy}^2}{S_{xx}S_{yy}} = r^2 \tag{8.9}$$

인 관계에 있다는 뜻이다. 이런 의미에서 SSR/SST를 R^2으로 표시하고 이를 **결정계수**(coefficient of determination)라고 부른다. 이 결정계수는 자료 Y들의 총변동에서 회귀분석모형에 의해 설명될 수 있는 변동의 비율로 해석할 수 있으며 설명변수가 둘 이상인 다변량 회귀분석의 변수선택에서도 사용된다. 결정계수는 0부터 1사이의 값을 가질 수 있으며, 이 값이 1에 가까울수록 회귀분석모형이 잘 적합되었다고 해석할 수 있다.

8.1.1 회귀계수에 대한 추론

추정한 회귀계수 b_0의 분포는 ϵ의 분포가 기댓값이 0이고 분산이 σ^2인 정규분포 $N(0, \sigma^2)$이고 ϵ들이 모두 독립일 때[2]

$$b_0 \sim N\left(\beta_0, \sigma^2\left[\frac{1}{n} + \frac{\bar{x}^2}{S_{xx}}\right]\right) \tag{8.10}$$

이며 σ^2 대신에 MSE를 사용하여 표준화를 하면

$$t = \frac{b_0 - \beta_0}{\sqrt{\text{MSE}\left(\frac{1}{n} + \frac{\bar{x}^2}{S_{xx}}\right)}} \sim t_{n-2} \tag{8.11}$$

[1] 따라서 만일 다중회귀이면 β_0를 제외한 나머지 계수 $\beta_1, \beta_2, \ldots, \beta_p$가 동시에 0인지 아닌지에 대한 가설검정에서 사용하는 검정통계량이 된다.

[2] 이 가정이 맞지 않으면 아래의 추론은 의미가 없다.

이다. 따라서 β_0에 대한 $100(1-\alpha)\%$ 신뢰구간은

$$\beta_0 = b_0 \pm t_{n-2;\alpha/2}\sqrt{\mathrm{MSE}\Big(\frac{1}{n}+\frac{\bar{x}^2}{S_{xx}}\Big)} \tag{8.12}$$

이고 $H_0 : \beta_0 = \beta_0^0$에 대한 가설검정은

$$t = \frac{b_0 - \beta_0^0}{\sqrt{\mathrm{MSE}\Big(\frac{1}{n}+\frac{\bar{x}^2}{S_{xx}}\Big)}} \tag{8.13}$$

인 검정통계량을 사용하며, 이 검정통계량의 분포가 귀무가설이 옳을 때 자유도가 $(n-2)$인 t 분포이므로

- 대립가설이 $H_1 : \beta_0 > \beta_0^0$ 인 경우에는 $t > t_{n-2;\alpha}$ 일 때
- 대립가설이 $H_1 : \beta_0 < \beta_0^0$ 인 경우에는 $t < -t_{n-2;\alpha}$ 일 때
- 대립가설이 $H_1 : \beta_0 \neq \beta_0^0$ 인 경우에는 $|t| > t_{n-2;\alpha/2}$ 일 때

각각 귀무가설을 기각한다.

β_1의 추정치인 b_1의 분포는 ϵ의 분포가 분산이 $N(0,\sigma^2)$이고 독립일 때[3]

$$b_1 \sim N\Big(\beta_1, \frac{\sigma^2}{S_{xx}}\Big) \tag{8.14}$$

이고 σ^2 대신에 추정치 MSE를 사용하여 표준화한 경우

$$t = \frac{b_1 - \beta_1}{\sqrt{\mathrm{MSE}/S_{xx}}} \sim t_{n-2} \tag{8.15}$$

이다. 따라서 β_1에 대한 $100(1-\alpha)\%$ 신뢰구간은

$$\beta_1 = b_1 \pm t_{n-2;\alpha/2}\sqrt{\frac{\mathrm{MSE}}{S_{xx}}} \tag{8.16}$$

[3] 이 가정이 맞지 않으면 아래의 추론은 의미가 없다.

이며 $H_0 : \beta_1 = \beta_1^0$에 대한 가설검정은

$$t = \frac{b_1 - \beta_1^0}{\sqrt{\frac{\text{MSE}}{S_{xx}}}} \tag{8.17}$$

인 검정통계량을 사용하며 이 검정통계량의 분포가 귀무가설이 옳을 때 자유도가 $(n-2)$인 t 분포이므로

- $H_1 : \beta_1 > \beta_1^0$ 인 경우에는 $t > t_{n-2;\alpha}$ 이면 귀무가설을 기각하고
- $H_1 : \beta_1 < \beta_1^0$ 인 경우에는 $t < -t_{n-2;\alpha}$ 이면 귀무가설을 기각하고
- $H_1 : \beta_1 \neq \beta_1^0$ 인 경우에는 $|t| > t_{n-2;\alpha/2}$ 이면 귀무가설을 기각한다.

참고: 단순 회귀인 경우 식 (8.17)에서 $\beta_1^0 = 0$으로 하여 계산한 t의 제곱값은 앞의 분산분석표에서 본 F 값과 같다.

8.1.2 주어진 x에서 Y에 대한 추론

단순선형회귀모형에서 x의 값이 주어졌을 때 Y의 기댓값과 x가 주어졌을 때 Y가 가질 수 있는 값에 대한 추론이 가능하다. x가 주어졌을 때 Y의 기댓값에 대한 추정치 및 x가 주어졌을 때 Y의 예측값으로 모두 $\hat{Y}$를 사용하며, x가 주어졌을 때 Y의 기댓값은 $\mu_{Y|x}$로 x가 주어졌을 때 Y의 예측값은 Y_I 또는 $Y_I(x)$로 표시한다. $\mu_{Y|x}$와 Y_I에 대한 신뢰구간(예측구간) 및 가설검정에 대해서 알아 보자.

1. x가 주어졌을 때 Y의 기댓값 $\mu_{Y|x}$에 대한 추론은 $\hat{Y} = b_0 + b_1 x$의 기댓값과 분산이

   $$\text{E}[\hat{Y}] = \beta_0 + \beta_1 x \tag{8.18}$$

   및

   $$\text{Var}(\hat{Y}) = \sigma^2 \Big[\frac{1}{n} + \frac{(x-\bar{x})^2}{S_{xx}}\Big] \tag{8.19}$$

   이다. 따라서

   $$\hat{Y} \sim N\Big(\beta_0 + \beta_1 x, \sigma^2 \Big[\frac{1}{n} + \frac{(x-\bar{x})^2}{S_{xx}}\Big]\Big) \tag{8.20}$$

이며, σ^2의 추정치 MSE를 사용하면

$$\frac{\hat{Y}-(\beta_0+\beta_1 x)}{\sqrt{MSE\left[\frac{1}{n}+\frac{(x-\bar{x})^2}{S_{xx}}\right]}} \sim t_{n-2} \tag{8.21}$$

이므로 $\mu_{Y|x}$에 대한 $100(1-\alpha)\%$ 신뢰구간은

$$\hat{Y} \pm t_{n-2;\alpha/2}\sqrt{\mathrm{MSE}}\sqrt{\frac{1}{n}+\frac{(x-\bar{x})^2}{S_{xx}}} \tag{8.22}$$

이 되고 주어진 x에 대한 Y의 기댓값 $\mu_{Y|x}$의 값이 $\mu^0_{Y|x}$인가에 대한 가설검정은

$$t=\frac{\hat{Y}-\mu^0_{Y|x}}{\sqrt{\mathrm{MSE}}\sqrt{\frac{1}{n}+\frac{(x-\bar{x})^2}{S_{xx}}}} \tag{8.23}$$

를 사용하며 이 검정통계량이 귀무가설 $H_0:\mu_{Y|x}=\mu^0_{Y|x}$이 참일 때 자유도가 $(n-2)$인 t 분포를 따르므로

- 대립가설이 $H_1:\mu_{Y|x}>\mu^0_{Y|x}$ 이면 $t>t_{n-2;\alpha}$ 일 때 기각하고
- 대립가설이 $H_1:\mu_{Y|x}<\mu^0_{Y|x}$ 이면 $t<-t_{n-2;\alpha}$ 일 때
- 대립가설이 $H_1:\mu_{Y|x}\neq\mu^0_{Y|x}$ 이면 $|t|>t_{n-2;\alpha/2}$ 일 때

각각 귀무가설을 기각한다.

2. x가 주어졌을 때 Y의 예측값(predicted value) Y_I에 대한 추론은 $Y_I=b_0+b_1x+\hat{\epsilon}$의 기댓값과 분산이

$$\mathrm{E}[Y_I]=\beta_0+\beta_1 x \tag{8.24}$$

및

$$\mathrm{Var}(Y_I)=\sigma^2\left[1+\frac{1}{n}+\frac{(x-\bar{x})^2}{S_{xx}}\right] \tag{8.25}$$

이다. 따라서

$$Y_I \sim N\Big(\beta_0+\beta_1 x, \sigma^2\Big[1+\frac{1}{n}+\frac{(x-\bar{x})^2}{S_{xx}}\Big]\Big) \tag{8.26}$$

이며

$$t = \frac{Y_I - (\beta_0 + \beta_1 x)}{\sqrt{\text{MSE}\left[1 + \frac{1}{n} + \frac{(x - \bar{x})^2}{S_{xx}}\right]}} \sim t_{n-2} \tag{8.27}$$

이므로 Y_I에 대한 $100(1-\alpha)\%$ 예측구간(prediction interval)은[4]

$$\hat{Y} \pm t_{n-2;\alpha/2}\sqrt{\text{MSE}}\sqrt{1 + \frac{1}{n} + \frac{(x - \bar{x})^2}{S_{xx}}} \tag{8.28}$$

가 되고 주어진 x에 대한 Y의 예측값 Y_I의 값이 Y_I^0인가에 대한 가설검정은

$$t = \frac{Y_I - Y_I^0}{\sqrt{\text{MSE}}\sqrt{1 + \frac{1}{n} + \frac{(x - \bar{x})^2}{S_{xx}}}} \tag{8.29}$$

를 사용하며 귀무가설 $H_0 : Y_I = Y_I^0$이 참일 때 이 검정통계량은 자유도 $(n-2)$인 t 분포를 따르므로

- 대립가설이 $H_1 : Y_I > Y_I^0$ 이면 $t > t_{n-2;\alpha}$ 이면
- 대립가설이 $H_1 : Y_I < Y_I^0$ 이면 $t < -t_{n-2;\alpha}$ 이면
- 대립가설이 $H_1 : Y_I \neq Y_I^0$ 이면 $|t| > t_{n-2;\alpha/2}$ 이면

각각 H_0를 기각한다.

보기 8.1. IQ와 어휘력의 관계를 알아보기 위해서 10명의 학생을 임의로 선택하여 IQ검사와 어휘력 검사(vocabulary test;VT)를 하였더니 결과가 다음과 같았다.

IQ (Y)	100	123	132	98	105	110	117	95	127	135
VT (x)	89	93	97	80	83	88	90	70	93	97

1. 분산분석표와 최소제곱 추정치 b_0와 b_1을 구하여라.

2. 상관계수 r을 구하여라. 이 값이 R^2의 양/음 제곱근과 같은 값인가?

3. S_{xx}와 S_{yy}의 값을 구하여라. 이 값에 근거하여 b_1과 r의 관계를 말하여라.

[4]이 경우에는 확률변수인 Y에 대한 예측을 하는 것이므로 이를 신뢰구간이라고 하지 않는다. 신뢰구간은 모르지만 상수인 값에 대한 구간이며 예측구간은 상수가 아닌 값에 대한 구간이다.

4. β_1이 0인지 가설검정을 위한 t값을 구하여라. 이 t^2의 분산분석표의 F 값과 같은지 보아라.

5. β_0와 β_1의 95% 신뢰구간을 구하여 보아라.

6. VT 점수가 90점일 때 $\mu_{Y|x}$의 95% 신뢰구간과 Y_I의 95% 예측구간을 구해 보아라.

풀이: 위의 자료에 의한 기본 계산은 다음표와 같으므로

자료	IQ(Y)	VT(x)	Y^2	x^2	xY
1	100	89	10000	7921	8900
2	123	93	15129	8649	11439
3	132	97	17424	9409	12804
4	98	80	9604	6400	7840
5	105	83	11025	6889	8715
6	110	88	12100	7744	9680
7	117	90	13689	8100	10530
8	95	70	9025	4900	6650
9	127	93	16129	8649	11811
10	135	97	18225	9409	13095
합	1142	880	132350	78070	101464

1. $\bar{x} = 88, \bar{Y} = 114.2$, $S_{yy} = \text{SST} = \sum Y^2 - n\bar{Y}^2 = 1933.6$, $S_{xy} = \sum xY - n\bar{x}\bar{Y} = 968$, $S_{xx} = \sum x^2 - n\bar{x}^2 = 78070 - 10(88)^2 = 630$이다. 따라서 $b_1 = S_{xy}/S_{xx} = 968/630 = 1.536508$ 이고 $b_0 = \bar{Y} - b_1\bar{x} = 114.2 - 1.536508 \cdot 88 = -21.01270$이다. 따라서 분산분석표는

요인	제곱합	자유도	평균제곱합	F
회귀	1487.34	1	1487.340	26.6632
오차	446.26	8	55.7825	
합	1933.60	9		

이다.

2. 상관계수는

$$r = \frac{S_{xy}}{\sqrt{S_{xx}}\sqrt{S_{yy}}} = \frac{968}{\sqrt{630}\sqrt{1933.6}} = 0.877$$

이고 결정계수 R^2은 $\text{SSR} = b_1^2 S_{xx} = 1.5365^2 \cdot 630 = 1487.34$ 로 계산되므로 $R^2 = \text{SSR}/\text{SST} = 1487.34/1933.6 = 0.7692077$이므로 $\sqrt{0.7692077} = 0.877$를 확인 할 수 있다.

3. b_1과 r의 관계인 $b_1 = r\frac{\sqrt{S_{yy}}}{\sqrt{S_{xx}}} = 0.877\frac{\sqrt{1933.6}}{\sqrt{630}} = 1.5364$ 임을 확인할 수 있다.

4. $\text{SSE} = \text{SST} - \text{SSR} = 1933.6 - 1487.34 = 446.26$에서 $\text{MSE} = \text{SSE}/(n-2) = 446.26/8 = 55.7825$이므로 $H_0 : \beta_1 = 0$에 대한 가설 검정을 위한 t 값은

$$t = \frac{b_1 - 0}{\sqrt{\text{MSE}/S_{xx}}} = \frac{1.5365}{\sqrt{55.7825/630}} = 5.163615$$

이다. F 값은 $\text{MSR} = \text{SSR}/1 = \text{SSR}$ 이므로

$$\frac{\text{MSR}}{\text{MSE}} = \frac{1487.34}{55.7825} = 26.6632 = t^2$$

임을 알 수 있다.

5. $t_{8;0.025} = 2.306$이므로 β_0의 95% 신뢰구간은 식 (8.12)에 의해서

$$\beta_0 = -21.0123 \pm 2.306\sqrt{55.7825\Big(\frac{1}{10} + \frac{88^2}{630}\Big)} = (-81.64126, 39.6167)$$

이며 β_1의 95% 신뢰구간은 식 (8.16)에 의해서

$$\beta_1 = b_1 \pm t_{n-2;\alpha/2}\sqrt{\frac{\text{MSE}}{S_{xx}}} = 1.5365 \pm 2.306\sqrt{\frac{55.7825}{630}} = (0.8503, 2.2227)$$

이다.

6. $x = 90$일 때 기댓값의 점추정은 $-21.0127 + 1.5365 \cdot 90 = 117.2723$ 이므로 $x = 90$일 때 Y의 기댓값에 대한 신뢰구간은 식 (8.22)에 따라

$$117.2723 \pm 2.306\sqrt{55.7825}\sqrt{\frac{1}{10} + \frac{(90-88)^2}{630}} = (111.6557, 122.8889)$$

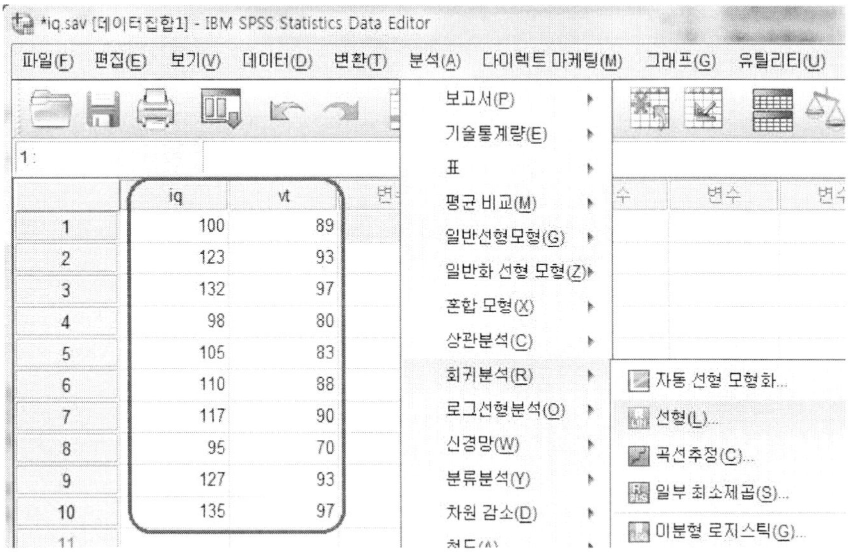

그림 8.3: 회귀분석 자료입력과 메뉴선택

로 얻어지며 $x = 90$일 때 Y의 값에 대한 예측구간은 식 (8.28)에 의해

$$117.2723 \pm 2.306\sqrt{55.7825}\sqrt{1 + \frac{1}{10} + \frac{(90-88)^2}{630}} = (99.1566, 135.3880)$$

이 된다. ■

8.1.3 SPSS에서 단순선형회귀

SPSS에서 단순선형회귀분석을 하는 방법을 보기를 통해서 알아보기로 하자.

보기 8.2. 위의 보기 8.1의 자료를 이용하여 같은 분석을 해 보자. SPSS에서는 먼저 자료를 입력하고 메뉴의 **분석** → **회귀분석** → **선형** 순서로 메뉴 항목을 선택한다. 그림 8.3에서 자료가 입력된 모양(사각형의 테두리한 부분)과 메뉴의 순서를 볼 수 있다. 이와 같은 순서로 메뉴를 선택하면 그림 8.4와 같은 대화창이 생성되며 이 대화창에 사각형 테두리 속의 종속변수에는 IQ(그림의 ①)를, 동그라미가 그려진 부분의 설명변수에는 VT(그림의 ②)를 지정한다.

그림 8.4의 ③ 부분의 [통계량] 버튼을 클릭하면 그림 8.5과 같은 대화창이 생성되며 이 대화창에서 회귀계수 β_0와 β_1의 신뢰구간을 계산하도록 지정할 수 있다.

그림 8.4: 회귀분석 대화창 1

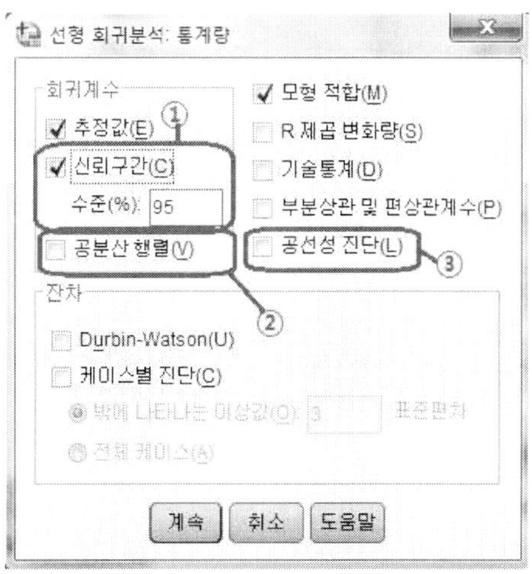

그림 8.5: 회귀분석 대화창 2–통계량

그림 8.5의 ①번 사각형을 체크한다. 이 그림의 경우 회귀계수의 신뢰구간을 계산할 때 신뢰도는 95%를 사용하며, 만일 다른 값의 신뢰도를 사용하고자 하는 경우 이 값을 바꿀 수 있다.

그림 8.6: 회귀분석 대화창 3- Y의 추정, 예측과 각각에 대한 신뢰구간 및 예측구간 설정

그림 8.4의 ④번 사각형인 저장 버튼을 클릭하면 그림 8.6의 대화창이 생성되며 여기에서 선택된 항목은 SPSS의 데이터에 새로운 변수로 만들어진다.

이 대화창에서 ①의 **예측값**은 Y에 대한 예측값에 관련된 통계량을 새로운 변수로 출력하게 한다. 그림에서 처럼 '비표준화'를 선택하면 x의 각각의 값에 대한

분산분석[b]

모형		제곱합	자유도	평균 제곱	F	유의확률
1	회귀 모형	1487.340	1	1487.340	26.663	.001[a]
	잔차	446.260	8	55.783		
	합계	1933.600	9			

a. 예측값: (상수), vt
b. 종속변수: iq

계수[a]

모형		비표준화 계수		표준화 계수	t	유의확률	B에 대한 95.0% 신뢰구간	
		B	표준오차	베타			하한값	상한값
1	(상수)	-21.013	26.292		-.799	.447	-81.642	39.616
	vt	1.537	.298	.877	5.164	.001	.850	2.223

a. 종속변수: iq

① ② ③ ④

그림 8.7: SPSS 회귀분석 출력

Y의 추정치인 $\hat{Y}$를 계산하여 SPSS 데이터 편집기에 새로운 변수를 생성한다.

또한 두 번째 사각형(그림 8.6의 ②)에서 예측구간을 선택하면 주어진 x에 따른 Y의 기댓값에 대한 신뢰구간과 Y의 하나의 값에 대한 예측구간의 하한과 상한을 SPSS 데이터에 새로운 변수로 저장하게 된다. 여기서 신뢰도가 95%로 설정되었으며, 신뢰도의 값은 사용자가 바꿀 수 있다.

그림 8.6의 ③과 ④의 설정은 9.9절에서 다루기로 한다.

그림 8.7와 그림 8.8에는 위와 같은 선택에 의한 SPSS의 출력이 담겨있다. 먼저 그림 8.7의 두 개의 표에서 위의 표는 분산분석표이며 이 결과에 의하면 F 값과 그에 대응되는 유의확률) .001로 보아 회귀 모형이 유의함을 알 수 있으며 분산 σ^2의 추정치로 사용하는 MSE는 55.783로 얻어짐을 알 수 있다. 그림 8.7의 두 번째 표에서

- 가장 왼쪽의 사각형 ①에는 회귀계수의 추정된 값을 계산할 결과로 $\hat{\beta}_0 = -21.013$ 이며 $\hat{\beta}_1 = 1.537$임을 알 수 있다.

- 두 번째 사각형 ②는 회귀계수가 0인지에 대한 가설검정의 결과로 얻어지는 t 검정통계량 값이다. $H_0 : \beta_0 = 0$과 $H_1 : \beta_1 = 0$에 대응하는 검정통계량 t 값은 각각 $-.799$ 및 5.164임을 알 수 있다.

- 세 번째 사각형 ③에 주어진 값은 회귀계수가 0이라는 귀무가설과 0이 아니라는 대립가설(양측 검정)일 때의 유의확률이다. 이 출력의 유의확률이 β_0와

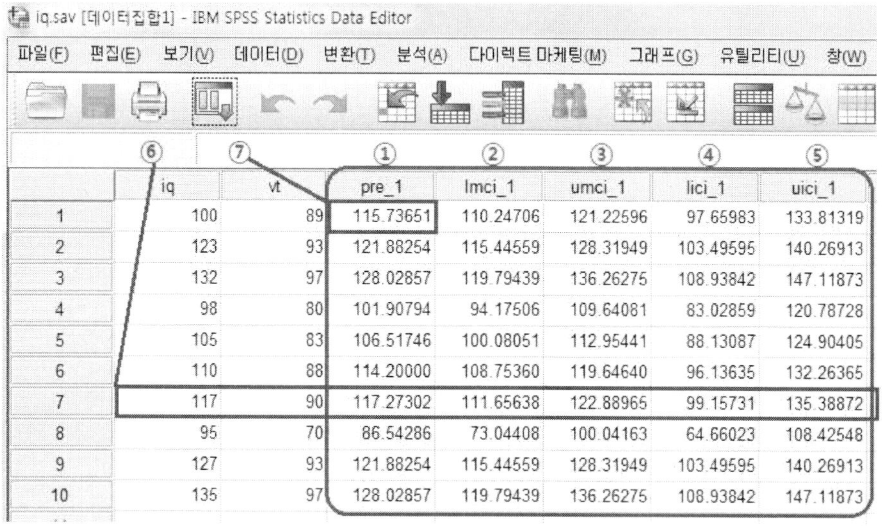

그림 8.8: SPSS 회귀분석 출력 - 데이터 편집기에 생성된 새로운 변수들

β_1에 대해 각각 0.447과 0.001이므로 유의수준이 5%, 1%, 10% 일 때 모두 귀무가설 $H_0 : \beta_1 = 0$은 기각하고 대립가설 $H_1 : \beta_1 \neq 0$을 받아들인다. 일반적으로 상수항 β_0에 대해서는 이 값을 모형에 포함시키지 않을 명백한 이유가 있지 않으면 가설검정의 결과와 상관없이 모형에 포함한다.

◉ 마지막 사각형 ④의 결과는 β_0와 β_1에 대한 95% 신뢰구간이며 이 결과에 의하면 β_1의 95% 신뢰구간은 $(-0.850, 2.223)$임을 알 수 있다.

이 그림에서 얻어진 결과와 보기 8.1의 결과와 비교하면 반올림에 의한 오차를 고려하면 같은 값임을 알 수 있다. 그림 8.8에는 Save에 의한 출력이 SPSS 데이터 편집기 창에 새 변수로 저장된 모습이다. 이 그림에는 원래의 자료에 추가하여 다섯 개의 새로운 열이 생성되었음을 알 수 있는데 이 다섯 개의 열은 왼쪽에서 오른쪽 순서대로 Y의 추정치인 $\hat{Y}$(`pre_1`, 그림의 ①), x가 주어졌을 때 Y의 기댓값에 대한 신뢰하한(`lmci_1`, 그림의 ②)과 신뢰상한(`umci_1`, 그림의 ③)의 값, x가 주어졌을 때 Y의 하나의 값에 대한 예측치의 신뢰하한(`lici_1`, 그림의 ④)과 신뢰상한(`uici_1`, 그림의 ⑤)의 값이다.

이 계산 결과를 일곱 번째 케이스의 경우(가로의 긴 사각형, 그림의 ⑥)를 해석해 보면 관측치는 VT가 90, IQ가 117인 자료를 관측하였으며 회귀분석의 결과

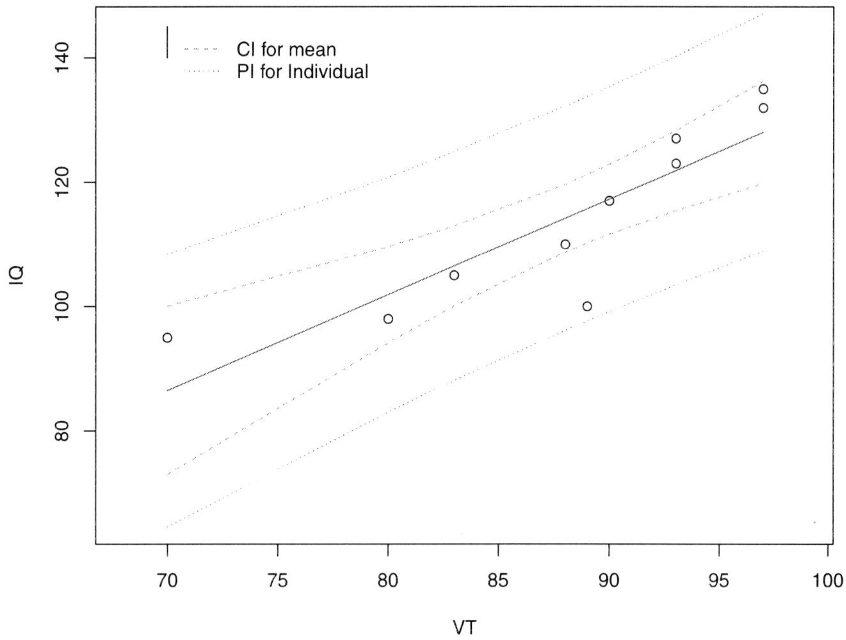

그림 8.9: 회귀직선 및 신뢰구간, 예측구간의 산점도

VT가 90인 경우 IQ 값은 117.2730으로 추정된다. 또한 VT가 90인 사람들의 평균 IQ에 대한 95% 신뢰구간은

$$\mu_{Y|x} = (111.6564, 122.8897)$$

이며 같은 경우인 한 사람의 IQ에 대한 95% 예측구간은

$$Y_I = (99.15731, 135.3887)$$

임을 볼 수 있다. 이 결과를 보기 8.1의 계산과 비교하면 반올림에 의한 오차를 고려하면 같은 값임을 알 수 있다. 첫 번째 케이스의 $\hat{Y}$의 값(그림의 ⑦)도 $\hat{Y} = -21.013 + 1.537 \cdot 89 = 115.78$로 반올림에 의한 오차를 고려할 때 계산결과와 일치함을 알 수 있다.

추정된 회귀직선, 예측구간, 신뢰구간 및 원자료를 모두 하나의 산점도에 포함하여 그림을 얻으면 그림 8.9와 같은 산점도를 얻을 수 있다. 평균에 대한 신뢰구간과 개별값에 대한 예측구간은 VT 값의 평균에서 폭이 가장 좁으며, 평균에서 멀어질수록 폭이 점차 넓어짐을 알 수 있다.

■

8.1.4 기울기 b_1과 상관계수

회귀모형의 기울기와 상관계수는 두 변수의 선형관계를 추론하는데 사용되므로 이 둘은 밀접한 관계가 있음을 예측할 수 있을 것이다. 실제로 식 (8.3)에 의해서

$$b_1 = r\frac{\sqrt{S_{yy}}}{\sqrt{S_{xx}}}$$

임을 알 수 있으며 식 (8.7)의 제곱합의 분해에서

$$\begin{aligned} \text{SSR} &= \sum_{i=1}^{n}(\hat{Y}_i - \bar{Y})^2 = \sum_{i=1}^{n}(b_0 + b_1 x_i - (b_0 + b_1\bar{x}))^2 \\ &= b_1^2\sum_{i=1}^{n}(x_i - \bar{x})^2 = b_1^2 S_{xx} \end{aligned} \tag{8.30}$$

이므로 회귀계수 추정치 b_1과 상관계수 r은 같은 부호를 가짐임을 알 수 있다.

b_1과 r의 관계를 제곱합의 분해식 (8.7)에 대입하면

$$\begin{aligned} \text{SSE} &= \text{SST} - \text{SSR} = S_{yy} - b_1^2 S_{xx} = S_{yy} - r^2\frac{S_{xy}}{S_{xx}}S_{xx} \\ &= S_{yy}(1 - r^2) \end{aligned} \tag{8.31}$$

로 SSE도 r의 함수로 얻을 수 있다.

이제 $H_0 : \beta_1 = 0$을 검정하기 위한 검정통계량 t는(식 8.17)

$$
\begin{aligned}
t &= \frac{b_1}{\sqrt{\text{MSE}}/\sqrt{S_{xx}}} = \frac{b_1\sqrt{n-2}}{\sqrt{\text{SSE}}/\sqrt{S_{xx}}} \\
&= \frac{r\frac{\sqrt{S_{yy}}}{\sqrt{S_{xx}}}\sqrt{n-2}}{\sqrt{S_{yy}(1-r^2)}/\sqrt{S_{xx}}} \\
&= \frac{r\sqrt{n-2}}{\sqrt{1-r^2}} \qquad (8.32)
\end{aligned}
$$

임을 알 수 있다. 따라서 모상관계수 ρ가 0이면 위의 통계량은 자유도가 $(n-2)$인 t 분포를 따름을 알 수 있다.

이 결과를 7.2.2절의 상관계수 검정과 비교하면 $H_0 : \rho = 0$에 대한 검정과 단순회귀에서 $H_0 : \beta_1 = 0$에 대한 검정이 같은 검정임을 알 수 있다.

8.1.5 잔차의 분석

잔차(residual)는 보통 e_i로 나타내고 그 값은 $e_i = Y_i - \hat{Y}_i$, 즉, i번째 관측값인 Y_i와 $\hat{Y}_i$의 차이를 말한다. 일종의 예측 오차라고도 볼 수 있다. 이 잔차는 우리가 얻은 회귀직선이 타당한지 판단하는 중요한 자료로 사용할 수 있다. 모형에 대한 가정이

$$Y_i = \beta_0 + \beta_1 x_i + \epsilon_i$$

에서 ϵ_i가 독립이고 분산이 같은 정규분포를 따른다는 가정이 필요하기 때문에 잔차는 산점도를 그렸을 때 어떤 종류의 패턴이 나타나면 안된다. 따라서 잔차를 다른 변수와의 산점도를 그리거나 잔차의 히스토그램을 관찰하여 잔차의 분포가 독립성과 정규성, 등분산성 등을 만족시키는지 확인하는 과정을 거쳐야 비로소 제대로 된 분석이라고 할 수 있겠다.

직관적인 사용방법으로 잔차와 x와의 산점도를 사용할 수 있는데 만일 적합이 잘되었으면 이 산점도는 고루 퍼져 있게 되고 그렇지 않은 경우는 이 산점도에서 어떤 패턴이 나타나게 된다. 이는 원래의 회귀모형에서 독립변수의 값이 바뀌더라도 오차는 평균이 0, 분산이 σ^2으로 일정하다는 가정에 맞지 않는다. 다음 보기를 보자.

x	1	2	3	4	5	6	7	8	9	10
Y	−24	−2	7	9	−2	−8	−5	8	27	78

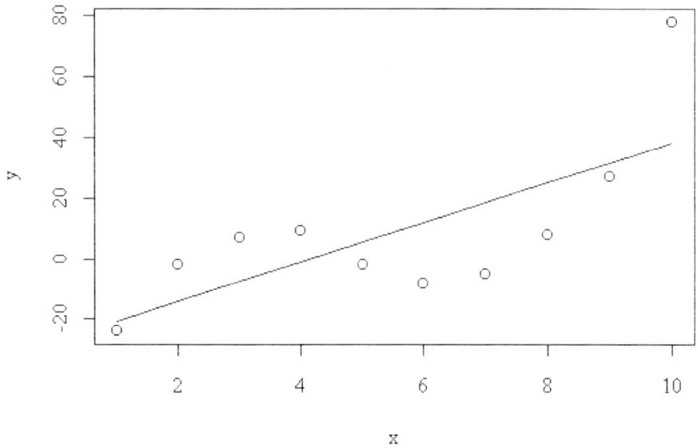

그림 8.10: 산점도와 회귀직선

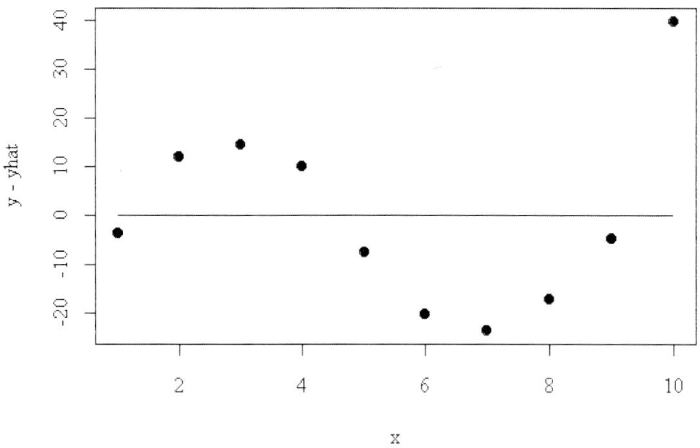

그림 8.11: 잔차의 산점도

이 자료를 $Y = b_0 + b_1 x$에 적합시키면

$$\hat{Y} = -27.1333 + 6.5333x$$

를 얻을 수 있다. 이 경우 회귀직선과 자료의 산점도는 그림 8.10에서 보는 것과 같다. 이 그림에서 보는 것과 같이 회귀직선에서 파악하지 못했던 곡선 모양이 잔차의 산점도에서 그대로 나타난다. 이런 경우는 x 뿐만 아니라 x의 제곱 또는 다른 고차항이나 다른 설명변수가 필요한 것으로 판단할 수 있다.

이 산점도에서 보는 것과 같이 자료는 곡선인 패턴을 보이고 있으나 직선으로 적합한 경우이다. 이 경우에는 x와 잔차의 산점도를 그려보면 그림 8.11와 같다.

뿐만 아니라 잔차의 값이 너무 크거나 작은 경우에도 모형이 타당한지 의심할 수 있다. 많은 컴퓨터 패키지에 잔차에 대한 분석을 포함하고 있다. 이러한 분석의 경우 원래의 잔차값이 아닌 표준화된 잔차를 사용하는 경우가 많다.

8.2. 선형다중회귀

다중회귀란 종속변수 Y를 설명하는 독립변수가 둘 이상인 경우를 말한다. 따라서 p 개의 독립변수가 있는 경우이면 통계적 모형은

$$Y_i = \beta_0 + \beta_1 x_{i1} + \beta_2 x_{i2} + \cdots + \beta_p x_{ip} + \epsilon_i \tag{8.33}$$

이고 ϵ_i들은 서로 독립이고 분포가 $N(0, \sigma^2)$인 확률변수이다. 이 모형에서도

$$\sum (Y_i - (b_0 + b_1 x_{i1} + b_2 x_{i2} + \cdots + b_p x_{ip}))^2 \tag{8.34}$$

을 최소로 하는 $b_0, b_1, b_2, \ldots, b_p$ 구하여 이를 $\beta_0, \beta_1, \beta_2, \ldots, \beta_p$ 의 추정치로 사용한다. 이 때 이 해를 최소제곱추정치라고 한다. 앞에서 본 단순회귀분석과 마찬가지로 전체제곱합 SST는 $\hat{Y}_i$의 추정치 $\hat{Y}_i$를

$$\hat{Y}_i = b_0 + b_1 x_{i1} + b_2 x_{i2} + \cdots + b_p x_{ip}$$

라고 할 때

$$\underset{\text{SST}}{\sum (Y_i - \bar{Y})^2} = \underset{\text{SSE}}{\sum (Y_i - \hat{Y}_i)^2} + \underset{\text{SSR}}{\sum (\hat{Y}_i - \bar{Y})^2}$$

로 분해되며 결정계수 R^2은

$$R^2 = \frac{\text{SSR}}{\text{SST}} \tag{8.35}$$

이다. 결정계수의 값은 종속변수 Y를 잘 설명하는지 여부와 관계없이 독립변수의

표 8.2: 다중 회귀분석에서의 분산분석표

요인	제곱합	자유도	평균제곱합	F
회귀	$\sum(\hat{Y}_i - \bar{Y})^2$	p	$\text{MSR} = \text{SSR}/p$	MSR/MSE
오차	$\sum(Y_i - \hat{Y}_i)^2$	$n-p-1$	$\text{MSE} = \text{SSE}/(n-p-1)$	
합	$\sum(Y_i - \bar{Y})^2$	$n-1$		

수가 늘어나면 항상 증가하여 다중회귀분석에서는 수정된 결정계수(adjusted coefficient of determination)

$$R^2_{adj} = 1 - \frac{\text{SSE}/(n-p-1)}{\text{SST}/(n-1)} \tag{8.36}$$

을 참고하는 경우가 많다. (8.4절의 변수선택 참고.) 수정된 결정계수의 값은 단순회귀일 때, 즉 $p = 1$일 때는 결정계수와 같은 값을 가진다.

다중회귀분석에서도 표 8.2과 같은 분산분석표를 계산한다. 이 분산분석표는 단순회귀의 분산분석표와 같은 모양이나 자유도가 독립변수의 개수에 따라 달라진다는 것을 알 수 있으며 $p = 1$이면 단순회귀의 분산분석표와 같다는 것을 알 수 있다. 이 표에서 $\hat{Y}_i = b_0 + b_1 x_{i1} + b_2 x_{i2} + \cdots + b_p x_{ip}$이다. 이 분산분석표에서 얻어지는 F 값은 귀무가설

$$H_0 : \beta_1 = \beta_2 = \cdots = \beta_p = 0 \tag{8.37}$$

이 옳을 때 F 분포 $F_{p,n-p-1}$를 따르므로 $F > F_{p,n-p-1;\alpha}$ 이면 귀무가설 (8.37)과 대립가설

$$H_1 : \text{적어도 하나의 } \beta_i\text{는 0이 아니다.}$$

인 가설검정에서 귀무가설을 기각한다.

컴퓨터 패키지를 사용하는 경우 분산분석표에 유의확률도 함께 계산해 주는 경우가 많은데 유의확률을 알고 있다면 유의확률 값이 유의수준보다 작으면 귀무가설을 기각한다. 그림 8.12은 보기 8.3의 자료를 이용하여 SPSS 출력을 얻은 것인데 이 그림의 ⑦번 사각형에서 유의확률값이 0.007로 유의수준 1%에서 귀무가설을 기각할 수 있음을 알 수 있다. 즉, 모든 회귀계수가 0이지는 않다고 할 수 있다.

위의 식 (8.37)의 귀무가설이 맞으면 모든 x에 대해서 x의 값이 변하더라도 Y의 값의 변화가 없고 따라서 x와 Y는 선형인 어떤 관계를 말하기 힘들다는 것을 알 수 있다. 여기서 주의할 점은 귀무가설을 기각하였다 하더라도 현재 모형에

들어 있는 모든 독립변수가 종속변수 Y를 설명하는데 유의하다는 것은 아니라는 것이며 귀무가설을 기각하였으면 적어도 하나의 독립변수는 Y를 설명하는데 유의하다는 뜻이다. 따라서 어떤 독립변수가 Y를 설명하는데 유의하고 어떤 독립변수는 그렇지 않은지에 대한 추론이 필요하다. 이러한 추론은 8.4절에서 다루기로 한다. 또한 귀무가설을 기각하지 못하였다면 설명변수들과 종속변수 사이에 직선인 관계가 존재하지 않는다는 것이지 곡선이나 그 밖의 다른 관계가 존재할 수 있으므로 반드시 독립변수들과 종속변수의 산점도를 그려 관계를 확인하여야 한다.

그림 8.12에서 첫 번째 표에는 결정계수 R^2이 0.813임을 계산하였고, 이 값이 1에 가까우므로 좋은 적합이 이루어졌을 가능성을 생각할 수 있다.

그림 8.12에서 두 번째 표가 표 8.2의 계산값으로 얻어진 분산분산표이다. 분산분석표의 ①번 사각형에 포함된 것이 제곱합의 분해에 해당된다. 분산분석표의 ②번 사각형의 값 25.123이 MSE이며 분산 σ^2의 추정치로 사용된다.

8.2.1 계수의 추정치에 대한 추론

최소제곱법에 의한 계수 $\beta_0, \beta_1, \ldots, \beta_p$에 대한 최소제곱법에 의한 추정치 $b_0, b_1, \ldots, b_p$는 간단한 수식으로 표현되지 않기 때문에 자료와 계수들을 다음과 같이

$$\boldsymbol{X} = \begin{bmatrix} 1 & x_{11} & x_{12} & \cdots & x_{1p} \\ 1 & x_{21} & x_{22} & \cdots & x_{2p} \\ \vdots & \vdots & \vdots & \vdots & \vdots \\ 1 & x_{n1} & x_{n2} & \cdots & x_{np} \end{bmatrix}, \quad \boldsymbol{\beta} = \begin{bmatrix} \beta_0 \\ \beta_1 \\ \vdots \\ \beta_p \end{bmatrix}, \quad \boldsymbol{b} = \begin{bmatrix} b_0 \\ b_1 \\ \vdots \\ b_p \end{bmatrix} \tag{8.38}$$

라고 행렬과 벡터로 표현하면 회귀계수의 벡터 $\boldsymbol{\beta}$의 최소제곱 추정치 $\boldsymbol{b}$는 행렬과 벡터의 이론에 의해

$$\boldsymbol{b} = (\boldsymbol{X}^t\boldsymbol{X})^{-1}\boldsymbol{X}^t\boldsymbol{Y} \tag{8.39}$$

로 얻어진다. 이 값은 행렬대수를 이용하여 손이나 공학용계산기를 이용하여 계산하는 경우는 매우 드물며 대부분 통계 패키지를 이용하여 추정치를 얻게 된다. 그리고 컴퓨터 패키지에서는 대부분의 경우 위의 식과 같은 전치행렬 및 역행렬을 이용한 직접적인 계산을 하지 않고 행렬의 QR 분해 등을 이 용한 수치해석적인 방법을 사용하여 계산의 효율성과 정밀도를 높인다.

컴퓨터 패키지를 이용할 경우 그림 8.12의 SPSS 출력에서 ③번 사각형과 같이

계수가 얻어지므로 그 값을 바로 확인할 수 있다. 이 계수값에 의하면

$$\text{저축} = 25.122 - 5.242 \times (\text{자녀수}) + .362 \times (\text{소득})$$

으로 얻으며, 자녀수가 작을수록, 소득이 많을수록 저축이 많음을 추정할 수 있다.

표 8.2에서 얻은 분산분석표에 의한 가설검정 결과

$$H_0 : \beta_1 = \beta_2 = \cdots = \beta_p = 0 \tag{8.40}$$

를 기각하였다면 모든 β_i가 0이지는 않다는 것을 알 수 있다. 그렇지만 일부의 회귀계수는 여전히 0일 수 있으므로 이에 대한 가설검정이 필요하다. 각각의 β_i에 대한 가설검정을 하기 위해서는 β_i의 추정치인 b_i의 분포를 알아야 한다. $(\boldsymbol{X}^t\boldsymbol{X})^{-1}$의 (i,i)번째의 대각선의 값을 d_{ii}라고 하고 ϵ_i 의 공통분산을 σ^2이라고 하면 식 (8.39)에서 얻은 최소제곱추정치 b_i는 기댓값과 분산이 각각 $\boldsymbol{\beta}$와 $d_{i+1,i+1}\sigma^2$을 따르는 정규분포를 가진다는 것이 밝혀져 있다. 분산 σ^2은 일반적으로 알려져 있지 않으므로 σ^2에 대한 추정치로 분산분석표의 MSE를 사용하면(그림 8.12의 ②번 사각형의 값이 SPSS로 얻은 MSE값이다.)

$$\frac{b_i - \beta_i}{\sqrt{d_{i+1,i+1}\text{MSE}}} \sim t_{n-p-1} \tag{8.41}$$

을 따른다는 것이 알려져 있다. 여기서 $\sqrt{d_{ii}\text{MSE}}$의 계산값은 대부분의 컴퓨터 패키지에서 표준오차 또는 standard error(S.E.)라는 이름으로 출력하게 되므로 컴퓨터 패키지를 사용하는 경우 이 값을 바로 얻을 수 있다. SPSS의 경우 그림 8.12의 ④번 사각형에서 계산된 값이다. 따라서 β_i에 대한 $100(1-\alpha)\%$ 신뢰구간은

$$b_i \pm t_{n-p-1;\alpha/2}\sqrt{d_{i+1,i+1}\text{MSE}} \tag{8.42}$$

로 얻어지며 $H_0 : \beta_i = \beta_i^0$에 대한 가설검정은 검정통계량

$$t_0 = \frac{b_i - \beta_i^0}{\sqrt{d_{i+1,i+1}\text{MSE}}} \tag{8.43}$$

가 귀무가설이 옳을 때 자유도 $(n-p-1)$을 따르는 t 분포를 따른다는 사실에 근거하여

모형 요약

모형	R	R 제곱	수정된 R 제곱	추정값의 표준오차
1	.902[a]	.813	.750	5.012

a. 예측값: (상수), 소득, 자녀수

분산분석[b]

모형		제곱합	자유도	평균 제곱	F	유의확률
1	회귀 모형	654.149	2	327.074	13.019	.007[a]
	잔차	150.740	6	25.123		
	합계	804.889	8			

a. 예측값: (상수), 소득, 자녀수
b. 종속변수: 저축

① ② ⑦

계수[a]

③ ④ ⑤ ⑥

모형		비표준화 계수		표준화 계수	t	유의확률
		B	표준오차	베타		
1	(상수)	25.122	11.336		2.216	.069
	자녀수	-5.242	2.040	-.691	-2.570	.042
	소득	.362	.378	.257	.957	.376

a. 종속변수: 저축

그림 8.12: 보기 8.3의 자료에 대한 SPSS 회귀분석 출력

- 대립가설이 $H_1 : \beta_i > \beta_i^0$ 이면 $t_0 > t_{n-p-1;\alpha}$이면 귀무가설을 기각하고
- 대립가설이 $H_1 : \beta_i < \beta_i^0$ 이면 $t_0 < -t_{n-p-1;\alpha}$이면 귀무가설을 기각하고
- 대립가설이 $H_1 : \beta_i \neq \beta_i^0$ 이면 $|t_0| > t_{n-p-1;\alpha/2}$이면 귀무가설을 기각

한다. 그림 8.12의 경우 ⑤번 사각형의 출력이 각각의 β_i에 대해서 귀무가설 $H_0 : \beta_i = 0$을 검정하기 위한 검정통계량 t_0의 값이다.

식 (8.41), (8.42) 및 (8.43)에서 사용된 값 $d_{i+1,i+1}$MSE는 계수 b_i의 분산에 대한 추정치이며 이 값들과 계수의 추정치 사이의 공분산 값의 추정값은 SPSS에서 행렬 형태로 얻을 수 있다. 이 분산공분산 행렬을 얻으려면 그림 8.4의 [통계량] 또는 [Statistics] 버튼을 클릭할 때 만들어진 대화창인 그림 8.5의 ②번 사각형인 **공분산 행렬**를 선택한다. 출력결과는 보기 8.3의 자료를 사용한 결과인 그림 8.13를 참고하기로 한다.

컴퓨터 패키지를 사용하는 경우 유의확률이 양측검정에 의한 유의확률로 계산되는 경우가 많으므로 (그림 8.12의 ⑥번 사각형에 해당하는 SPSS 출력도 양측검정의 유의확률이다.)

- 대립가설이 $H_1 : \beta_i > \beta_i^0$ 이고 $t_0 > 0$일 때는 컴퓨터 출력의 유의확률의 반값
- 대립가설이 $H_1 : \beta_i > \beta_i^0$ 이고 $t_0 < 0$일 때는 1에서 컴퓨터 출력의 유의확률의 반값을 뺀 값
- 대립가설이 $H_1 : \beta_i < \beta_i^0$ 이고 $t_0 < 0$일 때는 컴퓨터 출력의 유의확률의 반값
- 대립가설이 $H_1 : \beta_i < \beta_i^0$ 이고 $t_0 > 0$일 때는 1에서 컴퓨터 출력의 유의확률의 반을 뺀 값
- 대립가설이 $H_1 : \beta_i \neq \beta_i^0$ 이면 컴퓨터 출력의 유의확률 그대로

가 유의확률이 되므로 유의수준 α보다 위에서 얻은 유의확률의 값이 작으면 귀무가설을 기각한다. 대칭인 분포를 따르는 경우의 유의확률에 대한 해석은 4.5절의 논의를 참고하자.

8.2.2 $\boldsymbol{x}$가 주어졌을 때 Y에 대한 추론

주어진 $\boldsymbol{x}$에 대해 Y의 기댓값 $\mu_{Y|\boldsymbol{x}}$에 대한 추정치는

$$\hat{Y} = b_0 + b_1 x_1 + \cdots + b_p x_p$$

가 되며 참값 $\beta_0 + \beta_1 x_1 + \cdots + \beta_p x_p$에 대한 $100(1-\alpha)\%$ 신뢰구간은

$$\hat{Y} \pm t_{n-p-1;\alpha/2}\sqrt{\boldsymbol{x}^t(\boldsymbol{X}^t\boldsymbol{X})^{-1}\boldsymbol{x}\text{MSE}} \tag{8.44}$$

이 된다. 주어진 $\boldsymbol{x}$에서의 하나의 값 Y의 예측값은

$$\hat{Y} = b_0 + b_1 x_1 + \cdots + b_p x_p$$

이며 이의 예측(신뢰)구간(prediction interval)은

$$\hat{Y} \pm t_{n-p-1;\alpha/2}\sqrt{[1 + \boldsymbol{x}^t(\boldsymbol{X}^t\boldsymbol{X})^{-1}\boldsymbol{x}]\text{MSE}} \tag{8.45}$$

이다.

주어진 $\boldsymbol{x}$에 대해 Y의 기댓값 $\mu_{Y|\boldsymbol{x}}$에 대한 귀무가설 $H_0 : \mu_{Y|\boldsymbol{x}} = \mu^0_{Y|\boldsymbol{x}}$에 대한 가설검정은 검정통계량으로

$$t_0 = \frac{\hat{Y} - \mu^0_{Y|\boldsymbol{x}}}{\sqrt{\boldsymbol{x}^t(\boldsymbol{X}^t\boldsymbol{X})^{-1}\boldsymbol{x}\text{MSE}}}$$

을 사용하며 귀무가설이 옳을 때 t_0는 t_{n-p-1} 분포에서의 관측치이다. 따라서 대립가설이 $H_1 : \mu_{Y|\boldsymbol{x}} > \mu^0_{Y|\boldsymbol{x}}$, $H_1 : \mu_{Y|\boldsymbol{x}} < \mu^0_{Y|\boldsymbol{x}}$, $H_1 : \mu_{Y|\boldsymbol{x}} \neq \mu^0_{Y|\boldsymbol{x}}$ 일 때 각각 $t_0 > t_{n-p-1;\alpha}$, $t_0 < -t_{n-p-1;\alpha}$ 및 $|t_0| > t_{n-p-1;\alpha/2}$ 이면 귀무가설을 기각한다.

주어진 $\boldsymbol{x}$에 대해 Y의 하나의 관측값 Y_I에 대한 귀무가설 $H_0 : Y_I = Y^0_I$에 대한 가설검정은 검정통계량으로

$$t_0 = \frac{\hat{Y} - Y^0_I}{\sqrt{1 + \boldsymbol{x}^t(\boldsymbol{X}^t\boldsymbol{X})^{-1}\boldsymbol{x}\text{MSE}}}$$

을 사용하며 귀무가설이 옳을 때 t_0는 t_{n-p-1} 분포에서의 관측치이다. 따라서 대립가설이 $H_1 : Y_I > Y^0_I$, $H_1 : Y_I < Y^0_I$, $H_1 : Y_I \neq Y^0_I$일 때 각각 $t_0 > t_{n-p-1;\alpha}$, $t_0 < -t_{n-p-1;\alpha}$ 및 $|t_0| > t_{n-p-1;\alpha/2}$ 이면 귀무가설을 기각한다.

8.2.3 SPSS에서의 다중회귀분석 및 결과 해석

SPSS의 회귀분석 출력에 대해서 알아보기 위해 보기를 사용하여 실제 계산과 SPSS의 출력을 비교해보기로 하자..

보기 8.3. 가구별 저축액(Y)과 소득(X_1), 자녀의 수(X_2)의 관계를 설명하기 위해 다음의 자료를 수집하였다.

저축(Y)	21	15	30	21	12	45	16	22	17
소득	15	20	30	22	10	31	14	19	25
자녀수	2	3	0	2	4	0	2	2	3
$\hat{Y}$	20.06	16.63	35.97	22.59	7.77	36.33	19.70	21.51	18.44

먼저 식 (8.38)의 $\boldsymbol{X}$는

$$\boldsymbol{X} = \begin{bmatrix} 1 & 15 & 2 \\ 1 & 20 & 3 \\ 1 & 30 & 0 \\ 1 & 22 & 2 \\ 1 & 10 & 4 \\ 1 & 31 & 0 \\ 1 & 14 & 2 \\ 1 & 19 & 2 \\ 1 & 25 & 3 \end{bmatrix} \tag{8.46}$$

이므로

$$\boldsymbol{X}^t\boldsymbol{X} = \begin{bmatrix} 9 & 186 & 18 \\ 186 & 4252 & 315 \\ 18 & 315 & 50 \end{bmatrix}, \quad \boldsymbol{X}^t\boldsymbol{y} = \begin{bmatrix} 199 \\ 4559 \\ 304 \end{bmatrix} \tag{8.47}$$

이고

$$(\boldsymbol{X}^t\boldsymbol{X})^{-1} = \begin{bmatrix} 5.1145847 & -0.163756936 & -0.80958181 \\ -0.1637569 & 0.005684125 & 0.02314251 \\ -0.8095818 & 0.023142509 & 0.16565164 \end{bmatrix} \tag{8.48}$$

이므로 $\boldsymbol{b} = (b_0, b_1, b_2)^t$를 식 (8.39)에 대입하여 구해 보면

$$\boldsymbol{b} = \begin{bmatrix} 5.1145847 & -0.163756936 & -0.80958181 \\ -0.1637569 & 0.005684125 & 0.02314251 \\ -0.8095818 & 0.023142509 & 0.16565164 \end{bmatrix} \begin{bmatrix} 199 \\ 4559 \\ 304 \end{bmatrix} = \begin{bmatrix} 25.1216 \\ 0.3616 \\ -5.242 \end{bmatrix} \tag{8.49}$$

이다. 따라서 회귀식에 의해서 $\hat{Y}$는

$$25.1216 + 0.3616 \times (\text{소득}) - 5.242 \times (\text{자녀수})$$

로 추정될 수 있으며 이 계산 결과는 그림 8.12의 ③번 사각형의 계수와 일치하는 것을 알 수 있다. 위의 표에서 네 번째 행에 정리하였다. 계수의 추정치의 값을 보면 소득의 계수는 양수, 자녀수의 계수는 음수이므로 소득이 많을수록, 자녀수가 작

을수록 저축이 많음을 알 수 있다.

제곱합의 분해의 결과로 SSE $= \sum(Y - \hat{Y})^2 = 150.7402$, SSR $= 654.1487$ 및 SST $= 804.8889$를 얻으며 분산분산석표는 그림 8.12의 두 번째 표와 같음을 알 수 있다.

요인	제곱합	자유도	평균제곱합	F
회귀	654.1487	2	327.0743	13.019
오차	150.7402	6	25.1234	
합	804.8889	8		

가 된다. 이 F 값 13.019는 $F_{2,6;0.05} = 5.143$이므로 5%에서 이 모형은 유의하다. 그림 8.12에서 유의확률은 0.007임을 알 수 있다.

또 MSE $=$ 150.7402/6으로 그림 8.12의 ⑦번 사각형에서 얻은 결과와 일치하는 25.1234를 얻는다. 따라서 계수의 추정치에 대한 분산공분산 추정치인 $(\boldsymbol{X}^t\boldsymbol{X})^{-1}$MSE는

$$(\boldsymbol{X}^t\boldsymbol{X})^{-1}\text{MSE} = \begin{bmatrix} 128.49576 & -4.1141310 & -20.3394476 \\ -4.11413 & 0.1428045 & 0.5814185 \\ -20.33945 & 0.5814185 & 4.1617324 \end{bmatrix}$$

이므로 각 $H_0 : \beta_i = 0$에 대한 신뢰구간이나 가설검정에서 사용할 표준오차 값은 $SE(b_1) = \sqrt{0.1656516 \cdot 25.1234} = \sqrt{4.1617324} = 2.040$ 및 $SE(b_2) = \sqrt{.005684125 \cdot 25.1234} = \sqrt{0.1428045} = 0.3779$ 이며 이 값은 그림 8.12의 ④번 사각형에서 확인된다.

위의 분산공분산 행렬은 SPSS의 회귀분석 대화창(그림 8.4)에서 [통계량] 또는 [Statistics] 버튼을 클릭하여 만든 대화창인 그림 8.5의 ②번 사각형인 **공분산행렬**을 선택하여 얻을 수 있는데 그 결과는 그림 8.13이다. 이 그림은 상관계수 및 공분산행렬을 모두 얻었으며 SPSS 출력에서는 절편 b_0와 관련된 분산과 공분산의 추정치 값은 이 그림에서 보는 것처럼 계산되지 않으나, $b_1, b_2, \ldots, b_p$들의 분산공분산 행렬 및 상관계수 행렬은 출력해 주는 것을 알 수 있다.

$H_0 : \beta_1 = 0$ 및 $H_0 : \beta_2 = 0$ 를 검정하기 위한 식 (8.43)의 검정통계량은 $\beta_i^0 = 0$이고 $\sqrt{d_{i+1,i+1}\text{MSE}}$의 값이 각각 $SE(b_1) = 2.040$ 및 $SE(b_2) = 0.3779$ 이므로 이므로 $t_0 = (-5.242 - 0)/2.040 = -2.57$ 및 $t_0 = (.361 - 0)/.3779 = 0.957$ 로 얻을 수 있다. 이 계산결과는 그림 8.12의 ⑤번 사각형의 출력과 일치한다. ⑥번 사각

상관계수[a]

모형			자녀수	소득
1	상관계수	자녀수	1.000	.754
		소득	.754	1.000
	공분산	자녀수	4.162	.581
		소득	.581	.143

a. 종속변수: 저축

그림 8.13: 회귀분석의 계수 추정치에 대한 분산공분산 추정치 행렬

형의 유의확률에 의하면 유의수준 5%일 때 양측검정이라면 β_1은 0이 아니나 β_2는 0이라고 할 수 있다.

분산공분산 행렬이나 앞에서 계산한 표준오차의 값에 의해서 회귀계수의 95% 신뢰구간은 $t_{6;0.025} = 2.446912$, $SE(b_1)$ 및 $SE(b_2)$이 각각 0.0240 및 0.3779이므로 식 (8.42)에 의해서

$$\beta_1 = 0.3616 \pm t_{6;0.025}0.3779 = (-0.563088, 1.286288)$$

및

$$\beta_2 = -5.2419 \pm t_{6;0.025}2.040 = (-10.2336, -0.2501995)$$

이 된다. 이 신뢰구간은 그림 8.14의 신뢰구간과 일치함을 알 수 있다. ■

계수[a]

모형		비표준화 계수		표준화 계수	t	유의확률	B에 대한 95.0% 신뢰구간	
		B	표준오차	베타			하한값	상한값
1	(상수)	25.122	11.336		2.216	.069	-2.616	52.859
	소득	.362	.378	.257	.957	.376	-.563	1.286
	자녀수	-5.242	2.040	-.691	-2.570	.042	-10.234	-.250

a. 종속변수: 저축

그림 8.14: 보기 8.3의 자료에 대한 SPSS 회귀분석 출력-2

그림 8.14은 회귀계수의 신뢰구간을 출력하였을 때의 SPSS 회귀분석의 출력이다. 이 그림은 회귀분석에서 통계량 또는 Statistics 버튼(그림 8.4)을 클릭하여 얻은 대화창(그림 8.5)에서 신뢰구간(confidence intervals)(그림 8.5의 ①번 사각형) 선택시 출력된다. 이 출력에 의하면 계수 β_1(소득)의 95% 신뢰구간은

$(-.563, 1.286)$으로 앞의 직접 계산 결과와 일치함을 볼 수 있다. β_1의 95% 신뢰구간이 0을 포함하고 있으므로 $H_0 : \beta_1 = 0$ 대 $H_1 : \beta_1 \neq$에 대한 유의수준 5% 검정은 귀무가설을 기각하지 못함을 알 수 있으며, 실제 유의확률이 0.375임을 출력에서 확인할 수 있다. 그림 8.15은 회귀분석에서 [저장] 또는 [Save] 버튼(그림

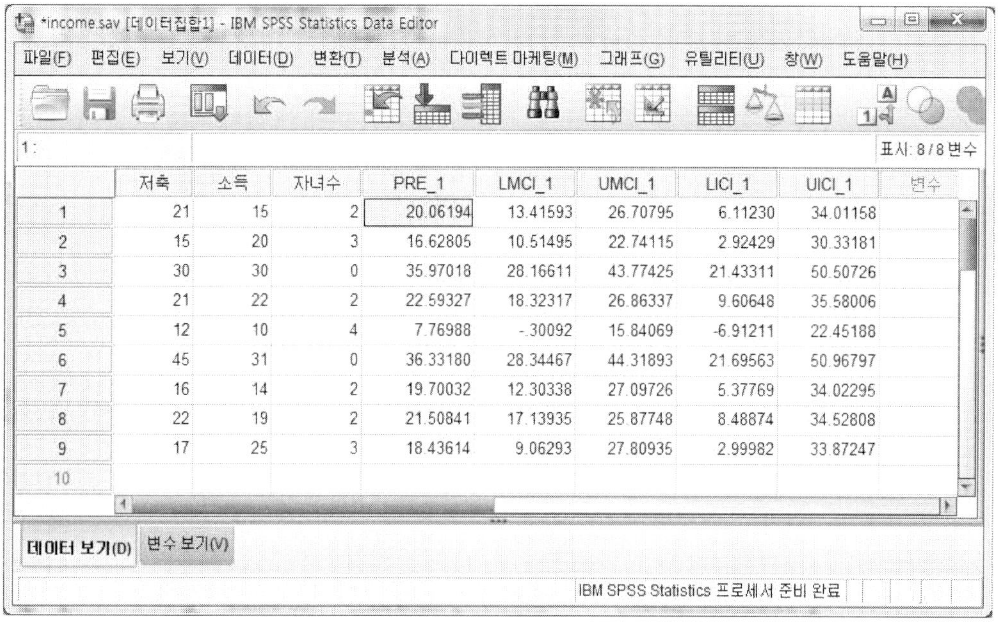

	저축	소득	자녀수	PRE_1	LMCI_1	UMCI_1	LICI_1	UICI_1	변수
1	21	15	2	20.06194	13.41593	26.70795	6.11230	34.01158	
2	15	20	3	16.62805	10.51495	22.74115	2.92429	30.33181	
3	30	30	0	35.97018	28.16611	43.77425	21.43311	50.50726	
4	21	22	2	22.59327	18.32317	26.86337	9.60648	35.58006	
5	12	10	4	7.76988	-.30092	15.84069	-6.91211	22.45188	
6	45	31	0	36.33180	28.34467	44.31893	21.69563	50.96797	
7	16	14	2	19.70032	12.30338	27.09726	5.37769	34.02295	
8	22	19	2	21.50841	17.13935	25.87748	8.48874	34.52808	
9	17	25	3	18.43614	9.06293	27.80935	2.99982	33.87247	
10									

그림 8.15: 보기 8.3의 자료에 대한 SPSS 회귀분석 출력-3

8.4의 ②번 사각형)에서 '예측구간' 또는 'Prediction Intervals' 선택시(그림 8.6의 ②번 사각형) 출력된 Y의 기댓값에 대한 신뢰구간의 신뢰하한(`LMCI_1`) 및 신뢰상한(`UMCI_1`)과 개별 추정치 Y에 대한 예측구간의 하한(`LICI_1`) 및 상한(`UICI_1`)이 SPSS 데이터의 새 변수로 저장된다.

이 그림의 첫 번째 케이스의 경우 실제 자료의 관측치는 자녀 2명, 소득 15인 경우 저축 21이었으며 회귀분석의 결과 자녀 2, 소득 15인 경우 저축은 20.06194로 예측됨을 볼 수 있으며 자녀 2, 소득 15인 경우 평균 소득에 대한 95% 신뢰구간은

$$\mu_{Y|x} = (13.41593, 26.70795)$$

이며 같은 경우 소득값에 대한 95% 예측구간은

$$Y_I = (6.11230, 34.01158)$$

임을 볼 수 있다.

8.3. 부분 F-검정

부분 F 검정이란 종속변수를 설명하는 독립변수의 일부가 모형에 포함되는 것이 유의한지 검정하는 방법으로 분산분석표의 F 값에 의한 유의성 검정에서 귀무가설우을 기각하더라도 모든 β 들이 0이 아니라고 하지 못하기 때문에 필요한 가설검정이다. 즉

$$H_0 : \beta_1 = \beta_2 = \cdots = \beta_p$$

를 기각하였다고 하더라라고 모든 계수가 0인 것은 아니라는 의미이므로 이 중 일부는 0이 될 수 있고 이 경우 계수값이 0에 해당하는 독립변수는 모형에서 제외할 수 있을 것이다. 이제 모든 독립변수가 들어간 모형을 전체모형(full model)이라고 하고 독립변수 중에서 해당계수가 0이 아니라고 판단되는 변수만 포함된 모형을 축소모형(reduced model)이라고 하자. 이 때 축소모형은 전체 회귀계수 중의 일부인 r 개의 원소를 갖는 계수 벡터인 $\boldsymbol{\beta}_1$만 포함된 모형이고 전체모형은 모든 독립변수 $\boldsymbol{\beta}_1$과 $\boldsymbol{\beta}_2$를 포함하여 얻어진 모형이라고 가정하고 축소모형일 때 분산분석표에서의 회귀제곱합을 SSR(R)라고 하고 전체모형의 회귀제곱합을 SSR(F)라고 하면 축소모형이 옳다는 귀무가설

$$H_0 : \boldsymbol{\beta}_2 = \mathbf{0} \tag{8.50}$$

가 옳으면

$$F = \frac{(\text{SSR}(F) - \text{SSR}(R))/(df_F - df_R)}{\text{SSE}(F)/df_F} \tag{8.51}$$

는 자유도가 $(df_R - df_F, df_F)$를 따른다는 사실에 의해 F 검정을 할 수 있다. 여기서 df_R과 df_F는 각각 전체모형과 축소모형에서의 회귀제곱에 대한 자유도로서 각각 r과 p이다. 따라서 식 (8.51)의 값이 자유도가 $(df_R - df_F, df_F)$인 F 분포표에서의 $F_{(df_R - df_F), df_F; \alpha}$ 값보다 크면 귀무가설을 기각하고 전체모형을 사용하며 그렇지 않으면 $\boldsymbol{\beta}_2$에 대응되는 독립변수는 모형에 포함시키지 않는 모형, 즉 축소모형을 사용한다.

보기 8.4. 보기 8.3의 결과에서 전체모형은 소득과 자녀수를 모두 포함한 모델로 하고 축소모형은 자녀수만 포함한 모형

$$\text{저축} = \beta_0 + \beta_2(\text{자녀수})$$

으로 하여 β_2를 소득에 대한 회귀계수라 두면 귀무가설과 대립가설은

$$H_0 : \beta_2 = 0, \quad H_1 : \beta_2 \neq 0$$

가 되고 축소모형의 분산분석표는

Source	DF	S. Squares	M Square	F Value	Pr > F
Model	1	631.14286	631.14286	25.43	0.0015
Error	7	173.74603	24.82086		
C Total	8	804.88889			

이므로 그림 8.12의 ①번 사각형에서 얻을 수 있는 전체 모형의 분산분석표에서 $\text{SSR}(F) = 654.14869$, $\text{SSE}(F) = 150.7740$임을 알 수 있으며 위의 분산분석표에서 $\text{SSR}(R) = 631.14286$임을 얻으며 대응되는 자유도는 순서대로 2, 6 및 1을 얻는다. 따라서 검정통계량은

$$F = \frac{(654.14869 - 631.14286)/(2-1)}{150.740/6} = 0.917$$

이 되어 귀무가설을 기각할 수 없게 된다. 자유도 $(1, 6)$인 F 분포에서 F이 0.917인 이 경우 유의확률은 0.375이다. ■

보기 8.5. 보기 9.1(274면)에서 광고매체가 매출에 영향을 미치는지 알아보자. 광고매체가 매출에 영향을 미치지 않는 경우는 광고 매체가 인터넷과 방송에 의한 가변수의 회귀계수를 각각 β_{22}와β_{23}이라 할 때 귀무가설

$$H_0 : \beta_{22} = \beta_{23} = 0$$

이 참일 때 이므로 대립가설 'H_1 : 적어도 하나는 0이 아님'으로 하는 가설검정을 생각할 수 있다. 전체모형을 보기 9.1에서 사용한 모형으로 하고 축소모형을 광고료만 설명변수로 취한 모형이라고 하면 그림 9.3의 ①과 ②에서 $\text{SSR}(F) = 435561.933$과

분산분석[b]

모형		제곱합	자유도	평균 제곱	F	유의확률
1	회귀 모형	430209.636	1	430209.636	271.624	.000[a]
	잔차	36428.364	23	1583.842		
	합계	466638.000	24			

a. 예측값: (상수), 광고료
b. 종속변수: 매출

② ①

계수[a]

모형		비표준화 계수		표준화 계수	t	유의확률
		B	표준오차	베타		
1	(상수)	-34.844	18.042		-1.931	.066
	광고료	1.432	.087	.960	16.481	.000

a. 종속변수: 매출

그림 8.16: 부분 F 검정을 위한 SPSS 출력

SSE(F) = 31076.067를 얻고 축소모형의 회귀분석 결과는 그림 8.16이므로 이 그림의 ①에서 SSR(R) = 430209.636을 얻는다. 이 세 개의 제곱합에 대응되는 자유도는 순서대로 3, 21, 1이므로 식 (8.51)의 부분 F 검정통계량은

$$\begin{aligned} F &= \frac{(\mathrm{SSR}(F) - \mathrm{SSR}(R))/(df_F - df_R)}{\mathrm{SSE}(F)/df_F} = \frac{(435561.933 - 430209.636)/(3-1)}{31076/21} \\ &= 1.8084 \end{aligned}$$

이다. 따라서 유의확률은 0.1885로 유의수준 5%에서 귀무가설을 기각할 수 있다. 따라서 광고매체에 따른 매출의 차이는 없다.[5] 따라서 두 가변수는 모형에서 제외한 결과인 그림 8.16의 ②번 사각형 부분의 계수 추정치에 의해

$$\text{매출} = -34.844 + 1.432 \cdot \text{광고료}$$

를 얻는다. ■

[5] 이 자료는 가상의 자료이다. 따라서 광고매체에 따른 매출의 변화가 없다는 결론이 현실과 다른 인상을 받을 수 있으나, 실제로는 매체에 따라 광고료가 많은 차이를 보이고 있기 때문에 광고료가 회귀모형에 이미 포함된 상태에서 광고매체가 더 이상 매출에 영향을 미치지 못하는 것은 현실과 일치한다고 볼 수도 있음에 유의하여야 한다.

8.4. 유의한 설명변수의 선택

독립변수가 여러 개가 있는 경우 여러 개의 독립변수 중에서도 종속변수를 잘 설명하는 변수가 있을 수 있고 그렇지 않은 독립변수가 있을 수 있다. 따라서 종속변수를 설명하는 독립변수가 처음 모형을 설계할 때는 p개라 하더라도 이 중 종속변수를 잘 설명하는 일부 독립변수만 모형에 포함시킬 필요가 있다. 이와 같이 종속변수를 잘 설명하는 독립변수들을 선택하는 것을 변수의 선택이라고 하며 크게

1. 모든 가능한 회귀(all possible regression)
2. 앞으로부터의 선택(forward selection)
3. 뒤로부터의 제거(backward elimination)
4. 단계적 회귀(stepwise regression)

가 있다. 이들은

모든 가능한 회귀: p 개의 독립변수 중에서 일부를 포함하는 모든 가능한 회귀모형을 얻어서 이중에서 가장 적절한 회귀모형을 선택하는 방법이다. 이 때 모든 가능한 회귀모형의 방법의 수는

$$\binom{p}{1} + \binom{p}{2} + \cdots + \binom{p}{p} = 2^p - 1$$

개이므로 $2^p - 1$ 번의 회귀분석을 행하게 된다. 이 $2^p - 1$개의 모형 중에서 변수선택의 기준에 따라 적절한 모형을 선택하게 된다. 선택기준은 여러 가지가 있으나 여기서는 수정된 결정계수(adjusted R^2)인 R^2_{adj}를 사용하는 방법만 설명하기로 한다. p개의 설명변수 중에서 i 개의 설명변수가 포함된 모형에서의 수정된 결정계수는

$$R^2_{adj;i} = 1 - \frac{\text{SSE}/(n-i+1)}{\text{SST}/(n-1)} \tag{8.52}$$

로 계산되며 이는 결정계수 R^2이 모형에 포함된 설명변수의 갯수 i가 커짐에 따라서 계속 커지기만 하는 것을 보정해준다. 모든 가능한 회귀는 앞의 $2^p - 1$개의 회귀식에서 각각에 대해서 식 (8.52)의 값이 가장 큰 모형을 선택하는 방법이다.

실제로 수정된 결정계수값이 가장 큰 모형을 선택하는 방법은 SST와 n이 고정되어 있으므로 SSE$/(n-i+1)$가 가장 작은 모형을 선택하는 것과 마찬가지이다. 그리고 SSE$/(n-i+1)$는 i개의 설명변수가 포함된 모형에서의 평균오차제곱합 MSE_i이므로 평균오차제곱합이 가장 작은 모형을 선택하는 것과 동일한 방법이다.

회귀분석을 포함하여 통계적 모형을 사용하는 많은 문제에서 MSE를 비교하는데 MSE의 원래 값을 사용하기도 하고 때로는 이 값의 양의 제곱근인 RMSE(Root Mean Square Error)[6]을 사용하는 경우도 많다. 어느 경우에서나 이 값이 가장 작은 모형을 최적의 모형으로 선택한다.

뒤로부터의 제거: 이 방법은 모든 유의할 수 있다고 생각되는 모든 독립변수를 회귀식에 포함한 다음 유의하지 않은 독립변수를 하나씩 제거해 나가는 방법이다. 이 때 컴퓨터 출력상 유의하지 않은 독립변수를 한꺼번에 둘 이상 제거하면 안되며 반드시 하나를 제거한 후에 다시 모형을 적합하고, 다시 적합한 모형에서 p 값이 가장 큰 독립변수를 제거해 나가야 한다. 제거해 나가는 기준은 부분 F 검정을 사용하며, 회귀계수에 대한 p 값이 가장 큰 독립변수를 제외한 모형이 축소모형, 회귀계수에 대한 p 값이 가장 큰 독립변수도 포함한 모형이 전체 모형이 된다. 이러한 경우 부분 F 검정의 분자의 자유도가 항상 1이 되어서 F값은 t의 제곱값이 되며 t 값은 대부분의 컴퓨터 출력에서 β들에 검정에서 주어진다.

보기 8.4 의 F 값인 0.917은 보기 8.3의 계수값에 대한 가설검정의 t 값인 0.957의 제곱임을 확인할 수 있다. 실제로 다변량회귀분석의 각 계수 β_i가 0인지 아닌지에 대한 가설검정에 대한 t 값은 β_i에 해당하는 독립변수를 제외한 나머지 독립변수를 모형에 포함한 상태에서 i번째 설명변수를 추가하는 것이 유의한지 검정한는 것과 같다. 따라서 보기 8.3과 같은 다변량회귀분석에서 회귀계수 추정치에 대한 출력에서의 유의하지 않은 계수에 해당하는 독립변수를 한꺼번에 제외하는 것은 틀린 결론을 내리기 쉽다. 이 과정을 요약하면 다음과 같다.

1. 모든 독립변수가 포함된 모형을 구한다. 이 때 분산분석표에서 얻은 F 값이 유의하지 않으면 모든 독립변수가 유의하지 않다고 결론내리고 분

[6] 문헌에 따라서는 RMSR(Root Mean Square Residual)이라고도 한다.

석을 중지하며 F 값이 유의하면 다음 단계로 간다.

2. $i = 1, 2, \ldots, p$에 대해서 식 (8.51)의 부분 F 검정이나 식 (8.43)에서 $\beta_i^0 = 0$을 사용한 t 값을 구하여(이 때 둘의 관계는 $t^2 = F$이다.) 유의확률 P 값이 가장 큰 회귀계수에 대응하는 독립변수를 제외한 후 다음 단계로 가고 만일 모든 회귀계수가 유의하면 변수선택과정을 끝낸다.
3. 앞단계에서 제외한 나머지 독립변수를 전체독립변수라고 하고 첫 번째 단계에서부터 다시 시작한다.

앞으로부터의 선택: 위의 뒤로부터의 제거는 전체모형에서 시작하였지만 앞으로부터의 선택은 반대 방향으로 분석한다. 즉, 아무 독립변수도 포함되지 않은 모형에서 시작하여 유의한 독립변수를 하나씩의 모형에 추가하는 방법이다. 이를 단계적으로 서술하면

1. β_i만 포함하는 회귀모형 중에서 R^2(또는 상관계수나 (8.17)의 절대값)이 가장 큰 계수에 해당하는 독립변수만 포함된 단수회귀모형을 얻는다.
2. 앞 단계에서 포함되지 않은 나머지 회귀계수를 하나씩 추가하여 앞단계에서 얻은 회귀계수와 방금 추가한 회귀계수를 포함하는 회귀분석을 구한다. 각 회귀분석에서 결정계수 R^2이 가장 큰 모형에 대해 식 (8.51)의 부분 F 검정을 한다. 이 때 전체모형은 방금 R^2를 가장 크게 한 모형이며 축소모형은 이전 단계에서 얻은 모형이다.
3. 위의 과정을 반복하며 하나씩 회귀계수를 추가한다.

단계적 회귀: 앞에서 본 앞으로부터의 선택과 뒤로부터의 제거를 합한 모형으로 한 독립변수를 추가하는 단계에서 이미 모형에 포함되어 있는 나머지 독립변수에 대해서 제거할 수 있는지 부분 F 검정을 하여 제거할 수 있으면 중간과정에서 제거하는 방법이다.

SPSS에서 변수선택의 방법은 그림 8.17의 사각형 부분의 '방법'에서 설정한다. 이 그림에서 동그라미 부분의 **방법**에 `enter` 또는 **입력**은 변수선택의 방법을 사용하지 않고 사용자가 지정한 모든 설명변수를 회귀모형에 포함시키며 나머지는 위에서 설명한 '단계적 선택', '뒤로 부터의 제거' 등의 방법을 사용하여 최적의 설명변수를 선택한다.

단계적 회귀분석이나 전진선택 또는 후진제거의 방법에서 변수를 선택할 때 유의한지와 제거할 때의 유의한지를 검정할 기준을 따로 설정할 수 있는 이는 그림

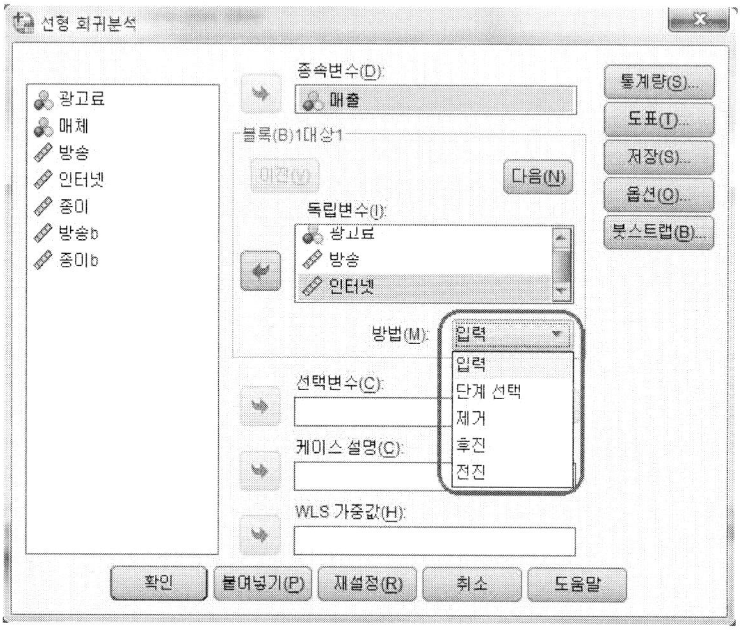

그림 8.17: SPSS에서 변수선택 방법 선택

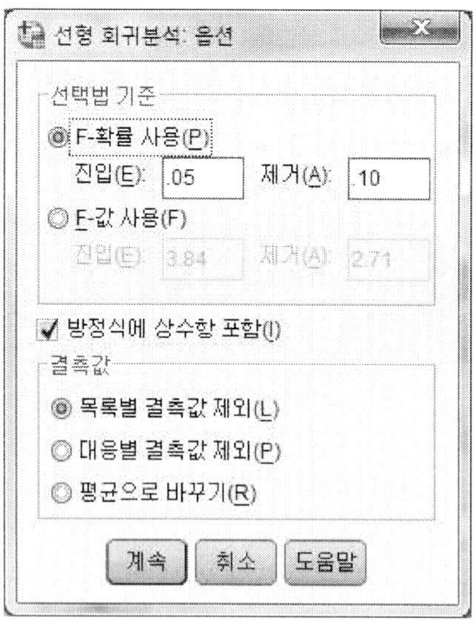

그림 8.18: SPSS에서 변수의 선택에서 유의수준 설정

분산분석[b]

모형		제곱합	자유도	평균 제곱	F	유의확률
1	회귀 모형	430209.636	1	430209.636	271.624	.000[a]
	잔차	36428.364	23	1583.842		
	합계	466638.000	24			

a. 예측값: (상수), 광고료
b. 종속변수: 매출

계수[a]

모형		비표준화 계수		표준화 계수		
		B	표준오차	베타	t	유의확률
1	(상수)	-34.844	18.042		-1.931	.066
	광고료	1.432	.087	.960	16.481	.000

a. 종속변수: 매출

제외된 변수[b]

모형		베타 입력	t	유의확률	편상관계수	공선성 통계량
						공차
1	방송	-.214[a]	-1.871	.075	-.370	.234
	인터넷	.004[a]	.064	.950	.014	.721

a. 모형내의 예측값: (상수), 광고료
b. 종속변수: 매출

그림 8.19: SPSS에서 변수의 선택

8.4에서 Options 버튼을 클릭할 때 생성된 그림 8.18에서 설정한다. 이 값들은 그림에서 보는 것처럼 기본값은 선택(Entry)시는 0.05, 제거(Remove)시는 0.10으로 설정되어 있다.

이 그림의 '방정식에 상수항 포함'이 체크되어 있으면 회귀식에 상수항 β_0를 포함하며 그렇지 않으면 상수항을 회귀식에 포함하지 않는다.

보기 8.6. SPSS의 그림 8.17의 **단계 선택** 방법을 이용하여 보기 9.1의 자료를 회귀분석하여 보면 그림 8.19와 같은 결과를 얻으며 이 그림의 첫 번째 표는 최종적으로 얻어진 분산분석표이며 두 번째 표는 모형에 포함된 변수에 대한 추정값 등 각종 통계량이며 세 번째 표는 모형에 포함되지 않은 변수에 대한 각종 통계량을 요약한 것이다. 이 결과에 따르면 최종적으로 얻어지는 모형은

$$\text{매출} = -34.844 + 1.432 \cdot \text{광고료}$$

이며 이 결과는 보기 8.5와 같은 결과이다. ■

8.5. 다중공선성

다중공선성(multicollinearity)이란 다중회귀분석에서 독립변수들 사이의 상관관계가 높을 경우를 말하는 것으로 다중공선성이 심하면 회귀계수 β_i의 추정치의 분산이 커져서 추정의 정밀도가 떨어지게 된다. 만일 다중공선성이 심하여 독립변수 중의 하나가 나머지 독립변수들로 100% 설명이 가능하게 되면 회귀계수의 추정이 가능하지 않으며, 회귀계수의 분산의 값은 ∞ 가 된다. 따라서 독립변수들 사이의 관계는 존재하지 않을수록 바람직하며 이론적으로 가장 바람직한 경우는 독립변수들끼리의 상관이 모두 0인 경우이다. 다중공선성의 측도로 자주 사용하는 것은 variance inflation factor(VIF)이며 VIF는 p개의 독립변수 중의 하나를 종속변수로 하고 나머지 $(p-1)$ 개의 독립변수를 설명변수로 한 회귀분석의 결과에서 얻어지는 결정계수의 값을 이용하여 정의하는데 k 번째 독립변수 x_k를 종속변수로 하고 나머지 $x_1, x_2, \ldots, x_{k-1}, x_{k+1}, \ldots, x_p$를 설명변수로 하는 회귀분석에서 얻어지는 결정계수를 R_k^2라고 하면 VIF_k는

$$\text{VIF}_k = \frac{1}{1 - R_k^2} \tag{8.53}$$

으로 정의하며 이 값은 1일 때 가장 작은 값으로 다중공선성이 없는 경우이며 100% 다중공선성이 존재하면 이 값은 ∞가 된다. 이들 VIF_k 값 중 가장 큰 값을 기준으로 이 값이 10 이하이면 다중공선성이 거의 없다고 판단하며 이 값이 10이상이면 다중공선성을 의심하게 된다.

다음 가상의 자료에서 VIF를 계산하여 보자.

X_1	X_2	Y
1	0.3763002	1.666128
2	4.0737806	1.177757
3	3.2191547	4.239591
4	4.9211839	4.523747
5	5.6100305	6.242931
6	6.0705616	5.226495
7	4.1230180	8.065858
8	9.1755939	8.423551
9	9.2902150	9.147472
10	11.3351173	9.938946

SPSS에 의한 Pearson 상관계수는 $\text{Corr}(X_1, X_2) = 0.911$, $\text{Corr}(X_1, Y) = 0.969$, $\text{Corr}(X_2, Y) = 0.834$ 이며 따라서 $R_1^2 = R_2^2 = 0.911^2 = 0.830$이다. 따라서

$$\text{VIF}_1 = \text{VIF}_2 = \frac{1}{1 - 0.830} = 5.87$$

이다. 위의 기준에 따르면 다중공선성이 심한 경우는 아니다.

VIF를 기준으로 한 다중공선성 검토에서 그 값이 10이하라 하더라도 독립변수들 사이에 상관이 높으면 회귀분석에서 예상과 다른 결과를 얻기도 한다. Y를 종속변수로 한 단순순회귀의 결과는 상관계수에서 짐작할 수 있듯이 X_1와 X_2가 각각 유의한 결과를 얻을 수 있다. 다음은 SPSS의 β에 대한 검정 결과이다. 먼저 $Y = \beta_0 + \beta_1 X_1$를 회귀분석한 결과는

Coefficients					
Model	B	Std. Error	Beta	t	P
1 (Constant)	.506	.541	.935	.377	
X1	.974	.087	.969	11.165	.000

이며 다음은 $Y = \beta_0 + \beta_1 X_2$를 회귀분석한 결과이다.

Coefficients					
Model	B	Std. Error	Beta	t	P
1 (Constant)	1.367	1.195	1.144	.286	
X2	.773	.181	.834	4.269	.003

계수ᵃ

모형		비표준화 계수 B	비표준화 계수 표준오차	표준화 계수 베타	t	유의확률	공선성 통계량 공차	공선성 통계량 VIF
1	(상수)	25.122	11.336		2.216	.069		
	소득	.362	.378	.257	.957	.376	.431	2.319
	자녀수	-5.242	2.040	-.691	-2.570	.042	.431	2.319

a. 종속변수: 저축

그림 8.20: SPSS에서 VIF 출력 결과

위의 두 회귀분석 결과 상관계수에 본 결과와 일치되게 β_1은 유의하며 계수는 양수이다. 이제 $Y = \beta_0 + \beta_1 X_1 + \beta_2 X_2$를 회귀분석한 결과를 살펴보자.

Coefficients					
Model	B	Std. Error	Beta	t	P
1 (Constant)	.611	.509	1.200	.269	
X1	1.242	.197	1.236	6.296	.000
X2	−.271	.182	−.292	−1.490	.180

이 결과를 보면 두 가지 점에서 특이한 점이 나타나는데

1. X_2가 유의하지 않다는 점과
2. 유의하지 않더라도 계수의 값이 음수라는 점이다.

따라서 독립변수들 간의 상관이 높은 경우에는 모든 독립변수를 포함시키는 것이 의미가 없을 수도 있으며 이러한 경우에는 독립변수를 순차적으로 하나씩 모델에 추가하든가 거꾸로 모든 독립변수를 모델에 포함시킨 다음 하나씩 제외하는 방법을 적용한다. 이 두 방법의 조합으로 독립변수를 추가할 때마다 제외할 수 있는는 독립변수를 찾아서 제외하는 방법을 쓰기도 한다. 이 방법은 각각 forward selection, backward elimination, stepwise regression이라고 불리며 변수선택을 설명한 8.4절에서 다루었다. 따라서 다중공선성을 피하려면 설명변수를 적절히 선택할 수 있는 변수선택의 방법을 적용시키는 것이 좋다.

SPSS에서 VIF를 출력하려면 그림 8.4의 대화창에서 [통계량] 또는 [Statistics]로 만들어진 대화창인 그림 8.5에서 **공선성 진단** 또는 `Collinearity diagnotics`(그림의 ③번 사각형)를 선택한다. 그림 8.20는 보기 8.3의 소득과 자녀수 및 저축의 관계를 분석한 자료에서 VIF를 인쇄하도록 선택한 경우의 출력이다.

8.6. 상관계수와 회귀계수의 부호

앞 절에서 본 것처럼 설명변수들 사이의 상관이 높을 경우의 회귀분석에서는 일반적 예상과 다른 결과를 얻기도 한다. 이 절에서는 두 회귀계수가 모두 유의한 보기를 알아보자. 일반적으로 회귀분석 모형에서 얻어진 β_i의 추정치의 부호는 Y와 x_i의 상관계수의 부호와 같다. 즉 Y와 x_i가 양의 상관이 존재하면 b_i의 부호가 양의 값으로 얻어지고 x_i가 한 단위 증가할 때 Y가 b_i만큼 증가하는 것으로 추정될 수 있다. 그러나 이러한 현상은 항상 일어나는 것은 아니다. 즉, Y와 x_i의 관계가 양의 상관을 가지고 있더라도 b_i의 값이 음으로 얻어지는 경우나 반대로 Y와 x_i의 관계가 음의 상관을 가지고 있더라도 b_i의 값이 양으로 얻어지는 경우가 있을 수 있다. 이러한 현상은 다중회귀에서만 일어나는 현상으로 대체로

1. 설명변수들 사이의 상관이 높아 다중공선성이 심하거나

2. 모든 설명변수가 Y와 양의 상관 또는 음의 상관을 갖는

경우에 자주 발견된다. 거꾸로 모든 설명변수가 상관이 없을 경우[7]에는 이런 현상은 발생하지 않는다. 다음 보기를 보자.

보기 8.7. 다음 자료는 가상의 자료로서 회귀모형 $Y = \beta_0 + \beta_1 x_1 + \beta_2 x_2$를 적용하려고 한다.

x_1	0.303	1.094	4.811	2.879	5.792	6.096	7.069	8.238
x_2	0.990	0.718	6.077	2.254	4.401	8.098	7.163	8.501
Y	1	2	3	4	5	6	7	8
x_1	9.702	9.396	11.197	12.880	13.164	14.507	14.927	15.336
x_2	10.266	9.429	10.069	12.988	14.616	15.257	15.604	14.002
Y	9	10	11	12	13	14	15	16
x_1	17.323	19.084	17.095	20.648				
x_2	17.882	21.890	15.146	19.442				
Y	17	18	19	20				

먼저 Y, x_1, x_2간의 상관계수를 살펴보면

[7]설명변수들 사이의 상관계수가 모두 0일 때.

	Y	x_1	x_2
Y	1.00000	0.98957	0.95540
x_1	0.98957	1.00000	0.97983
x_2	0.95540	0.97983	1.00000

로 얻어지며 이들 상관계수의 값은 모두 양수이며 아주 큰 값을 보이고 있다. 이들 값은 유의수준 0.1%에서 귀무가설 $H_0 : \rho = 0$ 대 대립가설 $H_1 : \rho \neq 0$인 가설검정에서 귀무가설을 기각한다.

이제 같은 자료를 회귀모형에 적합시켜보면 결정계수 $R^2 = 0.9843$이며 회귀계수의 추정치와 $H_0 : \beta_i = 0$ 대 $H_1 : \beta_i \neq 0$의 가설검정 결과는

변수	DF	B	SE(B)	t	$Pr > \|t\|$
Intercept	1	0.24372	0.36383	0.67	0.5119
x1	1	1.32169	0.15006	8.81	$< .0001$
x2	1	−0.34669	0.14793	−2.34	0.0315

와 같다. 여기서 보는 것처럼 얻어진 회귀모형은

$$Y = 0.24372 + 1.32169x_1 - 0.34669x_2$$

이며 x_2의 계수 β_2의 추정치는 음수로 -0.347이며 유의수준 5%에서 유의하다. 위에서 본 것처럼 Y와 x_2의 상관계수의 추정치는 0.955로 양수이다.

보기 8.8. 다음은 1983년부터 2004년까지의 국제회의 개최건수(Y)를 GDP(단위: 1조원, x_1), 환율(미국달러 대비 연월말기준 시장평균 환율, x_2), 2000년을 기준으로 한 소비자 물가지수(x_3), 무역규모(수출액+수입액, 단위 10억불, x_4), 외래입국자수(단위: 백만명, x_5), 관광수입(단위: 백만불, x_6) 회의실 공급면적(단위: $1000m^2$, x_7)로 설명하고 얻어진 자료이다.

표 8.3의 자료를 $Y = \beta_0 + \beta_1 x_1 + \beta_2 x_2 + \cdots + \beta_7 x_7$ 모형을 적합함에 있어서

1. 뒤로부터의 제거를 사용한 최적의 모형을 얻어 보아라.
2. 앞으로부터의 선택을 이용한 최적의 모형을 얻어보아라.
3. 단계적 회귀를 이용한 최적의 모형을 얻어보아라.

표 8.3: 연도별 국제회의 개최 건수에 대한 자료

년도	Y	x_1	x_2	x_3	x_4	x_5	x_6	x_7
1983	57	65.6	795.5	44.7	50.637	1.195	.596	45.757
1984	80	75.1	827.4	45.7	59.876	1.297	.673	45.757
1985	90	84.1	890.2	46.8	61.419	1.426	.784	55.426
1986	109	98.1	861.4	48.1	66.298	1.660	1.548	56.224
1987	109	115.2	792.3	49.6	88.301	1.875	2.299	61.054
1988	102	137.1	684.1	53.1	11.251	2.340	3.265	74.066
1989	108	154.8	679.6	56.1	12.384	2.728	3.556	150.365
1990	145	186.7	716.4	60.9	13.486	2.959	3.559	160.024
1991	110	226.0	760.8	66.6	15.339	3.196	3.426	167.446
1992	139	257.5	788.4	70.8	15.841	3.231	3.272	174.844
1993	150	290.7	808.1	74.2	16.604	3.331	3.475	177.166
1994	146	340.2	788.7	78.8	19.836	3.580	3.806	177.166
1995	184	398.8	774.7	82.3	26.018	3.753	5.587	186.245
1996	227	448.6	844.2	86.4	28.005	3.684	5.430	193.107
1997	248	491.1	1415.2	90.2	28.078	3.908	5.116	199.823
1998	267	484.1	1207.8	97.0	22.559	4.250	6.865	200.658
1999	287	529.5	1145.4	97.8	26.344	4.659	6.802	213.855
2000	292	578.7	1259.7	100.0	33.275	5.322	6.811	247.606
2001	294	622.1	1326.1	104.1	29.154	5.147	6.373	262.425
2002	296	684.3	1200.4	106.9	31.460	5.347	5.919	272.506
2003	298	724.7	1197.8	110.7	37.264	4.753	5.343	274.914
2004	305	779.4	1043.8	114.7	47.831	5.818	6.053	276.698

위의 결과를 얻기 위한 유의수준은 일반적으로 사용하는 선택은 5%, 제거는 10%를 사용하여라.

풀이 뒤로부터 제거는 x_3, x_5, x_7 순서로 제거되며 최종모형은

$$Y = -30.43 + 0.186x_1 + 0.073x_2 + 0.339x_4 + 16.437x_6 \tag{8.54}$$

$R^2 = 0.985$이며 $R^2_{adj} = 0.981$이다.

앞으로부터의 선택에 의해서 얻어진 결과는 x_3, x_2, x_6, x_1 순서로 설명변수가 추가되어

$$Y = 34.515 + 0.322x_1 + 0.087x_2 - 1.469x_3 + 15.977x_6 \tag{8.55}$$

이다. 이때 최종 모형에서 얻어진 결정계수는 $R^2 = 0.983$이며 $R^2_{adj} = 0.979$이다. 여기서 Y와 x_3 사이의 상관계수는 양수이지만 계수의 값은 음수임에 유의하도록 하자.

단계적회귀에 의해서 얻어진 결과는 x_3 추가, x_2 추가, x_6 추가, x_1 추가 후 x_3 제거의 순서로 설명변수가 얻어져서

$$Y = -20.741 + 0.198x_1 + 0.087x_2 + 12.748x_6 \tag{8.56}$$

로 얻어지며 이 모형에서의 결정계수는 $R^2 = 0.981$이며 $R^2_{adj} = 0.978$이다.

위의 단계적 회귀에서 x_3는 실제로는 Y와의 상관계수가 가장 높은 설명변수이나 이 변수가 최종적으로 제외되었는데 그 이유를 살펴보자.

x_1, x_2, x_3, x_6는 서로 상관이 매우 높은데 실제로 x_3를 종속변수로 하고 나머지 x_1, x_2, x_6를 설명변수로 하는 회귀분석을 행하여 보면

$$x_3 = 37.611 + 0.084x_1 + 0.000x_2 + 2.198x_6 \tag{8.57}$$

로 얻어지며 이때의 $R^2 = 0.991$로 VIF = 111.11로 아주 큰 값임을 알 수 있다. 즉 다중공선성이 존재함을 알 수 있다.

실제로 (8.55)의 회귀식에서 x_3에 식 (8.57)를 대입하여 보면

$$Y = -20.736 + 0.199x_1 + 0.087x_2 + 12.748x_6 \tag{8.58}$$

로 식 (8.56)의 단계적 회귀와 차이가 거의 없음을 볼 수 있다.

x_3는 x_1, x_2, x_6로 충분히 설명되므로 만일 회귀모형에 설명변수로 x_1, x_2, x_6가 있다면 x_3를 회귀모형에 설명변수로 추가함으로써 얻어지는 Y의 설명력에 추가되는 부분이 없기 때문에 x_3는 모형에서 제외하게 된다. ■

제 9 장

회귀분석의 몇 가지 주제

이 장에서는 선형회귀분석을 응용하여 다룰 수 있는 몇 가지 경우를 알아보기로 한다. 먼저 명목형인 변수가 설명변수에 포함되는 경우를 알아보고, 변수의 변환을 이용하여 선형이 아닌 회귀분석 모형을 선형회귀분석을 통하여 얻는 방법 등을 알아보기로 한다.

9.1. 명목형 자료가 독립변수에 포함된 회귀분석

일반적으로 회귀분석에서 사용되는 독립변수는 연속형 또는 순서형 자료라야 한다. 하지만 종종 명목형 변수를 회귀분석에 포함하고자 하는 경우가 있다. 예를 들어 소득(종속변수; Y)을 학력(x_1)과 성별(x_2)로 설명하고자 한다면 학력은 많은 경우 교육받은 기간으로 계산하여 연속이거나 순서형으로 취급할 수 있으나 성별은 명목형 변수이다. 이와 같이 회귀분석에서의 독립변수에 명목형 변수가 있을 경우에는 새로운 변수를 생성하여 회귀분석에 포함시킨다. 위의 예에서는 성별이 명목형이므로 성별로 구분되는 변수를 다음과 같이 생성하여

$$x_{21} = \begin{cases} 1 & \text{남자} \\ 0 & \text{여자} \end{cases} \qquad x_{22} = \begin{cases} 0 & \text{남자} \\ 1 & \text{여자} \end{cases} \tag{9.1}$$

성별을 구분하는 변수 대신에 두 변수를 사용한다. 그러나 이 두 변수를 동시에 회귀식에 넣을 경우 수학적으로 회귀식이 얻어지지 않으므로 이 두 변수 중 하나만 회

귀식에 포함시킨다. 예를 들어 x_{21}만 회귀식에 포함할 경우 얻어지는 모형은

$$Y = \beta_0 + \beta_1 x_1 + \beta_{21} x_{21} + \epsilon \tag{9.2}$$

이 되며 남자의 소득에 대한 추정은 x_{21}이 남자일 경우 1이고 여자일 경우 0이므로

$$Y = (\beta_0 + \beta_{21}) + \beta_1 x_1 \tag{9.3}$$

이 되고 여자의 소득에 대한 추정은

$$Y = \beta_0 + \beta_1 x_1 \tag{9.4}$$

이 됨을 알 수 있다. 따라서 종속변수인 소득(Y)를 설명하는데 성별이 의미가 있는지에 대한 판단은 β_{21}이 0인지 아닌지에 대한 검정으로 할 수 있다. x_{21} 대신에 x_{22}를 모형에 포함하였을 때도 앞에서와 마찬가지의 방법으로 해석 및 검증이 가능하다. 이와 같이 명목변수를 독립변수에 추가하기 위해 만든 변수를 가변수(dummy variable)이라고 부른다.

만일 회귀분석에 포함되어야 할 독립변수가 명목변수이면서 가질 수 있는 값이 앞의 예와 달리 세 가지 이상이면 어떻게 하여야 할까? 예를 들어 앞에서 본 성별이 아닌 다섯 가지로 출신지역 을 구분한 독립변수를 회귀모형에 넣는 경우를 생각해 보자. 이 경우는 네 개의 가변수를 를 만들어서 이를 회귀모형에 포함시킨다. 실제로 만들 수 있는 가변수는 다섯 개이며

$$x_{21} = \begin{cases} 1 & \text{서울, 경기도} \\ 0 & \text{그외} \end{cases} \qquad x_{22} = \begin{cases} 1 & \text{강원도} \\ 0 & \text{그외} \end{cases} \qquad x_{23} = \begin{cases} 1 & \text{충청남북도} \\ 0 & \text{그외} \end{cases} \tag{9.5}$$

$$x_{24} = \begin{cases} 1 & \text{경상남북도} \\ 0 & \text{그외} \end{cases} \qquad x_{25} = \begin{cases} 1 & \text{전라남북도, 제주도} \\ 0 & \text{그외} \end{cases} \tag{9.6}$$

이 중 임의로 선택한 네 개를 회귀모형에 포함하면 된다. 예를 들어 뒤의 네 개를 회귀모형에 포함하는 경우 모형은

$$Y = \beta_0 + \beta_1 x_1 + \beta_{22} x_{22} + \beta_{23} x_{23} + \beta_{24} x_{24} + \beta_{25} x_{25} + \epsilon \tag{9.7}$$

가 되며 서울, 경기도의 추정치는

$$Y = \beta_0 + \beta_1 x_1 \tag{9.8}$$

강원도의 추정치는

$$Y = (\beta_0 + \beta_{22}) + \beta_1 x_1 \tag{9.9}$$

충청남북도의 추정치는

$$Y = (\beta_0 + \beta_{23}) + \beta_1 x_1 \tag{9.10}$$

경상남북도의 추정치는

$$Y = (\beta_0 + \beta_{24}) + \beta_1 x_1 \tag{9.11}$$

전라남북도와 제주도의 추정치는

$$Y = (\beta_0 + \beta_{25}) + \beta_1 x_1 \tag{9.12}$$

가 된다. 지역이라는 변수가 소득을 설명하는데 유의한지 검정하기 위해서는

$$H_0 : \beta_{22} = \beta_{23} = \beta_{24} = \beta_{25} = 0 \quad H_1 : \text{not } H_0 \tag{9.13}$$

를 검정하면되는데 이의 검정은 제8.3절에서 설명한 부분 F 검정을 한다. 즉, 식 (9.7)을 전체모형으로 하고 축소모형을

$$Y = \beta_0 + \beta_1 x_1 + \epsilon \tag{9.14}$$

으로 하여 식 (8.51)를 얻어 검정한다. 위의 예의 경우 식 (8.51) 의 값이 $F_{4,n-6;\alpha}$ 보다 크면 귀무가설을 기각한다. 여기서 n은 자료의 수이며 α는 유의수준이다.

컴퓨터 패키지를 이용하는 경우에는 먼저 가변수를 만든 후 이들 가변수를 회귀모형에 적용하여 결과를 얻을 수 있다.

SPSS에서 가변수의 생성

SPSS에서 가변수의 생성은 코딩변경(Recode)을 이용하거나 계산(Compute)를 이용한다. 여기서는 새 변수 계산의 방법을 알아보기로 하자. SPSS에서 가변수는 **변환** → **계산** 순서로 메뉴를 선택하여

1. 먼저 가변수로 사용할 새 변수의 이름을 지정하고 변수 값에 모두 0을 지정한다.

2. 가변수를 사용할 변수가 1일 조건을 [조건] 버튼을 선택하여 지정한 후 그 값을 1로 지정한다.

SPSS에서 [조건]을 한 번 사용하면 그 조건이 이 후의 계산에서도 계속 남아 있으므로 다음 가변수를 만들 때 이전의 조건이 적용되지 않도록 모든 경우에 적용을 선택하여 주어야 한다.

보기 9.1. 다음은 광고료 (x_1), 광고매체(x_2)에 따른 매출액의 추이를 보기 위한 자료이다. 광고매체는 세 가지 종이매체(1), 방송매체(2), 인터넷(3)으로 표시하였다. (가상자료) 이 자료에서 광고료와 광고매체가 매출액(Y)에 영향을 주는지 알아 보자.

Y	49	113	138	95	100	416	387	414	456	459	377	321	361
x_1	60	73	122	103	55	295	297	268	309	329	240	241	273
x_2	1	1	1	1	1	2	2	2	2	2	2	2	2

Y	139	221	256	166	209	284	300	242	173	69	15	40
x_1	153	227	235	185	205	231	247	210	170	61	29	42
x_2	2	2	2	2	2	2	2	2	3	3	3	3

먼저 가변수를 만들어 보면 그림 9.1과 같이 인터넷, 방송, 종이의 세 가변수를 만들 수 있다. 이 세 개의 가변수 중 임의로 두 개를 선택하여 회귀분석에 포함할 수 있다. 이 경우 인터넷과 방송 두 가지 가변수와 광고료를 설명변수로 포함하고[1] 매출을 종속변수로[2] 회귀모형에 포함하여 회귀분석을 해보자. 그림 9.2에는 종속변수와 설명변수를 선택한 화면이다. 이 화면에서 [확인] 또는 [OK] 버튼을 클릭하면 그림 9.3와 같은 출력을 얻게 된다. 이 그림에서 ③번 사각형의 출력에 의하면 회귀식의 추정은

$$\text{매출} = -41.994 + 1.707 \cdot \text{광고료} - 65.875 \cdot \text{인터넷} - 12.63 \cdot \text{방송}$$

[1]그림 9.2의 ②번 사각형.
[2]그림 9.1의 ① 번 사각형.

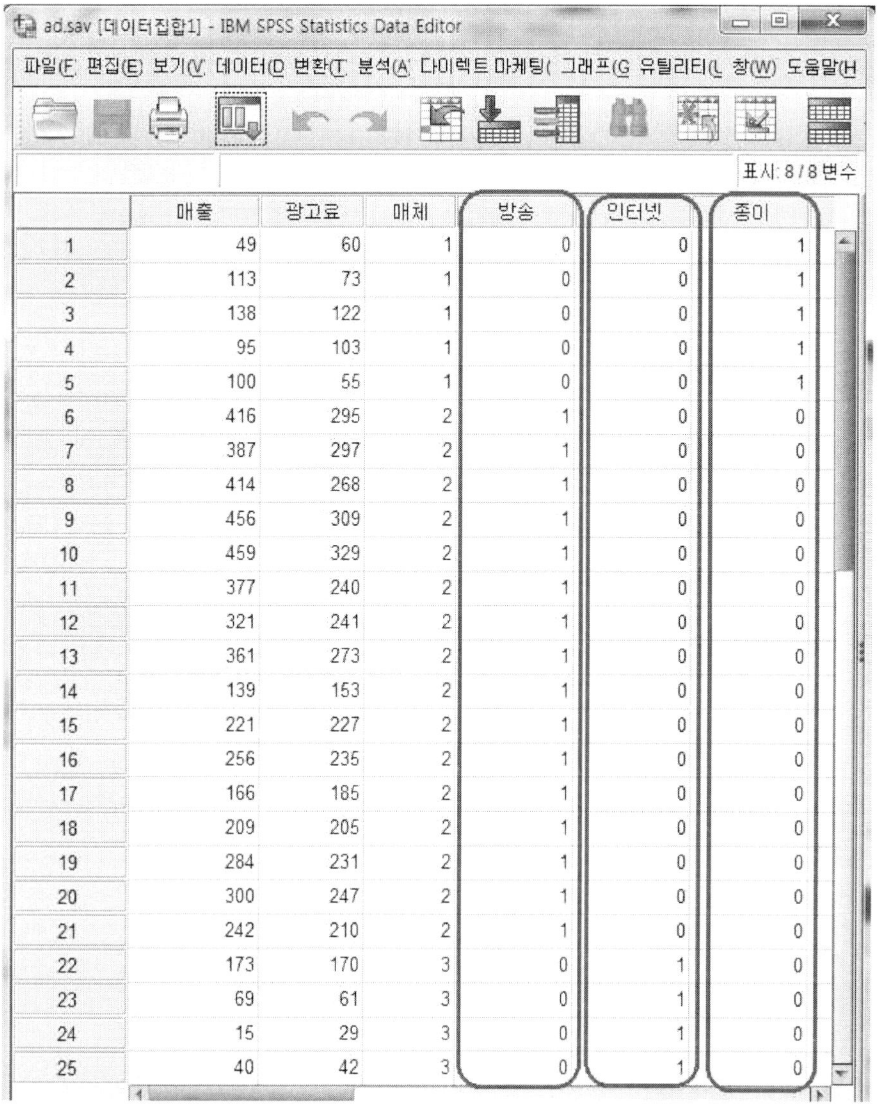

	매출	광고료	매체	방송	인터넷	종이
1	49	60	1	0	0	1
2	113	73	1	0	0	1
3	138	122	1	0	0	1
4	95	103	1	0	0	1
5	100	55	1	0	0	1
6	416	295	2	1	0	0
7	387	297	2	1	0	0
8	414	268	2	1	0	0
9	456	309	2	1	0	0
10	459	329	2	1	0	0
11	377	240	2	1	0	0
12	321	241	2	1	0	0
13	361	273	2	1	0	0
14	139	153	2	1	0	0
15	221	227	2	1	0	0
16	256	235	2	1	0	0
17	166	185	2	1	0	0
18	209	205	2	1	0	0
19	284	231	2	1	0	0
20	300	247	2	1	0	0
21	242	210	2	1	0	0
22	173	170	3	0	1	0
23	69	61	3	0	1	0
24	15	29	3	0	1	0
25	40	42	3	0	1	0

그림 9.1: 가변수가 만들어진 SPSS 자료

임을 알 수 있으며 따라서 광고매체가 종이인 경우의 회귀식의 추정은

$$\text{매출} = -41.994 + 1.707 \cdot \text{광고료}$$

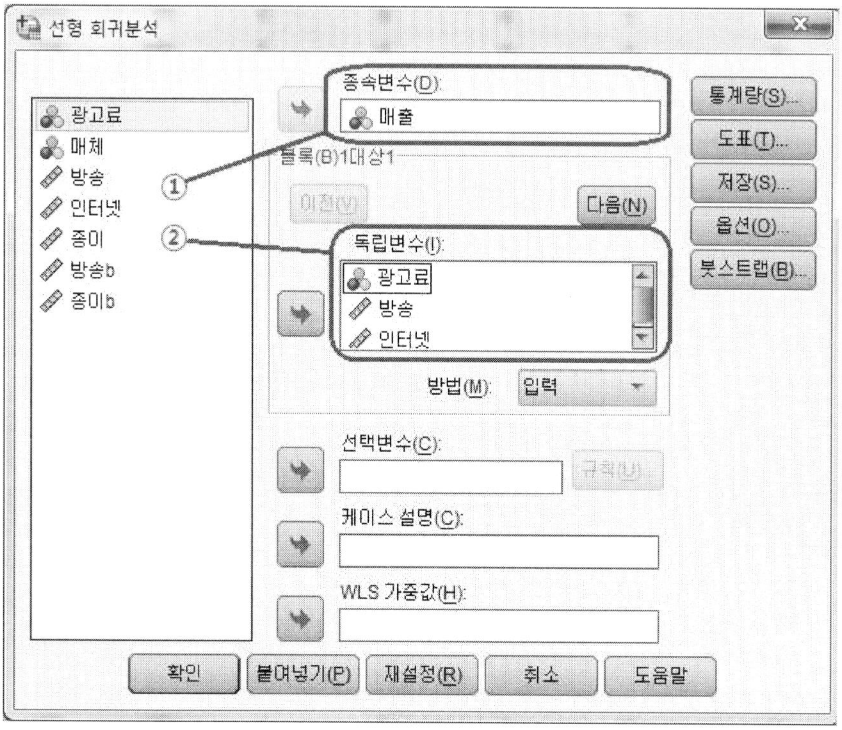

그림 9.2: 종속변수와 설명변수의 지정

이고, 광고매체가 인터넷인 경우의 회귀식의 추정은

$$\text{매출} = -107.869 + 1.707 \cdot \text{광고료}$$

이며, 광고매체가 방송인 경우의 회귀식의 추정은

$$\text{매출} = -54.624 + 1.707 \cdot \text{광고료}$$

를 얻는다. 이 세 회귀식을 그림으로 그려보면 그림 9.4이다. ■

명목형 변수가 회귀식에 포함된 모형은 연속인 변수가 추가된 분산분석 문제로 볼 수도 있으며 이런 관점에서 명목형 변수와 연속인 변수가 모두 포함된 분산분석 모형을 공분산분석 모형 또는 ANCOVA(Analysis of Covariance) 모형이라고 부르기도 한다.

분산분석[b]

모형		제곱합	자유도	평균 제곱	F	유의확률
1	회귀 모형	435561.933	3	145187.311	98.112	.000[a]
	잔차	31076.067	21	1479.813		
	합계	466638.000	24			

a. 예측값: (상수), 방송, 인터넷, 광고료
b. 종속변수: 매출

③ ② ①

계수[a]

모형		비표준화 계수		표준화 계수	t	유의확률
		B	표준오차	베타		
1	(상수)	-41.994	22.411		-1.874	.075
	광고료	1.707	.174	1.145	9.817	.000
	인터넷	-12.631	25.835	-.034	-.489	.630
	방송	-65.875	34.660	-.231	-1.901	.071

a. 종속변수: 매출

그림 9.3: 가변수가 있는 경우의 분산분석표와 계수의 추정

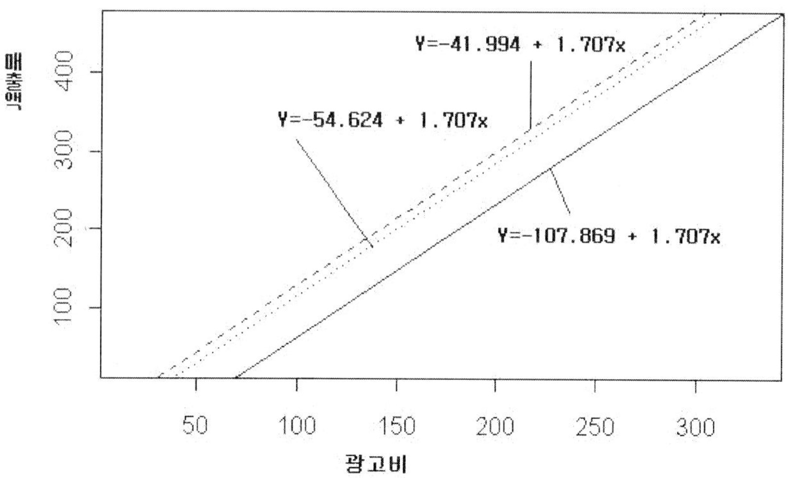

그림 9.4: 명목형 설명변수가 포함된 회귀식 그림

9.2. 명목변수인 설명변수의 효과에 대한 검정 1

명목변수를 포함한 모형에서 계수의 추정방법에 대해서 알아보았는데, 이 명목변수가 유의한지 검정할 필요가 있다. 즉, 앞의 매출과 광고에 대한 보기에서 광고매체

분산분석[b]

모형		제곱합	자유도	평균제곱	F	유의확률
1	선형회귀분석	430209,636	1	430209,636	271,624	,000[a]
	잔차	36428,364	23	1583,842		
	합계	466638,000	24			

a. 예측값: (상수), 광고료

b. 종속변수: 매출

계수[a]

모형		비표준화 계수		표준화 계수	t	유의확률
		B	표준오차	베타		
1	(상수)	-34,844	18,042		-1,931	,066
	광고료	1,432	,087	,960	16,481	,000

a. 종속변수: 매출

그림 9.5: SPSS에서 가변수를 이용한 회귀분석–전체모형

에 따른 매출의 차이가 있는지 알아보아야 한다. 이를 귀무가설과 대립가설로 표현해 보면

$$H_0 : \beta_{21} = \beta_{22} = 0 \text{ 대 } H_1 : \text{not } H_0 \tag{9.15}$$

로 표시할 수 있으며 이 가설검정은 8.3절에서 다루었다. 전체모형과 축소모형을 각각

$$Y = \beta_0 + \beta_1 x_1 + \beta_{21} x_{21} + \beta_{22} x_{22} \tag{9.16}$$

와

$$Y = \beta_0 + \beta_1 x_1 \tag{9.17}$$

로 두고 그림 9.5의 축소모형과 그림 9.3의 전체모형의 분산분석표에서 각각 필요한 제곱합 $\text{SSR}(F) = 435561.933$(그림의 ①), $\text{SSE}(F) = 31075.067$(그림의 ②)를 가져오면 을 가져오면 부분 F-검정통계량은

$$\begin{aligned} F &= \frac{(\text{SSR}(F) - \text{SSR}(R))/(df_F - df_R)}{\text{MSE}(F)} \\ &= \frac{(435561.933 - 430209.636)/(3-1)}{1479.813} = 1.808437 \end{aligned}$$

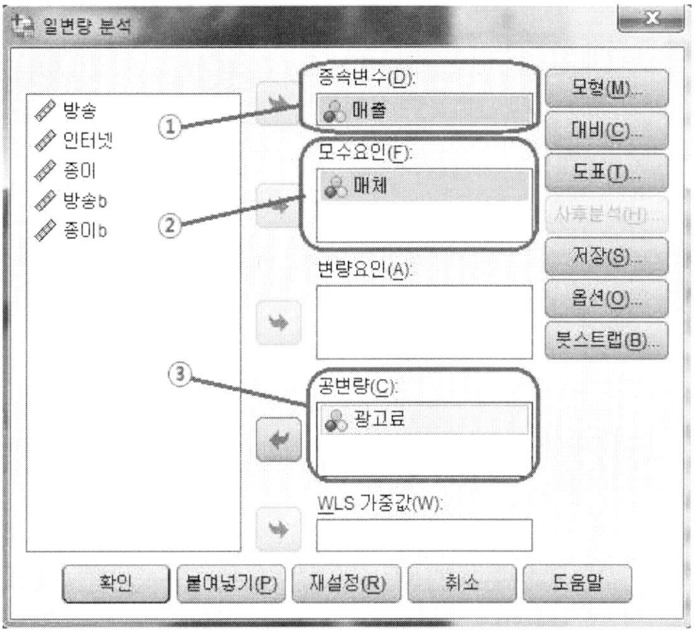

그림 9.6: SPSS에서 ANCOVA 설정

가 되며 $F_{2,21;0.05} = 3.4668$ 보다 작으므로 유의수준 5% 에서 매체에 따른 광고효과의 차이는 없다고 할 수 있다. F값 1.808437에 대한 유의확률은 0.1885199이다.

9.3. SPSS에서의 ANCOVA

연속인 설명변수와 명목형인 설명변수가 모두 포함된 경우를 ANCOVA라고 부르기도 한다는 것을 앞에서 보았다. 이 절에서는 앞에서 설명된 내용을 SPSS에서 바로 얻는 방법에 대해서 알아보기로 한다. SPSS에서 ANCOVA는 **분석** → **일반선형모형** → **일변량** 순서로 메뉴를 선택하면 그림 9.6과 같은 대화창이 생성되며 이 그림에서 **종속변수**에는 종속변수의 이름을, **모수요인** 또는 **변량요인**에는 명목변수의 이름을, **공변량**에는 연속인 설명변수의 이름을 지정한다. 명목변수는 고정효과(fixed effect)와 임의효과(random effect)가 있을 수 있는데, 각각의 경우에 **모수요인** 및 **변량요인**에 해당된다. 이 두 효과에 대한 자세한 것은 Milliken and Johnson(1984)나 Box, Hunter and Hunter(1978) 등을 참고하기로 한다.

그림 9.6과 같이 설정한 후 얻은 결과는 그림 9.7와 같으며 이 그림에서

개체-간 효과 검정

종속 변수:매출

소스	제 III 유형 제곱합	자유도	평균 제곱	F	유의확률
수정 모형	435561.933[a]	3	145187.311	98.112	.000
절편	10837.521	1	10837.521	7.324	.013
광고료	142600.683	1	142600.683	96.364	.000
매체	5352.296	2	2676.148	1.808	.189
오차	31076.067	21	1479.813		
합계	1812238.000	25			
수정 합계	466638.000	24			

a. R 제곱 = .933 (수정된 R 제곱 = .924)

①, ②

③, ④

모수 추정값

종속 변수:매출

모수	B	표준오차	t	유의확률	95% 신뢰구간 하한값	95% 신뢰구간 상한값
절편	-54.624	23.287	-2.346	.029	-103.053	-6.195
광고료	1.707	.174	9.817	.000	1.345	2.069
[매체=1]	12.631	25.835	.489	.630	-41.096	66.357
[매체=2]	-53.244	36.704	-1.451	.162	-129.575	23.087
[매체=3]	0[a]	.	.	.	.	.

a. 이 모수는 중복되었으므로 0으로 설정됩니다.

그림 9.7: SPSS에서 ANCOVA 출력

◉ 계수 추정치는(그림의 ③번 사각형)

$$-54.624 + 1.707\text{광고료} + 12.631[\text{매체}=1] - 53.244[\text{매체}=2] \tag{9.18}$$

이므로 매체가 1인 경우

$$\text{매출} = -54.624 + 1.707\text{광고료} + 12.631$$

매체가 2인 경우

$$\text{매출} = -54.624 + 1.707\text{광고료} - 53.244$$

및 매체가 3인 경우

$$\text{매출} = -54.624 + 1.707\text{광고료}$$

로 얻어지므로 앞의 결과와 마찬가지임을 알 수 있다.

- 그림 9.7의 첫 번째 표의 F 값과 그에 따른 유의확률 값이 앞의 9.2절의 결과와 같으며, 따라서 결론도 같다. 즉, '광고료'는 '매출'을 설명하는데 유의하지만 '매체'는 유의하지 않다($\alpha = 0.05$)

- 그림 9.7의 두 번째 표의 개별 t 값 및 그에 따른 유의확률도 '종이' 변수와 '방송' 변수를 사용한 결과와 같다(그림 9.7의 ④번 사각형).

- 분산분석표의 MSE의 값도 '종이' 변수와 '방송' 변수를 사용한 결과와 같다(출력의 ②번 사각형).

- '매체'가 전체적으로 유의하지 않음을 확인할 수 있다(그림의 ①번 사각형). 매체의 종류는 세 가지 이며, 따라서 자유도는 2임을 이 출력에서 확인할 수 있다. 또한 매체에 대한 부분 F 검정의 값도 보기 8.5의 계산결과와 같이 검정통계량 F 값은 1.808, 대응하는 유의확률값은 0.189로써 매체가 매출에 차이를 주지 않는다고 할 수 있다.

참고로 그림 9.3은 SPSS에서 가변수를 직접 입력한 경우의 회귀분석 출력으로써 앞에서 말한 바와 같이 그림 9.7와 같은 결과를 보여주고 있다.

9.4. 기울기의 변화도 포함하는 경우

앞의 경우의 회귀식은 광고매체가 달라질 경우 회귀식의 Y 절편만 변화는 것을 알 수 있다. 만일 광고매체별로 광고료가 한 단위 증가할 때 증가하는 매출액이 같다고 가정할 수 없는 경우는 이 모델을 사용할 수 없게 된다. 회귀식의 기울기도 함께 변할 수 있다고 가정하고 x_{21}, x_{22}, x_{23}을 각각 광고매체가 종이, 방송, 인터넷에 대한 가변수라고 하면 다음의 회귀모형

$$Y = \beta_0 + \beta_1 x_1 + \beta_{21} x_{21} + \beta_{22} x_{22} + \beta_{121} x_1 x_{21} + \beta_{122} x_1 x_{22} \tag{9.19}$$

을 생각해보자. 이 모형은 연속인 설명변수 x_1과 가변수의 곱으로 이루어진 변수 x_1x_{21}, x_1x_{22}가 모형에 추가된 경우이다.

이 모형에서 만일 매체가 종이이면 $x_{21} = 1, x_{22} = 0$이므로 위의 식은

$$Y = \beta_0 + \beta_{21} + (\beta_1 + \beta_{121})x_1 \tag{9.20}$$

이 되며 매체가 방송이면 $x_{21} = 0, x_{22} = 1$이므로 위의 식은

$$Y = \beta_0 + \beta_{22} + (\beta_1 + \beta_{122})x_1 \tag{9.21}$$

가 되며 마지막으로 매체가 인터넷이면 $x_{21} = x_{22} = 0$이므로 위의 식은

$$Y = \beta_0 + \beta_1 x_1 \tag{9.22}$$

이 되어서 각각의 매체에 대해서 기울기와 절편이 모두 달라질 수 있다.

이를 일반적인 경우로 확장해보면 가변수와 연속인 설명변수의 곱을 모형에 추가하면 기울기의 차이를 포함한 모형을 얻을 수 있다는 것을 알 수 있다.

보기 9.2. 보기 9.1의 자료를 이용하여 광고료와 매체에 따른 매출에 대한 회귀식을 기울기와 절편이 모두 달라질 수 있도록 얻어보자 먼저 그림 9.8에서 보는 것과 같이 **변환** → **계산** 메뉴를 이용하여 가변수와 연속인 변수의 곱을 계산한다. 여기서는 '방송b'와 '인터넷b'라는 변수 두 개를 생성하였으며 이 두 변수는 각각

방송b = 방송 × 광고료 및 인터넷b = 인터넷 × 광고료

로 변수 계산을 하여 얻은 변수이다.

이들 변수를 모두 포함하는 회귀분석의 결과는 그림 9.9이다. 이 그림의 결과에 따르면 얻어진 회귀식은

$$\begin{aligned} \text{매출} &= 38.956 + 0.727\text{광고료} - 229.781\text{방송} - 45.586\text{인터넷} \\ &\quad +1.316\text{방송} \times \text{광고료} + 0.344\text{인터넷} \times \text{광고료} \end{aligned} \tag{9.23}$$

이며 이 결과를 각 매체에 대해서 따로 적용해보면, 먼저 매체가 방송인 경우

$$\begin{aligned} \text{매출} &= (38.956 - 229.781) + (0.727 + 1.316)\text{광고료} \\ &= -190.825 + 2.043\text{광고료} \end{aligned}$$

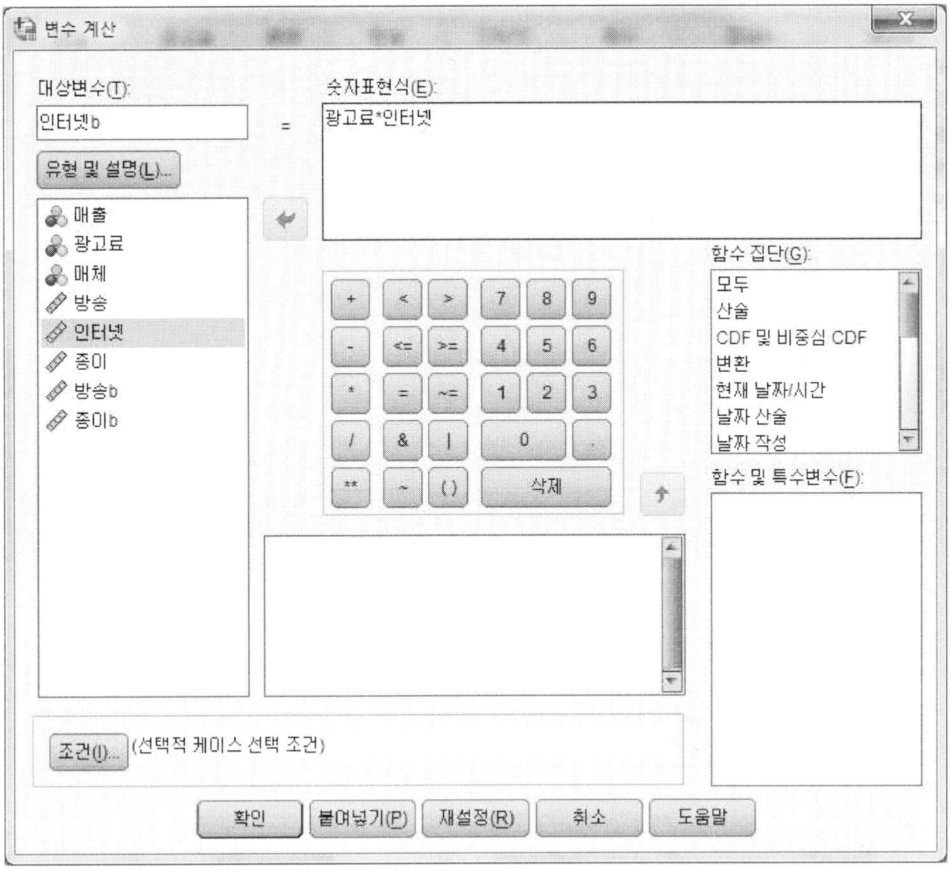

그림 9.8: SPSS에서 가변수를 이용한 회귀분석–연속인 변수와 가변수의 곱을 계산하기

이고 매체가 인터넷인 경우

$$\begin{aligned}\text{매출} &= (38.956 - 45.586) + (0.727 + 0.344)\text{광고료} \\ &= -6.63 + 1.071\text{광고료}\end{aligned}$$

이며 매체가 종이인 경우

$$\text{매출} = 38.956 + 0.727\text{광고료}$$

로 얻어진다. ■

분산분석[b]

모형		제곱합	자유도	평균제곱	F	유의확률
1	선형회귀분석	447540,456	5	89508,091	89,051	,000[a]
	잔차	19097,544	19	1005,134		
	합계	466638,000	24			

a. 예측값: (상수), 인터넷b, 광고료, 인터넷, 방송, 방송b

b. 종속변수: 매출

계수[a]

모형		비표준화 계수		표준화 계수	t	유의확률
		B	표준오차	베타		
1	(상수)	38,956	47,523		,820	,423
	방송	-229,781	64,519	-,807	-3,561	,002
	인터넷	-45,586	54,506	-,122	-,836	,413
	광고료	,727	,549	,488	1,324	,201
	방송b	1,316	,576	1,193	2,285	,034
	인터넷b	,344	,618	,090	,557	,584

a. 종속변수: 매출

그림 9.9: SPSS에서 가변수를 이용한 회귀분석

분산분석[b]

모형		제곱합	자유도	평균제곱	F	유의확률
1	선형회귀분석	446540,585	3	148846,862	155,532	,000[a]
	잔차	20097,415	21	957,020		
	합계	466638,000	24			

a. 예측값: (상수), 방송b, 광고료, 방송

b. 종속변수: 매출

계수[a]

모형		비표준화 계수		표준화 계수	t	유의확률
		B	표준오차	베타		
1	(상수)	7,285	22,067		,330	,745
	방송	-198,111	47,958	-,696	-4,131	,000
	광고료	1,016	,246	,681	4,137	,000
	방송b	1,027	,299	,931	3,441	,002

a. 종속변수: 매출

그림 9.10: SPSS에서 가변수를 이용한 회귀분석 – 유의하지 않은 설명변수 제외한 결과

실제로 그림 9.9의 결과에서 개별 회귀계수가 0인지에 대한 t 값이나 그에 대응되는 유의확률을 보면 모든 회귀계수가 유의해 보이지는 않기 때문에 유의하지 않은 설명변수를 뒤로부터 제거해보면 그림 9.10를 얻게 된다. 이 결과에 의하면 인터넷과 종이매체에 의한 차이는 없다는 것을 알 수 있다. 매체가 방송인 경우와 그렇지 않은 경우의 개별 회귀식은 연습문제에서 얻어보기로 하자.

9.5. 명목변수인 설명변수의 효과에 대한 검정 2

앞의 절에서 다룬 매출과 광고에 대한 자료에 대해서 만일 매체에 따른 광고효과를 검정하고 싶으면 어떻게 하여야 할까? 매체에 따라 효과가 달라진다면 식 (9.19)의 회귀식에서 가변수에 해당하는 모든 계수가 0이면 매체에 따른 광고효과의 차이가 없을 것이다. 따라서

$$H_0 : \beta_{21} = \beta_{22} = \beta_{121} = \beta_{122} = 0 \tag{9.24}$$

이 옳은지 검정할 필요가 있다.

이와 같이 여러 개의 회귀계수가 동시에 0인지 검정하는 방법은 8.3절의 부분 F 검정에서 다루었으며 9.2절에서 회귀분석 관련해서 살펴 보았다. 따라서 식 (9.24)의 귀무가설과 대립가설 H_1 : not H_0를 검정하려면 전체모형을 식 (9.19)로 하고 축소모형을

$$Y = \beta_0 + \beta_1 x_1 \tag{9.25}$$

으로 하는 부분 F 검정을 시행한다.

보기 9.3. 보기 9.1의 자료에서 매체에 따른 광고효과(매출)의 차이가 있는지 검정해보자. 먼저 9.9를 전체모형으로 하고 그림 9.5을 축소모형으로 한 분산분석표를 이용하면 부분 F 검정을 위한 검정통계량은

$$\begin{aligned} F &= \frac{(\mathrm{SSR}(F) - \mathrm{SSR}(R))/(df_F - df_R)}{\mathrm{MSE}(F)} \\ &= \frac{(447540.456 - 430209.636)/(5-1)}{1005.134} = 4.310575 \end{aligned}$$

이며 $F_{4,19;0.05} = 2.8951$이므로 유의수준 5% 에서 매체간의 차이는 유의하다는 것을 알 수 있다. 실제 유의확률은 0.012이다. 축소모형의 분산분석표는 그림 9.5에서 확인할 수 있다. ■

그림 9.11: 상호작용이 있는 ANCOVA 설정

9.6. ANCOVA를 이용한 기울기와 절편의 동시 변화 검정

명목변수가 모형에 포함된 회귀분석 모형 중 절편의 변화만 고려한 경우는 9.3절에서 SPSS에서 그 결과를 얻을 수 있음을 보았다. 절편과 기울기가 동시에 변할 수 있는 모형의 경우도 SPSS에서 ANCOVA 출력을 얻을 수 있다. 이를 위하여 그림 6.9(279면)의 모형 버튼을 클릭하면 그림 9.11과 같은 대화창이 만들어진다. 이 대화창은 9.2절에서 다룬 설명변수 자체만 모형에 포함하는 경우를 제외한 모든 경우에 사용하는 대화창으로 모형에 포함될 변수를 사용자가 지정해주는 것이다. 이와 같이 원래 변수 이외의 변수를 추가하고자 할 때는 그림 9.11에서와 같이 **사용자 정의**가 선택되어야 하고, 사용자 정의가 선택된 경우 모형에 포함될 모든 변수는 사용자에 의해서 지정되어야 한다.

앞에서 기울기의 변화도 포함하는 경우, 각 가변수와 연속인 변수의 곱을 모형에 포함하였다. 이를 선형모형에서는 상호작용(교호작용, interaction)이라 하는데 기울기의 변화를 포함하는 모형으로서의 회귀분석은 상호작용이 포함되어야 하며

개체-간 효과 검정

종속변수: 매출

소스	제 III 유형 제곱합	자유도	평균제곱	F	유의확률
수정 모형	447540,456a	5	89508,091	89,051	,000
절편	5179,675	1	5179,675	5,153	,035
광고료	35939,540	1	35939,540	35,756	,000
매체	16350,190	2	8175,095	8,133	,003
매체 * 광고료	11978,523	2	5989,261	5,959	,010
오차	19097,544	19	1005,134		
합계	1812238,0	25			
수정 합계	466638,000	24			

a. R 제곱 = ,959 (수정된 R 제곱 = ,948)

모수 추정값

종속변수: 매출

모수	B	표준오차	t	유의확률	95% 신뢰구간	
					하한값	상한값
절편	-6,631	26,691	-,248	,806	-62,496	49,234
광고료	1,071	,284	3,766	,001	,476	1,667
[매체=1]	45,586	54,506	,836	,413	-68,495	159,668
[매체=2]	-184,195	51,153	-3,601	,002	-291,259	-77,130
[매체=3]	0a	.	.	.	.	.
[매체=1] * 광고료	-,344	,618	-,557	,584	-1,639	,950
[매체=2] * 광고료	,972	,333	2,915	,009	,274	1,670
[매체=3] * 광고료	0a	.	.	.	.	.

그림 9.12: 상호작용이 있는 ANCOVA 출력

이 상호작용은 '광고료'와 '매체'의 상호작용이다. 그림 9.11는 연속인 변수 '광고료', 명목변수인 '매체'[3] 및 명목변수와 연속변수의 상호작용인 '광고료*매체'가 포형에 포함되었다. 앞의 '광고료', 명목변수 '매체'는 주효과이며 '광고료*매체'는 상호작용이다. 그림 9.12의 결과는 그림 9.13에 있으며 이 결과는 매출을 종속변수로 하고 설명변수에 '광고료', '종이', '방송', '광고료×종이' 및 '광고료×방송' 변수를 사용한 회귀분석의 결과와 같음을 알 수 있으며, 이 결과는 궁극적으로는 9.5절의 결과와도 같음을 확인할 수 있다.

[3]'광고료'와 '매체'와 같이 다른 변수들의 곱으로 생성되지 않은 원래의 설명변수는 주효과(main effect)라고 한다. 주효과, 상호작용 등은 Milliken and Johnson(1984)나 Box, Hunter and Hunter(1978) 등을 참고하기로 한다.

분산분석[b]

모형		제곱합	자유도	평균제곱	F	유의확률
1	선형회귀분석	447540,456	5	89508,091	89,051	,000[a]
	잔차	19097,544	19	1005,134		
	합계	466638,000	24			

a. 예측값: (상수), 종이b, 광고료, 방송, 종이, 방송b

b. 종속변수: 매출

계수[a]

모형		비표준화 계수		표준화 계수	t	유의확률
		B	표준오차	베타		
1	(상수)	-6,631	26,691		-,248	,806
	광고료	1,071	,284	,719	3,766	,001
	방송	-184,195	51,153	-,647	-3,601	,002
	종이	45,586	54,506	,133	,836	,413
	방송b	,972	,333	,881	2,915	,009
	종이b	-,344	,618	-,088	-,557	,584

a. 종속변수: 매출

그림 9.13: SPSS에서의 가변수와 가변수곱에 따른 출력

9.7. 변수의 변환

선형회귀분석 모형을 적용함에 있어서 회귀분석의 모형자체는 수학적으로 항상 직선관계일 필요가 없다. 예를 들어서

$$Y = \beta_0 + \beta_1 x + \beta_2 x^2 \tag{9.26}$$

과 같은 모형은 x와 x^2 을 이용한 선형회귀분석을 사용할 수 있다. 이 때 x와 Y는 포물선의 관계식을 갖는다. 즉, 선형회귀분석은 적절히 모형을 변형시키거나 새로 계산된 변수들과 선형관계식을 만들수 있는 모형은 원래의 모형이 선형이 아니라도 적용할 수 있다. 다음의 경우를 보자. 흔히 말하는 기하급수(등비수열) 형태의 모형은

$$Y = \beta_0 \exp\{\beta_1 x\} \tag{9.27}$$

표 9.1: 다이아몬드 자료

carat	price	carat	price	carat	price
0.32	1468	1.00	10588	1.01	8873
0.32	1202	1.01	10272	0.52	3346
0.34	1222	1.02	9666	0.53	3395
0.43	1747	0.19	800	0.53	3701
0.46	2942	0.20	880	0.56	3667
0.50	3501	0.20	880	0.56	3202
0.50	3501	0.20	705	0.70	6285
0.54	4066	0.20	638	0.71	6372
0.56	2892	0.21	1149	0.80	8611
0.70	5510	0.21	1057	0.80	6416
0.71	5193	0.26	1539	0.80	6051
0.84	5705	0.27	1233	0.81	8715
0.63	4512	0.31	1628	1.05	15051
0.70	6285	0.34	1773	1.00	14588
0.70	5122	0.35	1821	0.97	13696
0.70	5122	0.35	1540	0.98	8873
0.73	5030	1.00	9342		

으로 x와 Y의 관계를 말할 수 있다. 이 경우 양변에 log를(자연로그) 취하면

$$\log(Y) = \log(\beta_0) + \beta_1 x \tag{9.28}$$

로 변환할 수 있으며 $\log(Y)$와 x 사이에 선형회귀모형을 적합시키면 $\log(\beta_0)$ 와 β_1을 추정할 수 있다.

보기 9.4. 표 9.1의 자료의 다이아몬드의 무게와 가격의 자료이다. 이 자료를 가격(price)를 종속변수로 무게(carat)을 독립변수로 하는 회귀모형에 적합해 보자. 먼저 단순선형회귀모형에 적합시키면

$$\texttt{price} = \beta_0 + \beta_1\texttt{carat}$$

```
            Estimate  Std.Err t-value  Pr(>|t|)
Intercept  -2673.174 467.9896  -5.712     0.000
```

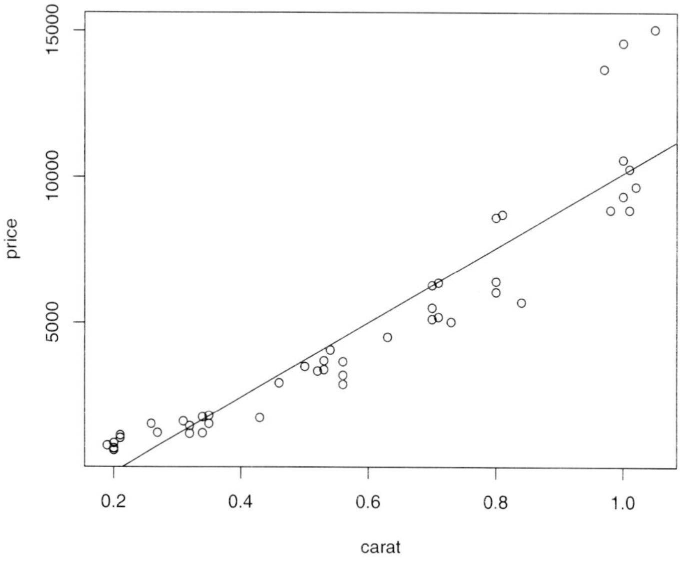

그림 9.14: 선형회귀모형 $Y = \beta_0 + \beta_1 x$을 적용한 경우

```
carat        12786.624 723.5532  17.672      0.000
```

와 같으며 이 때 결정계수 R^2은 0.8668이다. 그림 9.14은 이 자료의 산점도와 위의 회귀직선을 겹쳐서 그린 결과이다.

다이아몬드 자료에 식 (9.27)의 변환된 모형인 식 (9.28)에서 Y를 `price`로, x를 `carat`으로 사용한 선형회귀모형에 적합시켜 얻은 결과로 얻은 계수와 검정 결과는 다음과 같고

```
            Estimate Std.Err t-value Pr(>|t|)
Intercept    6.3157  0.0713 88.6407    0.000
X            3.1157  0.1102 28.2836    0.000
```

이 때 결정계수 $R^2 = 0.9434$ 이다. 여기서 얻은 계수 추정값은 각각 식 (9.28)의 $\log(\beta_0)$와 β_1이므로 $\hat{\beta}_0 = \exp(6.3157) = 553.2074$ 과 $\beta_1 = 3.1157$을 사용하여 회귀식의 추정인 $Y = 553.2074e^{3.1157x}$를 다이아몬드 자료에 겹쳐서 만든 산점도가 그림 9.15이다.

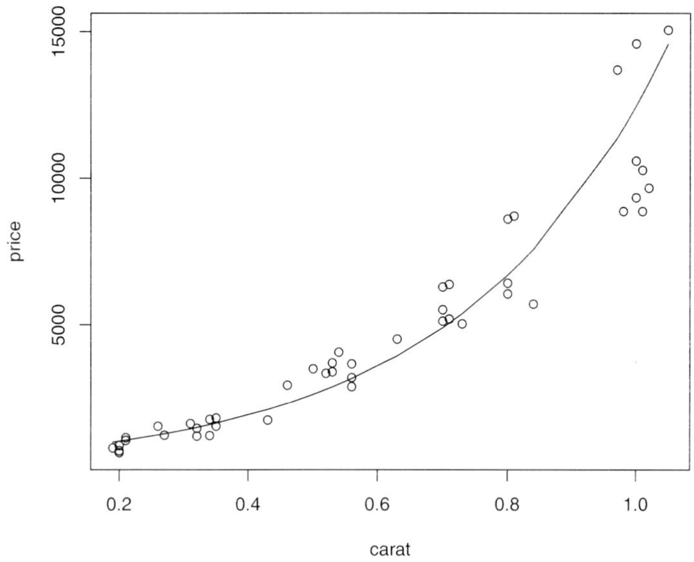

그림 9.15: $Y = \beta_0 \exp\{\beta_1 x\}$ 모형을 적용한 경우

이 두 산점도를 비교하면 그림 9.14의 경우보다 그림 9.15의 산점도가 좀 더 나은 적합을 얻은 것을 볼 수 있다. ■

9.8. Cobb-Douglas 모형

변수변환을 통한 선형회귀분석의 한 형태인

$$Y = \beta_0 x_1^{\beta_1} x_2^{\beta_2} \cdots x_p^{\beta_p} \epsilon \tag{9.29}$$

를 Cobb-Douglas 모형이라고도 한다. 이 모형은 Cobb와 Douglas가 생산량 Y를 투입된 노동량 L과 자본 K의 함수로

$$Y = \beta_0 L^{\beta_1} K^{\beta_2} \tag{9.30}$$

와 같은 모형을 제안하고 이를 경제학 및 관련분야에서 Cobb-Doulas의 생산함수(production function)이라고 부른데서 시작하여 일부에서는 식 (9.29)의 형태인 회귀분석을 Cobb Douglas 회귀분석이라고 한다.

식 (9.29)은 양변에 log를 취하면

$$\log Y = \log\beta_0 + \beta_1 \log x_1 + \cdots + \beta_p \log x_p + \log\epsilon \tag{9.31}$$

이 되므로 $\log\epsilon \overset{iid}{\sim} N(0,\sigma^2)$인 분포가정이 성립하면[4] 앞에서 본 선형회귀분석의 다양한 추론이 가능하다.

이와 같이 log를 취하여 정규분포를 갖는 확률변수는 로그정규분포(log normal)라고 한다.

9.9. 이상치와 영향치

회귀분석에서 이상치(outlier)란 회귀모형을 적합하였을 때 지나치게 모형을 벗어나는 값을 말하고 영향치(influential data)란 회귀직선에 영향을 많이 주는 값을 말한다. 이상치인지의 판단은 잔차를 표준화한 값을 사용하며, 영향치인지의 판단은 관측치를 제외하기 전과 후의 회귀식의 차이가 많이 나는지를 판단의 근거로 삼는다. 이상치 및 영향치 분석에 대한 자세한 내용은 Belsley, Kuh and Welsch(2004)를 참고하기로 한다.

자료의 이상치에 대한 판단은 표준화잔차, 스튜던트화 잔차(studentized residual) 등을 사용하며 영향치의 판단기준으로는 공분산비(covariance ratio), DFFITS, DFBETAS 등을 사용한다.

i번째 자료의 표준화잔차는 e_i가 i번째 잔차일 때

$$r_i = \frac{e_i}{\sqrt{\text{MSE}(1-h_{ii})}} \tag{9.32}$$

로 계산하며 스튜던트화 잔차는

$$r_i^* = \frac{e_i}{\sqrt{\text{MSE}_{(i)}(1-h_{ii})}} \tag{9.33}$$

[4]다른 표현으로는 $\log Y \overset{indep}{\sim} N(\log\beta_0 + \beta_1\log x_1 + \cdots + \beta_p \log x_p, \sigma^2)$이 성립한다고 가정할 수 있다.

로 계산한다. 여기서 MSE와 $\text{MSE}_{(i)}$는 각각 전체 자료를 사용하여 회귀분석을 할 때의 평균오차제곱과 i번째 관측치를 제외하고 $(n-1)$개의 자료로 회귀분석하였을 때의 평균오차제곱이며 h_{ii}는

$$\boldsymbol{H} = \boldsymbol{X}(\boldsymbol{X}'\boldsymbol{X})^{-1}\boldsymbol{X}^t \tag{9.34}$$

의 (i,i)번째 대각선 원소이다. r_i^*는 근사적은로 자유도가 $(n-p-1)$인 t분포를 따르므로 이 값의 절대값 $|r_i^*|$가 $t_{n-p-1;\alpha/2}$보다 크면 유의수준 α에서 i번째 자료는 이상치라고 할 수 있다.

영향력에 대한 판단 기준은 하나의 관측치가 제외되었을 때 Y의 추정치나 $\boldsymbol{\beta}$의 추정치가 얼마나 달라지는지를 주로 사용한다. $\boldsymbol{b}_{(i)}$를 i 번째 관측치를 제외하고 $(n-1)$개의 자료로 회귀분석을 하였을 때 $\boldsymbol{\beta}$에 대한 추정치라고 하고, $\text{MSE}_{(i)}$를 i 번째 관측치를 제외하였을 때의 평균제곱합이라고 할 때 i번째 관측치에 대한 DFFITS_i(Difference in Standardized Fit)는

$$\text{DFFITS}_i = \frac{\boldsymbol{x}_i^t(\boldsymbol{b} - \boldsymbol{b}_{(i)})}{\sqrt{h_{ii} \cdot \text{MSE}_{(i)}}} \tag{9.35}$$

로 정의한다. 여기서 $\boldsymbol{x}_i^t$는 $\boldsymbol{X}$의 i 번째 행이며 $|\text{DFFITS}_i| > 2\sqrt{p/n}$이면 i번째 자료는 영향치로 의심된다.

공분산비는 i번째 자료를 제외할 때와 포함될 때의 $\boldsymbol{\beta}$의 추정치의 공분산 행렬식의 비로 얻는다. 즉, i번째 자료를 제외한 후의 자료행렬을 $\boldsymbol{X}_{(i)}$라고 하면[5] 각각의 경우의 공분산의 추정치는 $(\boldsymbol{X}_{(i)}^t\boldsymbol{X}_{(i)})^{-1}\text{MSE}_{(i)}$와 $(\boldsymbol{X}^t\boldsymbol{X})^{-1}\text{MSE}$이므로 공분산비는

$$\text{COVRATIO}_i = \frac{|(\boldsymbol{X}_{(i)}^t\boldsymbol{X}_{(i)})^{-1}\text{MSE}_{(i)}|}{|(\boldsymbol{X}^t\boldsymbol{X})^{-1}\text{MSE}|} \tag{9.36}$$

이다. $|\text{COVRATIO}_i - 1| > 3p/n$인 경우 i번째 자료의 영향이 크다고 판단할 수 있다.

$\text{DFBETAS}_{j,i}$(Difference in Betas)는 i번째 자료를 제외할 때와 포함할 때의 β_j의 추정량 $b_{j(i)}$와 전체 자료를 모두 사용하였을 때 β_j의 추정량 b_j의 변화를 관찰

[5]따라서 $\boldsymbol{X}_{(i)}$는 $\boldsymbol{X}$에서 i번째 행 $\boldsymbol{x}_i^t$를 제외한 $(n-1)\times(p+1)$ 차원의 행렬이 된다.

그림 9.16: 이상치와 영향치에 대한 메뉴 설정

하는 방법으로($i = 1, 2, \ldots, n; j = 0, 1, \ldots, p$)

$$\text{DFBETAS}_{j,i} = \frac{b_j - b_{j(i)}}{\sqrt{\text{MSE}_{(i)}(\boldsymbol{X}^t\boldsymbol{X})^{-1}_{jj}}} \tag{9.37}$$

로 정의한다. 여기서 $(\boldsymbol{X}^t\boldsymbol{X})^{-1}_{jj}$는 $(\boldsymbol{X}^t\boldsymbol{X})^{-1}$의 (j, j)번째 원소이다. 일반적으로 $\text{DFBETAS}_{j,i}$의 절대값이 $2/\sqrt{n}$보다 크면 영향치로 의심한다.

보기 9.5. 다음의 자료를 사용하여 이상치와 영향치에 대한 판정 기준값들을 검토해 보자.

x	1	2	3	4	5	6	7	8	9	10	20
Y	19	14	19	15	12	11	10	7	3	1	70

그림 8.4의(237면) SPSS의 회귀분석 메뉴에서 [Save] 또는 [저장] 버튼을 클릭하면 그림 9.16의 대화창이 생성된다.[6]

이 대화창에서 잔차와 영향력 통계량이 이 절에서 다룬 내용이다. 잔차에서 **표준화 하지 않음(N)**는 잔차 e_i 값을 말하며, **표준화**는 식 (9.32)이며 **스튜던트화**는 식 (9.33)을 말한다.

영향력 통계량에서 DFBETA와 DFFIT은 표준화 되지 않은 DFBETAS와 DFFITS를 말하는 것으로 각각 식 (9.37)와 식 (9.35)의 분자만의 값이다.

표준화 DFBETA(Z), **표준화 DFFIT(T)** 및 **공분산비율(V)**는 각각 식 (9.37)와 식 (9.35) 및 (9.36)이다.

위의 데이터를 사용하여 이들 값을 계산하여 보면 그림 9.17을 얻는다. 이 그림에서 `SRE_1`는 스튜던트화 잔차, `COV_1`는 공분산비, `SDF_1`는 DFFITS_i, `SDB_0`는 $\text{DFBETA}_{0,i}$ 및 `SDB_1`는 $\text{DFBETA}_{1,i}$이다. 이들 값을 보면 11번째 자료가 이상치일 가능성 및 영향치일 가능성이 모두 존재함을 알 수 있다.

그림 9.18은 이 자료에 대한 산점도와 두 개의 회귀직선을 표시하였는데 각 산점은 1–9는 해당 자료의 번호를 a는 10번째, b는 11번째로 표시하였다. 먼저 기울기가 음수인 회귀직선은 11번째 자료(b로 표시)를 제외한 나머지 10개의 자료로 회귀직선을 얻은 것이며, 기울기가 양수인 직선은 모든 자료를 사용한 회귀직선이다. 이 산점도에 볼 수 있는 것은 11번째 자료의 유무가 회귀식을 획기적으로 바꾼다는 것이다. 즉, 11번 째 자료는 회귀식에 영향을 많이 주는 '영향치'이다.

모든 자료를 사용한 경우 11번째 자료의 경우 회귀직선에서 다소 멀리 떨어져 있으므로 이들 자료는 이상치일 가능성을 고려하여야 한다. ■

9.10. 부분상관계수

종속변수를 Y로 하고 설명변수가 $x_1, x_2, \ldots, x_p$인 선형회귀모형을 생각해보자. 이 회귀분석 모형에서 하나의 설명변수를 제외한 나머지 $(p-1)$개의 설명변수가 종속

[6] 이 대화창의 영문 버전은 238면의 그림 8.6이다.

	x	y	SRE_1	COV_1	SDF_1	SDB0_1	SDB1_1
1	1	19	1.16322	1.16336	.62195	.62010	-.47220
2	2	14	.61044	1.41097	.27143	.26747	-.18859
3	3	19	.79336	1.27924	.31835	.30543	-.19352
4	4	15	.34422	1.40048	.12060	.10988	-.05933
5	5	12	-.02372	1.41076	-.00758	-.00630	.00259
6	6	11	-.24844	1.37686	-.07542	-.05380	.01221
7	7	10	-.47269	1.32410	-.14282	-.08006	-.00520
8	8	7	-.83725	1.19045	-.26790	-.10405	-.06177
9	9	3	-1.27827	.95076	-.46427	-.10095	-.18607
10	10	1	-1.59211	.74889	-.67826	-.04318	-.36478
11	20	70	2.97533	.00124	35.66857	-19.47293	33.36043

그림 9.17: 이상치와 영향치에 대한 출력 결과

변수 Y를 설명하고 남는 부분에 대해서 제외된 설명변수와 Y 사이의 상관관계를 측정하는 도구를 부분상관계수 또는 편상관계수라고 한다.

예를 들면 Y와 x_1의 부분상관계수는 $x_2, \ldots, x_p$가 Y를 설명하는 부분을 제외한 나머지 부분 중에서 Y와 x_1의 상관계수이다.

$x_2, x_3, \ldots, x_p$가 주어졌을 때 Y와 x_1의 부분상관계수의 계산은 다음과 같은 순서로 얻는다.

1. 먼저 Y를 종속변수로 하고 $x_2, x_3, \ldots, x_p$를 설명변수로 하는 회귀분석을 하여 잔차를 얻는다.

2. x_1을 종속변수로 하고 $x_2, x_3, \ldots, x_p$를 설명변수로 하는 회귀분석을 하여 잔차를 얻는다.

3. 위에서 얻은 두 잔차들 사이의 상관계수를 얻는다.

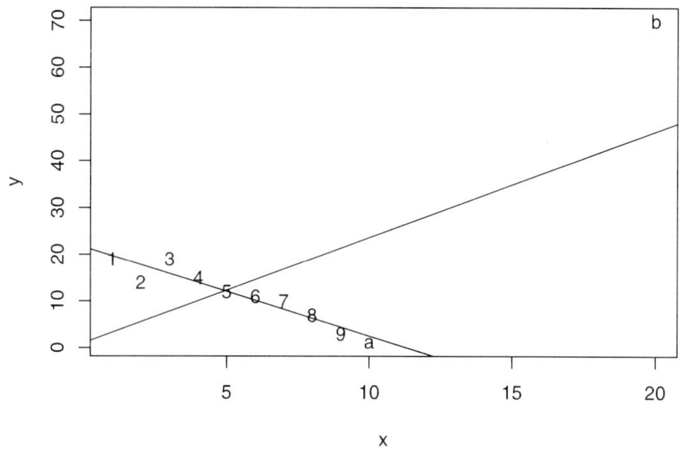

그림 9.18: x와 Y에 대한 산점도

이렇게 얻은 상관계수를 $r_{Yx_1|x_2,x_3,\ldots,x_p}$로 표시하고[7] 이를 $x_2, x_3, \ldots, x_p$가 주어졌을 때 Y와 x_1의 부분상관계수(partial correlation coefficient), 또는 편상관계수라고 한다.

위의 부분상관계수 $r_{Yx_1|x_2,x_3,\ldots,x_p}$는

$$r_{Yx_1|x_2,x_3,\ldots,x_p} = \frac{t}{\sqrt{t^2 + df(\text{SSE})}} \tag{9.38}$$

로 계산할 수 있다. 이 식에서 t는 Y를 종속변수로, $x_1, x_2, \ldots, x_p$를 설명변수로 하는 회귀분석에서 $H_0 : \beta_1 = 0$에 대한 검정통계량 t 값이며, $df(\text{SSE})$는 오차제곱합의 자유도 $(n-p-1)$이다.

회귀분석에서 $x_2, x_3, \ldots, x_p$가 주어진 상태에서 x_1을 회귀모형에 더 추가할 수 있을지 판단하는 기준 중의 하나로 사용할 수 있는 개념이 x_1이 $x_2, x_3, \ldots, x_p$가 주어진 상태에서 추가로 x_1이 Y를 얼마나 잘 설명해 주는 것인지 따져 보는 방법이다. 이 기준의 하나로 부분상관계수를 사용할 수 있으며, 부분상관계수의 값이 작으면 x_1을 모형에 추가할 이유가 없다고 본다.

---

[7] 많은 문헌에서 $r_{Yx_1 \bullet x_2,x_3,\ldots,x_p}$으로도 표시한다.

그림 9.19: SPSS에서 편상관계수 구하기

식 (9.38)에서 부분상관계수가 0이면 t가 0이며, 그 역도 성립함을 알 수 있다. t가 0에 가까우면 $H_0 : \beta_1 = 0$를 기각할 수 없으며, 따라서 x_1을 모형에서 제외하게 된다.

하나의 설명변수 $H_0 : \beta_1 = 0$를 검정하기 위한 t는 이 설명변수를 모형에 포함할 수 있을지 검정하는 부분 F 검정의 F 값과는 $t^2 = F$ 인 관계에 있으며 식 (9.38)에서 t^2 대신에 F를 사용하면

$$r_{Yx_1|x_2,x_3,\ldots,x_p} = \pm\sqrt{\frac{F}{F + df(\text{SSE})}} \tag{9.39}$$

인 관계를 얻을 수 있기 때문에 부분상관계수가 0인지에 대한 유의성 검정은 부분 F 검정 및 t 검정과 동일한 유의성 검정임을 알 수 있다.

회귀분석의 문제에서 Y와 x_1의 상관계수는 크나(절대값이), 부분상관계수의 값이 0에 가까우면 설명변수들 사이의 다중공선성을 의심해 볼 필요가 있다.

참고: SPSS에서는 편상관계수를 구하는 메뉴가 별도로 있으며 **분석 → 상관분석 → 편상관계수** 순서로 메뉴를 선택하면 된다. 또한 회귀분석 메뉴에서 통계량 버튼을 클릭하여 만들어진 그림 8.5의 ③번 사각형 바로 위의 '부분상관 및 편상관계수'에 체크하여 얻을 수도 있다.

상관

통제변수			x1	y
x2	x1	상관	1.000	.922
		유의수준(양측)	.	.000
		df	0	7
	y	상관	.922	1.000
		유의수준(양측)	.000	.
		df	7	0

그림 9.20: SPSS에서 편상관계수 출력

x_1	x_2	Y	e_1	e_2
1	0.376300	1.666128	0.00819	0.07504
2	4.073781	1.177757	−3.33814	−2.03272
3	3.219155	4.239591	0.38427	−0.31440
4	4.921184	4.523747	−0.64715	−0.74496
5	5.610031	6.242931	0.53959	−0.32394
6	6.070562	5.226495	−0.83281	0.28898
7	4.123018	8.065858	3.51190	2.92590
8	9.175594	8.423551	−0.03579	−0.32082
9	9.290215	9.147472	0.59954	0.58284
10	11.33512	9.938946	−0.18959	−0.13592

표 9.2: 두 모형에 따른 잔차

위의 $r_{Yx_1|x_2}$를 얻으려면 그림 9.19과 같이 제어변수에는 x_2를, 변수에는 Y와 x_1을 설정한다. SPSS 출력은 그림 9.20와 같으며 이 출력에 의하면 $r_{Yx_1|x_2} = 0.922$이다. 유의확률이 0.000이므로 귀무가설 $H_0 : \rho_{Yx_1|x_2} = 0$ 대 대립가설 $H_1 : \rho_{Yx_1|x_2} \neq 0$를 검정하는 경우 귀무가설을 기각한다.

보기 9.6. 제265면의 자료를 이용하여 $r_{Yx_1|x_2}$을 구해보자.

이 부분상관계수는 두 개의 회귀분석에서 만들어지는 잔차의 상관계수로도 구할 수 있다. 즉 설명변수를 x_2로 하고 종속변수를 각각 Y 및 x_1으로 하는 회귀분석의 결과로 얻어지는 잔차의 상관계수가 $r_{Yx_1|x_2}$이다. $Y = \beta_0 + \beta_1 x_2$의 회귀분석의 결과로 얻은 잔차 e_1과 $x_1 = \beta_0 + \beta_1 x_2$의 회귀분석의 결과로 얻은 잔차 e_2가 표 9.2에 정리되어 있다. 이 표의 e_1과 e_2의 상관계수를 구해보면 0.922로 얻어진다. 이 값은 그림 9.20의 결과와 일치한다.

또한 식 (9.38) 또는 식 (9.39)에 적용하기 위해 전체 모형 $Y = \beta_0 + \beta_1 x_1 + \beta_2 x_2$에서 얻은 회귀방정식

$$Y = 0.611 + 1.242x_1 - 0.271x_2$$

에서 $H_0 : \beta_1 = 0$를 검정하기 위한 검정통계량의 값 $t = 6.296$이나 $F = t^2 = 6.296^2 = 39.640$을 사용하여도

$$r_{Yx_1|x_2,x_3,\ldots,x_p} = \frac{6.296}{\sqrt{6.296^2 + 7}} \sqrt{\frac{39.640F}{39.640 + 7}} = 0.922$$

로 같은 결과를 얻는다. 여기서 오차제곱합의 자유도는 $n - 3$인 7이다. ■

9.11. 회귀분석에서 SPSS 사용 요약

SPSS를 이용하여 선형회귀분석을 하는 방법을 요약해보면 다음과 같다. SPSS를

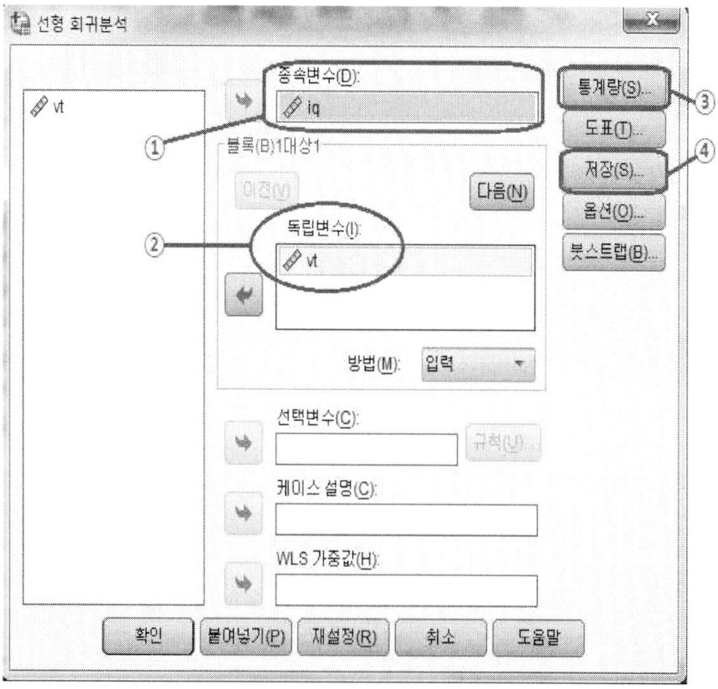

그림 9.21: 회귀분석을 하기 위한 SPSS 대화창

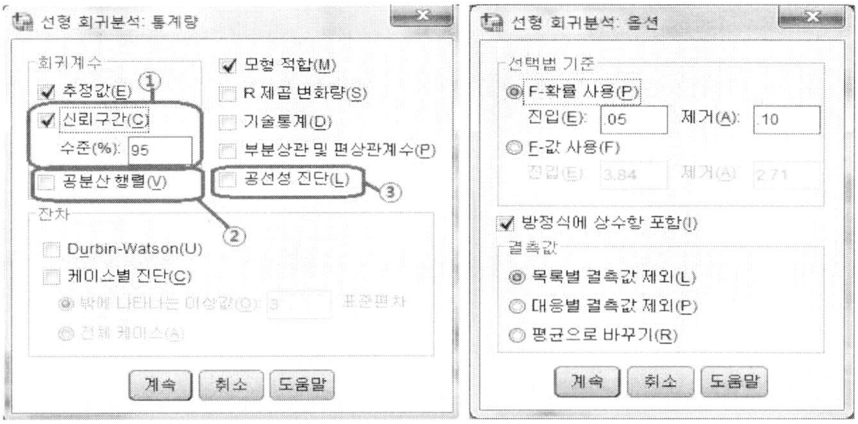

그림 9.22: 회귀분석의 통계량 계산을 위한 대화창과 변수선택과 결측치 처리방법에 대한 대화창

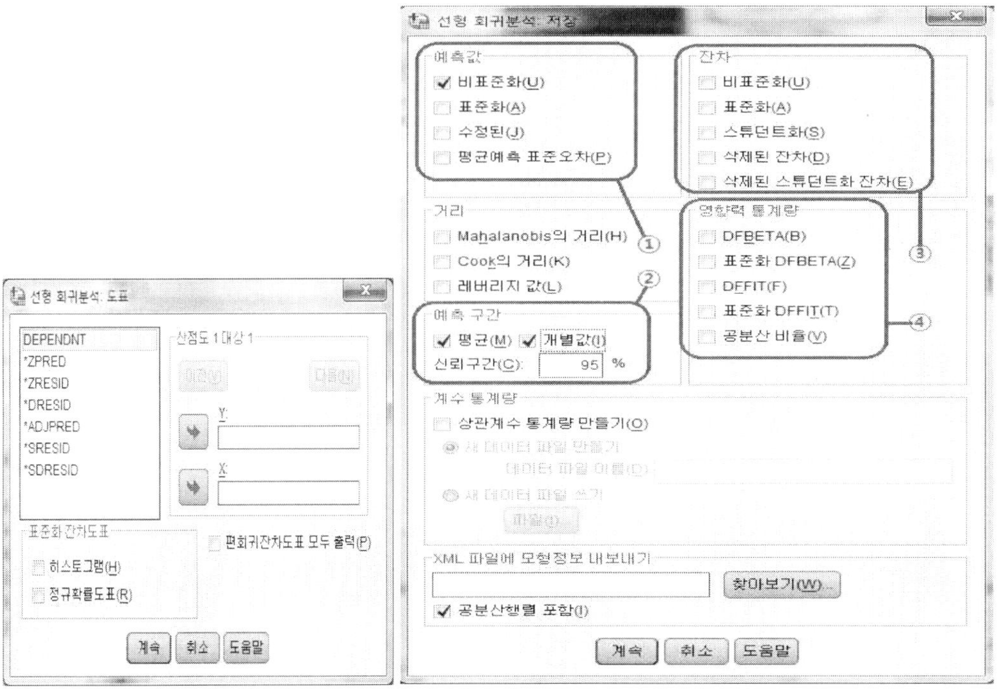

그림 9.23: 회귀분석의 오차항 분석 및 변수 저장을 위한 대화창

이용하여 선형회귀분석을 하고자 할 때는 **분석** → **회귀분석** → **선형** 순서로 메뉴를 선택하면 그림 9.21과 같은 대화창이 생성된다.

이 대화창에서 종속변수에 사용할 변수와 설명변수에 사용할 변수(들)를 지정하면 기본적인 회귀분석이 가능하다. **방법**에는 8.4절에서 설명된 변수선택의 방법 중의 하나를 지정하는 것으로 그림에서 보이는 **입력**은 모든 설명변수를 한 번에 사용하는 것이다. SPSS에서는 **단계선택**, **전진** 및 **제거**라는 이름으로 stepwise, forward selection, backward elimination 방법을 사용할 수 있다.

그림 9.21에서 **케이스 선택 변수**는 회귀분석을 모든 자료에서 하지 않고 특정한 변수가 특정한 값을 가질 때의 자료만 이용하여 분석하고자 할 때 선택할 수 있으며 오른쪽의 [규칙]을 눌러 어떤 경우를 선택할 지 정하여야 한다. 예를 들어 남자의 경우만 회귀분석을 할 때는 **케이스 선택 변수**에서 성별을 표시하는 변수를 선택하고 [규칙]을 눌러 남자의 변수값(예를 들어 M)을 지정해 주면 된다.

그림 9.21에서 **케이스 설명**에는 각 케이스를 설명할 변수를 선택하면 되는데 SPSS의 출력에서 잔차의 분석에서 잔차의 값이 큰 경우를 출력하게 하거나 잔차의 산점도를 그릴 때 **케이스 설명**에 선택된 값이 같이 출력 또는 인쇄된다. 잔차의 분석은 그림 9.23의 왼쪽 그림을 참고하자.

그림 9.21의 [통계량]을 클릭하면 SPSS에서의 계산한 회귀계수의 추정치에 대한 신뢰구간, 결정계수의 변화 등의 통계량과 잔차의 분석에 필요한 통계량등을 계산할 수 있다. 이러한 통계량에 대한 설정은 [통계량] 버튼을 클릭할 때 만들어지는 그림 9.22의 왼쪽 대화창에서 설정한다.

그림 9.21의 [옵션]을 클릭하면 SPSS에서의 변수선택시 사용할 기준값을 유의수준이나 F 값을 이용하여 정해줄 수 있다. 그림 9.22의 오른쪽 그림은 변수추가시에는 0.05 변수제거시에는 0.10을 유의수준으로 설정한 것이다. 또한 [옵션]에서 결측치 처리방법과 회귀계수 중 상수항 β_0를 0으로 하는 회귀방정식을 선택하는 옵션도 있다.

그림 9.21의 [도표]를 선택하면 그림 9.23의 왼쪽 그림과 같은 대화창이 만들어지며 이 대화창에서 잔차의 분석에 필요한 산점도나 잔차의 히스토그램을 그릴 수 있다.

그림 9.21의 [저장]를 선택하면 그림 9.23의 오른쪽 그림과 같은 대화창에서는 예측값, 예측값에 대한 신뢰구간의 신뢰하한과 신뢰상한의 값, 각종 오차에 관련된 값 및 영향치 분석에 필요한 Cook 통계량들을 변수로 저장하게 할 수 있다.

연습문제

9.1 회귀모형에서 기울기에 해당하는 계수들이 0인지 가설검정을 하는 것이 어떤 의미를 갖는가?

9.2 단순회귀분석의 모형 $Y_i = \beta_0 + \beta_1 x_i + \epsilon_i$에서

(a) Pearson 상관계수가 0이면 결정계수 R^2과 β_1에 대한 최소제곱 추정치 b_1이 0임을 보여라.

(b) 상관계수가 0이라도 두 변수사이에 선형이 아닌 다른 관계에 있음에 유의하여 $H_0 : \beta_1$을 기각하지 못하였을 때 Y와 x사이에 아무관계가 없다고 할 수 있는지 답하여라.

9.3 다음은 단순회귀분석 결과로 얻은 분산분석표와 추론의 결과이다. 사용한 모형은 $Y_i = \beta_0 + \beta_1 x_i + \epsilon_i$이다. $\epsilon_i \overset{iid}{\sim} N(0, \sigma^2)$ 이다.

요인	자유도	제곱합	평균제곱합	F	sig.
회귀	(가)	2202.88	2202.88	78.05	< .0001
오차	18	508.06	(나)		
전체	19	2710.94			

추정변수	자유도	추정값	표준오차	t	sig.(two-tail)
절편	1	(다)	2.46794	1.70	0.1073
기울기	1	1.82006	0.20602	(라)	< .0001

다음 물음에 답하여라.

(a) (가)-(라)의 빈칸을 채워라.

(b) 관찰된 자료 (Y, x)의 Pearson 상관계수를 구하여라.

(c) 위에서 얻은 상관계수를 사용하여 상관계수가 0인지 검정하는 t 검정통계량을 얻어보아라.

(d) σ^2의 추정치로 사용할 수 있는 값은?

(e) 귀무가설 $H_0 : \beta_1 = 2$ 을 검정하여라. (양측검정, 유의수준 5%)

(f) $H_0 : \beta_1 = 0$을 검정하기 위한 검정통계량과 $H_0 : \rho = 0$을 검정하기 위한 검정통계량 값에 차이가 있는가?

(g) 이 자료는 e를 $N(0,5^2)$에서 생성된 20개의 난수일 때 $x = 1, 2, \ldots, 20$에 대해서 $Y = 1 + 2x + e$로 생성되었다. 앞에서 추정한 계수나 분산 등을 참값들과 비교해 보아라.

9.4 어떤 회귀분석의 결과 다음과 같은 분산분석표를 얻었다.

요인	자유도	제곱합	평균제곱합	F	유의확률
회귀	2	2578	1289	(가)	0.000
오차	(나)	660	30		
전체	24	3018			

(a) 가정한 회귀모형을 써보아라.

(b) 이 분석을 하기 위해서 몇 개의 자료를 얻었는가?

(c) (가)의 F 값을 계산하고 이 F 값으로 검정하려고 하는 귀무가설과 대립가설을 말하여라.

(d) 위의 가설검정에 대한 결론은?

(e) (나)의 값은?

(f) 결정계수 R^2 의 값은?

(g) 이 회귀분석에서 사용한 종속변수의 분산의 추정치는?

9.5 다음 자료는 2003년 소득계층별 가구당 월평균 가계수지(2인이상)를 조사한 것이다. 소득 따른 소비수준의 관계를 파악하고자 한다. (단위: 천원, 출처 : 통계청)

소비	1,180.622	990.375	1,350.266	1,635.710	1,929.588
소득	237.532	751.524	1,239.187	1,727.013	2,223.650
소비	2,305.333	2,660.893	2,880.676	3,082.294	2,884.739
소득	2,724.961	3,212.184	3,719.496	4,212.418	4,741.977
소비	3,601.065	3,980.448	5,703.976		
소득	5,203.779	5,725.156	8,355.927		

(a) 소득과 소비의 회귀직선을 구하여 보아라.

(b) 소득이 1,000천원인 가구의 한 달 소비를 예측해 보아라.(95%)

9.6 다음 자료는 금융계열 회사의 중간 관리직 직원의 연봉과 나이, 대학 이상의 교육을 받은 기간을 조사한 자료이다. 이 자료를 이용하여 연령과 대학이상 교육연한으로 연봉을 설명하려고 한다.

교육연한(x_1)	나이 (x_2)	연봉(Y, 단위:백만원)
4	40	60
2	50	63
0	52	58
4	43	62
4	45	65
4	42	63
6	50	75

(a) 적절한 모형을 구하여라.

(b) 어떤 사람이 나이 37세 교육연한 4년인 중간 관리직에 있다고 한다. 연봉을 추정하여 보고 그에 대한 95% 예측구간을 구하여라.

(c) 나이 37세 교육연한 4년인 중간 관리직에 있는 사람들의 평균 연봉을 추정하여 보고 그에 대한 95% 신뢰구간을 구하여라.

(d) 유의한 회귀계수에 대한 신뢰구간을 구하여라.

(e) 위의 세 변수에 대한 회귀분석을 하기 전에 먼저 어떤 분석이 필요한가?

9.7 표 9.3의 자료는 경기도 가평군 내에 있는 잣나무림을 대상으로 28개의 조사구를 설정하여 임령, 평균수고, 평균흉고직경, 그리고 평균목 재적을 조사한 것이다. 분포도를 그려본 결과 임령(x)과 평균목 재적(Y)간의 관계를 설명하는데 단순회귀모형이 적절하다고 판단될 때 최소자승법에 의해 직선회귀식 $Y = b_0 + b_1 x$를 구하여라.

9.8 연습문제 8.7의 자료에서 회귀분석을 위한 분산분석표를 작성하고 결정계수 R^2을 구하고 이 값에 대한 분석을 하여라.

9.9 연습문제 8.7의 자료에서 적합한 단순회귀모형에 대하여

(a) 기울기 에 대한 95%신뢰구간과 5%유의수준에서 $H_0 : \beta_1 = 0$ 대 $H_1 : \beta_1 \neq 0$에 대한 가설검정을 하고 이의 의미를 설명하여라.

표 9.3: 잣나무의 나이, 직경 및 재적 자료 1

조사구	임령	평균수고	평균흉고직경	평균목재적	조사구	임령	평균수고	평균흉고직경	평균목재적
1	22	10.4	13.7	0.0573	16	27	14.9	20.0	0.1804
2	22	11.2	15.9	0.0793	17	31	13.8	20.4	0.1857
3	15	6.6	7.1	0.0108	18	43	18.9	33.5	0.5807
4	14	8.4	11.7	0.0283	19	43	19.5	35.1	0.6705
5	15	8.4	11.0	0.0265	20	43	18.9	30.0	0.5884
6	42	19.9	33.6	0.9612	21	43	19.0	33.3	0.6082
7	43	18.6	31.3	0.5587	22	43	19.7	35.0	0.6822
8	43	19.3	32.3	0.6386	23	23	9.7	11.8	0.0803
9	42	19.6	35.0	0.6352	24	31	15.1	21.2	0.2339
10	43	19.1	33.1	0.6152	25	35	14.7	23.1	0.2256
11	27	9.2	13.5	0.0395	26	38	15.3	24.7	0.2633
12	28	12.1	17.7	0.1054	27	38	15.7	24.9	0.2880
13	25	11.8	16.4	0.0886	28	38	16.3	27.1	0.3367
14	24	10.9	14.8	0.0964	합계	908	408.4	642.8	8.6520
15	27	11.4	15.6	0.0832					

(b) 이 가설검정에서 사용한 t 값과 분산분석표의 F 값의 관계는?

(c) 임령이 각각 20, 30, 40년 일 때의 평균목 재적의 기댓값 $\mathrm{E}[Y]$에 대한 95%신뢰구간을 구하여라.

9.10 표 9.3의 자료를 사용하여 목재적을 종속변수로 하고 흉고직경과 평균수고를 설명변수로 하는 회귀분석을 실행하여라.

9.11 표 9.4은 어떤 강송 천연림에서 임의로 20본을 추출하여 재적(Y,$10m^3$), 흉고단면적(x_1,cm^2), 수령(x_2,년)을 조사한 것이다.

(a) 재적이 흉고단면적과 수령의 변화에 따라 어떻게 반응하는가에 대해 중회귀식을 가정하고 최소제곱법에 의해 추정하라. 또 식의 의미를 기술하라.

(b) 추정된 회귀식에 대해 분산분석표를 작성하고 그 유의수준 1%수준에서 검정하라. 또한 결정계수 및 중상관계식을 구하고 이들의 의미를 설명하여라

표 9.4: 나무의 재적과 흉고단면적 및 수령 자료

표본목 No.	재 적 (Y)	흉고단면적 (x_1)	수 령 (x_2)
1	189	224	56
2	118	194	52
3	172	191	55
4	186	230	51
5	169	196	55
6	179	211	55
7	130	170	56
8	105	174	56
9	124	163	52
10	157	235	56
11	99	143	51
12	120	161	52
13	153	206	49
14	119	174	54
15	135	210	58
16	142	199	55
17	134	186	52
18	167	235	54
19	151	211	52
20	126	179	51
계	2,875	3,883	1,072

9.12 표 9.4의 자료에서 목재적을 종속변수로 하고, 임령, 수고 및 직경을 설명변수로 하여 회귀직선을 구해보아라. 이 자료를 사용하여 단계적회귀를 구해보아라.

9.13 보기 9.5의 자료에서 11번째 자료를 제외할 때의 회귀식을 구해보고 이 자료가 포함되었을 때와 제외되었을 때의 회귀계수의 추정치를 비교해 보아라.

9.14 보기 9.5의 자료에서 11번째 자료를 제외할 때의 산점도와 이 자료가 포함되었을 때의 산점도에 위에서 추정한 회귀식을 겹쳐 그려보아라.

9.15 다음은 소득(x_1)과, 거주지역(x_2)에 따른 저축액의 추이를 보기 위한 자료이다(음의 값은 채무가 더 많은 경우임). 거주지역은 특별시, 광역시(1), 시지역(2), 군지역(3)으로 표시하였다. 이 자료에서 소득과 거주지역이 저축

액(Y)에 영향을 주는지 알아 보자.

Y	−2	−2	−6	9	−19	23	17	2	3	4
x_1	1	2	3	4	5	6	7	0	1	2
x_2	1	1	1	1	1	1	1	2	2	2
Y	3	5	6	8	4	8	10	9	14	16
x_1	3	4	5	6	2	3	4	5	6	7
x_2	2	2	2	2	3	3	3	3	3	3

거주 지역에 따라 회귀직선의 기울기와 절편이 다를 수 있다고 하고 가변수를 사용한 회귀모형을 구해 보아라.

제 10 장

분할표에 대한 분석

분할표 또는 교차표(cross tables)는 두 변수가 명목자료이거나 순서자료인 경우에 두 변수의 각각의 값에 대해서 그에 해당하는 자료의 수를 표로 정리한 것을 말한다. 원래 자료는 연속형이나 연속인 값을 범주화한 경우도 분할표로 용약되기도 한다. 한 변수가 가질 수 있는 서로 다른 값이 r개이고 다른 변수가 가질 수 있는 서로 다른 값이 c개이면 이 두 변수가 가질 수 있는 모든 조합에 대해서 빈도수를 얻어서 r개의 행과 c개의 열을 가진 표의 각 칸에 그 빈도를 얻은 경우 이를 $r \times c$ 분할표라고 한다.

여기서는 자료가 $r \times c$ 분할표로 요약될 수 있을 때 두 변수의 독립성의 검정이나 동일성 검정을 포함하여 이와 관련된 검정문제에 대해서 알아보기로 하자.

10.1. 독립성에 대한 분석

원래부터 이산형이거나 아니면 연속형인 값을 범주화한 두 변수 X와 Y의 독립성을 추론하는 방법에 대해서 알아보자. 편의상 X가 가질 수 있는 값은 $1, 2, \ldots, r$, Y가 가질 수 있는 값은 $1, 2, \ldots, c$라고 하자. (X, Y)의 순서쌍이 가질 수 있는 모든 가능한 조합에 대해 해당되는 도수를 분할표(cross table)로 요약하였다고 가정하자. 원자료에서는 분할표로 얻어지는 경우가 거의 없으며 일차 가공을 거쳐야 분할표가 얻어지는 경우가 많다.

X, Y가 관찰연구에서 얻어지고 두 변수의 연관성 또는 독립성을 검토하고자 할 때 독립성검정(chi-square test for independence)이라고 하며 자료가 실험연구에서 얻어진 경우 동일성검정이라고 구분하여 표현하기도 하는데 사용하는 검정통계량이

나 검정방법이 같기 때문에 이 둘을 구분하지 않기도 한다.

r개의 행과 c개의 열을 가진 분할표에서 i번째 행, j번째 열에 해당하는 도수의 관측치를 O_{ij}라고($i = 1, 2, \ldots, r$; $j = 1, 2, \ldots, c$) 하면 이때 만들어지는 분할표를 $r \times c$ 분할표 또는 교차표라고 한다. $r \times c$ 분할표의 일반적인 모양은

Row(X) \ Column(Y)	C_1	C_2	$\cdots$	C_c	합
R_1	O_{11}	O_{12}	$\cdots$	O_{1c}	$O_{1.}$
R_2	O_{21}	O_{22}	$\cdots$	O_{2c}	$O_{2.}$
$\vdots$	$\vdots$	$\vdots$	$\vdots$	$\vdots$	$\vdots$
R_r	O_{r1}	O_{r2}	$\cdots$	O_{rc}	$O_{r.}$
합	$O_{.1}$	$O_{.2}$	$\cdots$	$O_{.c}$	$O_{..}$

로 얻어진다. 여기서 $O_{i.}$과 $O_{.j}$는 각각 i번째 행과 j번째 열의 합이며 $O_{..}$은 전체 자료의 합이다. 이와 같은 표에서

만일 $O_{i.}$과 $O_{.j}$가 고정되었다고 가정하면 어떤 관측치가 분할표의 i번째 행, j번째 열에 해당하는 칸에 속할 확률은 i번째 행에 속할 확률 $O_{i.}/O_{..}$과 j번째 열에 속할 확률은 $O_{.j}/O_{..}$가 된다. 따라서 두 변수가 독립이면 모든 행과 열에 대해서

i번째 행, j번째 열에 해당하는 칸의 기대 도수(expected frequency) E_{ij}는

$$E_{ij} = O_{..}\frac{O_{i.}}{O_{..}}\frac{O_{.j}}{O_{..}} = \frac{O_{i.}O_{.j}}{O_{..}}$$

가 되며 두 변수가 독립이라면 O_{ij}와 E_{ij}의 차가 별로 없을 것을 예상할 수 있다.

행변수 X와 열변수 Y에 대한 귀무가설과 대립가설

$$H_0 : X\text{와 } Y\text{는 독립이다. vs. } H_1 : X\text{와 } Y\text{는 독립이 아니다} \tag{10.1}$$

를 검정하기 위한 검정통계량으로

$$\chi^2 = \sum_{i=1}^{r}\sum_{j=1}^{c}\frac{(O_{ij} - E_{ij})^2}{E_{ij}} \tag{10.2}$$

을 사용하며 분할표의 모든 칸에서 자료의 수가 충분히 크면 식 (10.1)의 귀무가설이 참일 때 이 검정통계량은 근사적으로 자유도가 $(r-1)(c-1)$인 카이제곱분포를

따른다. 이 경우 자료가 '충분히' 크다는 기준으로 모든 칸에 대해서 $E_{ij} > 5$를 기준으로 삼는 경우가 많다.

따라서 식 (10.2)의 검정통계량이 카이제곱분포표의 $\chi^2_{(r-1)(c-1);\alpha}$보다 크면 유의수준 α에서 두 변수가 독립이라는 귀무가설을 기각한다. χ^2 분포표는 부록의 표 A.4부터 표 A.5에서 찾아볼 수 있다.

보기 10.1. 다음은 스키장 의무실에서 치료를 필요로 하는 머리부상자의 머리부상 정도와 헬멧 사용여부를 조사한 것이다.

헬멧 \ 부상정도	경상(2주 이하)	중상(4주 이하)	중상(5주 이상)	합
착용	10	17	7	34
미착용	23	12	5	40
합	33	29	12	74

이 표에서 헬멧사용 여부와 부상정도가 독립인지 알아보자. 먼저 각 칸에서의 기댓값을 계산해 보면

헬멧 \ 부상정도	경상(2주 이하)	중상(4주 이하)	중상(5주 이상)	합
헬멧 착용	15.162(1.7575)	13.324(1.014)	5.5135(0.4008)	34
헬멧 미착용	17.838(1.4939)	15.676(0.8619)	6.4865(0.3407)	40
합	33	29	12	74

이 되어 $\chi^2 = 5.8687$이다. 이 표의 괄호 안의 값은 각 칸에 대한 카이제곱값 $(O_{ij} - E_{ij})^2/E_{ij}$이다. 이때 자유도가 2인 카이제곱 분포에 기초하여 컴퓨터로 계산한 p 값은 0.0532이기 때문에 5% 유의수준에서는 귀무가설을 기각할 수 없으나 10%에서는 귀무가설을 기각할 수 있다. 따라서 헬멧 착용여부와 부상정도에는 강하지지는 않지만 약간의 연관성이 있어 보인다.

참고로 스키 등의 운동에서 보호장구를 착용한 사람은 안전성에 대한 신뢰감 때문에 좀더 과격하게 즐기거나[1] 반대로 과격하게 운동하는 것을 즐기는 사람일수록 보호장구를 착용하는 경향이 있을 수 있기 때문에 더러 위와 같이 장구를 착용한 사람에게서 부상정도가 심하게 나타나는 조사결과를 얻을 수 있다. 이러한 이유 때문

[1] 이를 잘못된 안전감(false sense of security)이라고 한다.

에 위의 조사결과로 '보호장구를 착용하는 것이 안전에 도움이 되지 않는다 또는 부상정도를 높인다'라고 할 수 없다. 위의 자료는 **관찰연구** 결과이며 보호장구를 착용한 것과 그렇지 않은 경우의 부상정도에 대해 '보호장구를 착용하는 것이 안전에 도움이 되지 않는다 또는 부상정도를 높인다'라는 가설을 검정하기 위해서는 실험연구, 즉 똑같이 과격한 운동을 즐기는 표본을 두 그룹으로 나누어서 과격한 운동을 하게 한 후 부상정도를 비교하는 방법을 사용해야 한다. 그러나 이와 같은 실험연구는 윤리적 문제가 있을 수 있으므로 같은 조사를 스키를 타는 모든 사람이 아닌 스키를 과격하게 즐기는 집단에서 하면 될 것이다. ■

10.2. 동일성 검정

보기 10.1의 자료는 관찰연구의 자료이다. 만일 이와 비슷한 자료를 스키를 좋아하는 100명의 스키동호회 회원을 대상으로 50명은 헬멧을 사용하게 하고 50명은 헬멧을 사용하지 않도록 하여 스키부상정도나 스키시의 불편함을 상, 중, 하로 나누어 조사하였다고 하자. 이 경우 헬멧의 사용여부를 실험자가 결정하였으며 따라서 관찰연구가 아닌 실험연구가 된다. 따라서 자료를 얻는 방법이 보기 10.1과 같지 않다. 이와 같이 분할표의 행이나 열의 수준이 실험자에 의해서 결정되는 경우에는 자료의 수집과정을 명확히 하기 위해서 10.1절에서와 같은 형태의 자료가 얻어지더라도 이를 독립성검정이라고 하지 않고 동일성 검정(chi-square test for homogeneity)으로 구분해서 부르기도 한다. 편의상 행변수를 X라 하고 X의 수준을 연구자가 결정하였고 Y를 열변수라고 하면 이 경우 가설도 식 (10.1)과 다르게 표현할 수 있다. 즉,

$$H_0 : X\text{에 따라 } Y\text{값이 달라진다. vs. } H_1 : X\text{가 변해도 } Y\text{는 변함없다} \qquad (10.3)$$

로 귀무가설과 대립가설이 표현될 수 있다. 식 (10.3)의 가설은 넓게 보면 식 (10.1)의 부분집합임을 알 수 있다.

다행히(?) 식 (10.3)의 가설을 검정하는 경우에도 사용하는 검정통계량이 식 (10.2)과 같으며 따라서 검정하는 방법도 10.1절과 같다. 이런 이유로 때로는 분할표의 검정인 경우 많은 저자들이 굳이 독립성 검정인지 동일성 검정인지를 구분하지 않는 경우도 많다.

보기 10.2. 다음은 200명의 환자를 100명씩 임의로 두 그룹으로 나누어 한 그룹에

는 진짜약을 처방하고 다른 그룹에는 위약을 처방한 후 환자의 반응을 조사한 자료이다. 약이 효과가 있다고 할 수 있겠는가?

처방 \ 효과	아주 높음	조금 높음	없음	합
진짜약	45	25	30	100
위약	30	30	40	100
합	75	55	70	200

이 약의 효과에 대해서 검정해 보자. χ^2 검정통계량의 값이 4.8831로 얻어지고 $\chi^2_{2;0.05} = 5.99$이므로 진짜약과 위약의 효과가 같다는 귀무가설을 기각할 수 없다.(유의수준 5%) 이 경우 유의확률의 값은 0.087 이다. ■

10.3. 2 × 2 분할표와 비율차 검정

만일 반응값이 성공/실패, Yes/No, 참/거짓과 같은 이항이고 그룹이 둘이라면 이때 만들어지는 교차표는 다음과 같이

그룹 \ 반응값	Yes	No	합
그룹 1	O_{11}	O_{12}	$O_{1.}$
그룹 2	O_{21}	O_{22}	$O_{2.}$
합	$O_{.1}$	$O_{.2}$	$O_{..}$

2 × 2 교차표가 되며 각 그룹의 반응값이 동일한지 검정하거나 그룹에 상관없이 반응값이 얻어진다는 가설을 검정하기 위해서는 카이제곱 검정을 사용할 수 있는 것을 보았다.

같은 목적으로 사용할 수 있는 다른 방법으로 4.9절에서 본 것과 같이 각 그룹의 성공, Yes, 참의 바율을 각각 p_1, p_2라고 할 때 $H_0 : p_1 = p_2$를 검정하는 방법을 사용할 수도 있다. 즉 각 그룹의 Yes에 대한 비율을 각각 p_1, p_2라고 하면 $\hat{p}_1 = O_{11}/O_{1.}$, $\hat{p}_2 = O_{21}/O_{2.}$이 되며 이 때 사용하는 검정통계량은 두 그룹의 비율의 차이가 0임을

검정하는 경우이므로 식 (4.55)의 검정통계량

$$Z_0 = \frac{\hat{p}_1 - \hat{p}_2}{\sqrt{\hat{p}(1-\hat{p})\left(\frac{1}{m} + \frac{1}{n}\right)}} \tag{10.4}$$

을 사용할 것이다.

실제로 식 (10.2)카이제곱 검정통계량에서 $r = c = 2$인 검정통계량과

$$\chi^2 = \sum_{i=1}^{2}\sum_{j=1}^{2} \frac{(O_{ij} - E_{ij})^2}{E_{ij}} \tag{10.5}$$

식 (4.55)의 검정통계량 Z는 $Z^2 = \chi^2$인 관계에 있으며, 두 검정은 실질적으로 동일한 검정이다. 카이제곱검정을 사용할 경우 비율에 대한 단측검정을 바로 얻을 수는 없으나 카이제곱 값과 O_{ij}의 값에 의해서 $Z = \sqrt{\chi^2}$인지 $Z = -\sqrt{\chi^2}$인지 판단할 수 있다.

보기 10.3. 다음은 정당 A와 정당 B의 당원들을 대상으로 정부의 정책에 대한 찬반을 조사한 것이다.

정당 \ 찬반	찬성	반대	합
A	200	250	450
B	240	230	470
합	440	480	920

다음 물음에 답하여라.

1. 카이제곱을 이용하여 두 정당간의 정책 지지도가 같은지 검정하여라.
2. 정책에 대한 각 정당 A와 정당 B의 지지율을 각각 p_1, p_2라고 할 때 귀무가설 $H_0 : p_1 = p_2$ 대 대립가설 $H_1 : p_1 \neq p_2$을 정규근사를 이용하여 검정하여라.
3. 위의 두 결과가 같아야 할 이유가 있는지 논하고, 같다면 이 둘의 관계를 설명하여라.

풀이:

1. 먼저 카이제곱검정통계량의 값은 $\chi^2 = 4.037$이며 이 때 유의확률은 $P = 0.0445$이므로 유의수준 $\alpha = 0.05$에서 귀무가설 정당에 따른 정책지지율이 다르다고 할 수 있다.

2. 정당 A와 정당 B의 지지율을 각각 p_1, p_2라고 하고 공통비율을 p라고 하면 $\hat{p}_1 = 200/450 = 0.4444444$, $\hat{p}_2 = 240/470 = 0.5106383$ 및 p의 추정치 $\hat{p} = (200 + 240)/920 = 0.4782609$이다.[2] 따라서 검정통계량은

$$Z = \frac{0.4444444 - 0.5106383}{\sqrt{0.4782609(1 - 0.4782609)\left(\frac{1}{450} + \frac{1}{470}\right)}} = -2.009186$$

이고 유의확률은 $\Pr[Z < -2.00092] + \Pr[Z > 2.00092] = 0.0445$로 얻어진다.

3. $Z^2 = \chi^2$인 관계를 확인할 수 있으며 두 검정이 실질적으로 동일한 검정이다. ■

보기 10.4. 보기 4.21의 자료를 사용하여 카이제곱검정을 하여 보기 4.21의 결과와 같은 결론을 얻는지 비교하여 보자. 먼저 보기 4.21의 자료를 표로 만들면 다음과 같으며(괄호안의 값은 기대 도수)

성별 \ 순서	첫째	셋째	합
남아	540(554.5455)	70(55.45455)	610
여아	460(445.4545)	30(44.5455)	490
합	1000	100	1100

따라서 카이제곱 검정통계량은

$$\begin{aligned}\chi_0^2 &= \frac{(540 - 554.5455)^2}{554.5455} + \frac{(70 - 55.45455)^2}{55.45455} + \frac{(460 - 445.4545)^2}{445.4545} + \frac{(30 - 44.5455)^2}{44.5455} \\ &= 9.421239\end{aligned}$$

로 앞에서 본 검정통계량 $z_0^2 = 3.0694^2 = 9.421 = \chi_0^2$와 일치하는 결과를 보인다. ■

[2] 반올림오차를 최소로 하기 위해 다소 많은 유효숫자를 사용하였음.

10.4. SPSS에서 분할표 분석

SPSS에서 분할표의 계산과 χ^2 분포에 따른 유의성 검정을 모두 할 수 있다. SPSS에서 분할표는 **분석** → **기술통계량** → **교차분석** 순서로 메뉴에서 선택한다. 이 순서로 메뉴를 선택하면 그림 10.1과 같은 대화창이 만들어지는데 이 표에서 분

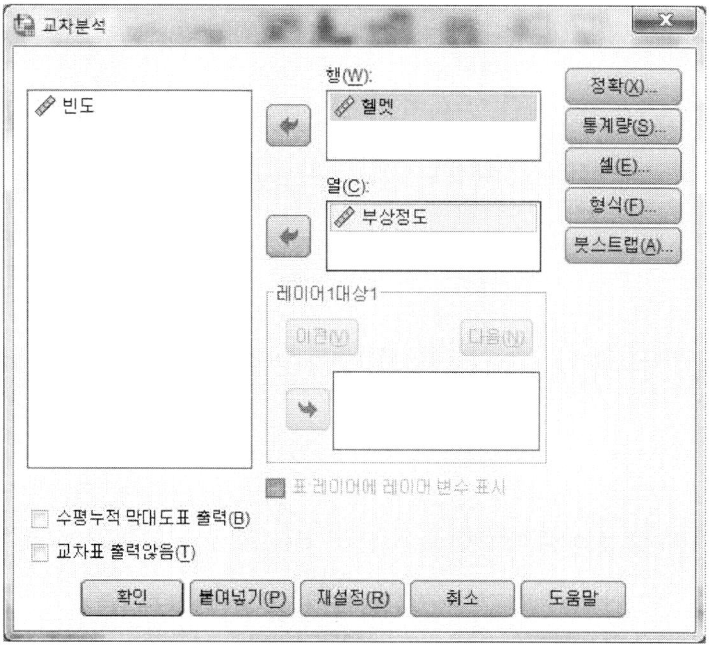

그림 10.1: SPSS에서의 분할표 대화창 설정

할표를 만들 행과 열을 지정한다. 이 그림은 보기 10.1의 자료를 사용한 것인데 이 자료는 이미 일차로 정리된 자료로서 표의 각 칸에 해당하는 숫자만큼의 빈도수가 있다는 의미이다. 따라서 보기 10.1의 표를 SPSS의 데이터 창에 입력을 하게되면 그림 10.2와 같이 입력된다. 이 그림의 두 개의 변수에 대해서 교차표를 만들면 각각의 경우에 대해서 한 번의 빈도밖에 나타나지 않게 된다. 그림 10.2의 자료가 의미하는 것은 **헬멧**과 **부상정도**의 각각에 값에 해당하는 케이스의 수가 **빈도**라는 의미이므로 이를 SPSS에 알려주어야 한다.

> 보기 10.1의 표에 주어진 자료는 원자료가 아니고 1차로 가공된 자료임에 유의하여야 한다. 즉 이 표는 원래 자료가

	헬멧	부상정도	빈도	변수	변
1	1	1	10		
2	1	2	17		
3	1	3	7		
4	2	1	23		
5	2	2	12		
6	2	3	5		
7					
8					

그림 10.2: SPSS에서의 분할표 분석을 위한 자료의 형태

성별	나이	헬멧착용	부상정도	⋯
M	29	Y	1	⋯
F	28	N	1	⋯
F	19	Y	1	⋯
M	34	N	1	⋯
⋮	⋮	⋮	⋮	⋮

와 같이 74명의 여러가지 변수에 대한 조사결과로 얻어진 자료에서 '헬멧착용'과 '부상정도'의 교차표를 만드는 자료의 가공 결과로 얻어진 것이며 따라서 이는 원자료가 아니다.

따라서 표의 빈도수 만큼 가중치를 주어야 한다. 만일 가중치를 주지 않고 교차표를 만들면 표의 각 칸에는 빈도수가 1이 얻어질 것이다. 이는 한 줄이 한 케이스를 나타내는 일반적인 경우를 생각하면 너무 당연한 것이다. 가중치 지정은 **데이터 → 가중 케이스** 순서로 메뉴를 선택하면 그림 10.3와 같은 대화창이 만들어지고 이 대화창에 '가중 케이스 지정'을 을 선택하면 그림에서와 같이 가중치를 지정할 수 있게 된다.

그림 10.1의 [통계량] 버튼을 클릭하면 독립성 검정에 필요한 각종 통계량을 지정할 수 있는 대화창이 그림 10.4의 왼쪽 그림 생성되는데 이 그림의 [A]에서 카이제곱을 선택하면 앞에서 설명된 카이제곱 통계량을 얻을 수 있다.

그림 10.5의 대화창은 그림 10.4의 왼쪽 그림의 설정 결과로 얻어진 출력이다. 이 출력에서 Pearson 카이제곱 값과 유의확률 계산결과는 보기 10.1의 결과와 같음

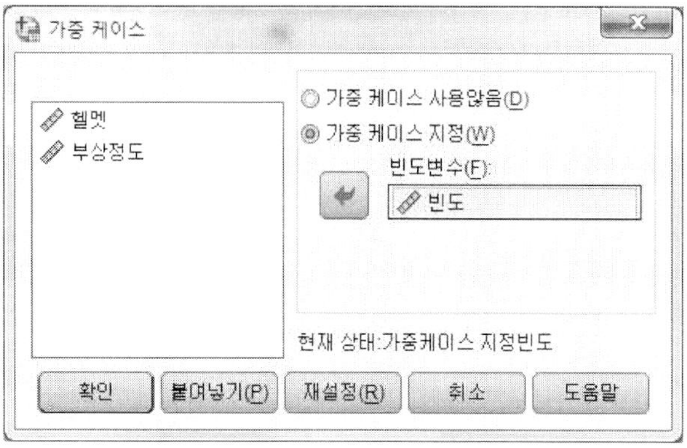

그림 10.3: SPSS에서의 가중치 주기

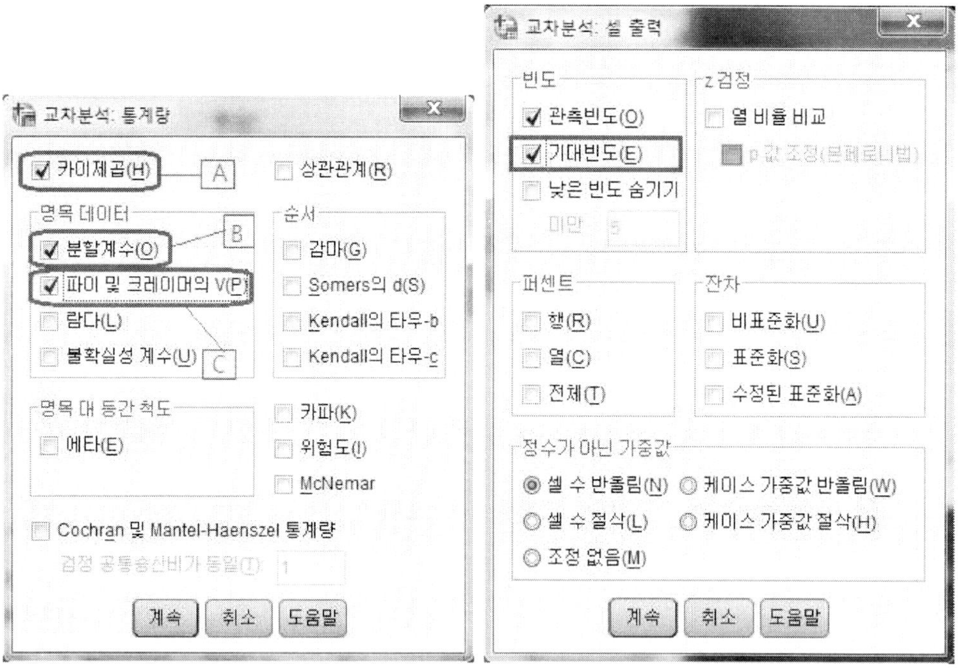

그림 10.4: 교차표에 관련된 통계량 출력 지정

을 확인할 수 있다.

교차표의 독립성과 동일성 검정에서 사용하는 카이제곱 검정통계량은 자료의 수가 충분히 많아서 각 칸의 기대도수 E_{ij}가 5보다 커야 하는데 이 경우 E_{ij}가 5보다

카이제곱 검정

	값	자유도	점근 유의확률 (양측검정)
Pearson 카이제곱	5.869a	2	.053
우도비	5.977	2	.050
선형 대 선형결합	4.497	1	.034
유효 케이스 수	74		

a. 0 셀 (.0%)은(는) 5보다 작은 기대 빈도를 가지는 셀입니다. 최소 기대빈도는 5.51입니다.

그림 10.5: 교차표에 관련된 통계량 출력

작은 경우는 없다고 출력에서 얻을 수 있다. 각 칸의 기대도수 E_{ij} 등의 통계량은 그림 10.1의 '셀' 버튼을 클릭하여 얻는 대화창에서 '기대빈도'를 첵크하여 얻을 수 있다. (그림 10.4의 오른쪽 대화창) 그림 10.4의 오른쪽 대화창에서는 교차표의 행의 합, 열의 합 및 전체 도수에 대한 각 칸의 도수에 대한 백분율 등을 얻을 수 있음을 볼 수 있다.

10.5. 연관성 측도로서의 통계량

행과 열에 사용한 두 변수가 연관이 있다는 대립가설을 검정하는 방법으로 식 (10.2)의 χ^2 통계량을 사용하는 것을 10.1절에서 살펴 보았다.

χ^2 통계량은 행변수와 열변수가 독립인지를 검정할 수는 있지만 행과 열이 어느 정도의 연관성이 있는지 수치화 하기는 쉽지 않다. 이 절에서는

$r \times c$ 분할표에서 행과 열에 사용된 변수의 연관성 정도를 수치화 하는 통계량에 대해서 알아보기로 한다. 대부분의 연관성에 대한 통계량은 χ^2 통계량에서 파생된 것이다.

즉, 7.2절에서 본 상관계수와 비슷한 방법으로 연관성의 정도를 수치화할 수 있는 방법에 대해서 알아 보기로 한다. 대부분의 경우 연관성 측도는 0과 1사이 값으로 수치화 한다. 여기서는 Φ 계수, Pearson의 contingency coefficient와 Crámer V에 대해서 알아보기로 하자.

10.5.1 파이(Φ) 계수

파이(Φ) 계수는 $r \times c$ 분할표의 독립성 검정에 대한 검정통계량이 310면의 식

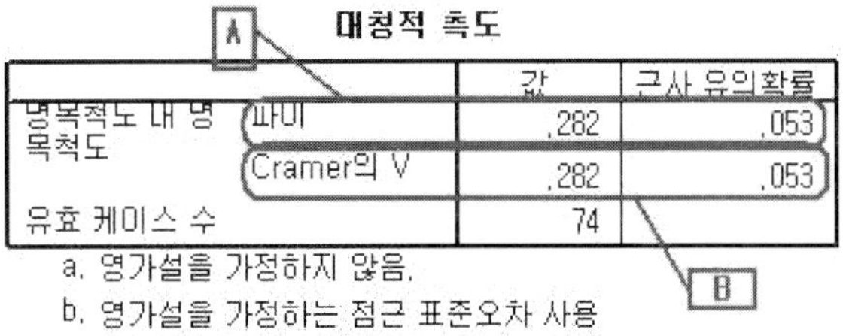
A

대칭적 측도

		값	근사 유의확률
명목척도 대 명목척도	파이	,282	,053
	Cramer의 V	,282	,053
유효 케이스 수		74	

a. 영가설을 가정하지 않음.
b. 영가설을 가정하는 점근 표준오차 사용

B

그림 10.6: SPSS의 Φ 계수와 Crámer V

(10.2)의 χ^2 값일 때

$$\Phi = \sqrt{\chi^2/O_{..}} \tag{10.6}$$

으로 얻으며, 이 계수값은 0과 1 사이의 값을 가진다. Φ가 0에 가까우면 행변수와 열변수의 연관이 낮으며 1에 가까울수록 두 변수의 연관이 높다. 두 변수의 Φ 계수가 0이라는 귀무가설과 0보다 크다는 대립가설의 검정에서 사용하는 유의확률은 10.1절의 χ^2 검정의 유의확률값을 사용한다.

보기 10.5. 보기 10.1(311면)의 자료를 사용하여 Φ coefficient를 구하면 $\chi^2 = 5.8687$이므로

$$C = \sqrt{5.8687/74} = 0.2816$$

이다. ■

귀무가설 $H_0 : \mathrm{E}[\Phi] = 0$ 대 대립가설 $H_0 : \mathrm{E}[\Phi] > 0$에 대한 검정의 유의확률은 $\chi^2 = 5.5687$에 대한 유의확률인 0.053이므로 유의수준 5%에서는 귀무가설을 기각할 수 없다.

SPSS에서 파이 계수는 318면의 그림 10.4의 왼쪽 그림에서 B의 파이 및 Crámer의 V를 선택하면 파이 계수가 계산된다. 그림 10.6의 A에서 SPSS의 출력 결과로 계산된 통계량은 보기의 결과와 같음을 알 수 있다.

10.5.2 Pearson의 Contingency Coefficient

Pearson의 contingecy coefficient C는 식 (10.2)의 χ^2의 값에 대해서 다음의

$$C = \sqrt{\frac{\chi^2}{O_{..} + \chi^2}} \tag{10.7}$$

대칭적 측도

		값	근사 유의확률
명목척도 대 명목척도	분할계수	,271	,053
유효 케이스 수		74	

a. 영가설을 가정하지 않음.

b. 영가설을 가정하는 점근 표준오차 사용

그림 10.7: SPSS의 Pearson contingency coefficient

값을 말한다. 이 C는

1. $0 \leq C < 1$
2. 두 변수가 독립이이면(연관이 없으면) $C = 0$이다.
3. 두 변수의 연관이 클수록 1에 가까워진다.

는 특성을 가진다. C에 대한 가설검정의 유의확률은 C가 χ^2의 값에 의해서 결정되므로 10.1절의 χ^2 분포에 기초한 유의확률의 값과 같다.

보기 10.6. 보기 10.1(311면)의 자료를 사용하여 Pearson의 contingency coefficient를 구하면 $\chi^2 = 5.8687$이므로

$$C = \sqrt{\frac{\chi^2}{O_{..} + \chi^2}} = \sqrt{\frac{5.8687}{74 + 5.8687}} = 0.2711$$

이다. ■

SPSS에서 Pearson contingency coefficient는 318면의 그림 10.4의 왼똑 그림에서 [B]의 **분할계수**를 선택하면 Pearson contingency coefficient가 계산된다. 그림 10.7에서 SPSS의 출력결과로 계산된 통계량은 보기의 결과와 같음을 알 수 있다.

10.5.3 Crámer V

식 (10.2)의 χ^2 검정통계량에 기초한 다른 계수로 Crámer의 V가 있다. Crámer의 V는 χ^2이 식 (10.2)로 얻어진 값이고 q가 분할표의 행의 수 r과 열의 수 c 중에서 작은 값일 때

$$V = \sqrt{\frac{\chi^2}{O_{..}(q-1)}} \tag{10.8}$$

로 계산된다. 연관이 없는 경우는 $V = 0$에 가까우며 연관이 클수록 1에 가까운 값을 갖게 된다.

보기 10.7. 보기 10.1(311면)의 자료를 사용하여 Crámer의 V를 구하면 $\chi^2 = 5.8687$이므로

$$V = \sqrt{\frac{\chi^2}{O_{..}(q-1)}} = \sqrt{\frac{5.8687}{74 \times (2-1)}} = 0.2816$$

이다. ■

SPSS에서 Crámer V 계수는 318면의 그림 10.4의 왼쪽 그림에서 B의 **파이 및 Cram의 V**를 선택하면 V 계수가 계산된다. 그림 10.6의 B에서 계산된 V는 보기의 결과와 같음을 알 수 있다.

10.6. McNemar 검정

McNemar 검정은 사전과 사후의 비교를 하기 위한 경우와 같이 짝으로 이루어진 자료 중에서(짝비교) 반응값이 예와 아니오나 양성과 음성, 찬성과 반대와 같이 이항으로 얻어지는 경우에 사용할 수 있는 검정방법이다. 즉, MCNemar 검정은 설명변수와 반응변수 모두 가질 수 있는 값이 이항(binomial)인 짝비교(쌍체비교)에 적용되는 검정방법이다. 예를 들면 선거 1주일 전과 2주일전에 이루어진 두 비교조사에서 두 후보에 대한 지지율이 달라졌는지, 치료 전후에 어떤 증상이 사라졌는지 여부와 같이 전후의 차이가 나는지 검정할 때 사용한다. 이 경우 결과를 2×2의 분할표로 로 나타낼 수 있는 있으며, 두 개의 종속적인 관찰표본 사이에 차이가 있는지의 여부를 검정하는 문제가 된다.

처리 전의 반응값 1이 나올 비율을 $p_{1.}$, 처리 후의 반응값이 1이 나올 비율을 $p_{.1}$이라고 하고 O_{ij}를 처리 전의 반응값이 i이고 처리 후의 반응값이 j인 관측치의 수라고 하면 다음과 같은 표를 얻을 수 있다.

	전	후
1	O_{11}	O_{12}
2	O_{21}	O_{22}
합	$O_{.1}$	$O_{.2}$

이 문제의 설정에서 처리 전과 후의 비율의 차이가 없다는 귀무가설은

$$H_0 : p_{1.} = p_{.1}$$

이다. 이 가설을 검정하기 위한 검정통계량은

$$Z_0 = \frac{O_{12} - O_{21}}{\sqrt{O_{12} + O_{21}}} \tag{10.9}$$

나 Z_0의 제곱인

$$\chi_0^2 = \frac{(O_{12} - O_{21})^2}{O_{12} + O_{21}} \tag{10.10}$$

를 사용하며 자료의 수가 충분히 크면 이들 검정통계량의 귀무가설 하에서의 분포는 Z_0는 표준정규분포에 χ_0^2은 자유도가 1인 카이제곱분포에 근사할 수 있다.

따라서 대립가설이 $H_1 : p_{1.} \neq p_{.1}$인 경우 기각역은 $|Z_0| > z_{\alpha/2}$ 또는 $\chi_0^2 > \chi_{1,\alpha}^2$이 된다.

보기 10.8. 다음은 선거 일주일 전과 한 달 전의 900명에 대한 두 정당의 지지도 변화를 표로 정리한 것이다. 지지도의 변화가 있다고 할 수 있는가?

	한 달 전	일주일 전
민주당	500	450
공화당	400	450
합	900	900

$$\chi_0^2 = \frac{(450 - 400)^2}{450 + 400} = 2.941176$$

이고 p 값은 0.08635이다. ■

McNemar 검정은 카이제곱분포에 근사하기 위해서 연속성 수정을 포함하여

$$\chi_0^2 = \frac{(|O_{12} - O_{21}| + c)^2}{O_{12} + O_{21}} \tag{10.11}$$

를 사용하는 것이 제안되어 있으며 여기서 수정항인 c는 $-1/2$(Yates(1934)) 또는 -1을 사용하는 것이 알려져있다.(Fleiss(1981), Edwards(1948)) 많은 컴퓨터 패키지의 출력은 수정항을 사용한 검정의 결과가 출력되므로. 위의 계산식의 결과와는 약간의 차이가 있을 수 있다.(그림 10.10의 SPSS 출력 참고)

SPSS에서의 McNemar 검정

SPSS에는 McNemar 검정을 비모수에서 다루므로 이 검정을 하기 위해서는 분석 → 비모수 검정 → 레거시 대화상자 → 대응 2표본 순서로 메뉴를 선택한다. 보기

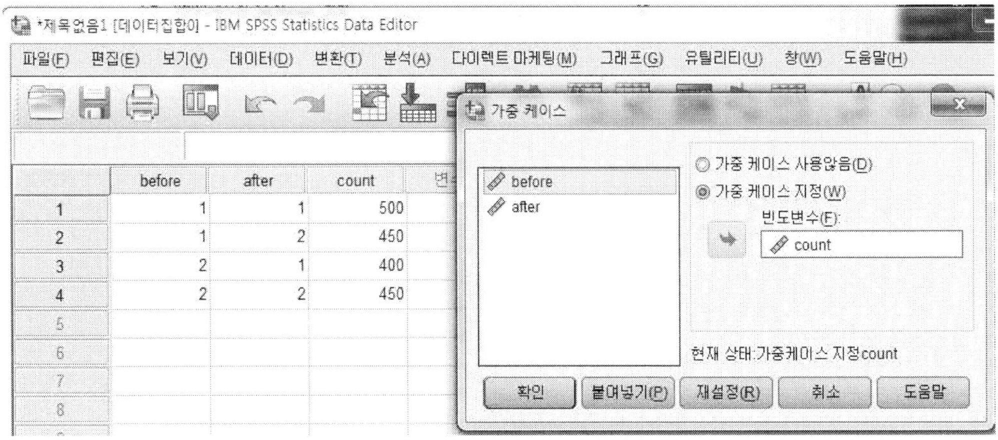

그림 10.8: 자료의 입력과 가중치 주기

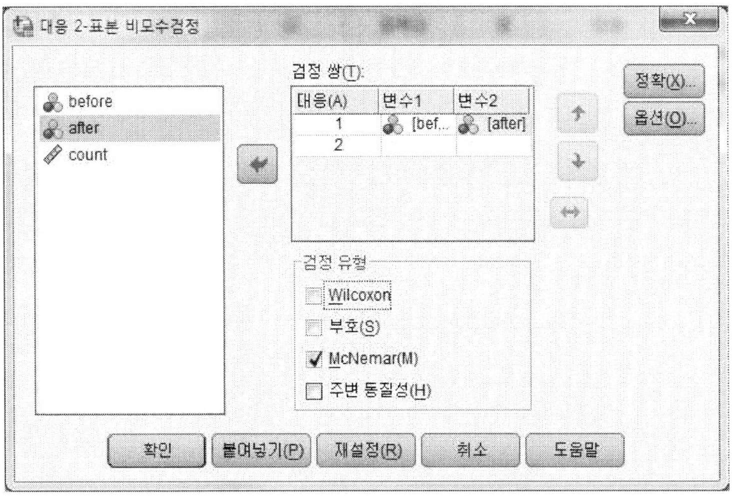

그림 10.9: McNemar 검정의 설정

10.8의 자료를 SPSS에서 적용하기 위해서는 가중치를 적용하여야 한다.[3] 가중치의 적용은 **데이터 → 가중치** 순서로 메뉴를 선택하면 그림 10.9와 같은 대화창이 나오므로 이 대화창에서 가중치를 적용한다. 이 그림의 코딩도 함께 참고하기 바란다.

[3] 가중치를 적용하지 않을 때 얻어지는 표와 비교해 보아라.

before 및 after

before	after 1	after 2
1	500	450
2	400	450

검정 통계량[b]

	before 및 after
N	1800
카이제곱[a]	2.825
근사 유의확률	.093

a. 연속수정

b. McNemar 검정

그림 10.10: McNemar 검정의 SPSS 출력

이제 자료가 준비되었으므로 **분석 → 비모수 검정 → 레거시 대화상자 → 대응 2표본** 순서로 메뉴를 선택하면 그림 10.8과 같은 대화창이 생성되는데 이 대화창에서 `McNemar` 옵션을 선택한다. 전과 후에 해당하는 변수를 그림에서 보는 것과 같이 설정한다. 이 그림에서와 같이 설정한 후 [확인] 버튼을 클릭하면 그림 10.10와 같은 결과를 얻는다. 그림 10.10의 결과는 연속성 수정을 한 후의 결과이므로 연속성 수정을 하지 않은 보기 10.8의 결과와 약간의 차이가 있다.

연습문제

10.1 어느 병원에서 간호사들이 입는 옷의 디자인을 변경하려고 두 가지 디자인 A와 B를 만들어서 입원환자와 외래환자를 대상으로 어느 디자인이 더 좋은지 조사하여 다음 결과를 얻었다.

디자인 / 환자	A를 선호	B를 선호
입원환자	50	45
외래환자	150	160

환자가 입원 또는 외래인지에 따라서 선호하는 디자인이 다르다고 할 수 있겠는가? 이 문제를 입원환자와 외래환자 간에 디자인 A(또는 B)를 선호하는 비율이 같은지 검정하는 4.9절의 Z_0를 이용한 검정을 이용하여 수행하여 보아라. 두 결과를 비교해 보고 관계를 알아보아라.

10.2 국회의원 선거를 앞두고 선거 4주 전과 1주 전에 지지정당을 물어 보았더니 다음과 같았다.

지지정당 / 시기	여당	야당	지지정당 없음
1주 전	79	84	37
4주 전	91	66	43

선거 4주 전과 1주 전의 지지정당이 달라졌다고 볼 수 있겠는가?

10.3 추간판탈출증의 경우 MRI나 CT 소견과 환자가 느끼는 고통의 사이에는 상당한 괴리가 있는 경우가 많다. 환자가 고통을 느끼며 추간판의 탈출이 다소 심하더라도 마비 등의 소견이 보이지 않는 경우 물리 치료를 먼저 시도하는 것이 일반적이다. 한편 급성인 경우 염증만 가라 앉으면 특별한 치료 없이도 경과가 좋아지기도 한다. 다음 가상의 자료는 추간판 탈출증 환자 100명을 임의로 두 그룹으로 나누어 한 그룹은 물리치료를 하고(그룹 A) 다른 그룹은 아무 치료를 않고 안정만 취하게 하였다.(그룹 B) 4주 후 각 그룹에 속한 환자들을 설문조사하여 다음과 같은 결과를 얻었다. 물리치료를 하는 경우와 그렇지 않은 경우의 차이가 있는지 알아보자.

환자의 반응 / 그룹	아주 좋아짐	조금 좋아짐	변함 없음	합
A	30	15	5	50
B	20	20	10	50
합	50	35	15	100

10.4 우라나라 사람의 ABO 식 혈액형 분류에 따른 비율은 A형: 34.2%, B형: 27.1%, O형: 27.4%, AB형: 11.3% 이라고 한다. 어느 조사에서[4] 연봉 1억 이상인 고소득자를 조사하였더니 혈액형의 비율이 A형 32명, B형 24명, O형 28명, AB형 14명, 무응답 2명이었다. 이 조사에 따르면 고속득자의 혈액형의 분포가 우리나라 전체의 혈액형 분포와 차이가 있다고 할 수 있는가? (무응답은 제외하고 분석하자.)

10.5 행과 열이 독립이면 식 (10.2)의 χ^2의 값은 얼마인가?

10.6 (심슨의 역설; Simpson's paradox) 어느 대학의 지원자의 성별로 합격율을 분석하였더니 아래의 표와 같이 남자 지원자의 합격율이 높게 나왔다.

	남자	여자
지원자수	1,000	100
합격자수	700	68
합격율	70%	68%

이 표와 고등학생의 남녀별 성적차이가 전혀 없거나 여학생의 점수가 높다는 자료를 근거로 이 대학의 입시 사정 때 남학생을 더 선호한다고 주장하였다. 이 주장에 대해서 어떻게 생각할 것인지 생각해 보자.

다음은 통계학을 잘 아는 이 대학 입시관리 담당자의 반론이다.

지원자의 성별 합격율을 계열별로 분석하였더니

	이공계열		어문계열	
	남자	여자	남자	여자
지원자수	990	5	10	95
합격자수	694	4	6	64
합격율	70.010%	80.000%	60.000%	67.368%

[4] 월간중앙 2005년 8월호.

로 밝혀졌고 따라서 오히려 남학생이 역차별되지 않나 의심을 두고 있다고 입시 담당자는 밝혔다. 이와 유사한 상황이 실제 University of California-Berkeley의 대학원 입학사정에서 발생하였고 소송으로 이어졌다. 이때 각 학과별로 합격률을 분석한 결과 어떤 학과도 여자 지원자를 뚜렷하게 차별하지 않았고, 오히려 다수의 학과에서 여학생의 합격률이 높은 것으로 나타났다. 분석한 결과 여자가 지원한 학과의 경우 대부분 경쟁률이 높은 학과이었다고 한다.

이와 같은 경우를 Simpson's paradox라고 한다. 이런 상황은 항상 나타날 수 있으며 이산형인 경우 뿐만 아니라 연속형 자료에서도 가능한 일이다. 다음의 그림은 Schutz가 Wikipedia에 제공하여 공개한 그림으로 연속인 경우의 심슨의 역설이다.

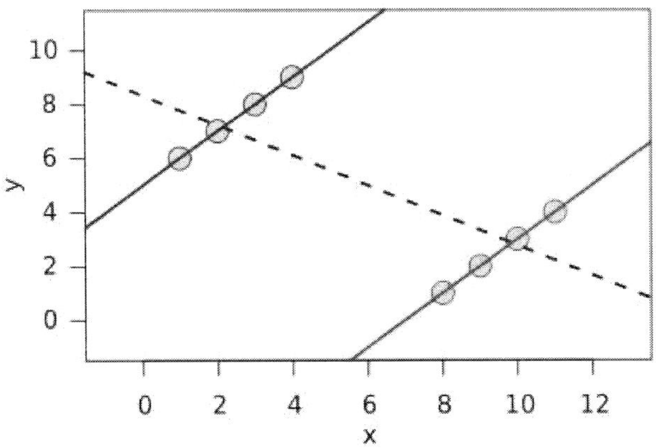

이 그림에서 개별 그룹으로 보면 x가 증가하면 y가 증가하지만(두 개의 실선) 전체적으로는 x가 증가할 때 y가 감소함을 볼 수 있다(파선).

심슨의 역설은 최초로 발견한 사람은 Yule(1903)로 Yule-Simpson paradox라고도 한다.

제 11 장

분포의 적합도 검정

많은 통계적 추론에서 자료가 특정한 분포를 따르는 것을 가정한다. 대개의 경우 정규분포임을 가정하며 때로 정규분포가 아닌 다른 분포를 가정하는 경우가 있다. 여기서는 자료가 특정한 분포를 갖는다는 대한 가정이 적절한 것인지 검토하는 방법에 대해서 알아보기로 하자.

11.1. 다항분포

이항분포는 관찰 가능한 사건이 둘일 때 사용하는 모형인 것은 앞의 2.4.2절에서 보았다. 다항분포(multinomial distribution)는 이항분포의 확장으로 관찰가능한 값이 둘보다 많을 때 사용하는 모형이다. 예를 들어 소나무의 어떤 유전자의 종류는 AA, Aa 또는 aa이며 각각이 관찰될 확률이 이론상 0.25, 0.5, 0.25일 경우 100그루의 소나무를 관찰할 경우 표 11.1과 같은 표를 얻을 수 있다.

표 11.1: 소나무 유전자의 빈도수 조사

유전자	AA	Aa	aa	합
도수	26	49	25	100

또 다른 예로 거리를 지나는 중형 승용차(택시제외) 100대의 색상을 살펴보았더니 표 11.2와 같은을 얻을 수 있다. 이러한 자료는 모집단에서 관찰가능한 값의 종류가 각각 세 개(유전자) 또는 다섯 개(자동차 색상)이며 모집단에서 각각의 유전자나 색상의 비율이 $p_i(i = 1, 2, 3$ 또는 $i = 1, 2, \ldots, 5.)$이며 한 번의 관찰에서 i번째 속

표 11.2: 자동차 색깔에 대한 조사.

자주색 계열	파란색 계열	베이지색 계열	검정색 계열	흰색 계열
5	7	23	15	50

성에 해당하는 값을 관찰할 확률은 p_i이다. 이러한 관찰을 100번을 독립적으로 반복하면 위의 유전자나 자동차색상과 같은 표를 얻을 수 있다.

이제 이와 같은 상황을 일반화한 것이 **다항분포**이다. 관찰 가능한 k개의 값을 $1, 2, \ldots, k$ 라고 표시하면 다항분포는 각각의 시행은 1에서 k 중의 하나가 관찰되며 1에서 k가 관찰될 확률이 p_1에서 p_k이다. 이러한 독립인 시행을 n번 시행할 때 1부터 k까지의 관찰된 값을 x_1에서 x_k라고 하면

$$\Pr[X_1 = x_1, X_2 = x_2, \ldots, X_k = x_k] = \frac{n!}{x_1! x_2! \cdots x_k!} p_1^{x_1} p_2^{x_2} \cdots p_k^{x_k} \tag{11.1}$$

로 표현되며 이를 다항분포라고 한다. 여기서 $\sum_{i=1}^{k} x_i = n$ 이며 $\sum_{i=1}^{k} p_i = 1$ 이 항상 성립한다. 여기서 $k = 2$이면 확률밀도함수가 이항분포와 같음을 확인할 수 있다. 다항분포는 다음과 같은 성질을 가진다.

1 $\mathrm{E}[X_i] = np_i$

2 $\mathrm{Var}(X_i) = np_i(1 - p_i)$

3 $\mathrm{Cov}(X_i, X_j) = -np_i p_j$. $(i \neq j)$

11.2. 피어슨 적합도 검정

자료가 다항분포에서 얻어지는 경우 각 관찰 가능한 k개의 범주에 대한 확률이 특정한 확률인지 검정하는 방법으로 이 때 귀무가설 H_0는 각 범주에 속할 확률에 대한 설정이 된다. 이 경우 자료가 특정한 분포와 잘 적합하는지 검정할 수 있으므로 **적합도검정**(goodness of fit test)이라고 한다. 적합도 검정은 각 범주에 해당하는 확률 p_i에 대한 검정으로 i번째 범주의 확률이 특정한 값 p_{i0} 인지 검정한다.$(i = 1, 2, \ldots, k)$ 즉, 귀무가설은

$$H_0 : p_1 = p_{10}, p_2 = p_{20}, \ldots, p_k = p_{k0} \tag{11.2}$$

이며 대립가설은 위의 귀무가설이 아니라는 것이다. 각 범주에서의 도수에 대한 관찰치를 O_i라고 하면 귀무가설이 옳을 경우 각 범주의 기댓값은 $E_i = np_i$ 가 되며 검정통계량으로는

$$\chi^2 = \sum_{i=1}^{k} \frac{(O_i - E_i)^2}{E_i} \tag{11.3}$$

을 사용하며 귀무가설 H_0가 참이고 E_i들이 충분히 크면 위의 χ^2은 자유도가 $(k-1)$인 카이제곱분포를 따른다. 따라서 $\chi^2 > \chi^2_{(k-1);\alpha}$인 경우 귀무가설을 기각한다.

보기 11.1. 표 11.1의 자료에서 유전자의 비율이 각각 $0.25, 0.5, 0.25$인지 검정하여 보면

범주(i)	1	2	3	합
O_i	26	49	25	100
E_i	25	50	25	100
$\frac{(O_i - E_i)^2}{E_i}$	0.04	0.02	0	0.06

으로 $\chi^2 = 0.06$이기 때문에 $\chi^2_{2;0.05} = 5.99$ 보다 작아서 유의수준 5%에서 귀무가설을 기각하지 못한다.

보기 11.2. 표 11.2에서 주어진 자동차 색깔에서 자동차의 색깔의 선호도가 같다고 할 수 있는지 알아보자. 다섯 개의 범주에서의 비율이 모두 같은지 알아보려면 귀무가설이

$$H_0 : p_1 = p_2 = p_3 = p_4 = p_5$$

이 되고 다음 표에 의해서

범주(i)	1	2	3	4	5	합
O_i	5	7	23	15	50	100
E_i	20	20	20	20	20	100
$\frac{(O_i - E_i)^2}{E_i}$	11.25	8.45	0.45	1.25	45.00	66.40

$\chi^2 = 66.40 > \chi^2_{4;0.05} = 9.49$ 이라서 유의수준 5%에서 귀무가설을 기각하게 된다. 즉 차량 색깔에 대한 선호도에는 차이가 있다고 할 수 있다.

보기 11.3. 다음의 자료가 표준정규분포로부터의 관측치라고 할 수 있는지 검정해 보자.(오름차순으로 순서화 한 자료로 원래는 크기순으로 관찰된 자료가 아님).

```
-1.94 -1.54 -1.26 -1.11 -0.99 -0.96 -0.90 -0.77 -0.72 -0.66
-0.62 -0.60 -0.57 -0.46 -0.42 -0.39 -0.29 -0.24 -0.18 -0.18
-0.12 -0.03  0.03  0.08  0.14  0.17  0.19  0.20  0.36  0.36
 0.41  0.50  0.54  0.61  0.63  0.65  0.76  0.79  0.85  0.88
 0.98  1.02  1.11  1.16  1.42  1.56  1.78  1.79  1.80  2.33
```

표준정규분포를 다섯 개의 구간으로 등확률이 되게 나누면 $-z_{0.2}$, $-z_{0.4}$, $z_{0.4}$, $z_{0.2}$ 개로 나눌 수 있으며 이들 값은 각각 -0.842, -0.253, 0.253 및 0.842이다. 따라서 위의 자료를

1 $-\infty$에서 -0.842 사이의 개수,

2 -0.842에서 -0.253 사이의 개수,

3 -0.253에서 0.253 사이의 개수,

4 0.253에서 0.842 사이의 개수,

5 0.842에서 ∞ 사이의 개수를 구해보면

각각 7개, 10개, 11개, 10개, 및 12개이며 기댓값 E_i는 모두 $50 \times 1/5 = 10$ 이므로 검정통계량의 값은

$$\frac{(7-10)^2}{10} + \frac{(10-10)^2}{10} + \frac{(11-10)^2}{10} + \frac{(10-10)^2}{10} + \frac{(12-10)^2}{10} = 1.4$$

이며 $\chi^2_{4;0.05} = 9.4878$이므로 자료가 정규분포에서 얻어진 것이라는 귀무가설을 기각할 수 없다.[1]

SPSS에서 적합도 검정

SPSS에서의 적합도 검정은 각 범주의 확률이 주어졌을 때 사용할 수 있다. 적합도 검정을 위한 SPSS 메뉴는 **비모수 검정** → **카이제곱 검정** 순서로 메뉴를 선택하며(그림 11.1), 이 때 생성되는 대화창은 그림 11.2와 같다. 이 그림에서 왼쪽의 변수목록에서 분석할 변수를 선택하고 이 변수가 가질 수 있는 값의 범위를 데이터로 부터 SPSS가 얻도록 하거나(그림의 ①) 사용자가 범위를 지정할 수 있다(그림의

[1]이 경우 범주의 수와 범주의 크기를 정하는 규칙이 없으므로 범주 수나 크기를 다르게 사용할 경우 검정 결과가 달라질 수 있다.

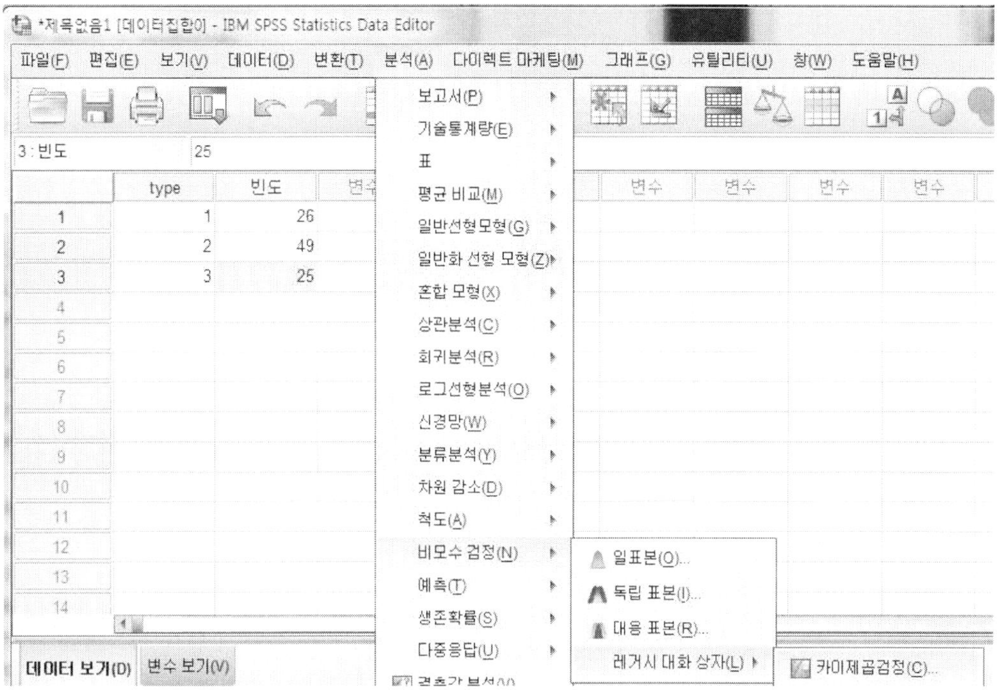

그림 11.1: SPSS에서의 Pearson 적합도 검정

②). 이 그림에서는 SPSS에서 자동으로 범주의 범위를 얻도록 설정되어 있으며 사용하는 자료는 보기 11.1의 자료이다. 이 자료에서 빈도에 대해서는 가중치를 설정하여야 한다(B.3.3절 참조).

이제 선택된 변수의 각 범주별 확률을 설정하는데 모든 범주에 대해서 확률이 동일한 경우이면 '모든 범주가 동일'을 설정하면 되고(그림의 ③), 그렇지 않은 경우 범주별 확률을 설정한다(그림의 ④). 이제 확인 버튼을 누르면 그림 11.3와 같은 출력을 얻을 수 있다. 이 출력의 내용은 보기 11.1의 계산결과와 마찬가지이므로 생략하기로 한다.

만일 적합도 검정을 하고자 하는 자료가 보기 11.3와 같이 연속인 자료이면 이 자료의 코딩변경을 한 후에 위에서 설명한 방법을 적용한다. 코딩변경은 B.3.2절을 참고하기로 한다.

그림 11.2: SPSS에서의 Pearson 적합도 검정 설정

TYPE

	관측수	기대빈도	잔차
1	26	25.0	1.0
2	49	50.0	-1.0
3	25	25.0	.0
합계	100		

검정 통계량

	TYPE
카이제곱[a]	.060
자유도	2
근사 유의확률	.970

a. 0 셀 (.0%)은(는) 5보다 작은 기대빈도를 가집니다. 최소 셀 기대빈도는 25.0입니다.

그림 11.3: SPSS에서의 Pearson 적합도 검정 결과

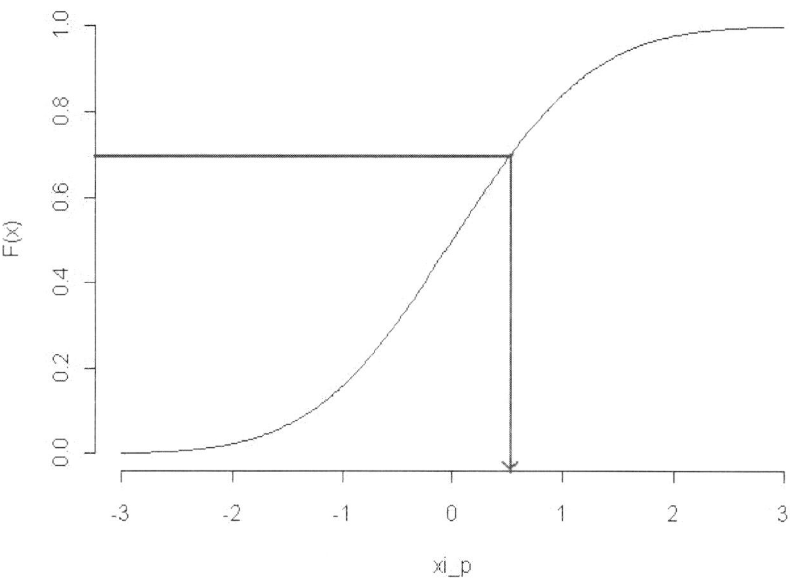

그림 11.4: Quantile에 대한 해석

11.3. Q-Q 산점도와 정규성 검토

많은 통계적 추론에서 자료의 독립성과 정규성(자료가 정규분포를 따른다는 의미이다.)을 가정한다. 따라서 자료의 정규성을 가정하는 통계학적인 분석 방법을 적용하고자 하는 경우에는 자료가 정규분포를 따르는지 먼저 검토하여야 한다. 이 절에서는 자료의 정규성을 검토하는 하나의 방법으로 Q-Q 산점도를 소개하기로 한다.

Q-Q 산점도를 소개하기 전에 먼저 quantile에 대해서 알아보자. $0 < p < 1$인 p에 대해서 p번째 quantile(p-th quantile)이란 자료를 오름차순으로 정리하였을 때 p분위의 위치에 해당하는 자료를 말한다. 이를 수치로 표현하면 분포함수가 F인 확률변수의 p번째 quantile ξ_p는 $F(\xi_p) = p$를 만족하는 값이며 이는

$$\xi_p = F^{-1}(p) \tag{11.4}$$

로 표현할 수 있다. 그림 11.4은 quantile의 의미를 설명하고 있다.

Quantile은 때로 백분위수로 표시된 percentile로 나타내기도 하는데, $100p\%$

percentile은 p번째 quantile의 다른 표현이다. 만일 표준정규분포라면 2.5% percentile(0.025번째 quantile)은 −1.95, 5% percentile(0.05번째 quantile)은 약 −1.645이며, 95% percentile(0.095번째 quantile)은 1.645, 97.5% percentile(0.975번째 quantile)은 1.96이 된다.

크기가 n인 표본에서의 quantile은 자료를 순서대로 배열하였을 때(오름차순) i번째 자료를 $\frac{i}{n+1}$번째 quantile($100\frac{i}{n+1}$% percentile)로 얻는다.

Q-Q 산점도(Q-Q plot)는 quantile-quantile plot의 약자로 표본에서의 quantile과 비교하고자 하는 분포에서의 이론적인 quantile을 산점도로 그린 것이다. 다음의 보기를 보자.

보기 11.4. 만일 자료가 10, 20, 30, 40, 50인 5개의 관측치로 구성되었다면 10은 1/6번째, 20은 2/6번째 등의 quantile로 계산된다. 표준정규분포의 quantile은 정규분포포로부터 얻으면 다음의 표와 같다.

$p = i/(n+1)$	0.16667	0.33333	0.5	0.66667	0.83333
자료의 quantile	10	20	30	40	50
표준정규분포 quantile	−0.96742	−0.43073	0	0.43073	0.96742

위의 표에서 자료의 quantile과 표준정규분포의 quantile로 산점도를 얻은 다음 그림

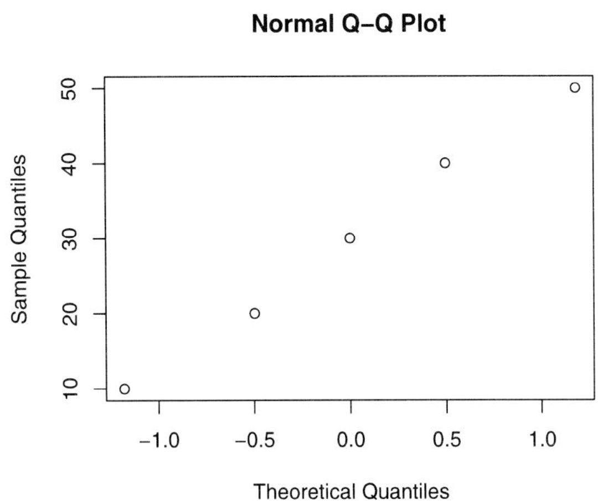

이 정규분포 Q-Q plot이다. ■

Q-Q 산점도를 보고 판단하는 것은 통계학적인 유의성 검정이 아닌 직관적인 판단이다. 자료가 정규분포에서부터 얻어진 것이라고 판단하고자 할 경우 Q-Q 산점도

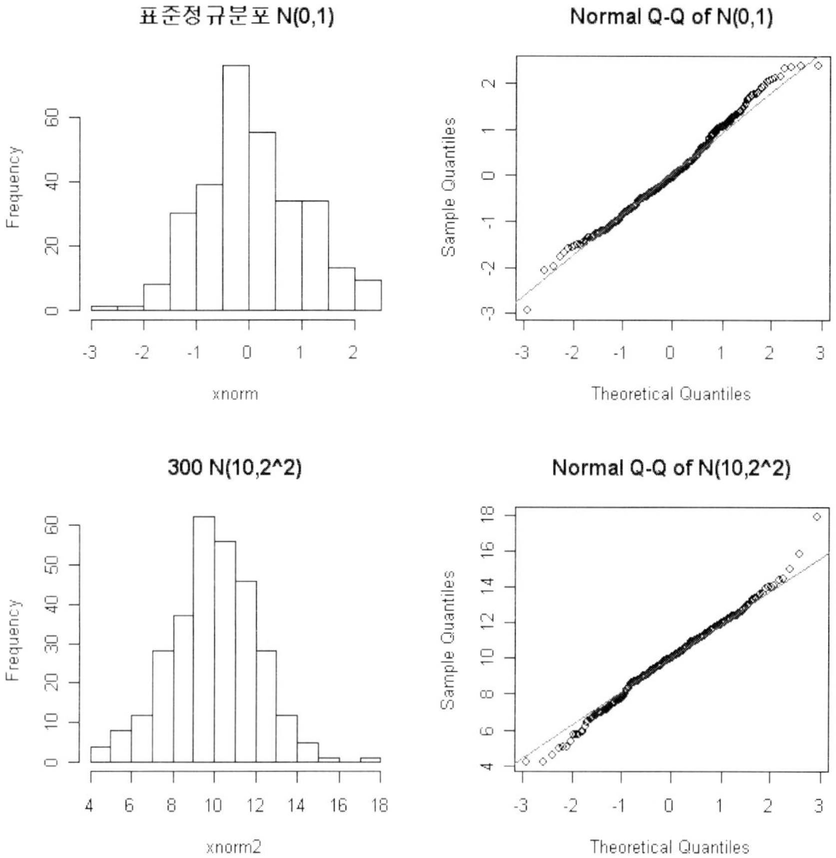

그림 11.5: 표준정규분포(위)와 평균 10, 분산 4인 정규분포의 히스토그램과 Q-Q 산점도

가 전체적으로 직선형태라야 한다. Q-Q 산점도에 대한 판정기준은 대체로 다음과 같다.

1 Q-Q 산점도가 직선에 가까우면 정규분포에 가까운 것으로 판단한다. 그림 11.5은 $N(0,1)$과(위의 그림) $N(10,2^2)$을(아래의 그림) 따르는 난수 각각 300개를 이용하여 Q-Q 산점도를 얻은 것이다. 왼쪽의 히스토그램은 각 300개 씩의 자료로 얻은 히스토그램이며 오른쪽이 Q-Q 산점도이다. 이 그림에서는 두 Q-Q 산점도가 대체로 직선에 가까운 것을 알 수 있다.

2 대칭이면서 정규분포보다 덜 퍼져있으면 Q-Q 산점도는 S자 모양으로 그려진다. 그림 11.6의 위 쪽 그림은 -3에서 3사이에서의 일양분포의 난수 300에서

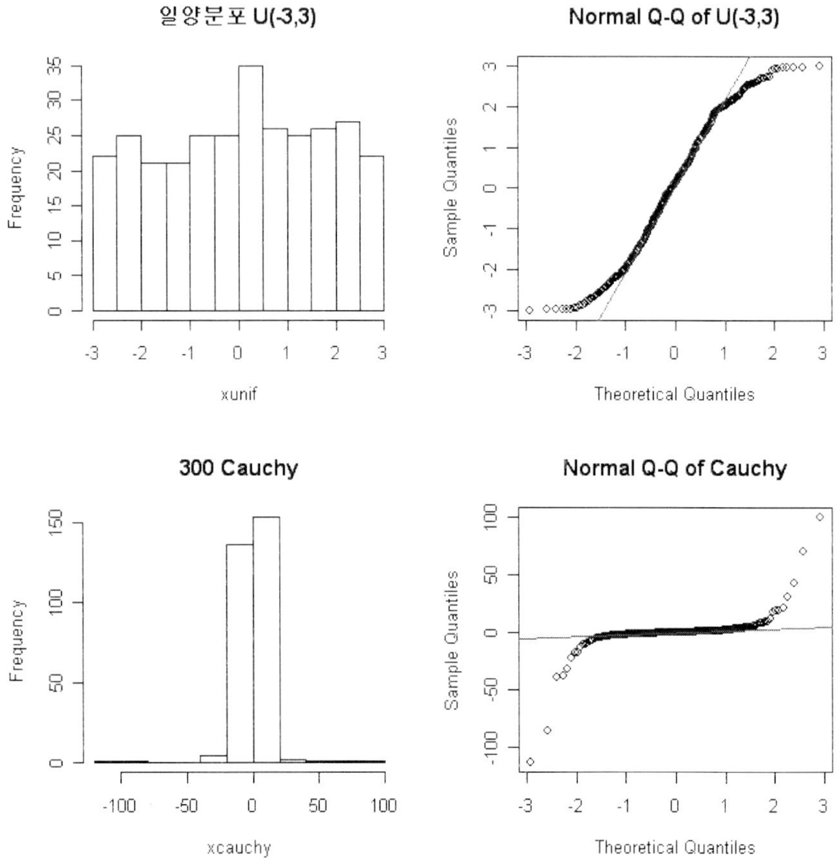

그림 11.6: 정규분포보다 덜 퍼진 경우(위)와 더 많이 퍼진 경우(아래)의 히스토그램과 Q-Q 산점도

얻은 Q-Q 산점도이다.

3 대칭이면서 정규분포보다 많이 퍼져 있으면 Q-Q 산점도는 S자를 반대로 한 모양이다. 그림 11.6의 아래쪽 그림은 Cauchy 분포에서의 난수 300개로 얻은 Q-Q 산점도이다. Cauchy 분포의 표준 형태는 0을 기준으로 대칭인 분포이나 흩어짐의 정도가 매우 커서 분산이 ∞이고 기댓값이 계산되지 않는 분포

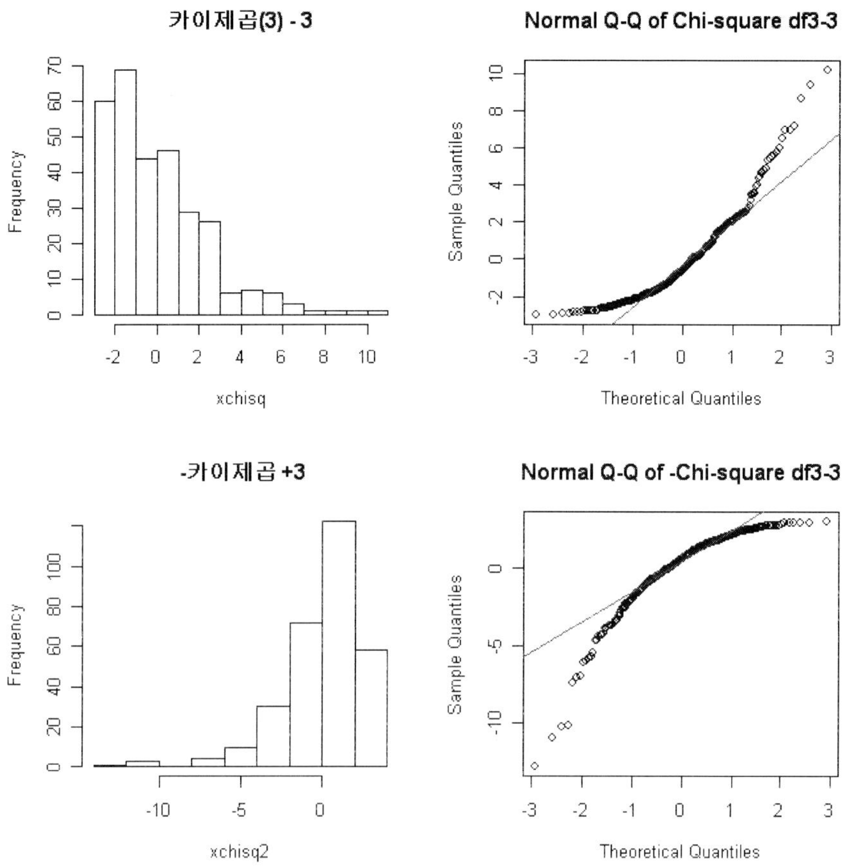

그림 11.7: 오른쪽으로 치우친 자료(위)와 왼쪽으로 치우친 자료(아래)의 히스토그램과 Q-Q 산점도

이다.[2] 이 분포의 확률밀도 함수는

$$f(x) = \frac{1}{\pi(1+x^2)}, \qquad -\infty < x < \infty \tag{11.5}$$

이다.

4 오른쪽으로 치우쳐진(skewed to the right)인 경우 Q-Q 산점도는 아래로 볼록한 모양이다. 그림 11.7의 위쪽 그림은 자유도가 3인 χ^2 분포로부터 얻은

[2] 만일 Z_1과 Z_2가 표준정규분포이고 독립이면 $X = Z_1/Z_2$의 분포가 Cauchy 분포이다.

300개의 난수를 얻어서 3을 빼서 [3] 만들어진 Q-Q 산점도이다.

5 왼쪽으로 치우쳐진(skewed to the left) 경우 Q-Q 산점도는 위로 볼록한 모양으로 얻어진다. 그림 11.7의 아래쪽 그림은 자유도 3인 χ^2 분포에서 난수를 300개를 얻은 후 이 난수에 -1을 곱한 후 3을 더해준 자료를[4] 사용하여 Q-Q 산점도를 얻은 것이다.

위에서 본 것처럼 Q-Q 산점도의 모양으로도 자료가 정규분포에 비해서 더 많이(적게) 퍼진 분포에서 얻은 것인지, 또는 어느쪽으로 치우친 자료인지도 대략 판단할 수 있다.

> **참고**: 많은 경우 통계학적 자료분석에서 자료의 정규성 검토를 위해서 Q-Q 산점도를 사용하지만 정규분포가 아닌 다른 분포(예 t 분포)인지 검토하는 목적이나 두 표본의 분포가 같은 분포인지 검토하는 목적으로 사용할 수도 있다. 이 경우 그림 11.5–그림 11.7의 x 축에는 이론적인 quantile이 아닌 다른 표본의 quantile이 그려진다.

> **참고**: 사용하는 프로그램에 따라 x축과 y축을 바꾸어서 산점도를 그리는 경우가 있다. 여기서 사용한 난수와 그림은 R 언어 2.3.1 버전으로 생성된 것이다.

SPSS에서의 Q-Q 산점도

SPSS에서 정규성 검토를 위한 Q-Q 산점도는 두 가지 방법으로 얻을 수 있는데 한 가지 방법은 11.5절에서 소개하고 여기서는 Q-Q 산점도를 바로 얻을 수 있는 메뉴를 알아 보기로 한다. 이 절에서 소개하는 방법은 정규분포가 아닌 다른 분포를 따르는지도 검정할 수 있으나 11.5절의 방법은 정규분포에 대해서만 검정한다는 것을 참고하기 바란다.

SPSS에서 Q-Q 산점도는 **분석** → **기술통계량** → **Q-Q** 순서로 메뉴를 선택하면[5] 그림 11.8와 같은 대화창이 생성된다.

이 그림의 왼쪽 창의 사용 가능한 변수 목록에서 변수를 선택하여 오른쪽 칸의 **변수**로 보내주면 된다. 이 대화창에서 볼 수 있는 것처럼 SPSS에서 Q-Q 산점도는

[3] 카이제곱 분포의 기댓값은 그 자유도이므로 이 경우 기댓값을 뺀 것임.
[4] 바로 위의 경우를 y 축을 기준으로 대칭 이동한 분포에서 얻은 난수이다.
[5] SPSS의 옛날 버전에서는 **그래프** → **Q-Q** 순서였음.

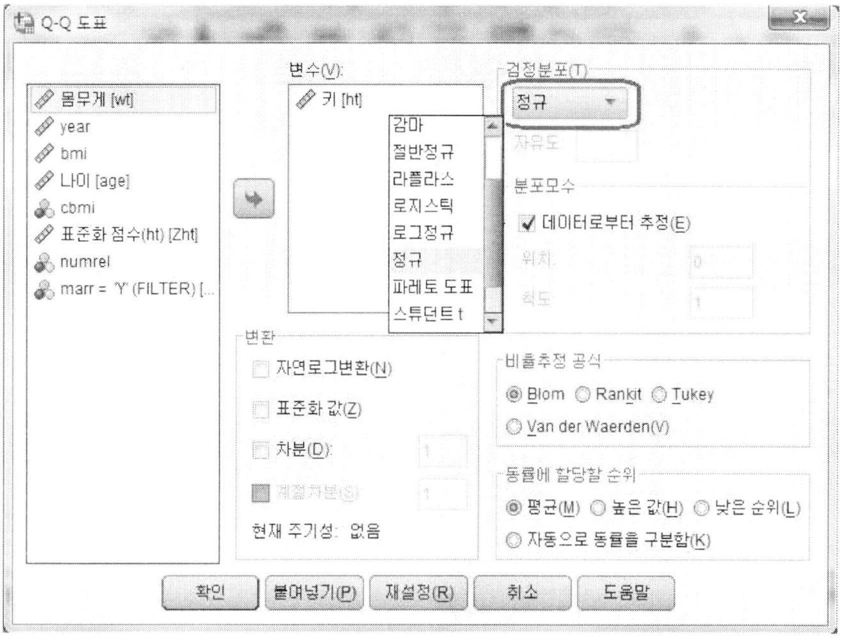

그림 11.8: SPSS에서의 Q-Q 산점도 그리기

정규분포뿐만 아니라 좀더 많은 통계적 분포에 대한 Q-Q 산점도를 그릴 수 있음을 알 수 있다. 검정분포에서 감마, 로그정규 등 다양한 분포에 대한 검정이 가능한 것을 알 수 있다.

부록 A의 키몸무게 자료에서 키를 사용한 Q-Q 산점도는 그림 11.9이다.

11.4. Kolmogorov-Smirnov 검정

임의표본 $X_1, X_2, \ldots, X_n$이 특정한 분포함수 F를 따르는지 검정하기 위해서 F의 추정치 $\hat{F}$를

$$\hat{F}(x) = \frac{\#(X_i \leq x)}{n}$$

를 계산하고[6] F와 $\hat{F}$의 가장 큰 차이 값

$$\sqrt{n}D_n = \sqrt{n} \sup_{-\infty<x<\infty} |F(x) - \hat{F}(x)|$$

[6]여기서 '#(조건)'은 조건을 만족하는 개수라는 의미이다.

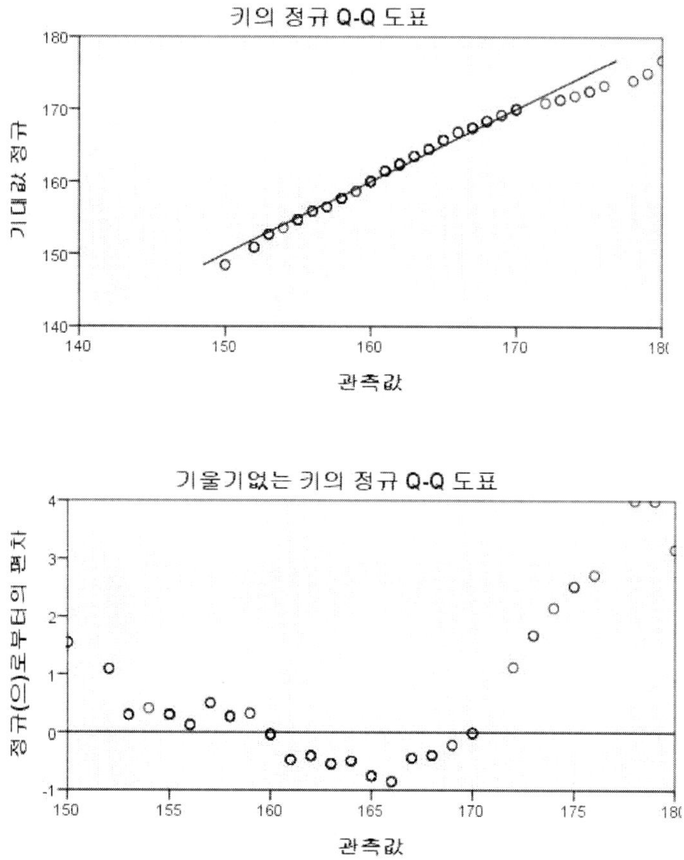

그림 11.9: SPSS에서의 Q-Q 산점도 결과

를 귀무가설

$$H_0 : X_i \overset{iid}{\sim} F, \qquad i = 1, 2, \ldots, n$$

과 대립가설 H_1 : not H_0를 검정하기 위한 검정통계량으로 사용하는 방법을 Kolmogorov-Smirnov 검정이라고 하며 줄여서 K-S 검정이라고 부르기도 한다.

이 검정통계량의 분포함수는

$$H(x) = \Pr[\sqrt{n}D_n \le x] = 1 - 2\sum_{j=1}^{\infty}(-1)^j \exp\{-2j^2x^2\}$$

임이 알려져 있으므로 이를 사용하여 검정할 수 있다.

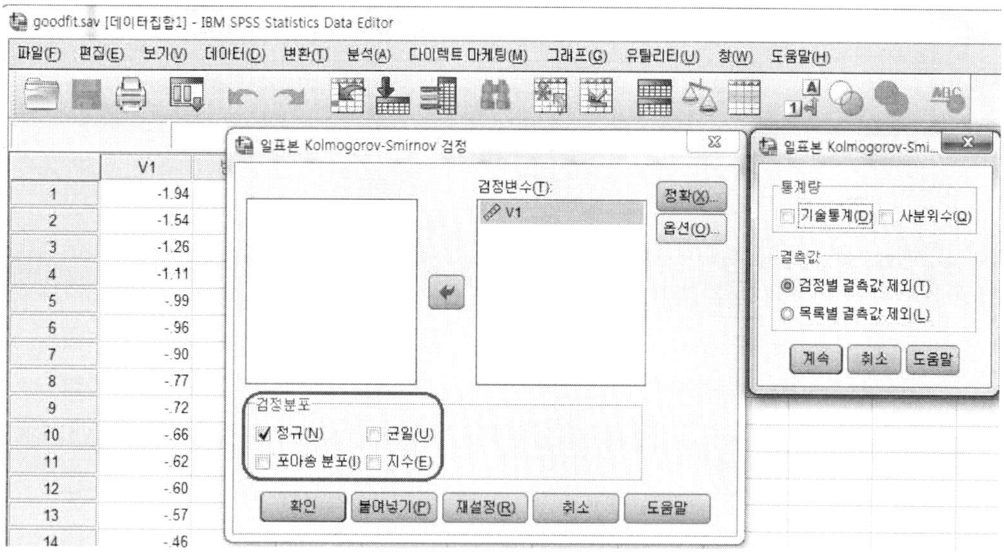

그림 11.10: Kolmogorov-Smirnov 검정을 위한 SPSS 대화창

SPSS에서의 Kolmogorov-Smirnov 검정

SPSS에서 Kolmogorov-Smirnov 검정은 두 가지 방법으로 얻을 수 있는데 한가지 방법은 11.5절에서 소개하고 여기서는 Kolmogorov-Smirnov 검정을 바로 얻을 수 있는 메뉴를 알아 보기로 한다.

보기 11.3의 자료를 사용하여 SPSS에서 Kolmogorov-Smirnov 검정을 하는 방법을 알아보자. 여기서 자료가 정규분포를 따르는지 검정하기로 하자. 따라서 귀무가설은 '보기 11.3의 자료가 정규분포를 따른다'이며 대립가설은 '그렇지 않다'이다.

SPSS에서 Kolmogorov-Smirnov 검정을 위한 메뉴는 **분석** → **비모수검정** → **레거시 대화상자** → **일표본 K-S** 순서로 메뉴를 선택하며 이 순서로 메뉴를 선택하면 그림 11.10과 같은 대화창이 만들어진다. 이 대화창의 왼쪽의 변수목록에서 분석에 사용할 변수를 선택하여 검정변수(T) 목록으로 이동한다. 여기서는 변수가 `V1` 하나뿐인 경우이다. 그림의 첫 번째 대화창의 사각형 부분에서는 네 개의 분포가 나오는데, SPSS 14.0은 이 네 개의 분포 중 하나를 따르는지 검정할 수 있다. 그림에서는 정규분포가 설정되어 있다. 옵션 버튼을 클릭하면 그림의 아래쪽 대화창이 생성되며, 이 대화창에서 기술통계량의 출력여부나 결측값의 처리 방법을 설정한다.

이와 같이 설정한 후 확인 버튼을 클릭하면 그림 11.11의 출력이 얻어지며, 이

일표본 Kolmogorov-Smirnov 검정

		V1
N		50
정규 모수a,b	평균	,1630
	표준편차	,93435
최대극단차	절대값	,044
	양수	,044
	음수	-,038
Kolmogorov-Smirnov의 Z		,313
근사 유의확률(양측)		1,000

a. 검정 분포가 정규입니다.
b. 데이터로부터 계산.

그림 11.11: Kolmogorov-Smirnov 검정의 SPSS 출력 결과

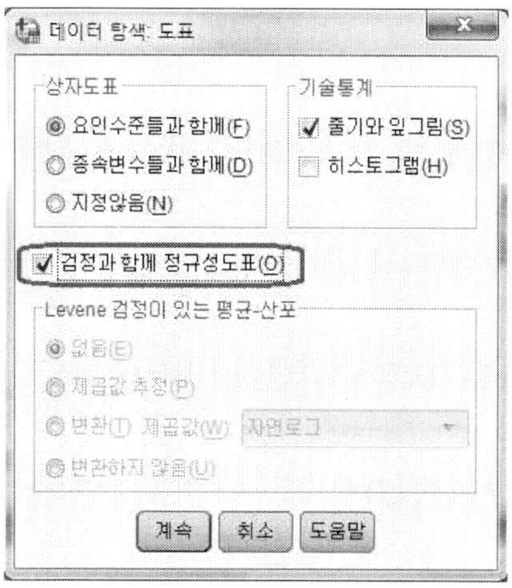

그림 11.12: SPSS에서의 정규성 검토와 Shapiro-Wilk 검정, Kolmogorov-Smirnov 검정 및 Q-Q 산점도

출력에 의하면 자료의 수는 50개, 자료의 평균과 표준편차 등을 알 수 있으며, 검정통계량의 값은 0.313, 유의확률은 1.000으로 귀무가설을 기각할 수 없음을 알 수 있다. 즉, 자료가 정규분포에서의 관측치라고 할 수 있다.

11.5. Shapiro-Wilk 검정

확률표본 $X_1, X_2, \ldots, X_n$이 정규분포에서의 확률변수인지 검정하는 다른 방법으로

정규성 검정

	Kolmogorov-Smirnov[a]			Shapiro-Wilk		
	통계량	자유도	유의확률	통계량	자유도	유의확률
V1	.044	50	.200*	.993	50	.993

*. 이것은 참인 유의확률의 하한값입니다.

a. Lilliefors 유의확률 수정

그림 11.13: SPSS에서의 정규성 검토와 Shapiro-Wilk 검정, Kolmogorov-Smirnov 검정

Shapiro-Wilk 방법(Shapiro and Wilk(1965))이 있다. 이 방법은 귀무가설 H_0는 '자료가 정규분포를 따른다'이며 대립가설 H_1은 '자료가 정규분포를 따르지 않는다'를 검정하기 위한 검정통계량으로

$$W = \frac{(\sum_{i=1}^{n} a_i X_{(i)})^2}{\sum_{i=1}^{n}(X_i - \bar{X})^2} \tag{11.6}$$

를 사용하며 W가 아주 작은 값이면 귀무가설을 기각한다. 여기서

- $X_{(i)}$는 X_i들의 i번째 순서통계량, $X_1, X_2, \ldots, X_n$을 오름차순으로 정리할 때 i번째 값이며

- a_i는 벡터 $\boldsymbol{a}$의 원소로서

$$\boldsymbol{a}^T = (a_1, a_2, \ldots, a_n) = \frac{\boldsymbol{m}^T \boldsymbol{V}^{-1}}{(\boldsymbol{m}^T \boldsymbol{V}^{-1} \boldsymbol{V}^{-1} \boldsymbol{m}^T)^{1/2}}$$

  이다. 단 $\boldsymbol{m} = (m_1, m_2, \ldots, m_n)^T$는 m_i가 표준정규분포로부터 얻은 i번째 순서통계량의 기댓값일 때 m_i 원소로 하는 기댓값 벡터이며, $\boldsymbol{V}$는 이 i번째 순서통계량들의 분산공분산 행렬

이다.

표준정규분포에서의 순서통계량에 대한 기댓값($\boldsymbol{m}$), 분산과 공분산($\boldsymbol{V}$) 등의 값은 Pearson and Hartley (1972, Table 16)에서 확인할 수 있다.

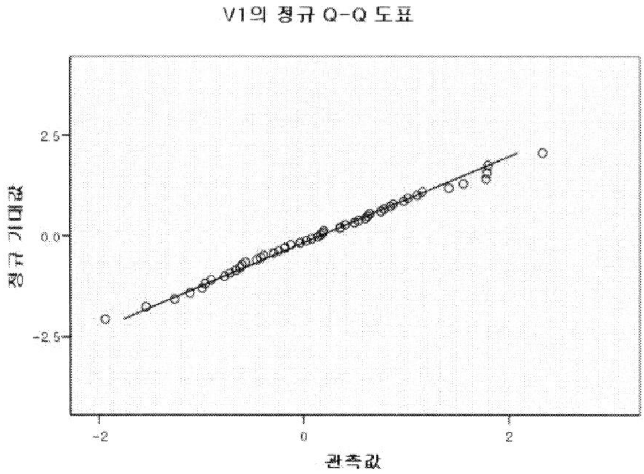

그림 11.14: SPSS에서의 정규성 검토와 Q-Q 산점도

SPSS에서의 Shapiro-Wilk 검정

SPSS에서의 Shapiro-Wilk 검정은 분석 → 기술통계 → 데이터 탐색 순서로 메뉴를 선택하여 그림 3.18와 같은 그림에서 도표 버튼을 클릭하면 그림 11.12와 같은 대화창이 만들어지는데 이 대화창에서 '검정과 함께 정규성 도표'를 선택하면 된다.

보기 11.3의 자료를 사용하여 위에서 설명한 방법으로 SPSS 출력을 얻으면 그림 11.13과 그림 11.14을 얻는다.

그림 11.13에서 보는 것처럼 Kolmogorov-Smirnov 검정통계량은 0.044이며 유의확률은 최소한 0.2 이상의 값[7], Shapiro-Wilk 검정의 검정통계량은 0.993, 유의확률은 0.993으로 두 검정의 결과 모두 자료가 정규분포를 따른다는 귀무가설을 기각하지 못함을 알 수 있다.

그림 11.14에서는 Q-Q 산점도가 직선과 가까우므로 역시 자료가 정규분포에 가깝다고 할 수 있음을 알 수 있다.

[7] 그림 11.11에서 Kolmogorov-Smirnov 검정의 근사적인 유의확률 값은 1.000임을 알 수 있다.

연습문제

11.1 다음의 자료가 정규분포에서의 관측치라고 할 수 있는지 판정하여 보아라.

20	11	13	14	5	7	6	15	1
0	11	9	21	9	13	7	6	11

11.2 다음의 자료가 정규분포에서의 관측치라고 할 수 있는지 판정하여 보아라.

6	2	3	5	7	2	1	6	2
6	5	0	6	5	3	2	8	2

제 12 장

비모수 통계적 방법

모평균에 대한 추론은 임의표본된 확률변수의 분포를 정규분포라고 가정하였거나 표본의 크기가 큰 경우 중심극한정리를 용하여 정규분포를 사용하였다. 만일 표본의 크기도 크지 않고 제 11장에서 본 방법들에 의하면 자료의 분포가 정규분포가 아니라고 결론이 얻어지는 경우라면 앞에서 사용한 방법은 더 이상 의미를 가질 수 없게 된다.

이 장에서는 자료가 정규분포를 따르지 않는 것이 명백한 경우에 대한 통계적 추론에 대해서 알아보기로 한다.

12.1. 부호검정

부호검정은 sign test라고도 하는데 이는 제 4.3절(95)의 단일표본 t 검정을 대신할 수 있는 비모수방법으로 자료가 독립이고 정규분포를 따른다는 가정보다 훨씬 약한 가정인 자료가 연속이고 독립인 분포에서 나온 것이라는 가정만 하게 된다. 따라서 단일표본에서 얻은 자료가 정규분포라는 가정을 하기 어렵고 자료의 수가 많지 않을 때 적용할 수 있는 추론방법이다.

중앙값이 θ이고 연속인 확률분포로부터의 확률표본 $X_1, X_2, \ldots, X_n$에서

$$H_0 : \theta = \theta_0 \tag{12.1}$$

에 가설검정의 부호검정의 방법은

1. $X_1, X_2, \ldots, X_n$에서 θ_0보다 큰 X_i의 개수를 얻는다. 이 개수로 얻어지는 확

률변수를 S라 하면 검정통계량은

$$S = \sum_{i=1}^{n} \text{sign}(\text{X} - \mu_0) \tag{12.2}$$

가 된다. 여기서 sign 함수는

$$\text{sign}(x) = \begin{cases} 1 & x > 0 \\ 0 & \text{그 외} \end{cases}$$

인 함수이다.

2. 만일 귀무가설 H_0가 옳으면 S의 분포는 $B(n, 1/2)$이 되므로 관찰된 S의 값 s에 대해서

   - 대립가설 H_1이 $\theta > \theta_0$이면 $\Pr[S \geq s]$를
   - 대립가설 H_1이 $\theta < \theta_0$이면 $\Pr[S \leq s]$를
   - 대립가설 H_1이 $\theta \neq \theta_0$인 경우 $2\Pr[S \geq \min(s, n-s)]$를

   이항분포 $B(n, 1/2)$에서 얻는다. 여기서 min 함수는 둘 중에 작은 값을 말한다.

3. 위에서 얻은 확률을 p라고 하면 이 확률이 유의확률이므로 $p < \alpha$ 이면 유의수준 α에서 귀무가설을 기각한다. 유의확률 p는 자료의 크기가 크면 이항분포의 정규근사를 이용하여 정규분포 확률로 근사하여 얻을 수 있다.

   같은 값(tie)이 있는 경우: 만일 $H_0 : \theta = \theta_0$를 검정하는 과정에서 X의 관찰값 중에서 θ_0와 같은 값이 있으면 이 값은 제외하고 검정통계량을 구한다. 즉, 50개의 자료로 $H_0 : \theta = 10$을 검정하는 과정에서 얻은 자료 중 세 개의 관측값이 10과 같으면 이 세 개를 제외한 나머지 47개의 자료로 분석한다.

보기 12.1. 연습문제 3.6(87면)의 염색체 교대현상 자료에서 $H_0 : \theta = 20$ 대 대립가설 $H_1 : \theta > 20$을 검정하여 보자. 원자료와 $\theta_0 = 20$과 값을 비교하여 부호를 찾아보면 표와 같다.

원자료	9	7	24	30	14	7	16	20	23	23	25	23	37	29	6	5	23	24	22	10	21
부호	0	0	1	1	0	0	0	*	1	1	1	1	1	1	0	0	1	1	1	0	1

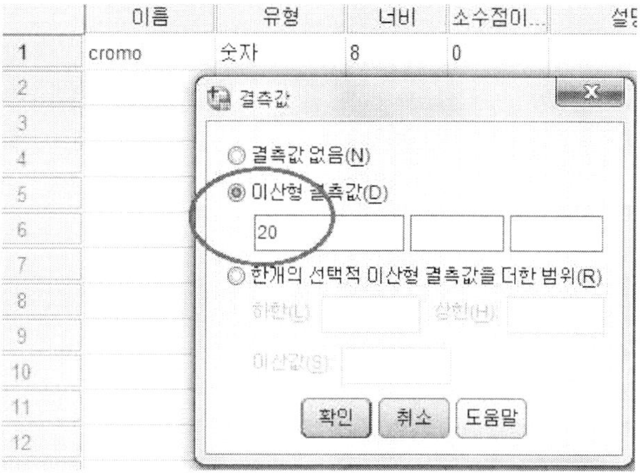

그림 12.1: 검정하고자 하는 값의 결측값 지정

여기서 한 관측치는 20이라서 제외하고 나머지 관측치 20개 중에서 20보다 큰 경우는 12개이며 따라서 유의확률은 $X \sim B(20, 0.5)$일 때 $\Pr[X \geq 12]$인 값이다. 이 값은 표 A.1(479면)에서 0.252로 얻어지기 때문에 0.252보다 작은 α에 대해서는 유의수준 α로 귀무가설을 기각할 수 없다. ■

보기 12.2. 보기 12.1(350면)의 자료를 SPSS를 사용하여 분석하여 보자. SPSS 10.1까지는 검정할 값을 제외하지 않고 가설을 검정하므로 귀무가설에서의 설정값 θ_0를 결측치로 설정하여 검정시 제외하는 방법을 사용하는 것이 좋다. SPSS에서 결측값 지정은 부록 B의 그림 B.9에서 동그라미를 그린 부분의 변수보기를 선택하여 만들어지는 화면인 그림 12.1에서 오른쪽 모서리의 `Missing` 또는 **결측값**을 선택하여 만들어진 대화창에서 개별값에 그림 12.1과 같이 **이산형 결측값**에 20을 설정한다. 이와 같이 검정하고자 하는 값과 같은 값을 결측값으로 지정하였으면 SPSS의 메뉴에서 그림 12.2와 같은 순서로 메뉴를 선택한다.

이와 같이 메뉴를 선택하면 그림 12.3과 같은 대화창이 생성되는데 이 대화창에서는 `Cut point` 또는 **분리점**에 검정하고자 하는 값 20을 지정하고 `Test Proportion` 또는 **검정비율**에는 0.5를 지정한다. 0.5의 의미는 20보다 작은 값의 비율과 큰 값의 비율이 모두 0.5인지 검정한다는 의미이며 이 값은 **분리점**보다 같거나 작은 값의 비율을 지정한다[1] 따라서 부호 검정에서는 일반적으로 이 설정비율

[1].001부터 .999까지 사용가능하며 0.5와 같이 0으로 시작하지 않는 값을 사용하여야 한다.

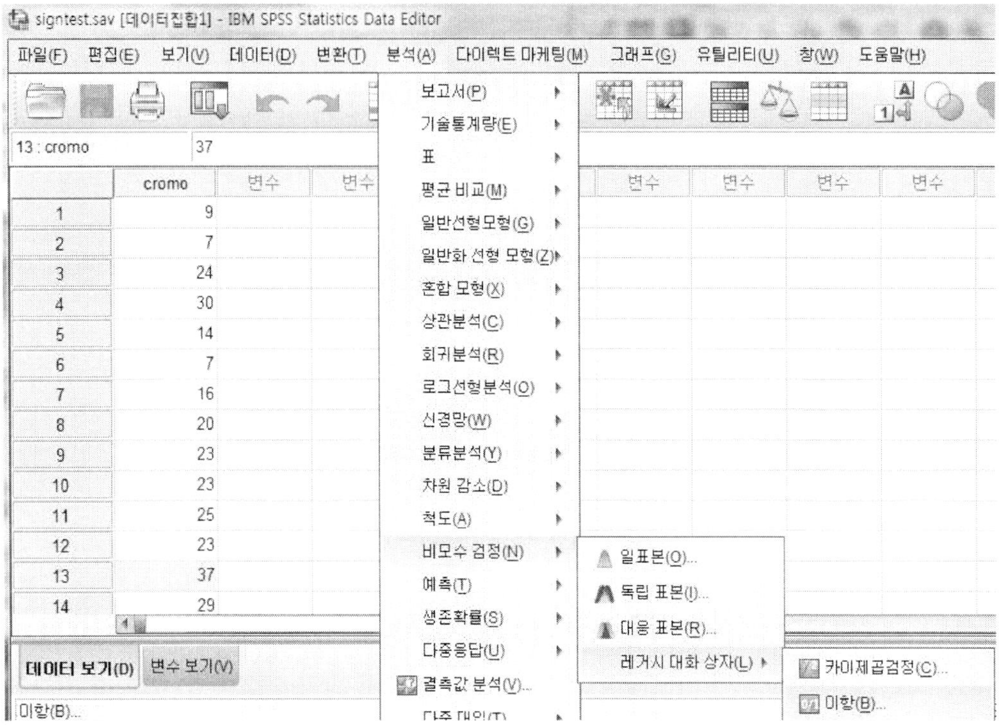

그림 12.2: 부호검정의 메뉴선택

값은 .5이며 SPSS에서 따로 지정하지 않으면 .5를 사용한다.

이 결과로 얻어지는 가설검정의 결과는 그림 12.4이며 검정통계량의 이 그림의 은 N에 인쇄되어 있는 12이며 (그림 12.4의 ①) SPSS 검정의 유의확률은 그림 12.4의 ②에 주어진 유의확률(양측)이다. 실제 대립가설은 $H_1 : \theta > 20$이므로 우리가 원하는 유의확률은 양측검정의 유의확률의 반인 0.2515임을 알 수 있으며 이 값은 반올림을 고려할 때 보기 12.1과 같은 결과임을 알 수 있다. ■

자료의 수 n이 충분히 크면 중심극한정리 또는 이항분포의 정규근사 이론에 의하여 검정통계량 X의 분포는 $p = \Pr[X_i > \theta_0]$라 할 때 $N(np, npq)$이므로 귀무가설이 참일 때는 $p = 1/2$로 검정통계량 X의 분포는 근사적으로 정규분포 $N(n/2, n/4)$를 따르게 된다. 따라서 식 (12.1)를 검정하기 위한 검정통계량으로

$$Z = \frac{X - n/2}{\sqrt{n/4}}$$

를 사용하고

그림 12.3: 검정하고자 하는 값의 결측값 지정

이항검정

		범주	N	관측비율	검정 비율	정확한 유의확률 (양측)
cromo	집단 1	<= 20	8	.40	.50	.503
	집단 2	> 20	12	.60		
	합계		20	1.00		

① ②

그림 12.4: 부호검정의 SPSS 출력

- ◉ 대립가설 H_1이 $\theta > \theta_0$이면 $Z > z_\alpha$일 때
- ◉ 대립가설 H_1이 $\theta < \theta_0$이면 $Z < -z_\alpha$일 때
- ◉ 대립가설 H_1이 $\theta \neq \theta_0$인 경우 $|Z| > z_{\alpha/2}$일 때

각각 귀무가설을 기각하게 된다(유의수준 α).

12.2. Wilcoxon 부호 순위 검정

앞 절의 부호검정은 자료의 분포에 대한 연속성과 독립성을 제외하고는 특별한 가정이 없었다. 만일 자료의 분포가 중앙값을 기준으로 대칭이면 부호검정보다 더 나은 검정 방법을 찾을 수 있는데 이 방법이 Wilcoxon 부호 순위 검정(Wilcoxon signed rank test)이다.

$X_1, X_2, \ldots, X_n$이 연속이고 중앙값 0을 기준으로 좌우 대칭인 분포에서 얻은 독립 표본이라고 하자. Wilcoxon 부호 순위 검정통계량은 다음과 같이 얻어진다.

1. $X_1, X_2, \ldots, X_n$의 절대값을 계산하여 이들을 오름차순으로 정리한다.

2. 이들 절대값의 순위를[2] 얻어서 이를 R_i라고 하자. 즉 $R_i = \#(|X_j| \le |X_i|)$이다.

3. $s(X_i)$를 X_i의 부호함수라고 하자. 즉

$$s(X_i) = \begin{cases} 1 & X_i > 0 \\ 0 & \text{그외의 경우} \end{cases}$$

이라고 하자.

4. 다음의 통계량

$$W = \sum_{i=1}^{n} R_i s(X_i) \tag{12.3}$$

를 얻는다.

이 검정통계량을 Wilcoxon 부호 순위 검정통계량이라고 한다. 식 (12.3)의 검정통계량은 귀무가설 $H_0 : \theta = 0$이라는 귀무가설이 참이면 n이 충분히 클 때 기댓값과 분산이 각각

$$\mathrm{E}[W] = \frac{n(n+1)}{4}, \quad \mathrm{Var}(W) = \frac{n(n+1)(2n+1)}{24} \tag{12.4}$$

[2] 통계학에서 순위(rank)라고 하면 항상 가장 작은 값의 순위가 1인 경우를 말한다. n개의 자료에서 가장 작은 값의 순위는 1, 가장 큰 값의 순위는 n이다.

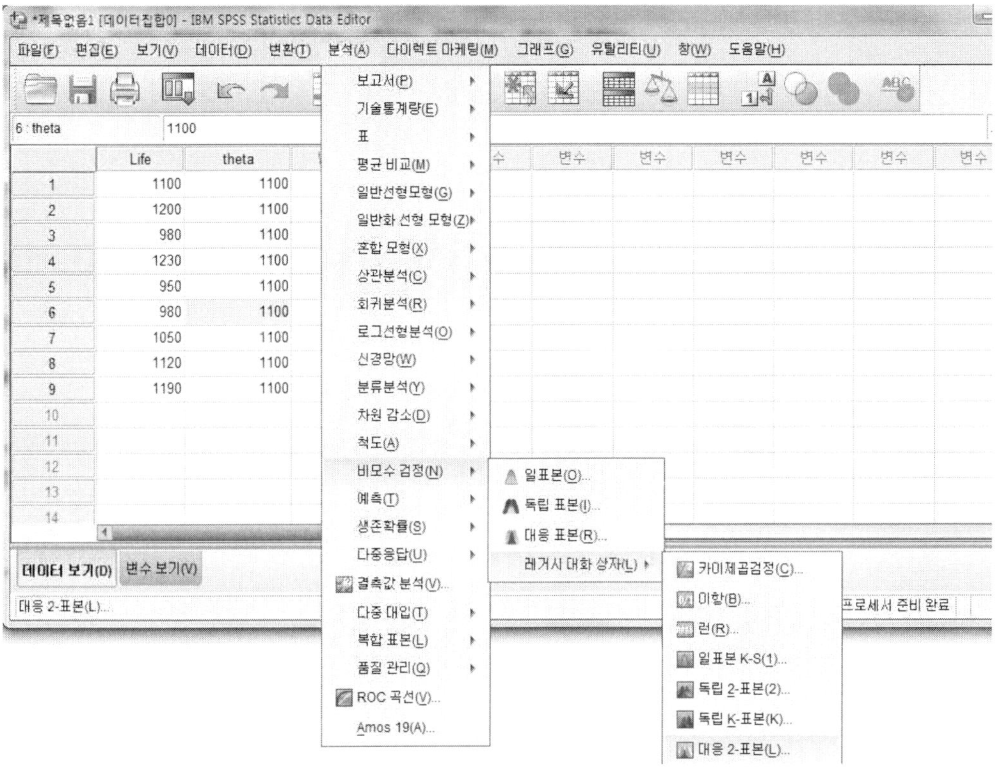

그림 12.5: Wilcoxon 부호순위검정의 자료와 메뉴 설정

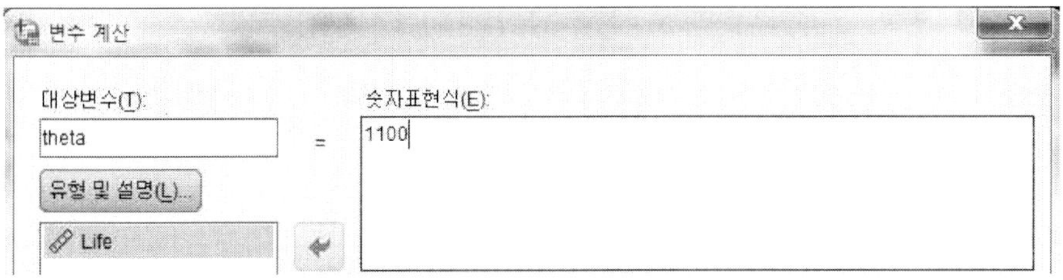

그림 12.6: Wilcoxon 부호순위검정의 검정값 변수 계산

인 정규분포를 근사적으로 따르므로

$$Z = \frac{W - \dfrac{n(n+1)}{4}}{\sqrt{\dfrac{n(n+1)(2n+1)}{24}}} \tag{12.5}$$

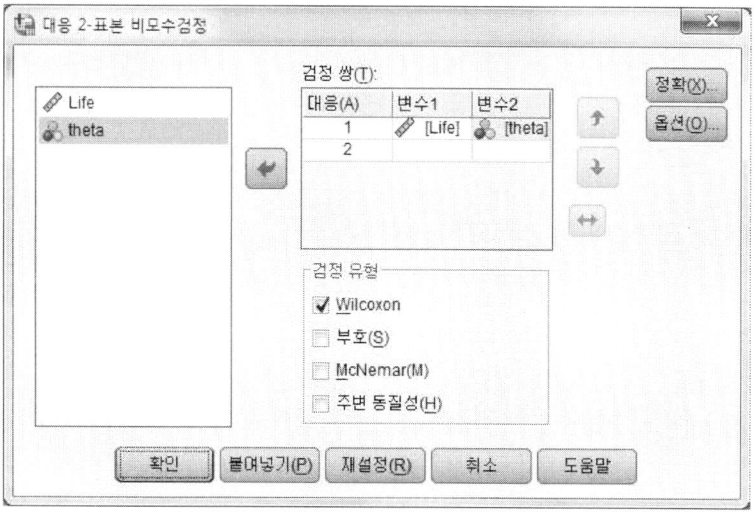

그림 12.7: Wilcoxon 부호순위검정의 설정

이 근사적으로 표준정규분포를 따르게 된다. 따라서 귀무가설 $H_0 : \theta = 0$에 대한 가설검정은

- 대립가설이 $\theta > 0$인 경우 $Z > z_\alpha$이면 귀무가설을 기각하고
- 대립가설이 $\theta < 0$인 경우 $Z < -z_\alpha$이면 귀무가설을 기각하고
- 대립가설이 $\theta \neq 0$인 경우 $|Z| > z_{\alpha/2}$이면 귀무가설을 기각한다.

참고사항:

1. 만일 검정하고자 하는 귀무가설이 중앙값이 0이 아닌 특정한 값일 경우, 즉 $H_0 : \theta = \theta_0$인 경우는 원래의 자료에서 이 값을 뺀 확률변수를 사용하여 위의 계산을 하면 된다.

   즉, $X_1 - \theta_0, X_2 - \theta_0, \ldots, X_n - \theta_0$의 절대값을 계산하여 이들을 오름차순으로 정리하여 이들의 절대값의 순위를 R_i라고 하여($R_i = \#(|X_j - \theta_0| \leq |X_i - \theta_0|)$) 다음의 검정통계량

$$W = \sum_{i=1}^{n} R_i s(X_i - \theta_0) \tag{12.6}$$

를 얻고 기각역은 $H_0 : \theta = \theta_0$에 대한 가설검정은

- 대립가설이 $\theta > \theta_0$인 경우 $Z > z_\alpha$이면 귀무가설을 기각하고
- 대립가설이 $\theta < \theta_0$인 경우 $Z < -z_\alpha$이면 귀무가설을 기각하고
- 대립가설이 $\theta \neq \theta_0$인 경우 $|Z| > z_{\alpha/2}$이면 귀무가설을 기각한다.

가 된다.

2. 확률변수가 연속인 경우 독립인 두 확률변수가 같은 값을 가질 수가 없지만 현실의 자료는 측정의 정밀도 등의 문제로 같은 값을 갖는 경우가 발생한다. 이런 경우 순위는 해당값의 평균 순위를 사용한다. 즉, 두 번째와 세 번째의 절대값이 같으면 이들의 순위는 각각 2.5가 되며 10번째, 11번째, 12번째의 절대값이 모두 같으면 이들의 순위는 모두 11이다.

3. 만일 자료 중에 검정하고자하는 값과 같은 값이 있는 경우(0 또는 일반적으로 θ_0) 이 값은 제외하고 나머지 $(n-1)$의 자료로 검정한다.

보기 12.3. 보기 4.6(99면)의 자료를 이용하여 수명이 1100시간보다 작은지 알아보자.

X_i	1100	1200	980	1230	950	990	1050	1120	1190
$\|X_i - 1100\|$	*	100	120	130	150	110	50	20	90
rank($\|X_i - 1100\|$)	*	4	6	7	8	5	2	1	3
$s(X_i - 1100)$	*	1	0	1	0	0	0	1	1

이므로 $W = 4 + 7 + 1 + 3 = 15$이며 근사적인 통계량은

$$\frac{15 - 8 \cdot 9/4}{\sqrt{8 \cdot 9 \cdot 17/24}} = -0.42$$

이다. 따라서 유의수준 5%에서 귀무가설을 기각할 수 없다. ■

SPSS에서의 Wilcoxson 부호순위검정은 단일표본에서 직접 적용되는 방법이 없기 때문에 대응 2표본을 하되 원래의 값과 θ_0값의 대응표본 방식을 함께 사용하여야 한다(SPSS 14.0 기준).

따라서 원래 자료에 θ_0값을 갖는 변수를 따로 만들어야 하는데, 따로 변수를 만드는 것은 B.3.1절(500면)의 새 변수를 만드는 창에서 θ_0 값에 해당하는 값을 지정

순위

		N	평균순위	순위합
theta - Life	음의 순위	4[a]	3.75	15.00
	양의 순위	4[b]	5.25	21.00
	동률	1[c]		
	합계	9		

a. theta < Life
b. theta > Life
c. theta = Life

검정 통계량[b]

	theta - Life
Z	-.421[a]
근사 유의확률(양측)	.674

a. 음의 순위를 기준으로.
b. Wilcoxon 부호순위 검정

그림 12.8: Wilcoxon 부호순위검정의 출력

하면 된다(이 경우 1100). 그림 12.5의 자료는 보기 12.3에서 사용한 자료를 검정하기 위해 만든 SPSS 자료이다.

자료가 준비되었으면 그림 12.5에서 보는 것과 같이 **분석** → **비모수검정** → **레거시 대화상자** → **대응 2-표본** 순서로 메뉴를 선택한다. 이 메뉴를 선택하면 그림 12.7와 같은 설정창이 만들어지며, 이 창에서 검정할 변수(이 경우 `Life`)와 검정할 값(`theta`)의 짝을 설정한다.

그림 12.8의 SPSS에서의 결과는 보기12.3의 계산과 순서가 바뀌어 있음을 알 수 있는데, 보기에서의 결과와 정확하게 같은 결과를 얻고 싶은 경우 그림 12.5의 데이터 창에서 두 변수 `Life`와 `theta`의 순서를 바꾸면 된다.

순서를 바꾸지 않아도 SPSS 결과는 보기 12.3의 결과와 궁극적으로 같음을 알 수 있다.

12.3. Wilcoxon 순위합 검정

두 표본의 차이의 검정에 사용하는 순위합검정은 Wilcoxon rank sum test라고도 하며 정규분포를 따르는 독립인 두 표본 검정을 두 표본이 정규분포가 아니거나 표본의 수가 적을 때 적용할 수 있는 방법이다. 이 검정 방법은 비슷한 시기에 약간 다른 형태로 Mann과 Whitney에 의해서도 제안되었기 때문에 Mann-Whitney-

Wilcoxon 검정이라고도 한다. 이 검정방법은 4.7절의 독립인 두 모집단의 평균차 검정을 대신할 수 있는 방법이다. Mann-Whitney-Wilcoxon 방법은 연속이고 독립인 모집단에서 얻은 임의표본 $X_1, X_2, \ldots, X_m$과 $Y_1, Y_2, \ldots, Y_n$에 대해서 귀무가설은

$$H_0 : \text{두 임의표본의 분포는 같다.}$$

이며 대립가설

$$H_1 : X_i\text{들이 확률적으로 } Y_j \text{ 보다 크다.}$$

이다. X_i 들이 확률적으로 Y_j 보다 크다는 것은 임의의 상수 a에 대해서 $\Pr[X_i > a] \geq Pr[Y_j > a]$이고 일부의 a에 대해서는 $\Pr[X_i > a] > Pr[Y_j > a]$임을 의미한다.

보기 12.4. $X \sim N(\mu_1, 1)$, $Y \sim N(\mu_2, 1)$이고 $\mu_1 > \mu_2$일 때 X 들이 확률적으로 Y 보다 큰지 알아보자.

임의의 실수 a에 대해서

$$\Pr[X > a] = \Pr\left[\frac{X - \mu_1}{1} > \frac{a - \mu_1}{1}\right] = \Pr[Z > a - \mu_1]$$

이고 같은 방법으로 $\Pr[Y > a] = \Pr[Z > a - \mu_2]$이다. 그런데 $\mu_1 > \mu_2$이므로 $a - \mu_1 < a - \mu_2$이고 따라서

$$\Pr[X > a] = P[Z > a - \mu_1] > P[Z > a - \mu_2] = \Pr[Y > a]$$

이다. 따라서 X의 분포가 Y의 분포보다 확률적으로 크다. ■

이 귀무가설을 검정하기 위해서

1. $(m + n)$ 개의 표본의 순위(rank)를 매긴다. 이때 가장 작은 값의 순위는 1, 가장 큰 값의 순위는 $(m + n)$이 된다.

2. 이들 순위 중 X_i들에 해당하는 순위만 골라내어 이들의 합을 W라고 하자.

3. U를

$$U = W - \frac{m(m+1)}{2}$$

   를 계산하자.[3]

[3] W를 사용하거나 U를 사용하거나 검정결과는 같으나 U의 정확한 분포가 상대적으로 계산하기

이 U의 값이 '충분히' 크면 귀무가설을 기각한다. m과 n이 크면 U에 대한 정확한 분포를 구하기 힘들기 때문에 U의 근사분포를 사용하는데 U의 근사분포는

$$\frac{U-\dfrac{mn}{2}}{\sqrt{\dfrac{mn(m+n+1)}{12}}} \sim N(0,1) \tag{12.7}$$

임이 밝혀져 있고 따라서 정규분포에 기초한 근사적인 가설검정이 가능하다. 따라서 귀무가설과 대립가설에 대한 가설검정은

$$\frac{U-\dfrac{mn}{2}}{\sqrt{\dfrac{mn(m+n+1)}{12}}} > z_\alpha \tag{12.8}$$

이면 유의수준 α에서 귀무가설을 기각하고 대립가설을 채택한다.

> **같은 값의 처리:** X들과 Y들의 결합순위를 구함에 있어서 둘 이상의 관찰 값이 같은 경우는 이 들에 해당하는 평균 순위를 사용한다. 예를 들어 10번째 와 11번째의 값이 같으면 이 두값의 순위는 모두 10.5가 되고 100번째 101번째 102번째의 관찰값이 같으면 이들 세 값의 순위는 모두 101이 된다.

보기 12.5. 오염된 물에 사는 일부 어류는 수은과 같은 중금속이 체내에 잔류하게 된다. 일주일에 세 번 이상 메틸수은 형태로 체내에 잔류수은을 가지고 있는 생선(0.5-7mg/kg)을 먹은 그룹(A)과 생선을 먹지 않은 그룹(B)의 혈액 중 수은의 농도를 조사하였더니 다음과 같았다.(Skerfving, Hanson, Lindten and Ryman(1974))

그룹	수은 농도 (ng(나노그램)/g)
A	100 70 50 196 69 370 270 150 60 330 1100 40 100 70 150 200 68 304 236 75 178 41 120 300 161 62 12.8
B	5.3 15 11 5.8 17 7 8.5 9.4 7.8 12 8.7 4 3 12.2 6.1 10.2

잔류수은이 있는 물고기를 많이 섭취한 그룹의 혈중 수은이 높다고 할 수 있겠는지 검정해 보자.

표 12.1의 배열에서 보는 것과 같이 물고기를 섭취한 그룹의 순위합은 W =

편하고 U의 범위가 0부터 mn이고 U가 $m(m+1)/2$에 대해서 대칭이기 때문에 U를 사용하는 경우가 많다.

자료(A)	100	70	50	196	69	370	270	150	60	330	1100
결합순위	28.5	25.5	20	35	24	42	38	31.5	21	41	43
자료(A)	40	100	70	150	200	68	304	236	75	178	41
결합순위	18	28.5	25.5	31.5	36	23	40	37	27	34	19
자료(A)	120	300	161	62	12.8						
결합순위	30	39	33	22	15						
자료(B)	5.3	15	11	5.8	17	7	8.5	9.4	7.8	12	8.7
결합순위	3	16	12	4	17	6	8	10	7	13	9
자료(B)	4	3	12.2	6.1	10.2						
결합순위	2	1	14	5	11						

표 12.1: 혈액 중 수은 농도에 대한 결합순위

808이고 $U = W - m(m+1)/2 = 430$ 이므로

$$z = \frac{U - \dfrac{mn}{2}}{\sqrt{\dfrac{mn(m+n+1)}{12}}} = \frac{430 - \dfrac{27 \cdot 16}{2}}{\sqrt{\dfrac{27 \cdot 16(27+16+1)}{12}}} = 5.3769$$

이므로 유의확률은 $p = \Pr[Z > 5.3769] = 0.000$이고 따라서 귀무가설을 기각하고 잔류수은이 있는 생선을 섭취한 그룹의 수은농도가 높다고 판단한다. ■

m개와 n개의 자료로 구성된 두 그룹에서 m개로 이루어진 그룹의 순위합을 검정통계량으로 계산하여도 되고 n개로 이루어진 두 번째 그룹의 순위합을 사용하여 검정통계량으로 사용하여도 검정의 결과는 항상 같다. 이는 두 그룹의 $m+n$개의 자료의 전체 순위의 합은 항상

$$\frac{(m+n)(m+n+1)}{2}$$

로 일정하기 때문이다. n개의 자료로 이루어진 그룹의 순위합을 사용하여 이를 W로 사용하는 경우 Mann-Whitney 검정통계량은

$$U = W - \frac{n(n+1)}{2}$$

로 계산된다.

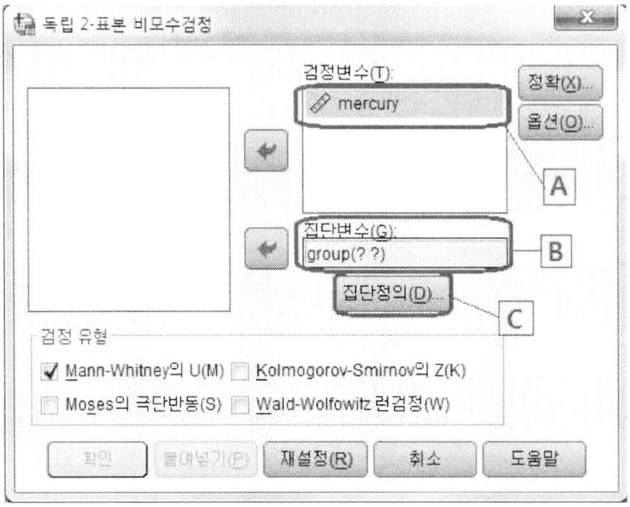

그림 12.9: Mann-Whitney-Wilcoxon 검정의 SPSS 설정

보기 12.6. 보기 12.5의 자료를 사용하여 물고기를 섭취하지 않은 그룹의 순위합을 계산하면 $W = 138$이며 따라서 Mann-Whitney의 U는

$$U = W - \frac{n(n+1)}{2} = 138 - \frac{16 \cdot 17}{2} = 2 \tag{12.9}$$

이다. 따라서

$$z = \frac{U - \dfrac{mn}{2}}{\sqrt{\dfrac{mn(m+n+1)}{12}}} = \frac{2 - \dfrac{27 \cdot 16}{2}}{\sqrt{\dfrac{27 \cdot 16(27+16+1)}{12}}} = -5.3769$$

이다. 이 경우 모든 기준이 물고기를 섭취하지 않은 그룹이었으므로 귀무가설은 '두 그룹의 수은 축적이 차이가 없다'이며 대립가설은 '물고기를 섭취하지 않은 그룹의 수은 축적이 낮다'이며 따라서 유의확률은 $p = \Pr[Z < -5.3769] = 0.000$이며 이 결과는 앞의 보기 12.5과 같다. ■

보기 12.7. 보기 12.5과 보기 12.6에서 사용한 자료를 SPSS를 이용하여 분석하여 보자. SPSS의 메뉴에서 분석 → 비모수 검정 → 레거시 대화상자 → 독립 2표본 순서로 항목을 선택하면(그림 12.2 참조) 그림 12.9와 같은 대화창이 생성된다.

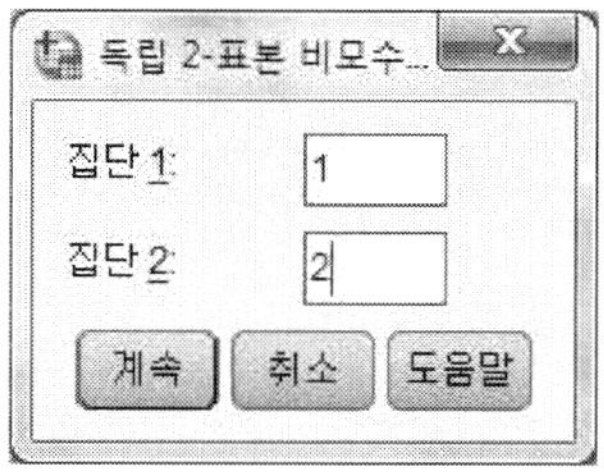

그림 12.10: Mann-Whitney-Wilcoxon 검정의 SPSS 설정-그룹지정

순위

	group	N	평균순위	순위합
mercury	1	27	29.93	808.00
	2	16	8.63	138.00
	합계	43		

①

검정 통계량[a]

	mercury
Mann-Whitney의 U	2.000
Wilcoxon의 W	138.000
Z	-5.378
근사 유의확률(양측)	.000

a. 집단변수: group

②

그림 12.11: Mann-Whitney-Wilcoxon 검정의 SPSS 출력

이 대화창은 그림 4.11와 거의 같은 방법으로 설정해 줄 수 있는데 먼저 그림의 A 에서 검정할 변수를 선택하고 그림의 B 에서 그룹을 표시하는 변수를 선택한다. 그룹을 표시하는 변수를 선택한 후 그림의 C 의 그룹을 정의하는 버튼을 클릭하여 그룹을 설정한다. 이 자료에서는 두 그룹을 1과 2로 표시하였으며 설정하는 대화창은 그림 12.10이다.

그림 12.11는 출력 결과인데 그림의 ①에서는 보기 12.5과 보기 12.6에서 얻은 순위합이 각각 출력되어 있다. 이 출력의 결과인 두 번째 표의 결과인 ②를 보면 보기 12.6와 같은 결과를 얻었음을 알 수 있으며 따라서 SPSS 출력에서는 두 번째 그룹을 기준으로 모든 계산을 하였음을 알 수 있다. ■

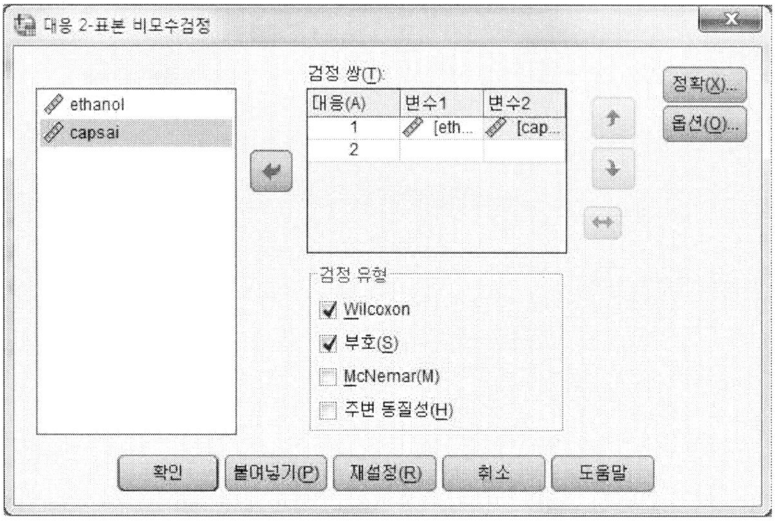

그림 12.12: SPSS의 대응표본 설정

12.4. 대응표본의 비모수 검정

자료가 $(X_1, Y_1), (X_2, Y_2), \ldots, (X_n, Y_n)$와 같이 짝으로 얻어진 경우 X_i들과 Y_i들의 분포가 같은지 검정하는 것을 짝비교, 대응표본검정, 쌍체검정 등으로 부른다. 자료가 대응표본일 때의 순위를 이용한 검정은 자료의 분포가 정규분포일 때와 마찬가지로 자료의 차이 D_i들에 기초하여 얻어진다. 자료가 정규분포를 따르거나 자료의 수가 많아서 중심극한정리를 적용할 수 있을 때의 대응표본검정은 4.7.6절을 참고하기로 한다.

자료의 정규성을 가정하기 어려우면서 자료의 수가 작은 경우의 대응표본검정은 다음과 같이 시행한다.

1. 두 그룹의 차 $D_i = X_i - Y_i$를 얻는다.

2. D_i에 대해서 앞에서 소개된 부호검정(12.1절)이나 Wilcoxson 부호 순위 검정(12.2절)을 시행한다.

을 이용한다. 보기를 통해 대응표본의 문제를 생각해보자.

보기 12.8. 연습문제 4.9의 자료에서 capsaicin과 ethanol로 처리한 쥐의 양쪽 귀에서 혈류량의 차이가 있는지 알아보자.

검정 통계량[b]

	capsai - ethanol
Z	-2.666[a]
근사 유의확률(양측)	.008

a. 음의 순위를 기준으로.
b. Wilcoxon 부호순위 검정

검정 통계량[b]

	capsai - ethanol
정확한 유의확률(양측)	.004[a]

a. 이항분포를 사용함.
b. 부호검정

그림 12.13: SPSS의 대응표본 검정결과

SPSS에서 비모수 대응표본 검정은 분석 → 비모수검정 → 레거시 대화상자 → 대응 2표본 순서로 메뉴를 선택하며, 이 순서로 메뉴를 선택할 때 얻어진 대화창이 그림 12.12이다. 이 그림에서 짝을 이루는 두 변수 ethanol과 capsaicin을 선택하여 검정 대응변수에 설정하면 SPSS에서 내부적으로 짝의 차이인 D_i를 계산하며 이 차이에 대해서 Wilcoxon 부호순위검정을 하거나 부호검정을 할 수 있다. 이 그림에서는 검정유형에 이 두 방법이 모두 선택되어 있다.

검정결과의 출력은 그림 12.13와 같으며 Wilcoxon 부호순위검정의 검정통계량 값은 그림의 왼쪽 출력에서 $-2.66(P = 0.008)$로 두 그룹의 차이가 있는 것으로 결론을 내릴 수 있으며 부호 검정의 경우 유의확률 값은 그림의 오른쪽 출력에서 $P = 0.004$임을 알 수 있으므로 두 경우 같은 결론을 얻는다. ■

12.5. Kruskal-Wallis 검정

Kruskal-Wallis 검정은 일원배치 분산분석을 순위검정에 사용하는 경우 원자료에 대한 가정, 주로 정규성 가정 또는 등분산성 가정이 옳지 않을 때 사용할 수 있는 검정 방법이다. 일원배치 분산분석에서와 마찬가지로 i번째 그룹(처리)에서의 j번째 관측치를 Y_{ij}라고 하고 그룹의 수 또는 처리의 방법은 g개, i번째 그룹에서의 관측치의 수는 n_i라고 하며 전체 관측치의 수를 $N = n_1 + n_2 + \cdot + n_g$ 라고 하자.

귀무가설은 g개의 그룹에서 '중앙값이 모두 같다'이고 대립가설은 '적어도 하나의 그룹에서 중앙값이 다르다'이다.[4] 이 가설검정을 위해서 먼저 원자료의 순위를 구하는데 R_{ij}를 원자료 Y_{ij}의 모든 Y_{ij}에서의 순위라고 표시하고 $\bar{R}_{i.}$은 i번째 그룹

[4] 이 경우 Y_{ij}들의 분포가 정규분포 등과 같이 대칭인 분포라면 귀무가설은 g개의 그룹에서 '평균이 모두 같다'이고 대립가설은 '적어도 하나의 그룹에서 평균이 다르다'라고도 할 수 있다.

에 속해 있는 Y_{ij}의 순위의 평균, 즉,

$$\bar{R}_{i.} = \frac{1}{n_i}\sum_{j=1}^{n_i} R_{ij} \tag{12.10}$$

라고 하자($i = 1, 2, \ldots, g$).

처리그룹	그룹 1	그룹 2	$\cdots$	그룹 g
1	R_{11}	R_{21}	$\cdots$	R_{g1}
2	R_{12}	R_{22}	$\cdots$	R_{g2}
$\vdots$	$\vdots$	$\vdots$	$\vdots$	$\vdots$
g	R_{1n_1}	R_{2n_2}	$\cdots$	R_{gn_g}
평균	$\bar{R}_{1.}$	$\bar{R}_{2.}$	$\cdots$	$\bar{R}_{g.}$

Kruskal-Wallis 검정은

$$H = \frac{12}{N(N+1)}\sum_{i=1}^{g}\frac{1}{n_i}\left(\sum_{j=1}^{n_i} R_{ij} - n_i\frac{N+1}{2}\right)^2 \tag{12.11}$$

를 검정통계량으로 사용한다. 이 이 식은 다시 정리하면

$$H = \frac{12}{N(N+1)}\sum_{i=1}^{g} n_i\bar{R}_{i.}^2 - 3(N+1) \tag{12.12}$$

로 쓸 수 있으며 귀무가설이 참일 때 검정통계량 H는 n_i 들이 충분히 크면 근사적으로 자유도가 $(g-1)$인 카이제곱분포를 따른다는 것이 알려져 있다. 따라서 $H > \chi^2_{g-1;\alpha}$ 이면 귀무가설을 기각하게 된다.

보기 12.9. 보기 6.7(174면)의 자료를 사용하여 Kruskal-Wallis 검정을 하여 보자. 원자료와 순위는 다음 표와 같으므로

그룹	관측치(순위: R_{ij})					$\bar{R}_{i.}$
1	9.23(5)	10.52(9)	10.63(10)	10.93(11)	11.08(12)	9.4
2	9.89(7)	9.11(4)	13.64(14)	9.76(6)	10.36(8)	7.8
3	1.71(1)	3.62(2)	13.33(13)	15.28(15)	4.01(3)	6.8

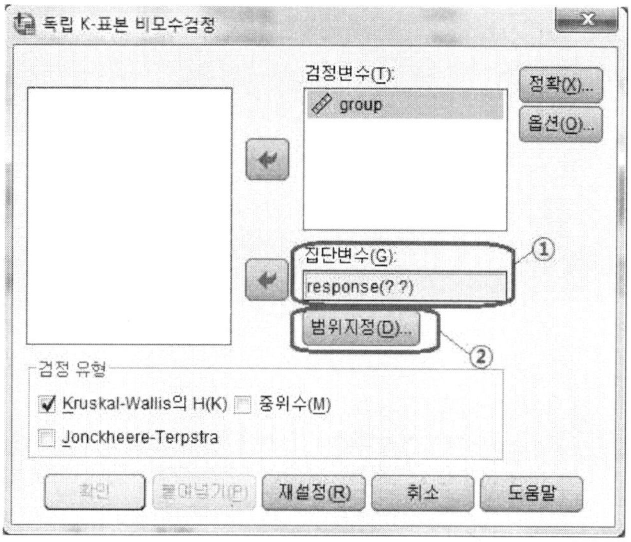

그림 12.14: Kruskal-Wallis 검정의 SPSS 설정

Kruskal-Wallis 검정의 검정통계량의 값은

$$H = \frac{12}{15(15+1)}(5 \cdot 9.4^2 + 5 \cdot 7.8^2 + 5 \cdot 6.8^2) - 3(15+1) = 0.86$$

이고 $\chi^2_{2;0.05} = 5.991465$이므로 귀무가설을 기각할 수 없다. 유의확률은 0.6505이다. ■

보기 12.10. 보기 12.9의 결과를 SPSS에서 얻기 위해서는 분석 → 비모수 검정 → 레거시 대화상자 → 독립 K 표본 순서로 메뉴를 선택하여 얻을 수 있다. 보기 12.9 및 보기 6.7의 자료를 사용하여 위의 순서대로 메뉴 항목을 선택하면 그림 12.14과 같은 대화창이 생성되는데 반응변수의 이름을 지정하고 ① 부분에는 그룹을 표시하는 변수를 지정한다. 독립인 두 표본의 경우와 비슷하게 그룹변수를 지정한 후에는 범위설정을 위해서 그림 12.15의 ②와 같은 [범위지정] 버튼을 클릭하여 그룹변수의 범위를 설정한다. 범위설정 대화창은 [범위지정] 버튼을 클릭하여 생성된 대화창이 그림 12.15이다. 이 그림에서 그룹변수의 범위를 그림과 같이 지정하고 나면 그림 12.16과 같은 출력이 얻어진다. 이 출력의 결과는 반올림을 고려할 때 보기 12.9에서 얻은 계산의 결과와 같음을 알 수 있다. ■

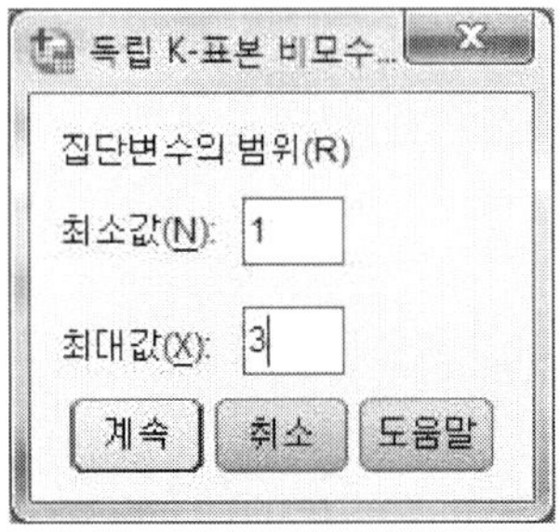

그림 12.15: Kruskal-Wallis 검정의 그룹변수 범위 설정

순위

	response	N	평균순위
group	1.00	1	1.50
	3.00	1	1.50
	합계	2	

검정 통계량[a,b]

	group
카이제곱	.000
자유도	1
근사 유의확률	1.000

a. Kruskal Wallis 검정
b. 집단변수: response

그림 12.16: Kruskal-Wallis 검정의 SPSS 출력

12.6. Spearman의 순위 상관계수

흔히 상관계수라고 하면 Pearson의 상관계수를 말하는데 자료의 순위에 기초한 또 다른 상관계수로 Spearman의 **순위상관계수**가 있다. 이 상관계수는 X_i의 X들 만의 순위(X 들 중에서 가장 작은 값의 순위를 1로 하고 둘이상의 값이 같으면 해당 순위의 평균을 각 값에 대한 순위로 한다.)를 R_i라 하고 Y_i의 Y들 만의 순위를 S_i라

할 때 R과 S의 상관 계수이다. 즉, Spearman의 순위상관계수는

$$\rho = \frac{\sum_{i=1}^{n}(R_i - \bar{R})(S_i - \bar{S})}{\sqrt{\sum_{i=1}^{n}(R_i - \bar{R})^2}\sqrt{\sum_{i=1}^{n}(S_i - \bar{S})^2}} \tag{12.13}$$

로 계산한다. 여기서 $\bar{R}$과 $\bar{S}$는 각각 R_i와 S_i의 평균이다. 그런데 n개의 순위의 평균과 분산은 각각 $n(n+1)/2$와 $n(n^2-1)/12$로 항상 일정한 값을 가지므로 이 식은

$$\rho = 1 - \frac{6\sum_{i=1}^{n}(R_i - S_i)^2}{n(n^2-1)} \tag{12.14}$$

으로 표현할 수 있다.

순위상관계수도 순위의 상관계수이므로 7.2절에서 본 Pearson 상관계수의 성질이 적용할 수 있다. Spearman 상관계수의 값과 Pearson 상관계수의 값은 대부분의 경우 비슷한 값을 가지는 경향이 있으나 두 변수의 연관이 직선관계가 아닐수록 차이가 난다. 그림 12.17는 Spearman 상관계수는 ±1이면서 Pearson 상관계수는 ±1이 되지 않는 몇 가지 경우를 그림으로 나타낸 것이다. 이 그림에서도 Pearson 상관계수의 값은 ±1에 가까운 값이다.

보기 12.11. 다음 자료에 대해서 Pearson과 Spearman의 상관계수를 구해 보고 산점도를 그려 보아라.

i	1	2	3	4	5	6	7	8	9	10
x_i	1	2	3	4	5	6	7	8	9	10
y_i	0.00	0.69	1.10	1.39	1.61	1.79	1.95	2.08	2.20	2.30

$n = 10, \sum x_i = 55, \sum x_i^2 = 385, \sum y_i = 15.11, \sum y_i^2 = 27.6733, \sum x_i y_i = 102.12$ 이므로 Pearson 상관계수는

$$\frac{\sum x_i y_i - (\sum x_i)(\sum y_i)/n}{\sqrt{\sum x_i^2 - (\sum x_i)^2/n}\sqrt{\sum y_i^2 - (\sum y_i)^2/n}} = \frac{102.12 - (55)(15.11)/10}{\sqrt{385 - 55^2/10}\sqrt{27.6733 - 15.11^2/10}}$$

$= 0.9514$이다.

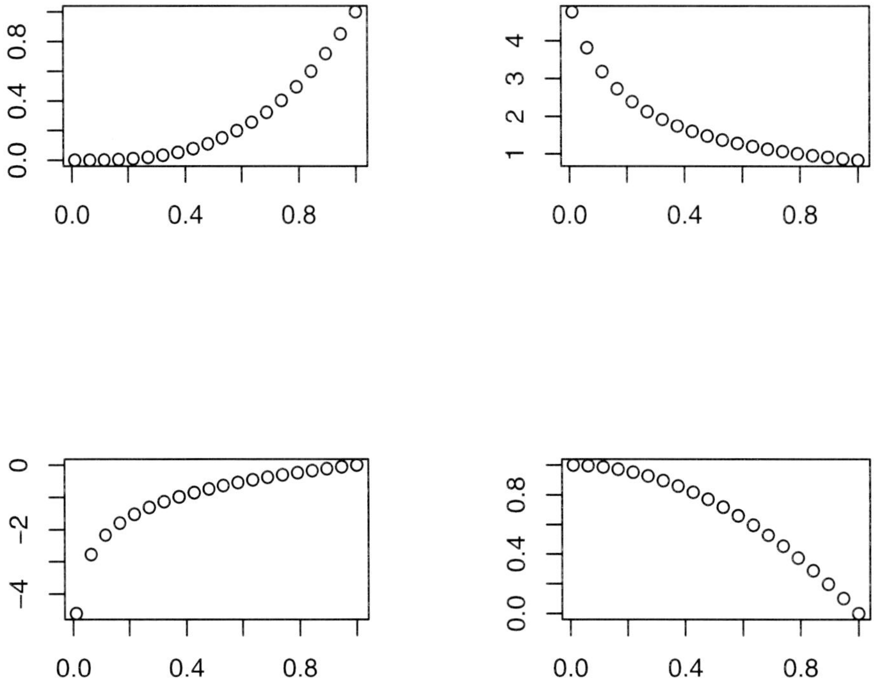

그림 12.17: Spearman 상관계수의 값은 ±1이면서 Pearson 상관계수는 ±1이 되지 않는 몇 가지 경우의 산점도.

Spearman 상관계수는 x_i와 y_i가 각각 오름차순이므로 $R_i = S_i = i$임을 볼 수가 있다.($i = 1, 2, \ldots, 10$) 따라서 $R_i - S_i = 0$이며 식 (12.14)는 1임을 알 수 있다. 위의 자료는 $y_i = \log(x_i)$에서 얻어진 것이며 산점도를 그려보면 이 사실을 알 수 있다. ■

자료의 수 n이 충분히 크고 Spearman 순위상관계수의 값이 0이라는 귀무가설 $H_0 : \rho_s = 0$이 참이면 Spearman 순위상관계수의 분포가 근사적으로 기댓값이 0, 분산이 $1/(n-1)$인 정규분포를 따르는 것을 이용하여 검정통계량으로

$$Z = \frac{\rho}{1/\sqrt{n-1}} = \rho\sqrt{n-1} \tag{12.15}$$

상관계수

			X	Y
Spearman의 rho	X	상관계수	1,000	1,000**
		유의확률(양측)	.	.
		N	10	10
	Y	상관계수	1,000**	1,000
		유의확률(양측)	.	.
		N	10	10

**. 상관 유의수준이 0.01입니다(양측).

그림 12.18: SPSS의 Spearman 순위상관계수 계산결과

을 사용하여

- $H_1 : \rho_s > 0$ 이면 $Z > z_\alpha$ 일 때
- $H_1 : \rho_s < 0$ 이면 $Z < -z_\alpha$ 일 때
- $H_1 : \rho_s \neq 0$ 이면 $|Z| > z_{\alpha/2}$ 일 때

각각 귀무가설을 기각한다(Conover(1980) Table A10).

SPSS에서의 Spearman 상관계수는 210면의 그림 7.9의 상관계수 대화창에서 Spearman에 체크를 해주면 순위상관계수를 구할 수 있다. 그림 12.18은 보기 12.11의 자료를 사용하여 Spearman 상관계수를 구한 결과이다.

12.7. Kendall의 상관계수 τ

짝으로 관찰된 n개의 표본 $(X_1, Y_1), (X_2, Y_2), \ldots, (X_n, Y_n)$ 에서 일치(concordance)와 불일치(disconcordance)를 다음과 같이 생각하자.

일치	$(X_i - X_j)$의 부호와 $(Y_i - Y_j)$의 부호가 같은 경우
불일치	$(X_i - X_j)$의 부호와 $(Y_i - Y_j)$의 부호가 다른 경우

예를 들어 $(X_1, Y_1), (X_2, Y_2)$이 각각 (1,2), (2,4)이면 일치이고 $(X_1, Y_1), (X_2, Y_2)$이 각각 (1,3), (3,1)이면 불일치이다. 또한 $(X_1, Y_1), (X_2, Y_2)$이 각각 (2.5, 4.5), (2.5, 4.5)이면 분석에서 제외한다. Kendall의 τ에서 사용하는 X_i와 Y_i는 연속임을 가정하기 때문에 같은 값이 발생되는 경우는 이론적으로는 존재하지 않으나 실제로는 관측오차나 반올림 등으로 가끔 있을 수 있다.

Kendall의 상관계수 τ는 일치의 개수 P와 불일치의 개수를 N이라고 할 때

$$\frac{P-N}{\frac{n(n-1)}{2}} \tag{12.16}$$

을 말한다. 일치하는 쌍과 불일치하는 쌍 개수 합은 $P+N=n(n-1)/2$이므로 위의 τ는

$$\begin{aligned}\tau &= \frac{P-N}{\frac{n(n-1)}{2}} \\ &= \frac{2P}{\frac{n(n-1)}{2}}-1 \qquad \left(N \leftarrow \frac{n(n-1)}{2}-P\right) \\ &= \frac{4P}{n(n-1)}-1 \end{aligned} \tag{12.17}$$

로 쓸 수 있다.

τ의 값은 상관계수와 마찬가지로 1과 -1 사이의 값을 가지며 양의 값을 가지면 양의 상관을, 음의 값을 가지면 음의 상관을 의미한다.

보기 12.12. 다음은 8명의 학생의 통계학 점수와 데이터베이스 점수를 표로 정리한 것이다.

학생	1	2	3	4	5	6	7	8
통계학	61	72	73	74	85	86	92	98
데이터 베이스	73	74	61	62	85	93	95	86

첫 번째 쌍에 대해서 일치를 구해보면 두 번째 쌍은 일치, 세 번째 쌍은 불일치, 네 번째 쌍은 불일치, 다섯번째 이후의 쌍은 모두 일치이므로 5개가 일치이다. 마찬가지로 P를 구해보면 $P=5+4+5+4+3+1+0+0=22$ 이므로 $\tau=\frac{4\cdot 22}{8\cdot 7}-1=0.5714286$이다.

표본의 크기가 충분히 크면 Kendall의 상관계수는 두 변수의 상관이 존재하지 않는다는(uncorrelated) 귀무가설이 참일 때 근사적으로 정규분포를 갖는다는 것이 알려져 있다. 또한 τ의 귀무가설 하에서의 기댓값과 분산이 각각 0과

$$\mathrm{Var}(\tau)=\frac{2(2n+5)}{9n(n-1)}$$

상관계수

			통계학	데이터베이스
Kendall의 tau_b	통계학	상관계수	1,000	,571*
		유의확률(양측)	.	,048
		N	8	8
	데이터베이스	상관계수	,571*	1,000
		유의확률(양측)	,048	.
		N	8	8

*. 상관 유의수준이 0.05입니다(양측).

그림 12.19: SPSS에서 Kendall의 τ 계산결과

임이 알려져 있으므로 n이 충분히 큰 경우

$$Z = \frac{\tau}{\sqrt{\dfrac{2(2n+5)}{9n(n-1)}}} \tag{12.18}$$

이 표준정규분포를 갖게 된다. 따라서

- ◉ 대립가설이 양의 상관인 경우 $Z > z_\alpha$일 때
- ◉ 대립가설이 음의 상관인 경우 $Z < -z_\alpha$일 때
- ◉ 대립가설이 상관이 존재한다인 경우 $|Z| > z_{\alpha/2}$일 때

각각 귀무가설을 기각하게 된다.

Kendall의 τ를 SPSS에서 구하려면 210면의 그림 7.9의 SPSS 대화창에서 Kendall's tau b에 체크해주면 된다. 그림 12.19은 보기 12.12의 자료를 사용하여 Kendall의 τ를 계산한 결과이다.

12.8. Ansari-Bradley 검정

두 그룹의 분산이 같은지에 대한 비모수적인 검정은 Ansari-Bradley 검정을 많이 사용한다. 첫 번째 그룹의 자료가 $X_1, X_2, \ldots, X_m$이고 두 번째 그룹의 표본은 $Y_1, Y_2, \ldots, Y_n$이라고 하고 $N = m + n$이라고 하자. 이제 Q_j를 모든 X_i와 Y_j에서의 Y_j의 순위라고 하고 R_j를

$$R_j = \min\{Q_j, N+1-Q_j\} \tag{12.19}$$

라고 정의할 때($j = 1, 2, \ldots, n$)

$$C = \sum_{j=1}^{n} R_j \tag{12.20}$$

를 Ansari-Bradley 검정통계량이라고 하고 이 값이 충분히 크거나 작으면 귀무가설 $H_0 : \sigma_X^2 = \sigma_Y^2$을 기각하고 대립가설 $H_0 : \sigma_X^2 \neq \sigma_Y^2$를 채택한다.

만일 귀무가설 $H_0 : \sigma_X^2 = \sigma_Y^2$가 참이면, $i = 1, 2, \ldots, N$에 대해서

$$\xi_i = \begin{cases} 1 & i\text{번째 자료가 두 번째 그룹}(Y)\text{일 때} \\ 0 & \text{그 외의 경우} \end{cases} \tag{12.21}$$

라고 하면

$$\mathrm{E}[\xi] = \frac{n}{N}, \qquad E[\xi_i \xi_j] = \frac{n(n-1)}{N(N-1)}$$

임을 보일 수 있다. 또한 식 (12.20)은

$$C = \sum_{i=1}^{N} \xi_i \cdot \min\{i, N+1-i\} \tag{12.22}$$

로 쓸 수 있으며, 따라서 귀무가설이 참이면

$$\mathrm{E}[C] = \begin{cases} \dfrac{n(N+2)}{4} & N\text{이 짝수} \\ \dfrac{n(N+1)^2}{4N} & \text{그 외} \end{cases} \tag{12.23}$$

및

$$\mathrm{Var}(C) = \begin{cases} \dfrac{mn(N+2)(N-2)}{48(N-1)} & N\text{이 짝수} \\ \dfrac{mn(N+1)(N^2+3)}{48N^2} & \text{그 외} \end{cases} \tag{12.24}$$

임을 보일 수 있다.

m과 n이 충분히 크면 귀무가설이 참일 때

$$Z = \frac{C - \mathrm{E}[C]}{\sqrt{\mathrm{Var} C}} \tag{12.25}$$

가 근사적으로 정규분포를 따르므로

- $H_1 : \sigma_X^2 > \sigma_Y^2$이면 $Z > z_\alpha$일 때 귀무가설을 기각하고

◉ $H_1 : \sigma_X^2 < \sigma_Y^2$이면 $Z < -z_\alpha$일 때 귀무가설을 기각하고

◉ $H_1 : \sigma_X^2 \neq \sigma_Y^2$이면 $|Z| > z_{\alpha/2}$일 때 귀무가설을 기각한다.

보기 12.13. 다음의 자료를 사용하여 두 그룹의 분산이 같다고 할 수 있는지 알아보자.

X	8.2 13.2 11.2 10.4 10.9 11.8 8.6 6.7 6.5 10.4
Y	12.0 11.2 14.6 6.7 8.5 16.1 9.8 8.6 4.4

$m = 10, n = 9$이며 Y의 순위 Q_j는 16, 13.5, 18, 3.5, 6, 19, 9, 7.5, 1이므로 R_j는 4, 6.5, 2, 3.5, 6, 1, 9, 7.5, 1이다.

따라서 $C = 40.5$이며 $N = 19$로 홀수이므로 기댓값과 분산은 각각 47.36842, 37.81163이므로 정규근사를 이용하면

$$Z = \frac{40.5 - 47.36842}{\sqrt{37.81163}} = -1.227$$

이므로 대립가설이 두 그룹의 분산이 같지 않다이고 귀무가설이 두 그룹의 분산이 같다 일 때 귀무가설을 기각하지 못한다. 이 때의 P 값은 약 0.264이다.[5] ■

[5] $\Pr[Z > 1.227] + \Pr[Z < -1.227]$의 값이 유의확률이다.

연습문제

12.1 보기 4.2의 자료에서 중앙값이 84보다 큰지 유의수준 5%로 검정하여라. 결과를 보기 4.5와 비교하여라.

12.2 Huntington disease(HD)를 가지고 있는 환자와 그렇지 않은 대조군에게 당분을 섭취하게 한 후 5시간 후의 반응을 조사하였다. HD가 있는 그룹의 당분대사가 더 높다고 할 수 있겠는가? (자료: Davidson, Green and Menkes(1974))

HD	85 89 86 91 77 93 100 82 92 86 86
대조군	83 73 65 65 90 77 78 97 85 75

12.3 다음의 자료는 A, B 두 그룹의 15개의 짝으로 이루어진 자료이다.

A	−5	−5	−1	0	0	2	2	3	4	5	6	8	9	9	9
B	−5	−2	0	0	0	0	1	1	1	4	5	6	6	9	10

(a) 중앙값의 차이가 있는지 검정하기 위한 부호검정 통계량의 값을 계산하고 정확한 유의확률값을 어떻게 계산하는지 말하여라.

(b) Wilcoxon 부호순위검정을 하여라.(양측)

12.4 동일한 원료를 사용하여 세 가지 방법으로 제작된 종이를 임의로 각각 10장과 9장을 선택하여 강도를 조사한 결과 다음과 같았다.

방법 1	15	2	21	6	2	4	12	9	13	6
방법 2	11	3	1	13	23	15	8	16	2	
방법 3	9	14	13	15	13	9	17	14	13	8

세 방법에 따른 차이가 있는지 알아보고자 한다. 비모수적 방법을 사용하여 검정하여라.

12.5 Kendall의 상관계수 τ가 1과 −1이 될 수 있음을 보여라.

12.6 보기 12.12의 자료를 사용하여 두 그룹의 중앙값이 같은지 검정하여 보아라.

12.7 보기 12.8의 자료를 사용하여 두 그룹의 분산이 같은지 Ansari-Bradley 검정방법을 사용하여 검정하여 보아라.

12.8 보기 12.8의 자료를 사용하여 양쪽 귀의 혈류량에 대한 Spearman 상관계수를 구해보아라. Spearman 상관계수와 Pearson 상관계수를 비교하여 보아라.

12.9 식 (12.15)의 Spearman 상관계수가 0인지에 대한 검정과 식 (7.3)의 Fisher 변환을 사용한 검정의 차이는 무엇인가?

12.10 확률표본 $X_1, X_2, \ldots, X_n$의 순위 $R_1, R_2, \ldots, R_n$의 기댓값과 분산이 각각 $(n+1)/2$와 $(n^2-1)/12$임을 보여라.

12.11 같은 값(tie)이 없는 n개의 자료에서 일치(concordance)와 불일치(disconcordance)되는 쌍의 합이 $n(n-1)/2$ 임을 보여라.

제 13 장

로지스틱 회귀분석

최소제곱법을 이용한 선형회귀분석은 종속변수 Y의 분포가 정규분포임을 가정한다. 현실적으로 정규성에 대한 검토를 하지 않더라도 최소한 Y의 특성이 연속이거나 자연수인 경우에 적용할 수 있다.

이 장에서는 종속변수 Y가 이항 또는 다항인 명목척도이거나 순서 척도인 경우의 회귀분석에 대해서 알아보자. 로지스틱 회귀분석에서는 최소제곱법을 사용하지 않고 우도함수(likelihood)를 최대로 하는 계수를 구하는 최대우도법을 사용하여 계수를 추정한다.

13.1. 이항 로지스틱 회귀

회귀분석이나 분산분석에서는 반응치 y 값이 정규분포를 가정하고 여러 가지 추론을 하였다. 그러나 실제 자료에서 반응치가 정규분포가 아닌 것이 명확한 경우가 많은데 그 중 하나가 반응치가 비율, 성공/실패 등일 때이다. 이와 같은 이분형 반응변수가 가질 수 있는 값을 0과 1로 표현할 때 $\pi = \Pr[Y = 1]$이라고 하자.

반응변수가 성공일 확률 π인 경우에 사용할 수 있는 모형 중의 하나가 이변량 로지스틱(binary logistic) 모형이며 이때 비율(사망율, 치료율, 불량율 등)은 다음과 같은 모형

$$\pi = \frac{\exp\{\beta_0 + \beta_1 x_1 + \cdots + \beta_p x_p\}}{1 + \exp\{\beta_0 + \beta_1 x_1 + \cdots + \beta_p x_p\}} \tag{13.1}$$

또는

$$\log \frac{\pi}{1-\pi} = \beta_0 + \beta_1 x_1 + \cdots + \beta_p x_p$$

를 사용한다. 여기서 사용한 log는 밑이 e인 자연로그이며 $\pi/(1-\pi)$는 odds ratio라고 하며 $\log \pi/(1-\pi)$는 로짓(logit)이라고 한다.

이러한 로지스틱 모형이 사용될 수 있는 자료의 유형을 보면

1. 암환자의 재발여부(0,1)와 환자의 특성(암의 기수, radiation 정도, 나이, smear 정도 등) 으로 설명하고자 할 때.

2. 특정한 온도와 습도 및 대기중 미세먼지 농도에 따른 불량품의 개수(불량률)에 대한 모형

등에서 사용할 수 있다.

이 모형에서 모수 β_i 들에 대한 추정은 대개 최대우도법(maximum likelihood method)에 의한 추정량을 사용하며 이는

$$\begin{aligned} L &= \prod_{i=1}^{n} \pi^{I[Y_i=1]}(1-\pi)^{I[Y_i=0]} \\ &= \prod_{i=1}^{n} \left(\frac{e^{\beta_0+\beta_1 x_1+\cdots+\beta_p x_p}}{1+e^{\beta_0+\beta_1 x_1+\cdots+\beta_p x_p}} \right)^{I[Y_i=1]} \left(\frac{1}{1+e^{\beta_0+\beta_1 x_1+\cdots+\beta_p x_p}} \right)^{I[Y_i=0]} \quad (13.2) \end{aligned}$$

을 최대로 하는 β_i들을 구하는 것이다. 여기서 $I[Y_i=0]$과 $I[Y_i=1]$은 Y_i가 각각 0과 1이면 1이고 그외의 경우는 0이 되는 함수이며 위의 우도함수를 최대로 하는 β_i들은 Newton-Raphson 방법등을 사용하여 얻는다.

13.1.1 모형적합도와 계수에 대한 추론

로지스틱 모형에서 검정통계량으로는 우도함수비의 자연로그값을 -2배를 취한 $-2\log(L)$ 값을 주로 사용한다. 이 값은 귀무가설 $H_0 : \beta_1 = \beta_2 = \cdots = \beta_p = 0$이 참일 때 근사적으로 자유도 p인 카이제곱분포를 따르므로 로지스틱 모형이 유의한지 여부는 일반적으로 카이제곱 검정을 사용한다. 이 때 대립가설은 '적어도 하나의 β_i는 0이 아니다'이다.

개별 설명변수가 유의한지의 검정인 $H_0 : \beta_i = 0$과 $H_1 : \beta_i \neq 0$에 대한 검정은 $\beta_i = 0$일 때의 $-2\log(L)$과 $\beta_i \neq 0$일 때의 $-2\log(L)$의 차이을 검정통계량으로 사용하며 귀무가설이 참일 때 이 검정통계량은 근사적으로 자유도가 1인 카이제곱분포를 따르므로 이 차이가 크면 귀무가설을 기각하게 된다.

로지스틱회 귀분석에서의 카이제곱 검정은 선형회귀분석에의 분산분석표의 F 값과 같은 역할을 하는 것으로 조사자가 생각한 모형이 유의한지 검정한다. 따라서

여러 개의 설명변수가 사용된 경우 각각의 설명변수의 역할은 회귀분석의 각각의 계수에 대한 검정에서와 마찬가지로 각 계수에 대한 검정을 따로하여야 하며 대부분의 통계 패키지에서 이 둘을 모두 제공하고 있다.

즉 로지스틱 회귀분석도 다중회귀분석에서와 마찬가지로 모형

$$\pi = \frac{\exp\{\beta_0 + \beta_1 x_1 + \cdots + \beta_p x_p\}}{1 + \exp\{\beta_0 + \beta_1 x_1 + \cdots + \beta_p x_p\}} \tag{13.3}$$

에서 다음과 같이 회귀분석에서의 가설검정의 순서대로 가설을 검정할 수 있다.

1. $H_0 : \beta_1 = \beta_2 = \cdots = \beta_p = 0$와 대립가설 H_1 : 적어도 하나의 β_i는 0이 아님을 검정하며 이 검정통계량은 근사적으로 χ^2 분포에서의 관측치이다. 이때 검정통계량인 카이제곱 검정통계량의 자유도는 p이다. 여기서 p는 귀무가설에 포함된 β_i의 개수이다.

2. $H_0 : \beta_i = 0$ 대 $H_1 : \beta_i \neq 0$에 대한 가설검정이 마찬가지로 가능하며 이 검정통계량도 귀무가설하에서는 근사적인 카이제곱분포에서의 관측치이다. 이때 검정통계량인 카이제곱 검정통계량의 자유도는 1이다.

위의 두 검정은 λ를 우도비(likelihood ratio)라고 할 때 $-2\log\lambda$ 가 근사적으로 카이제곱분포를 따른다는 이론에 근거한 검정방법이다.

13.1.2 분류

로지스틱 회귀에서 설명변수가 y가 성공과 실패와 같이 두 가지로 표현되는 경우 보통 1과 0으로 코딩하는 것이 일반적인데 이 경우 추정된 β_i들의 값 b_i에 의해서 1이 될 확률은

$$\hat{\pi} = \frac{\exp\{b_0 + b_1 x_1 + \cdots + b_p x_p\}}{1 + \exp\{b_0 + b_1 x_1 + \cdots + b_p x_p\}} \tag{13.4}$$

로 추정되며 이 추정된 값이 0.5보다 크면 설명변수 y 값을 1로 추정하며 그렇지 않은 경우는 0으로 추정한다. 이 때 0.5라는 값은 절대적인 기준은 아니며 다른 특별한 이유가 있을 때는 다른 값을 사용할 수가 있다. 따라서 y값에 대한 추정을 말할 때는 $\hat{\pi}$의 기준이 얼마였는지 (특히 0.5가 아닌 경우 그 이유를 포함하여) 밝혀야 한다.

$\hat{\pi} > 1/2$은 $\exp\{b_0 + b_1 x_1 + \cdots + b_p x_p\} > 1$ 과 수학적으로 동일하므로 Y의 추

정치 $\hat{Y}$는 기준점을 0.5로 할 때 다음과 같이 얻을 수 있다.

$$\hat{Y} = \begin{cases} 1 & \text{if } \exp\{b_0 + b_1 x_1 + \cdots + b_p x_p\} \geq 1 \\ 0 & \text{if } \exp\{b_0 + b_1 x_1 + \cdots + b_p x_p\} < 1 \end{cases} \tag{13.5}$$

자료에서의 값 Y와 추정된 값 $\hat{Y}$의 표를 만들면

Y	0	1	합
0	n_{00}	n_{01}	$n_{0.}$
1	n_{10}	n_{11}	$n_{1.}$
합	$n_{0.}$	$n_{1.}$	n

로 얻어지며 이 표에서

$$r = \frac{n_{10} + n_{01}}{n}$$

을 오분류율이라고 하고 로지스틱 회귀분석이 잘 적합되었는지 판단하는 근거로 제시되기도 한다.

프로빗 모형: 로지스틱회귀에서는 성공확률 π에 대해서 식 (13.1)와 같은 모형을 가정하였으나 때로 다른 모형을 사용하기도 하며 비교 목적으로 다른 모형의 적합 결과를 설명하는 경우도 있다. 대표적인 것이 프로빗 모형(probit model)인데 이 모형은 Φ를 표준정규분포에서의 누적확률밀도함수라고 할 때[1]

$$\Phi^{-1}(\pi) = \beta_0 + \beta_1 x_1 + \cdots + \beta_p x_p \tag{13.6}$$

를 모형으로 하는 것이다. 이 모형은

$$\pi = \Phi(\beta_0 + \beta_1 x_1 + \cdots + \beta_p x_p) \tag{13.7}$$

로 다시 쓸 수 있다.

참고: 컴퓨터 패키지에서 원래의 자료값을 0과 1로 변환하여 로지스틱 회귀분석을 실행하고 이 변환된 값이 1인 경우를 기준으로 출력을 제시하는 경우가 많으므로 원래의 자료가 0과 1로 코딩이 되지 않은 경우 미

[1] 즉, $Z \sim N(0,1)$일 때 $\Phi(x) = \Pr[Z \leq x]$이다.

리 코딩을 변경하여 0과 1로 바꾸지 않으면 출력의 해석에서 이를 고려하여 해석하여야 한다.

13.1.3 SPSS에서 이분형 로지스틱 분석

SPSS에서 이분형 로지스틱 분석을 하려면 **분석** → **회귀분석** → **이분형 로지스틱** 순서로 메뉴를 선택한다. 이 때 생성되는 대화창은 그림 13.1이며 이 그림에서 '종

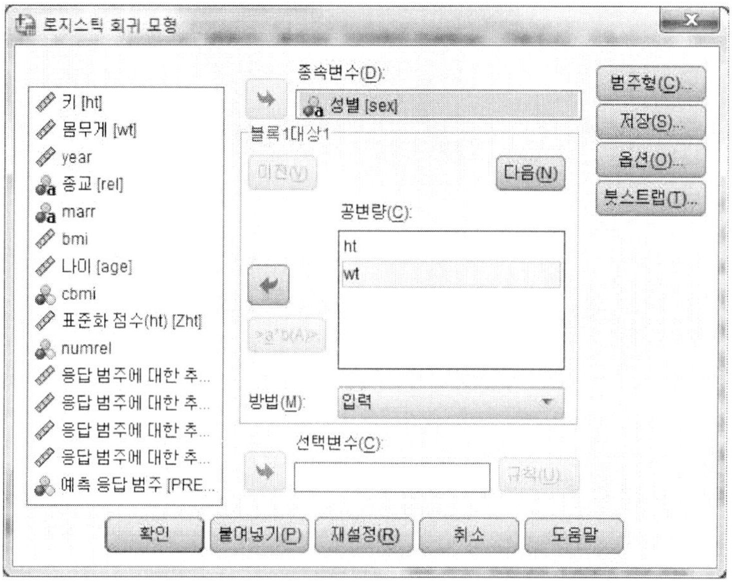

그림 13.1: 로지스틱 회귀분석을 위한 설정

속변수'에는 그룹을 표시하는 변수, '공변량'에는 설명변수를 설정한다. 설명변수가 연속형이 아닌 경우에는 그림 13.1의 [범주형] 버튼을 클릭하여 만들어지는 대화창에서 해당 변수를 '범주형 공변량'에 설정하여야 한다(그림 13.2의 ①). 범주형 공변량에 설정된 변수는 이산형으로 취급하여 각 범주에 대해 가변수(indicator 또는 dummy variable)를 만들어 모형에 포함하게 된다. 이 때 범주의 수가 c 개이면 범주의 값 중 하나를 기준으로 하여 나머지 $c-1$개의 값에 대해 가변수를 생성하게 된다. 이때 기준이 되는 범주는 '참조범주'에 설정한다(그림 13.2의 ②). 기본값은 마지막 범주이다. 이산형 자료에서 가변수를 만드는 방법은 9.1절을 참고하기로 하자.

'방법'에는 두 개이상의 설명변수가 있을 때 앞으로 선택이나 뒤로 부터의 제거

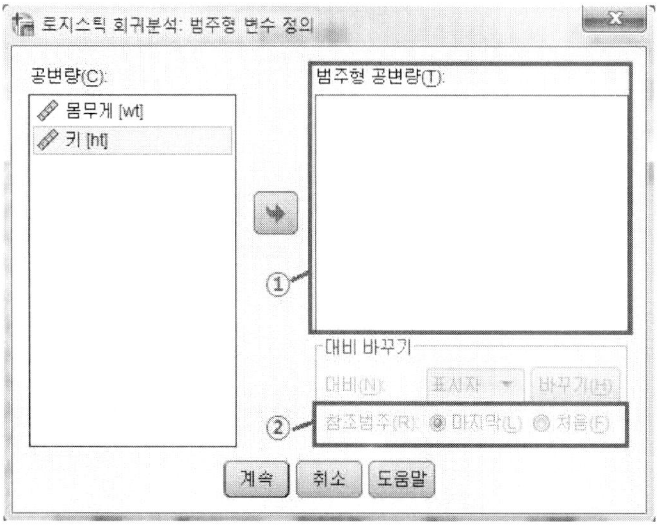

그림 13.2: 로지스틱 회귀분석을 위한 설정–범주형 변수 설정

등을 선택하여 각각 유의한 설명변수부터 추가하거나 모든 설명변수가 포함된 모형에서 유의하지 않은 설명변수를 하나씩 제거하는 방법을 설정한다. 그림의 '입력'은 설정된 설명변수를 한번에 포함하는 방법이다. 이 그림은 부록 A의 키몸무게 자료에서 종속변수 성별(`sex`), 설명변수는 키(`ht`)와 몸무게(`wt`)를 설정한 것이다.

이 그림의 [옵션] 버튼을 클릭하면 추가적인 통계량 계산 및 몇가지 설정이 가능한 대화창이 생성된다.

이때 생성되는 대화창은 그림 13.3이며 이 대화창에서 ①의 분류도표는 자료에서 $\boldsymbol{\beta}$를 추정하여 분류표를 그리며 ②는 $\exp(\beta)$에 대한 신뢰구간을 출력하도록 설정하는 곳이다. 여기에서 신뢰로를 설정할 수 있으며, 기본값은 95%이다. 이 그림에서 '%의 케이스 추출'은 신뢰도의 오타이다.

③은 모형에 β_0를 포함할지 여부를 설정하며 ④의 분류분리점은 종속변수 Y가 그룹 '1'에 속하는 것으로 분류하는 기준이 되는 확률을 얼마로 할지 설정한다. 기본값은 1/2이며, 특별한 경우를 제외하고는 1/2이 사용된다. 이 곳에 설정한 값보다 확률이 크면 '1'로 분류된다.

이 설정의 결과로 그림 13.4의 출력을 얻는다. 그림 13.4의 출력에서 표 ①은 자료의 원래 값과 내부값을 정리한 것으로 종속변수 `sex`의 값이 `M`이면 0, `F`이면 1로 사용한 것임을 알 수 있다.

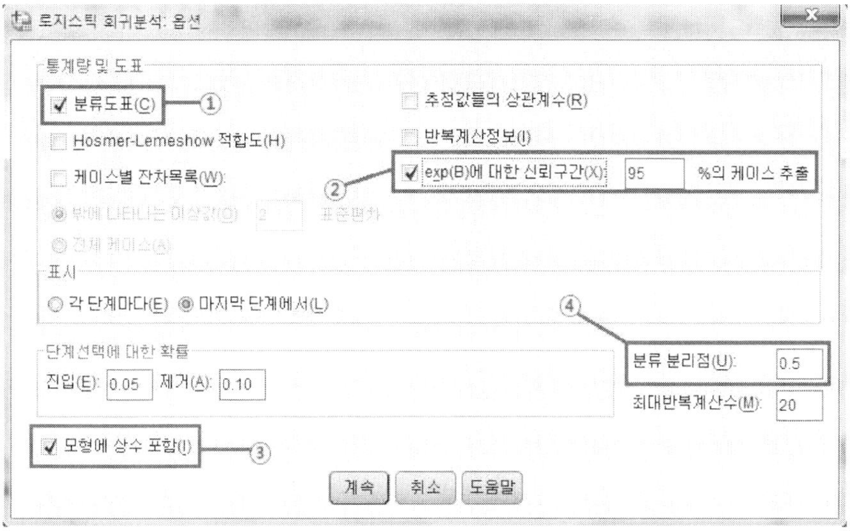

그림 13.3: 로지스틱 회귀분석을 위한 설정 2

표 ②는 설명변수의 선택을 순차적으로 진입 또는 제거할 때 각 단계의 카이제곱 검정 통계량을 보여주는 것으로 현재의 모형이 통계적으로 의미있는지 검정한다. 이 결과 유의확률이 0.000으로 통계적으로 의미가 있다는 것을 알 수 있다.

표 ③에는 $-2\log$ 우도함수 값 및 pseudo R^2이 정리되어 있는데 Cox and Snell의 R^2은

$$R^2_{CS} = 1 - \left\{ \frac{\hat{L}(0)}{\hat{L}(F)} \right\}^{2/n} \tag{13.8}$$

로 계산되며 Nagelkerke의 R^2은

$$R^2_N = \frac{1 - R^2_{CS}}{1 - \hat{L}(0)^{2/n}} \tag{13.9}$$

로 계산한다. 이 값들은 회귀분석에서의 결정계수 R^2과 유사한 역할을 하므로 이 값이 1에 가까운 값이면 좋다.

그림 13.4의 표 ④는 예측값과 관측값의 교차표로서 이 표에 의하면 $(156 + 14)/177 = 96\%$의 정분류율을 보인다.

표 ⑤에는 추정된 계수값과 각 계수에 대한 추정치, $H_0 : \beta_i = 0$ 대 $H_1 : \beta_i \neq 0$에 대한 가설 검정 및 $\exp(\beta_i)$에 대한 95% 신뢰구간 등이 정리되어 있다. 먼저 이

종속변수 코딩 ①

원래 값	내부 값
F	0
M	1

모형 계수 전체 테스트 ②

		카이제곱	자유도	유의확률
1 단계	단계	82.468	2	.000
	블록	82.468	2	.000
	모형	82.468	2	.000

모형 요약 ③

단계	-2 Log 우도	Cox와 Snell의 R-제곱	Nagelkerke R-제곱
1	38.220[a]	.372	.753

a. 모수 추정값이 .001보다 작게 변경되어 계산반복수 8에서 추정을 종료하였습니다.

분류표[a] ④

감시됨			예측: 성별 F	예측: 성별 M	분류정확 %
1 단계	성별	F	156	2	98.7
		M	5	14	73.7
	전체 퍼센트				96.0

a. 절단값은 .500입니다.

방정식에 포함된 변수 ⑤

		B	S.E,	Wals	자유도	유의확률	Exp(B)	EXP(B)에 대한 95% 신뢰구간 하한	EXP(B)에 대한 95% 신뢰구간 상한
1 단계[a]	ht	.356	.121	8.682	1	.003	1.427	1.127	1.809
	wt	.284	.083	11.715	1	.001	1.328	1.129	1.563
	상수항	-77.797	20.798	13.993	1	.000	.000		

그림 13.4: 로지스틱 회귀분석의 출력

표에서 ht와 wt에 대응하는 Wald 검정통계량과 해당 유의확률은 0.003 및 0.001로 둘 다 유의하므로 키와 몸무게 모두 성별을 예측하는데 의미있음을 알 수 있다.

이 표의 계수 추정치에 의하면

$$\Pr[\mathtt{sex} = 1] = \frac{\exp\{-77.797 + 0.356\mathtt{ht} + .284\mathtt{ht}\}}{1 + \exp\{-77.797 + 0.356\mathtt{ht} + .284\mathtt{ht}\}} \tag{13.10}$$

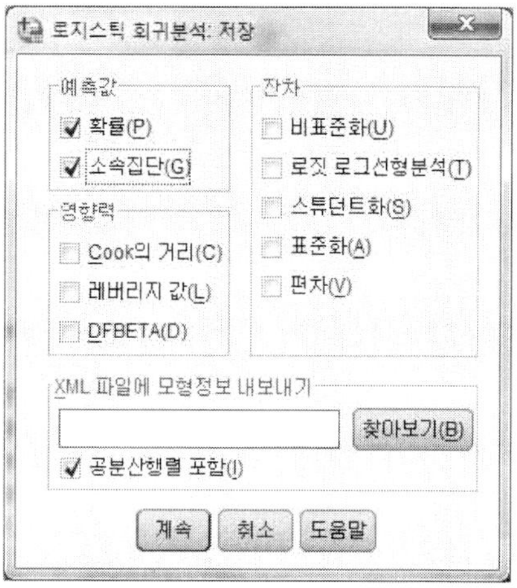

그림 13.5: 로지스틱 회귀분석의 출력변수 지정

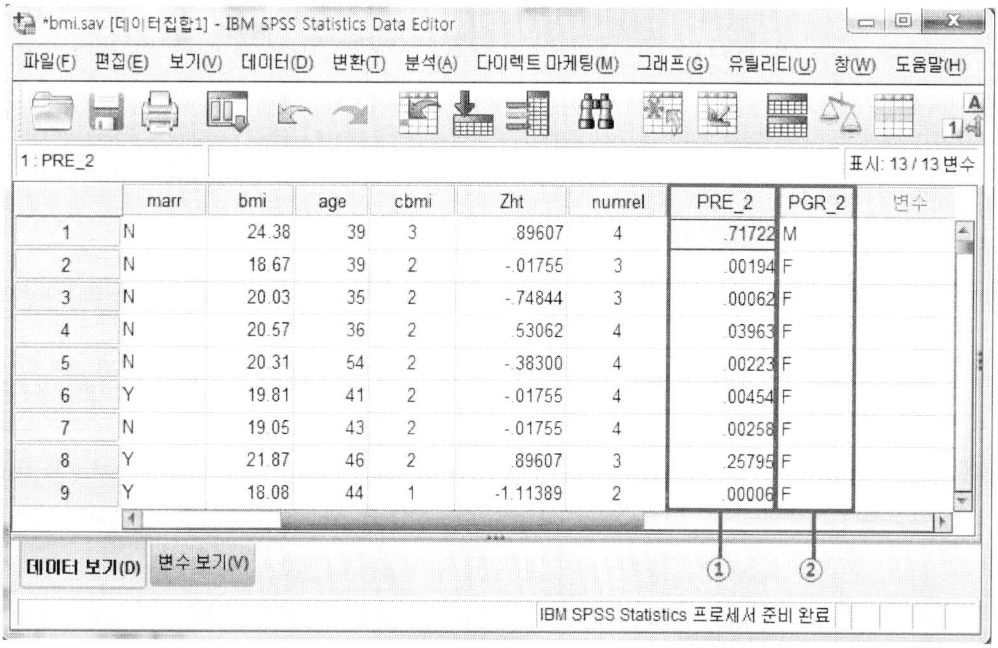

그림 13.6: 로지스틱 회귀분석의 출력변수 지정의 결과

이므로 키 167, 몸무게 68인 첫 번째 케이스의 경우

$$\Pr[\texttt{sex} = 1] = \frac{\exp\{-77.797 + 0.356 \times 167 + .284 \times 68\}}{1 + \exp\{-77.797 + 0.356 + .356 \times 167 + .284 \times 68\}} = 0.72 \tag{13.11}$$

로 이 확률이 0.5보다 크므로 1로 분류된다. 즉, 이 자료의 경우 sex의 값이 M으로 분류된다(실제 자료값은 F).

참고: 식 (13.10), (13.11)나 일반적인 모양인 식 (13.1)에 의해서 얻어진 확률에 따른 분류 기준이 반드시 0.5일 필요는 없다. 만일 은행에서 고객을 무담보 대출이 가능한 고객과 그렇지 않은 고객을 분류할 때 연체할 확률이 0.1만 되어도 이는 굉장히 높은 확률일 수 있다. 일반적으로 사용하는 확률의 기준값은 0.5이지만 경우에 따라서는 0.5가 아닌 값을 사용할 수도 있다.

참고: 로지스틱 회귀분석에서 SPSS 내부 연산과정에서 원래의 자료값을 0과 1로 변환하여 사용하고 내부 변환값이 1일 확률을 계산하므로 원래 자료값과 변환된 자료값을 잘 살펴보아야 한다. 예를 들어 결석이 있는 경우(양성)의 자료값이 1, 없는 경우(음성)의 자료값이 2로 사용한 경우 SPSS 내부연산에서 이를 각각 0과 1로 사용하면 SPSS에서 1일 확률 쪽을 계산하므로 식 (13.10)나 (13.11)로 계산한 확률값이 커질수록 결석이 있을 확률은 작아지게 된다.

이런 경우는 필요하면 원래 변수를 변환하여 사용할 수도 있다. 즉 원래 자료에서 1과 2의 값을 갖는 변수가 V1이면 새 변수를 2–V1로 만들어서 (1=양성, 0=음성) 이 변수를 종속변수로 사용하게 되면 확률의 계산값이 0.5보다 큰 경우에 양성으로 판정하여야 한다.

그림 13.1의 [저장] 버튼을 클릭하면 계산 결과의 일부를 SPSS 데이터에 변수로 포함할 수 있는 대화창이 생성된다. 이 대화창이 그림 13.5이며 이 그림에서 '확률' 및 '소속집단'은 각 케이스가 그룹 '1'에 속할 확률 및 속할 그룹이 변수로 출력된다. 잔차나 영향력(influential data) 검정을 위한 변수들도 출력할 수 있다.

이 대화창의 설정결과 SPSS의 데이터에는 그림 13.6과 같이 추가로 변수가 생성된 것을 알 수 있으며, 이 그림에서 ①의 PRE_2는 각 케이스가 그룹 '1'에 속할 확률을, ②의 PGR_2에는 각 케이스의 분류결과가 저장되어 있음을 볼 수 있다. 첫 번째 케이스의 경우 그룹 1에 속할 확률이 0.71722로 계산되었으며, 이 값이 그림 13.3의 ④에서 설정된 값 0.5보다 크므로 첫 번째 케이스는 그룹 '1'로, 즉 sex의 값이 M으로 분류되었음을 PGR_2에서 확인할 수 있다.

13.2. 순서형 다항 로지스틱 회귀-비례 오즈 모형

종속변수 Y가 가질 수 있는 값이 0 또는 1로 대표되는 두 경우만 있는 경우는 앞에서 다루었다. 여기서는

1. 종속변수 Y가 셋 이상의 값을 가질 수 있고
2. Y가 순서 척도

인 경우에 적용할 수 있는 비례 오즈 모형(proportional odds model)에 에 대해서 알아보기로 하자. 종속변수 Y가 가질 수 있는 값은 1부터 J까지 J개의 범주가 있다고 가정하고 j가 커지면 Y의 어떤 속성이 함께 커지는 순서척도라고 하자. 설명변수 $x = (x_1, x_2, \ldots, x_p)'$가 주어졌을 때 종속변수 Y가 j 번째 범주에 포함될 확률을 $\pi_j(\boldsymbol{x})$라고 표현하고 j 번째 범주까지의 누적확률을

$$p_j = p_j(\boldsymbol{x}) = \pi_1(\boldsymbol{x}) + \pi_2(\boldsymbol{x}) + \cdots + \pi_j(\boldsymbol{x})$$

라고 하면($j = 1, 2, \ldots, J-1$) 비례 오즈 모형은

$$p_j = \Pr[Y \leq j|\boldsymbol{x}] = \frac{\exp\{\alpha_j + \boldsymbol{x}'\boldsymbol{\beta}\}}{1 + \exp\{\alpha_j + \boldsymbol{x}'\boldsymbol{\beta}\}} \tag{13.12}$$

및 $p_J = 1$인 모형을 사용한다. 이 때 $\boldsymbol{\beta} = (\beta_1, \beta_2, \ldots, \beta_p)'$이다. 식 (13.12)을 회귀계수 α_j와 $\boldsymbol{\beta}$에 대해서 다시 써보면

$$\alpha_j + \boldsymbol{x}'\boldsymbol{\beta} = \log\frac{p_j}{1-p_j} = \log\frac{\Pr[Y \leq j|\boldsymbol{x}]}{\Pr[Y > j|\boldsymbol{x}]} \tag{13.13}$$

이다. 즉, j 번째 범주에 속할 확률은 α_j에 의해서만 차이가 표현되며, $\boldsymbol{x}$의 계수인 $\boldsymbol{\beta}$는 모든 범주에 대해서 동일하다.[2]

비례 오즈 모형은 순서척도인 종속변수에 사용되므로 때로 ordinal logistic regression model이라고 한다.

13.2.1 특정 범주의 확률

비례 오즈 모형에서는 j 번째 범주보다 같거나 작을 확률 $\Pr[Y \leq j]$를 계산하므로 j

[2] 이런 이유로 비례(proportional)이라는 용어를 사용함.

번째 범주에 속할 확률 π_j는 $(j = 2, 3, \ldots, J)$

$$\pi_j = p_j - p_{j-1} \tag{13.14}$$

및 $\pi_1 = p_1$로 얻는다.

13.2.2 SPSS에서 비례 오즈 모형

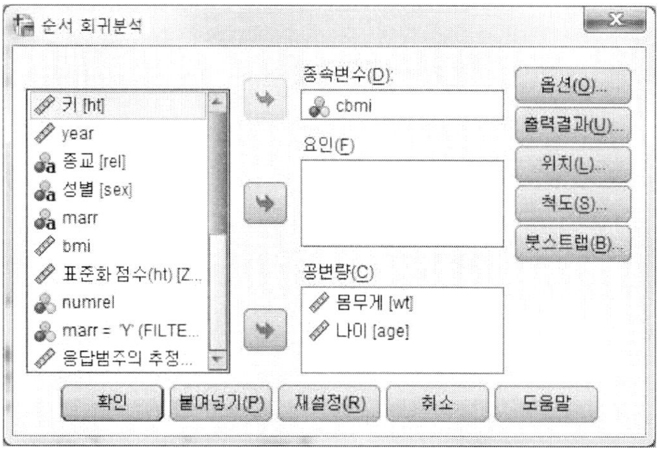

그림 13.7: 순서형 다항 로지스틱 회귀분석 설정

모수 추정값

		B 추정값	표준 오차	Wald	자유도	PAR 유의확률	95% 신뢰구간 하한	95% 신뢰구간 상한
한계치	[cbmi = 1]	19.046	2.707	49.507	1	.000	13.741	24.351
	[cbmi = 2]	25.614	3.235	62.692	1	.000	19.273	31.954
	[cbmi = 3]	31.010	4.036	59.034	1	.000	23.099	38.920
위치	wt	.384	.050	59.170	1	.000	.286	.482
	age	.034	.034	.995	1	.319	-.033	.100

링크 함수: 로짓.

그림 13.8: 순서형 다항 로지스틱 회귀분석 출력 1

순서형 로지스틱을 SPSS에서 하려면 **분석** → **회귀분석** → **순서** 로 메뉴를 선택한다. 이렇게 메뉴를 선택하면 그림 13.7와 같은 대화창이 생성된다. 이 대화창

모형 적합도 정보

모형	-2 log 우도	MFI 카이제곱	자유도	MFI 유의확률
절편 만	225.880			
최종	89.879	136.001	1	.000

링크 함수: 로짓.

①

적합도

	GOF 카이제곱	자유도	GOF 유의확률
Pearson	361.211	98	.000
편차	57.810	98	1.000

링크 함수: 로짓.

②

Pseudo R-제곱

Cox와 Snell	.536
Nagelkerke	.650
McFadden	.441

링크 함수: 로짓.

③

④ ⑤ ⑥

모수 추정값

		B 추정값	표준 오차	Wald	자유도	PAR 유의확률	95% 신뢰구간	
							하한	상한
한계치	[cbmi = 1]	17.984	2.428	54.880	1	.000	13.226	22.743
	[cbmi = 2]	24.519	2.967	68.280	1	.000	18.703	30.335
	[cbmi = 3]	29.735	3.729	63.570	1	.000	22.425	37.044
위치	wt	.390	.050	61.428	1	.000	.292	.487

링크 함수: 로짓.

그림 13.9: 순서형 다항 로지스틱 회귀분석 출력 2

에서 '종속변수'에는 순서형 종속변수의 이름을 '요인'에는 이산형 독립변수 이름을, '공변량'에는 연속형 독립변수들을 설정한다. 그림 13.7는 부록 A의 키 몸무게 자료에서 BMI의 값을

BMI	cbmi
–18.5	1
18.5–23	2
23–25	3
25–30	4
30–	5

로 코딩변환한 변수 `cbmi`를 종속변수로, 몸무게 `wt`와 나이 `age`(2012–출생연도)를

연속형 설명변수로 설정한 그림이다. 단 BMI는 키를 m 단위로 환산한 후 몸무게를 키의 제곱으로 나눈 값이다. 이 자료에서 cbmi가 5인 경우는 없음을 참고하자.

이 설정의 출력은 그림 13.8이며 얻어진 α_j와 $\boldsymbol{\beta}$에 해당하는 유의확률을 보면 age에 대한 유의확률이 0.319로 age는 cbmi를 설명하는데 유의하지 않다는 것을 알 수 있다.(여기서 유의확률은 $H_0 : \beta_i = 0$ 대 $H_1 : \beta_i \neq 0$의 검정, 즉 양측검증에 대한 유의확률임. α_j도 마찬가지.)

따라서 age를 제외하고 다시 분석하면 그림 13.9과 같은 결과를 얻는다. 이 결과에서 얻어진 $-2\log L$의 차가 136.001로(그림의 ①) 자유도 1인 근사 카이제곱분포에서 유의확률 0.000으로 유의하므로 전체 모형은 타당하다고 볼 수 있으며 추정된 계수값은 ④에 주어져 있으며 모든 계수에 대한 유의확률이 .000으로(⑤) 사용된 설명변수들이 유의하다. 따라서 이 결과에서 얻은 α_j와 $\boldsymbol{\beta}$의 추정치에 의하면

$$
\begin{aligned}
\Pr[Y \leq 1|\boldsymbol{x}] &= \frac{\exp\{17.984 - 0.390\texttt{wt}\}}{1 + \exp\{17.984 - 0.390\texttt{wt}\}} \\
\Pr[Y \leq 2|\boldsymbol{x}] &= \frac{\exp\{24.519 - 0.390\texttt{wt}\}}{1 + \exp\{24.519 - 0.390\texttt{wt}\}} \\
\Pr[Y \leq 3|\boldsymbol{x}] &= \frac{\exp\{29.739 - 0.390\texttt{wt}\}}{1 + \exp\{29.739 - 0.390\texttt{wt}\}}
\end{aligned}
$$

로 얻어짐을 알 수 있다.[3] (당연히 $\Pr[Y \leq 4|\boldsymbol{x}] = 1$) 따라서 첫 번째 케이스의 경우 wt가 68이므로 각 확률을 계산해보면

$$
\begin{aligned}
p_1 = \Pr[Y \leq 1|\texttt{wt}] &= \frac{\exp\{17.984 - 0.390 \times 68\}}{1 + \exp\{17.984 - 0.390 \times 68\}} = 0.000 \\
p_2 = \Pr[Y \leq 2|\texttt{wt}] &= \frac{\exp\{24.519 - 0.390 \times 68\}}{1 + \exp\{24.519 - 0.390 \times 68\}} = 0.119 \\
p_3 = \Pr[Y \leq 3|\texttt{wt}] &= \frac{\exp\{29.735 - 0.390 \times 68\}}{1 + \exp\{29.735 - 0.390 \times 68\}} = 0.961
\end{aligned}
\tag{13.15}
$$

[3] SPSS에서는 식 (13.12)의 $\boldsymbol{\beta}$의 부호와 반대되는 부호의 값이 계산됨.

로 얻어지므로

$$
\begin{aligned}
\hat{\pi}_1 &= \Pr[Y = 1|\texttt{wt} = 68] = 0.000, \\
\hat{\pi}_2 &= \Pr[Y = 2|\texttt{wt} = 68] = p_2 - p_1 = 0.119, \\
\hat{\pi}_3 &= \Pr[Y = 3|\texttt{wt} = 68] = p_3 - p_2 = 0.842, \\
\hat{\pi}_4 &= \Pr[Y = 4|\texttt{wt} = 68] = p_4 - p_3 = 1 - 0.961 = 0.039
\end{aligned}
$$

로 얻어진다. 따라서 첫 번째 케이스의 경우 `cbmi`가 3일 확률이 가장 높으므로 3으로 분류한다. 이 결과는 그림 13.12의 출력결과와 일치함을 볼 수 있다.

그림 13.9의 ②에 적합도는 현재의 자료가 얼마나 잘 적합되었는지 판별하는 기준으로 사용될 수 있는 통계량이다. 설명변수의 값에 따라 각 범주에 들어갈 기대도수(E)와 관측도수 O의 차이(Pearson)나 비(Deviance, 출력에서는 '편차')에 기초한 통계량으로 Pearson 적합도 검정은

$$\chi^2 = \sum_{all\ cells} \frac{(O-E)^2}{E} \tag{13.16}$$

으로 계산하며 deviance는

$$D = 2 \sum_{all\ cells} O \log\left(\frac{O}{E}\right) \tag{13.17}$$

로 계산한다. 여기서 log는 자연로그 함수이다. 이 둘은 근사적으로 χ^2 분포를 따르며 잘 적합된 경우 이 값들이 작아야 한다. 즉, 대개의 경우와 달리 이 경우 귀무가설을 기각하지 못하는, 즉 유의확률값이 클수록 모형이 잘 적합되었다고 판단할 수 있다. 다만 이 검정통계량은 모형에서 연속인 설명변수를 사용할 때는 범주의 수가 너무 많이 생성되므로 이 검정통계량을 사용하기가 어려울 수도 있다. 이런 경우 SPSS에서는

경고

86 (63.2%) 셀(즉, 예측자 변수값 조합 옆 종속변수 수준)은 빈도수가 0입니다.

과 같은 경고 메세지가 출력된다.

그림 13.9의 'Pseudo R-제곱'은 회귀분석에서 사용되는 결정계수와 같은 개념으로 전체 변동 중에서 모형에 의해 설명되는 변동의 비를 얻은 것이다. 이 값은 1에 가까울수록 모형의 설명력이 높다. 이 세 가지 검정통계량은 모두 우도함수값

에 기초한 값으로 Cox and Snell의 R^2은 식 (13.8)을, Nagelkerke의 유사 R^2은 식 (13.9)를 참고하기로 하며 McFadden의 R^2은

$$R_M^2 = 1 - \left\{ \frac{\log \hat{L}(F)}{\log \hat{L}(0)} \right\} \tag{13.18}$$

로 계산된다. 여기에서 n은 자료의 수, $\hat{L}(0)$는 설명변수를 포함하지 않은 경우의 우도함수 추정치, $\hat{L}(F)$는 모든 설명변수를 포함한 경우의 우도함수 추정치이며 log는 자연로그이다.

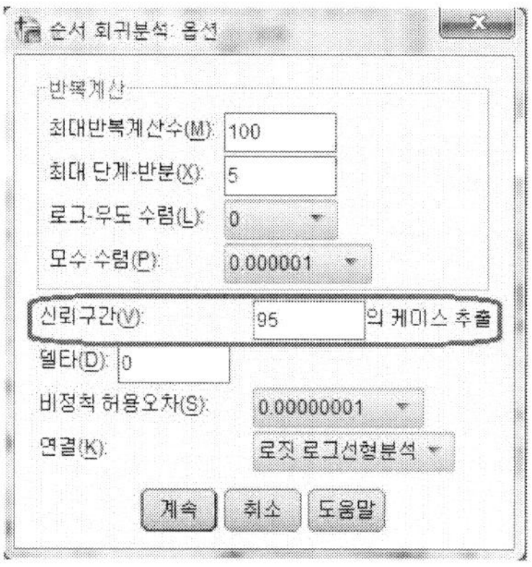

그림 13.10: 순서형 다항 로지스틱 회귀분석 설정–신뢰도 지정

그림 13.9의 ⑥에 주어진 값은 각 계수의 95% 신뢰구간의 신뢰하한과 신뢰상한이며 신뢰도를 95%가 아닌 다른 값으로 바꾸고자 할 때는 그림 13.7의 [옵션] 버튼을 클릭하여 생성된 대화창인 그림 13.10에서 다른 값으로 설정하면 된다. SPSS 버전 17–19에서는 '케이스 추출'로 되어 있는데 이는 '신뢰도'의 오번역 내지 오타이다.

그림 13.7의 [출력결과] 버튼을 클릭하여 만들어진 그림 13.11의 대화창은 SPSS의 출력을 선택할 수 있다. 이 그림에서 '저장된 변수'(저장할 변수라는 표현이 더 적절함)를 체크하면 각 범주에 속할 확률(그림 13.11의 ①), 예측된 범주(그림 13.11의 ②) 등을 SPSS의 원데이터에 추가하여 변수를 만들어 준다.

그림 13.12는 그림 13.11의 설정으로 만들어진 새 변수를 포함한 SPSS 데이터 창이다. 이 그림에서 ①은(PRE_1) 첫 번째 자료가 3번 범주에 속하는 것으로 분류되었음을 말하며 ②, ③, ④ 및 ⑤의 ETS1_1, ETS1_2, ETS1_3 및 ETS1_4는 첫 번째

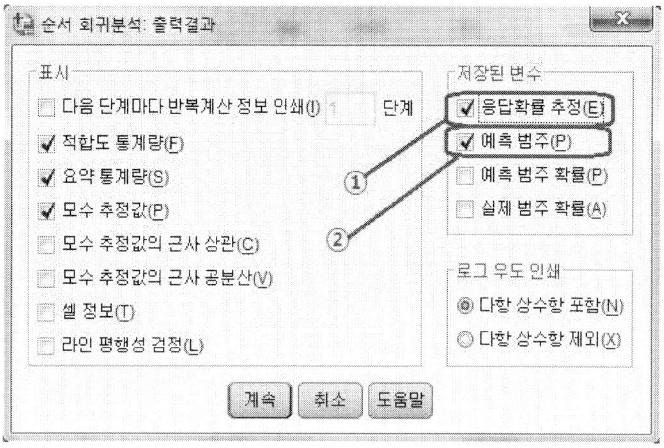

그림 13.11: 순서형 다항 로지스틱 회귀분석 설정–출력변수 지정

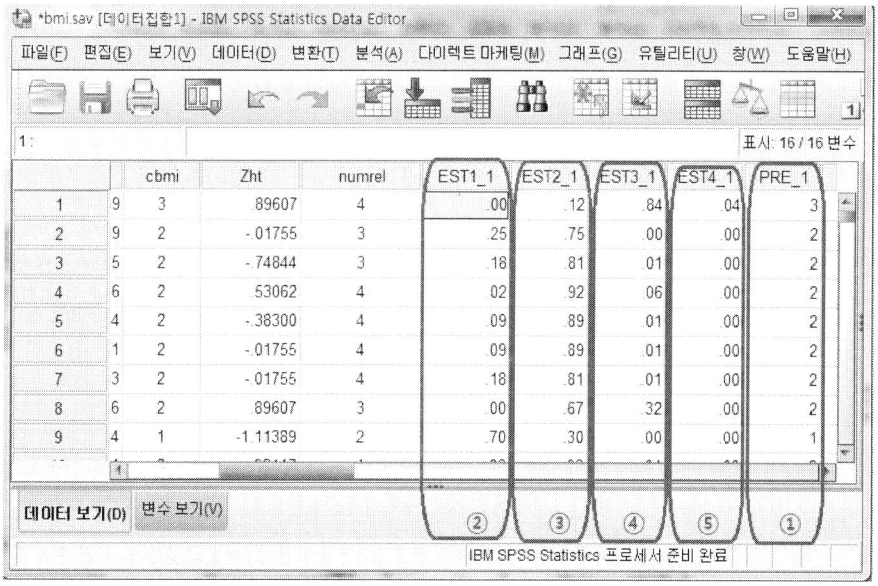

그림 13.12: 순서형 다항 로지스틱 회귀분석 계산된 변수저장

케이스의 cbmi값이 각각 1, 2, 3 및 4일 확률이다. 이 확률이 3에서 가장 높으므로 첫 번째 케이스의 cbmi값이 3으로 예측된다. 이 결과에서 첫 번째 케이스의 경우는 앞에서 계산해 본 각 범주에 속할 확률과 범주의 분류와 일치함을 알 수 있다.

cbmi * 예측된 응답범주 교차표

빈도

		예측된 응답범주				전체
		1	2	3	4	
cbmi	1	19	13	0	0	32
	2	4	117	2	0	123
	3	0	7	11	1	19
	4	0	1	1	1	3
전체		23	138	14	2	177

그림 13.13: 순서형 다항 로지스틱 회귀분석 예측범주와 실제범주

예측값이 새로운 변수로 만들어졌으므로 예측값과 실제값의 교차표를 만들어보면 그림 13.13이 얻어진다. 이 표에서 오분류율과 정분류율은 각각 대각선 밖의 도수와 대각선 위의 도수를 전체 도수로 나눈 $(13+4+2+7+1+1+1)/177 = 0.1638$ 및 $(19+117+11+1)/177 = 0.8362$로 얻어진다.

13.3. 명목형 다항 로지스틱 회귀-multinomial 모형

종속변수 Y가 순서척도인 경우의 로지스틱 회귀는 13.2절에서 살펴 보았다. 여기서는 종속변수 Y가 순서척도가 아닌 경우, 즉 Y가 명목 척도인 경우의 로지스틱 회귀분석에 대해서 알아보자. 종속변수 Y가 가질 수 있는 값은 1부터 J까지 J개의 범주가 있다고 가정한다.

설명변수의 값이 $\boldsymbol{x}$이고 계수가 $\boldsymbol{\beta} = (\beta_0, \beta_1, \ldots, \beta_p)'$일 때 종속변수 Y가 j 번째 범주에 포함될 확률을$(j = 1, 2, \ldots, J)$

$$\pi_j(\boldsymbol{x}) = \Pr[Y = j|\boldsymbol{x}] = \begin{cases} \dfrac{1}{1 + \sum_{j=2}^{J} \exp\{\boldsymbol{x}'\boldsymbol{\beta}_j\}} & j = 1 \\ \\ \dfrac{\exp\{\boldsymbol{x}'\boldsymbol{\beta}_j\}}{1 + \sum_{j=2}^{J} \exp\{\boldsymbol{x}'\boldsymbol{\beta}_j\}} & j = 2, 3, \ldots, J \end{cases} \tag{13.19}$$

으로 모형을 세운다. 따라서 이 모형은 j 번째 범주에 포함될 확률의 변화가 기울기$(\boldsymbol{\beta}_j)$에 표현되므로 앞에서 본 비례 오즈 모형에서 절편만 바뀌는 모형과 차이가

있다. 식 (13.19)은 첫 번째 범주를 기준으로

$$\frac{\pi_j(\boldsymbol{x})}{\pi_1(\boldsymbol{x})} = \frac{\Pr[Y = j|\boldsymbol{x}]}{\Pr[Y = 1|\boldsymbol{x}]} = \exp\{\boldsymbol{x}'\boldsymbol{\beta}_j\}, \quad j = 2, 3, \ldots, J \tag{13.20}$$

로써 첫 번째 범주에 속할 확률에 대한 j 번째 범주에 속할 확률의 비가 $\exp\{\boldsymbol{x}'\boldsymbol{\beta}_j\}$임을 알 수 있다. 문헌에 따라서는 마지막 범주 J 번째에 속할 확률을 기준 모형을 정의하기도 하는데 마지막 범주를 기준으로 위의 식을 작성해보면

$$\frac{\pi_j(\boldsymbol{x})}{\pi_J(\boldsymbol{x})} = \frac{\Pr[Y = j|\boldsymbol{x}]}{\Pr[Y = J|\boldsymbol{x}]} = \exp\{\boldsymbol{x}'\boldsymbol{\beta}_j\}, \quad j = 1, 2, \ldots, (J-1) \tag{13.21}$$

이 되며 이 경우 모형 (13.19)은

$$\pi_j(\boldsymbol{x}) = \Pr[Y = j|\boldsymbol{x}] = \begin{cases} \dfrac{1}{1 + \sum_{j=1}^{J-1} \exp\{\boldsymbol{x}'\boldsymbol{\beta}_j\}} & j = J \\[2ex] \dfrac{\exp\{\boldsymbol{x}'\boldsymbol{\beta}_j\}}{1 + \sum_{j=1}^{J-1} \exp\{\boldsymbol{x}'\boldsymbol{\beta}_j\}} & j = 1, 2, 3, \ldots, (J-1) \end{cases} \tag{13.22}$$

이 된다.

이 모형의 경우 J개의 범주와 p개의 설명변수가 있을 때 $(J-1)(p+1)$개의 계수를 추정하여야 하므로 자료의 수가 충분하지 않으면 추정치의 분산의 자유도가 충분하지 않을 수 있다.

13.3.1 모수의 추정

모수의 추정은 대개의 경우 최우추정법(maximum likelihood estimation)을 사용하며 마지막 범주가 기준일 경우에 이 최우추정법은

$$\begin{aligned} L &= \prod_{i=1}^{n} \pi_1^{I[Y_i=1]} \pi_2^{I[Y_i=2]} \cdots \pi_J^{I[Y_i=J]} \\ &= \prod_{i=1}^{n} \left(\frac{e^{\boldsymbol{x}'\boldsymbol{\beta}_1}}{1 + \sum_{j=1}^{J-1} e^{\boldsymbol{x}'\boldsymbol{\beta}_j}} \right)^{I[Y_i=1]} \times \left(\frac{e^{\boldsymbol{x}'\boldsymbol{\beta}_2}}{1 + \sum_{j=1}^{J-1} e^{\boldsymbol{x}'\boldsymbol{\beta}_j}} \right)^{I[Y_i=2]} \times \cdots \\ &\quad \times \left(\frac{1}{1 + \sum_{j=1}^{J-1} e^{\boldsymbol{x}'\boldsymbol{\beta}_j}} \right)^{I[Y_i=J]} \end{aligned} \tag{13.23}$$

를 최대로 하는 $\boldsymbol{\beta}$를 얻는다. 여기서 $I[Y_i = j]$는 Y_i가 j이면 1, 그외의 경우는 0이 되는 함수이다.

13.3.2 모형의 적합도 및 추론

사용한 설명변수가 Y를 설명하기에 적절한지는 주로 -2배의 우도함수의 자연로그 값인 $-2\log(L)$을 사용하며 이 값은 모든 $\boldsymbol{\beta}_j$가 $\mathbf{0}$라는 귀무가설하에서 근사적으로 카이제곱분포를 따르므로 $-2\log(L)$ 값이 충분히 크면 귀무가설을 기각하게 된다.

각각의 설명변수가 종속변수를 설명하는데 충분한지는 해당 설명변수를 제외한 모형과 해당 설명변수를 포함한 모형에서의 $-2\log(L)$의 차이에 의하여 검정하는데, 이 차이는 해당 설명변수가 Y를 설명하는데 도움이 되지 않는다는 귀무가설 하에서 근사적으로 자유도가 1인 카이제곱분포를 따르므로 이 차이가 크면 해당 설명변수는 모형에 포함시키며 그렇지 않을 경우 해당 설명변수를 모형에서 제외한다.

13.3.3 추정된 계수에 따른 분류

편의상 첫 번째 범주를 기준 범주로 한 $\boldsymbol{\beta}_j$의 추정치를 $\boldsymbol{b}_j$라고 하자($j = 2, 3, \ldots, J$). 설명변수 $\boldsymbol{x}$가 주어졌을 때 추정된 $\boldsymbol{b}_j$를 사용하여 다음의 확률비

$$\frac{\Pr[Y = j|\boldsymbol{x}]}{\Pr[Y = 1|\boldsymbol{x}]} = \exp\{\boldsymbol{x}'\boldsymbol{b}_j\}, \quad j = 2, 3, \ldots, J \tag{13.24}$$

는 첫 번째 범주에 대한 j 번째 범주의 확률의 비의 추정값이므로 이 값이 모든 j에 대해서 1보다 작으면 첫 번째 범주에 속할 확률이 가장 높으므로 $\boldsymbol{x}$일 때 Y의 값은 첫 번째 범주로 추정한다.

마찬가지로 식 (13.24)의 값이 가장 큰 값이 $j = j'$이라면 설명변수의 값이 $\boldsymbol{x}$인 Y의 추정값은 j' 번째 범주가 된다.

13.3.4 SPSS에서 명목형 다항 로지스틱 회귀분석

SPSS에서의 명목형 다항 로지스틱 회귀는 **분석** → **회귀분석** → **다항 로지스틱** 순서로 메뉴를 선택하면 된다. 그림 13.14은 이 메뉴의 대화창이며 이 대화창에 연속인 설명변수는 '공변량'에 이산인 설명변수는 '요인'에 지정하고, 종속변수는 '종속변수'에 지정한다. 그림 13.14은 종속변수 `cbmi`, 설명변수 `wt`로 설정한 결과이다. 다항 로지스틱의 경우 기준이 되는 범주가 있어야 하므로 기준범주를 설정할 수 있

그림 13.14: 명목형 다항 로지스틱 회귀분석 설정

는데, 이 그림의 참조범주 버튼을 클릭하여 얻어지는 오른쪽의 대화창에서 설정할 수 있다. 이 설정의 기본값은 '마지막 범주'이다. 참고로 age도 넣을 수 있으나 유의수준 5%에서 유의하지 않아서 제외하였다. 그림 13.14에서 통계량 버튼을 클릭하면 그림 13.15의 대화창에서 각 칸의 확률, 분류표(그림 13.17) 및 적합도 검정(그림 13.16) 등을 추가로 얻을 수 있다.

그림 13.16의 $-2\log$ 우도함수차이는 139.029이며(표 ①), 자유도 3인 근사 카이제곱분포에 기초한 유의확률이 0.000으로 몸무게에 따른 cbmi의 분류는 통계적으로 유의하다. 네 번째 표의 우도비 검정(표 ④)은 절편과 기울기에 대한 검정으로 모두 통계적으로 유의미한 차이가 있다.(P=0.000)

이 그림의 적합도 검정(표 ③) 및 pseudo R^2은(표 ④) 13.1절의 식 (13.8), 식 (13.9) 및 13.2절의 식 (13.16) - 식 (13.18)과 관련 설명을 참고하기로 한다.

그림 13.17의 첫 번째 표는 계수의 추정치, 검정 및 신뢰구간이 계산되었음을 볼 수 있다. 이 결과에 의하면 cbmi가 4인 경우를 기준으로 wt로 cbmi 값이 1과 2인 경우는 차이가 있으나 3인 경우는 통계적으로 의미있는 차이는 발견할 수 없음을 알 수 있다. (절편과 기울기의 유의 확률이 각각 0.182 및 0.274) cbmi가 3일 때와 4일

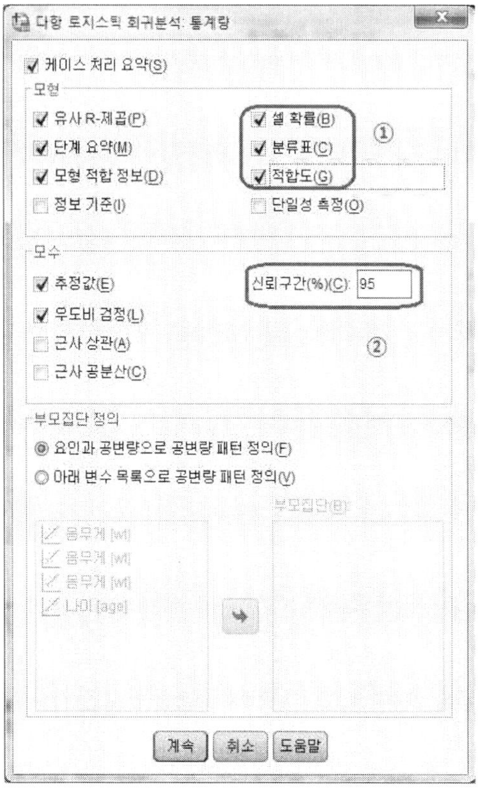

그림 13.15: 명목형 다항 로지스틱 회귀분석 설정-통계량 지정

때의 `cbmi`의 값을 3으로 코딩변경(B.3.2절 참고)을 시행한 다항 로지스틱 회귀분석을 하는 것은 과제로 남기기로 한다.

이 출력에는 $\exp(\beta)$의 값과 이 값의 95% 신뢰구간의 신뢰상한 및 신뢰하한이 주어져 있다. 95%가 아닌 다른 값의 신뢰도를 사용하려면 그림 13.14의 ②에서 신뢰도를 변경할 수 있다.

첫 번째 케이스의 경우 몸무게 `wt`값이 68이므로 각각의 계수값에 의하면

$$\begin{aligned} & \sum_{j=1}^{J-1} \exp \boldsymbol{x}'\boldsymbol{b} \\ = \;& \exp(55.046 - .953 \times 68) + \exp(34.770 - .517 \times 68) + \exp(8.977 - .105 \times 68) \\ = \;& 6.957505 \end{aligned} \tag{13.25}$$

모형 적합 정보

모형	모델 맞춤 기준	우도비 검정		
	-2 로그 우도	카이 제곱	자유도	유의확률
절편 만	225.880			
최종모형	86.851	139.029	3	.000

①

적합도

	카이 제곱	자유도	유의확률
Pearson	162.661	96	.000
편차	54.781	96	1.000

②

Pseudo R-제곱

Cox 및 Snell	.544
Nagelkerke	.660
McFadden	.451

③

④

우도비 검정

효과	모델 맞춤 기준	우도비 검정		
	축소모형의 -2 Log 우도	카이 제곱	자유도	유의확률
절편	237.742	150.892	3	.000
wt	225.880	139.029	3	.000

카이제곱 통계량은 최종모형과 축소모형 사이의 -2 Log 우도 차입니다. 축소모형은 최종모형에서 효과 하나를 생략하여 만든 모형입니다. 영가설은 효과의 모든 모수가 0입니다.

그림 13.16: 명목형 다항 로지스틱 회귀분석 출력 1

이므로

$$\begin{aligned}
\hat{\pi}_1 &= \Pr[Y=1|\texttt{wt}=68] = \frac{\exp(55.046 - .953 \times 68)}{1+6.957505} = 0.000 \\
\hat{\pi}_2 &= \Pr[Y=2|\texttt{wt}=68] = \frac{\exp(34.770 - .517 \times 68)}{1+6.957505} = 0.085 \\
\hat{\pi}_3 &= \Pr[Y=3|\texttt{wt}=68] = \frac{\exp(8.977 - .105 \times 68)}{1+6.957505} = 0.789 \\
\hat{\pi}_4 &= \Pr[Y=4|\texttt{wt}=68] = \frac{1}{1+6.957505} = 0.126 \qquad (13.26)
\end{aligned}$$

로 얻어지며 $\Pr[Y=3]$이 가장 크므로 첫 번째 케이스의 `cbmi`는 3으로 예측한다.

모수 추정값

cbmi[a]		B	표준오차	Wald	자유도	유의확률	Exp(B)	Exp(B)에 대한 95% 신뢰구간 하한값	상한값
1	절편	55.046	9.265	35.302	1	.000			
	wt	-.953	.152	39.457	1	.000	.385	.286	.519
2	절편	34.770	8.395	17.154	1	.000			
	wt	-.517	.129	16.138	1	.000	.597	.464	.768
3	절편	8.977	6.722	1.783	1	.182			
	wt	-.105	.096	1.195	1	.274	.901	.747	1.086

a. 참조 범주는\ 4입니다. 4.

분류

감시됨	예측 1	2	3	4	정확도(%)
1	19	13	0	0	59.4%
2	4	117	2	0	95.1%
3	0	7	12	0	63.2%
4	0	1	2	0	.0%
전체 퍼센트	13.0%	78.0%	9.0%	.0%	83.6%

그림 13.17: 명목형 다항 로지스틱 회귀분석 출력 2

그림 13.17의 두 번째 표는 자료에서의 cbmi 값과 모형에서 예측된 cbmi 값에 대한 교차표가 주어져 있으며 이 표에 의하면 정분류율이 83.6%임을 알 수 있다. 이 표는 그림 13.19에서 만들어진 cbmi의 예측변수와 cbmi의 원래 변수의 교차표로도 만들 수 있다.

그림 13.14의 [저장] 버튼을 클릭하면 만들어지는 대화창인 그림 13.18에서 각 범주에 속할 확률이나 어느 범주로 분류되는지 등에 대한 결과를 SPSS 데이터에 변수로 저장할 수 있다. 이 그림의 경우 각 범주에 속할 확률 및 예측 범주를 새 변수로 저장하도록 설정하였으며 그 결과는 그림 13.19이다. 이 그림의 EST1_1, EST2_1, EST3_1 및 EST4_1은 각 케이스가 cbmi의 값이 각각 1,2,3 및 4일 확률을 계산한 것이 PRE_1은 각 케이스의 cbmi이 얼마일지 예측한 것이다. 당연히 EST 값이 가장 높은 cbmi 값으로 예측된다. 즉, 첫 번째 케이스의 경우 EST3_1이 가장 큰 확률인 0.79이므로 첫 번째 케이스의 cbmi는 3으로 예측한다. 이 결과는 식 (13.26)과 같음을 확인할 수 있다.

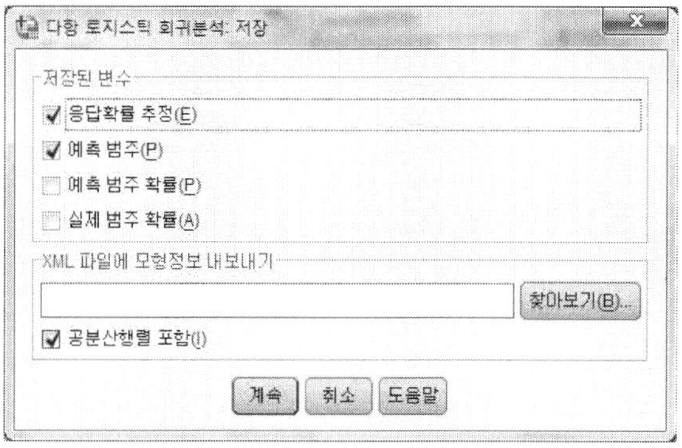

그림 13.18: 명목형 다항 로지스틱 회귀분석 변수 출력 설정

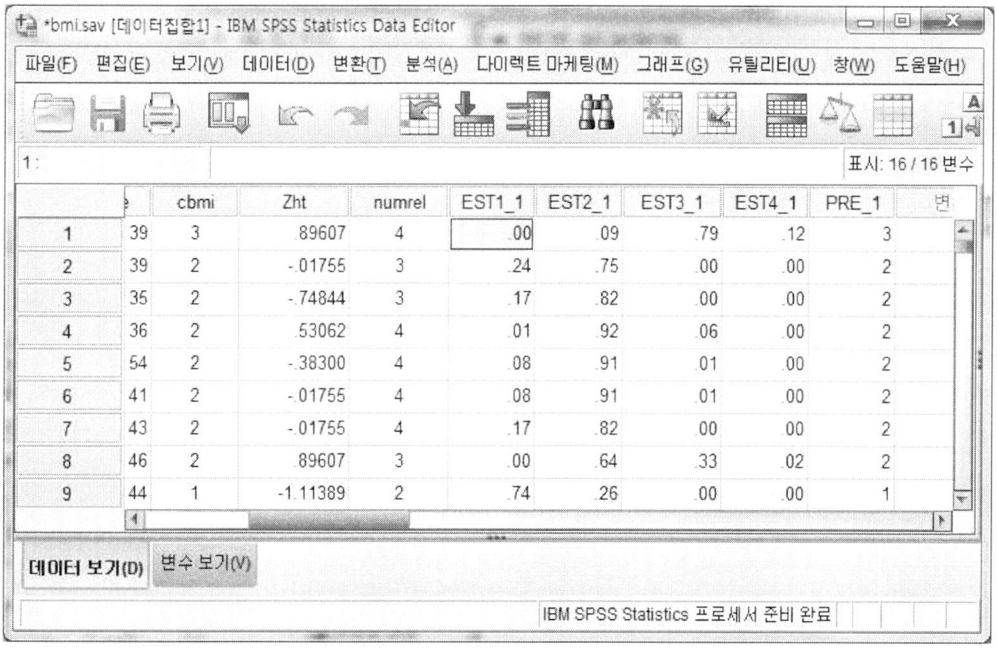

그림 13.19: 명목형 다항 로지스틱 회귀분석 변수 출력 결과

연습문제

13.1 부록 A의 키 몸무게자료에서 성별을 종속변수로, 키, 몸무게 및 결혼여부를 독립변수로 하는 로지스틱 모형을 구하여라.

(a) 기혼일 때와 미혼일 때 키와 몸무게에 따른 남자 및 여자일 확률은 어떻게 얻어지는가?

(b) 키 160, 몸무게 50, 미혼인 사람은 남자일 가능성이 높은가? 여자일 가능성이 높은가?

(c) 성별의 예측값과 관측값의 교차표를 얻고, 정분류율을 구하여라.

(d) 유의하지 않은 설명변수가 있다면 '뒤로부터 제거' 방법을 사용하여 제거하여라.

13.2 부록 A의 자료와 본문에서 계산한 `cbmi`를 사용하여

(a) `cbmi`의 값이 3 또는 4일 때 이 값을 3으로 갖는 새 변수를 만들어라.

(b) 새로 만든 변수를 종속변수로, 몸무게를 독립변수로 갖는 명목형 다항 로지스틱 회귀분석을 하여 회귀계수를 추정하여라.

제 14 장

고급 자료분석 방법

이 장에서는 앞에서 다룬 통계학적인 자료분석 방법보다 조금 더 높은 수준의 통계학적인 이론이 필요한 자료분석 방법에 대해서 다루기로 한다. 이 장에서 다룰 내용은 다변량 분산분석, 판별분석, 주성분분석, 요인분석 등인데 이러한 분석 방법에 사용하는 통계학적인 이론은 행렬과 행렬의 분해, 고유값, 고유벡터, 또는 고급 추정이론이 사용되기 때문에 이론적인 부분은 다루지 않거나 아주 간단히 언급하고 통계 패키지 위주로 패키지의 출력이 무엇을 의미하는지와 그에 대한 해석 위주로 다루기로 한다. 이론적인 전개에 대해 자세한 것은 Mardia, Kent and Bibby(1989), Anderson(1974) 또는 Johnson and Wichern(1998) 등을 참고하기로 한다.

14.1. 판별분석

판별분석(discriminant analysis)이란 둘 이상의 서로 다른 집단에서 추출된 자료들의 집합에서 이들 자료가 어떤 집단에서 나온 자료인지를 판별해주는 기준을 찾는 통계적 분석방법이다. 각각의 자료가 어떤 집단에서의 자료인지 판별하는 기준은 자료에 기초한 분류 결과 오분류(오판별)율을 작게하거나 오분류되었을 경우의 비용을 작게하는 방법 등을 사용하며 이렇게 얻어진 판별분석의 결과는 판별함수(discrminant function)로 나타낸다.

판별분석을 하기 위해서는 수집된 자료에서 각각의 자료가 어떤 그룹에서 나온 것인지 알고 있어야한다.

예를 들어 어떤 대학에서 우수한 신입생을 뽑기 위해서 재학생의 성적을 3.5 이상은 우수, 2.5부터 3.5 는 중간, 2.5 이하는 평균이하로 분류하고 이들 학생의 입학시의 논술점수, 내신성적, 봉사점수, 수능점수, 출신지역 등을 조사하였다고 하자. 이 조사결과 논술점수, 내신성적, 봉사점수, 수능점수, 출신지역의 값이 특정한 범위인 학생은 우수, 또 다른 범위는 중간, 또 다른 범위는 평균이하였다면(모두는 아니더라도 대부분의 학생이) 내년의 신입생 사정에서는 전형에 사용한 점수들이 우수한 재학생의 범위에 속하는 학생들을 우선적으로 입학시킬 것이다. (실제로 외국의 대학에서는 이러한 방법을 사용하기도 한다.)

14.1.1 이론적 배경

g개의 그룹으로 판별분석을 하는 것으로 가정하고 i 번째 그룹의 분포가 $N_p(\boldsymbol{\mu}_i, \boldsymbol{\Sigma})$ 라고 하면 자료 $\boldsymbol{x}$의 확률밀도 함수 $f_i(\boldsymbol{x})$는

$$f_i(\boldsymbol{x}) = \frac{1}{(2\pi)^{p/2}|\boldsymbol{\Sigma}|^{1/2}} \exp\Big\{ -\frac{1}{2}(\boldsymbol{x}-\boldsymbol{\mu}_i)'\boldsymbol{\Sigma}^{-1}(\boldsymbol{x}-\boldsymbol{\mu}_i)\Big\} \tag{14.1}$$

가 된다. i 번째 그룹에서의 관찰치의 수가 n_i라고 하면 maximum likelihood 판별은 $\boldsymbol{x}$를 다음을 만족하는 i 번째 그룹으로 판별하는 것이다.

$$\begin{aligned}
& \arg\max_i \frac{1}{(2\pi)^{p/2}|\boldsymbol{\Sigma}|^{1/2}} \exp\Big\{ -\frac{1}{2}(\boldsymbol{x}-\boldsymbol{\mu}_i)'\boldsymbol{\Sigma}^{-1}(\boldsymbol{x}-\boldsymbol{\mu}_i)\Big\} && (14.2)\\
= \; & \arg\max_i \exp\Big\{ -\frac{1}{2}(\boldsymbol{x}-\boldsymbol{\mu}_i)'\boldsymbol{\Sigma}^{-1}(\boldsymbol{x}-\boldsymbol{\mu}_i)\Big\} \\
= \; & \arg\min_i (\boldsymbol{x}-\boldsymbol{\mu}_i)'\boldsymbol{\Sigma}^{-1}(\boldsymbol{x}-\boldsymbol{\mu}_i) && (14.3)
\end{aligned}$$

즉, $\boldsymbol{x}$가 있을 때 각각의 i에 대해서 식 (14.2)의 값을 구하고 이 값을 최대로 또는 식 (14.3)를 최소로 하는 그룹에 $\boldsymbol{x}$가 속하는 것으로 판별한다. 실제로는 $\boldsymbol{\mu}_i$들과 $\boldsymbol{\Sigma}$를 모르므로 이들의 추정치인 $\bar{\boldsymbol{x}}_i$ 와 $\boldsymbol{S}$ 를 사용한다.

만일 i 번째 그룹에 속할 사전확률(prior probability) q_i가 모든 그룹에서 같지 않으면 maximum likelihood 판별 규칙은 $\boldsymbol{x}$를

$$\arg\min_i (\boldsymbol{x}-\boldsymbol{\mu}_i)'\boldsymbol{\Sigma}^{-1}(\boldsymbol{x}-\boldsymbol{\mu}_i) - 2\ln q_i \tag{14.4}$$

i 번째 그룹으로 판별하는 것이된다. 이 결과는 실제로는 식 (14.2)에 q_i를 곱한 후 최대를 구하는 것에서 시작한 결과이다. 식 (14.3)의 양의 제곱근

$$D_i = \sqrt{(\boldsymbol{x} - \boldsymbol{\mu}_i)'\boldsymbol{\Sigma}^{-1}(\boldsymbol{x} - \boldsymbol{\mu}_i)} \tag{14.5}$$

을 Mahalanobis 거리라고 부른다. 따라서 이 판별규칙은 Mahalanobis 거리의 제곱를 최대로 하는 그룹으로 분류하는 것과 같으므로 Mahalanobis 거리의 제곱을 전개하여 보면 하나의 관측값 $\boldsymbol{x}$에 대해서

$$\boldsymbol{\mu}_i'\boldsymbol{\Sigma}^{-1}\boldsymbol{x} - \frac{1}{2}\boldsymbol{\mu}_i'\boldsymbol{\Sigma}^{-1}\boldsymbol{\mu}_i \tag{14.6}$$

를 최대로 하는 그룹으로 $\boldsymbol{x}$를 판별하는 것, 즉 $\boldsymbol{x}$가 이 값을 최대로 하는 그룹에서의 관측치로 판단하는 것과 마찬가지이다.

식 (14.2) 와 식 (14.4)에서 사용한 $\boldsymbol{\mu}_i$나 $\boldsymbol{\Sigma}$는 실제로는 모르는 값이므로 실제 자료의 분석에서는 이들의 추정치를 $\bar{\boldsymbol{x}}_i$와 $\boldsymbol{S}$를 사용한

$$\arg\min_i (\boldsymbol{x} - \bar{\boldsymbol{x}}_i)'\boldsymbol{S}^{-1}(\boldsymbol{x} - \bar{\boldsymbol{x}}_i) - 2\ln q_i \tag{14.7}$$

을 판별규칙으로 사용한다. 이 때 $\bar{\boldsymbol{x}}_i$와 $\boldsymbol{S}$는 표본에서 계산된 i 번째 그룹의 평균벡터 및 분산공분산 행렬인데 $\boldsymbol{\Sigma}$의 최우추정치 $\boldsymbol{S}$의 원소는 분산 공분산들로 전체의 자료의 수 n으로 나눈값이다. 위의 판별규칙 (14.2)은 maximum likelihood 판별규칙, 식 (14.4) 또는 (14.7)는 Bayesian 판별규칙이라고 한다.

자주 사용하는 Fisher가 제안한 선형 판별규칙은 상수 벡터 $\boldsymbol{a}$에 대해서 $y_j = \boldsymbol{a}'\boldsymbol{x}_j$라고 하고 이들 y_j에 대한 오차제곱합 대비 처리제곱합이 가장 크게 되는 $\boldsymbol{a}$를 구하는 방법이다. 이 방법은 i 번째 그룹의 분산공분산 행렬의 최우추정치(maxmum likelihood estimator)를[1] $\boldsymbol{S}_i$라 할 때 $\boldsymbol{W}$를

$$\boldsymbol{W} = \sum_{i=1}^{g} n_i \boldsymbol{S}_i \tag{14.8}$$

[1] 분산이나 공분산을 계산할 때 사용한 표본의 수가 n일 때 $(n-1)$이 아닌 n으로 나누어준다.

이라고 하고[2], $\boldsymbol{S}$를 분산공분산행렬이 모든 그룹에 대해서 같다고 할 때의 최우추정치(maxmum likelihood estimator)[3]라고 하고 $\boldsymbol{T}$를

$$\boldsymbol{T} = n\boldsymbol{S} \tag{14.9}$$

라고 하자.[4] 여기서 $n = n_1 + n_2 + \cdots + n_g$으로 전체자료의 수이다.

행렬 $\boldsymbol{B}$를 $\boldsymbol{T}$와 $\boldsymbol{S}$의 차

$$\boldsymbol{B} = \boldsymbol{T} - \boldsymbol{S} = \sum n_i(\bar{\boldsymbol{x}}_i - \bar{\boldsymbol{x}})(\bar{\boldsymbol{x}}_i - \bar{\boldsymbol{x}})' \tag{14.10}$$

라고 하자.[5]

이제 상수 벡터 $\boldsymbol{a}$와 관측치 $\boldsymbol{x}$에 대해서 $y = \boldsymbol{a}'\boldsymbol{x}$라고 할 때

$$\max_{\boldsymbol{a}} \lambda = \max_{\boldsymbol{a}} \frac{\boldsymbol{a}'\boldsymbol{B}\boldsymbol{a}}{\boldsymbol{a}'\boldsymbol{W}\boldsymbol{a}} \tag{14.11}$$

인 $\boldsymbol{a}$를 찾아서 $\boldsymbol{x} = (x_1, x_2, \ldots, x_p)^T$의 값이 주어졌을 때 $\boldsymbol{a}'\boldsymbol{x}$ 와 $\boldsymbol{a}'\bar{\boldsymbol{x}}_i$의 값이 가장 가까운 i 번째 그룹으로 판별한다. 즉, $j = 1, 2, \ldots, g$에 대해서

$$|\boldsymbol{a}'\boldsymbol{x} - \boldsymbol{a}'\bar{\boldsymbol{x}}_i| \leq |\boldsymbol{a}'\boldsymbol{x} - \boldsymbol{a}'\bar{\boldsymbol{x}}_j| \tag{14.12}$$

이면 i 번째 그룹으로 판별한다. 실제 식 (14.11)을 만족하는 $\boldsymbol{a}$는

$$(\boldsymbol{W}^{-1}\boldsymbol{B} - \lambda\boldsymbol{I})\boldsymbol{a} = \boldsymbol{0} \tag{14.13}$$

로 얻을 수 있으며 따라서 $\boldsymbol{a}$는 $\boldsymbol{W}^{-1}\boldsymbol{B}$ 가장 큰 고유치에 대응되는 고유 벡터이다. 이 계수 a_i 값은 컴퓨터 패키지를 사용할 경우 얻을 수도 있다. 이를 Fisher의 판별 규칙이라고 한다.

[2] 이 값은 일원배치 분산분산에서 종속변수가 벡터일 때 'within group' 제곱합 또는 오차제곱합(SSE)에 해당하는 값이다.

[3] 분산이나 공분산을 계산할 때 사용한 표본의 수가 n일 때 $(n-1)$이 아닌 n으로 나누어준다.

[4] 이 값은 일원배치 분산분산에서 종속변수가 벡터일 때 전제제곱합(SST)에 해당하는 값이다.

[5] 이 값은 일원배치 분산분산에서 종속변수가 벡터일 때 처리제곱합(SSTrt)에 해당하는 값이다.

14.1.2 SPSS에서의 판별분석

SPSS에서의 판별분석 방법을 알아보기 위해 잘 알려진 iris data를 먼저 소개한다. 이 자료는 세 가지 붓꽃의 종류에 따른 꽃잎과 꽃받침의 폭과 길이에 대한 자료이다.(출처: Darwin, C.(1878), Fisher(1936)) 붓꽃에 대한 sepal(꽃받침의 귀) length, sepal width, petal(꽃잎, 화판) length, petal width에 대한 네 가지 측정자료로 붓꽃을 판별하여 보자.

	Sepal.Length	Sepal.Width	Petal.Length	Petal.Width	Species
1	5.1	3.5	1.4	0.2	setosa
2	4.9	3.0	1.4	0.2	setosa
3	4.7	3.2	1.3	0.2	setosa
4	4.6	3.1	1.5	0.2	setosa
5	5.0	3.6	1.4	0.2	setosa
6	5.4	3.9	1.7	0.4	setosa
7	4.6	3.4	1.4	0.3	setosa
8	5.0	3.4	1.5	0.2	setosa
9	4.4	2.9	1.4	0.2	setosa
10	4.9	3.1	1.5	0.1	setosa
11	5.4	3.7	1.5	0.2	setosa
12	4.8	3.4	1.6	0.2	setosa
13	4.8	3.0	1.4	0.1	setosa
14	4.3	3.0	1.1	0.1	setosa
15	5.8	4.0	1.2	0.2	setosa
16	5.7	4.4	1.5	0.4	setosa
17	5.4	3.9	1.3	0.4	setosa
18	5.1	3.5	1.4	0.3	setosa
19	5.7	3.8	1.7	0.3	setosa
20	5.1	3.8	1.5	0.3	setosa
21	5.4	3.4	1.7	0.2	setosa
22	5.1	3.7	1.5	0.4	setosa
23	4.6	3.6	1.0	0.2	setosa
24	5.1	3.3	1.7	0.5	setosa
25	4.8	3.4	1.9	0.2	setosa
26	5.0	3.0	1.6	0.2	setosa
27	5.0	3.4	1.6	0.4	setosa
28	5.2	3.5	1.5	0.2	setosa
29	5.2	3.4	1.4	0.2	setosa
30	4.7	3.2	1.6	0.2	setosa
31	4.8	3.1	1.6	0.2	setosa
32	5.4	3.4	1.5	0.4	setosa

33	5.2	4.1	1.5	0.1	setosa
34	5.5	4.2	1.4	0.2	setosa
35	4.9	3.1	1.5	0.2	setosa
36	5.0	3.2	1.2	0.2	setosa
37	5.5	3.5	1.3	0.2	setosa
38	4.9	3.6	1.4	0.1	setosa
39	4.4	3.0	1.3	0.2	setosa
40	5.1	3.4	1.5	0.2	setosa
41	5.0	3.5	1.3	0.3	setosa
42	4.5	2.3	1.3	0.3	setosa
43	4.4	3.2	1.3	0.2	setosa
44	5.0	3.5	1.6	0.6	setosa
45	5.1	3.8	1.9	0.4	setosa
46	4.8	3.0	1.4	0.3	setosa
47	5.1	3.8	1.6	0.2	setosa
48	4.6	3.2	1.4	0.2	setosa
49	5.3	3.7	1.5	0.2	setosa
50	5.0	3.3	1.4	0.2	setosa
51	7.0	3.2	4.7	1.4	versicolor
52	6.4	3.2	4.5	1.5	versicolor
53	6.9	3.1	4.9	1.5	versicolor
54	5.5	2.3	4.0	1.3	versicolor
55	6.5	2.8	4.6	1.5	versicolor
56	5.7	2.8	4.5	1.3	versicolor
57	6.3	3.3	4.7	1.6	versicolor
58	4.9	2.4	3.3	1.0	versicolor
59	6.6	2.9	4.6	1.3	versicolor
60	5.2	2.7	3.9	1.4	versicolor
61	5.0	2.0	3.5	1.0	versicolor
62	5.9	3.0	4.2	1.5	versicolor
63	6.0	2.2	4.0	1.0	versicolor
64	6.1	2.9	4.7	1.4	versicolor
65	5.6	2.9	3.6	1.3	versicolor
66	6.7	3.1	4.4	1.4	versicolor
67	5.6	3.0	4.5	1.5	versicolor
68	5.8	2.7	4.1	1.0	versicolor
69	6.2	2.2	4.5	1.5	versicolor
70	5.6	2.5	3.9	1.1	versicolor
71	5.9	3.2	4.8	1.8	versicolor
72	6.1	2.8	4.0	1.3	versicolor
73	6.3	2.5	4.9	1.5	versicolor
74	6.1	2.8	4.7	1.2	versicolor

75	6.4	2.9	4.3	1.3	versicolor
76	6.6	3.0	4.4	1.4	versicolor
77	6.8	2.8	4.8	1.4	versicolor
78	6.7	3.0	5.0	1.7	versicolor
79	6.0	2.9	4.5	1.5	versicolor
80	5.7	2.6	3.5	1.0	versicolor
81	5.5	2.4	3.8	1.1	versicolor
82	5.5	2.4	3.7	1.0	versicolor
83	5.8	2.7	3.9	1.2	versicolor
84	6.0	2.7	5.1	1.6	versicolor
85	5.4	3.0	4.5	1.5	versicolor
86	6.0	3.4	4.5	1.6	versicolor
87	6.7	3.1	4.7	1.5	versicolor
88	6.3	2.3	4.4	1.3	versicolor
89	5.6	3.0	4.1	1.3	versicolor
90	5.5	2.5	4.0	1.3	versicolor
91	5.5	2.6	4.4	1.2	versicolor
92	6.1	3.0	4.6	1.4	versicolor
93	5.8	2.6	4.0	1.2	versicolor
94	5.0	2.3	3.3	1.0	versicolor
95	5.6	2.7	4.2	1.3	versicolor
96	5.7	3.0	4.2	1.2	versicolor
97	5.7	2.9	4.2	1.3	versicolor
98	6.2	2.9	4.3	1.3	versicolor
99	5.1	2.5	3.0	1.1	versicolor
100	5.7	2.8	4.1	1.3	versicolor
101	6.3	3.3	6.0	2.5	virginica
102	5.8	2.7	5.1	1.9	virginica
103	7.1	3.0	5.9	2.1	virginica
104	6.3	2.9	5.6	1.8	virginica
105	6.5	3.0	5.8	2.2	virginica
106	7.6	3.0	6.6	2.1	virginica
107	4.9	2.5	4.5	1.7	virginica
108	7.3	2.9	6.3	1.8	virginica
109	6.7	2.5	5.8	1.8	virginica
110	7.2	3.6	6.1	2.5	virginica
111	6.5	3.2	5.1	2.0	virginica
112	6.4	2.7	5.3	1.9	virginica
113	6.8	3.0	5.5	2.1	virginica
114	5.7	2.5	5.0	2.0	virginica
115	5.8	2.8	5.1	2.4	virginica
116	6.4	3.2	5.3	2.3	virginica

117	6.5	3.0	5.5	1.8	virginica
118	7.7	3.8	6.7	2.2	virginica
119	7.7	2.6	6.9	2.3	virginica
120	6.0	2.2	5.0	1.5	virginica
121	6.9	3.2	5.7	2.3	virginica
122	5.6	2.8	4.9	2.0	virginica
123	7.7	2.8	6.7	2.0	virginica
124	6.3	2.7	4.9	1.8	virginica
125	6.7	3.3	5.7	2.1	virginica
126	7.2	3.2	6.0	1.8	virginica
127	6.2	2.8	4.8	1.8	virginica
128	6.1	3.0	4.9	1.8	virginica
129	6.4	2.8	5.6	2.1	virginica
130	7.2	3.0	5.8	1.6	virginica
131	7.4	2.8	6.1	1.9	virginica
132	7.9	3.8	6.4	2.0	virginica
133	6.4	2.8	5.6	2.2	virginica
134	6.3	2.8	5.1	1.5	virginica
135	6.1	2.6	5.6	1.4	virginica
136	7.7	3.0	6.1	2.3	virginica
137	6.3	3.4	5.6	2.4	virginica
138	6.4	3.1	5.5	1.8	virginica
139	6.0	3.0	4.8	1.8	virginica
140	6.9	3.1	5.4	2.1	virginica
141	6.7	3.1	5.6	2.4	virginica
142	6.9	3.1	5.1	2.3	virginica
143	5.8	2.7	5.1	1.9	virginica
144	6.8	3.2	5.9	2.3	virginica
145	6.7	3.3	5.7	2.5	virginica
146	6.7	3.0	5.2	2.3	virginica
147	6.3	2.5	5.0	1.9	virginica
148	6.5	3.0	5.2	2.0	virginica
149	6.2	3.4	5.4	2.3	virginica
150	5.9	3.0	5.1	1.8	virginica

SPSS 판별분석 **분석** → **분류분석** → **판별분석** 순서로 메뉴를 선택한다. 이 때 만들어지는 대화창인 그림 14.1의 왼쪽 대화창에서 '집단변수'에는 그룹을 표시하는 변수를 '독립변수'에는 이 그룹을 분류하기 위한 설명변수를 설정한다. SPSS 버전 19까지는 집단변수에는 숫자형 자료만 사용가능하다. 따라서 그룹을 나타내는 변수가 문자형 자료인 경우 그 값을 코딩변경(B.3.2절 참조) 등을 이용하여 숫자로 바꾸

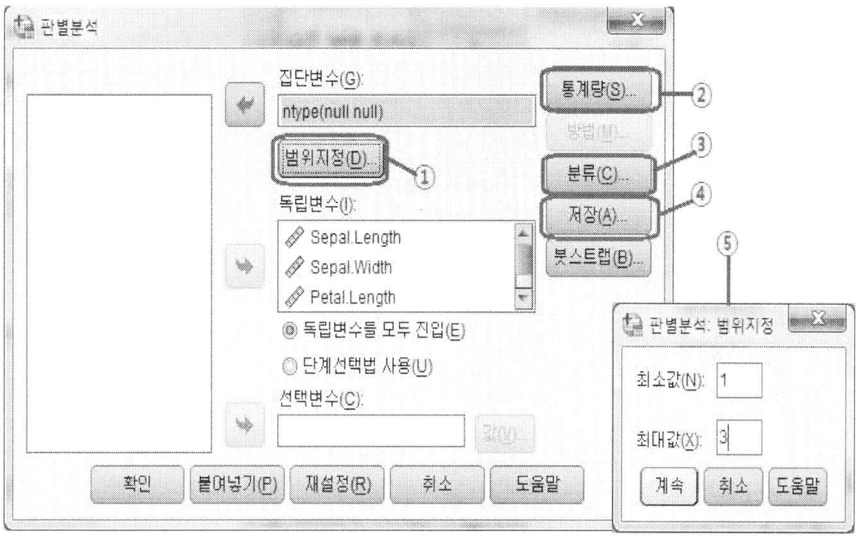

그림 14.1: 판별분석의 변수 설정

어야 한다.

그림 14.1에서는 원자료의 붓꽃 종류를 setosa는 1, versicolor는 2, virginca는 3으로 자료의 값을 숫자로 변환하고 이 값을 새로운 변수 ntype이라 하였다.

'집단변수'에 사용하는 변수는 판별분석에서 사용할 값의 범위를 지정하여야 하는데 범위의 지정은 그림의 범위지정(그림 14.1의 ①) 버튼를 클릭하여 만들어지는 대화창인 그림 14.1의 ⑤에 최소값과 최대값을 지정함으로써 가능하다. 이 그림은 붓꽃의 종류(ntype)을 네 개의 길이와 폭의 측정치로 분류하도록 설정한 것이다.

그림 14.1의 왼쪽 대화창의 통계량(그림의 ②), 분류(그림의 ③) 및 저장(그림의 ④) 버튼은 각각 추가적인 통계량과 분류기준 및 변수로 저장할 결과를 지정할 수 있는 대화창을 생성하는 버튼이다.

그림 14.2는 통계량 버튼으로 만든 대화창으로 평균 및 분산등 기초적인 통계량이나 분산공분산 행렬 및 판별식의 계수를 선택하여 출력할 수 있도록 한다. 그림 14.2의 결과로 여기서 얻어진 분산공분산 행렬은 그림 14.3이며 이 행렬의 역행렬은

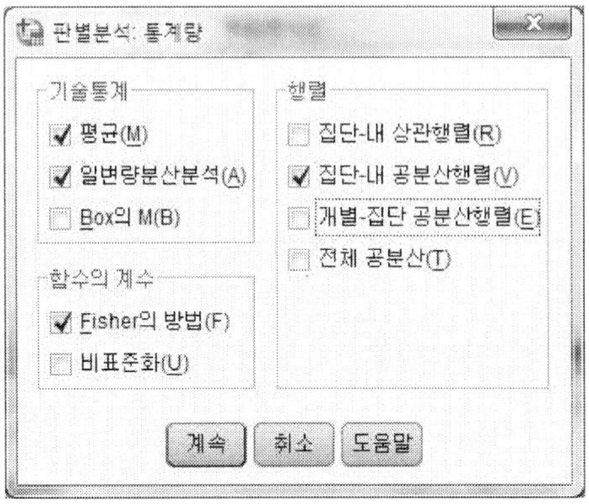

그림 14.2: 판별분석의 [통계량] 버튼의 대화창.

집단-내 통합 행렬[a]

		Sepal.Length	Sepal.Width	Petal.Length	Petal.Width
공분산	Sepal.Length	.265	.093	.168	.038
	Sepal.Width	.093	.115	.055	.033
	Petal.Length	.168	.055	.185	.043
	Petal.Width	.038	.033	.043	.042

a. 공분산행렬의 자유도는 147입니다.

그림 14.3: 판별분석에서 분산공분산 행렬

$$\boldsymbol{S}^{-1} = \begin{bmatrix} 10.843519 & -5.377181 & -8.991922 & 3.417391 \\ -5.377181 & 14.233879 & 2.669800 & -8.906288 \\ -8.991922 & 2.669800 & 14.789204 & -8.906376 \\ 3.417391 & -8.906288 & -8.906376 & 36.772379 \end{bmatrix} \quad (14.14)$$

이며[6]

그림 14.2에서 Box's M은 분산공분산 행렬이 각각의 그룹에 따라서 다른지 같은지를 검정하는 검정통계량을 출력하는 옵션이다. 만일 g개의 분류할 그룹이 있고

[6]이 역행렬의 계산에는 그림 14.3의 행렬보다 더 많은 유효 숫자를 사용하였음.

i 번째 그룹에서의 분산공분산 행렬이 $\mathbf{\Sigma}_i$라면 귀무가설은

$$H_0 : \mathbf{\Sigma}_1 = \mathbf{\Sigma}_2 = \cdots = \mathbf{\Sigma}_g$$

이고 대립가설은 '적어도 하나의 그룹에서의 분산공분산 행렬이 나머지와 다르다'이다. 그림 14.4은 Box의 검정결과 이 검정의 결과 세 그룹의 분산공분산 행렬이 모두 같지는 않음을 알 수 있다(P=0.000).

검정 결과

Box의 M		146.663
F	근사법	7.045
	자유도1	20
	자유도2	77566.751
	유의확률	.000

모집단 공분산행렬이 동일하다는 영가설을 검정합니다.

그림 14.4: 판별분석의 Box 검정

그림 14.2에서 'Fisher의 방법'을 선택하면 Fisher의 판별계수가 따로 인쇄된다. SPSS의 판별분석의 출력은 상당 부분이 정준판별분석 방법에 의한 출력이므로 'Fisher의 방법'을 선택하여야 이 책에서 소개한 내용의 출력을 얻을 수 있다. 정준판별분석은 정준상관계수등을 소개하여야 하기 때문에 이에 대한 설명은 다른 문헌을 참고하기로 한다.

Fisher의 방법을 선택한 결과 그림 14.5의 출력이 얻어지면 이 값들이 Fisher의 판별계수이다. 이 그림에 주어진 값은 Fisher의 판별식

$$c_{0i} + c_{1i}x_1 + c_{2i}x_2 + c_{3i}x_3 + c_{4i}x_4 \tag{14.15}$$

의 판별계수 c 값들이며 각 자료에 대해서 주어진 x_i 값을 이 식에 대입한 결과값이 가장 큰 그룹으로 분류하는 것이 Fisher의 판별규칙이다.

각 iris type별 네 개의 측정치의 평균은 $\bar{\boldsymbol{x}}_1 = (5.006, 3.428, 1.462, 0.246)'$, $\bar{\boldsymbol{x}}_2 = (5.936, 2.770, 4.260, 1.326)'$ 및 $\bar{\boldsymbol{x}}_3 = (6.588, 2.974, 5.552, 2.026)'$ 이므로 Fisher의 판별계수

$$\boldsymbol{c}_i = (c_{1i}, c_{2i}, c_{3i}, c_{4i})' = \boldsymbol{S}^{-1}\bar{\boldsymbol{x}}_i \tag{14.16}$$

분류 함수 계수

	ntype		
	1	2	3
Sepal.Length	23.544	15.698	12.446
Sepal.Width	23.588	7.073	3.685
Petal.Length	-16.431	5.211	12.767
Petal.Width	-17.398	6.434	21.079
(상수)	-86.308	-72.853	-104.368

Fisher의 선형 판별함수

그림 14.5: 판별분석의 Fisher의 판별계수

으로 얻어지며 상수항은

$$c_{0i} = -\frac{1}{2}\bar{\boldsymbol{x}}_i'\boldsymbol{S}^{-1}\bar{\boldsymbol{x}}_i \tag{14.17}$$

는 첫 번째 그룹의 경우

Sepal.Length	23.54417
Sepal.Width	23.58787
Petal.Length	−16.43064
Petal.Width	−17.39841

이며 상수는 −85.20986임을 알 수 있다. 이 결과는 그림 14.5과 같음을 알 수 있다.

일정한 조건하에서 식 (14.5)의 Mahalanobis 거리 D_i 또는 Mahalanobis 거리의 제곱 D_i^2이 가장 작은 그룹에 할당하는 것과 Fisher의 판별규칙이 같다(Johnson and Wichern(1998)). Mahalnobis 거리를 사용할 때 주어진 $\boldsymbol{x}$가 i 번째 그룹에 속할 확률은

$$\frac{\exp\{-D_i^2/2\}}{\sum_{i=1}^{g}\exp\{-D_i^2/2\}} \tag{14.18}$$

으로 계산된다. 자료의 첫 번째 값 (5.1, 3.5, 1.4, 0.2)에 대해서 Fisher 판별계수와 Mahalanobis 거리를 계산하여 보면

그룹	1	2	3
Mahalanobis 거리	0.5385	9.9314	13.8252
Fisher	89.8414	40.5445	−5.9063

이다. 따라서 첫 번째 관측치는 1 번째 iris로 분류하는 것이 타당하며 이 관측치가 각 그룹에 속할 확률은 (1.000, 0.000, 0.000)으로 계산된다. 139 번째 자료 (5.9,3.0,5.1,1.8)의 경우 Fisher 판별계수와 Mahalanobis 거리를 계산하여 보면

그룹	1	2	3
Mahalanobis 거리	12.3800	3.4597	2.0017
Fisher	8.2511	79.1415	83.1723

이며 따라서 이 자료는 세 번째 그룹으로 분류된다. 이 경우 각 그룹에 속할 확률은 (0, 0.0183, 0.9817)로 얻어지므로 139 번째 자료는 3번 그룹으로 분류한다. 그림 14.10의 결과와 비교해 보면 같은 결과를 얻음을 알 수 있다.

집단평균의 동질성에 대한 검정

	Wilks 람다	F	자유도1	자유도2	유의확률
Sepal.Length	.381	119.265	2	147	.000
Sepal.Width	.599	49.160	2	147	.000
Petal.Length	.059	1180.161	2	147	.000
Petal.Width	.071	960.007	2	147	.000

그림 14.6: 판별분석의 일원배치 분산분석

'일변량 분산분석'을 선택하면 그림 14.1에 설정된 독립변수가 집단변수의 값에 따라 평균의 차이가 있는지 검정한 결과가 추가로 출력된다. 그림 14.6는 '일변량 분산분석'의 출력결과로서, 이 출력에 의하면 네 개의 측정치 모두 붓꽃의 종류에 따라 평균의 차이가 있다(P=0.000).

그림 14.7는 그림 14.1의 [분류] 버튼으로 만든 대화창으로 각 그룹에 대한 사전확률을 지정하거나 판별결과를 출력하게 선택할 수 있다. 요약표는 원래의 그룹변수의 값과, 판별분석의 결과로 분류된 그룹값의 교차표를 만들어준다. 그림 14.8는 이 설정으로 얻어진 관측된 iris type과 예측된 iris type의 교차표이다. 이 표에 의하면 전체 150개의 자료에서 4개를 제외한 나머지 96개가 옳게 분류되었으며(97.3%) 관측 타입이 3인데 2로 분류된 경우가 한개, 2인데 3으로 분류된 경우가 세 경우임을 알 수 있다.

그림 14.9는 그림 14.1의 [저장] 버튼으로 만든 대화창으로 판별분석 결과 예측된 소속집단이나 판별 점수 또는 각 그룹에 속할 확률을 SPSS 데이터에 새로운 변수로 저장하도록 설정한다. 그림 14.10는 보기의 원자료의 붓꽃 종류를 `setosa`는

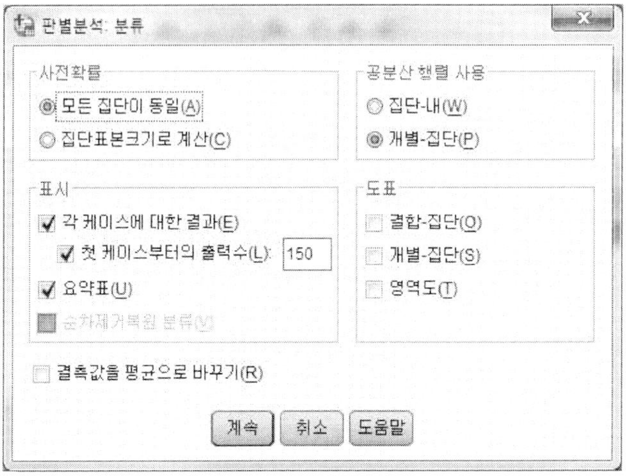

그림 14.7: 판별분석의 분류 버튼의 대화창.

분류결과[a]

		ntype	예측 소속집단 1	2	3	전체
원래값	빈도	1	50	0	0	50
		2	0	47	3	50
		3	0	1	49	50
	%	1	100.0	.0	.0	100.0
		2	.0	94.0	6.0	100.0
		3	.0	2.0	98.0	100.0

a. 원래의 집단 케이스 중 97.3%이(가) 올바로 분류되었습니다.

그림 14.8: 판별분석의 관측 그룹과 예측 그룹의 교차표

1, versicolor는 2, virginca는 3으로 자료의 값을 숫자로 변환하고 이 값을 ntype이라 하였다. 그림 14.9의 설정으로 변화된 SPSS의 데이터 창인데, 이 그림에서 ①의 (Dis_1)은 판별분석의 결과로 각 케이스가 어느 그룹으로 분류되었는지 ②, ③ 및 ④의 Dis1_2, Dis2_2 및 Dis3_2는 현재의 케이스가 각각 그룹 1, 2 및 3으로 분류될 확률을 계산한 것이다. 이 경우 Dis1_2가 1이고 나머지는 0이므로 첫 번째 iris는 그룹 1로 분류된다.

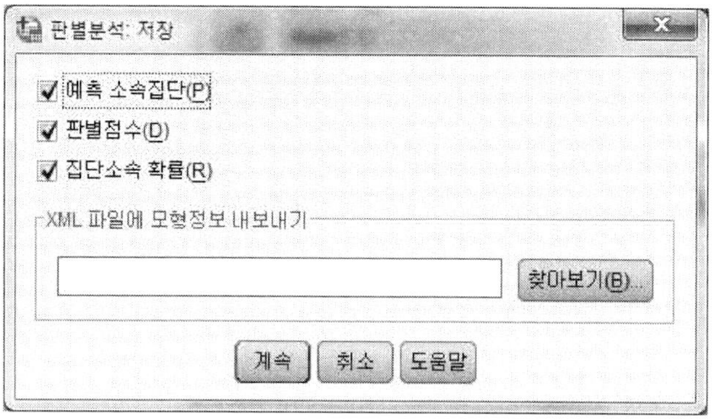

그림 14.9: 판별분석의 저장 버튼의 대화창.

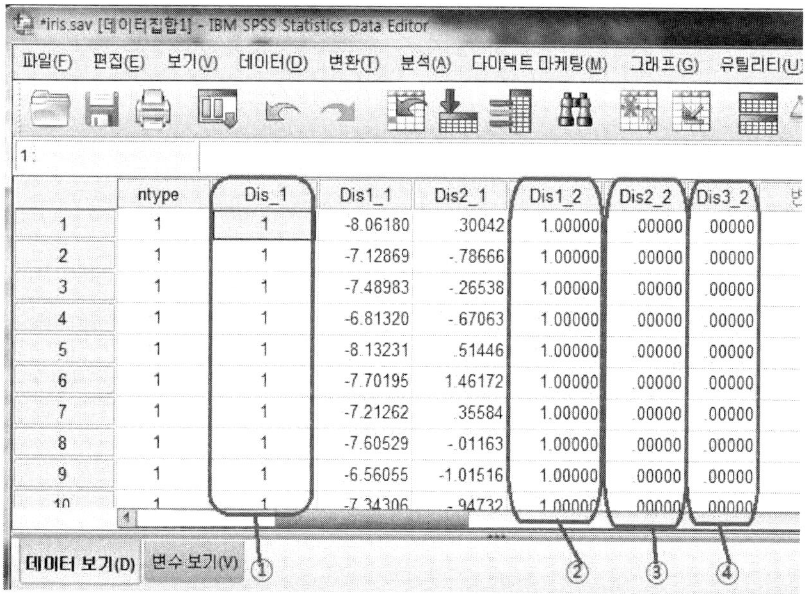

그림 14.10: 판별분석의 새 변수 저장결과

14.1.3 판별분석에 대한 통계적 검정

판별분석을 실행하였을 때 판별규칙이 충분히 의미가 있는지 알아보기 위해서는 그룹별로 평균벡터의 차이가 있는지 알아보면 된다. 만일 그룹별로 평균이 다르지 않다면 판별분석으로 특정한 그룹으로 자료를 분류하는 것이 의미가 없기 때문이다.

세 개 이상의 그룹에 대해서 그룹별 모평균의 차이가 있는지 검정하는 방법은 6장에서 다루었지만 이 방법은 관찰치가 하나의 값일 때만 사용할 수 있는 방법이다. 앞의 예의 경우 세 가지 다른 종류의 붓꽃에 대해서 네 가지 관측치의 평균이 같은지를 한 번에 검정하는 문제가 된다. 이 방법이 확장된 것이 **다변량분산분석**(multivariate ANOVA; MANOVA)인데 이는 일반적인 분산분석이 종속변수가 1차원인데 반하여 종속변수가 2차원 이상인 경우의 분산분석을 말한다. 이론적인 근거는 14.2절을 참고하기로 하자.

14.1.4 변수의 선택

만일 14.1.3절에서의 가설검정의 결과 귀무가설을 기각한다면 서로 다른 붓꽃의 종류에 따라 네 가지 관측치의 평균이 모두 같지는 않다고 할 수 있다. 그렇지만 여전히 확인해야할 문제 중의 하나는 네 가지 중 하나 또는 그 이상의 모평균이 모든 그룹에서 같다면 그 관측치는 판별분석에서 사용할 이유가 없기 때문에 그 관측치는 판별분석에서 제외해야 할 것이다. 따라서 각각의 관측치가 그룹에 따라서 평균이 같은지 검정할 필요가 여전히 제기되고 이 문제는 제6장에서 설명한 분산분석으로 특정 설명변수가 그룹 변수에 따라 평균이 모두 같은지 검정함으로서 해결할 수 있다.

SPSS에서는 판별분석 내부에서도(그림 14.6의 분산분석 참조) 일원배치 분산분석을 포함하므로 판별분석 중에도 각 독립변수가 판별분석에 포함되는 것이 통계적으로 유의한지 검정할 수 있다.

14.2. 다변량분산분석

다변량분산분석은(multivariate anova; MANOVA)은 둘 이상의 종속변수가 독립변수의 수준변화에 따라 평균의 변화가 있는지 알아보는 방법이다. 비교대상의 그룹수가 g개인 경우의 평균의 차이가 있는지를 종속변수가 벡터일 때 사용할 수 있는 방법이다. 이 경우 종속변수들 사이에는 상관이 존재하는 경우가 대부분이다. 예를 들어서 약의 처방량(dose)의 세 가지 수준(낮음, 보통, 높음)에 따라서 혈압과 콜레스테롤 수치 및 맥박이 차이가 있는지 알아보는 경우라면 혈압과 맥박 등이 독립이 아닐 수 있다는 것이다.

i 번째 처리수준에서의 j 번째의 p 차원인 관측치를 $\boldsymbol{y}_{ij}$로 나타날 때 모형은

$$\boldsymbol{y}_{ij} = \boldsymbol{\mu}_i + \boldsymbol{\epsilon}_{ij} \tag{14.19}$$

이며 $\boldsymbol{\epsilon}_{ij}$은 모두 독립인 다변량정규분포 $N(\boldsymbol{\mu}_i, \boldsymbol{\Sigma})$ 를 따른다고 가정한다. $(i = 1, 2, \ldots, g; j = 1, 2, \ldots, n_i)$. 일원배치 다변량분산분석에서도 일원배치 분산분석과 비슷하게 귀무가설과 대립가설과 대립가설은

$$H_0 : \boldsymbol{\mu}_1 = \boldsymbol{\mu}_2 = \cdots = \boldsymbol{\mu}_g, \quad H_1 : \text{not } H_0 \tag{14.20}$$

이다. 일변량 분산분석에서와 마찬가지로 제곱합(이 경우에는 $(p \times p)$차원의 행렬이 된다.)을 분해하면 전체제곱합 행렬은

$$\boldsymbol{T} = \sum_i \sum_j (\boldsymbol{y}_{ij} - \bar{\boldsymbol{y}}_{..})(\boldsymbol{y}_{ij} - \bar{\boldsymbol{y}}_{..})' \tag{14.21}$$

이며 이 행렬은

$$\boldsymbol{B} = \sum n_i (\bar{\boldsymbol{y}}_{i.} - \bar{\boldsymbol{y}}_{..})(\bar{\boldsymbol{y}}_{i.} - \bar{\boldsymbol{y}}_{..})' \tag{14.22}$$

과

$$\boldsymbol{W} = \boldsymbol{T} - \boldsymbol{B} \tag{14.23}$$

으로 분해된다. 이 둘은 각각 SSPB(Sum of squares and products Between)과 SSPW(Sum of squares and products Within)으로 불리며 여기 $\boldsymbol{y}_{i.}$과 $\boldsymbol{y}_{..}$은 각각 i 번째 그룹의 평균 벡터, 전체평균의 벡터이다.

다변량분산분석의 귀무가설과 대립가설을 검정하기 위한 검정통계량은

$$\Lambda_0 = \frac{|\boldsymbol{W}|}{|\boldsymbol{B} + \boldsymbol{W}|} = |\boldsymbol{I} - \boldsymbol{W}^{-1}\boldsymbol{B}| \tag{14.24}$$

을 사용하며 검정통계량을 보통 Wilks의 Λ라고 하고 이 검정통계량의 귀무가설하에서의 분포를 모수가 $(p, n-g, g-1)$인 Wilks' Λ 분포라고 하고 $\Lambda(p, n-g, g-1)$로 표시하기도 한다. $\Lambda_0 > \Lambda_{p,n-g,g-1;\alpha}$ 이면 귀무가설을 기각한다.

Wilks의 $\Lambda(p, m, n)$ 분포는 p, m 또는 n의 값이 작을 때에는 F 분포에 의해서 유의확률을 계산할 수 있으며, m이 충분히 크면 카이제곱 분포에 근사할 수 있다. 이 분포표에 대한 자세한 내용은 Mardia, Kent and Bibby(1978) 등을 참고하기로

한다.

다변량 분산분석에 사용되는 또 다른 검정통계량으로는

$$(\boldsymbol{W}+\boldsymbol{B})\boldsymbol{B}^{-1} \tag{14.25}$$

의 고유치 중 가장 큰 고유치의 값을 검정통계량으로 사용하는 Roy의 최대고유값 검정을 할 수 있다. λ_1을 $\boldsymbol{W}^{-1}\boldsymbol{B}$의 가장 큰 고유치라고 하면 고유치의 성질에 의해서

$$(\boldsymbol{W}+\boldsymbol{B})\boldsymbol{B}^{-1} = \frac{\lambda_1}{1+\lambda_1} \tag{14.26}$$

임을 보일 수 있으며 이 검정통계량의 분포를 귀무가설 하에서 분포를 최대고유값 분포 (greatest root distribution)라고도 한다.

Roy의 검정통계량의 귀무가설 하에서의 분포도 Wilks 분포와 마찬가지로 모수의 값이 1 또는 2일 때는 F 분포에 의해서 얻어질 수 있다. 자세한 내용은 Mardia, Kent and Bibby(1978) 등을 참고하기로 한다. 실제 자료를 사용하여 분석하는 경우는 대부분 컴퓨터 패키지를 이용하게 되므로 이 두 분포의 유의확률은 계산된다.

보기 14.1. 보기 14.1.2절의 iris 자료를 이용하여 sepal(꽃받침의 귀) length, sepal width, petal(꽃잎, 화판) length, petal width에 대한 네 가지 측정자료가 붓꽃의 종류에 따라서 차이가 있는지 알아보자.

SPSS에서 분석 → 일반선형모형 → 다변량 순서로 메뉴를 선택하면 그림 14.11과 같은 대화창이 생성된다. 이 그림에서 종속변수 또는 `Dependents`에는 네 가지 측정 변수의 이름을 설정하고 모수요인 또는 `Fixed Factors`에는 설명변수를(여기서는 붓꽃의 종류를 지정해 주는 변수인 `Species`) 설정한다.

만일 설명변수에 이산형 변수 뿐 아니라 연속형 또는 그에 준하는 변수를 포함하는 경우에는 그림 14.11의 '공변량'에 연속인 변수를 지정한다. 보통 설명변수에 연속형인 경우와 이산형인 경우가 모두 포함되는 때에는 이를 공분산분석 또는 Analysis of Covariance(ANCOVA)라고도 한다.

'WLS 가중값'에는 일반적인 최소제곱법이 아닌 가중최소제곱법(Weighted Least Square; WLS)을 사용하고자 할 때 가중값을 지정한다. 붓꽃자료의 경우 연속형 설명변수도 없고 가중최소제곱을 사용하는 경우가 아니기 때문에 이 둘은 설정하지 않는다.

SPSS의 이 메뉴가 연속인 설명변수를 함께 사용하는 모형이기 문에 MANOVA와 같이 설명변수가 연속인 아닌 경우에는 그림 14.11의 [모형] 버튼을 클릭하여 그림

그림 14.11: SPSS에서의 다변량 분산분석 설정

14.12를 생성한 후 이 그림의 아래쪽에 있는 '모형에 절편 포함'의 체크 표시를 해제해 주어야 한다. 이런 설정을 하지 않더라도 통계학 이론을 잘 알면 결과를 해석하는데 큰 문제가 없으나 해석이 번거로울 수 있다. 이 그림의 모형설정에서 '완전요인모형'과 '사용자 정의'는 둘 이상의 독립변수가 있을 때 모든 가능한 요인을 모형에 포함하거나 필요한 요인만 모형에 포함하도록 설정한다. 모든 가능한 요인이란 둘 이상의 독립변수가 있다면, 주요인과 이에 따라 파생되는 모든 상호작용(interaction)을 의미한다. 붓꽃자료의 경우 요인이 `Species` 하나 뿐이므로 사용자 정의를 할 이유가 없으나, 만일 사용자 정의를 하더라도 `Species` 하나 밖에 사용할 수 없으며 왼쪽 창에 보이는 `Species`를 오른쪽 창으로 옮기면 된다.

그림 14.11의 [도표]는 각종 도표를 인쇄할 수 있는 대화창을 생성한다. 이 설정의 결과는 그림 6.8(173면)과 같은 수준별 평균 그림 등을 얻을 수 있다.

그림 14.11의 [대비]는 일변량 대비검정의 경우와는 다소 차이가 있는 형태로 주어지는데 이 버튼을 클릭하면 그림 14.13의 왼쪽 그림과 같은 대화창이 생성된다. 이 그림에서

없음 대비검정을 하지 않음

그림 14.12: SPSS에서의 MANOVA – 모형 설정

편차 전체 평균으로 부터의 차이에 대한 대비검정을 한다. 이 때 참조범주에 주어진 마지막 또는 첫 번째 범주에 대해서는 값을 계산하지 않는다.

단순 마지막 범주를 기준으로 하여 마지막 범주에 비교한 차이에 대한 검정을 시행한다.

차분 두 번째 범주의 첫 번째 범주의 차이, 세 번째 범주의 첫 번째 및 두 번째 범주에 대한 차이 등등으로 현재 범주 이전의 모든 범주에 대한 비교를 한다. 따라서 첫 번째 범주는 계산되지 않는다.

`Helmert` 차분의 반대로 마지막 범주에 대한 그전 모든 범주에 대한 차이 등등으로 비교하며, 따라서 마지막 범주에 대한 검정은 시행될 수 없다.

반복 현재 수준 바로 다음 수준에 대한 차이 검정을 한다. 즉, 수준 1–2, 수준 2–3, 등등의 차이에 대한 검정이다.

다항 직교다항대비를 사용한다. 즉, 선형, 이차(quadratic), 3차 등등으로 수준의

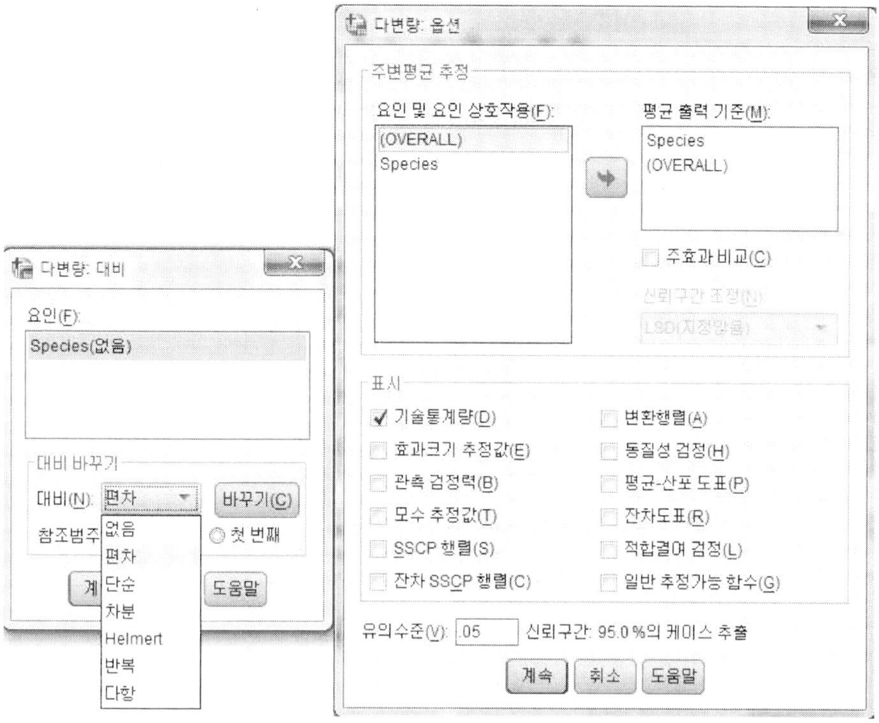

그림 14.13: SPSS에서의 MANOVA – 대비와 옵션 설정

수보다 한개 작은 대비까지 검정이 가능하다. 붓꽃자료의 경우 수준의 수가 3이므로 선형과 이차 다항대비에 대한 검정이 실행된다.

그림 14.11의 사후검정 은 6.3절의 일변량 사후검정의 값을 종속변수에 사용한 각각의 값에 대해서 검정을 하므로 일변량의 경우를 참고하기로 한다.

그림 14.11의 옵션 은 각종 통계량을 인쇄할 수 있는 대화창을 생성한다. (그림 14.13의 오른쪽 대화창)

6.3절의 일변량 사후검정의 값을 종속변수에 사용한 각각의 값에 대해서 검정을 하므로 일변량의 경우를 참고하기로 한다.

이와 같이 설정이 되었다면 그림 14.12의 계속 버튼과 그림 14.11의 확인 버튼을 클릭하면 출력을 얻을 수 있다.

그림 14.14의 위쪽 표에는 각 `type`에 대한 측정치의 평균 등의 기술통계량이 요약되어 있다. 이 그림의 아래쪽는 Wilks의 Λ와 같은 각종 통계량과 그에 대응하는 유의확률이 구해져 있다. 이 그림의 출력결과를 보면 네 가지의 검정통계량 모

기술통계량

	Species	평균	표준편차	N
Sepal.Length	setosa	5.006	.3525	50
	versicolor	5.936	.5162	50
	virginica	6.588	.6359	50
	합계	5.843	.8281	150
Sepal.Width	setosa	3.428	.3791	50
	versicolor	2.770	.3138	50
	virginica	2.974	.3225	50
	합계	3.057	.4359	150
Petal.Length	setosa	1.462	.1737	50
	versicolor	4.260	.4699	50
	virginica	5.552	.5519	50
	합계	3.758	1.7653	150
Petal.Width	setosa	.246	.1054	50
	versicolor	1.326	.1978	50
	virginica	2.026	.2747	50
	합계	1.199	.7622	150

다변량 검정[b]

효과		값	F	가설 자유도	오차 자유도	유의확률
Species	Pillai의 트레이스	2.124	88.444	12.000	438.000	.000
	Wilks의 람다	.000	797.247	12.000	381.280	.000
	Hotelling의 트레이스	177.030	2104.686	12.000	428.000	.000
	Roy의 최대근	145.921	5326.117[a]	4.000	146.000	.000

a. 해당 유의수준에서 하한값을 발생하는 통계량은 F에서 상한값입니다.
b. Design: Species

그림 14.14: SPSS에서의 MANOVA 출력 1

두 유의확률이 0.000으로 작은 값이므로 붓꽃의 종류에 따른 적어도 하나의 측정치가 하나의 붓꽃의 종류에서는 나머지와 같지 않다고 할 수 있음을 알 수 있다(P = 0.000).

며 SPSS에서의 MANOVA 출력에서는 각 변수에 대한 단변량 anova의 분산분석표도 출력하는데 이 표의 해석은 ANOVA의 분산분석표 출력과 같은 방법이므로 생략한다. 실제 출력결과는 네 가지 모두의 측정치에 대한 유의확률이 0.000이므로 네 가지 측정치 모두 꽃의 종류에 따른 차이가 있음을 알 수 있다.

그림 14.15에는 각 수준(붓꽃의 종류)에 따른 네 가지 종속변수 sepal width,

개체-간 효과 검정

소스	종속 변수	제 III 유형 제곱합	자유도	평균 제곱	F	유의확률	부분 에타 제곱
모형	Sepal.Length	5184.894[a]	3	1728.298	6521.678	.000	.993
	Sepal.Width	1413.438[b]	3	471.146	4083.154	.000	.988
	Petal.Length	2555.487[c]	3	851.829	4599.813	.000	.989
	Petal.Width	296.173[d]	3	98.724	2357.226	.000	.980
Species	Sepal.Length	5184.894	3	1728.298	6521.678	.000	.993
	Sepal.Width	1413.438	3	471.146	4083.154	.000	.988
	Petal.Length	2555.487	3	851.829	4599.813	.000	.989
	Petal.Width	296.173	3	98.724	2357.226	.000	.980
오차	Sepal.Length	38.956	147	.265			
	Sepal.Width	16.962	147	.115			
	Petal.Length	27.223	147	.185			
	Petal.Width	6.157	147	.042			
합계	Sepal.Length	5223.850	150				
	Sepal.Width	1430.400	150				
	Petal.Length	2582.710	150				
	Petal.Width	302.330	150				

a. R 제곱 = .993 (수정된 R 제곱 = .992)
b. R 제곱 = .988 (수정된 R 제곱 = .988)
c. R 제곱 = .989 (수정된 R 제곱 = .989)
d. R 제곱 = .980 (수정된 R 제곱 = .979)

그림 14.15: SPSS에서의 MANOVA 출력 2

length 및 petal width, length에 대한 일변량 분산분산표가 주어져 있다. 이 분산분석에 의하면 네 가지 종속변수 모두 붓꽃 종류에 따른 평균의 차이가 유의한 것을 알 수 있다(유의확률은 모두 0.000) 따라서 Setosa, versicolor 및 virginica인 각 붓꽃의 종류에 따라서 네 가지 측정치가 모두 다른 평균값을 가진다고 할 수 있다.

그림 14.16는 대비를 '단순'으로 설정한 대비검정의 결과이며 따라서 마지막 수준과 나머지 각 수준의 차이에 대한 검정을 시행하였다. 이 그림의 첫 번째 표는 네 개의 측정치 각각에 대한 수준별 평균차이 및 이에 대한 검정(귀무가설 H_0 : '평균차가 0이다'와 대립가설 '0이 아니다'), 평균차에 대한 신뢰구간 등이 출력되었다.

그림 14.16의 두 번째 표는 첫 번째 표의 모든 대비에 대해 0인지 다변량 검정을 시행한 결과이며 Wilks' Λ 등 일반적인 검정통계량에서 모두 유의확률이 0.000이므로 적어도 하나의 대비에 대해서, 적어도 하나의 측정치에 대해 대비가 0이 아님을 알 수 있다. 첫 번째 표의 검정결과에 의하면 모든 대비 모든 측정치에 대해 유의확률이 0.000이므로 차이가 있음을 알 수 있다.

세 번째 표는 각변수에 대해 대비 두 대비에 대한 동시검정으로 결과는 앞서 분

대비결과(K 행렬)

Species 단순 대비[a]			종속 변수 Sepal.Length	Sepal.Width	Petal.Length	Petal.Width
수준 1 및 수준 3	대비 추정값		-1.582	.454	-4.090	-1.780
	가설값		0	0	0	0
	차분(추정값 - 가설값)		-1.582	.454	-4.090	-1.780
	표준오차		.103	.068	.086	.041
	유의확률		.000	.000	.000	.000
	차이에 대한 95% 신뢰구간	하한값	-1.785	.320	-4.260	-1.861
		상한값	-1.379	.588	-3.920	-1.699
수준 2 및 수준 3	대비 추정값		-.652	-.204	-1.292	-.700
	가설값		0	0	0	0
	차분(추정값 - 가설값)		-.652	-.204	-1.292	-.700
	표준오차		.103	.068	.086	.041
	유의확률		.000	.003	.000	.000
	차이에 대한 95% 신뢰구간	하한값	-.855	-.338	-1.462	-.781
		상한값	-.449	-.070	-1.122	-.619

a. 참조범주 = 3

다변량 검정 결과

	값	F	가설 자유도	오차 자유도	유의확률	부분 에타 제곱
Pillai의 트레이스	1.192	53.466	8.000	290.000	.000	.596
Wilks의 람다	.023	199.145[a]	8.000	288.000	.000	.847
Hotelling의 트레이스	32.477	580.532	8.000	286.000	.000	.942
Roy의 최대근	32.192	1166.957[b]	4.000	145.000	.000	.970

a. 정확한 통계량
b. 해당 유의수준에서 하한값을 발생하는 통계량은 F에서 상한값입니다.

일변량 검정 결과

소스	종속 변수	제곱합	자유도	평균 제곱	F	유의확률	부분 에타 제곱
대비	Sepal.Length	63.212	2	31.606	119.265	.000	.619
	Sepal.Width	11.345	2	5.672	49.160	.000	.401
	Petal.Length	437.103	2	218.551	1180.161	.000	.941
	Petal.Width	80.413	2	40.207	960.007	.000	.929
오차	Sepal.Length	38.956	147	.265			
	Sepal.Width	16.962	147	.115			
	Petal.Length	27.223	147	.185			
	Petal.Width	6.157	147	.042			

그림 14.16: SPSS에서의 MANOVA 출력 3

석한 것과 동일하다.

사후분석과 그림 14.11의 출력결과는 각각 그림 6.5(171면)와 그림 6.8(173면)과 거의 같으므로 생략하기로 한다. ■

14.3. 주성분 분석

주성분 분석(principal component analysis)이란 여러 개의 관측치를 통해 얻은 자료를 2–3개 이하의 주요한 성분으로 찾아 내는 것을 말한다. 예를 들어 100명의 학생들에게 조사방법론 시험을 다양한 방법(open book, closed book, project, quiz, 출석)으로 보았다고 하자. 학기말에는 이 학생들의 최종점수로 서열을 매겨야 학점을 낼 수 있을 것이다. 가장 간단한 방법 중의 하나는 다섯 가지 점수의 평균을 내는 것일 수 있으나 이 경우 다섯 가지 시험의 난이도가 다를 경우에는 적절하지 않은 방법이 될 수 있다. 위의 방법은 위의 다섯 가지 성적을 $x_1, x_2, \ldots, x_5$라고 할 때

$$\frac{1}{5}x_1 + \frac{1}{5}x_2 + \cdots + \frac{1}{5}x_5 \tag{14.27}$$

로 최종 점수로 삼는 것이다. 위의 성적처리 보기에서는 다섯 가지의 점수의 선형조합

$$a_1x_1 + a_2x_2 + \cdots + a_5x_5 \tag{14.28}$$

중에서 가장 변동이 큰 a_i들을 찾아 내면 될 것이다. 이 때 특별한 조건이 없으면 a_i들의 절대값이 크게 되기만 할 수 있으므로 변수의 개수가 p개 일 때 $a_1^2 + a_2^2 + \cdots + a_p^2 = 1$이 되도록 제한을 둔다.

14.3.1 이론적 배경

p 차원 벡터 $\boldsymbol{x}$를 기댓값 $\boldsymbol{\mu}$, 분산공분산 행렬 $\boldsymbol{\Sigma}$를 갖는 분포에서 관찰된 벡터라고 하자. $\boldsymbol{\Sigma}$의 고유값(eigenvalue)를

$$\lambda_1 \geq \lambda_2 \geq \lambda_3 \geq \cdots \geq \lambda_p \geq 0 \tag{14.29}$$

으로 나타내고 이에 대응하는 고유벡터(eigenvector)를 $\boldsymbol{e}_1, \boldsymbol{e}_2, \ldots \boldsymbol{e}_p$ 라고 하자. 이 때 $\boldsymbol{e}_i = (e_{1i}, e_{2i}, \ldots, e_{pi})'$이다. $(i = 1, 2, \ldots, p)$ 여기서 얻어진 고유벡터 $\boldsymbol{e}_i$들은 모두 직교이며 크기는 1이다. 주성분분석에서는 이 고유벡터가 식 (14.28)의 a_i의 역할을 한다. 이 고유벡터들 중에서 가장 큰 고유치 λ_1에 해당하는 고유벡터 $\boldsymbol{e}_1$을 첫 번째 주성분(벡터), 두 번째로 큰 고유치 λ_2에 해당하는 고유벡터 $\boldsymbol{e}_2$을 첫 번째 주성분(벡터) 등등으로 부른다.

p차원의 n개의 자료에서 j 번째 자료를 $\boldsymbol{x}_j = (x_{1j}, x_{2j}, \ldots, x_{pj})'$라고 하자. 앞

의 성적의 예의 경우 j 번째 학생의 p개의 과목별 점수가 $\boldsymbol{x}_j$이다. y_{ij}를

$$\begin{aligned} y_{1j} &= e_{11}x_{1j} + e_{21}x_{2j} + e_{31}x_{3j} + \cdots + e_{p1}x_{pj} = \boldsymbol{e}_1'\boldsymbol{x}_j \\ y_{2j} &= e_{12}x_{1j} + e_{22}x_{2j} + e_{32}x_{3j} + \cdots + e_{p2}x_{pj} = \boldsymbol{e}_2'\boldsymbol{x}_j \\ &\vdots \\ y_{pj} &= e_{1p}x_{1j} + e_{2p}x_{2j} + e_{3p}x_{3j} + \cdots + e_{pp}x_{pj} = \boldsymbol{e}_p'\boldsymbol{x}_j \end{aligned} \tag{14.30}$$

라고 하면 이 $\boldsymbol{y}_j = (y_{1j}, y_{2j}, y_{pj})$ 가 j 번째 자료 $\boldsymbol{x}_j$의 p개의 주성분 점수(principal component score)가 되며 j 번째의 자료에 대한 p개의 성분에 대한 점수이다. 이 점수가 높거나 낮으면 해당 성분이 높거나 낮다고 본다.[7]

$\boldsymbol{y}_i = (y_{1i}, y_{2i}, \ldots, y_{ni})$라고 하면 이들은 공분산 $\mathrm{Cov}(y_i, y_j) = 0$이다$(i \neq j)$. 원래 자료 $\boldsymbol{x}$가 정규분포인 경우 모든 주성분은 독립이다. 또한 $\mathrm{Var}(y_i) = \lambda_i$이며 따라서 $\sum \mathrm{Var}(y_i) = \sum \lambda_i = \sum \mathrm{Var}(x_i)$ 가 성립된다. 따라서 p 개의 주성분 중에서 처음 k개의 주성분에 의해 설명되는 분산의 비율은

$$\frac{\lambda_1 + \lambda_2 + \cdots + \lambda_k}{\lambda_1 + \lambda_2 + \cdots + \lambda_p} \tag{14.31}$$

가 된다. 이 설명되는 분산의 비율이 1에 가까울수록 p개의 원래 자료 대신에 k개의 주성분으로 자료의 변동을 잘 설명할 수 있으므로 자료의 축약의 의미가 커진다.

참고:

1. 주성분분석에서 앞에서 설명된 이론은 분산공분산 행렬에 대한 고유치와 고유벡터를 사용하였으나 많은 경우 p 개의 변수의 단위가 같지 않기 때문에 분산공분산 행렬 대신에 상관계수 행렬을 사용한다.

2. 주성분의 개수 k는 일반적으로 고유치의 크기가 1 이상인 성분의 수만큼 보는 경우가 많은데 이는 고유치를 계산할 때 상관계수행렬을 사용할 경우 고유치의 평균이 1이기 때문에 관례적으로 사용하는 방법이다.

[7] 이론적으로 고유벡터의 부호는 반대로도 나올 수 있으므로 음수값이 낮음을 의미하지 않을 수도 있다.

보기 14.2. 다음은 2000년의 인구 100,000명당 범죄발생건수를 미국의 50개의 주와 D.C.로 정리한 자료이다. 각각의 변수는 V1: 주이름(state), V2:단순폭행(violent), V3: 재산범죄(property), V4: 살인(murder), V5: 강간(rape), V6: 강도(robbery), V7: 가중협박(aggravated assault)[8], V8: 주거침입(burglary), V9: 절도(larceny theft), V10: 차량절도(vehicle theft)이다.

V1	V2	V3	V4	V5	V6	V7	V8	V9	V10
AK	566.9	3682.5	4.3	70.3	78.2	405.1	621.9	2685.8	374.8
AL	486.2	4059.7	7.4	33.3	128.2	317.2	906.9	2864.8	288.0
AR	445.3	3670.0	6.3	31.7	74.8	332.4	802.1	2608.7	259.3
AZ	531.7	5297.8	7.0	30.7	146.3	347.7	1011.6	3444.1	842.1
CA	621.6	3118.2	6.1	28.9	177.9	408.7	656.3	1924.5	537.4
CO	334.0	3648.6	3.1	41.2	70.5	219.1	630.8	2623.5	394.3
CT	324.7	2908.0	2.9	19.9	112.5	189.4	512.0	2011.4	384.6
DE	684.4	3793.6	3.2	54.1	177.9	449.2	665.6	2725.9	402.1
FL	812.0	4882.7	5.6	44.2	199.0	563.2	1081.8	3242.9	558.0
GA	504.7	4246.4	8.0	24.0	161.9	310.9	836.6	2937.0	472.8
HI	243.8	4955.1	2.9	28.6	92.7	119.7	880.3	3570.2	504.6
IA	266.4	2967.3	1.6	23.1	36.6	205.1	558.4	2225.2	183.6
ID	252.5	2933.7	1.2	29.7	17.2	204.3	566.5	2206.0	161.2
IL	656.8	3629.4	7.2	32.9	207.4	409.3	659.6	2517.8	452.1
IN	349.1	3402.8	5.8	28.9	103.3	211.1	676.1	2379.9	346.8
KS	389.4	4019.4	6.3	38.0	76.2	269.0	799.1	2978.6	241.6
KY	294.5	2665.2	4.8	27.0	80.6	182.2	626.2	1809.6	229.5
LA	681.1	4741.7	12.5	33.5	168.5	466.6	1035.8	3229.9	475.9
MA	476.1	2550.0	2.0	26.7	91.6	355.9	482.0	1660.5	407.6
MD	786.6	4029.5	8.1	29.1	256.0	493.3	744.4	2745.7	539.5
ME	109.6	2510.2	1.2	25.1	19.4	63.9	531.4	1875.1	103.7
MI	555.0	3554.9	6.7	50.6	138.0	359.7	702.2	2291.9	560.7
MN	280.8	3207.6	3.1	45.5	75.5	156.7	530.9	2403.7	273.0
MO	490.0	4037.7	6.2	24.1	135.8	323.9	745.0	2851.3	441.4
MS	360.9	3643.5	9.0	33.3	128.2	317.2	906.9	2864.8	288.0
MT	240.6	3292.7	1.8	33.4	27.6	177.9	437.4	2638.6	216.8
NC	497.6	4421.8	7.0	27.1	156.5	307.0	1216.1	2891.8	313.9
ND	81.4	2206.6	0.6	26.3	8.7	45.8	325.9	1727.2	153.5
NE	327.6	3767.9	3.7	25.5	67.0	231.4	592.0	2870.3	305.6
NH	175.4	2257.8	1.8	42.2	36.7	94.7	404.0	1680.0	173.8
NJ	383.8	2776.6	3.4	16.1	161.1	203.2	522.0	1848.8	405.9

[8] 영국, 대륙법계 국가들, 미국의 일부 주는 치명적인 흉기를 동원한 폭행미수를 '가중협박'(aggravated assault; 또는 특수협박)으로 정의함.

NM	757.9	4761.0	7.4	50.7	137.4	562.4	1173.1	3184.4	403.6
NV	524.2	3744.4	6.5	43.0	227.3	247.3	877.1	2208.2	659.2
NY	553.9	2545.7	5.0	18.6	213.6	316.7	463.4	1796.4	285.8
OH	334.1	3707.7	3.7	37.6	137.5	155.3	780.7	2583.2	343.7
OK	497.8	4060.8	5.3	41.2	75.8	375.5	917.5	2785.4	357.8
OR	350.7	4494.7	2.0	37.6	84.4	226.7	748.8	3338.7	407.2
PA	420.0	2575.3	4.9	26.4	147.8	240.9	440.4	1839.2	295.8
RI	297.7	3178.7	4.3	39.3	88.0	166.2	631.5	2102.2	445.0
SC	804.9	4416.5	5.8	37.7	146.6	614.8	969.3	3068.1	379.0
SD	166.8	2153.0	0.9	40.4	17.4	108.1	383.7	1663.7	105.7
TN	707.2	4183.0	7.2	38.4	166.4	495.2	990.4	2708.8	483.9
TX	545.1	4410.4	5.9	37.7	145.1	356.3	906.3	3057.4	446.8
UT	255.7	4220.3	1.9	38.6	55.6	159.5	642.5	3288.5	289.3
VA	281.7	2746.4	5.7	22.8	88.9	164.3	429.9	2064.8	251.6
VT	113.5	2873.4	1.5	23.0	19.2	69.8	575.0	2165.5	132.9
WA	369.7	4736.0	3.3	46.4	98.6	221.3	907.3	3234.6	594.1
DC	1507.9	5768.6	41.8	43.9	621.3	801.0	829.5	3785.4	1153.7
WI	236.8	2972.3	3.2	21.7	84.6	127.3	469.5	2229.9	272.9
WV	316.5	2286.3	2.5	18.3	41.4	254.2	546.9	1556.1	183.3
WY	266.5	3031.5	2.4	32.4	14.2	217.5	420.8	2494.6	116.1

위의 자료에서 주성분분석을 해 보고 범죄 발생율에 어떤 요인들이 관계하는지 추론하여 보아라.

이 자료의 각 범죄유형 V2–V10의 상관계수 행렬 $\boldsymbol{R}$은[9]

$$\boldsymbol{R} = \begin{bmatrix} 1.0000 & 0.6453 & 0.8071 & 0.3434 & 0.8929 & 0.9605 & 0.5514 & 0.5079 & 0.7765 \\ 0.6453 & 1.0000 & 0.5433 & 0.3929 & 0.5434 & 0.6320 & 0.8410 & 0.9603 & 0.7214 \\ 0.8071 & 0.5433 & 1.0000 & 0.1653 & 0.8868 & 0.6838 & 0.3687 & 0.4559 & 0.7193 \\ 0.3434 & 0.3929 & 0.1653 & 1.0000 & 0.1475 & 0.3688 & 0.3079 & 0.3835 & 0.2878 \\ 0.8929 & 0.5434 & 0.8868 & 0.1475 & 1.0000 & 0.7459 & 0.3971 & 0.4023 & 0.8251 \\ 0.9605 & 0.6320 & 0.6838 & 0.3688 & 0.7459 & 1.0000 & 0.6021 & 0.5155 & 0.6579 \\ 0.5514 & 0.8410 & 0.3687 & 0.3079 & 0.3971 & 0.6021 & 1.0000 & 0.7384 & 0.5189 \\ 0.5079 & 0.9603 & 0.4559 & 0.3835 & 0.4023 & 0.5155 & 0.7384 & 1.0000 & 0.5605 \\ 0.7765 & 0.7214 & 0.7193 & 0.2878 & 0.8251 & 0.6579 & 0.5189 & 0.5605 & 1.0000 \end{bmatrix} \tag{14.32}$$

로 얻어지며, 이 상관계수 행렬의 고유치 λ_i는 크기 순서대로

[9] 상관계수 대신 분산공분산 행렬을 사용할 수도 있으나 이 경우 원래자료의 크기 값에 영향을 받음에 유의하여야 한다. 각 범죄의 범죄율이 현저한 차이가 있으므로 상관계수가 더 유리할 수 있다.

i	1	2	3	4	5	6	7	8	9
λ_i	5.7901	1.3986	0.8141	0.4616	0.2751	0.1861	0.0686	0.0057	0.0000

이다. 고유치의 합이 9이므로 가장 큰 하나의 주성분에 의해서는 전체 변동 중의 약 64.33%(= 5.7901/9)가, 두 개의 주성분을 사용하면 약 79.87%(= (5.7901 + 1.3986)/9)의 변동이 설명됨을 알 수 있다. 다음 표는 사용한 주성분의 수에 따라 설명된 변동의 백분율이다.

주성분수	1	2	3	4	5	6	7	8	9
백분율	64.33	79.87	88.92	94.05	97.11	99.17	99.94	100.00	100.00

각 고유치에 따른 고유벡터 $\boldsymbol{e}_i$는[10]

	$\boldsymbol{e}_1$	$\boldsymbol{e}_2$	$\boldsymbol{e}_3$	$\boldsymbol{e}_4$	$\boldsymbol{e}_5$	$\boldsymbol{e}_6$	$\boldsymbol{e}_7$	$\boldsymbol{e}_8$	$\boldsymbol{e}_9$
V2	−.383	−.239	.153	−.295	.024	−.203	−.118	.581	.541
V3	−.363	.357	−.226	.154	.029	−.144	−.019	.541	−.593
V4	−.336	−.362	−.044	.264	.514	.481	.434	.022	−.013
V5	−.174	.356	.874	.199	−.005	.183	−.067	−.024	−.025
V6	−.351	−.411	−.031	.132	−.070	.131	−.755	−.233	−.211
V7	−.363	−.129	.188	−.577	.098	−.360	.274	−.387	−.346
V8	−.307	.397	−.255	−.436	−.277	.618	−.014	−.107	.149
V9	−.317	.442	−.236	.251	.410	−.339	−.133	−.364	.390
V10	−.358	−.140	−.051	.421	−.689	−.170	.361	−.145	.129

(14.33)

로 얻어진다. 이 고유벡터에 대해서 해석을 해보면

- 첫 번째 고유벡터는 대체로 비슷한 값을 가지므로(V5(강간)의 경우 다소 낮다고 할 수도 있음) 첫 번째 주성분은 '전체 범죄율' 정도로 해석할 수 있을 것이다.

- 두 번째 고유벡터의 경우 V2, V4 V6, V7, V10과 V3, V5 V8, V9의 부호가 반대이므로 대략적으로 '폭력형 범죄'와 '재산형 범죄'로 구분될 수 있으며 '폭력형 범죄'보다 '재산형 범죄'에 높은 점수가 생성된다. 따라서 두 번째 주성분 점

[10] 식 14.32의 상관계수 행렬보다 더 많은 유효숫자로 계산한 결과이므로 이 식의 상관계수 행렬을 사용한 경우 여기에 주어진 값과 차이가 나는 값이 얻어질 수 있으며, 알고리즘에 따라 고유벡터의 부호는 반대로 나타날 수 있음.

수가 높으면 재산형 범죄가 높은 곳이며, 이 점수가 낮으면 폭력형 범죄가 높은 곳이다.

◉ 세 번째 고유벡터의 경우 다른 값에 비해 V5의 값이 크므로 '성범죄율'로 세 번째 성분을 말할 수 있을 것이다. 이 경우 이에 해당하는 고유치 λ_3가 0.8141로 1보다 작으므로 주성분에서 제외할 수도 있다.

이들 주성분에 의한 주성분 점수(principal component score) 값은 식 (14.30)와 같이 계산할 수 있으며, 이 경우 상관계수 행렬을 사용하여 고유치와 고유벡터를 얻었으므로 표준화한 변수값을 사용하여야 한다. 즉, V2–V10의 평균 및 표준편차가

	V2	V3	V4	V5	V6	V7	V8	V9	V10
$\bar{X}$	441.55	3602.84	5.33	33.74	118.10	286.69	701.40	2539.03	370.58
S	241.45	867.21	5.77	10.46	94.33	154.12	217.59	570.81	189.15

이므로 첫 번째 자료의 경우 표준화 값 $z = (V - \bar{V})/SD(V)$은 V2–V10에 대해서 각각

$z2$	$z3$	$z4$	$z5$	$z6$	$z7$	$z8$	$z9$	$z10$
0.52	0.09	−0.18	3.49	−0.42	0.77	−0.37	0.26	0.02

이 된다. 따라서 첫 번째 자료 AK(Alaska)의 주성분점수는 식 (14.33)의 첫 번째 열과 위의 표준화값의 내적

$$\begin{aligned}
& (-0.38, -0.36, -0.34, -0.17, -0.35, -0.36, -0.31, -0.32, -0.36) \\
\circ\ & (0.52, 0.09, -0.18, 3.49, -0.42, 0.77, -0.37, 0.26, 0.02) \\
=\ & -0.199 - 0.033 + 0.060 - 0.609 + 0.148 - 0.279 + 0.112 - 0.082 - 0.008 \\
=\ & -0.888
\end{aligned}$$

이 된다.[11] 첫 번째 자료의 두 번째 주성분점수의 값은 같은 방법으로 위의 표준화값과 식 (14.33)의 두 번째 열과의 내적 (= 1.258697), 첫 번째 자료의 세 번째 주성분점수의 값 또한 위의 표준화값과 식 (14.33)의 세 번째 열과의 내적 (= 3.309703) 등등으로 구할 수 있다. 이와 같이 모든 51개 주에 대해서 세 개의 주성분 점수를 구한 후 이를 주성분 점수의 크기 순서로 배열한 것이 표 14.1이다.

[11] 실제 계산의 유효숫자는 위의 값보다 많이 사용하였음.

표 14.1: 주성분 분석의 결과 – 주성분 점수

주성분 1 순서				주성분 2 순서				주성분 3 순서			
주	PC1	PC2	PC3	주	PC1	PC2	PC3	주	PC1	PC2	PC3
DC	−10.330	−4.105	0.269	DC	−10.330	−4.105	0.269	HI	−0.617	2.006	−1.756
FL	−3.549	1.018	0.297	NY	1.020	−2.428	−0.301	NC	−1.424	1.021	−1.467
NM	−3.198	1.633	0.801	NJ	1.451	−1.767	−0.910	AZ	−2.982	1.145	−1.451
AZ	−2.982	1.145	−1.451	PA	1.509	−1.678	0.194	GA	−1.188	−0.028	−1.297
LA	−2.937	0.471	−0.723	CA	−0.467	−1.634	0.222	MO	−0.672	−0.090	−1.054
SC	−2.577	0.575	0.201	MA	1.361	−1.548	0.437	NJ	1.451	−1.767	−0.910
MD	−2.305	−1.156	−0.276	WV	2.653	−1.310	−0.381	NE	0.758	0.376	−0.833
TN	−2.238	0.208	0.191	MD	−2.305	−1.156	−0.276	VT	2.943	0.166	−0.751
TX	−1.588	0.873	−0.217	CT	1.633	−1.148	−0.711	LA	−2.937	0.471	−0.723
NC	−1.424	1.021	−1.467	VA	2.042	−1.135	−0.388	WI	2.098	−0.644	−0.713
DE	−1.398	0.326	1.956	IL	−1.152	−0.991	0.201	CT	1.633	−1.148	−0.711
NV	−1.337	−0.373	0.550	KY	1.933	−0.784	−0.095	IA	2.164	−0.159	−0.531
WA	−1.327	1.985	0.070	ND	3.922	−0.651	0.126	AL	−0.799	0.618	−0.463
GA	−1.188	−0.028	−1.297	WI	2.098	−0.644	−0.713	MS	−0.519	0.470	−0.446
IL	−1.152	−0.991	0.201	NV	−1.337	−0.373	0.550	IN	0.686	−0.209	−0.400
MI	−0.990	−0.122	1.615	NH	3.075	−0.329	1.465	OR	−0.414	1.673	−0.400
AK	−0.889	1.259	3.310	SD	3.422	−0.295	1.415	VA	2.042	−1.135	−0.388
OK	−0.873	1.093	0.310	IN	0.686	−0.209	−0.400	WV	2.653	−1.310	−0.381
AL	−0.799	0.618	−0.463	ME	3.375	−0.168	−0.310	ME	3.375	−0.168	−0.310
MO	−0.672	−0.090	−1.054	IA	2.164	−0.159	−0.531	NY	1.020	−2.428	−0.301
HI	−0.617	2.006	−1.756	MI	−0.990	−0.122	1.615	MD	−2.305	−1.156	−0.276
MS	−0.519	0.470	−0.446	MO	−0.672	−0.090	−1.054	AR	0.027	0.364	−0.240
CA	−0.467	−1.634	0.222	RI	0.969	−0.067	0.597	TX	−1.588	0.873	−0.217
OR	−0.414	1.673	−0.400	GA	−1.188	−0.028	−1.297	UT	0.508	1.730	−0.200
KS	−0.159	1.118	−0.062	VT	2.943	0.166	−0.751	KY	1.933	−0.784	−0.095
AR	0.027	0.364	−0.240	ID	2.229	0.192	0.033	KS	−0.159	1.118	−0.062
OH	0.309	0.607	−0.031	TN	−2.238	0.208	0.191	OH	0.309	0.607	−0.031
CO	0.501	0.702	0.535	WY	2.162	0.228	0.313	ID	2.229	0.192	0.033
UT	0.508	1.730	−0.200	DE	−1.398	0.326	1.956	WA	−1.327	1.985	0.070
IN	0.686	−0.209	−0.400	AR	0.027	0.364	−0.240	ND	3.922	−0.651	0.126
NE	0.758	0.376	−0.833	NE	0.758	0.376	−0.833	MT	1.862	0.475	0.158

다음 면에 계속

표 14.1: 전 페이지에서 계속

주	PC1	PC2	PC3	주	PC1	PC2	PC3	주	PC1	PC2	PC3
RI	0.969	−0.067	0.597	MS	−0.519	0.470	−0.446	TN	−2.238	0.208	0.191
NY	1.020	−2.428	−0.301	LA	−2.937	0.471	−0.723	PA	1.509	−1.678	0.194
MN	1.320	0.487	1.138	MT	1.862	0.475	0.158	IL	−1.152	−0.991	0.201
MA	1.361	−1.548	0.437	MN	1.320	0.487	1.138	SC	−2.577	0.575	0.201
NJ	1.451	−1.767	−0.910	SC	−2.577	0.575	0.201	CA	−0.467	−1.634	0.222
PA	1.509	−1.678	0.194	OH	0.309	0.607	−0.031	DC	−10.330	−4.105	0.269
CT	1.633	−1.148	−0.711	AL	−0.799	0.618	−0.463	FL	−3.549	1.018	0.297
MT	1.862	0.475	0.158	CO	0.501	0.702	0.535	OK	−0.873	1.093	0.310
KY	1.933	−0.784	−0.095	TX	−1.588	0.873	−0.217	WY	2.162	0.228	0.313
VA	2.042	−1.135	−0.388	FL	−3.549	1.018	0.297	MA	1.361	−1.548	0.437
WI	2.098	−0.644	−0.713	NC	−1.424	1.021	−1.467	CO	0.501	0.702	0.535
WY	2.162	0.228	0.313	OK	−0.873	1.093	0.310	NV	−1.337	−0.373	0.550
IA	2.164	−0.159	−0.531	KS	−0.159	1.118	−0.062	RI	0.969	−0.067	0.597
ID	2.229	0.192	0.033	AZ	−2.982	1.145	−1.451	NM	−3.198	1.633	0.801
WV	2.653	−1.310	−0.381	AK	−0.889	1.259	3.310	MN	1.320	0.487	1.138
VT	2.943	0.166	−0.751	NM	−3.198	1.633	0.801	SD	3.422	−0.295	1.415
NH	3.075	−0.329	1.465	OR	−0.414	1.673	−0.400	NH	3.075	−0.329	1.465
ME	3.375	−0.168	−0.310	UT	0.508	1.730	−0.200	MI	−0.990	−0.122	1.615
SD	3.422	−0.295	1.415	WA	−1.327	1.985	0.070	DE	−1.398	0.326	1.956
ND	3.922	−0.651	0.126	HI	−0.617	2.006	−1.756	AK	−0.889	1.259	3.310

표의 끝

이 표에서 처음 네 개의 열은 첫 번째 주성분의 오름차순 배열, 두 번째 네 개의 열은 두 번째 주성분의 크기에 따른 오름차순, 마지막 네 개의 열은 세 번째 주성분 크기에 따른 오름차순 배열이다.

첫 번째 주성분은 '전체적인 범죄율'로 해석하였고, 이 범죄율은 Washington D.C.가 가장 높으며[12] 두 번째는 Florida이다. 전체 범죄율이 낮은 주는 North 및 South Dakoda, Meine 주 등이다.

두 번째 주성분점수가 낮은 주는 DC, New York, New Jersey, Pennsylvania, California 순서이며 이들 주는 상대적으로 '폭력형 범죄'가 '재산형 범죄' 보다 많은

[12] 첫 번째 주성분에 해당하는 식 (14.33)의 모든 값이 음수이므로 이 값이 음수로 큰 값일수록 범죄율이 높은 것으로 해석하여야 한다.

주이며, 반대로 Hawaii나 Washington 주의 경우 상대적으로 '재산형 범죄'가 '폭력형 범죄'보다 많은 주라고 할 수 있다.

마지막으로 성범죄가 상대적으로 많다고 볼 수 있는 주는 Alaska나 Delaware이다. ■

14.3.2 변수의 선택

주성분 분석은 여러 개의 변수를 대표할 수 있는 성분을 찾아내는 것으로 고유값이 가장 큰 성분부터 분석하는 것이다. 그러나 많은 변수를 사용한다고 하더라도 그 변수들이 모두 주성분을 설명하는데 적절한 것은 아닐 수가 있으므로 주성분을 설명하는데 필요하지 않은 변수는 분석에서 제외할 필요가 생긴다. 주성분분석에서의 변수의 제거는 다음과 같이 한다.

1. 고유치가 가장 작은 주성분 벡터를 찾는다.
2. 이 주성분 벡터에서 크기가 가장 큰 (절대값) 원소에 해당하는 변수를 제거한다.

로 할 수 있다.

14.4. 요인분석

학생들의 성취도 검사를 위해서 세 과목의 시험을 치르고 각 과목의 점수를 X_1, X_2, X_3라고 하자. 각 과목의 점수는 성취도라는 공통요인 F에 의해서

$$\begin{aligned} X_1 &= l_1F + \epsilon_1 \\ X_2 &= l_2F + \epsilon_2 \\ X_3 &= l_3F + \epsilon_3 \end{aligned} \tag{14.34}$$

와 같이 표현할 수 있다고 모형을 설정하자. 이 경우 l_1, l_2, l_3 의 값이 클수록 과목의 점수가 높아진다.

만일 세 과목의 시험 성적을 두 개의 요인 논리적 사고능력 F_1과 암기력 F_2로

설명을 하고자 한다면 과목별 점수 X_1, X_2, X_3는

$$\begin{aligned} X_1 &= l_{11}F_1 + l_{12}F_2 + \epsilon_1 \\ X_2 &= l_{21}F_1 + l_{22}F_2 + \epsilon_2 \\ X_3 &= l_{31}F_1 + l_{32}F_2 + \epsilon_3 \end{aligned} \tag{14.35}$$

로 모형을 설정할 수 있다. 따라서 l_{11}과 l_{12} 중의 절대값이 큰 값이 l_{11}이면 X_1 점수는 첫 번째 요인인 F_1의 영향을 많이 받게되고 두 값의 절대값 중 큰 값이 l_{12}이면 X_1 점수는 두 번째 요인인 F_2의 영향을 많이 받게된다. 마찬가지의 논리가 X_2와 X_3로 얻어지는 점수에서도 적용된다.

이와 같은 상황을 일반화하면 p개의 변수 $X_1, X_2, \ldots, X_p$가 m개의 공통요인 $F_1, F_2, \ldots, F_m$으로 설명될 수 있은 모형을 생각할 수 있다. 이 때 m은 p보다 (많이) 작은 값이다.

요인분석이란 이와 같이 p개의 주어진 변수를 p보다 작은 m개의 중요한 공통적인 변수의 선형 결합으로 보고 이 m개의 가상적인 변수를 찾는 통계학적인 방법을 말한다. 이렇게 찾아진 m개의 변수를 요인(factor)이라고 부른다. 이러한 요인을 찾아내는 방법은 주성분분석에 의한 요인 추출, likelihood를 이용한 방법 등이 있다.

주성분분석에 의한 요인 분석의 경우, 주성분분석이 p 개의 변수의 변동을 설명하기 위해 변동에 기여가 큰 주성분의 순서대로 m개의 성분으로 전체의 변동을 설명하려고 하는 방법이라면 요인분석은 p개의 변수를 주성분의 계수의 크기로 m개의 집단으로 나누고 각 집단에 속하는 변수의 공통적인 성격을 파악하여 이 m개의 변수의 공통적인 성격을 요인으로 파악하고자 하는 방법이다. 따라서 요인분석에서 요인의 해석에는 어느 정도 주관적인 요소가 개입될 수 있다. 그러나 분석할 자료가 다변량 정규분포를 가정하기 힘든 경우에도 사용할 수 있는 장점도 있다.

14.4.1 이론적 배경

식 (14.34)의 3변수 1요인 모형이나 식 (14.35)의 2요인 모형을 일반화한 p변수 m요인 모형을 설정하기 위해 p 차원 다변량 확률벡터 $\boldsymbol{X} = (X_1, X_2, \ldots, X_p)'$의 기댓값이 $\boldsymbol{\mu} = (\mu_1, \mu_2, \ldots, \mu_p)'$, 분산공분산행렬이 $\boldsymbol{\Sigma}$라고 하자.[13] 앞에서 설명한 것과 같

[13]실제 자료의 분석에서는 분산공분산 행렬보다는 상관계수의 행렬을 사용하는 경우가 많다. 상관계수행렬이 표준화된 값을 가지므로 수치적으로 안정되고, 자료의 단위에 변화가 없기 때문이다.

이 식 (14.34)과 식 (14.35)을 확장하면 p개의 확률변수는

$$\begin{aligned} X_1 - \mu_1 &= l_{11}F_1 + l_{12}F_2 + \cdots + l_{1m}F_m + \epsilon_1 \\ X_2 - \mu_2 &= l_{21}F_1 + l_{22}F_2 + \cdots + l_{2m}F_m + \epsilon_2 \\ &\vdots \\ X_p - \mu_p &= l_{p1}F_1 + l_{p2}F_2 + \cdots + l_{pm}F_m + \epsilon_p \end{aligned} \tag{14.36}$$

로 표현할 수 있다. 이와 같은 식을 인자형식(factor pattern) 또는 요인분석모형(factor model)이라고 부른다. 여기서 F_i는 m개의 공통요인이며 ϵ_i는 i 번째 변수에만 적용되는 오차항이며 l_{ij}를 **요인적재**(factor loading)라고 한다.

l_{ij}를 원소로 하는 행렬을 $\boldsymbol{L} = (l_{ij})_{i=1,2,\ldots,p;j=1,2,\ldots,m}$, $\boldsymbol{F} = (F_1, F_2, \ldots, F_m)'$, $\boldsymbol{\epsilon} = (\epsilon_1, \epsilon_2, \ldots, \epsilon_p)'$이라고 나타내기로 하면 식 (14.36)에서 사용한 변수들에 대해서는 다음과 같은 가정을 한다.

1. F_i들은 독립이며 평균 0, 분산 1이다. ($\text{Var}(\boldsymbol{F}) = \boldsymbol{I}$)
2. ϵ_i들은 서로 독립이며 평균 0 분산 ψ_i^2이다. ($\text{Var}(\boldsymbol{\epsilon}) = \boldsymbol{\Psi}$)
3. F_i들과 ϵ_j들도 독립이다. ($\text{Cov}(\boldsymbol{F}, \boldsymbol{\epsilon}) = \boldsymbol{0}$)

$h_i^2 = l_{i1}^2 + l_{i2}^2 + \cdots + l_{im}^2$ 공통인자분산(communality)이라고 한다. 공통인자분산에 대해서는 14.4.4절을 참고하기로 한다.

14.4.1.1 주성분분석 방법에 의한 인자 추출법

이와 같은 모형에서 공통인자 F_i 들을 추출하는 방법으로 가장 보편적으로 사용하는 방법은 주성분분석 방법이며 이 방법은 앞에서의 가정에 의해 $\boldsymbol{L}_{p\times m} = \{l_{ij}\}_{i=1,2,\ldots,p;j=1,2,\ldots,m}$ $\boldsymbol{\Psi} = diag\{\psi_1^2, \psi_2^2, \ldots, \psi_p^2\}$라 하고 식 (14.36)의 분산을 구해보면

$$\text{Var}(\boldsymbol{X}) = \boldsymbol{\Sigma} = \boldsymbol{L}\boldsymbol{L}' + \boldsymbol{\Psi} \tag{14.37}$$

로 얻어진다. 여기서 $\boldsymbol{\Sigma}$의 고유치를 $\lambda_1 \geq \lambda_2 \geq \cdots \geq \lambda_p \geq 0$라 하고 각각의 고유치에 대응되는 고유벡터를 $\boldsymbol{e}_i$라 하면 $\boldsymbol{\Sigma}$의 스펙트럴 분해(고유치와 고유벡터로 표현하는 분해)는

$$\boldsymbol{\Sigma} = \lambda_1\boldsymbol{e}_1\boldsymbol{e}_1' + \lambda_2\boldsymbol{e}_2\boldsymbol{e}_2' + \cdots + \lambda_p\boldsymbol{e}_p\boldsymbol{e}_p' \tag{14.38}$$

로 표현할 수 있고 고유치의 값이 작은 m 번째 이후의 항은 $\boldsymbol{\Sigma}$의 변화에 주는 양이 적으므로 그 부분은 오차에 의한 분산으로 간주하면

$$\lambda_1 \boldsymbol{e}_1 \boldsymbol{e}_1' + \lambda_2 \boldsymbol{e}_2 \boldsymbol{e}_2' + \cdots + \lambda_m \boldsymbol{e}_m \boldsymbol{e}_m' = \boldsymbol{L}\boldsymbol{L}'$$
$$\lambda_{m+1} \boldsymbol{e}_{m+1} \boldsymbol{e}_{m+1}' + \lambda_{m+2} \boldsymbol{e}_{m+2} \boldsymbol{e}_{m+2}' + \cdots + \lambda_p \boldsymbol{e}_p \boldsymbol{e}_p' = \boldsymbol{\psi}$$

로 볼 수 있으며 따라서 $\boldsymbol{X}$의 분산은 m개의 요인($\boldsymbol{L}\boldsymbol{L}'$)으로 설명되고 이 m개의 요인에 대한 인자적재는 고유치와 고유벡터의 값에 의해서

$$\boldsymbol{L} = \{\sqrt{\lambda_1}\boldsymbol{e}_1 \vdots \sqrt{\lambda_2}\boldsymbol{e}_2 \vdots \cdots, \vdots \sqrt{\lambda_m}\boldsymbol{e}_m\} \tag{14.39}$$

으로 정해진다.

요인분석이 가능한 컴퓨터 패키지에서는 식 (14.36)에서 주어진 모형의 요인적재 l_{ij}가 행렬형식으로 제시되는 경우가 많다. 즉,

$$\begin{matrix} l_{11} & l_{12} & l_{13} & l_{14} & \cdots & l_{1m} \\ l_{21} & l_{22} & l_{23} & l_{24} & \cdots & l_{2m} \\ l_{31} & l_{32} & l_{33} & l_{34} & \cdots & l_{3m} \\ & & & \vdots & & \\ l_{p1} & l_{p2} & l_{p3} & l_{p4} & \cdots & l_{pm} \end{matrix} \tag{14.40}$$

의 계산된 값이 제시된다. 만일 $l_{11}, l_{12}, l_{13}, l_{14}, \cdots, l_{1m}$ 의 절대값 중에서 가장 큰 값이 l_{1k}라면 식 (14.36)에서 주어진 요인분석 모형에서 변수 X_1의 값은 요인 F_k의 값의 변화에 의해 가장 큰 변화가 일어나게 된다. 따라서 X_1은 k 번째 요인을 잘 설명하는 변수로 판단한다. 같은 방법으로 $X_2, X_3, \ldots, X_p$에 대해서도 요인별로 묶어 주게 된다.

실제 분석에서는 식 (14.37)이나 식 (14.38)의 분산공분산행렬 $\boldsymbol{\Sigma}$ 대신에 상관계수 행렬 $\boldsymbol{R}$을 사용하는 방법을 주로 사용하며 두 방법은 같은 결과를 얻는다.

보기 14.3. 다음 자료는 어떤 교과목의 발표점수, 과제점수, 중간시험 및 기말시험 점수이다. 이 점수를 사용하여 앞에서 설명한 이론적 배경에 해당되는 상관계수행렬, 및 이 행렬의 고유벡터, 고유값과 이에 따라 얻을 수 있는 기초자료를 얻어보

자.[14]

발표	과제	중간	기말
17	93	65	100
23	98	70	100
18	95	80	100
24	90	70	100
24	98	90	100
34	100	80	100
34	100	90	100
22	91	50	100
22	88	80	100
22	90	95	100
22	88	100	100
22	95	80	100
12	80	60	100
13	96	70	100
23	98	35	80
22	84	90	100
23	98	90	90
13	94	80	100
23	100	60	70
12	78	60	100
13	94	90	100
22	93	75	90
22	98	75	100
44	100	70	100
34	98	80	100
37	96	80	100
24	98	80	100
29	98	75	100
32	96	75	100
29	100	70	100
24	94	50	80
19	94	80	100
24	98	60	90
24	94	60	90
14	86	70	100

[14] 수학적 배경이 없는 경우는 이 보기를 생략할 수 있음.

먼저 네 개의 성적에 따른 상관계수 행렬을 구하면

$$\boldsymbol{R} = \begin{bmatrix} 1.00000000 & 0.58359128 & 0.10803556 & 0.00252832 \\ 0.58359128 & 1.00000000 & 0.03254420 & -0.23868480 \\ 0.10803556 & 0.03254420 & 1.00000000 & 0.52325177 \\ 0.00252832 & -0.23868480 & 0.52325177 & 1.00000000 \end{bmatrix} \tag{14.41}$$

이며 이 상관계수 행렬 $\boldsymbol{R}$의 스펙트랄 분해에 의한 고유치는

$$\lambda_1 = 1.6398142, \quad \lambda_2 = 1.5204678, \quad \lambda_3 = 0.5058290, \quad \lambda_4 = 0.3338891 \tag{14.42}$$

이며 이에 대응하는 고유벡터는

$$\boldsymbol{e}_1 = \begin{bmatrix} 0.57157 \\ 0.66849 \\ -0.21616 \\ -0.42391 \end{bmatrix}, \boldsymbol{e}_2 = \begin{bmatrix} 0.40515 \\ 0.23413 \\ 0.67374 \\ 0.57194 \end{bmatrix}, \boldsymbol{e}_3 = \begin{bmatrix} -0.50986 \\ 0.31880 \\ 0.62179 \\ -0.50179 \end{bmatrix}, \boldsymbol{e}_4 = \begin{bmatrix} -0.49920 \\ 0.62982 \\ -0.33575 \\ 0.49132 \end{bmatrix} \tag{14.43}$$

이다. 따라서 고유치가 1보다 큰 경우에 해당하는 경우의 $\sqrt{\lambda_i}\boldsymbol{e}_i$를 계산해 보면

$$\sqrt{\lambda_1}\boldsymbol{e}_1 = \begin{bmatrix} 0.7319300 \\ 0.8560386 \\ -0.2768071 \\ -0.5428336 \end{bmatrix}, \sqrt{\lambda_2}\boldsymbol{e}_2 = \begin{bmatrix} 0.4995803 \\ 0.2886951 \\ 0.8307673 \\ 0.7052433 \end{bmatrix} \tag{14.44}$$

가 된다. ■

보기 14.4. 다음은 13개의 변수를 3개의 요인으로 분석하기 위해 얻은 요인적재 l_{ij}의 값이다. 각 변수를 요인별로 묶어 보자.

변수	1	2	3
X_1	0.15	−0.01	0.88*
X_2	0.92*	0.12	−0.13
X_3	0.13	0.20	−0.93*
X_4	−0.01	0.79*	−0.33
X_5	0.33	0.90*	0.13
X_6	0.87*	0.00	−0.16
X_7	0.21	0.88*	−0.22
X_8	0.89*	0.24	−0.13
X_9	0.03	0.90*	0.13
X_{10}	0.47*	0.46	0.32
X_{11}	0.13	0.20	0.83*
X_{12}	0.23	−0.87*	−0.13
X_{13}	−0.33	0.90*	0.13

이 표에서 *를 붙인 것을 보면(컴퓨터 출력에서는 이와 같은 표시를 안하는 경우가 대부분이다.) 각 요인에 해당하는 변수는 이 요인적재의 절대값이 가장 큰 열에 해당하는 요인이다. 즉

요인	해당 변수
요인 1	X_2, X_6, X_8, X_{10}
요인 2	$X_4, X_5, X_7, X_9, X_{12}, X_{13}$
요인 3	X_1, X_3, X_{11}

을 얻는다. ■

14.4.1.2 계산 방법

여기서도 주성분분석에서와 마찬가지로 p개의 자료가 서로 다른 단위인 경우가 대부분이기 때문에 고유치와 고유벡터를 분산공분산 행렬이 아닌 상관계수 행렬의 것을 구하여 분석하는 경우가 대부분이다. 주성분분석과 달리 요인분석에서는 상관계수행렬 $\boldsymbol{R}$을 사용하여도 분석 결과가 같다는 것은 이론적으로 증명되어 있다. 실제 자료를 가지고 요인분석을 할 때는

1. 임의의 값으로 communality를 지정하여 $\tilde{\boldsymbol{\Psi}}$를 얻는다.

2. 상관계수 행렬 $\boldsymbol{R}$과 $\tilde{\boldsymbol{\Psi}}$의 차에 대해서 스펙트럴 분해를 한다. 즉,

$$\boldsymbol{R} - \tilde{\boldsymbol{\Psi}} = \sum_{i=1}^{p} a_i \gamma_i \gamma_i' \tag{14.45}$$

   를 계산한다. $(a_1 \geq a_2 \geq \cdots \geq a_p)$

3. a_i 들 중에서 양수인 것의 수를 k개라고 하여 $\boldsymbol{L}$의 추정치 $\tilde{\boldsymbol{L}}$을 얻는다.

4. $\tilde{\boldsymbol{L}}$를 이용하여 $\tilde{\boldsymbol{\Psi}} = \boldsymbol{R} - \tilde{\boldsymbol{L}}$ 로 다시 계산하여 이전의 $\tilde{\boldsymbol{\Psi}}$ 값과 비교해 보고 두 값이 차이가 나지 않을 때까지 위의 과정을 반복한다.

이러한 계산과정을 거치기 때문에 컴퓨터 패키지를 이용하여 요인분석을 하는 경우 반복 횟수나 수렴에 관련된 옵션이 있는 경우가 많다. 실제 자료를 사용하여 요인분석을 하는 경우 기본값으로 설정된 반복횟수(SPSS의 경우 25) 이내에 수렴하지 않는 경우가 생기기도 하는데 이런 경우는 실제로 수렴하지 않는 경우도 많으나 수렴의 속도가 느린 경우도 있으므로 반복횟수를 늘여주면 결과를 얻을 수 있다.

14.4.1.3 주성분분석 방법에 의한 인자 추출법

이 방법은 주성분분석 방법에서 스펙트럴분해를 할 행렬을 분산공분산행렬이나 상관계수행렬을 사용하는데 비해 주인자분석방법은 상관계수행렬의 대각선 값을 1이 아닌 공통인자분산(commuality) 값 h_i^2을 사용하여 이 행렬에 대하여 스펙트럴 분해를 하는 방법이다. 따라서 이 방법을 사용할 경우 h_i^2을 추정하여 주어야 하며 이 값을 어떤 값으로 사용하느냐에 따라 분석 결과가 차이가 날 수 있다.

14.4.2 의미있는 인자의 수 결정

의미있는 인자의 수 결정은 대부분 크기가 1이상인 고유치의 개수로 정한다. 그러나 만일 스펙트럴분해를 분산공분산 행렬에 기초하여 하였을 때는 0.7배의 $\bar{\lambda}$보다 큰 고유치의 개수로 정하기도 한다. 이는 상관계수 행렬의 경우 고유치의 평균이 1이고 분산공분산 행렬의 경우 고유치의 값이 임의의 값을 가질 수 있기 때문에 적용되는 기준이 달라야 하기 때문이다.

14.4.3 인자회전

요인 추출방법에 의해 구한 요인의 수와 고유벡터에 기초하여 p개의 변수를 m개

의 그룹으로 나누어도 이 m개의 변수 그룹의 뚜렷한 의미를 정하기 어려운 경우가 있다. 이럴 경우 인자의 회전을 하게된다. 회전하는 방법은 크게 직교회전(orthogonal rotation)과 직교가 아닌 회전(oblique rotation; 사교회전)으로 나누는데 서로 다른 방법의 회전을 이용하여 얻어진 요인이 다를 경우 어느 한가지 분석이 옳고 그르다기 보다는 서로 다른 해석이 가능하다고 해야할 것이다.

직교회전은 varimax, quartmax 등의 방법이 있는데 모든 요인이 수직인 상태(따라서 요인들 간의 상관은 0이다.)를 유지하면서 의미있는 요인을 찾아내는 회전방법이며, 사교회전은 요인들이 수직이 아닌 상태(요인들 간의 상관이 존재한다.)로 까지 고유벡터를 회전하여 요인을 찾아내는 방법이다.

14.4.4 공통인자분산(communality)

변수 X_i의 communality 값 h_i^2은 식 (14.36)의 요인분석 모형에서

$$h_i^2 = l_{i1}^2 + l_{i2}^2 + \cdots + l_{im}^2 = \sum_j^m l_{ij}^2 \tag{14.46}$$

로 정의되는데 이 값이 작으면 각각의 요인적재 l_{ij}의 값이 작으며, 따라서 요인 $F_1, F_2, \ldots, F_m$의 값이 변하더라도 변수 X_i 값의 변화에 많은 영향을 미치지 못하게 된다. 거꾸로 표현하면 X_i의 변동을 m개의 요인 $F_1, F_2, \ldots, F_m$으로 설명하는데 충분하지 않다고 말할 수 있다. 따라서 h_i^2의 값이 작은 변수는 요인으로 분류할 때 그 분류가 정확하지 않을 가능성이 높아진다.

또 다른 해석으로는 요인분석 모형 (14.36)에서 X_i의 분산이

$$l_{i1}^2 + l_{i2}^2 + \cdots + l_{im}^2 + \psi_i^2 = h_i^2 + \psi_i^2 \tag{14.47}$$

이 되는데 이 중에서 요인 $F_1, F_2, \ldots, F_m$에 의해서 생긴 분산은 h_i^2이며 오차항에 의해서 생긴 분산은 ψ_i^2이다. 따라서 communality가 큰 값이면 X_i의 전체 분산 중 요인 $F_1, F_2, \ldots, F_m$에 의해서 설명되는 분산의 크기가 크며, communality 값이 작으면 X_i의 분산이 설명하기 어려운 오차분산 ψ_i^2에 많은 영향을 받는다는 의미이다.

대부분의 요인분석에서는 수치적 안정성 및 단위에 따른 크기의 변화를 상쇄시키는 것을 목적으로 분산공분산 행렬보다는 상관계수 행렬의 분해를 이용하여 요인을 추출한다. 이는 원래의 자료 X_i 대신에 X_i를 표준화한 자료를 사용하는 것과 이론적으로 같은 것이다. 즉, X_i의 기댓값과 분산을 각각 μ_i, σ_i^2이라고 할 때 식

(14.36)에 주어진 요인분석 모형 대신

$$\frac{X_i - \mu_i}{\sigma_i} = l_{i1}F_1 + l_{i2}F_2 + \cdots + l_{im}F_m + \epsilon_i, \quad i = 1, 2, \ldots, p \tag{14.48}$$

와 같이 표준화한 모형을 사용하는 것이다. 이 경우 표준화한 확률변수 $(X_i - \mu_i)/\sigma_i$의 분산은 1이므로 식 (14.47)의 값은 1이 되며 따라서 communality의 값은 0에서 1사이의 값을 갖게된다. 결과적으로 communality의 값 h_i^2이 1에 가까울수록 X_i가 요인분석의 결과로 얻어진 m개의 요인으로 잘 설명된다고 할 수 있으며 반대로 이 값이 1보다 작으면 작을수록 X_i가 요인분석의 결과로 얻어진 m개의 요인만으로 설명하기가 힘들게 된다.

14.4.5 요인점수(factor score)

앞의 14.4절에서 본 세 과목 점수 X_1, X_2, X_3를 보기 식 (14.34) 또는 (14.35)의 모형으로 요인분석을 한 경우를 생각해 보자. 현재까지의 요인분석에서는 학생들의 점수가 주어졌을 때 이 점수를 이용하여 몇 개의 요인으로 분류하였으나 거꾸로 $X_1 = x_1$, $X_2 = x_2$, $X_3 = x_3$로 시험점수를 얻은 학생의 성취도나 (식 (14.34)의 모형에서 F) 사고능력과 암기력 (식 (14.35)의 모형에서 F_1과 F_2) 을 점수화하는 것을 생각하여 보자. 이와 같이 X_i들의 값이 주어졌을 때 요인의 값을 추정한 것을 요인점수(factor score)라고 한다.

Factor score를 추정하는 방법은 여러 가지가 있으나 일반적으로 사용하는 방법은 회귀분석을 이용하는 것이다. 이 방법은 요인분석에 의해서 식 (14.36)의 l_{ij}들은 알려져 있으므로 이 모형을 l_{ij}를 독립변수, F_i들을 회귀계수 $X_i - \mu_i$를 종속변수로 하는 회귀분석 모형으로 해석하여 계수값 F_i들을 회귀분석을 이용하여 추정하는 것이다. 이러한 추정은 한 경우(case)의 자료에 의해서 개별적으로 이루어지며 이렇게 추정된 값은 컴퓨터 패키지를 사용할 경우 따로 출력할 수 있는 경우가 많다. 요인 F_i들에 대한 일반적인 가정인 F_i들이 독립이라는 가정 때문에 이 추정값들의 상관계수나 공분산은 0으로 계산된다.[15]

이렇게 factor score를 얻은 경우에는 이 요인 값들이 요인분석에 들어가지 않은 다른 변수를 잘 설명하는지 분석하는데 사용되기도 한다.

[15] 요인 회전시 직교회전이 아닌 방법인 oblique 등을 사용한 경우는 제외.

14.4.6 Kaiser-Meyer-Olkin의 표본적합성 측도와 Bartlett 검정

Kaiser-Meyer-Olkin 측도(KMO 측도)는 표본적합성(sampling adequacy)에 대한 측도로 사용하는데 부분상관계수를 사용하여 만든 측도값을 얻어서 자료가 요인분석에 적합한지 판단한다.

Kaiser가 처음 제안한 이 방법은 요인분석을 적용하기 위해 적절한 자료는 상관계수 행렬의 역행렬이 고유행렬에 근접해야 한다는 것에 기초하여 제안된 것으로 부분상관계수를 이용한 측도이다. 두 변수 X_i와 X_j의 상관계수를 r_{ij}라고 하고 나머지 변수들이 주어졌을 때 X_i와 X_j의 부분상관계수를 $r_{ij|\cdot}$라고 표시하면[16] KMO 측도 지수는

$$\text{KMO} = \frac{\sum\sum r_{ij}}{\sum\sum r_{ij} + \sum\sum r_{ij|\cdot}} \tag{14.49}$$

로 계산된다. 만일 두 변수 X_i와 X_j가 다른 변수들과 함께 하나의 요인을 구성한다면 부분상관계수의 값이 작아야 하므로 요인분석에 적절한 자료라면 $r_{ij|\cdot}$의 값이 작아서 0에 가까운 값이 되며 KMO 값은 1에 가깝게 된다.

KMO 측도에 대한 유의성 검정은 알려진 것이 없으며 KMO의 값이 0.5이하이면 요인분석을 적용하기에 적절하지 않은 자료로 판단되며, 이 값이 0.8이상이면 요인분석을 적용하기에 좋은 자료로 판단한다.[17]

KMO의 값이 0.5이하인 경우 commmunality의 값 등을 이용하여 적절하게 변수들을 제외하면 요인분석을 적용할 수 있는 부분자료를 얻을 수 있는 경우가 많으므로 KMO 측도의 값이 작은 경우 변수들을 제거하는 것을 고려할 수 있다.

Bartlett 검정(Bartlett, 1951)은 변수들 사이에 상관이 존재하는지에 대한 검정방법으로 Barlett의 구형성 검정(Bartlett's Sphericity Test) 검정이라고도 한다. 여기서 구형성(sphericity)이란 요인분석에 사용하는 변수들 사이에 상관이 존재하지 않음을 의미한다.[18] 요인분석에 사용하는 변수들 사이에 상관이 존재하지 않는다면 각 요인을 구성하는 변수들이 모두 상관관계가 존재하지 않게 되어서 각 요인에 속하는 변수들로 요인을 구성하는 의미가 퇴색되게 된다. 이 검정은 상관계수의 행렬을 $\boldsymbol{R}$, 변수의 수를 p, 자료의 수를 n이라고 할 때 상관계수 행렬의 행렬식

[16] 부분상관계수는 9.10절 참조.

[17] Kaiser(1974)에 의하면 KMO값이 0.9 이상이면 marvelous, 0.8–0.9 사이이면 meritorious, 0.7–0.8 사이이면 middling, 0.5–0.6 사이이면 miserable, 0.5보다 작으면 unacceptable이다.

[18] 상관계수가 0이라고 해서 독립인 것은 아니므로 독립성 검정이라고 하지는 못한다.

$|\boldsymbol{R}|$에 기초한 통계량

$$\chi_0^2 = -\left[(n-1) - \frac{2p+5}{6}\right] \log |\boldsymbol{R}| \tag{14.50}$$

을 귀무가설과 대립가설이 각각

$$\begin{aligned} H_0 &: \text{ 변수들 사이에 상관이 존재하지 않는다.} \\ H_1 &: \text{ 변수들 사이에 상관이 존재한다.} \end{aligned} \tag{14.51}$$

인 가설을 검정하기 위해 사용하며 Bartlett 검정통계량 χ_0^2의 값이 크면 귀무가설을 기각한다.[19] 여기서 log는 자연 로그이다. 귀무가설이 참일 때 χ_0^2은 근사적으로 자유도가 $p(p-1)/2$인 χ^2 분포를 갖는다.

요인분석에서의 각 요인에 속한 변수들 사이에는 어느 정도의 (양의) 상관이 있기를 기대하기 때문에 Bartlett 검정에서 검정통계량이 충분히 커서 유의확률이 작으면 현재의 자료가 요인분석에 적합한 자료라고 판단하는 하나의 근거로 사용한다.

14.4.7 MLE를 사용한 요인분석

만일 자료가 연속이거나 연속에 가까워서 정규분포를 가정할 수 있는 경우라면 관측된 자료가 식 (14.36)에서 가정한 분포에서 얻어진 것이라면 최대우도법(maximum likelihood method)를 이용하여 $\boldsymbol{X}$의 분산공분상 행렬이 식 (14.37)과 같이 분해될 수 있는지 그렇지 않은지 가설을 검정할 수 있다. 식 (14.37)가 대립가설이며 귀무가설은 분산공분산 행렬이 식 (14.37)과 같은 구조를 가지지 않는다이다. 통계학 이론에 의하여 (이론적인 부분은 Mardia, Kent, Bibby(1989) 등 참고) 귀무가설 하에서의 $\boldsymbol{\Sigma}$의 추정치와 대립가설 하에서의 $\boldsymbol{\Sigma}$의 추정치 $\hat{\boldsymbol{L}}\hat{\boldsymbol{L}}' + \hat{\boldsymbol{\Psi}}$를 사용한 우도비 검정을 할 수 있으며 이 때 얻어지지는 통계량은 근사적으로 자유도가 $(p-m)^2/2 - (p+m)/2$인 카이제곱 분포를 따르게 된다. 따라서 계산된 검정통계량의 값 χ_0^2의 값이 $\chi^2_{(p-m)^2/2-(p+m)/2;\alpha}$ 보다 크면 유의수준 α에서 요인분석이 의미가 있다고 할 수 있다.

14.4.8 탐색적 요인분석과 확인 요인분석

통계학적 또는 수리적 관점에서의 접근 방법은 앞에서 설명된 방법으로 요인분석

[19] 상관이 존재하지 않으면 $|\boldsymbol{R}| = 1$이며 검정통계량의 값은 0이 된다.

을 시행하지만 요인분석이 적용되는 목적이나 방법에 따라 사회과학에서는 두 개의 요인분석으로 분리하여 설명하기도 한다. 탐색적 요인분석(exploratory factor analysis; EFA) 이란 사전에 요인을 결정하는 변수가 정해지지 않고, 이 요인을 구성하는 변수가 어떤 변수인지 찾아내는 요인분석을 말하며 확인 요인분석 또는 확증적 요인분석(confirmatory factor analysis; CFA)이란 사전에 어떤 요인이 특정한 변수들로 정해져 있는 경우로 이들 변수가 그 요인을 잘 설명하는지 확인하기 위해 시행하는 요인분석을 말한다.

예를 들어 직무만족도를 구성하는 요인이 어떤 것이 있으며, 각 요인들은 어떤 변수들로 구성되는지 찾아내기 위해

- X_1 = 동종 업계 비교 기본급의 백분위 위치
- X_2 = 동종 업계 비교 기본급의 백분위 위치상여
- X_3 = 동종 업계 비교 기본급의 근무 수당의 백분위 위치
- X_4 = 상사와의 관계 만족도
- X_5 = 부하와의 관계 만족도
- X_6 = 동료와의 관계 만족도
- X_7 = 주중 초과 근무시간
- X_8 = 주말 근무시간

와 같은 변수로 요인분석을 하여 X_1, X_2, X_3는 첫 번째 요인, X_4, X_5, X_6은 두 번째 요인 등으로 요인을 찾아가는 요인분석은 탐색적 요인분석이다.

이에 반해 직무만족도를 구성하는 요인으로 사전에 경제적 보상, 사원간 인화, 업무량으로 요인을 구성하고 이들 요인은 각각

- 경제적 보상 $= X_1 + X_2 + X_3$
- 사원간 인화 $= X_4 + X_5 + X6$
- 업무량 $= X_6 + X_7$

그림 14.17: 요인분석에서의 변수 지정과 선택버튼.

등으로 미리 구성하여 이들 구성이 적절한지 '확인'하기 위해 요인분석을 하는 경우를 확인 요인분석이라고 한다. 이와 같이 어떤 특성을 몇개의 변수들의 함수로[20] 정의하는 것을 조작적 정의(operational definition)라고 한다.

따라서 탐색적 요인분석에서는 요인의 개수가 몇개가 될지, 각 요인을 구성하는 변수가 어떤 것인지 분석결과가 나오기 전에는 알 수 없다.[21] 반면 확인 요인분석에서는 사전에 요인의 개수와 요인이 결정되어 있으며, 각 요인은 조작적 정의에 의해 변수들로 정의되어 있다.

14.4.9 컴퓨터 패키지 이용

SPSS에서의 요인분석을 보기를 이용하여 살펴보도록 하되 수치를 이용하기 위해서 보기 14.3의 자료를 이용하여 요인을 분석하여 보자.

보기 14.5. 이와 같이 SPSS에서 설정을 하게되면 SPSS에서 요인분석은 **분석** → **데이터 축소** → **요인분석** 순서로 메뉴를 선택한다. 이 선택을 하면 그림 14.17과 같은 대화창이 나오는데 이 대화창에 요인분석에 사용할 변수를 지정한다. 이 그림의

[20] 대개의 경우 위와 같이 몇개 변수의 합으로 정의함.

[21] 구체적 알 수 없다는 것이며, 대개의 경우 어떤 요인이 있을 것이라는 것은 연구자가 '짐작'하거나 '감'을 가지고 있을 수는 있다.

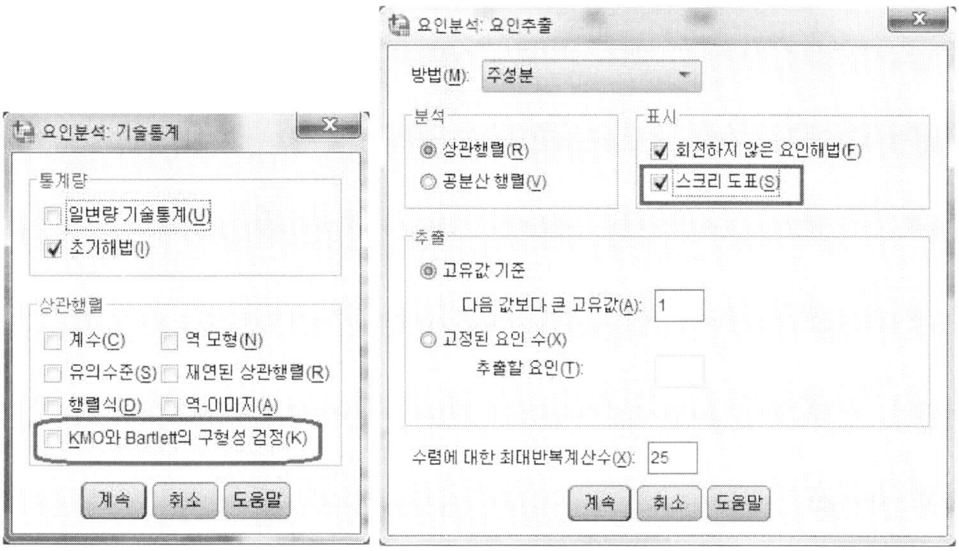

그림 14.18: 요인분석에서의 기술통계와 요인추출 버튼.

선택변수는 특정한 변수의 값이 특정한 변수의 값을 가질 때의 자료만 선택하고자 할 때 지정해주는 창이다(예: 성별의 값이 1일 때). 그림 14.17의 각각의 버튼은

- 기술통계 는 분석에 사용하는 각 변수에 대한 기초통계량을 지정해줄 수 있는 버튼으로 이 버튼을 틀릭하면 그림 14.18의 왼쪽 그림에서 와 같이 필요한 통계량을 지정해줄 수 있다. Kaiser-Meyer-Olkin의 측도와 Bartlett의 구형성 검정은 이 그림에서 'KMO와 Bartlett의 구형성 검정'을 체크하여 출력할 수 있다.

- 요인추출 은 그림 14.18의 오른쪽 그림과 요인 추출의 방법, 요인의 개수나 크기 지정과 같이 요인의 추출방법에 대한 지정을 할 수 있다. 주로 사용하는 요인추출 방법은 주성분분석 방법이며 사용하는 행렬은 상관행렬 또는 공분산 행렬을 선택할 수 있으나 이 둘의 요인추출 결과는 이론적으로 같으나 중간의 계산방법이 상관계수가 아닌 분산과 공분산을 사용하므로 중간 계산 과정의 숫자는 다르게 나올 수 있다. 대수의 문헌이 이론적 배경은 분산공분산 행렬 위주로, 수치적 해석은 상관계수 행렬을 이용한 결과에 기초하고 있다.

  요인 추출 기준은 일반적으로 고유치가 1보다 큰 기준을 사용하는 것은 앞에서 이미 알아보았다. 때로 비교 목적이나 다른 이유로 요인의 수를 지정하

그림 14.19: 요인분석에서의 요인회전과 요인점수 선택버튼.

고자 할 수 있는데 이런 경우 요인의 수를 선택하고 개수를 입력한다. (그림 14.18의 오른쪽 그림의 B)

- 요인회전 요인을 회전할 필요가 있을 때 요인회전의 방법을 지정해준다. 그림 14.19의 왼쪽 그림과 같은 대화창이 생성되어 사용할 회전방법을 지정해준다. 주로 사용하는 방법은 배리맥스(varimax) 방법이다.

- 요인점수 요인 점수를 변수로 지정해서 지정하여 이 변수를 SPSS자료창에 새로운 변수로 생성할지를 지정해줄 수 있다. 그림 14.19의 오른쪽 그림과 같은 대화창이 생성된다. 이 대화창에서 변수로 저장을 선택하면 요인점수를 계산할 방법을 지정해 줄 수 있으며 주로 사용하는 방법은 앞에서 설명한 회귀분석을 이용한 방법이다.

- 옵션은 결측치 처리 방법을 지정한다.

그림 14.20의 출력은 Kaiser-Meyer-Olkin의 측도와 Bartlett의 검정 결과를 출력한 것으로 이 결과에 의하면 KMO의 측도값이 0.464로 0.5에 미치지 못하나 Bartlett의 검정은 유의확률 0.000으로 구형성이 존재하지 않는 것으로 판단된다.

그림 14.22의 결과에서 보는 것과 같이 1보다 큰 고유치는 2개이며 이 둘의 고유치에 대당하는 점수에 대해 성분행렬이 두 번째 표에 정리되어 있다. 이들 고유치의 값은 식 (14.42)에서 본 상관계수 행렬의 고유치와 일치함을 알 수 있다. 그림

KMO와 Bartlett의 검정

표준형성 적절성의 Kaiser-Meyer-Olkin 측도.		.464
Bartlett의 구형성 검정	근사 카이제곱	27.533
	자유도	6
	유의확률	.000

그림 14.20: KMO와 Bartlett의 구형성 검정 결과

14.22에서 1보다 큰 두 고유치 각각의 분산에 대한 기여도는 약 41%와 38% 이고 이 두 고유치에 해당하는 요인이 전체 변동 중 약 79% 를 설명하고 있다는 것을 첫 번째 표에서 알 수 있다.

그림 14.18의 오른쪽 그림에서 A 부분의 스크리 도표(scree plot)[22]을 선택하면 고유치의 변화를 그림으로 얻을 수 있으며 이 스크리 도표를 이용하여 추출한 요인이 적절한지 보기도 한다. 실제 스크리 도표는 고유치의 변화를 도표로 그린 것으로 고유치가 급격히 감소한 후 평탄해지기 바로 직전까지의 성분의 수를 요인의 수로 삼기도 한다. 그림 14.21는 지금 스크리 도표의 출력 결과이다.

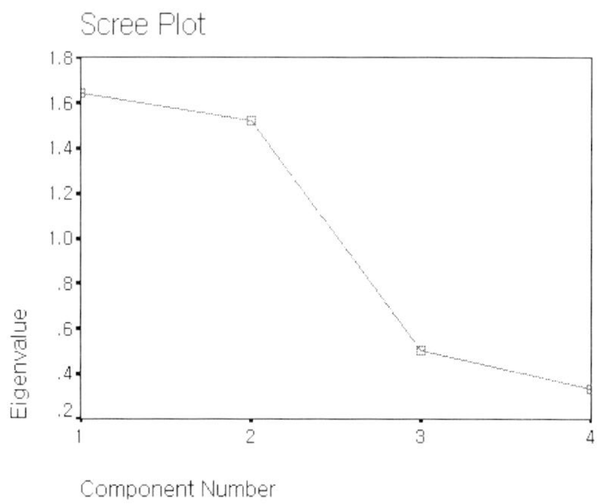

그림 14.21: 요인분석에서의 스크리 도표

[22]Scree는 바위 절벽아래에 부서져 있는 암석을 말한다.

설명된 총분산

성분	초기 고유값			추출 제곱합 적재값		
	전체	% 분산	% 누적	전체	% 분산	% 누적
1	1.640	40.995	40.995	1.640	40.995	40.995
2	1.520	38.012	79.007	1.520	38.012	79.007
3	.506	12.646	91.653			
4	.334	8.347	100.000			

추출 방법: 주성분 분석.

성분행렬[a]

	성분	
	1	2
발표	.732	.500
과제	.856	.289
중간	-.277	.831
기말	-.543	.705

요인추출 방법: 주성분 분석.
a. 추출된 2 성분

그림 14.22: 요인분석의 결과출력 1.

두 번째 표에서 이 두 개의 요인에 해당하는 성분 행렬에서 각 변수 중 성분값이 가장 큰 변수를 얻어 보면 첫 번째 요인에는 과제물과 발표가, 두 번째 요인에는 두 번의 시험 점수가 속한다는 것을 볼 수 있다. 그림 14.22의 두 번째 표는 식 (14.44)와 일치함을 알 수 있으며 이 두 개의 요인은 베리맥스 회전을 하여도 같은 결과를 얻는다.

각 요인에 속하는 두 개씩의 변수의 공통점을 살펴보면 중간시험과 기말시험은 주어진 시간과 공간내에서 글로 표시하는 방식의 검사이며 발표나 과제는 말이나 글을 사용하되 상대적으로 시간이나 공간의 제약이 없고 다른 문헌이나 참고자료를 볼 수 있는 기회가 주어지는 시험방식이다. 따라서 이 두 개의 요인으로 시험성적이 분리되는 것으로 해석하는 것은 의미가 있다. 요인점수를 저장하여 이를 SPSS 자료에 새로운 두 개의 열로 저장하면 그림 14.23의 배경에 있는 SPSS 데이터 창과 같이 두 개의 요인이 새로운 열로 저장된다.

그림 14.23에서 뒤의 배경으로 보이는 새로 계산된 변수인 요인점수(factor score)는 앞에서 설명한대로 두 개의 요인을 회귀계수로 하고 종속변수를 표준화한 점수로 하여 회귀분석을 이용하여 계산한 것이다. 실제로 발표, 과제, 중간, 기말의 평균 점수는 각각 23.314, 94.029, 73.857, 96.857이며 표준편차는 각각 7.403, 5.607, 13.884, 7.183임을 알 수 있으므로 첫 번째 학생의 네 개의 성적에 대한 표준화 점수

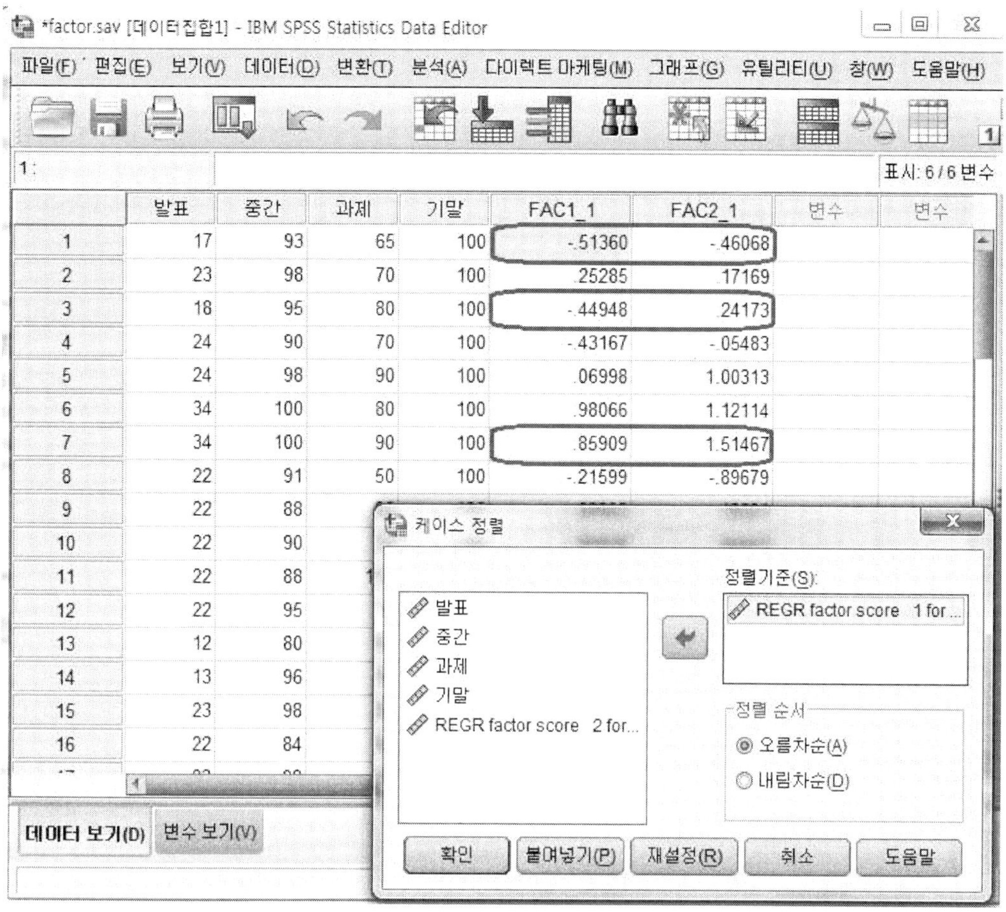

그림 14.23: 요인분석의 결과출력 2.

는

$$
\begin{aligned}
& \left(\frac{17-23.314}{7.403}, \frac{93-94.029}{5.607}, \frac{65-73.857}{13.884}, \frac{100-96.857}{7.183}\right) \\
= \; & (-0.853, -0.183, -0.638, 0.438)
\end{aligned}
$$

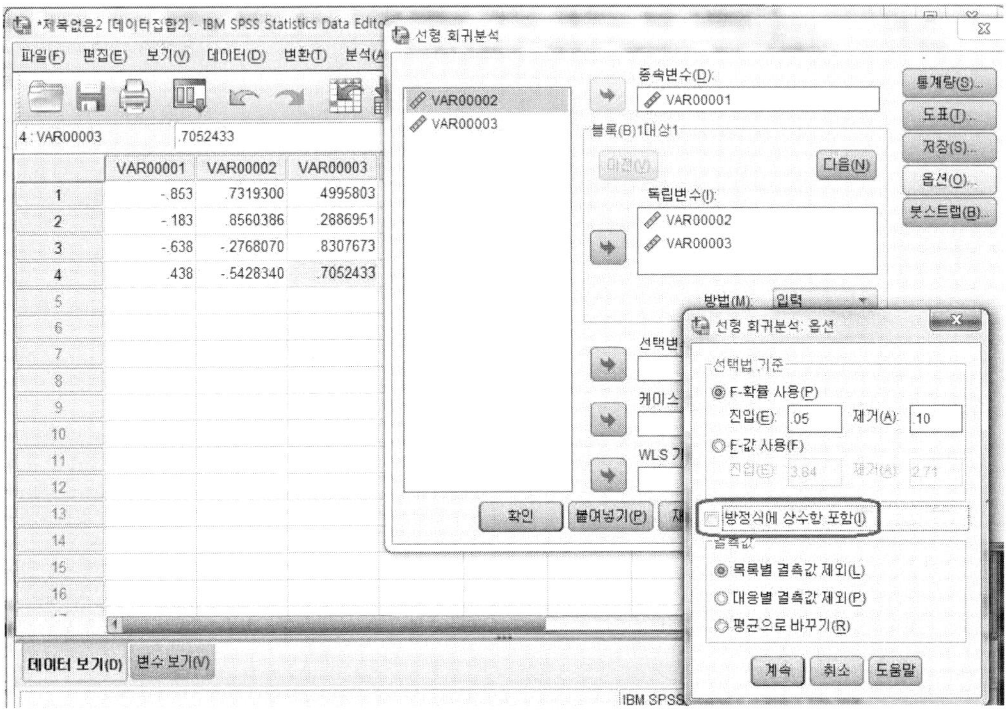

그림 14.24: 요인점수(factor score)의 계산을 위한 회귀분석 설정

이고 식 (14.36)의 l_{ij} 값은 식 (14.44)나 그림 14.22의 두 번째 표에서

$$\begin{aligned} -0.853 &= 0.7319300F_1 + 0.4995803F_2 \\ -0.183 &= 0.8560386F_1 + 0.2886951F_2 \\ -0.638 &= -0.2768071F_1 + 0.8307673F_2 \\ 0.438 &= -0.5428336F_1 + 0.7052433F_2 \end{aligned} \tag{14.52}$$

을 원점을 지나는 회귀분석을 이용하여 얻은 해인 $\hat{F}_1 = -0.5136037$, $\hat{F}_2 = -0.4606771$ 임을 알 수 있다. 이 회귀분석은 그림 14.24에서 이루어졌으며 이 그림에서 위의 식 (14.52)의 자료를 입력한 후 종속변수와 설명변수를 설정하고 동그라미한 부분에서 원점을 지나는 회귀로 설정한 후 회분석의 결과를 얻었다. 이 회귀분석의 출력결과 중 회귀계수 부분은 그림 14.25에 정리하였다.

계수[a,b]

모형		비표준화 계수 B	비표준화 계수 표준오차	표준화 계수 베타	t	유의확률
1	VAR00002	-.514	.430	-.564	-1.196	.354
	VAR00003	-.460	.446	-.487	-1.032	.410

a. 종속변수: VAR00001
b. 원점을 통한 선형 회귀

그림 14.25: 요인점수(factor score)의 계산 결과

계산 결과로 얻어진 요인점수인 두 개의 열에 대해서 데이터 → 케이스 정렬을 선택하면 그림 14.23의 대화창과 같이 어떤 변수의 값의 크기에 대해서 정렬할지를 지정하는 대화창이 생긴다. 각각 요인점수의 순서에 따라 배열해보면 어떤 학생이 발표나 과제를 잘하는지 아니면 적어내는 시험을 잘하는지 알 수 있다. 실제로 이 자료의 발표, 과제, 중간, 기말의 평균점수는 각각 23.314, 94.029, 73.857, 96.857이며 따라서 첫 번째 학생의 발표 및 과제 점수(이 둘은 첫 번째 요인)는 모두 평균이하이며 중간시험과 기말시험(이 둘은 두 번째 요인)도 마찬가지이다. 세 번째 학생은 첫 번째 요인은 평균이하이나 두 번째 요인은 평균 이상임을 알 수 있고, 일곱 번째 학생은 두 요인 모두 우수한 것을 알 수 있다. ■

보기 14.6. 표 14.2의 자료는 소아암 보호자를 대상으로 호스피스에 대한 요구사항을 5점 척도로 조사한 설문문항이다. 요구사항을 몇 가지 요인으로 분류하여 보아라. (김신정, 강경아, 심송용 (2004))

```
3 4 4 4 3 4 3 1 3 4 4 3 3 3 3 4 4 4 3 4 4 4
3 4 4 4 4 4 4 4 4 4 4 4 4 4 4 4 4 4 4 4 4 4
4 3 3 3 3 3 3 2 3 3 3 3 3 3 3 3 3 3 3 3 3 3
3 3 4 4 3 4 3 3 3 3 3 4 3 3 3 3 3 3 3 3 3 3
3 4 3 4 4 4 3 4 4 3 3 4 4 3 4 4 3 4 4 4 4 4
4 4 3 3 3 3 3 3 3 2 3 3 3 3 3 3 3 3 3 3 3 3
4 4 4 4 4 4 4 3 4 3 3 3 3 3 3 3 3 3 3 3 3 3
3 3 3 3 3 3 3 3 3 3 3 3 3 3 3 3 3 3 3 3 3 3
4 4 4 4 4 4 4 2 4 4 4 4 4 4 4 4 4 4 4 3 4 4
3 4 3 4 3 4 3 3 3 3 2 3 3 2 3 3 1 3 2 3 2 3
3 4 3 3 3 4 4 4 4 3 3 3 3 3 3 3 3 3 3 3 3 3
4 4 4 4 4 4 4 3 4 4 4 4 4 4 4 4 4 4 4 4 4 4
4 4 4 4 4 4 3 4 4 4 4 4 4 3 3 4 4 4 4 2 4 4
```

표 14.2: 암 환아 가족의 아동 호스피스 요구 측정도구의 문항

문항	문항의 내용
1	통증을 조절해주는 것
2	아동이 속마음을 맘껏 이야기 할 수 있도록 해주는 것
3	영양부족을 조절해주는 것
4	아동이 불안해 할 때 정서적으로 지지해주는 것
5	피부손상을 조절해주는 것
6	아동의 우울을 감소시켜 주는 것
7	변비/설사를 조절해주는 것
8	가족이 겪는 어려움을 들어주는 것
9	호흡곤란을 조절해주는 것
10	아동의 증상이 악화되어 가족과 대화 할 기회가 없어지기 전에 아동과 가족이 대화할 기회를 주는 것
11	배뇨장애를 조절해주는 것
12	죽음을 더 이상 피할 수 없는 상황이 올 때 가족이 받아들일 수 있도록 도와주는 것
13	탈수를 조절해주는 것
14	적극적인 치료는 포기하고 아동을 편하게 하는 치료를 선택하여 가족이 주위의 비난을 받게 될 때 격려해 주는 것
15	부종을 조절해 주는 것
16	열이 날 때 조절해 주는 것
17	아동이나 가족이 종교적 도움을 원할 때 성직자(목사, 신부, 스님)와 만나게 해 주는 것
18	기침을 조절해 주는 것
19	가려움증을 조절해 주는 것
20	아동이 죽음에 대해서 알고 싶어할 때 대답해 주는 것
21	구강문제를 조절해 주는 것
22	빈혈을 조절해 주는 것

```
4 4 4 4 3 4 3 3 4 4 4 4 4 4 3 3 3 4 3 3 3 3
3 3 3 3 3 3 3 3 3 3 3 3 3 2 3 3 3 3 3 2 3 3
4 4 4 4 4 4 4 3 4 4 4 4 4 3 4 4 4 4 4 4 4 4
4 4 4 4 4 4 4 4 4 4 4 4 4 4 4 4 4 4 4 4 4 4
3 3 3 3 3 3 3 3 3 3 3 3 3 3 3 3 3 3 3 3 3 3
4 3 2 3 3 3 3 3 4 2 3 2 3 2 3 4 3 3 3 2 3 3
4 3 3 3 3 3 3 3 3 3 3 3 3 3 3 3 3 3 3 3 3 3
3 3 4 4 3 3 3 3 3 3 3 3 3 3 3 3 3 3 3 2 3 3
4 4 3 4 3 4 3 4 4 4 4 4 3 3 3 3 3 3 3 2 3 3
4 4 4 4 4 4 4 4 4 3 4 4 3 4 4 4 3 4 4 4 4 4
3 3 4 3 3 4 3 2 3 3 3 3 3 3 3 4 3 3 4 3 3 3
```

```
4 4 3 3 3 3 3 1 4 3 4 3 4 1 3 3 3 3 3 3 3 3
3 3 3 4 3 4 3 4 3 3 3 3 3 3 3 3 3 3 3 3 3 3
3 3 3 3 2 3 3 4 4 3 4 4 3 2 3 3 3 3 2 3 2 3
3 3 4 3 3 3 4 3 3 4 2 3 2 3 4 4 3 3 3 2 3 4
4 4 4 4 4 4 4 4 4 4 4 4 4 4 4 4 4 4 4 4 4 4
4 4 4 4 4 4 4 3 4 4 4 3 4 3 4 4 4 4 4 3 4 4
4 4 4 4 4 4 4 3 4 3 4 3 4 4 4 4 3 4 4 3 4 4
4 2 3 4 3 4 1 3 3 3 1 2 3 3 3 3 3 3 3 3 3 3
4 4 3 4 4 4 4 3 4 4 4 3 4 3 4 3 3 3 3 3 3 3
4 4 4 4 4 4 4 3 4 3 4 3 4 4 4 4 4 4 4 4 4 4
3 3 4 3 3 3 4 2 3 2 3 2 3 2 3 3 2 3 3 2 3 3
4 4 4 4 4 4 4 4 4 4 4 4 4 4 3 4 3 3 3 4 3 3
4 4 4 4 4 4 4 3 4 3 4 3 4 4 4 4 4 4 4 4 4 4
3 3 3 4 3 4 3 3 3 4 3 2 3 3 3 3 3 3 3 3 3 3
3 3 3 4 3 3 3 3 4 4 3 4 3 4 3 2 4 2 2 4 2 2
3 3 3 4 3 3 3 3 3 3 3 2 3 3 3 3 3 3 3 3 3 3
4 4 4 4 3 4 3 3 4 2 3 2 3 4 3 3 3 3 3 3 3 3
3 2 3 3 3 2 3 3 3 2 3 2 3 3 3 4 2 4 3 2 3 3
3 3 4 3 4 3 4 2 4 3 4 3 4 3 4 3 4 3 3 4 3 3
4 3 4 4 4 4 4 3 4 3 4 1 3 3 3 3 3 3 3 1 3 3
4 4 4 4 4 4 4 4 4 2 4 4 4 4 4 4 4 4 4 4 4 4
3 3 3 3 3 3 3 3 3 3 3 2 3 3 3 3 3 3 3 3 3 3
4 3 4 4 3 4 4 2 3 3 4 2 3 3 3 3 2 3 3 2 3 3
4 3 4 4 3 4 4 4 4 3 4 4 4 3 4 4 4 4 4 4 4 4
4 3 4 4 4 4 3 3 4 3 4 2 4 4 4 3 4 3 3 4 3 3
3 3 3 3 3 3 3 3 2 3 3 2 3 3 3 3 3 3 3 3 3 3
4 4 4 4 4 4 4 3 4 2 4 4 4 4 4 4 4 4 4 4 4 4
3 3 3 3 3 3 2 4 3 3 2 2 2 3 2 3 3 3 3 2 3 3
4 4 4 4 4 4 4 4 4 3 4 3 4 4 4 3 4 3 3 3 3 3
4 3 4 3 3 3 3 3 3 2 3 3 3 3 3 3 3 3 3 3 3 3
4 4 4 4 3 4 3 3 4 4 4 3 4 3 3 4 3 3 3 3 3 4
4 4 4 4 4 4 4 3 4 4 4 3 4 3 4 4 3 4 4 3 4 4
3 3 3 3 3 3 3 3 3 3 3 3 3 3 3 3 3 3 3 3 3 3
3 4 3 4 3 4 3 3 4 4 3 3 3 3 3 3 3 3 3 4 3 3
4 4 4 4 4 4 4 4 4 4 4 4 4 4 4 4 4 4 4 4 4 4
4 4 4 4 4 4 4 4 4 4 4 3 4 4 4 4 4 4 4 3 3 3
3 4 3 3 3 3 3 3 3 3 3 3 3 3 3 3 3 3 3 3 3 3
4 4 3 4 3 4 3 3 4 4 3 3 3 3 3 3 3 3 3 3 3 3
4 3 3 3 3 3 3 3 3 3 3 3 3 2 3 3 3 3 3 3 3 3
4 3 4 4 3 4 4 4 4 4 4 4 4 4 4 4 4 4 4 4 4 4
3 3 3 3 4 4 4 4 3 4 3 4 3 2 3 4 3 4 4 2 3 4
3 3 3 3 4 3 3 3 4 3 2 3 4 2 3 3 3 3 3 3 4 4
```

```
4 4 4 4 4 4 4 3 4 3 4 3 4 3 4 3 3 4 4 4 4 4
4 4 4 4 4 4 4 2 4 4 4 1 4 1 4 4 4 4 4 4 4 4
3 4 3 4 3 4 3 3 3 4 3 4 3 3 3 3 3 3 3 3 3 3
3 4 4 3 3 3 3 3 3 3 3 3 3 3 3 3 2 3 3 3 3 3
4 4 4 4 4 4 4 4 4 4 4 4 4 4 4 4 4 4 4 4 4 4
4 4 4 4 4 4 4 3 4 4 4 4 4 3 4 4 4 4 4 4 4 4
3 3 3 3 3 3 4 4 4 3 3 4 3 3 3 3 2 3 3 3 3 3
4 3 3 4 3 3 3 3 3 4 4 4 4 3 3 4 4 3 4 2 3 3
4 4 4 4 4 4 4 4 4 4 4 4 4 4 4 4 4 4 4 4 4 4
3 4 4 4 3 4 3 3 4 4 4 3 3 3 4 3 3 4 4 3 4 4
4 3 4 3 3 4 3 3 3 4 3 3 3 4 3 3 3 3 3 1 2 3
4 4 4 4 3 4 4 3 4 4 4 4 4 3 3 3 4 3 3 4 3 3
4 4 4 4 4 4 4 4 4 4 4 4 4 4 4 4 4 4 4 4 4 4
4 3 3 3 4 3 3 3 4 3 3 3 3 2 3 3 3 3 3 1 3 3
3 4 4 4 3 3 3 4 4 4 4 3 3 3 3 3 3 3 3 3 3 3
4 4 3 3 3 3 3 3 4 4 3 4 3 3 3 4 3 3 3 3 3 3
3 3 3 4 4 4 4 3 3 4 3 2 4 3 3 3 3 3 3 4 4 3
3 4 4 4 4 4 3 3 4 4 3 3 3 3 3 3 4 3 3 3 3 3
4 4 4 4 4 4 4 3 4 4 4 4 4 4 4 4 4 4 4 4 4 4
3 3 3 4 3 3 3 3 3 3 4 4 4 4 3 3 3 3 3 4 3 3
4 3 4 4 4 3 4 4 4 4 4 4 4 3 4 4 4 4 4 3 4 4
3 4 4 3 3 4 3 3 4 4 3 3 4 3 3 3 4 4 4 3 4 4
3 3 3 3 3 3 3 2 3 3 3 3 3 3 3 3 3 3 3 3 3 3
4 4 4 4 4 4 4 4 4 4 4 4 4 2 4 4 4 4 4 4 4 4
4 4 4 4 3 3 3 3 3 4 3 3 3 1 3 3 3 3 3 3 3 3
3 3 4 3 3 2 4 2 3 3 3 3 3 2 3 3 3 3 3 3 4 4
4 4 4 4 3 3 3 3 4 4 4 3 4 4 4 4 2 3 4 4 3 4
3 4 4 4 3 4 3 2 3 3 3 3 3 3 3 3 3 3 3 3 3 3
3 3 4 3 3 3 4 3 3 4 3 4 3 4 4 3 2 3 3 3 3 3
4 4 3 4 4 4 4 4 4 3 3 4 4 3 3 3 3 3 4 2 3 3
4 3 4 3 3 3 4 4 3 3 3 3 3 3 3 3 3 3 3 3 3 3
4 4 4 4 4 4 4 3 4 4 4 4 4 3 4 4 4 4 4 4 4 4
3 3 3 3 3 3 3 3 3 3 2 3 2 3 3 2 3 3 3 3 3 3
4 4 4 4 4 4 4 4 4 4 4 4 4 3 4 4 4 4 4 3 4 4
4 3 4 3 3 3 4 3 3 3 3 4 3 1 3 4 3 3 3 3 4 4
4 4 3 4 4 4 4 4 4 4 4 4 4 4 4 4 4 4 4 4 4 4
4 4 4 4 4 4 4 4 4 4 4 4 4 4 4 4 3 4 4 3 4 4
4 4 3 3 3 3 3 4 3 4 3 3 3 3 3 4 4 4 3 3 3 3
```

그림 14.26에서 보는 바와 같이 KMO 측도값은 0.873으로 충분히 크며, Bartlett 검정의 유의확률도 0.000으로 이 보기의 자료는 요인분석에 적합한 자료로 판단할

KMO와 Bartlett의 검정

표준형성 적절성의 Kaiser-Meyer-Olkin 측도.		.873
Bartlett의 구형성 검정	근사 카이제곱	1605.390
	자유도	231
	유의확률	.000

그림 14.26: KMO 측도와 Bartlett 검정

설명된 총분산

성분	초기 고유값			추출 제곱합 적재값			회전 제곱합 적재값		
	전체	% 분산	% 누적	전체	% 분산	% 누적	전체	% 분산	% 누적
1	10.256	46.620	46.620	10.256	46.620	46.620	5.236	23.801	23.801
2	1.760	7.999	54.619	1.760	7.999	54.619	3.018	13.717	37.518
3	1.270	5.772	60.391	1.270	5.772	60.391	2.902	13.192	50.710
4	1.048	4.762	65.153	1.048	4.762	65.153	2.570	11.681	62.391
5	1.006	4.574	69.728	1.006	4.574	69.728	1.614	7.336	69.728
6	.915	4.159	73.887						
7	.829	3.770	77.657						
8	.735	3.343	81.001						
9	.652	2.962	83.963						
10	.489	2.224	86.187						
11	.448	2.036	88.223						
12	.422	1.917	90.139						
13	.406	1.844	91.984						
14	.365	1.659	93.643						
15	.296	1.346	94.989						
16	.249	1.134	96.123						
17	.224	1.020	97.143						
18	.178	.808	97.950						
19	.158	.720	98.670						
20	.126	.574	99.244						
21	.108	.493	99.737						
22	.058	.263	100.000						

추출 방법: 주성분 분석.

그림 14.27: 고유치와 설명된 총분산

수 있다. 그림 14.27에는 고유치와 설명된 분산의 비율이 출력되어 있다. 이 그림에 의하면 1보다 큰 고유치는 다섯 개이므로 다섯 개의 요인으로 그룹화하는 것을 고려할 수 있다. 하지만 작은 두 개의 고유치는 1에 아주 가깝기 때문에 뒤에서 볼 표 14.3에 의한 그룹화가 적절치 않다고 판단되거나, 이 분야의 전문가에 의한 다른 이유가 있을 경우 3개의 요인으로 분류한는 것도 고려할 수 있다. 그림 14.28에 의한 요인을 변수들로 묶어 보면 표 14.3과 같다. 표 14.3에 의한 그룹화가 적절한 그룹화인지는 이 설문을 계획하고 자료를 수집한 연구자의 전문적이 판단이 다소 요

회전된 성분행렬[a]

	성분				
	1	2	3	4	5
V22	.896	.134	.196	.161	.044
V21	.850	.170	.168	.255	-.020
V16	.829	.197	.122	.032	.190
V18	.819	.224	.241	.161	.154
V19	.796	.312	.223	.158	.159
V15	.555	.417	.162	.521	.123
V17	.388	.258	.337	.364	.190
V1	.228	.747	.186	-.064	.102
V9	.211	.591	.403	.226	.217
V5	.478	.578	.226	.211	.089
V11	.330	.513	.285	.453	.040
V7	.445	.496	-.030	.388	.080
V13	.432	.476	.299	.438	.090
V10	.230	-.126	.717	.075	.232
V6	.179	.364	.717	.138	.043
V4	.099	.353	.701	.300	.024
V2	.223	.282	.656	.188	.052
V20	.278	-.058	.253	.774	.029
V14	-.016	.246	.166	.589	.374
V3	.368	.334	.234	.399	-.221
V8	.101	.195	.076	-.015	.861
V12	.273	-.027	.224	.347	.635

요인추출 방법: 주성분 분석.
회전 방법: Kaiser 정규화가 있는 베리멕스.
a. 7 반복계산에서 요인회전이 수렴되었습니다.

그림 14.28: 회전된 성분행렬

표 14.3: 요인으로 그룹화한 변수

요인	변수
요인 1	V15, V16, V17, V18, V19, V21, V22
요인 2	V1, V5, V7, V9, V11, V13
요인 3	V2, V4, V6, V10
요인 4	V3, V14, V20
요인 5	V8, V12

구된다. 특히 V17이나 V13, V3의 요인적재값은 가장 큰 요인적재값과 나머지 요인적재값들이 크게 차이가 나지 않기 때문에 표 14.3에 의한 분류가 아닌 다른 분류도

가능한지 검토할 필요가 있다. ■

14.5. 군집분석(Cluster Analysis)

군집분석이란 주어진 자료를 이용하여 자료를 몇 개의 그룹 또는 군(cluster)으로 분류하는 방법을 말한다. 크게 보아 군집분석에서 주로 사용하는 방법은 자료를 k 개의 군으로 분류하는 k-mean 군집분석 방법과 계층적(hierachical) 군집분석이 있다.

14.5.1 k-means 군집분석

k-means 군집분석은 MacQueen(1967)에 의해서 붙여진 이름으로 각각의 관측치에 대해서 k 개의 평균 중에서 가장 관측치에서 가장 가까운 평균값을 갖는 군으로 분류하는 방법이다. 이 방법을 요약하면

1. 관측치를 k 개의 군으로 적당히 분류하여 k 개의 군별로 평균을 계산한다.
2. 각 관측치를 1에서 분류한 군별 평균값에서 가장 가까운 군으로 재분류한다. 이 때 사용하는 거리는 Euclidean 거리나 Mahalanobis 거리 등을 사용한다.
3. 2번 항의 방법으로 재분류되는 관측치가 없을 때까지 2번을 반복한다.

의 방법을 사용한다.

보기 14.7. 다음의 5개의 자료를 2개의 군으로 분류해 보자. 이때 분산공분산 행렬을 고려한 Mahalanobis 거리를 사용하는 것이 더 나을 수 있으나, 계산이 복잡하므로 계산의 편의상 Euclidean 거리의 제곱을 사용하기로 한다.

자료의 번호	A	B	C	D	E
자료	(3,5)	(1,−1)	$(-3,-2)$	(1,2)	$(-2,0)$

먼저 처음 2개와 나중의 3개의 관측치로 2개의 군으로 나누어 보면 평균은

	$\bar{x}$	$\bar{y}$
(AB)	$(3+1)/2=2$	$(5-1)/2=2$
(CDE)	$(-3+1-2)/3=-4/3$	$(-2+2+0)/3=0$

이므로 이 둘의 평균으로부터 각각의 Educledean 거리 제곱은

거리		A	B	C	D	E
(AB)	$(3-2)^2+(5-2)^2=10$		10	41	1	20
(CDE)	$(3+4/3)^2+(5-0)^2=43.78$		6.44	6.78	9.44	0.44

이므로 A, D는 첫 번째 군에, B, C, E는 두 번째 군으로 분류된다. 즉 두 개의 군은 (AD)와 (BCE)로 얻어지며 이들로 얻어지는 중심은

	$\bar{x}$	$\bar{y}$
(AD)	$(3+1)/2=2$	$(5+2)/2=3.5$
(BCE)	$(1-3-2)/3=-4/3$	$(-1-2+0)/3=-1$

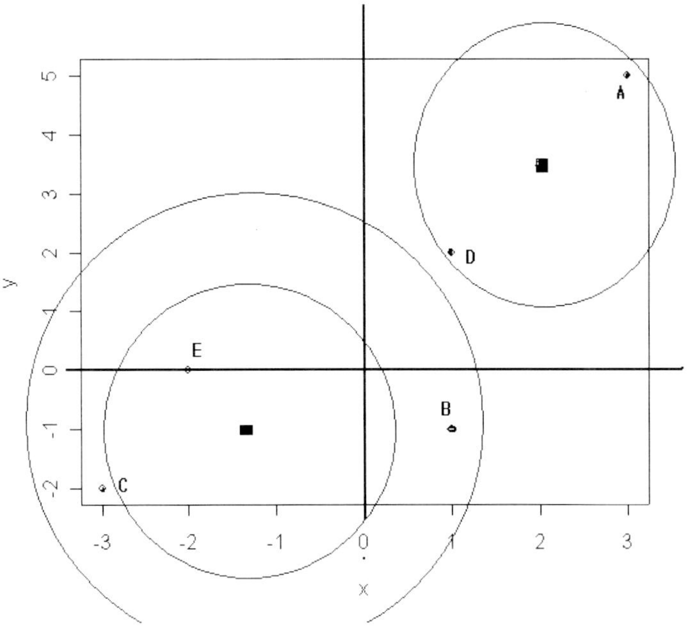

그림 14.29: 군집분석의 결과

로 얻어지므로 두 군의 평균으로부터의 거리의 제곱은

자료의 번호	A	B	C	D	E
(AD)로부터 거리	3.25	21.25	55.25	3.25	28.25
(BCE)로부터의 거리	54.78	5.44	3.78	14.44	1.44

이므로 원래의 군과 분류결과가 같다. 즉, Euclidean 거리를 사용한 k-means 군집분석의 결과는 관측치 A와 D를 하나의 군으로, 관측치 B, C, E를 하나의 군으로 분류할 수 있다. 두 군의 중심의 좌표는 $(2, 3.5)$와 $(-1.33, -1)$이다. 이러한 군집분석의 결과는 그림 14.29이다. ■

14.5.2 SPSS에서의 k-means 군집분석

SPSS에서의 k-means 군집분석은 그림 14.30에서와 같이 **분석** → **분류분석** → **k-**

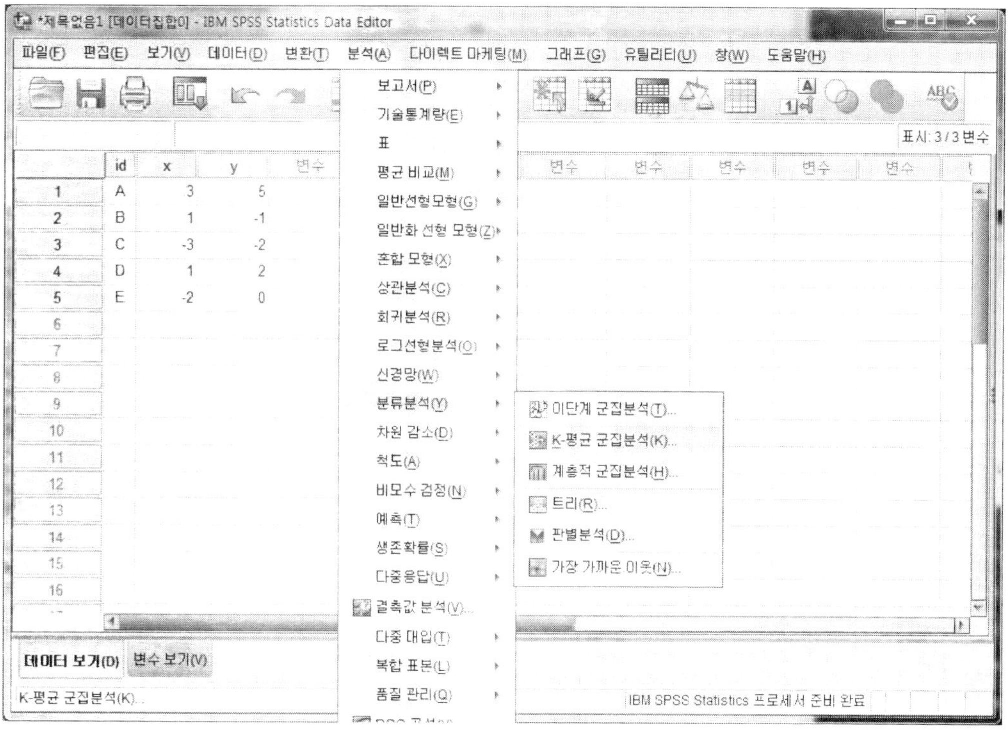

그림 14.30: SPSS에서 k-means 군집분석 메뉴선택

평균 군집분석 순서로 메뉴를 선택한다. 이와 같이 선택하면 그림 14.31와 같은 대화창이 만들어지는데 이 창에서 '변수'에는 군집분석에 사용할 변수를 지정하고 '케이스 설명 기준변수'에는 각 케이스의 군집을 표시하는 변수를 설정한다. 이 변수는 설정하지 않으면 자료의 순서에 따라서 $1, 2, 3, \ldots$로 번호를 붙이게 된다. '군집의 수'에는 나눌 그룹의 수 k를 지정한다. 이 그림에서는 2가 지정되었다. 그림 14.31의 '군집중심' 또는 `Cluster Centers`에는 군집분석에서 사용할 각 군집의 중

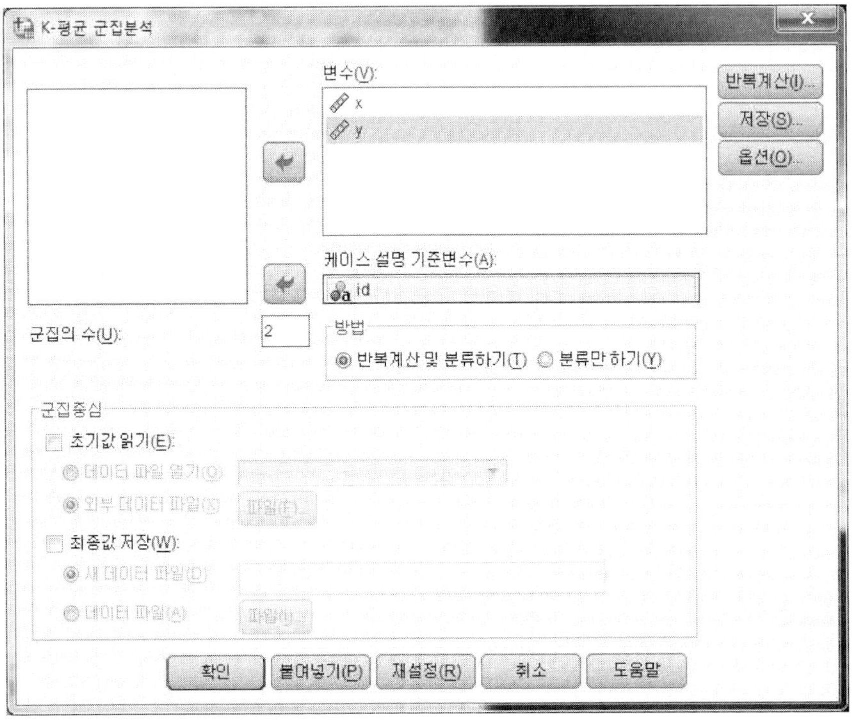

그림 14.31: SPSS에서 k-means 군집분석 설정

심의 좌표를 지정할 수 있으며 '초기값 읽기' 또는 `Read initial from`은 초기의 중심의 좌표를 포함하는 파일을 열 수 있도록 설정하는 것이며 '최종값 저장'`Write final as`는 최종 군집분석에서의 중심의 좌표를 파일로 저장하는 것이다.

군집분석의 결과는 그림 14.32에 요약되어 있으며 이 그림에서 보는 것과 같이 점 A, D는 군집 1로, B, C, E는 군집 2로 분류되었음을 알 수 있다. 또한 각 군집의 중심의 좌표는 각각 $(2.0, 3.5)$와 $(-1.3, -1)$로 보기 14.7와 같은 결과를 얻음을 알 수 있다.

이 그림의 첫번째 표는 그림 14.30의 설정화면에서 [옵션] 버튼으로 생성된 그림 14.33의 '각 케이스의 군집정보'를 선택하여야 출력된다.

그림 14.31의 [저장] 또는 [Save] 버튼을 사용하여 생성되는 그림 14.33의 오른쪽 대화창처럼 각 군집의 중심으로 부터의 거리나 군집분석에 의해서 분류된 군집을 SPSS의 데이터에 새 변수로 저장할 수 있게 해 주는 옵션을 설정할 수 있다. 이 그림의 설정에 따른 결과는 그림 14.35이며 이 그림의 `QCL_1`은 군집분석에 따

소속군집

케이스 수	id	군집	거리
1	A	1	1.803
2	B	2	2.333
3	C	2	1.944
4	D	1	1.803
5	E	2	1.202

최종 군집중심

	군집	
	1	2
x	2	-1
y	4	-1

최종 군집중심간 거리

군집	1	2
1		5.600
2	5.600	

각 군집의 케이스 수

군집	1	2.000
	2	3.000
유효		5.000
결측		.000

그림 14.32: SPSS에서 k-means 군집분석 결과

른 분류결과, `QCL_2`는 각 군집 중심으로부터의 거리이다. 이 그림의 결과에 의하면 첫 번째와 네 번째 자료는 1번 군집으로 나머지 자료들은 2번 군집으로 분류되었음을 알 수 있다. 군집 중심으로부터의 거리는 각 군집의 중심이 각각 $(2.0, 3.5)$와 $(-1.3, -1)$이므로[23] 첫 번째 자료 $(3, 5)$의 경우 1번 군집으로 분류되었으므로 1번 군집중심 $(2.0, 3.5)$으로부터의 거리는

$$\sqrt{(3-2)^2 + (3.5-5)^2} = 1.802776$$

[23] 그림 14.32의 두 번째 표에 제시된 출력의 군집중심의 좌표는 반올림되었음.

그림 14.33: SPSS에서 *k*-means 군집분석 출력 설정

그림 14.34: SPSS에서 계층적 군집분석 설정

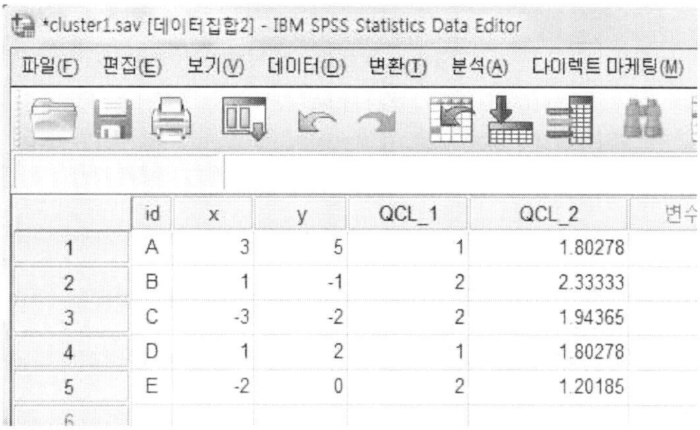

그림 14.35: SPSS에서 k-means 군집분석 결과–변수저장

로 두 번째 자료 $(1, -1)$의 경우 2번 군집으로 분류되었으므로 2번 군집중심 $(-1.3, -1)$으로부터의 거리는

$$\sqrt{(1-(-1.3))^2 + (-1-(-1))^2} = 2.3$$

으로 얻어짐을 볼 수 있다.

14.5.3 계층적 군집분석

계층적 군집분석(hiarachical cluster analysis)는 k-means 군집분석과는 달리 몇 개의 군집으로 나눌 것인지 정하지 않고 모든 가능한 군집을 일종의 수형도인 덴드로그램(dendrogram)을 이용하여 얻는다. 이 덴드로그램에서 적절한 군집을 얻어서 분류한다. 보기 14.2의 범죄자료를 SPSS에서 적용하여 계층적 군집분석을 해보자. 계층적 군집분석을 하려면 그림 14.30에서 **계층적 군집분석** 또는 `Hiarachical Cluster` 메뉴를 선택한다. 이 메뉴를 선택하면 그림 14.34에서와 같은 대화창이 생성되며 이 대화창에서 '변수'에는 군집분석에 사용할 변수를 설정하고 **케이스 설명 기준변수** 또는 `Label Cases by`에는 각 케이스를 구분하는 변수를 지정한다. 여기서는 주(state) 이름을 가지고 있는 변수인 `V1`을 설정하였다. 도표 또는 Plots 버튼을 클릭하면 이 그림의 오른쪽에 보이는 대화창이 생성되며 이 대화창에서 설정된대로 **덴드로그램**을 체크하면 계층적 군집분석을 표시하는 덴드로그램이 생성된다.

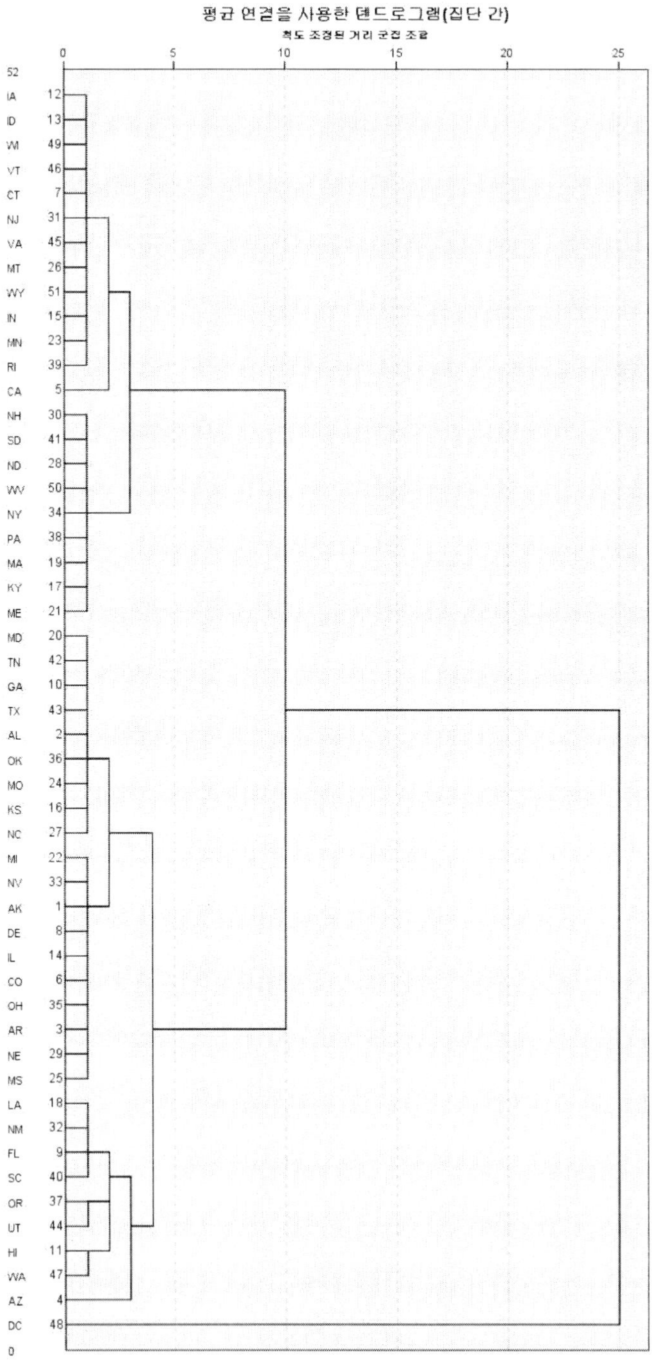

그림 14.36: 계층적 군집분석의 덴드로그램

그림 14.36는 보기 14.2의 자료를 이용하여 생성된 덴드로그램이다. 이 그림에서

1. 만일 51개의 주(DC 포함)를 두 개의 그룹으로 나누면 DC와 나머지 50개의 주로 나눈다.

2. 만일 세 개의 그룹으로 나눈다면 IA, ID, ..., ME까지가 하나의 그룹, MD, TN, ..., AZ까지가 하나의 그룹으로 나누어지고, DC가 하나의 그룹으로 생성된다.

3. 4개의 이상의 그룹으로 나누는 것도 마찬가지로 해석할 수 있다.

군집분석에 의해 자료를 몇개의 그룹으로 분류하였다면 각 그룹의 특징 등에 대한 해석 내지는 설명이 필요하며, 이러한 해석을 하려면 해당 분야의 지식이 요구된다.

위의 보기에서 두 그룹으로 분류한 것은 도시인 DC와 50개의 주로 분류된 것이며, 도시인 DC에서 모든 종류의 범죄가 높음을 원래의 자료로도 확인이 가능하다. 세 개의 군집으로 나누었을 때 50개의 주가 두 군집으로 나누어지는데 이 두 군집에 대한 적절한 해석을 위해서는 각 주의 특성(경제, 사회, 정치, 지리 등에 따른)을 잘 이해한 후에 가능할 것이다.

14.5.4 군집분석의 유의성 판별

군집분석으로 전체자료를 몇 개의 그룹으로 나누었다면 이러한 군집으로 분류하는 것이 통계학적으로 유의한지 판별하여야 한다. 이 판별은 주로 분산분석이나 다변량 분산분석으로 이루어진다. 즉, 군집분석에서 사용한 변수를 설명변수로, 군집분석의 결과로 분류된 군집을 종속변수로 하여 일변량 또는 다변량 분산분석을 시행하여 이 분산분석의 결과가 유의하면 군집분석이 유의한 것으로 판단할 수 있다. 일변량 분산분석으로는 군집분석에 사용한 여러 개의 변수들 중에서 군집분석에 영향을 주는 유의한 변수들만 고를 수 있다.

연습문제

14.1 다음 자료는 각 125명의 학생들에게 계산의 복잡도(x_1), 제재의 생소도(x_2), 개념의 복잡성(x_3)이 서로 다른 문제지를 나누어 주고 점수를 얻은 것이다. 각 문제지는 26개의 문항으로 이루어졌으며 점수는 맞은 문제의 수(y)를 표시한 것이다. 각 문항의 계산의 복잡도(x_1), 제재의 생소도(x_2), 개념의 복잡성(x_3)에 대해서는 5점 척도(1–5)로 표시하였다.

x_1	1	1	1	1	1	2	2	2	2	2	2	2	2	2	2	2	2	2	2	2	2
x_2	5	5	5	5	5	1	1	1	1	1	2	2	2	2	2	3	3	3	3	3	4
x_3	1	2	3	4	5	1	2	3	4	5	1	2	3	4	5	1	2	3	4	5	1
y	24	15	4	0	1	24	26	22	13	4	25	24	18	6	2	24	21	12	4	1	23

x_1	2	2	2	2	2	2	2	2	2	3	3	3	3	3	3	3	3	3	3	3	3
x_2	4	4	4	4	5	5	5	5	5	1	1	1	1	1	2	2	2	2	2	3	3
x_3	2	3	4	5	1	2	3	4	5	1	2	3	4	5	1	2	3	4	5	1	2
y	19	6	2	1	22	13	4	0	1	25	24	21	9	2	23	23	16	4	0	24	21

x_1	3	3	3	3	3	3	3	3	3	3	3	3	3	4	4	4	4	4	4	4	4
x_2	3	3	3	4	4	4	4	4	5	5	5	5	5	1	1	1	1	1	2	2	2
x_3	3	4	5	1	2	3	4	5	1	2	3	4	5	1	2	3	4	5	1	2	3
y	10	1	0	23	15	5	1	0	19	9	1	1	1	26	23	19	7	2	25	22	13

x_1	4	4	4	4	4	4	4	4	4	4	4	4	4	4	4	4	4	5	5	5	5
x_2	2	2	3	3	3	3	3	4	4	4	4	4	5	5	5	5	5	1	1	1	1
x_3	4	5	1	2	3	4	5	1	2	3	4	5	1	2	3	4	5	1	2	3	4
y	3	0	24	19	8	2	0	21	11	4	1	0	19	6	1	0	0	26	22	15	5

x_1	5	5	5	5	5	5	5	5	5	5	5	5	5	5	5	5	5	5	5	5	5
x_2	1	2	2	2	2	2	3	3	3	3	3	4	4	4	4	4	5	5	5	5	5
x_3	5	1	2	3	4	5	1	2	3	4	5	1	2	3	4	5	1	2	3	4	5
y	2	24	20	10	2	0	23	16	3	1	0	20	10	3	1	0	15	6	0	1	0

x_1	1	1	1	1	1	1	1	1	1	1	1	1	1	1	1	1	1	1	1	1
x_2	1	1	1	1	1	2	2	2	2	2	3	3	3	3	3	4	4	4	4	4
x_3	1	2	3	4	5	1	2	3	4	5	1	2	3	4	5	1	2	3	4	5
y	26	24	24	17	5	25	25	20	10	1	26	24	16	4	0	25	20	8	3	1

이 자료를 이용하여 문항의 복잡도, 생소도 및 복잡성에 따라 점수가 어떻게 달라지는지 알 아보아라.

14.2 보기 14.2(430의 범죄자료를 사용하여 요인을 분석하여 보아라.

14.3 14.1.2절의 붓꽃 자료를 사용하여 k 평균 군집분석을 하여라. 군집의 수는 3으로 하자.

14.4 부록 A의 키몸무게 자료에서 키와 몸무게를 사용하여 덴드로그램을 만들어 보아라. 이 덴드로그램에서 전체 자료를 두 개의 그룹으로 분류할 때 성별에 따른 분류가 이루어지는지 검토하여라.

14.5 키몸무게 자료에서 키, 몸무게, 체질량지수를 사용하여 두 개의 군집으로 나누어 보아라. 이 군집을 설명하는데 세 개의 변수가 기여도가 있는지 일변량 및 다변량 분산분석을 사용하여 검토하여라.

부록 A

부록

A.1. 키와 몸무게 자료

다음 자료는 키(cm), 몸무게(kg), 출생년도, 종교(No:없음, C1:기독교, C2: 가톨릭, Bu: 불교), 성별(M:남자, F:여자), 결혼여부(Y:기혼, N:미혼)에 대한 조사 결과이다.

```
167    68  1974    No         F       N
162    49  1974    C2         F       N
158    50  1978    C2         F       N
165    56  1977    No         F       N
160    52  1959    No         F       N
162    52  1972    No         F       Y
162    50  1970    No         F       N
167    61  1967    C2         F       Y
156    44  1969    C1         F       Y
157    55  1979    No         F       N
158    54  1974    No         F       N
155    47  1980    C2         F       N
160    53  1978    C2         F       N
153    45  1976    C2         F       N
162    47  1979    No         F       N
163    54  1973    No         F       N
165    52  1975    No         F       N
162    42  1973    C1         F       N
162    51  1966    C2         F       N
```

172	72	1974	No	M	N
158	54	1975	No	F	N
153	56	1976	C1	F	N
156	47	1971	Bu	F	N
168	52	1972	Bu	M	N
168	67	1977	No	F	N
158	60	1958	C2	F	Y
160	50	1974	C1	F	N
162	54	1974	C1	F	Y
162	47	1972	C1	F	N
164	50	1976	C1	F	N
173	56	1977	C2	F	N
161	46	1968	C1	F	N
165	59	1975	No	F	N
160	47	1974	C1	F	Y
164	60	1974	C1	F	N
167	52	1975	No	F	N
162	50	1972	C2	F	Y
164	52	1978	C2	F	N
161	51	1976	Bu	F	N
170	70	1971	No	M	N
168	52	1976	No	F	N
163	53	1976	C1	F	N
158	46	1972	Bu	F	N
160	48	1970	No	F	N
158	48	1973	C1	F	N
163	57	1970	No	F	Y
160	49	1972	C1	F	Y
158	42	1970	No	F	N
158	46	1963	No	F	Y
168	57	1971	Bu	F	N
155	51	1976	C1	F	N
160	50	1964	C2	F	Y
163	64	1955	C2	F	Y
157	54	1974	C1	F	N
160	48	1973	C1	F	N
165	46	1978	C1	F	N
167	55	1978	C1	F	N
162	50	1974	Bu	F	N
159	53	1978	C1	F	N
157	45	1974	C1	F	N
160	51	1975	C2	F	N

162	55	1977	No	F	N
158	47	1976	C2	F	N
155	43	1973	No	F	N
153	53	1975	No	F	N
160	55	1975	No	F	Y
160	52	1976	Bu	F	N
160	48	1977	No	F	N
163	55	1978	No	F	N
158	55	1975	C1	F	N
158	48	1975	C1	F	N
162	50	1973	C1	F	N
163	57	1979	C1	F	N
165	50	1976	No	F	N
169	60	1975	No	F	N
155	50	1978	No	F	N
155	48	1974	No	F	N
160	42	1972	Bu	F	N
156	48	1976	C2	F	N
176	73	1954	Bu	M	Y
163	58	1973	Bu	F	N
161	53	1965	C1	F	Y
157	57	1968	C2	F	N
165	49	1971	No	F	N
160	62	1972	No	M	N
170	69	1963	C2	M	Y
156	50	1958	C2	F	Y
162	58	1979	No	F	N
167	57	1979	No	F	N
161	48	1972	No	F	Y
160	44	1974	C1	F	N
165	56	1977	Bu	F	N
165	57	1976	No	F	N
165	55	1975	No	F	N
163	57	1970	Bu	F	N
166	58	1981	No	F	N
168	58	1982	No	F	N
170	75	1958	C2	M	Y
170	58	1962	C2	M	Y
153	45	1969	C2	F	Y
152	59	1958	No	F	Y
164	60	1966	C1	F	Y
158	48	1981	Bu	F	N

160	58	1978	Bu	F	N
165	64	1971	No	F	N
164	52	1980	C2	F	N
166	49	1971	C2	F	Y
163	55	1966	C2	F	Y
158	57	1965	C1	F	N
160	52	1965	C2	F	Y
165	68	1967	C2	M	Y
165	55	1979	No	F	N
160	50	1970	No	F	N
158	43	1977	C1	F	N
163	52	1975	No	F	N
158	42	1980	C1	F	N
164	52	1977	C1	F	N
154	58	1982	Bu	F	N
168	60	1981	No	F	N
164	56	1956	C2	F	N
180	80	1960	C2	M	Y
160	50	1973	Bu	F	N
175	78	1956	Bu	M	Y
170	65	1962	C2	M	Y
175	75	1966	No	M	N
160	53	1971	C1	F	N
169	57	1949	C2	M	Y
165	53	1956	No	F	Y
150	44	1968	C1	F	N
165	67	1960	C2	M	Y
165	58	1970	No	F	N
158	58	1972	C1	F	N
165	60	1973	No	F	N
160	56	1974	No	F	N
168	52	1972	C2	F	N
168	56	1970	C1	F	Y
159	45	1970	C2	F	N
160	48	1978	No	F	N
155	45	1971	No	F	Y
164	50	1982	C1	F	N
162	49	1974	Bu	F	N
160	51	1975	No	F	N
155	47	1967	C1	F	Y
160	42	1966	C1	F	Y
162	53	1972	C1	F	N

160	45	1972	No	F	N
164	48	1974	No	F	N
162	48	1977	C2	F	N
161	54	1972	C2	F	N
163	50	1974	No	F	N
166	51	1973	No	F	N
167	53	1972	C1	F	N
160	54	1971	Bu	F	N
152	40	1973	C1	F	N
153	52	1959	C2	F	N
156	53	1968	No	F	N
170	62	1972	C1	M	N
165	55	1976	C2	F	N
161	51	1975	C1	F	N
161	55	1974	No	F	N
150	40	1960	C2	F	N
164	53	1966	Bu	F	Y
162	54	1972	C2	F	N
155	57	1957	No	F	Y
179	59	1974	C1	M	N
152	50	1953	C1	F	Y
160	45	1975	Bu	F	N
173	53	1976	C1	F	N
174	66	1960	No	M	Y
178	60	1965	No	M	Y
158	50	1968	C1	F	Y
155	51	1976	No	F	N
164	50	1982	No	F	N
163	52	1979	No	F	Y
160	56	1979	C2	F	N
160	49	1974	No	F	N
166	54	1980	No	F	N

A.2. 각 분포의 분포표

표 A.1: $X \sim B(n, 1/2)$일 때 $\Pr[X \leq x]$ 확률

x	n = 15	16	17	18	19	20	21	22	23	24	25	26
0	0.000	0.000	0.000	0.000	0.000	0.000	0.000	0.000	0.000	0.000	0.000	0.000
1	0.000	0.000	0.000	0.000	0.000	0.000	0.000	0.000	0.000	0.000	0.000	0.000
2	0.004	0.002	0.001	0.001	0.000	0.000	0.000	0.000	0.000	0.000	0.000	0.000
3	0.018	0.011	0.006	0.004	0.002	0.001	0.001	0.000	0.000	0.000	0.000	0.000
4	0.059	0.038	0.025	0.015	0.010	0.006	0.004	0.002	0.001	0.001	0.000	0.000
5	0.151	0.105	0.072	0.048	0.032	0.021	0.013	0.008	0.005	0.003	0.002	0.001
6	0.304	0.227	0.166	0.119	0.084	0.058	0.039	0.026	0.017	0.011	0.007	0.005
7	0.500	0.402	0.315	0.240	0.180	0.132	0.095	0.067	0.047	0.032	0.022	0.014
8	0.696	0.598	0.500	0.407	0.324	0.252	0.192	0.143	0.105	0.076	0.054	0.038
9	0.849	0.773	0.685	0.593	0.500	0.412	0.332	0.262	0.202	0.154	0.115	0.084
10	0.941	0.895	0.834	0.760	0.676	0.588	0.500	0.416	0.339	0.271	0.212	0.163
11	0.982	0.962	0.928	0.881	0.820	0.748	0.668	0.584	0.500	0.419	0.345	0.279
12	0.996	0.989	0.975	0.952	0.916	0.868	0.808	0.738	0.661	0.581	0.500	0.423
13	1.000	0.998	0.994	0.985	0.968	0.942	0.905	0.857	0.798	0.729	0.655	0.577
14	1.000	1.000	0.999	0.996	0.990	0.979	0.961	0.933	0.895	0.846	0.788	0.721
15	1.000	1.000	1.000	0.999	0.998	0.994	0.987	0.974	0.953	0.924	0.885	0.837
16		1.000	1.000	1.000	1.000	0.999	0.996	0.992	0.983	0.968	0.946	0.916
17			1.000	1.000	1.000	1.000	0.999	0.998	0.995	0.989	0.978	0.962
18				1.000	1.000	1.000	1.000	1.000	0.999	0.997	0.993	0.986
19					1.000	1.000	1.000	1.000	1.000	0.999	0.998	0.995
20						1.000	1.000	1.000	1.000	1.000	1.000	0.999
21							1.000	1.000	1.000	1.000	1.000	1.000
22								1.000	1.000	1.000	1.000	1.000
23									1.000	1.000	1.000	1.000
24										1.000	1.000	1.000
25											1.000	1.000
26												1.000

표 A.2: 표준정규분포 확률 $\Pr[Z > z_\alpha]$

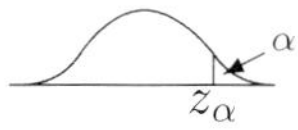

z_α	.00	.01	.02	.03	.04	.05	.06	.07	.08	.09
0.0	.5000	.4960	.4920	.4880	.4840	.4801	.4761	.4721	.4681	.4641
0.1	.4602	.4562	.4522	.4483	.4443	.4404	.4364	.4325	.4286	.4247
0.2	.4207	.4168	.4129	.4090	.4052	.4013	.3974	.3936	.3897	.3859
0.3	.3821	.3783	.3745	.3707	.3669	.3632	.3594	.3557	.3520	.3483
0.4	.3446	.3409	.3372	.3336	.3300	.3264	.3228	.3192	.3156	.3121
0.5	.3085	.3050	.3015	.2981	.2946	.2912	.2877	.2843	.2810	.2776
0.6	.2743	.2709	.2676	.2643	.2611	.2578	.2546	.2514	.2483	.2451
0.7	.2420	.2389	.2358	.2327	.2296	.2266	.2236	.2206	.2177	.2148
0.8	.2119	.2090	.2061	.2033	.2005	.1977	.1949	.1922	.1894	.1867
0.9	.1841	.1814	.1788	.1762	.1736	.1711	.1685	.1660	.1635	.1611
1.0	.1587	.1562	.1539	.1515	.1492	.1469	.1446	.1423	.1401	.1379
1.1	.1357	.1335	.1314	.1292	.1271	.1251	.1230	.1210	.1190	.1170
1.2	.1151	.1131	.1112	.1093	.1075	.1056	.1038	.1020	.1003	.0985
1.3	.0968	.0951	.0934	.0918	.0901	.0885	.0869	.0853	.0838	.0823
1.4	.0808	.0793	.0778	.0764	.0749	.0735	.0721	.0708	.0694	.0681
1.5	.0668	.0655	.0643	.0630	.0618	.0606	.0594	.0582	.0571	.0559
1.6	.0548	.0537	.0526	.0516	.0505	.0495	.0485	.0475	.0465	.0455
1.7	.0446	.0436	.0427	.0418	.0409	.0401	.0392	.0384	.0375	.0367
1.8	.0359	.0351	.0344	.0336	.0329	.0322	.0314	.0307	.0301	.0294
1.9	.0287	.0281	.0274	.0268	.0262	.0256	.0250	.0244	.0239	.0233
2.0	.0228	.0222	.0217	.0212	.0207	.0202	.0197	.0192	.0188	.0183
2.1	.0179	.0174	.0170	.0166	.0162	.0158	.0154	.0150	.0146	.0143
2.2	.0139	.0136	.0132	.0129	.0125	.0122	.0119	.0116	.0113	.0110
2.3	.0107	.0104	.0102	.0099	.0096	.0094	.0091	.0089	.0087	.0084
2.4	.0082	.0080	.0078	.0075	.0073	.0071	.0069	.0068	.0066	.0064
2.5	.0062	.0060	.0059	.0057	.0055	.0054	.0052	.0051	.0049	.0048
2.6	.0047	.0045	.0044	.0043	.0041	.0040	.0039	.0038	.0037	.0036
2.7	.0035	.0034	.0033	.0032	.0031	.0030	.0029	.0028	.0027	.0026
2.8	.0026	.0025	.0024	.0023	.0023	.0022	.0021	.0021	.0020	.0019
2.9	.0019	.0018	.0018	.0017	.0016	.0016	.0015	.0015	.0014	.0014
3.0	.0013	.0013	.0013	.0012	.0012	.0011	.0011	.0011	.0010	.0010

표 A.3: t 분포표; $\Pr[T > t_\alpha]$

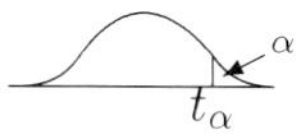

df	0.2	0.1	0.05	0.025	0.01	0.005	0.001	0.0005
1	1.3764	3.0777	6.3138	12.7062	31.8205	63.6567	318.3088	636.6192
2	1.0607	1.8856	2.9200	4.3027	6.9646	9.9248	22.3271	31.5991
3	0.9785	1.6377	2.3534	3.1824	4.5407	5.8409	10.2145	12.9240
4	0.9410	1.5332	2.1318	2.7764	3.7470	4.6041	7.1732	8.6103
5	0.9195	1.4759	2.0150	2.5706	3.3649	4.0322	5.8934	6.8688
6	0.9057	1.4398	1.9432	2.4469	3.1427	3.7074	5.2076	5.9588
7	0.8960	1.4149	1.8946	2.3646	2.9980	3.4995	4.7853	5.4079
8	0.8889	1.3968	1.8595	2.3060	2.8965	3.3554	4.5008	5.0413
9	0.8834	1.3830	1.8331	2.2622	2.8214	3.2498	4.2968	4.7809
10	0.8791	1.3722	1.8125	2.2281	2.7638	3.1693	4.1437	4.5869
11	0.8755	1.3634	1.7959	2.2010	2.7181	3.1058	4.0247	4.4370
12	0.8726	1.3562	1.7823	2.1788	2.6810	3.0545	3.9296	4.3178
13	0.8702	1.3502	1.7709	2.1604	2.6503	3.0123	3.8520	4.2208
14	0.8681	1.3450	1.7613	2.1448	2.6245	2.9768	3.7874	4.1405
15	0.8662	1.3406	1.7531	2.1314	2.6025	2.9467	3.7328	4.0728
16	0.8647	1.3368	1.7459	2.1199	2.5835	2.9208	3.6862	4.0150
17	0.8633	1.3334	1.7396	2.1098	2.5669	2.8982	3.6458	3.9651
18	0.8620	1.3304	1.7341	2.1009	2.5524	2.8784	3.6105	3.9216
19	0.8610	1.3277	1.7291	2.0930	2.5395	2.8609	3.5794	3.8834
20	0.8600	1.3253	1.7247	2.0860	2.5280	2.8453	3.5518	3.8495
21	0.8591	1.3232	1.7207	2.0796	2.5176	2.8314	3.5272	3.8193
22	0.8583	1.3212	1.7171	2.0739	2.5083	2.8188	3.5050	3.7921
23	0.8575	1.3195	1.7139	2.0687	2.4999	2.8073	3.4850	3.7676
24	0.8569	1.3178	1.7109	2.0639	2.4922	2.7969	3.4668	3.7454
25	0.8562	1.3163	1.7081	2.0595	2.4851	2.7874	3.4502	3.7251
26	0.8557	1.3150	1.7056	2.0555	2.4786	2.7787	3.4350	3.7066
27	0.8551	1.3137	1.7033	2.0518	2.4727	2.7707	3.4210	3.6896
28	0.8546	1.3125	1.7011	2.0484	2.4671	2.7633	3.4082	3.6739
29	0.8542	1.3114	1.6991	2.0452	2.4620	2.7564	3.3962	3.6594
30	0.8538	1.3104	1.6973	2.0423	2.4573	2.7500	3.3852	3.6460
40	0.8507	1.3031	1.6839	2.0211	2.4233	2.7045	3.3069	3.5510
50	0.8489	1.2987	1.6759	2.0086	2.4033	2.6778	3.2614	3.4960
100	0.8452	1.2901	1.6602	1.9840	2.3642	2.6259	3.1737	3.3905
∞	0.8416	1.2816	1.6449	1.9600	2.3263	2.5758	3.0902	3.2905

표 A.4: χ^2 분포표; $\Pr[X > \chi^2_\alpha]$

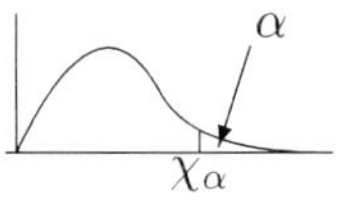

	α							
df	0.9995	0.999	0.995	0.99	0.975	0.95	0.900	0.800
1	0.000	0.000	0.000	0.000	0.001	0.004	0.016	0.064
2	0.001	0.002	0.010	0.020	0.051	0.103	0.211	0.446
3	0.015	0.024	0.072	0.115	0.216	0.352	0.584	1.005
4	0.064	0.091	0.207	0.297	0.484	0.711	1.064	1.649
5	0.158	0.210	0.412	0.554	0.831	1.145	1.610	2.343
6	0.299	0.381	0.676	0.872	1.237	1.635	2.204	3.070
7	0.485	0.598	0.989	1.239	1.690	2.167	2.833	3.822
8	0.710	0.857	1.344	1.646	2.180	2.733	3.490	4.594
9	0.972	1.152	1.735	2.088	2.700	3.325	4.168	5.380
10	1.265	1.479	2.156	2.558	3.247	3.940	4.865	6.179
11	1.587	1.834	2.603	3.053	3.816	4.575	5.578	6.989
12	1.934	2.214	3.074	3.571	4.404	5.226	6.304	7.807
13	2.305	2.617	3.565	4.107	5.009	5.892	7.042	8.634
14	2.697	3.041	4.075	4.660	5.629	6.571	7.790	9.467
15	3.108	3.483	4.601	5.229	6.262	7.261	8.547	10.307
16	3.536	3.942	5.142	5.812	6.908	7.962	9.312	11.152
17	3.980	4.416	5.697	6.408	7.564	8.672	10.085	12.002
18	4.439	4.905	6.265	7.015	8.231	9.390	10.865	12.857
19	4.912	5.407	6.844	7.633	8.907	10.117	11.651	13.716
20	5.398	5.921	7.434	8.260	9.591	10.851	12.443	14.578
21	5.896	6.447	8.034	8.897	10.283	11.591	13.240	15.445
22	6.404	6.983	8.643	9.542	10.982	12.338	14.041	16.314
23	6.924	7.529	9.260	10.196	11.689	13.091	14.848	17.187
24	7.453	8.085	9.886	10.856	12.401	13.848	15.659	18.062
25	7.991	8.649	10.520	11.524	13.120	14.611	16.473	18.940
26	8.538	9.222	11.160	12.198	13.844	15.379	17.292	19.820
27	9.093	9.803	11.808	12.879	14.573	16.151	18.114	20.703
28	9.656	10.391	12.461	13.565	15.308	16.928	18.939	21.588
29	10.227	10.986	13.121	14.256	16.047	17.708	19.768	22.475
30	10.804	11.588	13.787	14.953	16.791	18.493	20.599	23.364
40	16.906	17.916	20.707	22.164	24.433	26.509	29.051	32.345
50	23.461	24.674	27.991	29.707	32.357	34.764	37.689	41.449
60	30.340	31.738	35.534	37.485	40.482	43.188	46.459	50.641
70	37.467	39.036	43.275	45.442	48.758	51.739	55.329	59.898
80	44.791	46.520	51.172	53.540	57.153	60.391	64.278	69.207
100	59.896	61.918	67.328	70.065	74.222	77.929	82.358	87.945

표 A.5: χ^2 분포표; $\Pr[X > \chi^2_\alpha]$

	α							
df	0.200	0.100	0.050	0.025	0.010	0.005	0.001	0.0005
1	1.642	2.706	3.841	5.024	6.635	7.879	10.828	12.116
2	3.219	4.605	5.991	7.378	9.210	10.597	13.816	15.202
3	4.642	6.251	7.815	9.348	11.345	12.838	16.266	17.730
4	5.989	7.779	9.488	11.143	13.277	14.860	18.467	19.997
5	7.289	9.236	11.070	12.833	15.086	16.750	20.515	22.105
6	8.558	10.645	12.592	14.449	16.812	18.548	22.458	24.103
7	9.803	12.017	14.067	16.013	18.475	20.278	24.322	26.018
8	11.030	13.362	15.507	17.535	20.090	21.955	26.124	27.868
9	12.242	14.684	16.919	19.023	21.666	23.589	27.877	29.666
10	13.442	15.987	18.307	20.483	23.209	25.188	29.588	31.420
11	14.631	17.275	19.675	21.920	24.725	26.757	31.264	33.137
12	15.812	18.549	21.026	23.337	26.217	28.300	32.909	34.821
13	16.985	19.812	22.362	24.736	27.688	29.819	34.528	36.478
14	18.151	21.064	23.685	26.119	29.141	31.319	36.123	38.109
15	19.311	22.307	24.996	27.488	30.578	32.801	37.697	39.719
16	20.465	23.542	26.296	28.845	32.000	34.267	39.252	41.308
17	21.615	24.769	27.587	30.191	33.409	35.718	40.790	42.879
18	22.760	25.989	28.869	31.526	34.805	37.156	42.312	44.434
19	23.900	27.204	30.144	32.852	36.191	38.582	43.820	45.973
20	25.038	28.412	31.410	34.170	37.566	39.997	45.315	47.498
21	26.171	29.615	32.671	35.479	38.932	41.401	46.797	49.011
22	27.301	30.813	33.924	36.781	40.289	42.796	48.268	50.511
23	28.429	32.007	35.172	38.076	41.638	44.181	49.728	52.000
24	29.553	33.196	36.415	39.364	42.980	45.559	51.179	53.479
25	30.675	34.382	37.652	40.646	44.314	46.928	52.620	54.947
26	31.795	35.563	38.885	41.923	45.642	48.290	54.052	56.407
27	32.912	36.741	40.113	43.195	46.963	49.645	55.476	57.858
28	34.027	37.916	41.337	44.461	48.278	50.993	56.892	59.300
29	35.139	39.087	42.557	45.722	49.588	52.336	58.301	60.735
30	36.250	40.256	43.773	46.979	50.892	53.672	59.703	62.162
40	47.269	51.805	55.758	59.342	63.691	66.766	73.402	76.095
50	58.164	63.167	67.505	71.420	76.154	79.490	86.661	89.561
60	68.972	74.397	79.082	83.298	88.379	91.952	99.607	102.695
70	79.715	85.527	90.531	95.023	100.425	104.215	112.317	115.578
80	90.405	96.578	101.879	106.629	112.329	116.321	124.839	128.261
100	111.667	118.498	124.342	129.561	135.807	140.169	149.449	153.167

표 A.6: F 분포표; $F_{r_1,r_2;0.1}$ 값: $\Pr[F > F_{r_1,r_2;0.1}] = 0.1$

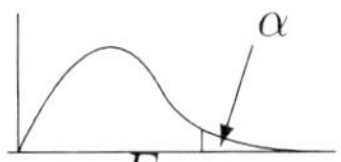

$F_{r_1,r_2;\alpha}$

r_2	분자 자유도(r_1)									
	1	2	3	4	5	6	7	8	9	10
1	39.86	49.50	53.59	55.83	57.24	58.20	58.91	59.44	59.86	60.19
2	8.53	9.00	9.16	9.24	9.29	9.33	9.35	9.37	9.38	9.39
3	5.54	5.46	5.39	5.34	5.31	5.28	5.27	5.25	5.24	5.23
4	4.54	4.32	4.19	4.11	4.05	4.01	3.98	3.95	3.94	3.92
5	4.06	3.78	3.62	3.52	3.45	3.40	3.37	3.34	3.32	3.30
6	3.78	3.46	3.29	3.18	3.11	3.05	3.01	2.98	2.96	2.94
7	3.59	3.26	3.07	2.96	2.88	2.83	2.78	2.75	2.72	2.70
8	3.46	3.11	2.92	2.81	2.73	2.67	2.62	2.59	2.56	2.54
9	3.36	3.01	2.81	2.69	2.61	2.55	2.51	2.47	2.44	2.42
10	3.29	2.92	2.73	2.61	2.52	2.46	2.41	2.38	2.35	2.32
11	3.23	2.86	2.66	2.54	2.45	2.39	2.34	2.30	2.27	2.25
12	3.18	2.81	2.61	2.48	2.39	2.33	2.28	2.24	2.21	2.19
13	3.14	2.76	2.56	2.43	2.35	2.28	2.23	2.20	2.16	2.14
14	3.10	2.73	2.52	2.39	2.31	2.24	2.19	2.15	2.12	2.10
15	3.07	2.70	2.49	2.36	2.27	2.21	2.16	2.12	2.09	2.06
16	3.05	2.67	2.46	2.33	2.24	2.18	2.13	2.09	2.06	2.03
17	3.03	2.64	2.44	2.31	2.22	2.15	2.10	2.06	2.03	2.00
18	3.01	2.62	2.42	2.29	2.20	2.13	2.08	2.04	2.00	1.98
19	2.99	2.61	2.40	2.27	2.18	2.11	2.06	2.02	1.98	1.96
20	2.97	2.59	2.38	2.25	2.16	2.09	2.04	2.00	1.96	1.94
21	2.96	2.57	2.36	2.23	2.14	2.08	2.02	1.98	1.95	1.92
22	2.95	2.56	2.35	2.22	2.13	2.06	2.01	1.97	1.93	1.90
23	2.94	2.55	2.34	2.21	2.11	2.05	1.99	1.95	1.92	1.89
24	2.93	2.54	2.33	2.19	2.10	2.04	1.98	1.94	1.91	1.88
25	2.92	2.53	2.32	2.18	2.09	2.02	1.97	1.93	1.89	1.87
26	2.91	2.52	2.31	2.17	2.08	2.01	1.96	1.92	1.88	1.86
27	2.90	2.51	2.30	2.17	2.07	2.00	1.95	1.91	1.87	1.85
28	2.89	2.50	2.29	2.16	2.06	2.00	1.94	1.90	1.87	1.84
29	2.89	2.50	2.28	2.15	2.06	1.99	1.93	1.89	1.86	1.83
30	2.88	2.49	2.28	2.14	2.05	1.98	1.93	1.88	1.85	1.82
40	2.84	2.44	2.23	2.09	2.00	1.93	1.87	1.83	1.79	1.76
50	2.81	2.41	2.20	2.06	1.97	1.90	1.84	1.80	1.76	1.73
60	2.79	2.39	2.18	2.04	1.95	1.87	1.82	1.77	1.74	1.71
70	2.78	2.38	2.16	2.03	1.93	1.86	1.80	1.76	1.72	1.69
80	2.77	2.37	2.15	2.02	1.92	1.85	1.79	1.75	1.71	1.68
90	2.76	2.36	2.15	2.01	1.91	1.84	1.78	1.74	1.70	1.67
100	2.76	2.36	2.14	2.00	1.91	1.83	1.78	1.73	1.69	1.66
120	2.75	2.35	2.13	1.99	1.90	1.82	1.77	1.72	1.68	1.65

표 A.7: F 분포표; $F_{r_1,r_2;0.1}$ 값: $\Pr[F > F_{r_1,r_2;0.1}] = 0.1$

	분자 자유도(r_1)										
r_2	11	12	13	14	15	20	25	30	40	80	120
1	60.47	60.71	60.90	61.07	61.22	61.74	62.05	62.26	62.53	62.93	63.06
2	9.40	9.41	9.41	9.42	9.42	9.44	9.45	9.46	9.47	9.48	9.48
3	5.22	5.22	5.21	5.20	5.20	5.18	5.17	5.17	5.16	5.15	5.14
4	3.91	3.90	3.89	3.88	3.87	3.84	3.83	3.82	3.80	3.78	3.78
5	3.28	3.27	3.26	3.25	3.24	3.21	3.19	3.17	3.16	3.13	3.12
6	2.92	2.90	2.89	2.88	2.87	2.84	2.81	2.80	2.78	2.75	2.74
7	2.68	2.67	2.65	2.64	2.63	2.59	2.57	2.56	2.54	2.50	2.49
8	2.52	2.50	2.49	2.48	2.46	2.42	2.40	2.38	2.36	2.33	2.32
9	2.40	2.38	2.36	2.35	2.34	2.30	2.27	2.25	2.23	2.20	2.18
10	2.30	2.28	2.27	2.26	2.24	2.20	2.17	2.16	2.13	2.09	2.08
11	2.23	2.21	2.19	2.18	2.17	2.12	2.10	2.08	2.05	2.01	2.00
12	2.17	2.15	2.13	2.12	2.10	2.06	2.03	2.01	1.99	1.95	1.93
13	2.12	2.10	2.08	2.07	2.05	2.01	1.98	1.96	1.93	1.89	1.88
14	2.07	2.05	2.04	2.02	2.01	1.96	1.93	1.91	1.89	1.84	1.83
15	2.04	2.02	2.00	1.99	1.97	1.92	1.89	1.87	1.85	1.80	1.79
16	2.01	1.99	1.97	1.95	1.94	1.89	1.86	1.84	1.81	1.77	1.75
17	1.98	1.96	1.94	1.93	1.91	1.86	1.83	1.81	1.78	1.74	1.72
18	1.95	1.93	1.92	1.90	1.89	1.84	1.80	1.78	1.75	1.71	1.69
19	1.93	1.91	1.89	1.88	1.86	1.81	1.78	1.76	1.73	1.68	1.67
20	1.91	1.89	1.87	1.86	1.84	1.79	1.76	1.74	1.71	1.66	1.64
21	1.90	1.87	1.86	1.84	1.83	1.78	1.74	1.72	1.69	1.64	1.62
22	1.88	1.86	1.84	1.83	1.81	1.76	1.73	1.70	1.67	1.62	1.60
23	1.87	1.84	1.83	1.81	1.80	1.74	1.71	1.69	1.66	1.61	1.59
24	1.85	1.83	1.81	1.80	1.78	1.73	1.70	1.67	1.64	1.59	1.57
25	1.84	1.82	1.80	1.79	1.77	1.72	1.68	1.66	1.63	1.58	1.56
26	1.83	1.81	1.79	1.77	1.76	1.71	1.67	1.65	1.61	1.56	1.54
27	1.82	1.80	1.78	1.76	1.75	1.70	1.66	1.64	1.60	1.55	1.53
28	1.81	1.79	1.77	1.75	1.74	1.69	1.65	1.63	1.59	1.54	1.52
29	1.80	1.78	1.76	1.75	1.73	1.68	1.64	1.62	1.58	1.53	1.51
30	1.79	1.77	1.75	1.74	1.72	1.67	1.63	1.61	1.57	1.52	1.50
40	1.74	1.71	1.70	1.68	1.66	1.61	1.57	1.54	1.51	1.45	1.42
50	1.70	1.68	1.66	1.64	1.63	1.57	1.53	1.50	1.46	1.40	1.38
60	1.68	1.66	1.64	1.62	1.60	1.54	1.50	1.48	1.44	1.37	1.35
70	1.66	1.64	1.62	1.60	1.59	1.53	1.49	1.46	1.42	1.35	1.32
80	1.65	1.63	1.61	1.59	1.57	1.51	1.47	1.44	1.40	1.33	1.31
90	1.64	1.62	1.60	1.58	1.56	1.50	1.46	1.43	1.39	1.32	1.29
100	1.64	1.61	1.59	1.57	1.56	1.49	1.45	1.42	1.38	1.31	1.28
120	1.63	1.60	1.58	1.56	1.55	1.48	1.44	1.41	1.37	1.29	1.26

표 A.8: F 분포표; $F_{r_1,r_2;0.05}$ 값: $\Pr[F > F_{r_1,r_2;0.05}] = 0.05$

r_2	분자 자유도(r_1)									
	1	2	3	4	5	6	7	8	9	10
1	161.5	199.5	215.7	224.6	230.2	233.0	236.8	238.9	240.5	241.98
2	18.51	19.00	19.16	19.25	19.30	19.33	19.35	19.37	19.38	19.40
3	10.13	9.55	9.28	9.12	9.01	8.94	8.89	8.85	8.81	8.79
4	7.71	6.94	6.59	6.39	6.26	6.16	6.09	6.04	6.00	5.96
5	6.61	5.79	5.41	5.19	5.05	4.95	4.88	4.82	4.77	4.74
6	5.99	5.14	4.76	4.53	4.39	4.28	4.21	4.15	4.10	4.06
7	5.59	4.74	4.35	4.12	3.97	3.87	3.79	3.73	3.68	3.64
8	5.32	4.46	4.07	3.84	3.69	3.58	3.50	3.44	3.39	3.35
9	5.12	4.26	3.86	3.63	3.48	3.37	3.29	3.23	3.18	3.14
10	4.96	4.10	3.71	3.48	3.33	3.22	3.14	3.07	3.02	2.98
11	4.84	3.98	3.59	3.36	3.20	3.09	3.01	2.95	2.90	2.85
12	4.75	3.89	3.49	3.26	3.11	3.00	2.91	2.85	2.80	2.75
13	4.67	3.81	3.41	3.18	3.03	2.92	2.83	2.77	2.71	2.67
14	4.60	3.74	3.34	3.11	2.96	2.85	2.76	2.70	2.65	2.60
15	4.54	3.68	3.29	3.06	2.90	2.79	2.71	2.64	2.59	2.54
16	4.49	3.63	3.24	3.01	2.85	2.74	2.66	2.59	2.54	2.49
17	4.45	3.59	3.20	2.96	2.81	2.70	2.61	2.55	2.49	2.45
18	4.41	3.55	3.16	2.93	2.77	2.66	2.58	2.51	2.46	2.41
19	4.38	3.52	3.13	2.90	2.74	2.63	2.54	2.48	2.42	2.38
20	4.35	3.49	3.10	2.87	2.71	2.60	2.51	2.45	2.39	2.35
21	4.32	3.47	3.07	2.84	2.68	2.57	2.49	2.42	2.37	2.32
22	4.30	3.44	3.05	2.82	2.66	2.55	2.46	2.40	2.34	2.30
23	4.28	3.42	3.03	2.80	2.64	2.53	2.44	2.37	2.32	2.27
24	4.26	3.40	3.01	2.78	2.62	2.51	2.42	2.36	2.30	2.25
25	4.24	3.39	2.99	2.76	2.60	2.49	2.40	2.34	2.28	2.24
26	4.23	3.37	2.98	2.74	2.59	2.47	2.39	2.32	2.27	2.22
27	4.21	3.35	2.96	2.73	2.57	2.46	2.37	2.31	2.25	2.20
28	4.20	3.34	2.95	2.71	2.56	2.45	2.36	2.29	2.24	2.19
29	4.18	3.33	2.93	2.70	2.55	2.43	2.35	2.28	2.22	2.18
30	4.17	3.32	2.92	2.69	2.53	2.42	2.33	2.27	2.21	2.16
40	4.08	3.23	2.84	2.61	2.45	2.34	2.25	2.18	2.12	2.08
50	4.03	3.18	2.79	2.56	2.40	2.29	2.20	2.13	2.07	2.03
60	4.00	3.15	2.76	2.53	2.37	2.25	2.17	2.10	2.04	1.99
70	3.98	3.13	2.74	2.50	2.35	2.23	2.14	2.07	2.02	1.97
80	3.96	3.11	2.72	2.49	2.33	2.21	2.13	2.06	2.00	1.95
90	3.95	3.10	2.71	2.47	2.32	2.20	2.11	2.04	1.99	1.94
100	3.94	3.09	2.70	2.46	2.31	2.19	2.10	2.03	1.97	1.93
120	3.92	3.07	2.68	2.45	2.29	2.18	2.09	2.02	1.96	1.91

표 A.9: F 분포표; $F_{r_1,r_2;0.05}$ 값: $\Pr[F > F_{r_1,r_2;0.05}] = 0.05$

	분자 자유도(r_1)										
r_2	11	12	13	14	15	20	25	30	40	80	120
1	243.0	243.9	244.7	245.4	246.0	248.0	249.3	250.1	251.1	252.7	253.3
2	19.40	19.41	19.42	19.42	19.43	19.45	19.46	19.46	19.47	19.48	19.49
3	8.76	8.74	8.73	8.71	8.70	8.66	8.63	8.62	8.59	8.56	8.55
4	5.94	5.91	5.89	5.87	5.86	5.80	5.77	5.75	5.72	5.67	5.66
5	4.70	4.68	4.66	4.64	4.62	4.56	4.52	4.50	4.46	4.41	4.40
6	4.03	4.00	3.98	3.96	3.94	3.87	3.83	3.81	3.77	3.72	3.70
7	3.60	3.57	3.55	3.53	3.51	3.44	3.40	3.38	3.34	3.29	3.27
8	3.31	3.28	3.26	3.24	3.22	3.15	3.11	3.08	3.04	2.99	2.97
9	3.10	3.07	3.05	3.03	3.01	2.94	2.89	2.86	2.83	2.77	2.75
10	2.94	2.91	2.89	2.86	2.85	2.77	2.73	2.70	2.66	2.60	2.58
11	2.82	2.79	2.76	2.74	2.72	2.65	2.60	2.57	2.53	2.47	2.45
12	2.72	2.69	2.66	2.64	2.62	2.54	2.50	2.47	2.43	2.36	2.34
13	2.63	2.60	2.58	2.55	2.53	2.46	2.41	2.38	2.34	2.27	2.25
14	2.57	2.53	2.51	2.48	2.46	2.39	2.34	2.31	2.27	2.20	2.18
15	2.51	2.48	2.45	2.42	2.40	2.33	2.28	2.25	2.20	2.14	2.11
16	2.46	2.42	2.40	2.37	2.35	2.28	2.23	2.19	2.15	2.08	2.06
17	2.41	2.38	2.35	2.33	2.31	2.23	2.18	2.15	2.10	2.03	2.01
18	2.37	2.34	2.31	2.29	2.27	2.19	2.14	2.11	2.06	1.99	1.97
19	2.34	2.31	2.28	2.26	2.23	2.16	2.11	2.07	2.03	1.96	1.93
20	2.31	2.28	2.25	2.22	2.20	2.12	2.07	2.04	1.99	1.92	1.90
21	2.28	2.25	2.22	2.20	2.18	2.10	2.05	2.01	1.96	1.89	1.87
22	2.26	2.23	2.20	2.17	2.15	2.07	2.02	1.98	1.94	1.86	1.84
23	2.24	2.20	2.18	2.15	2.13	2.05	2.00	1.96	1.91	1.84	1.81
24	2.22	2.18	2.15	2.13	2.11	2.03	1.97	1.94	1.89	1.82	1.79
25	2.20	2.16	2.14	2.11	2.09	2.01	1.96	1.92	1.87	1.80	1.77
26	2.18	2.15	2.12	2.09	2.07	1.99	1.94	1.90	1.85	1.78	1.75
27	2.17	2.13	2.10	2.08	2.06	1.97	1.92	1.88	1.84	1.76	1.73
28	2.15	2.12	2.09	2.06	2.04	1.96	1.91	1.87	1.82	1.74	1.71
29	2.14	2.10	2.08	2.05	2.03	1.94	1.89	1.85	1.81	1.73	1.70
30	2.13	2.09	2.06	2.04	2.01	1.93	1.88	1.84	1.79	1.71	1.68
40	2.04	2.00	1.97	1.95	1.92	1.84	1.78	1.74	1.69	1.61	1.58
50	1.99	1.95	1.92	1.89	1.87	1.78	1.73	1.69	1.63	1.54	1.51
60	1.95	1.92	1.89	1.86	1.84	1.75	1.69	1.65	1.59	1.50	1.47
70	1.93	1.89	1.86	1.84	1.81	1.72	1.66	1.62	1.57	1.47	1.44
80	1.91	1.88	1.84	1.82	1.79	1.70	1.64	1.60	1.54	1.45	1.41
90	1.90	1.86	1.83	1.80	1.78	1.69	1.63	1.59	1.53	1.43	1.39
100	1.89	1.85	1.82	1.79	1.77	1.68	1.62	1.57	1.52	1.41	1.38
120	1.87	1.83	1.80	1.78	1.75	1.66	1.60	1.55	1.50	1.39	1.35

표 A.10: F 분포표; $F_{r_1,r_2;0.025}$ 값: $\Pr[F > F_{r_1,r_2;0.025}] = 0.025$

r_2	분자 자유도(r_1)									
	1	2	3	4	5	6	7	8	9	10
1	647.79	799.50	864.16	899.58	921.85	937.11	948.22	956.66	963.28	968.63
2	38.51	39.00	39.17	39.25	39.30	39.33	39.36	39.37	39.39	39.40
3	17.44	16.04	15.44	15.10	14.88	14.73	14.62	14.54	14.47	14.42
4	12.22	10.65	9.98	9.60	9.36	9.20	9.07	8.98	8.90	8.84
5	10.01	8.43	7.76	7.39	7.15	6.98	6.85	6.76	6.68	6.62
6	8.81	7.26	6.60	6.23	5.99	5.82	5.70	5.60	5.52	5.46
7	8.07	6.54	5.89	5.52	5.29	5.12	4.99	4.90	4.82	4.76
8	7.57	6.06	5.42	5.05	4.82	4.65	4.53	4.43	4.36	4.30
9	7.21	5.71	5.08	4.72	4.48	4.32	4.20	4.10	4.03	3.96
10	6.94	5.46	4.83	4.47	4.24	4.07	3.95	3.85	3.78	3.72
11	6.72	5.26	4.63	4.28	4.04	3.88	3.76	3.66	3.59	3.53
12	6.55	5.10	4.47	4.12	3.89	3.73	3.61	3.51	3.44	3.37
13	6.41	4.97	4.35	4.00	3.77	3.60	3.48	3.39	3.31	3.25
14	6.30	4.86	4.24	3.89	3.66	3.50	3.38	3.29	3.21	3.15
15	6.20	4.77	4.15	3.80	3.58	3.41	3.29	3.20	3.12	3.06
16	6.12	4.69	4.08	3.73	3.50	3.34	3.22	3.12	3.05	2.99
17	6.04	4.62	4.01	3.66	3.44	3.28	3.16	3.06	2.98	2.92
18	5.98	4.56	3.95	3.61	3.38	3.22	3.10	3.01	2.93	2.87
19	5.92	4.51	3.90	3.56	3.33	3.17	3.05	2.96	2.88	2.82
20	5.87	4.46	3.86	3.51	3.29	3.13	3.01	2.91	2.84	2.77
21	5.83	4.42	3.82	3.48	3.25	3.09	2.97	2.87	2.80	2.73
22	5.79	4.38	3.78	3.44	3.22	3.05	2.93	2.84	2.76	2.70
23	5.75	4.35	3.75	3.41	3.18	3.02	2.90	2.81	2.73	2.67
24	5.72	4.32	3.72	3.38	3.15	2.99	2.87	2.78	2.70	2.64
25	5.69	4.29	3.69	3.35	3.13	2.97	2.85	2.75	2.68	2.61
26	5.66	4.27	3.67	3.33	3.10	2.94	2.82	2.73	2.65	2.59
27	5.63	4.24	3.65	3.31	3.08	2.92	2.80	2.71	2.63	2.57
28	5.61	4.22	3.63	3.29	3.06	2.90	2.78	2.69	2.61	2.55
29	5.59	4.20	3.61	3.27	3.04	2.88	2.76	2.67	2.59	2.53
30	5.57	4.18	3.59	3.25	3.03	2.87	2.75	2.65	2.57	2.51
40	5.42	4.05	3.46	3.13	2.90	2.74	2.62	2.53	2.45	2.39
50	5.34	3.97	3.39	3.05	2.83	2.67	2.55	2.46	2.38	2.32
60	5.29	3.93	3.34	3.01	2.79	2.63	2.51	2.41	2.33	2.27
70	5.25	3.89	3.31	2.97	2.75	2.59	2.47	2.38	2.30	2.24
80	5.22	3.86	3.28	2.95	2.73	2.57	2.45	2.35	2.28	2.21
90	5.20	3.84	3.26	2.93	2.71	2.55	2.43	2.34	2.26	2.19
100	5.18	3.83	3.25	2.92	2.70	2.54	2.42	2.32	2.24	2.18
120	5.15	3.80	3.23	2.89	2.67	2.52	2.39	2.30	2.22	2.16

표 A.11: F 분포표; $F_{r_1,r_2;0.025}$ 값: $\Pr[F > F_{r_1,r_2;0.025}] = 0.025$

	분자 자유도(r_1)										
	11	12	13	14	15	20	25	30	40	80	120
1	973.0	976.7	979.8	982.5	984.9	993.1	998.1	1001.4	1005.6	1011.9	1014.0
2	39.41	39.41	39.42	39.43	39.43	39.45	39.46	39.46	39.47	39.49	39.49
3	14.37	14.34	14.30	14.28	14.25	14.17	14.12	14.08	14.04	13.97	13.95
4	8.79	8.75	8.71	8.68	8.66	8.56	8.50	8.46	8.41	8.33	8.31
5	6.57	6.52	6.49	6.46	6.43	6.33	6.27	6.23	6.18	6.10	6.07
6	5.41	5.37	5.33	5.30	5.27	5.17	5.11	5.07	5.01	4.93	4.90
7	4.71	4.67	4.63	4.60	4.57	4.47	4.40	4.36	4.31	4.23	4.20
8	4.24	4.20	4.16	4.13	4.10	4.00	3.94	3.89	3.84	3.76	3.73
9	3.91	3.87	3.83	3.80	3.77	3.67	3.60	3.56	3.51	3.42	3.39
10	3.66	3.62	3.58	3.55	3.52	3.42	3.35	3.31	3.26	3.17	3.14
11	3.47	3.43	3.39	3.36	3.33	3.23	3.16	3.12	3.06	2.97	2.94
12	3.32	3.28	3.24	3.21	3.18	3.07	3.01	2.96	2.91	2.82	2.79
13	3.20	3.15	3.12	3.08	3.05	2.95	2.88	2.84	2.78	2.69	2.66
14	3.09	3.05	3.01	2.98	2.95	2.84	2.78	2.73	2.67	2.58	2.55
15	3.01	2.96	2.92	2.89	2.86	2.76	2.69	2.64	2.59	2.49	2.46
16	2.93	2.89	2.85	2.82	2.79	2.68	2.61	2.57	2.51	2.42	2.38
17	2.87	2.82	2.79	2.75	2.72	2.62	2.55	2.50	2.44	2.35	2.32
18	2.81	2.77	2.73	2.70	2.67	2.56	2.49	2.44	2.38	2.29	2.26
19	2.76	2.72	2.68	2.65	2.62	2.51	2.44	2.39	2.33	2.24	2.20
20	2.72	2.68	2.64	2.60	2.57	2.46	2.40	2.35	2.29	2.19	2.16
21	2.68	2.64	2.60	2.56	2.53	2.42	2.36	2.31	2.25	2.15	2.11
22	2.65	2.60	2.56	2.53	2.50	2.39	2.32	2.27	2.21	2.11	2.08
23	2.62	2.57	2.53	2.50	2.47	2.36	2.29	2.24	2.18	2.08	2.04
24	2.59	2.54	2.50	2.47	2.44	2.33	2.26	2.21	2.15	2.05	2.01
25	2.56	2.51	2.48	2.44	2.41	2.30	2.23	2.18	2.12	2.02	1.98
26	2.54	2.49	2.45	2.42	2.39	2.28	2.21	2.16	2.09	1.99	1.95
27	2.51	2.47	2.43	2.39	2.36	2.25	2.18	2.13	2.07	1.97	1.93
28	2.49	2.45	2.41	2.37	2.34	2.23	2.16	2.11	2.05	1.94	1.91
29	2.48	2.43	2.39	2.36	2.32	2.21	2.14	2.09	2.03	1.92	1.89
30	2.46	2.41	2.37	2.34	2.31	2.20	2.12	2.07	2.01	1.90	1.87
40	2.33	2.29	2.25	2.21	2.18	2.07	1.99	1.94	1.88	1.76	1.72
50	2.26	2.22	2.18	2.14	2.11	1.99	1.92	1.87	1.80	1.68	1.64
60	2.22	2.17	2.13	2.09	2.06	1.94	1.87	1.82	1.74	1.63	1.58
70	2.18	2.14	2.10	2.06	2.03	1.91	1.83	1.78	1.71	1.59	1.54
80	2.16	2.11	2.07	2.03	2.00	1.88	1.81	1.75	1.68	1.55	1.51
90	2.14	2.09	2.05	2.02	1.98	1.86	1.79	1.73	1.66	1.53	1.48
100	2.12	2.08	2.04	2.00	1.97	1.85	1.77	1.71	1.64	1.51	1.46
120	2.10	2.05	2.01	1.98	1.94	1.82	1.75	1.69	1.61	1.48	1.43

부록 B

SPSS 사용법

이 장에서는 한글 및 영문 SPSS 10.0 및 10.1을 기준으로 SPSS의 기초적인 사용법을 알아보도록 한다.

B.1. 자료의 입력

SPSS에서의 자료는 엑셀과 같이 스프레드 시트로 표현되므로 SPSS 시작 후에 자료를 스프레그 시트의 각 칸에 자료를 직접 입력할 수 있다.

또한 확장자가 `.sav`인 SPSS 형식의 자료는 직접 불러올 수 있으며 이 경우 `File` → `Open`의 순서로 메뉴를 선택하여 윈도우의 탐색창을 이용하여 읽을 파일을 지정해주면 된다.

흔히 텍스트 파일 또는 문서 파일로 불리우는 ASCII[1] 파일은 `File` → `Read Text Data`를 선택한다. 이 메뉴를 선택하면 그림 B.1과 같은 화면이 나타나고 이 화면에서 아래쪽에 보는 것과 같이 텍스트 파일을 이미 읽어 들인 모습이 보인다. 읽어들일 텍스트 파일의 형식(format)이 이전에 저장해 둔 형식과 일치할 때는 중간의 물음에 '예'를 선택하고 기존의 형식을 지정해주면 그 형식에 따라 자료를 읽어들이고 모든 과정이 끝난다. 여기서 '아니오'를 선택한 경우에는 자료의 형식이 어떤지를 그림 B.2부터 그림 B.7의 대화창을 통하여 묻게 된다.

그림 B.2에서는 자료의 내용이 구분자에 의해서 구분되었는지와 줄을 맞추어 주

[1]American Standard Code for Information Interchange의 줄임말로 컴퓨터의 정보를 저장하기 위한 표준이다. ISO 8859-1 (Latin-1)와 같다. ASCII로 저장된 컴퓨터의 정보는 모든 운영체제에서 동일하게 읽고 쓸 수 있으므로 자료를 서로 다른 컴퓨터끼리 공유할 경우에는 이 형식을 사용하는 것이 좋다. 운영체제가 윈도우인 경우 메모장(notepad)를 이용하여 만든 파일은 ASCII 파일이다.

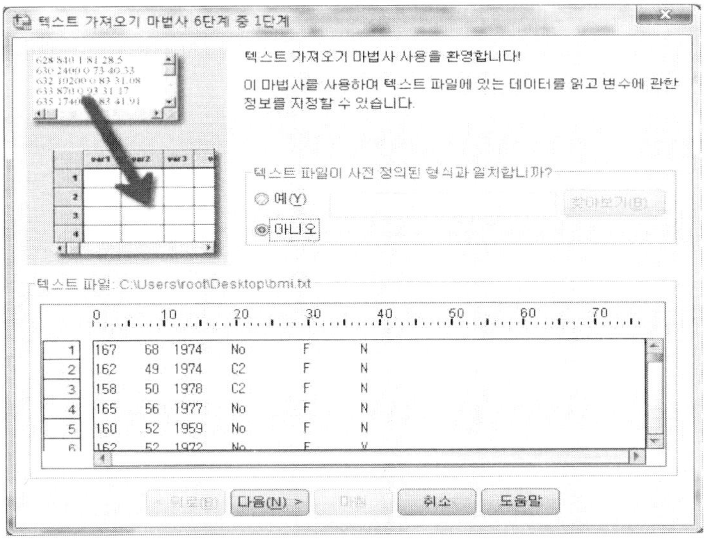

그림 B.1: 텍스트 문서 자료 읽기 1

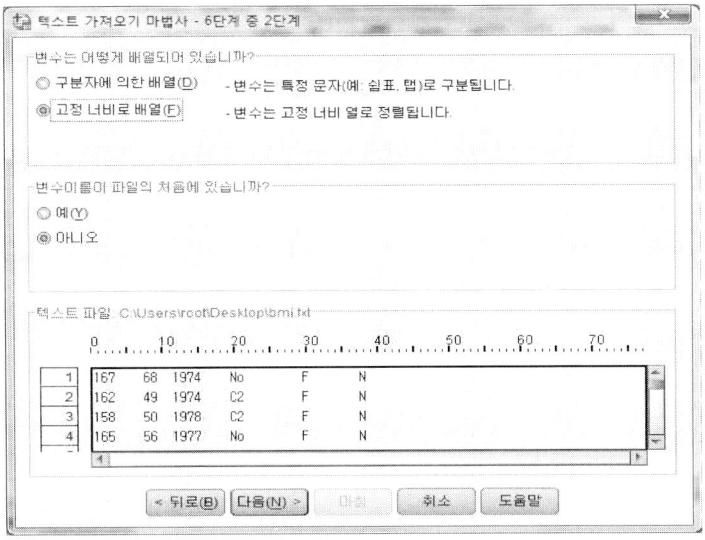

그림 B.2: 텍스트 문서 자료 읽기 2

었는지를 물어 보고 자료의 첫줄이 변수의 이름인지 물어 본다. 자료가 빈칸 등으로 각각의 열이 구분되어 있으면 구분자에 의해 구분된 것을 선택하고 자료의 각각의 열이 줄이 맞춰진 상태이면 줄을 맞춘 것을 선택한다. 가끔 자료의 첫줄이 변수 이름인 경우가 있는데 그런 경우이면 변수 이름이 자료의 첫줄에 있다는 것을 선택한다.

그림 B.3에서는 자료가 몇째줄부터 시작하는지 먼저 설정한다. 읽어들일 텍스

그림 B.3: 텍스트 문서 자료 읽기 3

트 파일에 변수 이름이 포함되거나 자료의 설명이 포함되는 경우 등이 자료가 첫째 줄에서 시작하지 않는 경우이다.

다음으로 자료의 한 케이스가 몇 줄에 결쳐 있는지 물어 보는데 대개 한줄인 경우가 많으나 변수의 수가 많으면 여러 줄에 한 케이스가 들어가는 경우나 변수의 수가 적어 한줄에 여러 케이스가 들어가는 경우도 있으므로 자료에 따라 설정하면 된다. 설정하는 방법은 한 케이스가 몇개의 변수로 구성되어 있는지 설정하면 된다.

자료가 들어가 있는 텍스트 파일의 일부분만 읽어 들이고자 할 때는 읽어들일 줄의 수 또는 전체 자료에 대한 비율을 지정하여 텍스트 파일의 일부분만을 읽어들일 수도 있다.

그림 B.4에서는 그림 B.3에서 자료의 변수들이 구분자(delimiter)로 분리 표시되었다고 선택할 경우 그 구분자가 무엇인지 확인하는 창이다. 많은 경우에는 이 보기처럼 하나 이상의 빈칸을 사용한다. 여기서 보기로 든 빈칸, 콤마, 세미콜론 등이 아닌 다른 것을 구분자로 사용한 경우 기타를 선택하고 빈 칸에 그 구분자를 별도로 지정해 줄 수 있다. 그림 B.4에서는 이미 구분자가 빈칸일 경우 각 변수로 읽어들일 모양이 스프레드 시트 형태로 보여주고 있으며 변수 이름도 `V1`, `V2` 등으로 되어 있음을 볼 수 있다. SPSS 버전 15이전의 경우 한개 이상의 빈칸을 하나의 구분자로 인식하였으나 버전 17 이후는 한개이상의 빈칸을 하나씩의 구분자로 인식함을 유의

그림 B.4: 텍스트 문서 자료 읽기 4

하여야 한다.

그림 B.5에서는 그림 B.3에서 자료의 변수들이 고정너비로 분리 표시되었다고

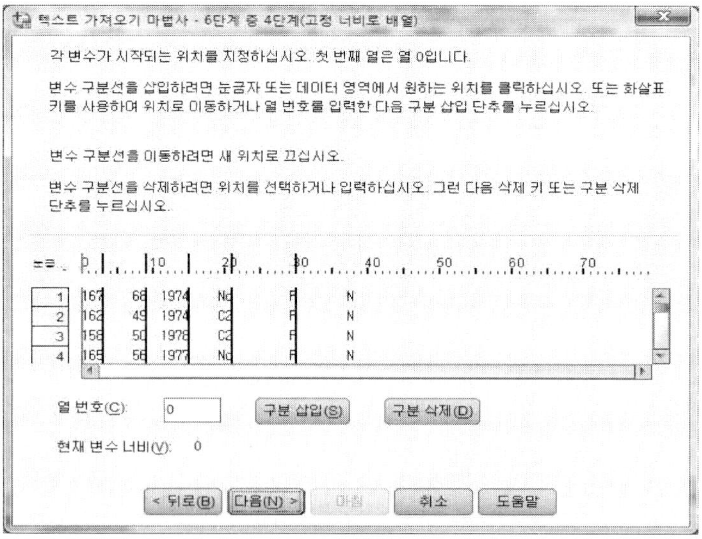

그림 B.5: 텍스트 문서 자료 읽기 5

선택할 경우에 생성된 대화창을 보여주고 있으며 이 그림의 자료에서 세로로 굵은

줄이 만들어져 사용자로 하여금 어떻게 자료가 구분되었는지 알 수 있게 한다.

그림 B.6에서는 그림에서 보는 스프레드 시트 형태로 자료를 읽었을 때 변수 이

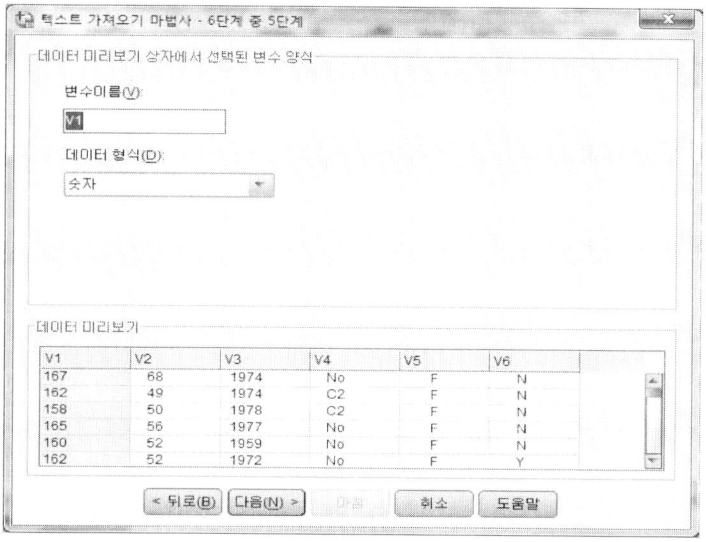

그림 B.6: 텍스트 문서 자료 읽기 6

름을 지정해 줄 수 있는 창이다. 변수의 이름을 포함한 변수의 여러 특성을 바꾸는 것은 B.2절에서 자세히 다루기로 한다. 그림 B.6에서 변수 특성을 바꾸려면 변수 이름 V1, V2 등이 있는 곳을 마우스로 클릭하면 변수 이름, 데이터 형식 등의 창이 활성화 되어 이들의 값을 바꿀 수 있다.

그림 B.7은 여태까지의 작업에 대한 확인 창으로 지금까지 텍스트 문서를 읽어 들인 형식(format)을 저장할 것인지 확인한다. 만일 이 형식을 자주 사용할 예정이면 이 형식을 저장해 두고 그림 B.1에서 이전의 형식대로 읽을지 확인하는 창에서 '예'라고 선택하고 이 형식을 지정해 주면 된다.

또한 현재까지 마우스를 사용하여 자료에 적용한 SPSS 명령문을 이용하여 직접 SPSS 명령문으로 SPSS를 사용하고자 하는 경우에는 명령문을 붙여 넣겠다고 선택하여 명령문을 직접 사용할 수 있다. 이 기능은 SPSS 가 그래픽 화면이 아닌 명령문 형태에서 부터 사용해 온 사용자에게 유용한 기능이다.

여기까지 완성되었으면 완성 버튼을 눌러준다.

> 참고: SPSS에서 텍스트 자료를 읽을 때 빈칸을 포함하여 둘 이상의 빈칸으로 구분된 자료를 고정된 너비로 읽을 경우에 숫자형인 자료는 특별한 문제가 없으나, 문자열인 자료는 빈칸을 자료의 일부로 인식한다. 빈

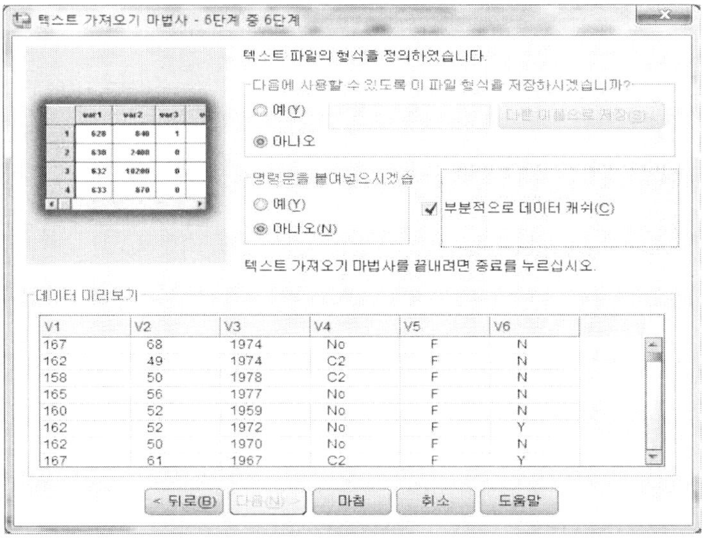

그림 B.7: 텍스트 문서 자료 읽기 7

칸이 실제 문자열 자료의 일부인 경우는 문제가 없으나 그렇지 않은 경우 빈칸이 눈에는 보이지 않으므로 자료의 분석에서 문제가 발생할 수 있다. 예를 들면 성별변수의 값이 사용자에게는 `M`으로 보이나 컴퓨터내부에서는 ␣M으로 빈칸 ␣을 포함하게 된다.

이 문제를 해결하려면 SPSS의 내장함수인 `ltrim` 및 `rtrim`을 사용한다. 즉, SPSS에서 그림 B.8과 같이 함수를 사용하면 된다. `ltrim` 및 `rtrim`은 각각 문자열의 왼쪽과 오른쪽에 있는 빈칸을 잘라주는(trim) 함수이다. 그림 B.8의 대화창 생성은 B.3.1절을 참고하기로 한다.

B.2. 변수의 설정 변경

SPSS의 자료를 만든 후에 자료의 특성을 필요에 따라 변환할 수 있는데 이러한 특성을 바꾸려면 그림 B.9에서와 같이 SPSS의 창의 아래에 보이는 **데이터 보기**와 **변수 보기** 또는 `Variable view`에서 동그라미를 한 부분인 **변수 보기**를 선택한다. 그림 B.9은 **변수 보기**를 선택한 창으로 자료 대신에 변수의 속성을 보여 준다. 이 그림에서 자료를 보려면 **데이터 보기**를 선택하면 자료를 수정할 수 있다. 이 그림에서

이름 에는 변수에 사용할 이름을 준다. 이름은 알파벳으로 시작하며 중간에 숫자를 사용하는 alphanumeric이 주로 사용되고 한글 버전인 경우 한글 이름도 사용

그림 B.8: SPSS 변수 계산 대화창-`ltrim` 및 `rtrim` 함수

할 수 있다.

유형 은 변수가 가지는 값의 종류가 숫자인지 문자인지 등을 지정해준다.

자리수 는 변수의 값이 갖는 최대 자리수를 지정해준다.

소수점 이하 자리수 는 변수가 숫자일 때 소수점 오른쪽에 몇 자리까지 사용할지 정한다.

설명 에는 변수의 이름을 길게 할 수 없기 때문에 변수의 이름에 추가하여 설명을 넣고자 할 때 사용한다. 예를 들어 `V2`가 신장 결석 여부라면 설명에 '신장 결석 여부'라고 입력해주면 이 후의 SPSS 출력에서는 **신장 결석 여부**라고 출력된다.

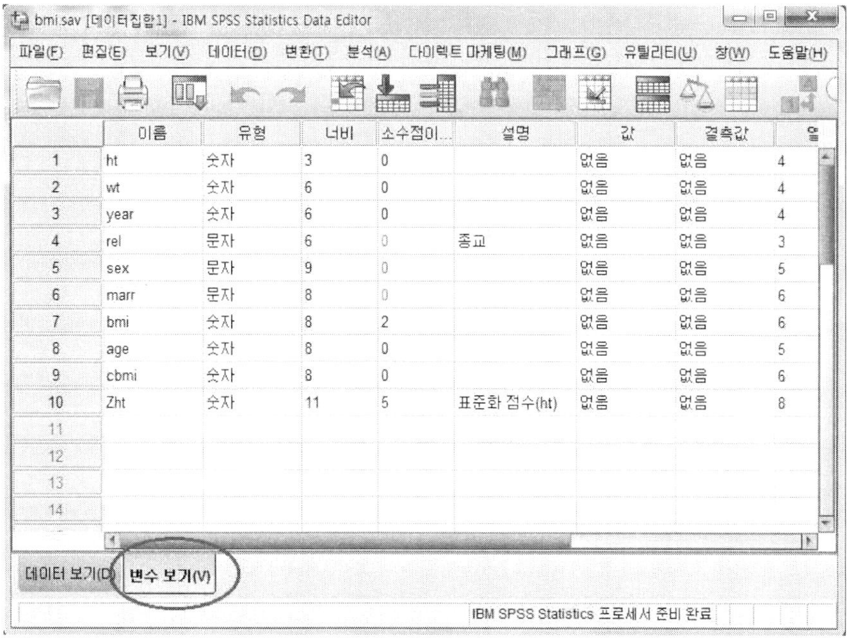

그림 B.9: SPSS 변수 속성의 변경

값 값에는 변수가 취하는 각각의 값의 대한 설명을 지정한다. 값을 마우스로 클릭하면 그림 B.10와 같은 대화창이 나오는데 예를 들어 `V2`의 값이 1이면 결석이 있고 2이면 결석이 없는 경우라면 이 그림과 같이 각각의 값과 그에 대응하

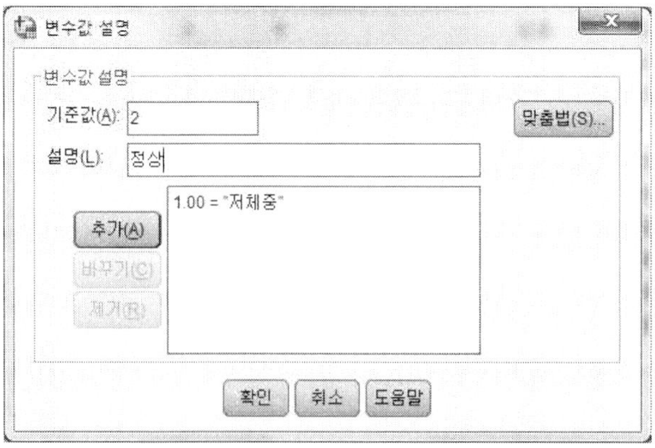

그림 B.10: SPSS 변수 속성의 변경-변수값에 대한 설명

는 설명을 입력하고 [추가] 버튼을 클릭한다. 모든 값에 대한 설명이 된 후에는 [확인] 버튼을 눌러주면 이 후의 SPSS 출력에서는 이 값에 대한 표 등을 만들데 숫자 1, 2 대신에 '결석 있음', '결석 없음'으로 출력되게 한다.

결측값 SPSS에서는 결측값을 마침표(.)로 표시하는데 마침표가 아닌 다른값도 결측치로 지정하고자 할 때 사용한다. 결측값이란 크게 나누어 세 가지로 분류될 수 있다.

1. 문항에 대답을 하지 않은 경우.
2. 문항의 보기 중에 '모른다' 등과 같은 지문이 있어서 그 값을 선택한 경우.
3. 해당 사항이 없는 경우. 예를 들어 "3번 문항에서 그렇다고 한 경우 그 이유는 무엇입니까?" 라는 질문인 경우 3번 문항에서 그렇다고 하지 않은 사람은 이 문항에는 해당 사항이 없음이 된다.

이 외에도 피조사자의 무성의나 조사자의 실수 등으로 빠뜨리는 문항 등의 이유로 결측치가 생기게 된다. SPSS에서의 결측치의 처리는 일반적으로

1. 하나의 변수만으로 계산되는 경우는 결측된 값 하나만 제외하며
2. 둘 이상의 변수가 필요한 계산에서는 모든 변수에서 결측치가 아닌 경우만 포함해야 계산되는 경우가 많기 때문에 하나 이상의 변수에서 결측치가 있는 경우 그 케이스는 제외되는 경우가 많다(listwise).

열 스프레드 시트에서 변수가 차지하는 열의 수를 표시한다.

맞춤 열의 정렬 방향을 왼쪽, 중앙, 오른쪽으로 지정해준다.

측도 자료의 종류가 명목자료인지, 순서자료인지 등을 정해준다.

결측값의 지정은 그림 12.1(351면)을 참고하기로 한다. 이 그림에서 특정한 값을 최대 세 개까지 결측치로 지정하거나, 특정한 값 하나와 일정 범위내의 모든 값을 결측치로 지정할 수 있음을 알 수 있다.

B.3. 자료의 변환

많은 경우에 자료는 원래의 형태에서 변경된 상태로 분석하게 된다. 예를 들어 키와 몸무게를 이용하여 체질량 지수를 계산하거나 숫자로 얻은 월평균 소득을 소득

의 높고 낮음으로 재분류하는 경우 등이다. 이와 같이 원래의 자료를 분석하는 과정에서 자료를 변환하는 경우에 대해서 알아보자. 이와 같은 변환은 변환한 결과를 원래 자료에 덮어쓰거나 새 변수로 저장할 수 있는데 변환된 값을 새 변수로 저장하고 원래 자료를 보존하는 것이 추후의 분석을 위해서는 바람직하다.

B.3.1 새 변수 계산(compute)

주어진 자료의 값을 변환하여 새로운 변수를 만들거나 기존 변수의 값을 변경할 수 있는데 이는 메뉴의 **변환** → **변수 계산**을 선택하여 할 수 있다. 이 순서로 메뉴를

그림 B.11: SPSS 변수 계산 대화창

선택하면 그림 B.11에서 보는 것처럼 계산을 할 수 있는 대화창이 만들어지는데 이 창의 **대상 변수**에는 새로 생길 변수의 이름을 지정한다. 만일 이미 있는 변수의 값을 변경하는 경우이면 이미 있는 변수의 이름을 넣을 수도 있다. 숫자 표현식에서는 새로 생길 변수의 계산 방법을 정한다. 이 그림의 보기는 출생연도 `year`가 주어진

자료에서 나이 age를 계산하는 방법이다.

B.3.2 코딩변경(recode)

기존의 자료값을 다른 값으로 변경하여 저장하고자 하는 경우가 있는데 예를 들면 나이가 10–19 세이면 1, 20–29세 이면 2 등으로 값을 바꾸고자 하는 경우가 있다. 이 경우에는 **변환** 에서 **코딩변경**을 선택하면 그림 B.12에서 보는 것과 같이 **같은 변수로** 또는 **다른 변수로**로 변환을 선택할 수 있다. 같은 변수는 값을 변경한 후 기존의 변수에 덮어 쓰는 것이며 다른변수는 새로운 변수를 만들어서 그 변수에 변환된 값을 저장하여 기존의 변수는 변함이 없게 된다. 변수의 수가 아주 많은 경우를 제외하고는 같은 다른 변수로 변환을 하는 것이 좋다.

그림 B.12: SPSS 변수의 코딩변경 1

그림 B.13에는 다른 변수로 전환을 선택할 경우에 만들어지는 대화창인데 이 그림의 왼쪽 창에서 코딩을 변경할 변수를 선택하면 그림 가운데 창으로 그 변수의 이름이 이동하며 새로운 변수로 코딩을 변경하므로 새 변수의 이름과 변수설명을 줄 수 있는 창이 그림의 가장 오른쪽 부분이다. 이 그림은 `type`이라는 변수의 코딩을 변경하여 `ntype`이라는 변수를 생성하기 위한 것이다. 변수의 값을 변경하기 위해서는

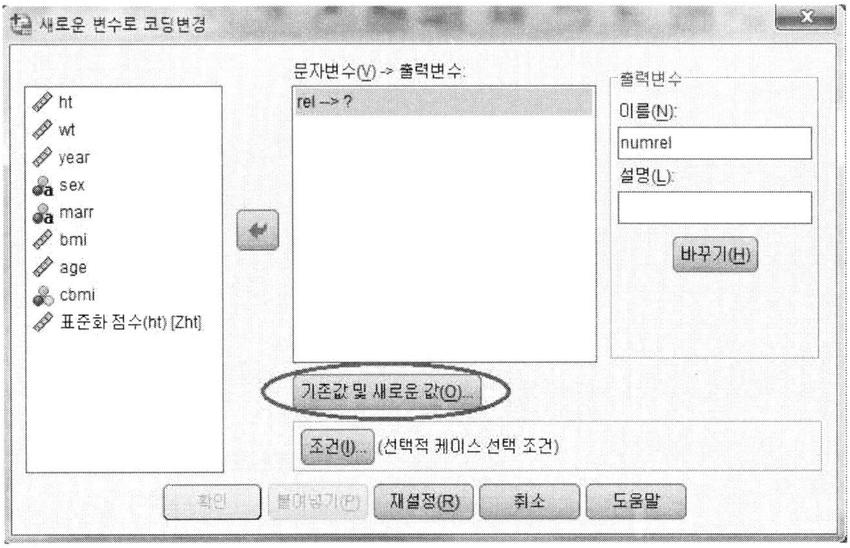

그림 B.13: SPSS 변수의 코딩 변경 2

◉ 제 3의 변수가 특정한 값을 가질 때만 변경하고자 할 경우에는 조건 을 클릭하여 변경하는 경우를 선택해 준다. 모든 경우에 대해서 같은 코딩변경이 이루어질 경우 이 버튼을 사용할 필요가 없다.

◉ 기존값 및 새로운 값 버튼을 클릭하면 코딩 변경의 내용을 지정해줄 수 있는 그림 B.14의 대화창이 나타난다.

이 그림에서 왼쪽창은 코딩변경 전의 변수값을, 오른쪽 창은 코딩변경 후의 값을 지정해주고 **추가** 버튼을 클릭하면 된다. 코딩변환할 변수가 이산형이라서 각각의 변수값에 대해서 변경할 때는 **값**을 선택하면 되고, 앞에서 말한 연령대와 같이 일정 범위의 모든 값을 다른 값으로 바꿀 때에는 **범위**를 선택한다.

B.3.3 가중치 주기

자료의 값이 같은 값이 반복되는 경우[2] 가 있다. 예를 들어 어떤 정책에 대해 찬성과 반대 여부를 성별로 조사한 다음과 같은 경우를 보자. 이 표에서 적극 찬성한 60명의 남자는 실제 원자료를 스프레드 시트로 정리할 때 어떤 모양이었을지 생각

[2] 이런 경우는 대부분 원시 자료를 가공한 경우이다.

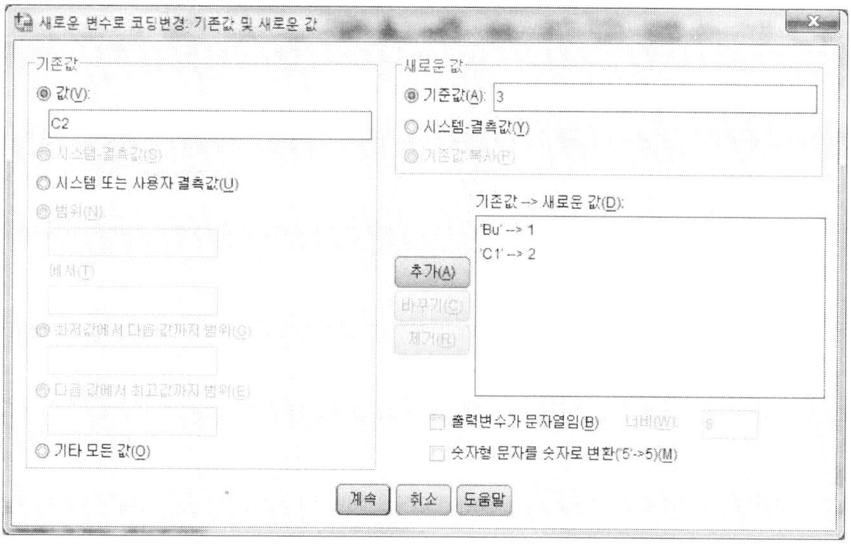

그림 B.14: SPSS 변수의 코딩 변경 3

	적극 찬성	찬성	반대	적극 반대
남자	60	40	20	10
여자	50	50	20	40

표 B.1: 정책에 대한 남녀별 찬성에 대한 교차표

해 보자. 표 B.1를 만들기 위해 조사자는 성별과 찬성/반대 정도를 묻는 설문지를 각각의 개인에게 물었을 것이고 이를 정리하면

```
1    남자   적극찬성
2    남자   적극찬성
3    남자   적극찬성
4    남자   적극찬성
.     .     .
.     .     .
.     .     .
```

와 같은 모양이었을 것이다. 이 원자료를 정리하면 표 B.1가 얻어진다. 따라서 위의 표로 정리된 자료를 SPSS를 이용하여 분석하려면 SPSS에 남자이면서 적극 찬

성인 자료가 60줄, 남자이면서 찬성이 40줄 등 전체 290줄의 자료를 만들어야 한다. 이렇게 같은 자료가 반복되는 경우에는 각 경우에 가중치를 주어 분석하면 SPSS 내부에서 필요한 계산을 할 때 필요한 만큼 자료가 반복된 것으로 판단하여 계산하게 할 수 있다. SPSS에서 가중치의 지정은 **데이터** → **가중 케이스** 순서로 메뉴를 선택하면 가중치로 사용할 변수를 지정할 수 있다. 사용 보기는 10.4절의 분할표 분석에서 사용한 보기를 참고하기로 하자.

B.4. 자료의 저장

자료의 저장은 **파일** → **저장**을 선택하면 생기는 대화창에서 저장할 파일의 경로와 파일 이름을 지정하여 저장한다. 파일 저장형식은 SPSS 형식의 파일 (`.sav`) 뿐만 아니라 일반문서형식(ASCII)나 dBase 형식 등으로 저장할 수 있다. **파일** → **다른 이름으로 저장**을 선택하여 자료를 다른 형식으로 변환하여 저장할 수 있다.

SPSS에서 자료를 저장할 경우 모든 변수를 다 저장할 수도 있지만 일부 변수만 선택하여 저장할 수도 있다.

B.5. 자료의 일부 변수만 저장하기

원래의 자료에서 많은 변수들 중에서 일부만 저장할 수 있는 방법은 **파일** → **다른 이름으로 저장** 순서로 메뉴를 선택한다. 이 순서로 메뉴를 선택하면 그림 B.15과 같은 대화창이 생성되는데, 이 창에서 저장할 이름만 지정하면 현재의 모든 변수가 저장된다.

일부만 저장하려면 그림 B.15의 사각형 표시에서 보는 [변수] 버튼을 클릭하여 그림 B.16의 대화창을 만들어서 이 그림에서 제외할 변수(그림에서 사각형 표시)를 클릭하여 지정한 후 [계속] 버튼을 눌러서 그림 B.15로 돌아가 저장할 파일의 이름을 지정하면 지정된 변수를 제외한 나머지 변수만 저장하게 된다.

이 그림에서는 변수 `year` 및 `zht` 변수가 제외된다.

B.6. 케이스의 선택

전체 자료 중에서 일부의 자료만 선택하여 분석하고자 할 경우가 있다. 예를 들면 전체 자료 중에서 남자인 경우만 따로 분석한다든가, 특정한 시기 이후의 자료만 따로 분석하고자 할 경우이다. 이와 같이 자료의 일부부만 사용하고자 할 경우에는 그

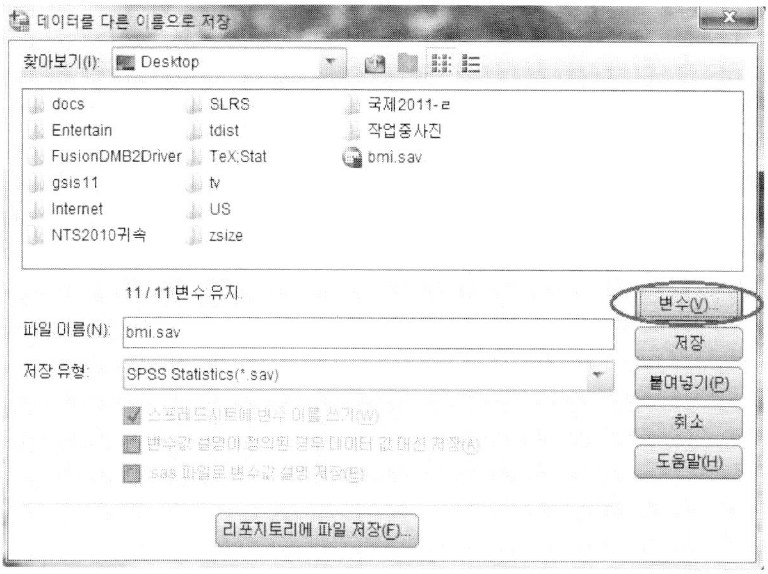

그림 B.15: 다른 이름으로 저장하기

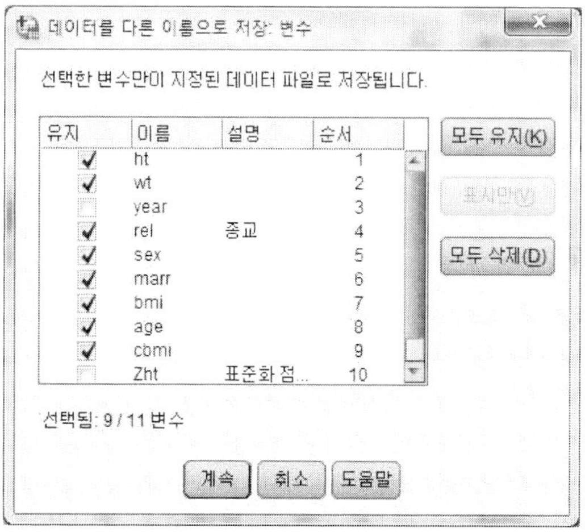

그림 B.16: 제외할 변수 선택

그림 B.17: 일부 케이스만 선택하기 위한 메뉴

림 B.17과 같이 **데이터** → **케이스선택** 순서로 메뉴를 선택한다. 그림 B.17의 메뉴를 선택하면 그림 B.18와 같은 대화창이 생성되는데 이 대화창에서

전체케이스 모든 자료를 사용한다. 기본값.

조건을 만족하는 케이스 변수의 조건을 지정하여 그 조건에 맞는 변수만 선택한다. 조건은 변수가 특정한 값일 경우나 특정 범위에 속하게 줄 수 있다.

케이스의 무작위 표본 추출 은 전체 케이스에서 일부를 뽑아서 사용하고자 할 때 선택한다.

시간 또는 케이스 범위를 기준으로 특정한 시간이나 변수번호의 범위를 이용하여 케이스를 선택하고자 할 때 설정한다.

필터 변수 사용 한 번 이상 케이스 선택을 하게 되면 케이스 선택한 기준에 의해서

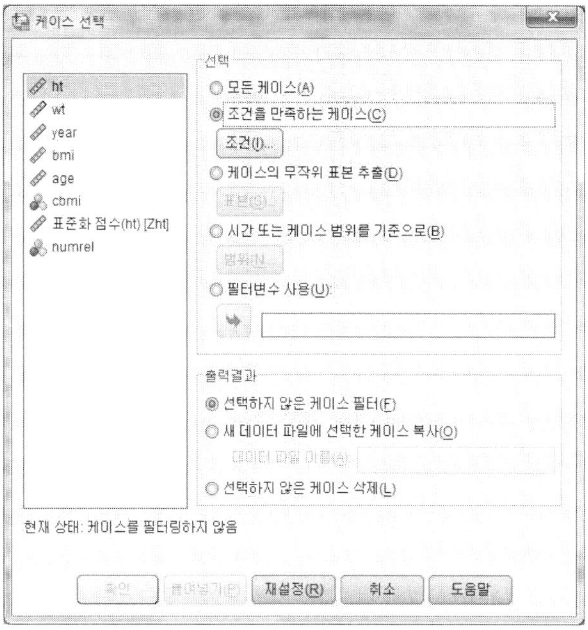

그림 B.18: 일부 케이스만 선택하기 대화창

새 변수가 자동으로 생성되는데 이렇게 생성된 변수를 필터변수[3]라고 한다. 필터변수 사용이란 이렇게 생성된 변수를 사용하여 변수값이 1이 되는 케이스만 선택하는 것을 말한다.

선택되지 않은 변수 위에서 설정한 방법으로 선택하지 않은 케이스는 자료에서 완전히 삭제하거나(삭제하기) 분석에서 제외만 하고 자료에서 삭제하지는 않는 경우(필터 사용)를 설정할 수 있다.

위의 각 경우에 대한 설정이 비슷하므로 가장 많이 사용하는 경우인 **조건을 만족하는 케이스**를 설정하는 것을 살펴 보기로 하자.

그림 B.18에서 [조건] 버튼을 클릭하면 그림 B.19과 같은 대화창이 생성된다. 이 대화창의 오른쪽 위의 공간에 조건을 설정한다. 그림 B.19에서는 **결혼여부**(marr)라는 변수의 값이 Y인 경우만 선택하는 경우이다. 이 결과로 만들어진 SPSS 데이터의 모양은 그림 B.20와 같으며, 이 그림은 선택하지 않은 변수를 **필터 사용**으로 자료에서 삭제하지 않은 경우이다.

[3]SPSS 명령문 기준으로는 SELECT IF를 사용한 경우.

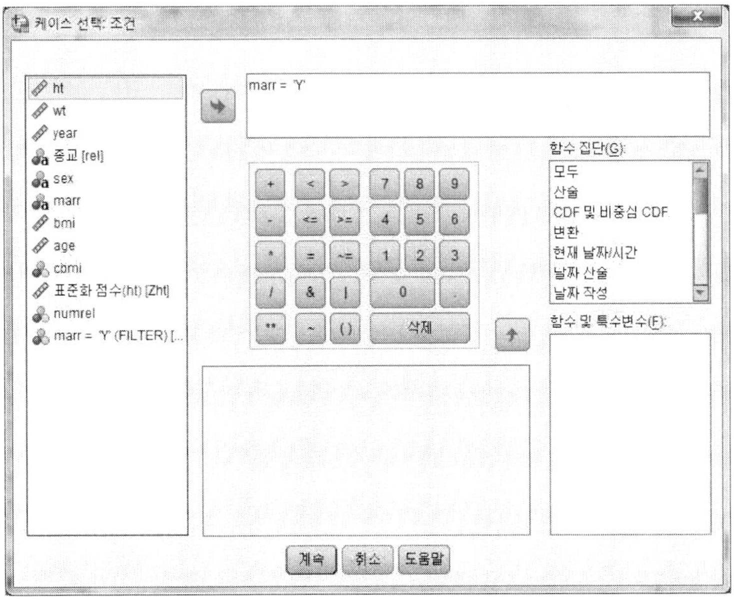

그림 B.19: 일부 케이스 선택 기준 설정

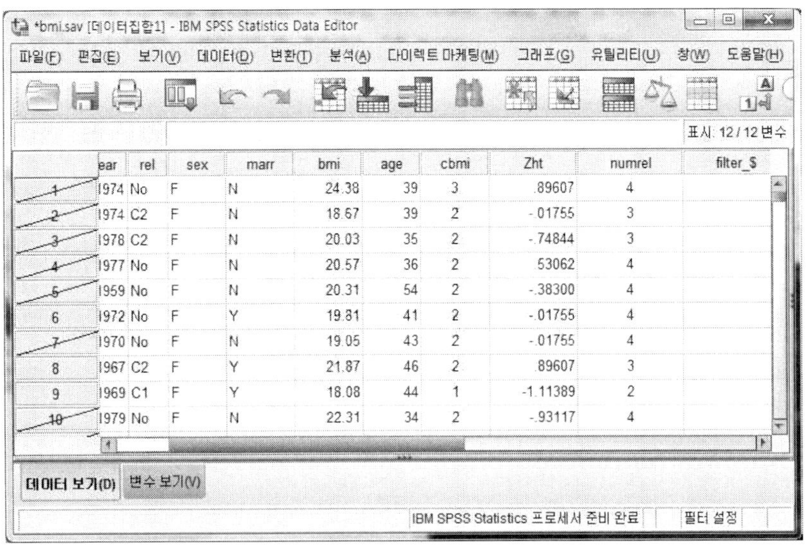

그림 B.20: 케이스 선택의 결과와 필터 변수

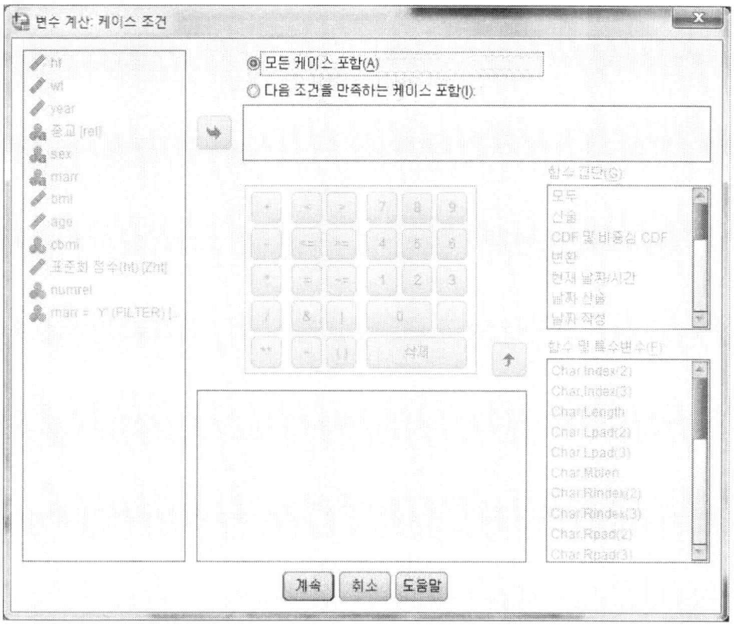

그림 B.21: 계산이나 코딩변경에서 조건 주기

그림 B.20는 제외된 경우가 케이스 번호에 표시되어 있으며 가장 오른쪽에 새 필터 변수가 만들어져 있음을 볼 수 있다. 필터변수의 값은 선택된 경우는 1, 제외된 경우는 0을 갖는다.

B.7. 조건문

코딩변경이나 변수계산에서 모든 경우에 동일한 변환이나 계산을 하지 않고 특정한 경우에만 계산하도록 선택할 수 있다. 이 경우 변수 계산의 경우 그림 B.11, 코딩변경인 경우 그림 B.13의 조건(I) 를 클릭하면 그림 B.21와 같은 대화창이 생성된다.[4] 이 대화창에서 '다음 조건을 만족하는 케이스 포함'을 클릭하여 조건을 설정한다.

이 그림에서 `**`는 제곱을, `~`은 부정(not)을 의미하며, `&`는 '그리고'(and), `|`는 '또는'(or)이다. 예를 들어 변수 `V1`의 세제곱은 `V1**3`으로 쓸 수 있으며 성별이 남

[4]이 그림은 변수 계산의 대화창이며 코딩변경의 경우 대화창이 모양이 약간 다르나 사용법은 크게 차이가 없다.

자이고 나이가 50세 이상인 경우는

```
(SEX = 'M') & (AGE >=50)
```

로 표시할 수 있다.

예를 들어 학년이 1학년이 아니거나 여자인 경우는

```
~(GRADE = 1) | (SEX = 'F')
```

또는

```
(GRADE ~= 1) | (SEX = 'F')
```

으로 표시할 수 있다.

B.8. 다중응답의 코딩과 처리

다중응답은 피조사자가 여러 개의 보기에서 한 개 이상을 선택할 수 있는 경우를 말한다. 예를 들어

> 다음에서 좋아하는 패스트 푸드를 모두 고르세요.
> ① 치킨 ② 햄버거 ③ 피자 ④ 즉석김밥 ⑤ (컵)라면

라고 한 경우 피조사자가 각각의 보기를 선택하거나 선택하지 않을 수 있으므로 한 문항이지만 코딩은 다섯 개의 문항으로 하여야 한다. 예를 들어 첫 번째 사람은 1, 2, 3, 4를 두 번째 사람은 3, 4, 5를 세 번째 사람은 2, 3을 선택한 경우 코딩은 다음과 같이 이루어진다.

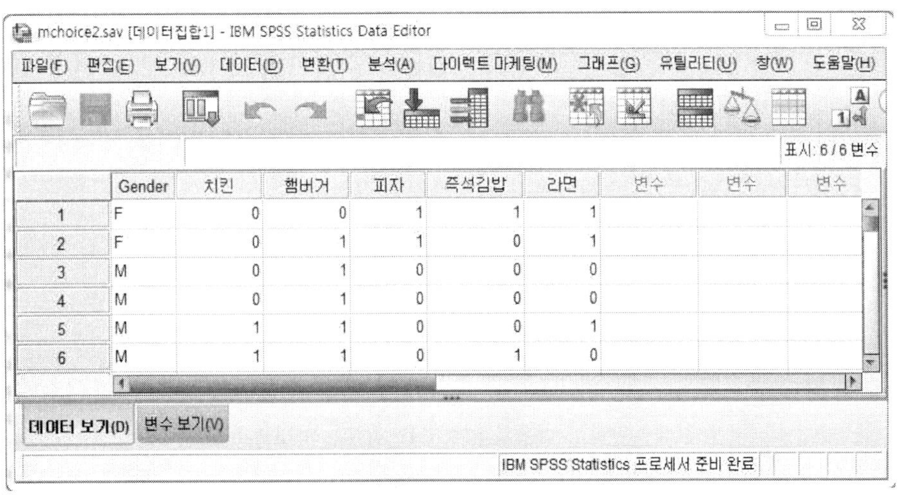

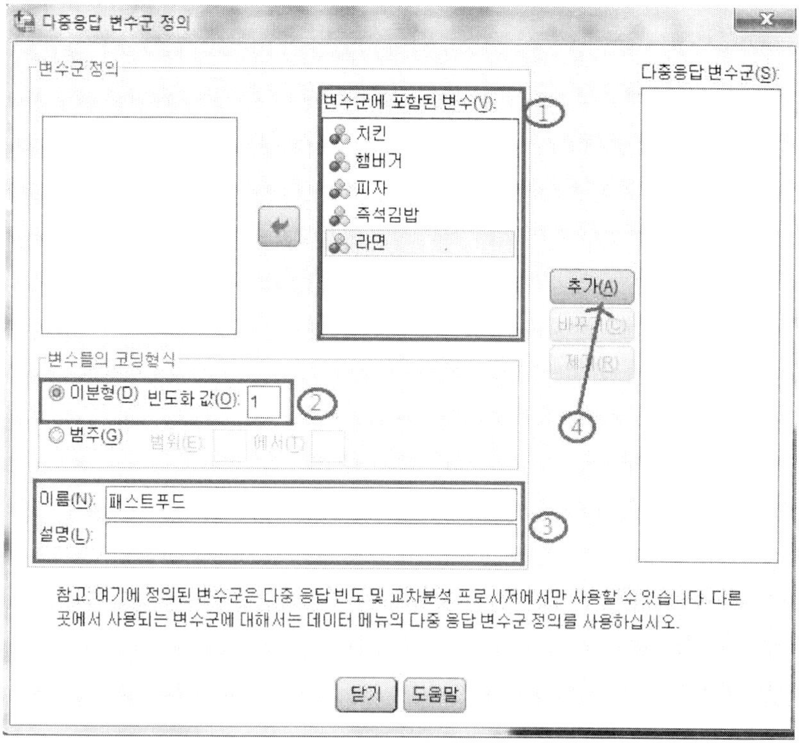

그림 B.22: 다중응답 변수 생성하기

이와 같은 다중응답을 SPSS에서 분석하기 위해서는 다중응답 변수를 생성하는 것이 먼저이다. 다중응답 변수의 생성은 **분석** → **다중응답** → **변수군정의** 순서로 메뉴를 선택한다. 이 메뉴를 선택하면 그림 B.22와 같은 대화창이 생성되는데 이 대화창에서

변수군에 포함된 변수 에는 다중응답에 사용된 변수를 지정한다(①).

변수들의 코딩형식 은 이분형인 경우 범주형(연속형)인 경우 중의 하나를 선택한다. 이 경우 응답이 선택 또는 선택하지 않은 경우로 이분형이며 선택된 경우는 1로 코딩하였으므로 빈도화 값에 1을 지정한다(②). 소득과 같이 연속형인 자료로 다중응답을 분석할 경우 범주형을 선택하고 빈도화할 변수의 범위를 설정하면 된다.

이름 에는 다중응답의 설정에 의해서 만들어질 변수의 이름을 준다(③). 이름이 설정된 경우 [추가] 버튼이 활성화되어서 다중응답 변수를 생성할 수 있다(④).

이와 같이 다중응답변수가 생성되면 **분석** → **다중응답** → **빈도분석** 또는 **교차분석** 메뉴를 선택하여 필요한 표를 얻을 수 있다. 위의 자료에서 얻은 빈도분석의 결과는 다음과 같다.

$패스트푸드 빈도

		응답		케이스 퍼센트
		N	퍼센트	
$패스트푸드[a]	치킨	10	27.0%	66.7%
	햄버거	8	21.6%	53.3%
	피자	6	16.2%	40.0%
	즉석김밥	6	16.2%	40.0%
	라면	7	18.9%	46.7%
합계		37	100.0%	246.7%

a. 값 1에서 표로 작성된 이분형 집단입니다.

부록 C

연습문제 풀이

1.1 표본공간 $\Omega = \{(1,H),(2,H),(3,H),(4,H),(5,H),(6,H),(1,T),(2,T),$ $(3,T),$ $(4,T),$ $(5,T),(6,T)\}$

1.2 $A\cap B\subset A$이므로 $\Pr[A\cap B]\le \Pr[A]$이며 $A\subset A\cup B$이므로 $\Pr[A]\le \Pr[A\cup B]$이다.

1.3 $E=\{1,2,3,4,6\}$ 이므로 $p=5/6$. A를 3 이하, B를 짝수라고 하면 $\Pr[A]=1/2, \Pr[B]=1/2$, $\Pr[A\cap B]=1/6$ 이므로 $\Pr[A\cup B]=5/6$.

1.4

$$p=\frac{\begin{pmatrix}6\\4\end{pmatrix}\begin{pmatrix}39\\6-4\end{pmatrix}}{\begin{pmatrix}45\\6\end{pmatrix}}=1/733$$

1.5 질병을 가진 사건을 D, 양성반응인 사건을 P라고 하면 $\Pr[D]=0.001$, $\Pr[P|D]=0.97$, $\Pr[P|D^c]=0.01$이므로

$$\Pr[D|P]=\frac{\Pr[D]\Pr[P|D]}{\Pr[D]\Pr[P|D]+\Pr[D^c]\Pr[P|D^c]}=\frac{.001\cdot .97}{.001\cdot .97+.999\cdot .01}=.0885$$

1.6 A_1을 여자인 사건, A_2를 남자인 사건, B를 색맹인 사건이라고 하면 $\Pr[A_1]=\Pr[A_2]=1/2$, $\Pr[A_1\cap B]=0.0005$, $\Pr[A_2\cap B]=0.01$ 이므로 Bayes 법칙에 따라 $\Pr[A_1|B]=0.0005/(0.01+0.0005)=0.04761905$

2.1 베르누이 시행의 기댓값과 분산이 각각 p, $p(1-p)$이고 이항분포는 독립인 베르누이 시행의 합이므로 기댓값은 np, 분산은 $np(1-p)$이다.

2.2 $\Pr[X \le 6] = \Pr[(X-6)/2 \le (6-6)/2] = 0$, $\Pr[X \ge 8] = \Pr[(X-6)/2 \ge (8-6)/2] = \Pr[Z \ge 1] = 0.1587$

2.3 (a) $\Pr[X > \mu + \sigma] = \Pr[Z > 1] = 0.1587$, $\Pr[X > \mu + 2\sigma] = \Pr[Z > 2] = 0.02275$, $\Pr[X > \mu + 3\sigma] = \Pr[Z > 3] = 0.00135$.

(b) $z_{0.95} = -1.645$, $z_{0.975} = -1.96$, $z_{0.99} = -2.326$, $z_{0.995} = -2.5758$.

2.4 $X = Z_1^2 + Z_2^2 + \cdots + Z_\nu^2$이며 표준정규분포인 Z_i에 대해 $E[Z_i^2] = \sigma^2 = 1$이므로 $E[X] = \nu$이다.

2.5 자유도가 1인 카이제곱분포는 표준정규분포의 제곱이므로 $\chi_{1;\alpha/2} = z_{\alpha/2}^2$.

2.6 자유도가 1인 카이제곱분포는 표준정규분포의 제곱이고 F 분포와 t 분포의 정의에 의해 $t_{\nu;\alpha/2}^2 = F_{1,\nu;\alpha}$

2.7 카이제곱분포가 ν개의 표준정규분포 제곱의 합이므로 F 분포의 분모는 1로 수렴하며, 분자의 분포는 표준정규분포의 제곱이므로

$$\lim_{\nu\to\infty} F_{1,\nu;\alpha} \to Z_{\alpha/2}^2$$

이다.

2.8 $E[T_\nu] = E[Z/\sqrt{\chi_\nu^2/\nu}] = E[Z]E[1/\sqrt{\chi_\nu^2/\nu}] = 0$

2.9 X의 확률분포는

x_i	0	1	2	3	4	5
p	0.16807	0.36015	0.30870	0.13230	0.02835	0.00243

이므로

(a) $Y = 3X + 5$의 확률을 구하면

y_i	5	8	11	14	17	20
p	0.16807	0.36015	0.30870	0.13230	0.02835	0.00243

(b) $E[Y] = \sum y_i \Pr[Y = y_i] = 0.84035 + 2.88120 + 3.39570 + 1.85220 + 0.48195 + 0.04860 = 9.5$, $E[Y^2] = \sum y_i^2 \Pr[Y = y_i] = 4.20175 + 23.04960 + 37.35270 + 25.93080 + 8.19315 + 0.97200 = 99.7$이므로 $\text{Var}(Y) = E[Y^2] - E[Y]^2 = 99.7 - 9.5^2 = 9.45$

(c) $E[X] = np = 1.5, \text{Var}(X) = np(1-p) = 1.05$ 이므로 $E[3X+5] = 3 \cdot 1.5 + 5 = 9.5$ $\text{Var}(3X+5) = 3^2\text{Var}(X) = 9 \cdot 1.05 + 5 = 9.45$

2.10 (a) $\int_0^1 axdx = 1$이라야 하므로 $a = 2$. 적분을 모르는 경우 $0 < x < 1$사이의 직선 $y = ax$아래의 면적이 1이라야 하므로 면적은 $\frac{1}{2} \cdot 1 \cdot a = 1$을 이용.

(b) $E[X] = \int_0^1 2x^2dx = \frac{2}{3}$. $E[X^2] = \int_0^1 2x^3dx = \frac{1}{2}$이므로 $\text{Var}(X) = E[X^2] - E[X]^2 = \frac{1}{18}$

(c) $E[5X+3] = 5\frac{2}{3} + 3$, $\text{Var}(5X+3) = 5^2\frac{1}{18}$.

2.11 X의 분포는 근사적으로 정규분포 $N(25, 18.75)$이므로 $\Pr[X \geq 30] = \Pr[Z \geq (30-25)/\sqrt{18.75}] = \Pr[Z \geq 1.15] = 0.13$. 마찬가지로 $\Pr[X \leq 20] = 0.13$

2.12 (a) X와 Y의 주변분포

x_i	-1	0	1
p	0.2	0.6	0.2

,

y_i	-1	0	1
p	0.2	0.6	0.2

(b) $\text{E}[XY] = \sum x_i y_i \Pr[X = x_i, Y = y_i] = (-1)(-1).1 + (1)(-1).1 + (0)(0).6 + (-1)(1).1 + (1)(1).1 = 0$, $E[X] = E[Y] = 0$이므로 $\text{Cov}(X,Y) = 0$이다. 따라서 상관계수는 0이다.

(c) $\Pr[X = 0, Y = 0] = 0.6 \neq \Pr[X = 0]\Pr[Y = 0] = 0.6 \times 0.6$이므로 모든 i에 대해서 $\Pr[X = x_i, Y = y_i] = \Pr[X = x_i]\Pr[Y = y_i]$이 성립하는 것이 아니므로 독립이 아니다.

2.13 보기 2.9의 계산을 참고하여 $\text{Cov}(X,-Y) = -\text{Cov}(X,Y) = -1/4$, $\text{Cov}(X, 2Y) = 2\text{Cov}(X,Y) = 1/2$.

2.14 보기 2.9의 계산을 참고하여 $\text{Corr}(X,-Y) = -\text{Corr}(X,Y) = -1/2$, $\text{Corr}(X, 2Y) = \text{Corr}(X,Y) = 1/2$.

2.15 $\Pr[X_1 > 11] = \Pr[(X_1 - 10)/2 > (11-10)/2] = \Pr[Z > 0.5] = 0.3085$ 이고, $\bar{X} \sim N(10, 2^2/16)$이므로 $\Pr[\bar{X} > 11] = \Pr[(\bar{X} - 10)/(2/4) > (11 - 10)/(2/4)] = \Pr[Z > 2] = 0.02275$.

2.16 자유도가 ν인 카이제곱분포인 독립인 표준정규분포의 제곱들의 합이므로 χ^2/ν는 표준정규분포제곱의 평균이다. 따라서 ν가 충분히 크면 중심극한정리에 의해서 근사적으로 $\frac{\chi^2_\nu/\nu-1}{\sqrt{2/\nu}} = \frac{\chi^2_\nu-\nu}{\sqrt{2\nu}} \sim N(0,1)$ 라 할 수 있다.

2.17 45개에서 뽑은 6개 중 x 개가 맞을 확률은

$$\frac{\binom{6}{x}\binom{39}{6-x}}{\binom{45}{6}}$$

이므로 $x=3$이면 1/45, $x=4$이면 1/733, $x=5$이면 $39/1,357,510$, $x=6$이면 $1/8,145,060$이다. 참고로 $x=5$일 확률은 Lotto의 2등 확률과 3등 확률의 합이다.

2.18 Pr[k번째에 첫 번째 앞면일 확률] $= 2^{-k}$이므로 기댓값은

$$\sum_{k=1}^{\infty} 2^{-k}\cdot 2^k = \infty$$

이다.

3.5 다음의 표를 사용하면

구간	f_i	x_i	$\sum x_i f_i$	$\sum x_i^2 f_i$
0 – 24	10	12.0	120.0	1440.0
25 – 49	21	37.0	777.0	28749.0
50 – 74	20	62.0	1240.0	76880.0
75 – 99	13	87.0	1131.0	98397.0
100 –149	7	124.5	871.5	108501.8
150 –199	2	174.5	349.0	60900.5
200 –249	4	224.5	898.0	201601.0
250 –400	2	325.0	650.0	211250.0
합	79	1046.5	6036.5	787719.3

$\bar{x} = \sum x_i f_i / \sum f_i = 6036.5/79 = 76.4114$이며 $s^2 = (\sum x_i^2 f_i - n(\bar{x})^2)/(\sum f_i - 1) = (787719.3 - 79(76.4114)^2)/78 = 4185.408$ 이다.

3.11 연습문제 4.2 참고.

4.1 (a)유의확률이 주어진 확률의 반이므로 귀무가설을 기각한다. (b) $s/\sqrt{n} = .7458/\sqrt{10} = 0.2358$ (c)9 (d) $t = \bar{x}/SE = 0.5/0.2358 = 2.12$ (e)$0.063/2 = 0.0315$ (f) $a > t$ (g) 포함됨. (계산할 필요없이 양측검정인 경우 귀무가설을 기각하지 못하므로) (h) 틀린 표현임.

4.2 표본평균은 $\sum x_i/n = 266/9 = 29.56$이고 표본 분산 s^2 및 표준편차 s는 $s^2 = \sum(x_i - \bar{x})^2/(n-1) = 8.78$이고 $s = \sqrt{8.78} = 2.96$이다. 또한 신뢰수준이 $100(1-\alpha) = 95\%$ 이므로 t-분포표에서 자유도 $(n-1) = 8$, $\alpha/2 = 0.025$인 t 값을 찾아보면 $t_{8;0.025} = 2.306$이다. 따라서 우리가 구하는 신뢰구간은 $(\bar{x}-t_{n-1;\alpha/2}s/\sqrt{n}, \bar{x}+t_{n-1;\alpha/2}s/\sqrt{n}) = (29.56-(2.306)(2.96)/3, 29.56+(2.306)(2.96)/3) = (27.28, 31.84)$ 이다. 즉, 신뢰구간은 27.28cm – 31.84cm이며, 신뢰수준 95%라는 것은 이와 같은 방법으로 100개의 신뢰구간을 구하였을때 95개 정도가 모평균 를 포함한 것으로 기대할 수 있다는 것이다

4.3 $172.3 \pm t_{24;0.025} \cdot 5/\sqrt{25} = 172.3 \pm 2.064 \cdot 5/\sqrt{25} = (170.24, 174.35)$

4.4 $n = 25$, $\bar{x} = 30000$, $s = 5000$이고 $t_{24;0.05} = 1.71, t_{24,0.025} = 2.06$이므로 90% 신뢰구간은

$$30000 \pm 1.71 \cdot 5000/\sqrt{24} = (30000 \pm 1745.26) = (28254.74, 31745.26)$$

이고 95 % 신뢰구간은 마찬가지의 방법으로

$$30000 \pm 2.06 \cdot 5000/\sqrt{24} = (30000 \pm 2102.48) = (27897.21, 32102.48)$$

이다.

4.5 $H_0 : \mu = 169$, $H_1 : \mu > 169$인 가설검정의 검정통계량 $t = \frac{174-169}{9/\sqrt{49}} = 3.889 > t_{48;0.05} = 1.677$이므로 귀무가설을 기각한다. 즉, 키가 커졌다고 판단한다. 참고로 $t_{48;0.01} = 2.407$이고 유의확률은 0.000이다.

4.6 $H_0 : \mu = 10$, $H_1 : \mu < 10$인 가설검정의 검정통계량 $t = \frac{9.5-10}{2/\sqrt{100}} = -2.5 < -t_{99;0.05} = -1.66$이므로 귀무가설을 기각한다. 즉, 연비가 10 미만이라고 판단한다. 참고로 $t_{99;0.01} = 2.365$이고 유의확률은 0.007이다.

4.7 (a) SPSS 출력

Group Statistics

	SEX	N	Mean	Std. Deviation	Std. Error Mean
키	남자일 걸	19	171,37	5,112	1,173
	여자	158	160,98	4,350	,346

Independent Samples Test

		Levene's Test for Equality of Variances		t-test for Equality of Means						
									95% Confidence Interval of the Difference	
		F	Sig.	t	df	Sig. (2-tailed)	Mean Difference	Std. Error Difference	Lower	Upper
키	Equal variances assumed	,729	,394	9,647	175	,000	10,39	1,077	8,262	12,513
	Equal variances not assumed			8,495	21,253	,000	10,39	1,223	7,846	12,929

에 의해 두 그룹의 분산이 같은지에 대한 검정 결과 귀무가설 $H_0 : \sigma_1^2 = \sigma_2^2$을 기각할 만한 충분한 근거가 없다. 따라서 두 그룹의 분산이 같은 경우의 출력을 이용하여 $H_0 : \mu_M = \mu_F$ 대 대립가설 $H_1 : \mu_M \neq \mu_F$을 검정하기 위한 출력은 두번째 표의 첫째줄을 사용한다. 따라서 양측검정의 유의확률 0.000이 유의수준보다 작으므로 귀무가설을 기각한다. 즉, 자료가 남녀간의 키의 평균이 다르다고 주장할 충분한 근거가 된다.

(b) SPSS 출력

Group Statistics

	SEX	N	Mean	Std. Deviation	Std. Error Mean
키	남자일 걸	19	171,37	5,112	1,173
	여자	158	160,98	4,350	,346

Independent Samples Test

		Levene's Test for Equality of Variances		t-test for Equality of Means						
									95% Confidence Interval of the Difference	
		F	Sig.	t	df	Sig. (2-tailed)	Mean Difference	Std. Error Difference	Lower	Upper
키	Equal variances assumed	,729	,394	9,647	175	,000	10,39	1,077	8,262	12,513
	Equal variances not assumed			8,495	21,253	,000	10,39	1,223	7,846	12,929

에 의해 두 그룹의 분산이 같은지에 대한 검정 결과 귀무가설 $H_0 : \sigma_1^2 = \sigma_2^2$을 기각할 만한 충분한 근거가 있다($P = 0.007$). 따라서 두 그룹의 분산이 다른경우의 출력을 이용하여 $\mu_M - \mu_F = (11.082, 18.645)$이다.

4.8 출력은 생략하고 결론을 보면

(a) 95% CI는 (19.997, 20.6105)이며 99% CI는 (19.8990, 20.7085)이다.

(b) 남자의 BMI 평균은 22.7344, 여자의 BMI 평균은 20.0114 이며 등분산성에 대한 검정결과 유의확률이 0.01이므로 유의수준 5%에서 분산이 다르다고 판단하고 이때의 t 검정의 유의확률은 0.000(양측)이므로 귀무가설을 기각하고 남녀간의 BMI의 평균이 다르고고 판단한다.

(c) 등분산성 검정에서 분산이 같다는 귀무가설을 유의수준 5% 에서 기각하므로 분산이 다를때의 SPSS 출력을 읽으면 양측검정의 유의확률이 0.015이다. 대립가설이 기혼자의 BMI 평균이 더 크다이고 관찰된 t 값이 2.499이므로 유의확률은 0.0075이다. 따라서 귀무가설을 기각하고 기혼자의 BMI 평균이 더 크다고 할 수 있다.

4.9 SPSS의 메뉴에서 분석 → 평균비교 → 짝비교 순서로 메뉴를 선택한 결과 SPSS 출력이

Paired Samples Statistics

		Mean	N	Std. Deviation	Std. Error Mean
Pair 1	ETHANOL	232.22	9	50.306	16.769
	CAPSAI	657.00	9	162.853	54.284

Paired Samples Correlations

		N	Correlation	Sig.
Pair 1	ETHANOL & CAPSAI	9	.566	.112

Paired Samples Test

		Paired Differences					t	df	Sig. (2-tailed)
					95% Confidence Interval of the Difference				
		Mean	Std. Deviation	Std. Error Mean	Lower	Upper			
Pair 1	ETHANOL - CAPSAI	-424.78	140.647	46.882	-532.89	-316.67	-9.061	8	.000

와 같고 귀무가설 $H_0 : \mu_E - \mu_C = 0$ 대 대립가설 $H_1 : \mu_E - \mu_C < 0$의 검정이므로 관찰된 검정통계량 $t = -9.061$에 대한 유의확률은 0.000/2=0.000 이므로 귀무가설을 기각한다. 즉, capsaicine을 적용한 경우 혈류량을 증가한다는 근거가 충분하다고 할 수 있다. 출력에 의하면 $\mu_E - \mu_C$의 95% 신뢰구간은 $(-532.89, -316.67)$이다.

4.10 SPSS의 메뉴에서 분석 → 평균비교 → 독립인 두 표본 순서로 메뉴를 선택한 결과 SPSS 출력이

와 같고 귀무가설 $H_0 : \mu_1 - \mu_2 = 0$ 대 대립가설 $H_1 : \mu_1 - \mu_2 \neq 0$의 검정이다. 등분산성 검정의 결과 유의확률이 0.017로 유의수준 5% 에서 등분산성을 가정할 수 없으므로 $t = -4.023$이고 유의확률은 0.000이므로 귀무가설을 기각한다. 즉, 신장결석의 유무에 따른 요의 calcium concentration이 다르다고 할 수 있다.

4.11 연습문제 4.10의 컴퓨터 출력에서 95% 신뢰구간은 $(-5.158, -1.686)$ 이므로 신뢰구간에 0이 포함되지 않으며 이는 유의수준 5% 인 가설검정에서 두 그룹의 평균이 같다고 할 수 없다는 결론과 일치하는 결론이다.

4.14 귀무가설 $H_0 : \mu_1 - \mu_2 = 0$와 대립가설 $H_1 : \mu_1 - \mu_2 \neq 0$을 검정한다. 검정통계량 계산에 필요한 통계량값은 처리 1 : $\bar{x} = 22.25, \sum(x_i - \bar{x})^2 = 187.5, n_1 = 8, s_1 = 26.79$ 처리 2 : $\bar{y} = 17.86, \sum(y_i - \bar{y}) = 128.9, n_2 = 7, s = 21.48$ 이며 분산에 대한 합동추정량 s_p^2은

$$s_p^2 = \frac{(n_1 - 1)s_1^2 + (n_2 - 1)s_2^2}{n_1 + n_2 - 2} = \frac{(8-1)(26.79) + (7-1)(21.48)}{8 + 7 - 2} = 24.34$$

이므로 $s_p = 4.93$이다. 따라서 검정통계량

$$t_0 = \frac{\bar{x} - \bar{y}}{s_p\sqrt{1/n_1 + 1/n_2}} = \frac{22.5 - 0 - 17.86}{4.93\sqrt{1/8 + 1/7}} = 1.721$$

로 얻어진다. 유의수준 5% 에서 $t_{13;0.025} = 2.106$이므로 $|t_0| < t_{n_1+n_2-2;\alpha/2}$이고 따라서 귀무가설을 기각할 수 없다. 즉, 주어진 자료를 근거로 볼 때 주 3회 관수와 주2 회 관수가 묘고생장량에 주는 영향은 유의수준 5% 에서 유의한 차이가 있다고 볼 수 없다.

4.15 짝으로 이루어진 관측치이므로 원래 자료에서 차이를 계산하면

엽번호(i)	1	2	3	4	5	6	7	8	9	10
$D_i = x_i - y_i$	1	1	−1	1	2	1	−1	0	2	1

D의 평균과 표준편차를 구하면 $\bar{D} = (1 + 1 + (-1) + ... + 1)/10 = 0.7$이고 $s_D = \sqrt{\sum(D_i - \bar{D})^2/(10-1)} = 1.06$ 이다. 따라서 D 가 정규모집단으로부

터의 임의표본의 관측치라는 가정하에 두 처리간의 모평균 차에 관한 95%신뢰구간은 $\bar{D} \pm t_{9;0.025} \cdot s_D/\sqrt{n} = 0.7 \pm 2.262 \times 1.06/\sqrt{10} = 0.7 \pm 0.76 = (-0.06, 1.46)$이다. 이 신뢰구간에 0이 포함되므로 같은 유의수준에서 양측검정에서 귀무가설은 기각할 수 없음을 알지만 검정통계량을 계산해 보면 $t_0 = \frac{0.7-0}{1.06/\sqrt{10}} = 2.09$이고 이며, 5% 유의수준에서의 기각치는 $t_{9;0.025} = 2.262$ 이므로 $t_0 < 2.262$ 이므로 귀무가설을 기각할 수 없다. 즉, 주어진 자료로부터 두 약품이 오리나무 엽조직에 입히는 피해 정도가 차이가 있다는 확증이 없다.

4.17 $S_1^2 = S_2^2$이면

(a) Satterswaite 자유도는 $m+n-2$로 $\sigma_1^2 = \sigma_2^2$인 경우의 자유도와 같음.

(b) 식 (4.31)과 식 (4.34)의 두 검정통계량은 같은 식이 됨.

5.1 $F_{4,9;0.025} = 4.7181$이고 $F_{9,4;0.975} = 0.21195$이므로 $F_{4,9;0.025} = 1/F_{9,4;0.975}$인 관계에 있다.

5.4 연습문제 4.10 풀이의 출력에 따라서 $s_1^2 = 1.65959^2 = 2.754239$이고 $s_2^2 = 3.56822^2 = 12.73219$이므로 $F = 2.754239/12.73219 = 0.2163209$이다. $F_{18,21,0.975} = 0.3932$, $F_{18,21,0.025} = 2.4618$ 이므로 귀무가설을 기각한다.(유의수준 5%)

5.8 귀무가설과 대립가설은 각각 $H_0 : \sigma_1^2 = \sigma_2^2$과 $H_1 : \sigma_1^2 \neq \sigma_2^2$이며 각 모집단 분산의 추정치 s_1^2과 s_2^2을 구하면 각각 $s_1^2 = \sum(x_i - \bar{x})^2/(n_1 - 1) = 5.08/9 = 0.561$ 과 $s_2^2 = \sum(y_i - \bar{y})^2/(n_2 - 1) = 5.09/8 = 0.637$이다. 따라서 검정통계량은 $F_0 = s_2^2/s_1^2 = 0.637/0.564 = 1.13$이며 기각치는 유의수준 $\alpha = 0.05$에서 $F_{n_2-1.n_1-1;\alpha/2} = F_{8,9;0.025} = 4.10$이다. $F_0 < 4.10$이므로 5%의 유의수준에서 종이강도의 분산간에 차이가 있다고 말할 수 없다.

6.1 다음의 t 검정결과에서 검정통계량은 $t = -3.833$이며 유의확률은 0.000이다.

독립표본 검정

		Levene의 등분산 검정		평균의 등		
		F	유의확률	t	자유도	유의확률 (양쪽)
calcium	등분산이 가정됨	6.236	.017	-3.833	39	.000
	등분산이 가정되지 않음			-4.023	30.598	.000

또한 일원배치 분산분석의 경우 다음의 분산분석표

분산분석

calcium

	제곱합	df	평균 제곱	F	유의확률
집단-간	119.403	1	119.403	14.692	.000
집단-내	316.952	39	8.127		
합계	436.355	40			

에서 $F = 14.692$, 유의확률은 0.000이므로로 $t^2 = F$이고 유의확률은 같음을 알 수 있다.

6.2 SPSS에서 **분석** → **평균비교** → **일원배치 분산분석** 순서로 선택하여 만들어지는 대화창에서 아래의 그림과 같이 반응값과 그룹을 표시하는 변수를 지정한다.

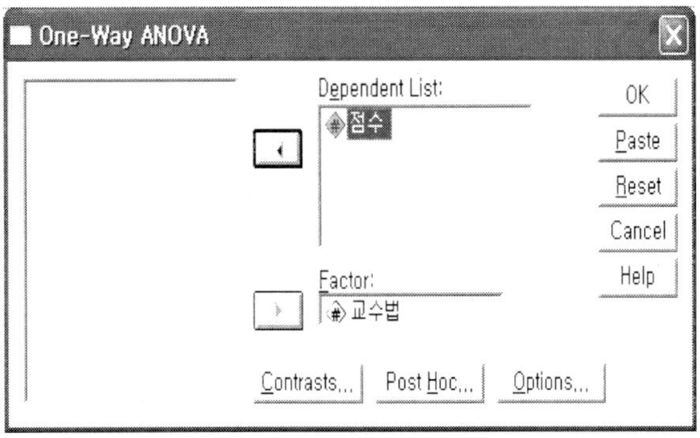

이와 같은 순서로 하면 아래와 같은 분산분석표를 얻는다.

ANOVA

점수

	Sum of Squares	df	Mean Square	F	Sig.
Between Groups	51.167	2	25.583	3.515	.074
Within Groups	65.500	9	7.278		
Total	116.667	11			

(a) 이 분산분석표의 F값 3.515, 유의확률값 0.074 을 얻으므로 유의수준 $\alpha = 0.05$에서 검정하였을 때 귀무가설(H_0)을 기각할 수 없다. 따라서 교수법에 따른 성적차이는 없는 것으로 보여진다고 할 수 있다. 밝혀라.

(b) 분산분석의 결과 차이가 없는 것으로 결론이 났기 때문에 이의 분석은 필요없지만 실행해보자. 위에서 나온 ANOVA 대화창에서 Post Hoc Multiple Comparisons 를 누르면 나오는 대화창에서 LSD를 선택한다.

Multiple Comparisons

Dependent Variable: 점수
LSD

(I) 교수법	(J) 교수법	Mean Difference (I-J)	Std. Error	Sig.	95% Confidence Interval Lower Bound	Upper Bound
1	2	4.25	1.908	.053	-.07	8.57
	3	-.25	1.908	.899	-4.57	4.07
2	1	-4.25	1.908	.053	-8.57	.07
	3	-4.50*	1.908	.043	-8.82	-.18
3	1	.25	1.908	.899	-4.07	4.57
	2	4.50*	1.908	.043	.18	8.82

*. The mean difference is significant at the .05 level.

• 그 결과 방법1과 2, 방법1과 3은 성적의 차이가 없는 것으로 보이고 방법2와 3은 차이가 있는 것으로 보인다.(유의수준 5%) 즉, 분산분석의 결과와 다중비교의 결과가 항상 일치하는 것은 아님을 알 수 있다.

(c) 귀무가설과 대립가설이 각각 • H_0 : 두 번째 방법과 나머지 방법들간에 차이가 없다.($\mu_1 - 2\mu_2 + \mu_3 = 0$)

H_1 : 차이가 있다.

이므로 ANOVA의 대화창에서 Contrast 를 누르고 아래의 그림과 같이 설정한다.

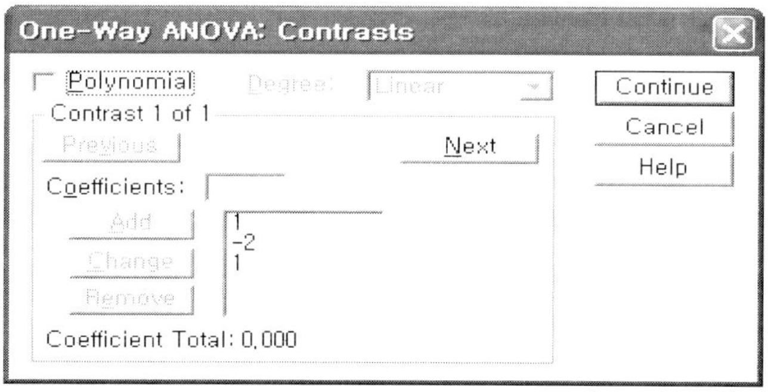

Contrast Tests

		Contrast	Value of Contrast	Std. Error	t	df	Sig. (2-tailed)
점수	Assume equal variances	1	8.75	3.304	2.648	9	.027
	Does not assume equal	1	8.75	3.024	2.893	7.103	.023

검정통계량값 $t = 2.648$, 유의확률값 0.027이므로 유의수준 $\alpha = 0.05$에

서 검정하였을 때 귀무가설(H_0)을 기각한다. 따라서 두 번째 방법과 나머지 방법들간에 차이가 있는 것으로 보인다.

6.3 (a) 분산분석표를 완성하면 다음과 같다.

요인	제곱합	자유도	평균제곱	F	Pr > F
모형	1.9788	3	0.6596	31.187	0.0001
오차	0.1692	8	0.02115		
전체	2.1480	11			

(b) 모형의 자유도가 3이므로 네 개의 그룹을 비교함. 전체 자료의 수가 12개 이므로 반복수가 같다면 각 처리에 3개씩의 자료가 관찰됨.

(c) $H_0 : \mu_1 = \mu_2 = \mu_3 = \mu_4$ 대 H_1 : 적어도 하나의 평균은 나머지와 다름. 이며 유의확률이 0.0001로 작으므로 귀무가설을 기각함.

(d) 공통분산 σ^2의 추정치는 MSE이며 이 값은 0.02115.

(e) $t_{8;0.025} = 2.3060$ 이므로 신뢰구간은 $2.5 \pm 2.306\sqrt{0.02115/3} = (2.3064, 2.6936)$

(f) $t_{8;0.025} = 2.3060$이므로 신뢰구간은 $(2.5-2.7) \pm \sqrt{0.02115(1/3+1/4)} = (-0.4561, 0.05613)$

(g) 위의 95% 신뢰구간이 0을 포함하므로 유의수준 5%에서 두 그룹의 평균은 같다고 할 수 있음.

6.6 (a) 귀무가설과 대립가설이 각각 H_0 : 세 그룹의 분산이 같다. H_1 : 세 그룹의 분산이 같지 않다이므로 `Analyze` → `Compare Means` → `One-Way ANOVA` 순서로 선택하여 그림과 같이 설정하면

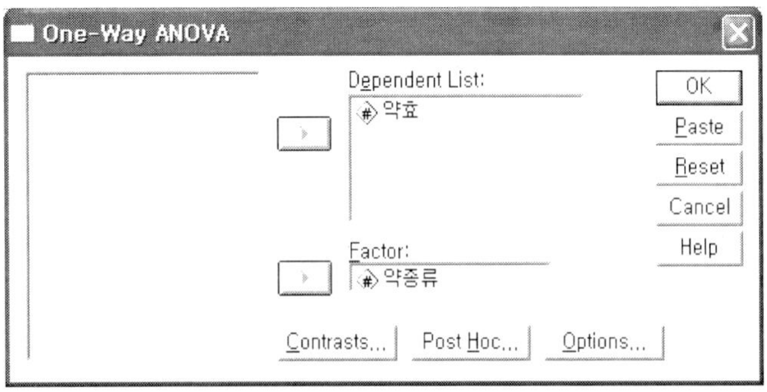

위와 같은 창에서 Options 를 선택하고 Homogeneity of variance test를 선택하면 다음과 같은 결과가 만들어진다.

Test of Homogeneity of Variances

약효

Levene Statistic	df1	df2	Sig.
1.425	2	21	.263

위와 같이 유의확률값 0.263 으로 $\alpha = 0.05$에서 검정하였을 때 귀무가설(H_0)을 기각하지 못한다. 따라서 세 그룹의 분산은 같은 것으로 보인다.

(b) H_0 : 위약과 나머지 두 약의 약효가 같다.($\mu_A + \mu_B - 2\mu_C = 0$)

H_1 : 위약과 나머지 두 약의 약효가 같지 않다.

(a)에서 만든 ANOVA창에서 Contrast를 선택하여 대비계수 1, 1, −2를 아래처럼 넣는다.

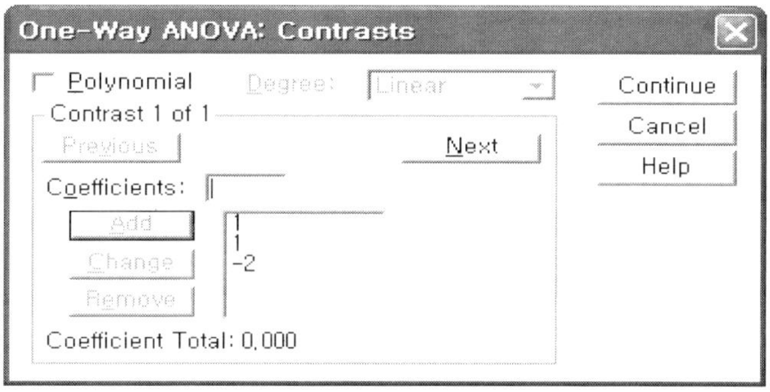

Contrast Tests

		Contrast	Value of Contrast	Std. Error	t	df	Sig. (2-tailed)
약효	Assume equal variances	1	2.05	3.898	.526	21	.604
	Does not assume equal	1	2.05	4.564	.449	10.221	.662

- 분산이 같다고 가정할 때 T 통계량값 0.526, 유의확률값 0.604 으로 $\alpha = 0.05$에서 검정하였을 때 귀무가설(H_0)을 기각하지 못한다. 따라서 위약과 나머지 두 약의 약효가 같다은 것으로 보인다.
- 분산이 다르다고 가정할 때 T 통계량값 0.449, 유의확률값 0.662 으로 $\alpha = 0.05$에서 검정하였을 때 귀무가설(H_0)을 기각하지 못한다. 따라서 위약과 나머지 두 약의 약효가 같다은 것으로 보인다.

(c) 귀무가설 H_0 : A, B 두 약의 약효가 같다.

H_1 : A, B 두 약의 약효가 같지 않다.

이므로 `Analyze` → `Compare Means` → `Independent Sample T-Test`

를 선택하고 Define Groups 버튼을 눌러 group 값을 넣어 준다.

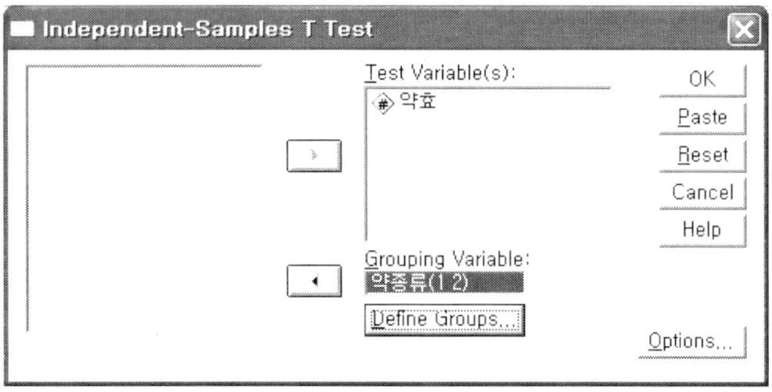

T 통계량값 −1.212, 유의확률값 0.247로 나온다. 분산분석을 시행한 결과 F 통계량값 1.469, 유의확률값 0.247 로 나온다. 위 두 가지 결과를 비교한 결과 $T^2 = F$ 임을 알 수 있다. 따라서 검정결과도 같다. 검정결과 A, B 두 약의 약효가 같은 것으로 보인다.

6.7 • H_0 : 네 방법에 따른 차이는 없다.
H_1 : 네 방법에 따른 차이는 있다.
이므로 **분석** → **평균비교** → **일원배치 분산분석** 순서로 메뉴를 선택한다.

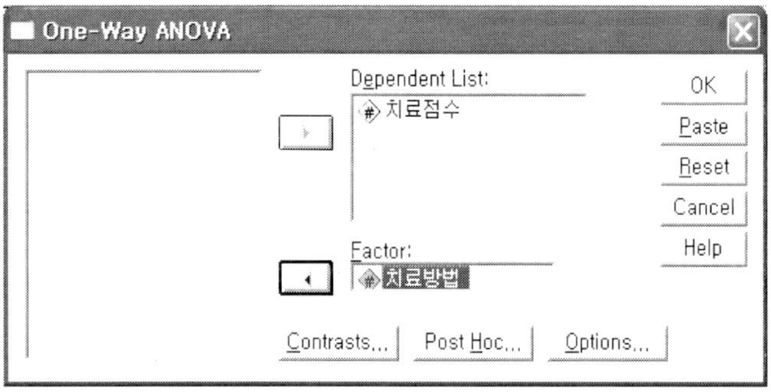

이 결과 검정통계량값 $F = 0.403$, 유의확률값 0.752 를 얻는다. 따라서 $\alpha = 0.05$에서 검정하였을 때 귀무가설(H_0)을 기각하지 못한다. 따라서 네 방법에 따른 차이는 없는 것으로 보인다.

7.1 (a)참, (b)참, (c)거짓, (d)참, (e)참, (f)거짓

7.2 부록 A의 키몸무게 자료를 사용하여 **분석** → **상관분석** → **이변량 상관분석** 순서로 메뉴를 선택하면 아래와 같은 대화창이 나온다.

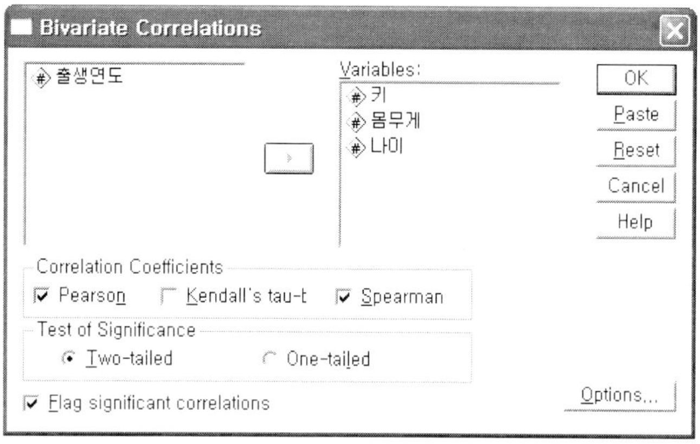

이 그림에서 상관계수를 구할 변수를 선택하고 Pearson과 Spearman의 상관계수를 구하는 것이므로 Pearson과 Spearman을 모두 선택하면 상관계수는 아래와 같이 얻을 수 있다.

	Pearson	Spearman
키와 몸무게	0.647	0.568
키와 나이	0.084	0.004
몸무게와 나이	0.298	0.124

7.3 $\sum(x_i-\bar{x})(y_i-\bar{y}) = \sum x_iy_i - (\sum x_i)(\sum y_i)/n = \{(11)(18)+(16)(36)+\cdots+(18)(34)\} - (170)(308)/12 = 4,482 - 4,363.3 = 118.7$, $\sum(x_i-\bar{x})^2 = \sum x_i^2 - (\sum x_i)^2/n = \{11^2+16^2+\cdots+18^2\} - (170)^2/12 = 2,466 - 2,408.3 = 57.7$이고 같은 방법으로 $\sum(y_i-\bar{y})^2 = \sum y_i^2 - (\sum y_i)^2/n = 8,320 - 7,905.3 = 414.7$이다. 따라서

$$r = \frac{\sum(x_i-\bar{x})(y_i-\bar{y})}{\sqrt{\sum(x_i-\bar{x})^2}\sqrt{(y_i-\bar{y})^2}} = \frac{118.7}{\sqrt{57.7}\sqrt{414.7}} = 0.767$$

이다.

귀무가설과 대립가설은 $H_0 : \rho = 0$와 $H_1 : \rho \neq 0$이므로 t 분포를 사용하는 검정통계량 t_0를 이용하면

$$t_0 = \frac{r}{\sqrt{\frac{1-r^2}{n-2}}} = \frac{0.767}{\sqrt{\frac{1-0.767^2}{12-2}}} = 3.78$$

이고 이에 대한 기각치는 자유도 $(n-2) = 10$, 유의수준 $\alpha = 0.05$로부터 $t_{n-2;\alpha/2} = t_{10;0.025} = 2.228$이 구해진다. 따라서 $t_0 > 2.288$이므로 5%유의수준에서 귀무가설을 기각한다.

7.6 X_i들이 독립이면 합의 분산 $\text{Var}(\sum X_i)$와 분산의 합 $\sum \text{Var}(X_i)$가 같으므로 Cronbach α는 0이다.

9.3 (a) (가)1, (나)28.22538, (다)4.1378, (라) 8.83 (b) $\sqrt{(}2202.88/2710.94) = 0.9014$ (c)28.22538 (d) 검정통계량 $t_0 = (1.82006-2)/0.20602 = -0.8734103$이므로 귀무가설을 기각한다.

9.7 임령: $\bar{x} = \sum x_i/n = 908/28 = 32.4286$, 평균목재적 : $\bar{y} = \sum y_i/n = 8.6520/28 = 0.3090$, $S_{xx} = \sum x_i^2 - (\sum x_i)^2/n = 32114 - (908)^2/28 = 2668.9$ $S_{yy} = \sum y_i^2 - (\sum y)^2/n = 4.4367 - (8.6520)^2/28 = 1.7632$ $S_{xy} = \sum x_i y_i - (\sum x_i)(\sum y_i)/n = 343.73 - (908)(8.6520)/28 = 63.16$ 이므로 계수들의 최소제곱추정값은 $b_1 = S_{xy}/S_{xx} = 63.16/2668.9 = 0.02367$ $b_0 = \bar{y} - b_1\bar{x} = 0.3090 - (0.02367)(32.4386) = -0.4586$이므로 따라서 구하는 직선 회귀식은 $y = -0.4586 + 0.02367x$ 가 된다.

9.8 연습문제 9.8의 계산 결과로부터 $\text{SST} = S_{yy} = 1.7632$, $\text{SSR} = b_1^2 S_{xx} = (0.02367)^2(2668.9) = 1.4953$, $\text{SSE} = \text{SST} - \text{SSR} = 1.7632 - 1.4940 = 0.2679$, $\text{MSR} = \text{SSR}/1 = 1.4940$ 및 $\text{MSE} = \text{SSE}/(n-2) = 0.2692/26 = 0.0103$를 얻으며 따라서 분산분석표는

요인	자유도	제곱합	제곱평균	F
회귀	1	1.4953	1.4953	145.2
잔차	26	0.2692	0.0103	
전체	27	1.7632		

분산분석표의 F 값이 표에서의 F 값인 $F_{1,26;0.01}$ 보다 크므로 유의수준 $\alpha = 0.01$에서 귀무가설 $H_0 : \beta_1 = 0$을 기각하고 대립가설 $H_1 : \beta_1 \neq 0$를 받아들인다. 따라서 추정된 회귀직선은 1

결정계수 R^2은 $R^2 = \text{SSR}/\text{SST} = 1.4953/1.7632 = 0.8481$이다. 이 값의 의미는 표준목 재적이 갖는 총변동 중 임령과 표준목 재적간의 추정된 직선관계식에 의해 설명될 수 있는 변동이 84.81%이고 설명되지 않는 변동이 나머지 15.19%라는 의미이다.

9.9 연습문제 9.7 및 9.8에서 얻은 결과에서 평균의 추정치는 $\hat{y} = -0.4586 + 0.02367x$, $S_{xx} = 2668.9$, MSE $= 0.0104$ $\bar{x} = 32.4$ 및 $n = 28$을 알고 있다. 따라서 b_1의 분산에 대한 추정치 $s_{b_1} = \sqrt{\text{MSE}/S_{xx}} = \sqrt{0.0104/2668.9} = 0.00197$이다.

(a) β_1 에 대한 95% 신뢰구간은 $b_1 \pm t_{n-2;\alpha/2}s = 0.02367 \pm t_{26;0.025} \cdot (0.00196) = 0.02367 \pm (2.056)(0.00196) = 0.02367 \pm 0.00403 = (0.01964, 0.02770)$ 으로 얻어지며 기울기 b_1의 의미는 임령이 1년 증가했을 때 증가하는 평균목의 재적이다. 따라서 가평군내 잣나무 임분이 1년 지났을 때 단목당 재적이 0.01964 m^3 이상, 0.0277 m^3 이하 증가하며, 이 구간이 모집단 내 평균목 재적의 1년 증가량의 값을 포함하고 있을 신뢰도가[1] 95%이다. 귀무가설 $H_0 : \beta_1 = 0$ 대 대립가설 $H_1 : \beta_1 \neq 0$ 위한 검정통계량 t_0 값은 $t_0 = (b_1 - 0)/s_{b_1} = (0.02367 - 0)/0.00196 = 12.08$ 이고, 이 값은 이에 대한 기각치 $t_{n-2;\alpha/2} = t_{26;0.025} = 2.056$ 보다 크므로 유의수준에서 5%에서 $\beta_1 = 0$ 라는 귀무가설을 기각하고 대립가설 $H_1 : \beta_1 \neq 0$를 채택하게 된다. 즉 5%유의수준에서 임령이 증가하면 평균목 재적이 변한다고 말할 수 있다.

(b) $t^2 = F$

(c) 임령 20년에서의 표준목 재적 기댓값의 추정치는 $\hat{y} = -0.4586 + 0.02367(20) = 0.0148$이다. 따라서 기댓값 E$[y]$의 95% 신뢰구간은 식에 의하여

$$\begin{aligned} & \hat{y} \pm t_{n-2;\alpha/2}s_y \\ = \;& 0.0148 \pm t_{26;0.025}\sqrt{1/26 + 0.0104 \cdot (20 - 32.4)^2/2668.9} \\ = \;& 0.0148 \pm (2.056)(0.0316) = 0.0148 \pm 0.0650 \end{aligned}$$

이다. 마찬가지 방법으로 $x = 30$에서 0.2515 ± 0.0423, $x = 40$에서 0.4882 ± 0.0514이 얻어진다. 이를 살펴보면 세 가지 임령중 평균 $x = 32.4$와 가장 가까운 $x = 30$에서 신뢰구간의 폭이 가장 좁으며(즉 추정치를 가장 신뢰할 수 있으며), 제일 멀리 떨어진 $x = 20$에서 신뢰구간의 폭이 가장 넓어 추정치에 대한 자신이 낮다는 것을 알 수 있다. 따라서 우

[1] 확률이 아님. 신뢰구간의 해석 참고.

리는 추정식을 이용해 독립변수의 평균치로부터 멀리 떨어진 곳에서 종속변수의 반응치를 추정한다는 것은 위험한 일이라는 것을 유념할 필요가 있다.

9.11 (a) 흉고단면적 : $\bar{x}_1 = x_{1i}/n = 3883/20 = 194.15$, 수령: $\bar{x}_2 = \sum x_{2i}/n = 1072/20 = 53.60$, 재적: $\bar{y} = \sum y_i/n = 28875/20 = 143.75$, $S_{11} = \sum x_{1i}^2 - (\sum x_{1i})^2/n = 12682.56$,
$S_{22} = \sum x_{2i}^2 - (\sum x_{2i})^2/n = 104.80$,
$S_{12} = \sum x_{1i}x_{2i} - (\sum x_{1i})(\sum x_{2i})/n = 244.19$,
$S_{1y} = \sum x_{1i}y_i - (\sum x_{1i})(\sum y_i)/n = 10726.75$,
$S_{2y} = \sum x_{2i}y_i - (\sum x_{2i})(\sum y_i)/n = 222.00$,
$S_{yy} = \sum y_i^2 - (\sum y_i)/n = 13777.75$ 이므로 정규방정식은 $12682.56b_1 + 244.19b_2 = 10726.75$,
$244.19b_1 + 104.80b_2 = 222.00$,
$b_0 = 143.75 - 194.15b_1 - 50.60b_2$ 이고 따라서 b_0, b_1, b_2의 최소제곱 추정치는 $b_0 = -28.16, b_1 = 0.8428, b_2 = 0.1544$이며, 최소제곱 회귀식은 $y = -28.16 + 0.8428x_1 + 0.1544x_2$ 이다. 이 회귀식의 의미를 살펴보면 x_1에 대한 회귀계수가 0.8428이라함은 수령(x_2)이 일정할 때 흉고단면적(x_2)이 $1cm^2$ 증가함에 따라 재적(y)는 평균 $0.842810m^3$씩 증가하며, 또한 x_2에 대한 회귀계수가 0.1544라 함은 흉고단면적(x_1)이 일정할 때 수령(x_2)이 1년 증가함에 따라 재적은 $0.154410m^3$씩 증가한다는 의미이다.

(b) 총변동 : SST $= \sum(y_i - \bar{y})^2 = S_{yy} = 13777.75$, 회귀변동 : SSR $= \sum(\hat{y}_i - \bar{y})^2 = b_1S_{1y} + b_2S_{2y} = (0.8428)(10726.75) + (0.1544)(222.00) = 9074.78$, 잔차변동 : SSE = SST − SSR $= 13777.75 - 9074.78 = 4702.97$, 회귀에 인한 자유도 : $p = 2$, 잔차의 자유도 : $n - p - 1 = 20 - 2 - 1 = 17$, 전체 자유도 : $n - 1 = 20 - 1 = 19$, 회귀제곱평균 : MSR = SSR/p $= 9074.78/2 = 4537.39$, 잔차제곱평균 : MSE = SSE/$(n - p - 1) = 4702.97/17 = 276.65$ 이므로 F_0 = MSR/MSE $= 4537.39/276.65 = 16.40$이고 $F_{p,n-p-1;0.01} = F_{2,17;0.01} = 6.11$이다. 위의 계산 결과를 종합하여 추정된 회귀식에 대한 분산분석표를 작성하면 다음과 같다.

요인	자유도	제곱합	제곱평균	F
회귀	2	9074.78	4537.39	16.40
잔차	17	4702.97	276.65	
전체	19	13777.75		

유의수준 $\alpha = 0.01$로부터 F-분포의 기각값은 $F_{2,17;0.01} = 6.11$이므로 $F_0 > F_{2,17;0.01}$이 성립되며 따라서 귀무가설 $H_0 : \beta_1 = \beta_2 = 0$는 기각되고 가정한 모형 $y = \beta_0 + \beta_1 x + \beta_2 x + \epsilon$는 단목재적($y$)와 흉고단면적($x_1$) 및 임령($x_2$)의 관계를 설명하는데 유의한 의미를 갖는다. 결정계수 R^2을 구해 보면 $R^2 = \text{SSR/SST} = 9074.78/13777.75 = 0.6587$이며 단목재적의 전체변이중에서 64.87%가 흉고단면적과 수령에 의한 선형회귀식에 의해 설명될 수 있는 부분이라는 의미이다.

9.12 먼저 모든 설명변수를 모두 사용한 결과로 얻어진 회귀분석의 결과는 다음과 같으므로

Model Summary

Model	R	R Square	Adjusted R Square	Std. Error of the Estimate
1	,951[a]	,904	,892	,0898789

a. Predictors: (Constant), HEIGHT, AGE, DIAMETER

ANOVA[b]

Model		Sum of Squares	df	Mean Square	F	Sig.
1	Regression	1,833	3	,611	75,648	,000[a]
	Residual	,194	24	,008		
	Total	2,027	27			

a. Predictors: (Constant), HEIGHT, AGE, DIAMETER

b. Dependent Variable: VOL

Coefficients[a]

Model		Unstandardized Coefficients		Standardized Coefficients	t	Sig.	95% Confidence Interval for B	
		B	Std. Error	Beta			Lower Bound	Upper Bound
1	(Constant)	-,296	,119		-2,487	,020	-,541	-,050
	AGE	-9,44E-03	,007	-,342	-1,378	,181	-,024	,005
	DIAMETER	3,561E-02	,013	1,168	2,655	,014	,008	,063
	HEIGHT	7,126E-03	,028	,110	,251	,804	-,051	,066

a. Dependent Variable: VOL

얻어진 회귀식은

$$\text{목재적} = -0.296 - 0.00944(\text{임령}) + 0.03561(\text{흉고직경}) + 0.007126(\text{수고})$$

이다. 이때 분산분석표에서 얻어진 F 값은 75.648이고 이에 따른 유의확률은 0.000이며 적어도 하나의 $\beta_i(i = 1,2,3)$는 0이 아님을 알수 있다. 결정계수 R^2은 0.904이다. 각각의 β_i에 대한 검정 결과에 의하면 '수고'와 '임령'은 유의하지 않아 보이므로 이중 '수고'를 먼저 제거한 회귀분석을 시행하여야 한다. 회귀계수의 신뢰구간을 보면 유의하지 않은 회귀계수의 신뢰구간에는 0이 포함되며 이때는 유의확률이 0.05보다 큰 결과를 볼 수 있다.

단계적 회귀분석을 사용한 결과는 모든 변수의 선택이 끝난 상태의 분산분석표의 F는 225.780이며 이에 따른 유의확률은 0.000이다.

Model Summary

Model	R	R Square	Adjusted R Square	Std. Error of the Estimate
1	,947[a]	,897	,893	,0897293

a. Predictors: (Constant), DIAMETER

ANOVA[b]

Model		Sum of Squares	df	Mean Square	F	Sig.
1	Regression	1,818	1	1,818	225,780	,000[a]
	Residual	,209	26	,008		
	Total	2,027	27			

a. Predictors: (Constant), DIAMETER
b. Dependent Variable: VOL

Coefficients[a]

Model		Unstandardized Coefficients		Standardized Coefficients	t	Sig.	95% Confidence Interval for B	
		B	Std. Error	Beta			Lower Bound	Upper Bound
1	(Constant)	-,343	,047		-7,260	,000	-,440	-,246
	DIAMETER	2,886E-02	,002	,947	15,026	,000	,025	,033

a. Dependent Variable: VOL

로 잣나무의 목재적은 '평균흉고직경'만 유의한 설명변수로 선택됨을 알 수 있

다. 이 때 회귀계수는 0.02886이므로 얻어진 회귀식은

$$목재적 = -0.343 + 0.02886(흉고직경)$$

이다. 회귀식에 포함되지 못한 설명변수에 대한 정보는 다음의 표에서 볼 수 있다. 이 표에서 보는 것처럼 회귀식에 포함되지 못한 설명변수의 계수는 유의하지 못함을 알 수 있다.

Excluded Variables[b]

Model		Beta In	t	Sig.	Partial Correlation	Collinearity Statistics
						Tolerance
1	AGE	-,326[a]	-1,387	,178	-,267	6,956E-02
	HEIGHT	-,053[a]	-,122	,904	-,024	2,232E-02

a. Predictors in the Model: (Constant), DIAMETER

b. Dependent Variable: VOL

10.1 귀무가설과 대립가설은 H_0 : 입원 또는 외래환자에 따라 선호하는 디자인은 같다.
와 H_1 : 입원 또는 외래환자에 따라 선호하는 디자인은 다르다.
이며 다음 그림과 같이 SPSS 데이터 편집기 창에 데이터를 입력하자.

	환자	디자인	빈도	var
1	1	1	50	
2	1	2	45	
3	2	1	150	
4	2	2	160	
5				
6				
7				
8				

이 자료는 한 번 정리된 자료로 해당하는 만큼 빈도수로 나타나 있다. 따라서 빈도수만큼 가중치를 주어야 한다. `Data` → `Weight Cases` 메뉴를 선택하여 다음 그림과 같이 빈도수만큼 가중치를 준다.

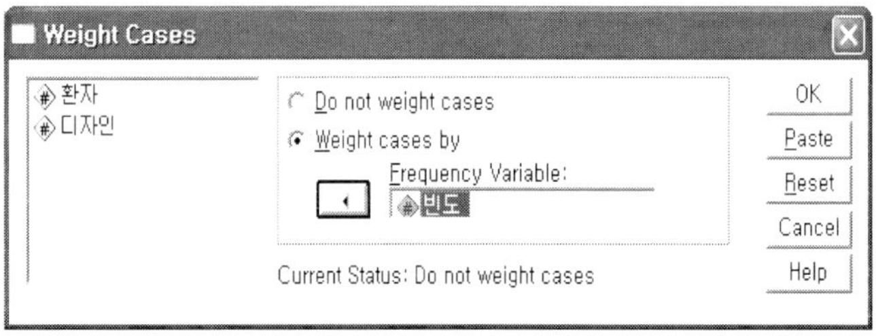

이제 자료가 준비되었으므로 `Analyze` → `Descriptive Statistics` → `Crosstabs` 순서로 메뉴를 선택하여 다음 그림과 같은 대화창을 만든다.

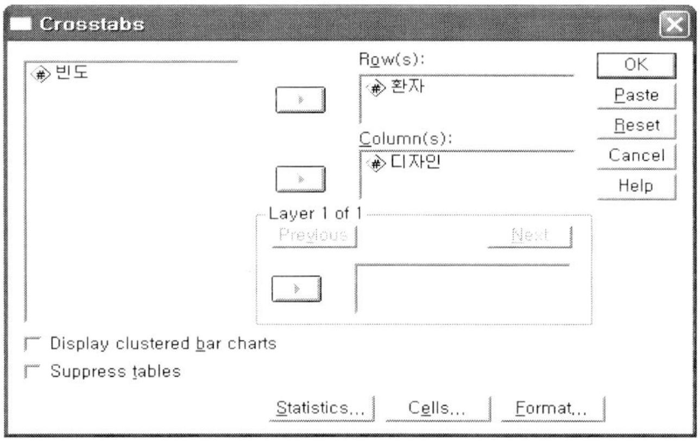

위의 같은 창에서 행과 열에 사용될 변수를 지정하고 `Statistics` 버튼을 선택하면 아래와 같은 창을 만든다.

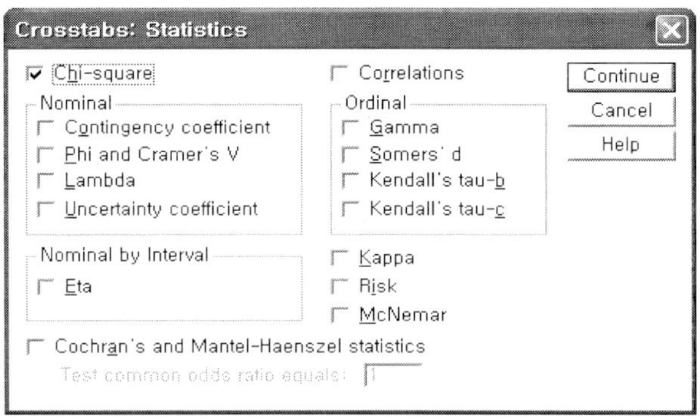

- 여기서 Chi-square를 선택한다. 위와 같은 순서로 하면 χ^2 검정통계량의 값이 0.524, 유의확률값 0.469를 얻는다. 유의수준 $\alpha = 0.05$에서 검정하였을 때 귀무가설(H_0)을 기각하지 못한다. 그러므로 입원 또는 외래환자에 따라 선호하는 디자인은 다르다라고 말할 수 없다.

10.2 귀무가설은 “H_0 : 선거 4주전과 1주전의 지지정당은 같다”이며 대립가설은 “H_1 : 선거 4주전과 1주전의 지지정당은다르다.”이다. 위의 보기에서와 같이 자료입력 후 `Data` → `Weight Cases`를 선택하여 가중치를 준다. **`Analyze`** → `Descriptive Statistics` → `Crosstabs` 순서로 메뉴를 선택하여 다음 그림을 얻은 후

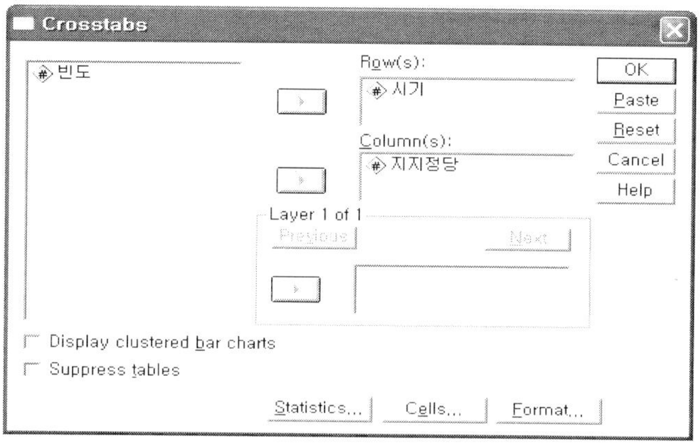

이 그림의 Statistics 버튼을 선택하여 `Chi-square`에 체크하여 얻은 χ^2 검정통계량의 값이 3.457, 유의확률값이 0.178이므로 유의수준 $\alpha = 0.05$에서 검정하였을 때 귀무가설(H_0)을 기각하지 못한다. 그러므로 선거 4주전과 1주전의 지지정당은 같다라고 할 수 있다.

10.3 귀무가설과 대립가설은 각각

H_0 : 물리치료를 하는 경우와 그렇지 않은 경우의 차이가 없다.

와

H_1 : 물리치료를 하는 경우와 그렇지 않은 경우의 차이가 있다.

이다. 위의 풀이에서와 같이 자료를 준비하고 동일한 메뉴를 선택한 결과 χ^2 검정통계량의 값이 4.381, 유의확률값 0.112 이 얻어지므로 유의수준 $\alpha = 0.05$에서 검정하였을 때 귀무가설(H_0)을 기각하지 못한다. 그러므로 물리치료를 하는 경우와 그렇지 않은 경우의 차이가 없다고 할 수 있다.

11.1 자료는 R 2.5.1에서 정규분포 $N(10, 5^2)$에서 생성된 난수이다.

11.2 자료는 R 2.5.1에서 자유도 5인 카이제곱분포에서 생성된 난수이다.

12.1 $H_0 : \theta = 84$ vs $H_1 : \theta > 84$. 84보다 큰 값은 10개 8개이며 SPSS의 양측유의확률이 0.109이므로 유의확률은 0.109/2로 유의수준 5%에서는 귀무가설을

기각할 수 없고 유의수준 10%에서는 귀무가설을 기각한다. 정확한 유의확률은 $\binom{10}{0}0.5^0 0.5^{10} + \binom{10}{1}0.5^1 0.5^9 + \binom{10}{2}0.5^2 0.5^8 = 0.0546875$ 이다.

12.5 모든 자료가 일치(concordance)인 경우 일치의 수는 1부터 $(n-1)$을 합한 값이며 불일치의 수는 0이다. 따라서 Kendall의 상관계수는 1이며, 반대로 모든 자료가 불일치이면 -1이 된다.

12.7 Q_j는 $10, 11, \ldots 18$이며 R_j는 $9, 8, \ldots, 1$이므로 Ansari-Bradley 검정통계량 $C = 45$이다. 따라서 정규근사를 사용하면 $Z = 0$이므로 두 그룹의 분산이 같다는 귀무가설을 기각할 수 없다.(근사 유의확률 1.000)

12.8 혈류량의 Pearson 상관계수는 0.566, Spearman 상관계수는 0.300이다.

12.9 Spearman 상관계수는 근사적으로 $N(0, 1/(n-1))$을, Fisher 변환은 Pearson 상관계수에 대한 것으로 $N(0, 1/(n-3))$을 따른다.

12.10 순위 R_i는 1부터 n까지의 값을 $1/n$의 확률로 가지므로 $E[X] = \sum i\frac{1}{n} = (n+1)/2$, $E[X^2] = \sum i^2\frac{1}{n} = (n+1)(2n+1)/6$이다. 따라서 분산은 $E[X^2] - E[X]^2 = (n^2-1)/12$.

12.11 $X_1, X_2, \ldots, X_n$이 서로 다른 값이라면 X_1과 $X_2, X_3, \ldots, X_n$의 $(n-1)$개의 비교, X_2와 $X_3, X_4, \ldots, X_n$의 $(n-2)$개의 비교, $\cdots$ X_{n-1}과 X_n의 1개의 비교가 있으며 각 비교에서 일치 또는 불일치가 1개씩 생긴다. 따라서 일치와 불일치의 합은 $1 + 2 + \cdots + (n-1) = n(n-1)/2$이다.

참고문헌

[1] 김재철(2004) personal communication, 교육과정평가원.

[2] 이종승, 김성훈, 김재철, 송현정, 박문환, 장경숙(2003) 문항 난이도 추정 모형 개발 연구, 연구보고 RRE 2003-14, 한국교육과정평가원.

[3] Anderson, T.W. (1974) *An Introduction to Multivariate Statistical Analysis*, Wiley & Sons, New York, NY.

[4] Bartlett, M. S.(1951) The Effect of Standardization in χ^2 Distribution in Facot Analysis, *Biometrika*, **38**, 337.

[5] Belsley, D.A., Kuh, E. and Welsch, R.E.(2004) *Regression Diagnostics*, John Wiley & Sons, New York, NY.

[6] Box, G.E.P, Hunter, W.G. and Hunter, J.S.(1978) *Statistics for Experimenters*, John Wiley & Sons, New York, NY.

[7] Cochran, W.G. (1977) *Sampling Techniques*, 3/e, John Wiley & Sons, New York, NY.

[8] Cohen, J(1970), Approxiamate Power and Sample Size Determination for Common One-Sample and Two-Sample Hypothesis Tests, *Educational and Psycholoical Measurement*, **30**, 811–831.

[9] Cohen, J(1988) *Statistical Power Analysis for the Behavioral Sciences*, 2/e, Lawrence Erlbaum Assocaiates, Publisher, Hillsdale, NJ.

[10] Conover, W.J., *Practical Nonparametric Statistics*, John Wiley & Sons, Inc., New York, NY.

[11] Cronbach, L. J. (1951). Coefficient Alpha and the Internal Structure of Tests, *Psychometrika*, **16**, 297-334.

[12] Darwin, C.(1878) *The Effect of Cross and Self Fertilisation in the Vegetable Kingdom*, 2/e, John Murray, London, UK.

[13] Davidson, M. B., Green, S. and Menkes, J.H.(1974) Normal Glucose Insulin, and Growth Hormone Responses to Oral Glucose in Huntington's Disease, *Journ. Lab. Clin. Med.* **84**, 807–812.

[14] Dunnett, C. W.(1964) Comparing Individual Means in the Analysis of Variance, Biometrikcs, **5**, 99.

[15] Edwards, A (1948). "Note on the "correction for continuity" in testing the significance of the difference between correlated proportions", *Psychometrika* **13** 185–187.

[16] Fisher, R. A.(1936) The Use of Multiple Measurements in Taxonomic Problems, *Annals of Eugenics*, **7**, 179–188.

[17] Fleming, T. R. (1982) One Sample Multiple Testing Procedure for Phase II Clinical Trials, *Biometrics*, **38**, 143–151.

[18] Fleiss, J. L. (1981) *Statistical methods for rates and proportions (2nd ed.)*, John Wiley. p. 114. ISBN 0-471-06428-9.

[19] Freidman, D. and Diaconis, P.(1981) On the histograms as a density estimator: L_2 theory, *Zeitsschrift für Wahrscheinlichkeitstheorie und verwandte Gebiete*, **57** 453–476.

[20] Guttman, L.(1945) A Bias for Analyzing Test-Retest Reliability, *Psychometrics*, **10**, No 4, pp. 255–282.

[21] Kaiser, H. F. (1970) A second-generation Little Jiffy *Psychometrika*, **35**, 401-415.

[22] Kaiser, H. F. (1974) An Index of factorial Simplicty, *Psychometrika*, **39**, 31-36.

[23] Johnson, R.A.(1994) *Probability & Statistics for Engineers*, Prentice-Hall, London.

[24] Johnson, R.A. and Wichern, D.W.(1998) *Applied Multivariate Analysis*, 3/e, Prentice Hall, Englewood Cliffs, NJ.

[25] Lawless, J.F. (2003) *Statistical Models and Methods for Lifetime Data*, John Wiley & Sons, New York, NY.

[26] Lee, C., Kang, H. and Sim, S(2012). "An Implementation of the Sample Size and the Power Calculation for Testing Mean and Proportion.", Journal of Korean Data and Information Science Society 23(1), 53–61.

[27] MacQueen, J. B. (1967) Some Methods for Classification and Analysis of Multivariate Observations, *Proceedings of 5th Berkeley Symposium on Mathematical Statistics and Probability*, **1**, Berkeley, CA: Univ. of California Press, 281–297.

[28] Mardia, K.V., Kent, J.T. and Bibby, J.M. (1989) *Multivariate Analysis*, Academic Press, New York, NY.

[29] Miller, R.G. (1998) *Survival Analysis*, John Wiley & Sons, New York, NY.

[30] Milliken, G.A. and Johnson, D.E. (1984) *Analysis of Messy Data, Vol 1: Designed Experiments*, Van Nostrand Reinhold, New York, NY.

[31] Pearson, E.S. and Hartley, H.O.(1966) *Biometrika Tables for Statistics*, vol 1, 3rd ed., Cambridge University Press.

[32] Pearson, A. V. and Hartley, H. O. (1972) *Biometrika Tables for Statisticians*, Vol 2, Cambridge University Press, Cambridge, England.

[33] R Development Core Team(2012) *R: A Language and Environment for Statistical Computing*, ISBN 3-900051-07-0, Vienna, Austria, http://www.R-project.org.

[34] Scott, D.W.(1979) On optimal and data-based histograms, *Biometrika*, **66**, 605–610.

[35] Shapiro, S. S. and Wilk, M. B. (1965) An analysis of variance test for normality (complete samples), *Biometrika*, **52**, 591–611.

[36] Skerfving, S., Hansson, K., Mangs, C., Lindsten, J. and Ryman, N(1974) *Methylmercury Induced Chromosom Damage in Man*, Environ. Res. **7**, 83-98.

[37] Yamane, T. (1967) *Elementary Sampling Theory*, Prentice-Hall Inc, Englewood Cliffs, NJ.

[38] Yates, F(1934) Contingency table involving small numbers and the χ^2 test, *Supplement to the Journal of the Royal Statistical Society* 1(2) 217–235.

[39] G. U. Yule (1903) "Notes on the Theory of Association of Attributes in Statistics", *Biometrika*, **2**, 121-134.

찾아보기

저자소개

심 송 용

서울대학교 계산통계학과 학사

서울대학교 대학원 계산통계학과 석사

Dept. of Statistics, Unviersity of Wisconsin-Madison 박사

한림대학교 통계학과 교수

통계적 자료분석

SPSS를 중심으로

2012년 8월 25일 초판 인쇄
2012년 9월 3일 초판 발행

저 자 / 심송용
발행자 / 오판근
발행처 / 교우사

주 소 / 서울 동대문구 제기2동 148-19 교우빌딩 2층
전 화 / 925-2861~2, 편집부 / 925-2825
팩 스 / 925-2860

E-mail / kyowoo@kyowoo.co.kr
http://www.kyowoo.co.kr

등록 / 1994. 3. 24 제6-0256호

ISBN 978-89-8172-925-7 (93310)

값 30,000 원